प्राचीन भारत का सामाजिक एवं आर्थिक इतिहास

प्राचीन भारत का सामाजिक एवं आर्थिक इतिहास

[ई.पू. 1500–550 ई.]

ओमप्रकाश प्रसाद
प्रशान्त गौरव

राजकमल प्रकाशन

ISBN : 978-81-267-1189-5

मूल्य : ₹995

पहला संस्करण : 2006
चौथा संस्करण : 2017

This book is printed on **Print on Demand** Technology : 2026

प्रकाशक : राजकमल प्रकाशन प्रा.लि.
1-बी, नेताजी सुभाष मार्ग, दरियागंज
नई दिल्ली-110 002

शाखाएँ : अशोक राजपथ, साइंस कॉलेज के सामने, पटना-800 006
पहली मंजिल, दरबारी बिल्डिंग, महात्मा गांधी मार्ग, प्रयागराज-211 001
1, अनमोल सोराबजी संतुक लेन, धोबी तलाव, मरीन लाइंस, मुम्बई-400 002
वेबसाइट : www.rajkamalprakashan.com
ई-मेल : info@rajkamalprakashan.com

PRACHIN BHARAT KA SAMAJIK EVAM ARTHIK ITIHAS
by Omprakash Prasad & Prashant Gaurav

अजीत कुमार (स्वर्णकार)
(कार्तिक पूर्णिमा 1973–13 दिसम्बर 2004)
प्रोफेसर इन्द्रजीत प्रसाद (छपरा)
के तृतीय पुत्र को

अनुक्रम

प्राचीन भारत का सामाजिक
एवं
आर्थिक इतिहास

अध्याय 1

सामाजिक स्रोत

प्राचीन भारतीय सामाजिक एवं आर्थिक स्थिति का सम्बन्ध प्रायः सभ्यता के विकास से रहा है। सभ्यता का विकास प्रायः शहरों से जुड़ा रहता है और शहरों का मुख्य आधार होता है अनुत्पादक वर्ग जो अतिरेक पर निर्भर होता है। अतिरेक के लिए उपकरण आवश्यक होते हैं जिनका प्रयोग आवश्यकता से अधिक उत्पादन के लिए आवश्यक होता है। उत्पादन का सम्बन्ध प्रायः शुरू-शुरू में कृषि से रहता है। एअतिरेक के लिए स्थायी जीवन किसी एक स्थान पर व्यतीत करना आवश्यक होता है और यह शिकार से नहीं बल्कि कृषि से ही सम्भव है। स्थायी जीवन मकान की आवश्यकता को पैदा करेगा और स्थायी मकान ठोस समाज को विकसित करता है जिसके कारण हमें एक व्यवस्थित आर्थिक स्थिति भी देखने को मिलती है। स्थायी जीवन, कृषि में विकास, अतिरेक, अनुत्पादक वर्ग, व्यापार, यातायात, नगर, आदि तत्त्वों के आधार पर सभ्यता के जन्म की बात ज्यादा सम्भव है। इनमें से कुछ तत्त्वों के अभाव में संस्कृति (ग्राम एवं थोड़ा नगरों से जुड़ी हुई आर्थिक, सामाजिक, वस्त्र, गीत, शादी, भोजन, घर, उत्सव, बोली आदि से सम्बन्धित बातों को एक साथ मिलाकर संस्कृति कहा जा सकता है।) को विकसित होने की बात कही जा सकती है लेकिन इसे सभ्यता कहना मुश्किल होगा क्योंकि प्रायः ऐसा पाया जाता है कि सभ्यता से सम्बन्ध शहरों का ही होता है। उपर्युक्त सैद्धान्तिक बातें व्यावहारिक दृष्टिकोण से कहीं-कहीं समस्या पैदा कर सकती हैं लेकिन साधारणतया प्राचीन इतिहास में विकसित आर्थिक एवं सामाजिक स्थिति में प्रायः इसी तरह की प्रक्रिया का पाया जाना स्वाभाविक लगता है।

मनुष्य की आवश्यकताओं की पूर्ति और उनकी समस्याओं के समाधान के लिए प्रशासनिक व्यवस्था की आवश्यकता थी। इस व्यवस्था ने संस्थाओं को विकसित किया जिनके अध्ययन के लिए निम्नलिखित स्रोतों का अध्ययन किया जा सकता है।

1.1 वैदिक साहित्य

वैदिक काल के आर्यों की सभ्यता को जानने के लिए उस काल का अध्ययन आर्थिक एवं सामाजिक पहलुओं से करने के लिए वैदिक काल को दो भागों में बाँटा जा सकता है। प्रथम भाग को ऋग्वैदिक काल कहा जाता है क्योंकि वैदिक काल के प्रथम चरण की इससे जानकारी होती है।

ऋग्वेद की प्राचीनता–अधिकांश भारतीय *ऋग्वेद* को प्राचीनतम स्रोत मानते हैं। इसमें लगभग 10,462 श्लोक या ऋचाएँ हैं जिनमें से अधिकांश में देवताओं का गुणगान किया गया

है। कहते हैं कि इसमें से कुछ भागों की रचना ईसा पूर्व 1000 से पहले हो गई थी। जैसा कि डी.डी. कोसाम्बी (*प्राचीन भारत की संस्कृति और सभ्यता,* पृ. 105) का कहना है कि ऋग्वेद की ऋचाएँ चौदहवीं शताब्दी अर्थात भारत में दिल्ली सल्तनत के काल में दक्षिण भारत में ठीक से सम्पादित करके लिखी गई और उन पर टीका हुई। तब तक वे शब्द के शब्द कंठस्थ याद कर लिए जाते थे। भारत के कुछ विद्वान आज भी ऐसा कहते हैं। आमतौर पर ऋग्वेद को लिखा नहीं गया था। इससे निष्कर्ष निकलता है कि तभी वैदिक परम्परा जीवित नहीं रह सकी। ऋग्वैदिक काल में आर्यों का सारा कार्य-कलाप पंजाब के क्षेत्र में ही केन्द्रित था। चूँकि उस परम्परा को बनाए रखनेवाले पुरोहितों का उस प्रदेश से सैकड़ों वर्षों से सम्बन्ध टूट गया था इसलिए विभिन्न स्थानों के नाम का कोई अर्थ सम्प्रेषित नहीं होता था। स्थानों, नदियों और लोगों के नामों के अतिरिक्त भी बहुत से महत्त्वपूर्ण शब्दों की व्याख्या आज भी कठिन है क्योंकि भाषा बदल गई है। बाइबिल के पूर्वविधान की तुलना में वेदों का ऐतिहासिक महत्त्व बहुत कम है क्योंकि बाइबिल को हमेशा वे लोग इतिहास के रूप में प्रस्तुत करते रहे जिनका इस विशेष प्रदेश से सम्पर्क बना हुआ था। फिलीस्तीन का पुरातत्त्व भारत की अपेक्षा कहीं अधिक उन्नत और वैज्ञानिक ढंग से संचालित हैं और उससे बाइबिल की बहुत सी घटनाओं की पर्याप्त पुष्टि होती है। दूसरी ओर आर्य सदा स्थान बदलते रहते थे। नदियों और पहाड़ों के नाम प्रायः उनके साथ ही यात्रा करते थे। वेदों की पवित्र नदी कभी अफगानिस्तान में हेलमन्द थी। प्राचीन फारसी भाषा में इसे हरह वैति तथा असीरी भाषा में अरकत्तु कहते हैं। दूसरी तरफ पूर्व पंजाब की एक नदी सम्भवतः ऋग्वेद काल के बाद सूख गई।

डी.डी. कोसाम्बी के उपर्युक्त अकाट्य तथ्य को स्वीकारने के साथ-साथ हम यह भी तो पाते ही हैं कि ऋग्वेद की ऋचाओं में वरुण, उषस, अग्नि आदि देवताओं की स्तुति है। इन ऋचाओं के रचयिता भारद्वाज, वामदेव, विश्वामित्र, अत्रि, कण्व, भंगिरस, गौतम, आजिरति, सुनः, शैष, मेघतिथि, हिरण्यस्तूप आदि बताए गए हैं। *ऋग्वेद* में भारतीय संस्कृति का सुन्दर चित्र देखने को मिलता है। ईसा पूर्व सोलहवीं सदी के बारे में जानने के लिए साहित्यिक स्रोत ही प्रमुख स्रोत है। अतः इसलिए भी *ऋग्वेद* का महत्त्व बढ़ जाता है। कुछ विद्वान इसकी महत्ता को देखते हुए इसे सृष्टिकर्त्ता ब्रह्मा की कृति मानते हैं। कुछ विद्वानों का कहना है कि इसकी रचना बड़े-बड़े ईश्वर-ऋषियों ने की। एक और मत इसकी रचना के सम्बन्ध में लिया जाता है कि महाभारत काल के प्रसिद्ध वेदव्यास ने इसके सभी सूक्तों को एक जगह इकट्ठा किया और चार भागों में बाँटा जो *ऋग्वेद, सामवेद, यजुर्वेद* एवं *अथर्ववेद* के नाम से मशहूर हैं। इसमें सबसे प्रधान ऋग्वेद को माना गया जिसके द्वारा आर्यों की जानकारी हमें मिलती है। ऋग्वेद को दस माध्यमों या मंडलों में बाँटा गया है। ये मंडल आर्यों के वंशों एवं ऋषि परिवार के बारे में हमें बताते हैं। आर्यों का आगमन, इनके द्वारा राज्य का विस्तार एवं अनार्यों के साथ युद्ध सम्बन्धी बातों की जानकारी वृहद् पैमाने पर हमें होती है।

कहा जाता है कि ऋग्वेद की रचना प्रथम मानव ने की थी। बिना इस बात पर ध्यान दिए कि विश्व में लिखने की प्रथा सबसे पहले कब से शुरू हुई; कहते हैं कि ऋग्वेद विश्व की सबसे प्राचीनतम पुस्तक है। कुछ विदेशी विद्वान जैसे—मैक्समूलर ने ऋग्वेद को भी चार भागों में बाँटा है। इसमें पाए गए छन्दों को भाषा विज्ञान के द्वारा अध्ययन करने के पश्चात अनुमान किया गया है कि इसकी रचना ईसा पूर्व 1200 से 1000 तक के बीच में हुई होगी। *ऋग्वेद* में जो मन्त्र पाए गए हैं उनका भी काल विद्वानों के द्वारा निर्धारित किया गया है। मैक्समूलर

ने ही मन्त्रों को 1000 से 800 ईसा पूर्व के बीच का बताया है। इनका यह भी कहना है कि ईसा पूर्व 800 से 600 के बीच ब्राह्मण ग्रन्थ लिखे गए और ईसा पूर्व 600 से 200 के बीच सूत्रों का संकलन हुआ। इस तरह सब मिलाकर ईसा से बारह सौ वर्ष पहले ऋग्वेद की रचना हुई। कैम्ब्रिज हिस्ट्री में भी मैक्समूलर की बात का समर्थन किया गया है।

कुछ दूसरे विद्वानों ने भी इस सम्बन्ध में अपने मत दिए हैं। विंटरनित्ज नामक विद्वान ने ऋग्वेद का रचना काल लगभग ईसा पूर्व 3000 बताया है। इतना ही नहीं, विंटरनित्ज यह भी कहने की हिम्मत रखता है कि इसकी रचना किसी एक काल में एक ऋषि द्वारा नहीं की गई। ऋग्वैदिक काल से सम्बन्धित एक अभिलेख वोगाजकोई में मिला है। मध्य एशिया में वोगाजकोई एक स्थान है। यहाँ पाए गए इस अभिलेख को ईसा से डेढ़ हजार वर्ष पहले का बताया गया है। इस अभिलेख में कुछ वैसे देवताओं के नामों का उल्लेख है जो *ऋग्वेद* में भी वर्णित हैं, जैसे, मित्रनासत्य, इन्द्र, वरुण आदि। इस अभिलेख के आधार पर यह बताने की कोशिश की गई है कि यह ग्रन्थ ईसा पूर्व डेढ़ हजार वर्ष का है।

ज्योतिष के आधार पर भी ऋग्वेद का काल विद्वानों के द्वारा निर्धारित किया गया है। जेकोवी नामक विद्वान के अनुसार ऋग्वेद की रचना ईसा से चार हजार वर्ष पूर्व है। भारतीय विद्वान अविनाशचन्द्र दास के अनुसार इसकी रचना का काल ईसा पूर्व चार हजार वर्ष है। लोकमान्य बाल गंगाधर तिलक ने तो इसे छह हजार वर्ष ईसा पूर्व मान लिया है।

1.2 समाज

ऋग्वैदिक समाज मुख्यतः कबीलाई था, अतः आर्थिक दृष्टिकोण से शिकार की चर्चा हम ज्यादा पाते हैं, विवाह, विवाह के प्रकार, नियोग, पुत्र-प्रकार, गोद लेना, धन का बँटवारा, उत्तराधिकार, श्राद्ध, स्त्रीधन आदि विषयों पर वैदिक ग्रन्थों में प्रकाश डाला गया है। ऋग्वेद (2.1.77) के अनुसार समाज में वैसी कन्या की शादी काफी कठिनाई से हो पाती थी जिसको कोई भाई नहीं होता था। ऐसी बात हम बाद में चलकर धर्मसूत्रों और याज्ञवल्क्य स्मृति (1.53) में भी पाते हैं। *ऋग्वेद* के दसवें मंडल (जिसकी रचना उत्तरवैदिक काल की बताई जाती है) के 85वें ऋचानुसार विवाह विधि में मन्त्र का प्रमुख स्थान हो गया। ब्रह्म-विवाह तथा गान्धर्व विवाह की चर्चा *ऋग्वेद* (10.27.22) के साथ-साथ धर्मसूत्रों एवं मनुस्मृति में भी है। औरस पुत्र के पक्ष और दत्तक पुत्र के विपक्ष में चर्चा ऋग्वेद (7.5.81) में हम पाते हैं। *ऋग्वेद* के दसवें मंडल (40.2) में क्षेत्रज पुत्र की चर्चा की गई है। ये सारी बातें सम्भवतः 1000 ई. पूर्व के बाद की ही हो सकती हैं।

परिवार एवं धन के सम्बन्ध में हम पाते हैं कि तैत्तिरीय संहिता के अनुसार मरने से पूर्व ही पिता धन का बँटवारा अपने पुत्रों में कर सकता था। सबसे बड़े का स्थान परिवार में सबसे ऊँचा था (*तैत्तिरीय संहिता,* 2.5.27)। ऋग्वेद के तीसरे मंडल (इस मंडल को ई.पू. 1000 के बाद की रचना विद्वानों ने बताया है।) के अनुसार पिता के मरने के बाद धन पर केवल भाई का अधिकार होता था, बहन का नहीं। इसी तरह की बात हमें बाद के काल के धर्मसूत्रों में देखने को मिलती है।

ऋग्वेद के बादवाले मंडल में विद्यार्थी जीवन के ब्रह्मचर्य को अच्छा बताया गया है। ब्रह्मचारियों के कर्तव्यों की *शतपथ ब्राह्मण* में चर्चा मिलती है। *शतपथ ब्राह्मण* की बातें आठवीं या सातवीं सदी ईसा पूर्व की बताई गई हैं। आश्रम में रहनेवाले यति एवं मुनियों की चर्चा

उत्तर वैदिक साहित्यों में है। ऐतरेय ब्राह्मण, छान्दोग्य उपनिषद् तथा बृहदारण्य उपनिषद् में आश्रम व्यवस्था पर प्रकाश डाला गया है। इन सारे ग्रन्थों का संकलन प्रथम सदी ई. के आसपास हुआ है (रामशरण शर्मा, *प्राचीन भारतीय राजनीतिक विचार एवं संस्थाएँ,* दिल्ली, 1977, पृ. 17)। उत्तर वैदिक ग्रन्थों में वर्ण एवं जाति की चर्चा की गई है।

शूद्रों को निम्न श्रेणी में रखने की बात हमें तैत्तिरीय संहिता में मिलती है। इन्हें यज्ञ करने के योग्य नहीं माना गया है (7.1.1.6)। यज्ञ पर विस्तृत चर्चा *मनुस्मृति* में ढंग से की गई है। *मनुस्मृति* को मानव धर्मशास्त्र भी कहा जाता है। ब्यूलर के अनुसार इस ग्रन्थ में ई.पू. 250 से 200 ई. तक की सामाजिक एवं आर्थिक बातों की जानकारी होती है। इस ग्रन्थ की शैली और वर्ण्य विषय पर दृष्टिपात करने से पता चलता है कि ईसा की पहली या दूसरी शताब्दी में इसे संकलित किया गया होगा। *याज्ञवल्क्य स्मृति* के काल के बारे में यहाँ बता देना आवश्यक लगता है कि इसकी रचना विद्वानों ने ईसा की दूसरी से चौथी सदी के बीच मानी है।

1.3 सूत्र साहित्य

कम-से-कम शब्दों में अधिक-से-अधिक बातें सूत्रों में हमें देखने को मिलती हैं। सूत्रों को अध्ययन की सुविधा के लिए तीन भागों में बाँटा जा सकता है। प्रथम श्रेणी में कल्पसूत्रों को रखा जा सकता है। इनमें वैदिक यज्ञों का शास्त्रीय ढंग से वर्णन किया गया है। दूसरी श्रेणी में गृह्मसूत्र को रख सकते हैं जिसमें गृहस्थ जीवन से सम्बन्धित संस्कारों, यज्ञों और कर्मकांडों की चर्चा की गई है। अन्त में धर्मसूत्र है जिसमें *गौतम धर्मसूत्र, आपस्तम्ब धर्मसूत्र, बौधायन धर्मसूत्र, विष्णु धर्मसूत्र, वसिष्ठ धर्मसूत्र* आदि को रखा जा सकता है। इन सूत्रों में सामाजिक बातों पर विस्तृत जानकारी मिलती है। गौतम धर्मसूत्र को विद्वानों ने सबसे पुराना बताया है। नियमपूर्वक साहित्य लिखने की शुरुआत सम्भवतः धर्मसूत्रों से ही प्रारम्भ हुई।

वेद, स्मृति, सदाचार आदि का वर्णन इन धर्मसूत्रों में है। चारों वर्णों (पुरोहित, क्षत्रिय, वैश्य और शूद्र) के कामों की चर्चा की गई है। इन सूत्रों में उपजातियों के बारे में वर्णन है। मिश्रित जातियाँ और शूद्रों पर भी प्रकाश डाला गया है। सूत्रों के आधार पर जिन्दगी के दिनों (अवस्था) को चार भागों—ब्रह्मचर्य, गृहस्थ, वानप्रस्थ और संन्यास में बाँटने की बात बताई गई है। विवाह के प्रकार, नियोग, नियोग की आवश्यकता, नियोग से उत्पन्न पुत्र का सम्पत्ति पर अधिकार आदि का वर्णन इन सूत्रों में है। स्त्रियों के अधिकारों एवं कर्तव्यों की विवेचना भी की गई है। श्राद्ध, गलत काम या पाप कर्मों का प्रायश्चित, जन्म, मृत्यु, अपराध, दंड आदि पर भी इन सूत्रों में प्रकाश डाला गया है।

धर्मसूत्रों में वर्णित नियमों का प्रयोग सम्पूर्ण भारत में एक समान करना सम्भव नहीं था क्योंकि भिन्न-भिन्न क्षेत्रों की आर्थिक, भौगोलिक एवं सामाजिक स्थितियाँ भिन्न-भिन्न प्रकार की थीं। उदाहरण के लिए जहाँ आठ प्रकार के विवाह की चर्चा गौतम सूत्र एवं बौधायन में की गई है वहाँ आपस्तम्ब मात्र छह प्रकार के विवाह का वर्णन करता है। इसमें प्राजापत्य एवं पैशाच विवाह को छोड़ दिया गया है। उसी तरह आपस्तम्ब सम्पत्ति का विभाजन सभी पुत्रों में एक समान करने का पक्ष लेता है तो दूसरी तरफ बौधायन के अनुसार सबसे बड़े पुत्र को सबसे अधिक धन मिलना चाहिए।

नारदस्मृति को विद्वानों ने पूर्णतया वैधानिक स्मृति माना है। इसकी रचना सम्भवतः ईस्वी सन् की पाँचवीं शताब्दी में हुई। आर्थिक स्थिति पर इसमें प्रकाश डाला गया है। इस

ग्रन्थ में दीनार शब्द का प्रयोग किया गया है। दीनार शब्द का प्रयोग दूसरी सदी ई. के अभिलेखों में सिक्के के रूप में मिलता है। इस समय भारत का व्यापारिक सम्बन्ध रोमन साम्राज्य से था। व्यापार में खरीद-बिक्री सिक्कों के आधार पर होती थी। ठोस वैधानिक स्मृतियाँ बृहस्पति (पाँचवीं सदी ई. की रचना) और कात्यायन (छठी सदी ई. की रचना) भी तत्कालीन आर्थिक एवं सामाजिक पहलुओं पर प्रकाश डालती हैं।

स्मृतियों में हम एक ही बात की चर्चा अनेक स्थानों पर पाते हैं। मनुस्मृति की बहुत सी बातें *नारदस्मृति, वृहस्पतिस्मृति* और *कात्यायनस्मृति* में हमें देखने को मिलती हैं। अतः बिना सावधानीपूर्वक अध्ययन किए इन स्मृतियों का उपयोग स्रोत के रूप में करना ठीक नहीं।

महाकाव्य

महाभारत और *रामायण* को महाकाव्य कहा जाता है। इनका सम्बन्ध उन घटनाओं से है जो लगभग 1000 और 700 ई.पू. के बीच घटी थीं, परन्तु जिस काल की घटनाओं का इनमें वर्णन है उसका अध्ययन करने के लिए इन्हें प्रामाणिक नहीं माना जा सकता।

1.4 महाभारत

महाभारत में वर्णित बातों पर कुछ प्रकाश डाला जाए, इसके पहले यह बता देना आवश्यक है कि महाभारत का युद्ध लड़नेवाले एक परिवार की राजधानी हस्तिनापुर में खुदाई की गई जिससे ज्ञात होता है कि इसका एक भाग लगभग 800 ई. पूर्व में गंगा–जिसके किनारे पर यह बताया हुआ था–की बाढ़ में बह गया था। पुराणों में बताया गया है कि यह घटना युद्ध के तत्काल बाद हस्तिनापुर में राज्य करनेवाले राजा के सातवें उत्तराधिकारी के शासनकाल में हुई थी। इससे महाभारत युद्ध का समय लगभग 900 ई.पू. ठहरता है। इस बाढ़ की साक्षी यह भी प्रमाणित करती है कि रँगे-भूरे बर्तनों (Painted Greyware) की संस्कृति का अन्त भी हस्तिनापुर में इसी समय हुआ था (रोमिला थापर, भारत का इतिहास, पृ. 24)।

महाकाव्य महाभारत का अध्ययन समाज में इतना महत्त्वपूर्ण स्थान रखता है कि इसे वेद की श्रेणी में रखा जाता है। प्राचीन काल में इसके अनेक संस्करण होते रहे। पहले इसमें 8800 श्लोक थे और 'जय' या 'इतिहास' के नाम से यह प्रसिद्ध था। इसमें पांडवों की विजय का इतिहास था। वैशम्पायन ने कुरू-पांडु युद्धकथा जनमेजय को तक्षशिला में सुनाई, तब यह भारत नाम से प्रसिद्ध हुआ और इसमें चौबीस हजार श्लोकों का संकलन हो गया। जब सूत लोमहर्षण ने इसे नैमिषारण्य की महती सभा में सुनाया तो वह शतशाहस्त्री संहिता के नाम से विज्ञापित हुआ। यह उपाधि इसे गुप्तकाल में प्राप्त हुई थी। इस तरह इसका और अधिक विस्तार हुआ और गुप्तकाल में इसमें एक लाख श्लोकों का संकलन हो गया। भारतों का इसमें चरित्र वर्णन और गाथा हैं, अतः इसे महाभारत कहा जाने लगा।

महाभारत का आलोचनात्मक संस्करण 40 वर्षों के अथक परिश्रम के फलस्वरूप 40 पांडुलिपियों को इकट्ठा करके किया गया लेकिन इसमें मात्र 78,675 श्लोक हैं। इनमें से करीब 20,000 श्लोकों में कौरव एवं पांडवों के बीच युद्ध का वर्णन है। इस तरह आरम्भ का इतिहास-पुराण बाद में चलकर महाकाव्य में बदल गया जिसमें हजारों श्लोक समय-समय पर इसमें शामिल किए गए। फलस्वरूप इस काव्य के आधार पर उस काल की संस्कृति एवं समाज का सही चित्र खींचना आसान नहीं है।

इस महाकाव्य के विशाल आकार एवं इसमें धार्मिक, आर्थिक, सामाजिक, राजनीतिक आदि पहलुओं से सम्बन्धित तथ्यों की भरमार रहने के कारण ऐसी धारणा सर्वविदित रही है कि ऐसी कोई बात नहीं है जिसका इसमें समावेश न हुआ हो, भले ही इसमें तर्कसंगत तथ्यों का बाहुल्य न हो। इस अतिविशाल ग्रन्थ में वर्णित अधिकांश तथ्य कल्पना पर आधारित हैं, जिनमें दन्तकथाओं की भरमार है। उन तथ्यों में ऐतिहासिक प्रामाणिकता को ढूँढ़ना एक दुष्कर कार्य है। उदाहरणस्वरूप, महाभारत में वर्णित सभापर्व के कुछ श्लोकों के अनुसार जरासंध ने अपनी 23 अक्षौहिणी विशाल सेना से मथुरा को घेर लिया और कृष्ण को विनष्ट कर देना चाहा। एक अक्षौहिणी में, जैसा कि महाभारत में भी बताया गया है, 21,870 हाथी तथा उतने ही रथ, 65,610 अश्ववार तथा एक लाख, नौ हजार, तीन सौ पचास पदाति होते हैं। इस प्रकार जरासंध के समय में मगध की कुल सेना पचास लाख तीस हजार, एक सौ होती है, जबकि द्वितीय महायुद्ध के पहले भारत में ब्रिटिश सेना की कुल संख्या मात्र बत्तीस हजार, पाँच सौ सैंतीस ही थी।

महाभारत का पूर्णरूप से अध्ययन करने पर पता चलता है कि इस काव्य के कुछ अंश एक विकसित समाज की चर्चा करते हैं तो दूसरे अंश कई बातों को आपस में उलझाकर विरोधाभास की स्थिति में ला देते हैं। इस काव्य में हम एक तरफ आदिम एवं बिना संगठित घुमक्कड़ समाज की चर्चा पाते हैं तो दूसरी ओर एक विकसित एवं संगठित समाज की जो कई वर्गों में विभक्त था। समाज में व्यापारी, सैनिक, मन्त्री, पुरोहित, दास, स्थानीय अधिकारी, किसान आदि थे। सभी वर्गों के लोगों के कर्तव्य पर इस काव्य में विशेष रूप से प्रकाश डाला गया है। एक तरफ हम पितृसत्तात्मक समाज की चर्चा पाते हैं तो दूसरी ओर मातृसत्तात्मक समाज की जिसमें कुन्तीनन्दन कर्ण अर्थात् कुन्ती का पुत्र कहा गया है। यह सर्वविदित है कि नियोग विधि के द्वारा ही पाँचों पांडवों का जन्म हुआ था। यहाँ यह ध्यान देने की बात है कि नियोग की यह प्रथा प्रायः ऋग्वैदिक काल के आदिम समाज में प्रचलित थी। इस काल के पश्चात नियोग की प्रथा समाज में अनुचित समझी जाने लगी और बौद्धकाल से इस पर रोक लगा देने की बात पाई गई है। अतः कुन्ती के नियोग द्वारा पांडवों को जन्म की बात मातृसत्तात्मक समाज की याद दिलाती है। यहाँ यह भी ध्यान देने की बात है कि जैसे-जैसे समाज आर्थिक, सामाजिक एवं राजनीतिक रूप से संगठित एवं विकसित होता जाता है, उसका स्वरूप मातृसत्तात्मक से पितृसत्तात्मक हो जाता है। यद्यपि मातृसत्तात्मक समाज में औरतों की ही प्रधानता होती है, परिवार का सभी मुख्य कार्य उसी के नाम पर होता है, इसके बावजूद पुरुष वर्ग का इस समाज में भी काफी महत्त्वपूर्ण स्थान रहता है और अप्रत्यक्ष रूप से वही वास्तविक कर्ता रहता है।

आज के महाभारत का जो स्वरूप है उसके अनुसार लगता है कि इसके अधिकांश भाग ईसा के बाद के चार सौ वर्षों में संकलित किए गए। इसमें सारी घटनाओं और विवरणों की बहुत ही अच्छे ढंग से व्याख्या की गई है। बहुत सी बातें काफी हद तक आधारहीन एवं अन्धविश्वासपूर्ण हैं, फिर भी बहुत से तथ्य तत्कालीन सामाजिक, राजनीतिक एवं आर्थिक इतिहास की रचना के लिए बहुत ही महत्त्वपूर्ण हैं। इससे वैदिक काल के आदिम समाज पर भी प्रकाश पड़ता है। इसके कुछ अंश मौर्यकाल एवं गुप्तकाल के समाज एवं राजनीति से सम्बन्धित हैं। महाभारत का शान्ति एवं अनुशासनपर्व, हॉपकिंस के अनुसार नकली या मिलावटवाला काव्य कहा गया है। उसके अनुसार शान्ति एवं अनुशासनपर्व में वर्णित गाथा का वर्णन उस काल के अन्य 14-15 ग्रन्थों में भी पाया गया है। हॉपकिंस के विचार को ठीक से समझने के लिए उसके द्वारा रचित पुस्तक

द ग्रेट एपिक ऑफ इंडिया का अध्ययन करना आवश्यक है।

महाभारत में वर्णित तथ्यों को ठीक से समझने के लिए इसमें वर्णित बहुत से प्राचीन नगरों में से कुछ नगरों जैसे, राजगृह, गया एवं चम्पा के बारे में यहाँ संक्षेप में बता देना आवश्यक है। राजगृह एवं गया तो आज भी दक्षिण बिहार में इसी नाम से जाने जाते हैं लेकिन दक्षिण बिहार में ही स्थित प्राचीन नगर चम्पा की जानकारी आधुनिक भागलपुर से की जा सकती है। इस काव्य में वर्णित उपर्युक्त तीनों नगरों का तालमेल मुख्य रूप से मौर्य एवं गुप्तकाल में लिखे गए मूल साहित्यिक ग्रन्थों से बैठता है।

मूल ग्रन्थों के साथ-साथ दक्षिण बिहार से प्राप्त पुरातात्त्विक सामग्री से भी यह बात स्पष्ट हो जाती है कि प्राक्-बौद्धकाल में दक्षिण बिहार के उपर्युक्त स्थान नगरीय अवस्था में नहीं थे। गया के आसपास में ही सोनपुर की खुदाई हुई है जिसमें ई.पू. 11वीं सदी की कोई नगरीय सामग्री प्राप्त नहीं हुई है। अतः यह कहा जा सकता है कि पूर्व-बौद्धकाल में गया के पास कोई नगर नहीं था। खुदाई से प्राप्त वहाँ की वस्तुएँ मुख्यतः ई.पू. छठी-पाँचवीं सदी की हैं। पुरातात्त्विक सामग्री के आधार पर राजगृह एवं चम्पा के सम्बन्ध में भी यह कहा जा सकता है कि प्राक्-बौद्धकाल में इन स्थानों का नगरीकरण नहीं हो पाया था। ये नगर मुख्य रूप से लगभग ईसा-पूर्व पाँचवीं सदी से लेकर ईसा की तीसरी-चौथी सदी तक विकसित अवस्था में रहे और महाभारत के जिन पर्वों में इन नगरों का उल्लेख है वे मुख्यतः मौर्य एवं गुप्तकाल में ही लिखे गए। गया के पास स्थित सोनपुर की खुदाई से यह भी प्रमाणित होता है कि गुप्तयुग के पूर्व ही यहाँ की नगरीय सभ्यता बर्बाद हो चुकी थी। यही स्थिति राजगृह की भी रही। गुप्तकाल से नगरीय सभ्यताओं की अवनति की बात सम्भवतः सम्पूर्ण उत्तर भारत में पाई जाती है। दक्षिण भारत में स्थित कर्नाटक, महाराष्ट्र आदि आधुनिक प्रान्तों के आसपास के प्राचीन शहर भी ईसा की तीसरी-चौथी सदी से अपना पूर्व-नगरीय महत्त्व खो चुके। बहुत से नगर तो हमेशा के लिए बर्बाद हो गए।

इन तथ्यों के आधार पर यह कहा जा सकता है कि सम्पूर्ण महाभारत किसी एक काल में नहीं बल्कि भिन्न-भिन्न कालों में लिखा गया। कुछ बातें तो ऋग्वैदिक एवं उत्तरवैदिक काल की हैं, लेकिन सुसंगठित एवं विकसित समाज के सम्बन्ध में जो भी बातें लिखी गई हैं उनमें से अधिकांश बातें मौर्य एवं गुप्तकाल की हैं। अतः समग्र महाभारत कुरुक्षेत्र के युद्ध के समय की रचना नहीं है। जैसा कि महाभारत के आलोचनात्मक संस्करण, पूणे के सम्पादक ने बताई है, महाभारत का एक श्लोक अगर ईसा पूर्व दूसरी सदी का है तो दूसरा सम्भवतः ईसा के बाद की दूसरी सदी का हो सकता है। अतः हमें यह जानने की अब कोशिश करनी पड़ेगी कि महाभारत के कौन-कौन हिस्से किस समय में लिखे गए हैं। अगर यह प्रयास सफल रहा तो जैसा कि प्रोफेसर बी.पी. मजूमदार, का कहना है, महाभारत में उल्लिखित बिहार के इतिहास पर ठीक से प्रकाश डालना सम्भव हो पाएगा। बिहार के अलावा भारत के दूसरे प्रान्तों में स्थित प्राचीन नगरों की जानकारी भी मिल पाएगी। यह तथ्य तो सर्वविदित ही है कि भारत में सिन्धुघाटी सभ्यता के बाद नगरीकरण का द्वितीय चरण कोई डेढ़ हजार वर्ष बाद छठी शताब्दी ईसा पूर्व से प्रारम्भ हुआ। अतः महाभारत में वर्णित भारत के जो भी नगर हैं वे छठी शताब्दी ई.पू. से लेकर ईस्वी सन की चौथी-पाँचवीं शताब्दी के बीच के ही हैं।

महाभारत के बहुत ही प्रमुख उपपरिणामों में से एक है—श्रीमद्भागवत् गीता जिसमें कृष्ण समाज के सभी वर्णों को अपना कर्तव्य ईमानदारीपूर्वक करने का उपदेश देते हैं। उनके अनुसार

अपने कर्तव्य का पालन करने के लिए अगर किसी की जान तक लेनी पड़े तो वह भी करना चाहिए। सन्तोष ही सबसे बड़ा सुख का साधन है। यह काव्य राजा के शासन का जोरदार ढंग से समर्थन करते हुए बताता है कि राजा ही राज्य को जन्म देता है। राजा को अपना राज्य सफलतापूर्वक चलाने के लिए मुख्यतः व्यापारियों और किसानों से कर वसूलना चाहिए क्योंकि कर ही राज्य को जन्म देता है। अतः अधिक कर के लिए यह जरूरी था कि वह शहरों एवं गाँवों की संख्या बढ़ाए। महाभारत में वर्णित गीता की यह बात निश्चित रूप से हमें मौर्यकाल की ओर ध्यान दिलाती है। समाज में वैश्यवर्ग मुख्यतः खेती, पशुपालन एवं व्यापार करता था। अतः वही मुख्य रूप से कर देनेवाला वर्ग था। महाभारत के आपद्धर्म में राजा को विष्णु कहा जाने लगा। उसकी तुलना ईश्वर से की जाने लगी क्योंकि वह सभी व्यक्तियों के जानमाल की रक्षा करता था।

1.5 रामायण

महाभारत से छोटा आकार रामायण का है और क्षेपक भी कम मात्रा में है। इसके लेखक का नाम ब्राह्मणों ने कवि बाल्मीकि बताया है। रामायण की घटना महाभारत से बाद की है क्योंकि महाभारत का केन्द्र उत्तर-पश्चिमी भारत रहता है जबकि राम का पिता अयोध्या (उत्तर प्रदेश) और राम की पत्नी सीता मिथिला (बिहार का उत्तर-पूर्वी भाग) की बताई गई है। इसका अर्थ हुआ कि आर्यों का प्रसार पूरब की ओर रामायण के काल में हो चुका था। रामायण की घटना महाभारत के बाद की है, इस पक्ष में दूसरा ऐतिहासिक तर्क (प्रमाणों के आधार पर) यह है कि महाभारत के युद्ध का मुख्य कारण भूमि (वैसे, ब्राह्मणों का कहना है कि यह कृष्ण लीला है।) थी। इसका अर्थ हुआ कि लोग शिकार की तरफ से हटकर कृषि की ओर बड़े पैमाने पर आकर्षित होने लगे और भूमि का महत्त्व स्थायी जीवन व्यतीत करने के दृष्टिकोण से इतना बढ़ गया कि भूमि धन का पर्यायवाची हो गया और इसके लिए आपस में लड़ाई होने लगी। भूमि के कारण ही उत्पादन में बढ़ोतरी तथा स्थायी जीवन सम्भव था। उत्पादन में शिकार की तुलना में स्थायी रूप से अधिक निश्चितता के कारण ही एक व्यक्ति कई सदस्यों जैसे पत्नी, बच्चे, माता-पिता आदि को बैठाकर भोजन दे सकता था। यही हुआ भी और स्वाभाविक रूप से समाज में औरतों पर व्यक्तिगत नियन्त्रण (शादी के पश्चात पत्नी के रूप में भी) बढ़ने लगा जिसके परिणामस्वरूप एक औरत पर एक ही व्यक्ति का अधिकार होने लगा और राम की पत्नी को जब रावण हरण कर लेता है तो राम के साथ युद्ध होता है जो रामायण का मुख्य आधार है (औरत के लिए युद्ध न कि भूमि के लिए) और सीता पुनः राम को मिलती है। महाभारत काल में जहाँ औरतें नियोग पद्धति से माँ बन सकती थीं और देवर से शादी (देवर कामा) या शारीरिक सम्बन्ध स्थापित कर सकती थीं वहाँ रामायण काल में राम के छोटे भाई लक्ष्मण को सलाह दी जाती है कि सीता का आदर माँ के समान करे; अर्थात शारीरिक सम्बन्ध स्थापित नहीं करे। इस तथ्य का ऐतिहासिक अध्ययन करने से हम एक तरफ पुरुष-प्रधान समाज की बात रामायण काल में पाते है तो दूसरी ओर स्त्री के अधिकारों एवं स्वतन्त्रता में ह्रास। यह ह्रास इस बात से भी प्रमाणित होता है कि मात्र एक धोबी के कहने पर राम जैसे प्रतापी राजा एवं भगवान को अपनी पत्नी पर विश्वास नहीं रह जाता और सीता को अग्नि-परीक्षा देनी पड़ी। दूसरी तरफ, महाभारत काल में पत्नी को अपनी पवित्रता प्रमाणित करने के लिए अग्नि-परीक्षा का प्रश्न ही नहीं उठता। महाभारत में जहाँ एक स्त्री

को अनेक पति हैं वहाँ दशरथ की तीन पत्नियाँ।

इस तरह महाभारत एवं रामायण की प्रधान कथाओं में कई शताब्दियों का अन्तर है, पर ये दोनों ग्रन्थ उस युग की सामाजिक एवं आर्थिक दशाओं पर महत्त्वपूर्ण प्रकाश डालते हैं। महाभारत की तुलना में रामायण अधिक शहरों की चर्चा करता है।

1.6 विवाह

प्राचीन भारत में स्त्रियों के विवाह की स्थिति पर लिखे गए महत्त्वपूर्ण ग्रन्थों में वर्णित इतिहास लेखन की कुछ मुख्य बातें इस प्रकार हैं :

इंग्लैंड के उदयीमान औद्योगिक समाज तथा भारत के जीर्ण क्षयोन्मुख समाज के बीच जो स्पष्ट वैषम्य था, उस ओर राष्ट्रीयता की भावना से प्रबुद्ध शिक्षित बुद्धिजीवियों का ध्यान आकर्षित हुआ। उन्होंने अनुभव किया कि सती एवं बाल-विवाह की प्रथाएँ राष्ट्रीय प्रगति में बड़ी बाधक हैं। चूँकि ऐसा माना जाता था कि ये प्रथाएँ धर्मसूत्रों पर आधारित हैं, इसलिए यह अनुभव किया गया कि कोई आवश्यक सुधार उसी स्थिति में आसानी से किया जा सकता है जब उसे धर्मशास्त्र सम्मत सिद्ध किया जाए। फलतः 1818 ई. में राममोहन राय ने सती प्रथा के विरुद्ध अपनी प्रथम पुस्तिका प्रकाशित की; जिसमें यह दिखाने का प्रयत्न किया कि शास्त्रों के अनुसार सती होना ही विधवा की मुक्ति का उत्तम मार्ग नहीं है। उसी शताब्दी के छठे दशक में ईश्वरचन्द्र विद्यासागर ने सम्पूर्ण स्मृति-साहित्य का मन्थन किया ताकि विधवा-विवाह के पक्ष में प्रमाण उपस्थित किया जा सके। फिर आठवें दशक में आर्य-समाज के संस्थापक, स्वामी दयानन्द ने मूल संस्कृत उद्धरणों का संग्रह 'सत्यार्थ-प्रकाश' नाम से प्रकाशित किया, जिसका उद्देश्य विधवा-विवाह और जन्म के आधार पर जाति का खंडन तथा शूद्रों के वेदाध्ययन अधिकार का मंडन करना था।

आर.सी. दत्त को इस बात का गर्व है कि किसी भी प्राचीन जाति ने हिन्दुओं से बढ़कर स्त्रियों का सम्मान नहीं किया, किन्तु उन्हें दुःख है कि कुछ लेखकों ने, जो हिन्दू शास्त्रों से अनभिज्ञ हैं और जिन्होंने तुर्की और अरबी रीति-रिवाजों के आधार पर ही पूरब की स्त्रियों के सम्बन्ध में अपनी धारणा बनाई है, हिन्दुओं का गलत निरूपण किया है और उनका अहित किया है। 1891 में जब 'ऐज ऑफ दि कंसेंट', बिल पेश हुआ, तब सर आर.जी. भंडारकर ने संस्कृत ग्रन्थों से उद्धरण देते हुए कि प्रमाणयुक्त पुस्तिका प्रकाशित की, जिसमें प्रतिपादित किया कि कन्या का विवाह पूर्ण युवती होने पर ही किया जाना चाहिए। आधुनिक सुधारों के पक्ष में प्राचीन धर्मग्रन्थों से प्रमाण उद्धृत करने की इस प्रवृत्ति को आर.जी. भंडारकर के शब्दों में अच्छी तरह उपसंहृत किया जा सकता है। उन्होंने कहा, "प्राचीन काल में कन्याओं का विवाह पूर्ण यौवन प्राप्त करने के बाद होता था, अब उनका विवाह पहले ही हो जाता है, उन दिनों विधवा-विवाह प्रचलित था, अब यह बिल्कुल बन्द हो गया है।"

आधुनिक मापदंडों के अनुसार जो कुछ भी अभद्र और अशोभन प्रतीत होता था, उसे या तो दबा दिया गया या उसका कुछ-न-कुछ अप्रतीतिकर स्पष्टीकरण दे दिया गया। जैसे, यह तर्क दिया गया कि शूद्रों को अपनी अधिकारहीनता के कारण सुख-समृद्धि में किसी प्रकार की कमी नहीं आई। बाद के युग में होनेवाले बाल-विवाह के औचित्य के पक्ष में यह सफाई दी जाने लगी कि इस प्रथा से किसी कामभावना से उद्दीप्त होने के पहले ही कन्या जान लेती थी कि उसे किसी व्यक्ति के साथ प्रेम करना है। इसी प्रकार स्त्रियों की शाश्वत

पराश्रितता के पक्ष में यह तर्क दिया जाने लगा कि यदि स्त्री कर्मणा और मनसा पुरुष से समता का दावा करे तो उसकी स्थिति हास्यास्पद हो जाएगी। इस तरह अपने सुधारवादी दृष्टिकोण के कारण, इन लेखकों ने कठिन प्रश्नों की ओर कभी ध्यान नहीं दिया। ऐसे रुख के कारण ही प्राचीन भारत में स्वैरिता (सम्भोग-स्वच्छन्दता) के अवशेष, मातृ-तन्त्र तथा गणिकाओं की स्थिति आदि के विषय में विशेष शोध-कार्य नहीं हुआ, जिसका कारण यह भी रहा होगा कि वे लोग इस सिद्धान्त को मानना न चाहते थे कि विवाह का उद्भव गणिका-वृत्ति और मातृ-तन्त्र से हुआ, जिसे 19वीं सदी के मानवशास्त्रियों ने लगभग एक रूप से स्वीकृत किया था और आज भी यदा-कदा माना जाता है।

कहा जाता है कि बाल-विवाह की शुरुआत निम्न जातियों में हुई जबकि धर्मशास्त्रों से बिल्कुल स्पष्ट है कि यह प्रथमतः द्विजातियों में शुरू हुआ था। यह भी कहा जाता है कि उच्च वर्गों में स्त्री का स्थान अपेक्षाकृत ऊँचा था, जबकि स्थिति उल्टी प्रतीत होती है। सबसे बड़ी बात तो यह है कि प्राचीन भारतीय समाज के अध्ययन के आधार पर एक लेखक ब्राह्मण के लिए ब्रह्मचर्य और संयम का परामर्श देता है, और निम्न वर्गों के लोगों के लिए गर्भ-निरोधक वस्तु के व्यवहार का।

मेयर के अनुसार वैदिक साहित्य में स्वैरिता के विषय में प्रत्यक्ष रूप से तो कहीं कुछ नहीं मिलता है, किन्तु इसमें किसी प्रकार का सन्देह नहीं कि इस आचरण के प्रचलन का अप्रत्यक्ष साक्ष्य मौजूद है। प्रजापति का अपनी पुत्री के प्रति मोहित हो जाने की कथा परम प्रसिद्ध है। हम लोग यह भी जानते हैं कि पूषन् ने अपनी माता से प्रणय-याचना की थी। ऐतरेय ब्राह्मण की एक प्राचीन गाथा से ज्ञात होता है कि पुत्रों की प्राप्ति के लिए लोग अपनी माता और बहन से भी पत्नी की भाँति सम्भोग करते थे। मानव-जाति के मूल पुरुष मनु को ब्रह्मा ने अपनी पुत्री शतरूपा के गर्भ से उत्पन्न किया। इस प्रकार के उदाहरण स्पष्टतः समाज की उस आदिम अवस्था की ओर संकेत करते हैं, जिससे विवाह एक संस्था के रूप में परिणत नहीं हुआ था।

यह मत भी प्रकट किया जाता है कि पिता-पुत्री के बीच यौन सम्बन्ध आदिम युगीन पितृ-सत्तात्मक परिवारों में चला होगा, क्योंकि उत्प्रवास के समय पुत्रों की बहुत आवश्यकता थी, किन्तु बहुत से आदिमजन साधारणतः मातृ-सत्तात्मक, या कम-से-कम मातृवंशी थे, और किसी भी ऐतिहासिक युग में पितृसत्तात्मक परिवार में ऐसी प्रथाएँ प्रचलित नहीं थीं। महाभारत के कई सन्दर्भों से यह स्पष्ट संकेत मिलता है कि उससे पूर्वकालों में स्वैरिता की अवस्था आई थी। कर्ण पद में मद्रदेश के लोगों के विषय में ऐसी अनेक अनुश्रुतियाँ आई हैं। कहा गया है कि उस देश की बाहलीक जाति की स्त्रियाँ मनुष्य के लिए कलंक हैं। उन लोगों के सम्बन्ध से किसी का जनक निश्चित करना कठिन है, इसलिए उत्तराधिकार बहन को मिलता है, न कि पुत्र को। इसी ग्रन्थ से यह भी ज्ञात होता है कि मद्रदेशवासी बाहलीक जाति की स्त्रियाँ नग्न होकर नृत्य करती हैं और हँसती हैं। वे कामुक और स्वैरिणी होती हैं और खुलेआम रति-क्रिया करती हैं। यह महत्त्वपूर्ण बात है कि पश्चिमोत्तर भारत में परम्पराओं की अनुश्रुति राजतरंगिणी-काल तक चलती आ रही थी, जिसमें कहा गया है कि गान्धार के ब्राह्मण अगम्यागामी होते हैं। मद्र के इस सन्दर्भ से ज्ञात होता है कि उस देश में व्यक्तिचार निरोधक नियम जो एक पत्नी-विवाह संस्था में अन्तर्निहित थे ऐसी परम्पराएँ पश्चिमोत्तर भारत में भी स्त्री राज्य, स्त्री-वाह्य या नारी-विषय के अस्तित्व सम्बन्धी अन्य सन्दर्भ से भी अनुसमर्थित होती हैं।

स्वैरिता के विषय में महाभारत के दो सन्दर्भ निर्णयात्मक हैं। पांडु एक ऐसे युग की चर्चा

करता है जिसमें स्त्रियाँ उच्छृंखल, कामुक, स्वैरिणी और स्वतन्त्र होती थीं। वे विवाह के पूर्व भी पुरुष-संगम करती थीं, किन्तु इससे उन्हें किसी तरह का पाप नहीं लगता था। पांडु कहता है कि उस समय में भी उत्तर कुरु में ऐसी प्रथा प्रचलित थी। बौद्ध-साहित्य में भी इस देश को ऐसा स्थान कहा है, जहाँ पर स्त्रियाँ किसी की सम्पत्ति नहीं होती थीं और कुछ भी व्यक्तिक सम्पति नहीं होती थी। किन्तु स्वच्छन्द काम-सम्बन्ध के अस्तित्व का सबसे बड़ा सूचक है उद्दालक और उसके पुत्र श्वेतकेतु की कथा। श्वेतकेतु समीप में ही खड़ा था कि एक ब्राह्मण ने उसकी माता को हाथ पकड़कर खींच लिया। वह क्रुद्ध हो उठा। पिता ने उससे कहा कि यह नाराज होने की बात नहीं है, क्योंकि संसार में सभी स्त्रियाँ नग्न और स्वेच्छाचारिणी हैं, और यह सनातन धर्म (अनादि काल से चली आ रही प्रथा) है। किन्तु पुत्र इस व्यवहार के लिए इस तर्क को स्वीकार करने के लिए तैयार नहीं था। उसने इस नियम की स्थापना की कि जो पत्नी अपने पति की उपेक्षा करे और जो पति अविवाहित कन्या का कौमार्य भंग करे, वह भ्रूण-हत्या का दोषी होगा। चूँकि श्वेतकेतु की यह कथा कई अन्य अनुश्रुतियों से मिलती है, इसलिए इसे सीधे गढ़ी हुई कहानी कहकर टाला नहीं जा सकता है। यहाँ इस पौराणिक रचना का भी उल्लेख किया जा सकता है कि कृत युग में सन्तान प्राप्त करने की कामना होने पर ही सन्तानोत्पत्ति की जाती थी। इस तरह आदि काल में वैवाहिक संस्था के अभाव में स्त्री और पुरुष अपने इच्छानुसार किसी के साथ स्वेच्छापूर्वक रमण कर सकते थे।

पूर्वकालीन धर्मशास्त्रों में उद्धृत एक प्राचीन गाथा में कुछ आवरण के साथ एक ऐसे युग की चर्चा है जब पातिव्रत्य का बहुत ही कम मूल्य था। वैवाहिक संस्था स्थापित हो जाने के बाद भी स्वैरितावाले पुराने युग की याद दिलानेवाले कुछ रिवाज स्मृति काल तक चलते रहे। परिणाम यह हुआ कि मान्य वैवाहिक सम्बन्ध के बिना उत्पादित पुत्रों के लिए भी स्मृतिकारों को विधान बनाना पड़ा। मनु के अनुसार यदि किसी स्त्री को अपने पति से भिन्न पुरुष के साथ रति के फलस्वरूप पुत्र उत्पन्न हो और यदि उसका पिता निश्चित नहीं किया जा सके तो वैसा पुत्र गूब्रोपन्न कहलाता है। स्मृतिकारों ने कुमारी और विधवा की सन्तानों के लिए भी नियम बनाए हैं। स्मृति ग्रन्थों में ऐसी चार प्रकार की सन्तानें बताई गई हैं। ऐसा लगता है कि इस प्रकार के अवशेष उस प्राचीन स्वैरिता युग का स्मरण दिलाते हैं जब स्त्री-पुरुष के सम्भोग में कोई प्रतिबन्ध नहीं था, जो कि पितृसत्तात्मक समाज में एक वैवाहिक परिवार प्रथा के फलस्वरूप बाद में विकसित हुआ।

इन सन्दर्भों के आधार पर स्वच्छन्द काम सम्बन्ध के प्रचलन की अवधि और व्यापकता के विषय में किसी निश्चित निष्कर्ष पर पहुँचना बहुत ही कठिन है। लेकिन इतना निश्चित रूप से कहा जा सकता है कि प्राचीन भारतीय समाज में स्वैरिता के अवशेष विद्यमान थे। आधुनिक युग के समान विवाह की विशेषता उस काल में नजर नहीं आती।

1.7 अर्थशास्त्र एवं अन्य साहित्य

कौटिल्य के अर्थशास्त्र से प्राचीन भारतीय आर्थिक एवं सामाजिक स्थितियों की जानकारी होती है। जहाँ तक इसके रचनाकाल का प्रश्न है, अधिकांश विद्वान इसे मौर्य काल का मानते हैं किन्तु कुछ वैसे भी इतिहासकार हैं जो इसे एक निश्चित समय की रचना नहीं मानते और न यही मानते हैं कि इसे किसी एक निश्चित स्थान पर लिखा गया। भाषाविदों के अनुसार भी इसका अधिकांश भाग ई.पू. प्रथम सदी से पहले का नहीं हो सकता है। इस पुस्तक में जितने

प्रकार के संगठनों की चर्चा है वे अशोक के बाद के हैं। खुदाई से प्राप्त सामग्री के अध्ययन के आधार पर विद्वानों का मत है कि इस शास्त्र का अधिकांश अंश ईसा की दूसरी सदी में संकलित किया गया। अर्थशास्त्र के अध्ययन से हमें कानून, विवाह, परिवार, स्त्रीधन, नगर, व्यापार, उच्च और निम्न वर्ग, सम्पत्ति का अधिकार आदि के बारे में ठोस जानकारी होती है।

आर्थिक दृष्टिकोण से लगभग 547 जातक कथाएँ आर्थिक एवं सामाजिक स्थितियों के बारे में जानकारी देती हैं। इसकी रचना बौद्ध धर्म के समर्थकों ने की और व्यापारियों, नगरों, व्यापार, ब्राह्मणों की दयनीय स्थिति आदि पर महत्त्वपूर्ण बातें जानने को मिलती हैं। जातकों में बुद्ध के काल अर्थात छठी शताब्दी ईसा पूर्व की बातें बताई गई हैं लेकिन वास्तव में ये कथाएँ ई.पू. द्वितीय एवं प्रथम सदी में लिखी गईं जिसकी पुष्टि अभिलेखों, स्तूपों आदि स्रोतों से होती है। जातक से हमें वैसे समाज की जानकारी होती है जिसके बीच सिक्कों का प्रयोग बड़े पैमाने पर होता था। भारत का रोम के साथ व्यापार की वृहत् जानकारी इस स्रोत से हमें मिलती है।

मौर्यकाल के बाद की रचनाओं में हम मिलिन्दपन्हो, दिव्यावदान, महावस्तु, अवदानशतक, ललितविस्तर आदि को रख सकते हैं। ये रचनाएँ भी बौद्ध स्रोत हैं जिनके आधार पर आर्थिक एवं सामाजिक स्थितियों को समझने में हमें सुविधा होती है।

सातवाहन काल की रचना गाथासप्तशती ग्रामीण जीवन को जानने में मदद करती है। संगमसाहित्यों जैसे, तोलकापियम, परिपाडल, मुदुनारै, मुदुकुरूगु, कड़रियाविरै; शील्लदिकारम् एलूत्तदिकारम् पोरूड़दिकारम्, नऋणै, कुरून्तोगै, ऐंगुणुनूणु, पदरूप्पतु, परिपाडल, कलिन्तोगै, नेणुन्तोगै, आदि से दक्षिण भारत के आर्थिक एवं सामाजिक जीवन की जानकारी होती है। कुषाण शासक कनिष्क के काल के विद्वान अश्वघोष द्वारा लिखित बुद्धचरित एवं सौन्दरनन्द पहली सदी के आसपास के काल की आर्थिक स्थिति को जानने के लिए प्रमुख स्रोत के रूप में इस्तेमाल किए जा सकते हैं।

1.8 कालिदास की रचनाएँ

मालविकाग्निमित्र, अभिज्ञानशाकुन्तलम्, ऋतुसंहार, मेघदूत, रघुवंश, कुमारसम्भव आदि गुप्तकालीन सामाजिक स्थिति को जानने के लिए काफी उपयोगी हैं। इस काल और इससे पूर्वकाल की आर्थिक एवं सामाजिक इतिहास की जानकारी विशाखदत्त द्वारा रचित मुद्राराक्षस एवं शूद्रक द्वारा रचित मृच्छकटिक द्वारा होती है।

आर्थिक इतिहास को जानने के लिए हम पतंजलि के महाभाष्य को स्रोत के रूप में इस्तेमाल कर सकते हैं। गुप्त एवं उत्तर-गुप्तकालीन स्त्री, समाज, नगर आदि के लिए वात्स्यायन का कामसूत्र काफी उपयोगी है।

पाँचवीं-छठी शताब्दी में अनेक शब्दों के अर्थ में परिवर्तन हुए और इस दृष्टिकोण से अमर सिंह का अमरकोष एक प्रमुख स्रोत है जिससे गुप्तकालीन राजस्व व्यवस्था की जानकारी होती है।

जैन आगम ग्रन्थ, भगवती सूत्र, कल्पसूत्र, उत्तराध्ययन सूत्र, आचारांग सूत्र आदि जैन स्रोतों से प्राचीन भारत के आर्थिक एवं सामाजिक स्थितियों की जानकारी होती है। इनसे नगर, बन्दरगाह, खान, चमड़ा, वस्त्र, फसल आदि की जानकारी होती है।

1.9 *विदेशी साहित्य*

हेरोडोटस ने हिस्टोरिका नामक पुस्तक में भारतीय कृषि, अन्न, दवा, जड़ी-बूटी आदि की चर्चा की है। मेगास्थनिज की इंडिका ने खान, विभाजन, जाति, विवाह, तिलक आदि पर प्रकाश डाला है। स्ट्रैबो ने सतीप्रथा की बात, जड़ी-बूटी आदि की बात बताई है। प्लिनी एवं पेरिप्लस ने भारत की व्यापारिक स्थिति पर ठोस प्रकाश डाला है। भारत एवं रोम से होनेवाले व्यापार एवं आयात-निर्यात की वस्तुओं पर विशेष प्रकाश डाला है।

चीनी यात्रियों जैसे इत्सिंग, फाहियान (पाँचवीं सदी), ह्वेनतसाँग (सातवीं सदी) आदि ने भारतीय नगरों, विद्यालयों, मठों आदि पर प्रकाश डाला है।

1.10 *उत्खनन*

सिन्धुघाटी की सभ्यता को जानने का एकमात्र स्रोत पुरातात्त्विक सामग्री हैं जहाँ की लिखित सामग्री अभी तक नहीं पढ़ी जा सकी है। वैदिक काल में उत्खनन का महत्त्व कुछ अपवादों को छोड़कर बहुत ज्यादा नहीं रह जाता है लेकिन ईसा पूर्व चौथी-तीसरी सदी से भारतीय इतिहास के आर्थिक एवं सामाजिक पहलुओं को समझने के लिए पुरातत्त्व सबसे महत्त्वपूर्ण स्रोत हो जाता है। पुरातत्त्व के अधीन खुदाई से प्राप्त सामग्री, अभिलेख, सिक्के, मूर्तियाँ, मन्दिर, आदि रखे जा सकते हैं। वैसे गुप्तकाल से अभिलेख एक महत्त्वपूर्ण स्रोत हो जाता है क्योंकि अभिलेखों की मात्रा बहुत अधिक इसी समय से बढ़ जाती है। जमीन दान देने से अभिलेखों का सम्बन्ध रहा है। इन स्रोतों से समाज, भेष-भूषा, व्यापार, स्त्री, नगर, जाति, धर्म, वर्ण आदि की जानकारी होती है।

मुद्राएँ सम्भवतः सिन्धु सभ्यता के काल में ही मिलने लगती हैं लेकिन ये धातु की नहीं हैं। ई.पू. लगभग सातवीं-आठवीं सदी से भारत में धातु की मुद्राएँ मिलने लगती हैं। वजन एवं शुद्ध धातु की मात्रा के आधार पर भिन्न-भिन्न कालों की आर्थिक स्थिति की जानकारी होती है।

मनुस्मृति हिन्दुओं से सम्बन्धित कानूनों की व्याख्या करता है। इस दृष्टिकोण से यह बहुत ही प्रामाणिक ग्रन्थ है। आज भी हिन्दुओं के बारे में जो धार्मिक नियम हमारे समाज में प्रचलित हैं, उनका मुख्य स्रोत मनुस्मृति ही है। मनुस्मृति-कालीन समाज ऐसा लगता है कि दो भागों में बँटा था, एक वर्ग आर्यों का था तथा दूसरा अनार्यों का। अनार्यों के बारे में कहा गया है कि ये किसी स्थान पर निश्चित ढंग से नहीं रहते थे बल्कि चारों तरफ आज के नेटुआ-समाज की तरह घूमते रहते थे। ये साधारणतः किसी जंगल या पहाड़ में रहते थे। दिन के समय भी गाँव में आते समय उन्हें एक विशेष प्रकार का वेश धारण करना पड़ता था। अनार्य लोग प्रायः अपराधियों को फाँसी लगाने या मरे हुए व्यक्ति की लाश को उठाने का काम करते थे।

मनुस्मृति के अनुसार उस काल का समाज वर्णाश्रम धर्म पर आधारित था। प्रथम श्रेणी ब्राह्मणों की थी। इनको बहुत ही साधारण जीवन व्यतीत करना पड़ता था। संन्यासी गुणवान एवं सरल जीवन बिताने के आधार पर समाज में अपना महत्त्वपूर्ण स्थान बनाए हुए थे। द्वितीय श्रेणी क्षत्रियों की थी जिनका कार्य प्रायः युद्ध करना और देश की रक्षा करना था। खेती, पशुपालन एवं व्यापार का काम करनेवाले वर्ग को वैश्य कहा जाता था जो तीसरी श्रेणी

में आते थे। इन तीनों वर्णों में आनेवाले लोगों की संख्या बहुत ज्यादा नहीं थी। समाज में सबसे अधिक संख्या शूद्रों की थी। इनका काम ब्राह्मणों, क्षत्रियों एवं वैश्यों की सेवा करने के अलावा कूड़ा-करकट फेंकने तथा शव को उठाकर फेंकना था। ये शूद्र मरने के बाद श्राद्ध तो कर सकते थे, लेकिन संस्कार करने की अनुमति इन्हें नहीं थी। संस्कार की अनुमति तो द्विजों को थी और ब्राह्मण, क्षत्रिय तथा वैश्य ही द्विज की श्रेणी में आते थे। शूद्रों के अलावा मनुस्मृति समाज में दासों की भी चर्चा करता है। इन दासों की भी कई श्रेणियाँ थीं और इन्हें सम्पत्ति रखने का अधिकार नहीं था।

मनुष्य के जीवन से सम्बन्धित चार आश्रमों का उल्लेख मनु ने किया है। पहला आश्रम ब्रह्मचर्य का है, जिसके रूप में विद्यार्थी को कठोर जीवन बिताना पड़ता था। बच्चों को शिक्षा दी जाती थी लेकिन उपनयन संस्कार के बाद। मनुस्मृति के काल में अनेक शास्त्रों का अध्ययन किया जाता था। इनमें प्रमुख थे–उपनिषद, ब्राह्मण, आरण्यक दर्शनशास्त्र, वेदांग, कर्मशास्त्र आदि। शिक्षा अध्ययन की एक साल में दो अवधियाँ होती थीं। शिक्षा में सफलता मिले इसके लिए हरेक अवधि के शुरू में कई तरह के संस्कार किए जाते थे।

मनु शब्द का सम्बन्ध अगर हम किसी व्यक्ति से जोड़ते हैं, तो पाते हैं, कि इसने स्त्रियों के प्रति बड़ा कठोर दृष्टिकोण रखा। इस काल की स्त्रियाँ न तो वेदों का अध्ययन कर सकती थीं और न मन्त्रों का उच्चारण ही। जन्म से लेकर मृत्यु तक इन्हें किसी-न-किसी व्यक्ति के नियन्त्रण में रहना ही पड़ता था। जन्म से लेकर विवाह के पहले तक बालिकाएँ पिता या भाई के नियन्त्रण में रहती थीं। विवाह के पश्चात इन्हें पति के अधीन रहना पड़ता था। पति की मृत्यु के बाद भी मनु कहता है कि इन्हें पुत्रों के नियन्त्रण में रहना पड़ता था। इस तरह इनका स्वतन्त्र अस्तित्व था ही नहीं और न ही सम्पत्ति पर किसी तरह का अधिकार।

1.11 याज्ञवल्क्यस्मृति

यह ग्रन्थ मनुस्मृति की तुलना में अधिक संयमित है। इसका भाव भी बड़ा ही स्पष्ट है। कुछ ऐसे प्रश्नों का भी इससे हल करने का प्रयास है, जिन पर मनु चुप है। शारीरिक स्वस्थता एवं बीमारी होने पर इलाज के बारे में इसमें काफी चर्चा है। विवाह सम्बन्धी नियमों पर याज्ञवल्क्य का अपना अलग विचार है। मनु एक शूद्र कन्या से ब्राह्मण पुरुष की शादी को उचित मानता है, तो याज्ञवल्क्य इसका विरोध करता है। जब मनु नियोग विधि को ठीक मानता है, तो याज्ञवल्क्य इसका विरोध करता है। याज्ञवल्क्य ने विधवा स्त्रियों के प्रति सहानुभूतिपूर्वक विचार करते हुए उनको कुछ अधिकार स्पष्ट रूप से देने का समर्थन किया है। मनुस्मृति में हम पाते हैं कि औरतों को किसी प्रकार का अधिकार देने के पक्ष में वह नहीं है। याज्ञवल्क्य में हम अनेक विद्याओं, वेद वेदांगों, धर्म, दंडनीति, स्मृति, एवं भाष्यों आदि की भी चर्चा पाते हैं।

1.12 विष्णुस्मृति

याज्ञवल्क्य के बाद रची गई विष्णुस्मृति में हमें वेदांगों, व्याकरण पुराणों, धर्मशास्त्रों, ब्राह्मण आदि का विस्तृत उल्लेख मिलता है। पति के मरने के पश्चात् पति की लाश के साथ-साथ चिता में जलकर मरने अर्थात सती प्रथा के सम्बन्ध में भी चर्चा है। इस स्मृति के अनुसार कापालिक मुर्दा का मांस खाते थे एवं रक्त पीते थे तथा शूद्र संन्यासी भी होते थे। विष्णुस्मृति

के अनुसार विदेशियों के या शूद्रों के साथ खानपान करनेवालों को म्लेच्छ कहा गया है। म्लेच्छों एवं अन्त्यजों से बात तक करने पर विष्णुस्मृति रोक लगाता है। इस स्मृति में वासुदेव की पूजा पर ज्यादा प्रकाश डाला गया है। विष्णुस्मृति काल में राजा द्वारा प्रजा को उपहार दिया जाता था। कार्यालय में इसकी सूची रखने के लिए चमड़े तथा ताम्बे की पट्टी पर उपहार पानेवाले व्यक्तियों का नाम लिखा जाता था। इस पट्टी में किसी का नाम जोड़ा न जाए या काटा न जाए इसके लिए इस पर राजा की मुहर लगाना आवश्यक था। विष्णुस्मृति में हमें सिक्कों के बारे में भी जानकारी मिलती है, जिनमें प्रमुख है—यव, कृष्णाल, माशा, अक्षार्थ, सुवर्ण, निष्क और धर्म।

1.13 नारदस्मृति

विद्वानों का कहना है कि मनुस्मृति के पश्चात नारदस्मृति की रचना हुई। दोनों रचनाओं में कुछ हद तक एकरूपता पाई जाती है। इनके मुख्य विषयों एवं श्लोकों में भी बहुत मेलजोल हम पाते हैं। उदाहरण के लिए जिन पाँच परीक्षाओं की चर्चा याज्ञवल्क्यस्मृति में है वे सारी परीक्षाएँ नारदस्मृति में भी वर्णित हैं। नारदस्मृति में हम केवल इतना ही पाते हैं कि इसमें दो और परीक्षाओं का उल्लेख किया गया है। कुछ विषयों पर मनुस्मृति एवं नारदस्मृति में विभिन्नता है। जैसे, मनु ने नियोग प्रथा और विधवा विवाह का समर्थन किया है। नारद में दासों के पन्द्रह प्रकार बताए गए हैं, लेकिन केवल सात प्रकार के दासों का वर्णन हम मनुस्मृति में पाते हैं। मनु के जैसा नारद भी धूत पर राज-नियन्त्रण और राजस्व को बढ़ाने का समर्थन करता है।

1.14 वैदिक साहित्य और पुरातत्त्व

भारत का प्राचीन इतिहास जानने के लिए सबसे महत्त्वपूर्ण स्रोत पुरातात्त्विक साक्ष्य को माना जाता है। भारत में अनेक प्राचीन स्थलों की खुदाई हुई है, जिनके आधार पर भारतीय इतिहास के प्राचीन पहलू को हमें ठीक से जानने का मौका मिलता है। हमारे कुछ प्रमुख भारतीय इतिहासकारों–जैसे, डी.डी. कोसाम्बी, राहुल सांकृत्यायन, के.पी. जायसवाल, आर.एस. शर्मा, रोमिला थापर, ललनजी गोपाल आदि का प्रयास रहा है कि प्राचीन इतिहास को कथानक एवं मिथक मात्र की सीमा में न रखा जाए। इसको एक तर्कपूर्ण आधार दिया जाए। कुछ पुरातत्त्व से सम्बन्ध रखनेवाले विद्वानों का कहना है कि जितने भी धार्मिक ग्रन्थ हैं, उनमें से अधिकांश कल्पना पर ही आधारित हैं। उन पर विश्वास करना मुश्किल है। इन पुरातात्त्विक विद्वानों का यह कथन सत्य सा प्रतीत भी होता है, लेकिन साहित्यिक रचनाओं में स्तरीकरण के अभाव में इन रचनाओं को कोई मान्यता नहीं देना ठीक नहीं है। बहुत सी प्राचीन रचनाएँ मिलती हैं जिनमें लिखित कई बातों का सामंजस्य पुरातात्त्विक साक्ष्यों के साथ हो जाता है।

उपर्युक्त दृष्टिकोण को ध्यान में रखते हुए बहुत से विद्वान इस बात का प्रयास कर रहे हैं कि वैदिक साहित्य में वर्णित बातों का सामंजस्य किसी भी तरह खुदाई से प्राप्त अवशेषों के साथ हो सके। ऋग्वेद का जो काल है उसके समय की खुदाई से मात्र काला एवं लाल मृद्भांड, ताम्बा एवं गेरूवर्णी मृद्भांड मिले हैं, किन्तु इनमें से किसी भी वस्तु को ऋग्वैदिक लोगों की कृति नहीं माना जा सकता है। जो काले व लाल मृद्भांड मिले हैं वे हड़प्पा काल के बाद के तो हैं जरूर लेकिन इनका निश्चित समय नहीं बताया जा सकता। तिथिक्रम के दृष्टिकोण से तो गेरूवर्णी मृद्भांड ऋग्वेद के समय का माना जा सकता है, लेकिन आश्चर्य

के साथ कहना पड़ता है कि इस संस्कृति के बारे में आज तक कोई जानकारी सप्तसैन्धव क्षेत्र में नहीं हुई जिससे साबित हो कि ऋग्वेदीय सभ्यता का यहाँ पर कोई केन्द्र भी था। ये गेरूवर्णी मृद्भांड आर्यों के क्षेत्र सप्तसिन्धु क्षेत्र में नहीं मिले बल्कि गंगा-यमुना दोआब में केन्द्रित हैं। इस सम्बन्ध में यहाँ यह बता देना आवश्यक लगता है कि भारत के उत्तर-पश्चिम में स्थित अफगानिस्तान की स्वात घाटी में एक स्थान है, जिसका नाम गोलागाई है। ऐतिहासिक महत्त्व का होने के कारण उस स्थान की खुदाई कुछ दिन पहले हुई है। यहाँ खुदाई में गेरूवर्णी मृद्भांड मिला है, जो ईसा पूर्व उन्नीसवीं सदी का बताया गया है। सिन्धु क्षेत्र के जिन-जिन भागों में ताम्बा मिला है, वहाँ भी इसी तरह की तस्वीर देखने को मिलती है। ऋग्वेद में ताम्बा एवं पीतल के बारे में चर्चा तो मिलती है लेकिन इसका भी अवशेष सिन्धु क्षेत्र में नहीं मिलता है। ये धातु भी गंगा-यमुना दोआब एवं इसके पूर्व में ही पाए गए हैं। ऋग्वैदिक लोगों की गतिविधियों का केन्द्र मुख्य रूप से पंजाब, अफगानिस्तान एवं उत्तरी राजस्थान में ही रहा है। इन क्षेत्रों में धूसर मृद्भांड मिले हैं, किन्तु जहाँ तक इन धूसर मृद्भांड के तिथिक्रम का प्रश्न है, ये ऋग्वेद के काल से मेल नहीं खाते। अगर बिना किसी बहस के यह मान लिया जाए कि ये पुरातात्विक सामग्री ऋग्वेद काल की थी ही तो इसके आधार पर ऋग्वेद के पक्ष की कोई महत्त्वपूर्ण बात सामने नहीं आती क्योंकि ये धूसर मृद्भांड, गेरूवर्णी मृद्भांड, ताम्बा, पीतल, आदि मात्रा में इतने कम हैं कि ऋग्वेद के काल में किसी स्थायी जीवन पर कोई प्रकाश नहीं डालते। इस सामग्री के आधार पर जिस तरह के जीवन की जानकारी होती है, उसकी तुलना ऋग्वैदिक कबायली जीवन से की जा सकती है।

एक स्थान पर काफी मात्रा में जो ताम्बा मिला है उसके आधार पर कहा जाता है कि वहाँ अनेक प्रकार के अस्त्र शिकार करने के लिए बनाए जाते थे। इसी तरह उत्तर प्रदेश में स्थित बुलन्दशहर के लाल किला नामक स्थान एवं अलीगढ़ के पास स्थित अतरंजीखेढ़ा को छोड़कर कोई दूसरा ऐसा स्थल नहीं मिलता है, जहाँ गेरूवर्णी मृद्भांड के आधार पर लोगों का जीवन स्थायी रहा।

ऋग्वैदिक काल की तुलना में उत्तरवैदिक काल के जो साहित्यिक स्रोत हैं उनमें से कई का सम्बन्ध खुदाई से प्राप्त सामग्री के साथ जोड़ा जा सकता है। उत्तरवैदिक काल में हम अयस या लोहे की चर्चा पाते हैं। खुदाई से भी लोहे की जानकारी उत्तरवैदिक क्षेत्र में मिलती है। चित्रित धूसर मृद्भांड हमें पश्चिम उत्तर प्रदेश, राजस्थान, हरियाणा और पंजाब से मिले हैं। बिहार के कुछ भागों, पूर्वी उत्तर प्रदेश तथा उत्तर-पश्चिम में तक्षशिला तक खुदाई से हमें काली पॉलिशवाले मृद्भांड मिले हैं। इन मृद्भांडों का काल ईसा पूर्व लगभग आठ सौ से एक सौ तक बताया गया है। हम तो जानते ही हैं कि उत्तरवैदिक काल ईसा पूर्व एक हजार से छह सौ ई.पू. तक के काल को कहा जाता है। अतः उपर्युक्त पुरातात्त्विक सामग्री तो उत्तरवैदिक काल की संस्कृति के अवशेष होने की हकदार हो सकती है। चित्रित धूसर मृद्भांडों का काल ईसा पूर्व आठ सौ से चार सौ ई.पू. तक माना गया है। इस तरह विद्वानों का कहना सत्य प्रतीत होता है कि इन्हीं चित्रित धूसर मृद्भांडों का प्रयोग करनेवाले लोगों ने भारत में लोहे का भी प्रयोग शुरू किया होगा। लोहे का प्रयोग तो एक ऐसा आविष्कार था, जो बाद के लोगों के जीवन के प्रत्येक पहलू को प्रभावित करने की असीम क्षमता रखता था। उपर्युक्त तथ्य इस बात की ओर भी संकेत करते हैं कि ऋग्वैदिक काल में पाए जानेवाले गेरूवर्णी या काले एवं लाल मृद्भांडों की तुलना में उत्तरवैदिक काल के धूसर और उत्तरी काली

पॉलिशवाले बर्त्तन की संस्कृति अवशेष ऋग्वैदिक काल की तुलना में ईसा पूर्व एक हजार से अधिक स्थायी जीवन की ओर संकेत करते हैं। इस काल में कृषि से सम्बन्धित बहुत से प्रमाण भी मिलते हैं। दाल एवं अनाज खुदाई से मिले हैं, लेकिन लोहे का कोई ऐसा औजार खुदाई में नहीं मिल पाया है जो खेती के काम में लाया जाता हो। इतिहासकार रामशरण शर्मा तथा अन्य विद्वानों का इस सम्बन्ध में कहना है कि लोहे का जमीन के अन्दर पानी के संयोग से धीरे-धीरे गल जाना बिल्कुल सम्भव है। उदाहरण के तौर पर अगर एक काँटी हम दीवाल में गाड़ दें तो बरसात के कुछ महीनों के पश्चात जंग लगते-लगते एक दिन वह बिल्कुल समाप्त हो जाती है। वैसे लोहे के बढ़ते हुए प्रयोग के चिह्न की काफी बहुतायत है। अतिरंजीखेढ़ा, बटेसर, हस्तिनापुर एवं आलमगीरपुर आदि स्थानों की खुदाई हुई और वहाँ से लोहे के युद्धास्त्रों के काफी अवशेष मिले हैं। उपर्युक्त प्रदेश प्रसिद्ध कुरू-पांचाल क्षेत्र में आते हैं। अतिरंजीखेड़ा से हमें खुदाई में लोहे की दराँती मिली है। नोह नामक स्थान की खुदाई से कुल्हाड़ी प्राप्त हुई है। लोहे के चिमटे, चाकू, पिनें, कीलें आदि वस्तुएँ भी मिली हैं। इनका प्रयोग प्रायः घरेलू वस्तुओं के रूप में होता था। रामशरण शर्मा (दि लेटर वैदिक फेज एंड द पेंटेड ग्रेवेयर कल्चर, पुरातत्त्व, अंक-आठ (1975-76), पृ. 63-77) के अनुसार यद्यपि चित्रित धूसर मृद्‌भांडों तथा उत्तरी काली पॉलिशवाली मृदभांडों के रूप में जिस पुरातात्त्विक संस्कृति की जानकारी मिलती है वह अपूर्ण है, फिर भी उत्तरवैदिक काल के साहित्य की संस्कृति से सामंजस्य स्थापित करने का प्रयास गलत नहीं। अतः वैदिक काल की समाज के अध्ययन करने के लिए वैदिक साहित्यों पर निर्भर होना पड़ेगा।

सामवेद—ऋग्वेद की तरह सामवेद का भी अपना एक अलग महत्त्व है। यह 1519 या 1810 श्लोकों का संकलन है। ये श्लोक सोमयज्ञ के विशेष अवसर पर ब्राह्मणों द्वारा गाए जाते थे। इन श्लोकों को गानेवाले विशेष प्रकार के ब्राह्मण होते थे, जिन्हें 'उदगात' कहा जाता था। इस ग्रन्थ में वर्णित श्लोकों का विशेष महत्त्व इसलिए नहीं है कि इनमें अधिकांश श्लोक ऋग्वेद से लिए गए हैं। लगभग 75 श्लोकों के बारे में पता चल पाता है कि ये ऋग्वेद के नहीं हैं। इस ग्रन्थ से आर्यों के संगीत-प्रिय होने की बात की जानकारी होती है।

यजुर्वेद—वैदिक ग्रन्थों में तीसरा महत्त्वपूर्ण ग्रन्थ यजुर्वेद है। इसमें यज्ञ से सम्बन्धित नियमों की विस्तृत रूप से व्याख्या की गई है। लिखावट एवं अन्य दृष्टिकोण से यजुर्वेद को दो भागों में बाँट दिया गया है। प्रथम भाग को शुक्ल अर्थात शुक्ल यजुर्वेद कहते हैं तथा दूसरे भाग को कृष्ण अर्थात कृष्ण यजुर्वेद कहा जाता है। शुक्ल यजुर्वेद में केवल श्लोकों का संकलन है। दूसरी तरफ कृष्ण यजुर्वेद में हम श्लोकों के साथ-साथ इनकी व्याख्या भी पाते हैं।

अथर्ववेद—वैसे तो अथर्ववेद को वेद कहना उचित नहीं जान पड़ता है, लेकिन अब विद्वानों ने इसे भी वेद की श्रेणी में रख दिया है। यह ग्रन्थ ऋग्वेद से काफी मिलता-जुलता है, इसलिए इसके अलग अस्तित्व का प्रश्न नहीं उठता, फिर भी इसका अपना एक अलग महत्त्व भी जरूर है। इसमें कुछ वैसे मन्त्रों की चर्चा है, जिनके आधार पर भूत-प्रेत को वश में किया जा सकता है। इसमें प्रथम बार मगध की चर्चा है। अनेकों प्रकार की बीमारियों के इलाज के लिए औषधियों का प्रयोग करने की चर्चा है। कोढ़ नामक बीमारी को ठीक करने के लिए महाअसुरमयी नामक एक शूद्र स्त्री की जानकारी होती है। इस ग्रन्थ में कुछ श्लोकों की चर्चा हम देवताओं की प्रशंसा में भी पाते हैं।

अध्याय 2

वर्ण एवं जाति

विश्व के सामाजिक इतिहास में भारतीय वर्ण एवं जाति का महत्त्वपूर्ण स्थान है। शायद मनुष्य की मनोवैज्ञानिक एवं सामाजिक आवश्यकताओं को ध्यान में रखते हुए उसको आरम्भ किया गया होगा। वर्ण एवं जाति प्रथा का उद्देश्य सामाजिक व्यवस्था एवं संगठन को एक स्थायित्व प्रदान करना था। इससे समाज की उन्नति हुई। प्राचीन काल में वर्ण-व्यवस्था ने आर्थिक व्यवस्था को सुदृढ़ कर समाज को समृद्ध किया। इससे भारतीय अर्थव्यवस्था एवं साहित्य और संस्कृति की सुरक्षा हुई तथा उनके उत्थान में भी बड़ा योगदान मिला।

2.1 वर्ण एवं आश्रम

प्राचीन काल में वर्णाश्रम धर्म तथा समाज के लिए अत्यन्त आवश्यक था। वर्ण एवं आश्रम दोनों एक-दूसरे से सम्बन्धित थे तथा दोनों का ही सम्बन्ध व्यक्ति और समाज से था। आश्रम का सम्बन्ध व्यक्ति के आचार अर्थात व्यावहारिक आचरण तथा वर्ण का सम्बन्ध समाज, जिसमें व्यक्ति रहता था, से था। आश्रम व्यवस्था में जीवन का प्रत्येक अवस्था में व्यक्ति के आचार को प्रशिक्षित किया जाता था। वर्ण-व्यवस्था में गुण एवं क्षमता के आधार पर समाज में स्थान निर्धारित होता था।

2.2 वर्ण एवं जाति

'वर्ण' और 'जाति' दोनों दो परस्पर भिन्न एवं स्वतन्त्र शब्द हैं। 'जाति' शब्द संस्कृत के जन शब्द से बना है जिसका अर्थ होता है 'जन्म लेना', जबकि वर्ण शब्द का अर्थ रंग या 'प्रकाश' है। यह शब्द संस्कृत के 'वृ' धातु शब्द से बना है जिसका अर्थ 'चुनना' होता है। ऋग्वेद में वर्ण का प्रयोग आर्यों और दासों में अन्तर स्पष्ट करने के लिए हुआ, परन्तु कालान्तर में इससे ब्राह्मण, क्षत्रिय, वैश्य और शूद्र आ गए। बाद में इन वर्णों में अनेक शाखाएँ और उपशाखाएँ प्रस्फुटित हुईं जिन्हें जातियों और उपजातियों के नाम से पुकारा जाने लगा। मनु ने चार वर्णों का उल्लेख किया है, किन्तु वर्ण संकरता के फलस्वरूप 57 जातियाँ बन गईं। आगे चलकर वर्ण और जाति का एक ही अर्थ में प्रयोग होने लगा।

पी.वी. काणे का मत है कि वर्ण तथा जाति दोनों का प्रयोग बहुधा समान अर्थ में होता रहा एवं कभी-कभी दोनों के अर्थों में अन्तर भी पाया जाता है। वर्ण पूर्णतः वंश, संस्कृति, चरित्र, स्वभाव और व्यवसाय पर आधारित है जिसमें व्यक्ति की नैतिक एवं बौद्धिक योग्यता का समावेश होता है एवं यह स्वाभाविक वर्णव्यवस्था का द्योतक है। स्मृतियों में भी वर्णों का आदर्श कर्तव्यों

पर समाज या वर्ण के उच्च मापदंडों पर बल देने पर आधारित है न कि जन्म से प्राप्त अधिकारों या विशेषाधिकारों पर। परन्तु इसके ठीक विपरीत जाति व्यवस्था में जन्म और आनुवंशिकता पर बल दिया गया है और बिना कर्तव्यों के यह सिर्फ विशेषाधिकारों पर आधारित है।

2.3 वर्णों एवं जातियों के उद्‍भव के कारण

वर्णों एवं जातियों की उत्पत्ति अलग-अलग समय में परिस्थिति के अनुसार अनेक कारणों से हुई। फिर भी इनकी उत्पत्ति का मूल आधार जन्म-सिद्धान्त पर ही आधारित था।

1. वर्ण–ऋग्वैदिक काल में केवल दो वर्ण–आर्य और उसके विरोधी दस्यु या दास थे। यह विभिन्नता केवल रंग और संस्कृति के कारण थी। इस प्रकार सबसे पहले वर्ण का प्रारम्भ पूर्ववैदिक काल में रंग के आधार पर था।

2. श्रम-विभाजन का सिद्धान्त एवं उद्योग–वैदिककाल में आर्यों के निश्चित स्थान पर बसने के पश्चात उन लोगों ने सामाजिक एवं आर्थिक समस्याओं के समाधान के लिए श्रम-विभाजन के सिद्धान्त को अपनाया। इसके फलस्वरूप उनके कार्य के आधार पर वर्ण में बँटवारा हुआ। जो अध्ययन-अध्यापन एवं पुरोहित के कार्य करने लगे वे ब्राह्मण, जो शासन सम्बन्धी एवं सैनिक कार्य करने लगे वे क्षत्रिय, जो कृषि, पशुपालन एवं व्यापार और उद्योग-धन्धे में लिप्त हो गए वे वैश्य एवं सेवा कार्य करनेवाले शूद्र कहलाए। प्रारम्भ में ये वर्ग के रूप में थे परन्तु बाद में वर्ण कहलाने लगे। आगे चलकर उनके उद्योगों एवं शिल्पों के विकास के कारण विभिन्न वर्णों की उत्पत्ति हुई जो बाद में जातिगत रूप में परिणत हो गए।

3. जन्म–उत्तरवैदिक काल में वर्ण का आधार आनुवंशिक हो चुका था और जन्म के आधार पर चारों वर्ण ब्राह्मण, क्षत्रिय, वैश्य एवं शूद्र कहलाने लगे। उद्योग-धन्धे वंशानुगत हो गए। कालान्तर में विभिन्न कारणों से जातियाँ एवं उपजातियाँ बनीं परन्तु उनका आधार वंशानुगत हो चुका था।

4. मिश्रित विवाह एवं वर्णसंकर–मिश्रित विवाह एवं वर्ण-संकरता से समय-समय पर अनेक जातियाँ और उपजातियाँ बनीं। वैदिक काल में आर्यों ने दासों को जीतकर अपने समाज में सम्मिलित किया और उन्हें शूद्र कहा जाने लगा। उनमें पारस्परिक विवाह सम्पर्क आरम्भ होने लगा एवं आर्य पुरुष का शूद्र कन्या से विवाह होने लगा जिसे समाज में मान्यता प्राप्त थी और उनसे उत्पन्न सन्तान द्विजाति कहलाई। शूद्र पुरुष से ब्राह्मण कन्या की सन्तान चंडाल कहलाई। अतः इस तरह के मिश्रित विवाह दो प्रकार के थे–अनुलोम एवं प्रतिलोम। अनुलोम विवाह वह विवाह था जिसमें उच्चवर्ण का पुरुष निम्नवर्ण की कन्या के साथ विवाह करता था। किन्तु ठीक उसके विपरीत प्रतिलोम विवाह निम्नवर्ण के पुरुष का उच्चवर्ण की कन्या से होता था। अधिकांश धर्मशास्त्रकारों ने अनुलोम विवाह को धर्मानुकूल माना और उनसे उत्पन्न सन्तान को द्विजातियों से सम्बद्ध समस्त संस्कार सम्पन्न करने का अधिकार प्रदान किया। परन्तु प्रतिलोम विवाह निन्दनीय माना जाता था। इस विवाह के फलस्वरूप अनेक जातियों एवं उपजातियों का उदय हुआ जिनमें अम्बष्ठ, आयोगव, उग्र, करण, क्षता चांडाल, निषाद, सूत एवं भिषक आदि जातियाँ हैं। इन्हें वर्णसंकर कहा गया है। (*प्रशान्त गौरव, ब्रह्मवैवर्तपुराण में समाज एवं धर्म,* पटना, 2000, पृ. 37-42)

5. निम्न जनजातियाँ–ये प्रायः जंगलों तथा पहाड़ों में रहनेवाले पुलिन्द, शबर, किरात और भील थे जिनका अपना-अपना रीति-रिवाज था और प्रायः शिकार किया करते थे।

6. विदेशी आक्रमणकारियों से जातियाँ—भारत पर समय-समय पर विदेशी आक्रमण के फलस्वरूप यूनानी, शक, पार्थियन, कुषाण और हूण आए जिनमें यूनानियों को छोड़कर किसी की कोई उच्च संस्कृति नहीं थी। फलतः उन्होंने भारतीय कला एवं संस्कृति को सहजतापूर्वक अपना लिया। कुछ विद्वानों के अनुसार कतिपय राजपूत जातियाँ प्रतिहार, परमार, चौहान, चालुक्य, गुहिल, राठौर तथा कछवाह विदेशियों की सन्तान हैं जिन्हें ब्राह्मण पुरोहित ने उपनयन संस्कार एवं यज्ञ द्वारा पवित्र कर हिन्दू समाज में प्रतिष्ठित कर दिया और क्षत्रियों के रूप में प्रसिद्धि प्राप्त की।

7. स्थानों के आधार पर जातियों के नाम—कुछ जातियों के नाम उनके स्थान के कारण भी पड़ा जैसे मागध और वैदेहक। ये प्रादेशिक आधार पर थे। वैदिक काल में मगध एवं विदेह आर्यावर्त के बाहर स्थित प्रान्त थे जिन्हें धर्मशास्त्रकारों ने इन्हें शूद्रों के अन्तर्गत रखा। ब्राह्मणों में कन्नौजिया की उत्पत्ति कन्नौज से, मैथिल की मिथिला, श्रीमाली की श्रीमाल, सारस्वत की सारस्वत नदी तथा सपादलक्ष की सपादलक्ष प्रान्त तथा वैश्यों में अग्रवाल अग्रोहा से, खंडेलवाल की खंडेला, बघेरवाल की बघोरा, ओसवाल की ओसिया तथा डीउ (माहेश्वरी) जाति डीउकाणा से हुई।

8. प्राचीन गण एवं कबीले—प्राचीन गण एवं जनसमूह की जानकारी प्राचीन साहित्य, अभिलेखों एवं सिक्कों से मिलती है जिनमें लिच्छवि, मल्ल, शाक्य, मोरिय, मालव, यौधेय, आर्जुनायन, शिवि आदि गणों के नाम प्रसिद्ध हैं और ये अलग-अलग स्थानों पर बसे थे तथा अपने प्रदेशों की शासन-व्यवस्था का संचालन करते थे। आभीर, सनकानिक, प्रार्जुन, काक, खरपरिक आदि जन का भी उल्लेख है जिनसे जातियों की उत्पत्ति हुई।

9. सम्प्रदाय, मत और मतान्तर—कुछ जातियाँ कालान्तर में सम्प्रदाय, मत एवं मतान्तर से बनी है। कुछ शास्त्रकारों ने वास्तविक एवं विधर्मी मत को माननेवालों जैसे—कौल, पाशुपत, लोकायतिक, कपिल, बौद्ध आदि को हीन जातियों में क्रमबद्ध किया। आज के साधुओं और जोगियों को भी अलग जातियों में रखा गया।

10. उपाधियाँ एवं कुल नाम : कुछ जातियाँ धीरे-धीरे उपाधियों एवं कुल नामों से भी बनी हैं जिनमें कौटिल्य एवं गुप्त प्रसिद्ध हैं। कौटिल्य, चाणक्य की उपाधि थी एवं गुप्त राजाओं का कुलनाम था जिससे जातियाँ बन गईं।

11. विशिष्ट व्यक्तियों के नाम : कुछ विशिष्ट व्यक्तियों, जिन्होंने समाज में कोई विशिष्ट कार्य किया होगा, जिसे लोगों ने उनकी स्मृति को चिरस्थायी बनाए रखने के लिए उनके नाम पर आधारित जातियों की स्थापना की। सम्भवतः ऐसा अनुमान है कि परमार, चहमान एवं चालुक्य राजपूत वंशों के नाम विशिष्ट व्यक्तियों के नाम से जुड़े हैं। बंगाल का पालवंश गोपाल के नाम पर पड़ा।

इस तरह नई-नई जातियों के उदय के, इसके अतिरिक्त अन्य कारण भी हो सकते हैं। अलग-अलग क्षेत्रों में रीति-रिवाजों के कारण भी जातियाँ बनीं। इस प्रकार आरम्भ के चार वर्ण कालान्तर में बढ़कर अनेक जातियों एवं उपजातियों में विभक्त हो गए।

वर्ण एवं जाति का विकास एवं उत्थान

वर्ण एवं जाति के विस्तृत अध्ययन से स्पष्ट होता है कि इसका लगातार विकास एवं उत्थान होता रहा। प्रत्येक काल में इसकी अपनी अलग विशेषता रही एवं धीरे-धीरे इसमें सामाजिक

जटिलता आती गई जिससे वे बन्धन में ठोस होते गए।

2.4 ऋग्वैदिक काल

ऋग्वैदिक काल में जाति प्रथा पर अनेक विद्वानों में काफी मतभेद है। जाति से सम्बन्धित ऋग्वेद की ऋचाओं तथा शब्दों का अर्थ निश्चित नहीं है तथा उनके काल भी विवादास्पद हैं। दत्त, घुर्ये आदि विद्वानों का मत है कि ऋग्वैदिक काल में जाति प्रथा का अस्तित्व था और यह विद्यमान थी। अपने पक्ष में इन लोगों ने निम्न प्रमाण दिए हैं :

(a) ऋग्वेद की कुछ ऋचाओं में ब्राह्मण, राजन्य, वैश्य एवं शूद्र का उल्लेख है एवं इसके अतिरिक्त अन्य ऋचाओं में भी ब्रह्म, क्षत्र एवं विश के नाम उल्लिखित हैं तथा चार वर्गों का भी उल्लेख मिलता है जिससे जाति-प्रथा का आभास मिलता है।

(b) ऋग्वैदिक काल में वर्ग पैतृक हो चुका था जिसमें ब्रह्मपुत्र, ब्रह्मदेवानाम्, विप्रनाम और ब्रह्मजाया शब्द ब्राह्मणों की पैतृकता का बोध कराते हैं एवं हवन, यज्ञ आदि पूजा-पाठ के लिए वंशानुगत ब्राह्मणों की आवश्यकता होती थी। राजाओं की वंशावलियों से क्षत्रिय का वंशानुगत होना एवं दासों का समाज से अलग अस्तित्व जाति-व्यवस्था के तत्त्व को सिद्ध करता है।

(c) भारत की तरह इस समय ईरानियों में भी ऐसे चार वर्ग पुरोहित, योद्धा, कृषक एवं शिल्पी थे जो निश्चिततः जाति-व्यवस्था का द्योतक थे।

(d) ऋग्वैदिक काल में आर्य पंजाब के पूर्व की ओर अग्रसर हो रहे थे जिससे उनका सम्पर्क दासों से हुआ और अपनी नई सामाजिक एवं धार्मिक समस्याओं के समाधान के लिए श्रम-विभाजन के सिद्धान्त पर इन वर्णों की स्थापना की।

किन्तु इन विद्वानों के तर्क के ठीक विपरीत जिमर, कोलब्रूक, मैक्समूलर और पी.वी. काणे का मत है कि ऋग्वैदिक काल में जाति-प्रथा का कोई अस्तित्व नहीं था। अपने मत के समर्थन में इन लोगों ने निम्न प्रमाण दिए हैं :

(a) वर्णों का पैतृक सिद्धान्त पर अलग-अलग अस्तित्व नहीं बल्कि व्यक्ति अपनी इच्छानुसार वर्ण का चुनाव कर सकता था। ऋग्वेद में एक कवि कहता है कि "मैं स्तुतिकर्त्ता हूँ, मेरे पिता वैद्य हैं और मेरी माँ चक्कियों से आटा पीसती है। हम लोग विविध क्रियाओं द्वारा धनोपार्जन करना चाहते हैं।" एक अन्य स्थान पर कवि कहता है–"और सोमपान करनेवाले इन्द्र, तुम मुझे लोगों का रक्षक बनाओगे या राजा ? तुम मुझे सोम पीकर मस्त रहनेवाला ऋषि बनाओगे या अत्यन्त धन दोगे ?" इससे स्पष्ट होता है कि एक ही व्यक्ति ऋषि, राजा या भद्रपुरुष हो सकता था। ऋग्वेद में ऋष्टिषेण का उल्लेख है जिसके दो पुत्र देवापि और शान्तनु थे एवं ऋष्टिषेण की मृत्यु के पश्चात बड़ा पुत्र पुरोहित एवं छोटा राजा बना जो वर्ण की पैतृक सिद्धान्त से सर्वथा पृथक था।

(b) ऋग्वैदिक समाज में वर्णों में पारस्परिक खानपान में कोई बन्धन नहीं था और उनमें अन्तर्जातीय विवाह भी होते थे, जैसे क्षत्रिय राजा ययाति का विवाह ब्राह्मण कन्या देवयानी से एवं क्षत्रिय राजा दुष्यन्त की पत्नी शकुन्तला ब्राह्मण ऋषि की पुत्री मानी जाती है। *आदिपर्व* (72.2.19) में लिखा है कि अप्सरा मेनका जब मालिनी नदी के किनारे स्नान कर रही थी तो उसके निर्वस्त्र शरीरांगों पर महर्षि विश्वामित्र की दृष्टि पड़ी और वे काम के अधीन हो गए; उन्होंने मेनका से सम्बन्ध स्थापित किया। फलतः हिमालय के शिखर पर मालिनी नदी के तट पर उसने एक बच्ची को जन्म दिया और उसे वहीं छोड़कर इन्द्रलोक चली गई। उस

बच्ची को शकुन्तों (पक्षियों) ने सब ओर से ढककर कच्चे मांस खानेवाले गीध आदि जीवों से बचा लिया, अतः बड़ा होने पर उसका नाम शकुन्तला पड़ा। उस बच्ची का पालन-पोषण महर्षि कण्व ने किया, अतः वह कण्व की पुत्री कही गई। इससे स्पष्ट है कि आर्यों के वर्णों में पृथकत्व की भावना जागृत नहीं हुई थी।

(c) यद्यपि जाति-प्रथा ऋग्वेद के पुरुष सूक्त से सम्बन्धित है, फिर भी इस पर विद्वानों का मत है कि यह सूक्त ऋग्वेद में कालान्तर में जोड़ा गया। पुरुष सूक्त में भी सिर्फ ब्राह्मण, क्षत्रिय, वैश्य एवं शूद्र का उल्लेख है फिर भी वहाँ वर्ण का प्रयोग नहीं किया गया है। पुरुष सूक्त को छोड़कर कहीं भी वैश्य एवं शूद्र शब्द का प्रयोग नहीं है। ब्राह्मण एवं क्षत्रिय शब्द का अनेक जगह प्रयोग हुआ किन्तु इसका वर्णगत तात्पर्य नहीं था।

(d) ऋग्वेद में ब्राह्मण शब्द अनेक बार प्रयुक्त हुआ है किन्तु किसी जाति के रूप में नहीं। 'ब्रह्मपुत्र' का अर्थ जन्म के आधार पर नहीं बल्कि 'ऋत्विज' के लिए हुआ जिसका कर्तव्य शास्त्रों की स्मृति करना है। 'ब्रह्मदेवनाम्' एवं विप्रनाम् पैतृक ब्राह्मण के रूप में ही नहीं बल्कि ब्राह्मण पुरोहितों के नाम हो सकते हैं। 'ब्रह्मजाया' शब्द का अर्थ वंशानुगत न होकर वृहस्पति की पत्नी का नाम है। अतः ऋग्वैदिक काल में ब्राह्मण आनुवंशिक नहीं थे।

(e) यद्यपि वस्तुतः सत्य है कि भारत की तरह इस समय ईरानी लोगों में भी चार वर्ग थे परन्तु इस समय ये वर्ग वंशानुगत थे या नहीं इसके बारे में ठोस प्रमाण उपलब्ध नहीं है।

अतः यह कहा जा सकता है कि ऋग्वैदिक काल में जाति-प्रथा का कोई स्वतन्त्र अस्तित्व नहीं था; किन्तु समाज में कुछ व्यवसाय अवश्य निश्चित थे एवं प्रत्येक व्यक्ति अपनी इच्छानुसार व्यवसाय चुन सकते थे जो क्रमिक रूप से आगे चलकर पैतृक हो गया एवं जाति-प्रथा के उदय में सहायक सिद्ध हुआ।

ऋग्वेद में कई स्थानों पर वर्ण का अर्थ 'रंग' या 'प्रकाश' के लिए प्रयुक्त हुआ है। कहीं-कहीं वर्ण का सम्बन्ध काले एवं गोरे रंग से सम्बन्धित लोगों के लिए था। सांस्कृतिक एवं जातीय आधार पर दो दल आर्य एवं दस्यु (दास) एक-दूसरे से चर्म, रंग, पूजा-पाठ, बोली एवं स्वरूप में भिन्न थे। 'वर्ण' केवल दास एवं आर्य से ही सम्बन्धित थे। ब्राह्मण एवं क्षत्रिय उल्लिखित शब्द के साथ वर्ण भिन्नता का प्रयोग नहीं है।

ऋग्वेद के पुरुष सूक्त के अनुसार ब्राह्मण, क्षत्रिय, वैश्य एवं शूद्र की उत्पत्ति क्रमशः पुरुष के मुख, बाजू, जाँघ, एवं पैरों से हुई। इसके पूर्व ही सूर्य एवं चन्द्र पुरुष की उत्पत्ति आँख एवं मन से बतलाई गई है जो शायद रूपक अर्थ में प्रयुक्त हुआ है। सर्वप्रथम परम पुरुष से मनुष्य की उत्पत्ति एवं बाद में उसके द्वारा सृष्टि की रचना करना कहा गया है। उपनिषद्, महाभारत एवं मनुस्मृति से वर्ण-उत्पत्ति की सिद्धान्त का इसी प्रकार की जानकारी मिलती है। इस समय व्यवसाय के आधार पर विभक्त समुदाय को वर्ग कहा जा सकता है, जाति नहीं। ब्राह्मण ऋचाओं की स्तुति, यज्ञ, हवन, पूजा-पाठ एवं सोम रस का पान करते थे।

ऋग्वेद के 'राजन्य' शब्द को कहीं-कहीं क्षत्रियों के लिए प्रयुक्त किया गया है जिनका कार्य शासन व्यवस्था तथा युद्धों का संचालन करना था। कई जगहों पर इसका अर्थ 'बड़ा', 'महान' या 'प्रमुख' के लिए प्रयुक्त हुआ है तो कहीं 'राजा' के लिए। जबकि ऋग्वैदिक काल में राज्य जनसमूह के रूप में था जिनमें यदु, तुबवशु, द्रुह्यु, अनु, पुरू, भृगु, तृत्सु आदि राज्य थे।

'वैश्य' शब्द केवल पुरुष सूक्त में ही उल्लिखित है जबकि 'विश्' शब्द ऋग्वेद में कई जगह प्रयुक्त है जिसका अर्थ 'जनदल' होता है। ऋग्वेद में मानुषीर्विशः, दासीर्विशः एवं दैवीनां

दिशां; तो वहीं सम्पूर्ण आर्य जाति के लिए एक मन्त्र में 'विश्' का उल्लेख है। इन्द्र के लिए 'पांचजन्य' एवं अग्नि के लिए 'पांचजन्य पुरोहित' की उपाधि दी गई है। अतः जन और विश् में कोई भेद नहीं था क्योंकि 'विश्' के लिए पांचजन्य का भी उल्लेख है। साधारणतः 'विश्' का प्रयोग पशुपालन एवं कृषि कार्य करनेवालों के लिए किया गया है।

ऋग्वेद में दस्यु एवं दास में कोई अन्तर नहीं था एवं दोनों एक ही थे जो देवताओं के नियम-व्रत एवं यज्ञ न करनेवाले थे, जिनकी बोली स्पष्ट नहीं थी एवं जिनकी नाक चिपटी थी। इन्हें असुर भी कहा गया है। आर्यों एवं दासों से शत्रुता जिस कारण दासों को हराने एवं आर्यों की सहायता करने पर इन्द्र एवं अन्य देवताओं की स्तुति की गई है। दासों को जीत लेने के पश्चात् ये शूद्र में परिणत हो गए। बाद में इनमें भिन्नता कायम हो गई जिसका उल्लेख है कि दास बल्भूत एवं तरूक्ष ने संगीतज्ञ को एक सौ गायें एवं अन्य दान दिए।

2.5 उत्तरवैदिक काल

उत्तरवैदिक काल भारत के इतिहास में सामाजिक दृष्टिकोण से अत्यन्त महत्त्वपूर्ण है क्योंकि इस समय ब्राह्मण, क्षत्रिय एवं वैश्य विभिन्न वर्गों में बँट गए एवं उनकी जाति का निर्धारण बहुत अंश तक जन्म से मान लिया गया। पी.वी. काणे जैसे विद्वान का भी यही मत है। इस समय के ग्रन्थों में उनके अधिकारों एवं कर्तव्यों का अलग-अलग वर्णन है। वर्ण का प्रयोग जाति के रूप में किया जाने लगा रंग के रूप में नहीं। यह व्यवस्था इस समय इतनी सुदृढ़ हो गई कि देवताओं का भी जाति-विभाजन कर दिया गया एवं अग्नि तथा वृहस्पति को ब्राह्मण; इन्द्र, वरुण, यम को क्षत्रिय; वसु, रुद्र, विश्वदेव एवं मारूत को वैश्य एवं पूषा को शूद्र माना गया। इसी समय ब्राह्मण को वसन्त ऋतु, क्षत्रिय को ग्रीष्म ऋतु एवं वैश्य को वर्षा ऋतु के रूप में प्रयुक्त किया गया।

इस समय सभ्यता एवं संस्कृति के उत्थान के परिणामस्वरूप कार्य-विभाजन की उत्पत्ति हुई एवं कुछ कलाओं एवं शिल्पकारों के उदय के कारण व्यवसाय पर आधारित अनेक जातियाँ एवं उपजातियाँ बनती चली गईं। इन वर्णों के अलावा कुछ मध्यवर्ती जातियों का भी उदय हुआ, जैसे–रथकार आदि। चांडाल एवं पुल्कस निम्न जातियों के लिए प्रयोग हुआ है।

वैश्य एवं शूद्र की तुलना में ब्राह्मणों एवं क्षत्रियों का स्थान उच्च था किन्तु इन दोनों की श्रेष्ठता के बारे में विद्वानों में मतैक्य है। हवन एवं यज्ञ के फलस्वरूप समाज में ब्राह्मणों का स्थान देवतुल्य हो गया। *तैतिरीय संहिता* में उन्हें मानव देवता एवं पवित्र ज्ञान का अर्जन कर पढ़नेवाला तथा *अथर्ववेद* में ब्राह्मण को सर्वश्रेष्ठ कहा गया है। इसी तरह ऐतरेय ब्राह्मण एवं शतपथ ब्राह्मण में उनकी महत्ता बतलाई गई है। *शतपथ ब्राह्मण* के चार विलक्षण गुणों–ब्राह्मण्य (पवित्र पैतृकता), प्रतिरूप चर्चा (पवित्राचरण), यश (महत्ता) एवं लोक (लोगों को पढ़ाना) का वर्णन है एवं वे अपने शिष्यों को चार विशेषाधिकार–चर्चा (आदर), दान, अज्येमता (कोई कष्ट नहीं देना) एवं आवश्यकता प्रदान करते थे जिसका उल्लेख है।

क्षत्रिय सभी वर्गों का अधिपति, धर्म एवं ब्राह्मणों का रक्षक माना जाता था एवं वह राज्यविस्तार, शान्ति स्थापना एवं आय वसूलने का कार्य करता था। राज्यविस्तार से राजा की शक्ति बढ़ गई एवं ब्राह्मणों के सहयोग से वह सफल शासन-प्रबन्ध एवं यश प्राप्त करता था। यह भी उल्लेख है कि ब्राह्मण राजा के बिना रह सकता था परन्तु राजा बिना पुरोहित के नहीं। साथ ही देवताओं को भी पुरोहित की आवश्यकता थी; का भी उल्लेख है। पुरोहित प्राप्त राजा

अन्य राजाओं से उत्तम एवं पुरोहित के सामने विनम्र रहनेवाला राजा अपने शत्रुओं से अधिक शक्तिशाली समझा जाता था। इस तरह समाज में ब्राह्मणों का स्थान क्षत्रियों की अपेक्षा उच्च था।

कहीं-कहीं क्षत्रियों को ब्राह्मणों से श्रेष्ठ माना गया है। *ऐतरेय ब्राह्मण* के अनुसार राष्ट्र ब्राह्मण के साथ भद्र व्यवहार नहीं करता एवं राजा जब चाहे ब्राह्मण को निकाल सकता था, विजयश्री ब्राह्मण को राजा बनाना पसन्द नहीं करती। *बृहदारण्यक उपनिषद्* में क्षत्रिय को सर्वश्रेष्ठ माना गया है जिस कारण राजसूय यज्ञ में ब्राह्मण क्षत्रिय से नीचे बैठता था। देवयानी और शर्मिष्ठा संवाद में शर्मिष्ठा देवयानी को भिखारी और चाटुकारक की पुत्री एवं स्वयं को राजा की लड़की कहते हुए अन्त में देवयानी को पहनने के वस्त्र नहीं देती है।

इस समय के कुछ क्षत्रिय राजा ऐसे भी थे जो विद्वानों के संरक्षक मात्र ही नहीं बल्कि स्वयं भी उच्चकोटि के विद्वान थे एवं ब्राह्मण भी उनसे ज्ञान प्राप्त करते थे जैसे याज्ञवल्क्य ने विदेहराज जनक से, बालाकि गार्ग्य ने काशिराज अजातशत्रु से, श्वेतकेतु आरुणेय ने पंचालराज प्रवहण जैवलि से एवं पांचाल ब्राह्मणों के कैकयराज अश्वपति से ज्ञान प्राप्त किया था। कुछ विद्वान उपनिषद् साहित्य को क्षत्रियों की देन मानते हैं।

वैश्य कृषि कार्य एवं पशुपालन करते थे एवं उन्हें हवनयज्ञ करने की अनुमति दी गई थी। वे संख्या में अधिक थे एवं अलग रहते थे। व्यावसायिक कार्य के कारण उनका शूद्रों से सम्पर्क था एवं उन्हें कर भी देना पड़ता था।

दास को अब शूद्र कहा जाने लगा एवं उनकी सामाजिक स्थिति अत्यन्त कमजोर हो गई। *ऐतरेय ब्राह्मण* एवं *पंचविंश ब्राह्मण* में शूद्रों को सेवक, नौकर एवं यज्ञ-हवन जैसे कर्मकांडों से वंचित कर अत्यन्त निम्न श्रेणी में रखा गया। वे न यज्ञ करा सकते थे एवं न उसकी सामग्री को हाथ लगा सकते थे, साथ ही वे वैदिक साहित्य के अध्ययन से वंचित कर दिए गए जबकि इसके विपरीत उपनिषदों में नहीं रखा। सत्यकाम, जाबाल एवं जान श्रुत जैसे शूद्र को वैदिक साहित्य के अध्ययन से वंचित किया गया है एवं शतपथ ब्राह्मण में उन्हें सोम यज्ञ सम्पन्न करने की अनुमति दी गई है।

2.6 संहिता और ब्राह्मण

संहिता एवं ब्राह्मण ग्रन्थों में कृषि के अलावा अनेक व्यवसायों एवं उनके करनेवालों का विशद वर्णन है। *ऋग्वेद* में नाई, बढ़ई, वैद्य, लोहार, एवं चमार का उल्लेख है। *अथर्ववेद* में रथकार, कर्मार एवं सूत तथा *तैत्तिरीय संहिता* में द्वारपाल, कोषाध्यक्ष, बढ़ई, कुम्हार, कर्मार , व्याध्र, निषाद, वाण निर्माता, धनुष निर्माता शिकारी (मृगयु) एवं शिकारी (श्वनि) का उल्लेख हुआ है। *तैत्तिरीय ब्राह्मण* में आयोग, भाट, सूत, अभिनेता, रेम, भीमल, तक्षा, कोलाल, कर्मार, मणिकार, नाई, वाण निर्माता, धनुष निर्माता, ज्याकार (प्रत्यंचा निर्माता), रज्जुसर्ग, श्वनि, सुराकार, अयस्ताप (लोहा या ताँबा तवानेवाला) कितव (जुआरी), विदलकार, कंटककार एवं तांडय ब्राह्मण में किरात का उल्लेख है जो अनार्य एवं आदिवासी थे। पौल्कस एवं चांडाल का भी उल्लेख है जिसको निम्न श्रेणी में रखा गया था।

2.7 बौद्ध साहित्य

जाति व्यवस्था (ई.पू. 600 से 300 ई.) : छठी शताब्दी ई.पू. भारतीय इतिहास में धार्मिक एवं

सामाजिक उत्थान का युग है जिसमें महावीर, बुद्ध एवं अन्य विचारक हुए तथा तत्कालीन सामाजिक व्यवस्था जिसमें जन्मजात एवं वंशानुगत वर्ण व्यवस्था तथा ब्राह्मण श्रेष्ठता का कठोर विरोध किया गया। इसके फलस्वरूप धीरे-धीरे ब्राह्मणों का प्रभाव कम होता गया एवं इसका स्थान क्षत्रियों ने ले लिया।

बौद्धों के पालि ग्रन्थों से पता चलता है कि क्षत्रिय रक्त की पवित्रता के कारण अपने को सर्वोच्च समझने लगे। इस कारण बौद्ध ग्रन्थों की जाति सूचियों में क्षत्रियों का उल्लेख पहले हुआ एवं सांस्कृतिक गतिविधियों तथा कार्यकलापों में भी इन्होंने रुचि लेना शुरू कर दिया। जातक में क्षत्रियों का वेदों तथा अन्य विषयों में अध्ययन का उल्लेख है एवं आध्यात्मिक क्षेत्र में भी उनका ब्राह्मणों से आगे निकल जाना अंकित है। महात्मा बुद्ध एवं महावीर क्षत्रिय थे।

जातक साहित्य में ब्राह्मणों के आडम्बरों का विरोध है एवं ब्राह्मण जन्मजात न होकर कर्म से होता है, की व्याख्या की गई है। ब्राह्मणों का कार्य उस समय हवन-यज्ञ सम्पादित करना, ज्योतिष के आधार पर भाग्य बतलाना, जादू-टोना तथा सपेरे का कार्य, कृषि, पशुपालन, व्यापार एवं शिकार करना हो गया था जिससे उनको आय होती थी। न्याय के सामने अब ब्राह्मणों के विशेषाधिकार पर चोट पहुँची एवं अपराध करने पर अन्य वर्णों की तरह समाज में दंड मिलने लगे। अशोक के समय में भी ब्राह्मणों के विशेषाधिकार एवं प्रतिष्ठा पर चोट पहुँची।

वैश्य अब विभिन्न उद्योग-धन्धों के कारण सजातीय नहीं रहे एवं उनमें अनेक जातियाँ एवं उपजातियाँ बन गईं। उन्हें गृहपति, कौटुम्बिक, श्रेष्ठ आदि नाम से पुकारा जाता था जिनमें सबसे समृद्ध सेट्टि (श्रेष्ठि) थे एवं राजदरबार में इनका सम्मान था।

शूद्रों की दशा अब पहले की अपेक्षा दयनीय हो गई जिनमें चांडाल की सबसे खराब स्थिति थी और इन्हें अस्पृश्य एवं सबसे निम्न श्रेणी का माना जाता था। इनका दर्शन भी अपवित्र माना जाता था एवं इनके द्वारा देखा हुआ भोजन कर लेने, छाया पड़ जाने आदि पर लोगों को जाति से बहिष्कृत कर दिया जाता था। चांडाल को स्पर्श कर बहनेवाली वायु भी अपवित्र मानी जाने लगी जिस कारण उन्हें ग्रामों या नगरों से बाहर रहना पड़ता था।

जातकों में पुल्कष निषाद का भी उल्लेख है जिसका कार्य शिकार तथा उद्यानों एवं खेतों में फूल तोड़ने, महलों एवं अन्य भवनों की सफाई करने का था। इसके साथ ही अन्य हीन जातियाँ बढ़ई, बुनकर, नाई आदि का उल्लेख भी बौद्ध साहित्य में है जिनकी दशा सुधारने के लिए महावीर एवं बुद्ध ने धार्मिक आन्दोलन शुरू किए। अशोक ने भी दासों एवं भृत्यों की दशा सुधारने पर जोर दिया।

2.8 सूत्र और स्मृति

बौद्ध एवं जैन धर्म के उत्थान के कारण ब्राह्मण प्रधान सामाजिक व्यवस्था पर गहरी चोट पहुँची जिसके चलते ब्राह्मणों ने इस संकट का निवारण करने के उद्देश्य से संगठित रूप से सामाजिक एवं धार्मिक व्यवस्था को पुनः व्यवस्थित करना प्रारम्भ किया एवं उत्तर वैदिक काल में उत्पादन जाति व्यवस्था की सूत्र कला में विस्तार से प्रतिपादित किया। आपस्तम्ब, गौतम, बौधायन, वशिष्ठ आदि ने वर्णों के कर्तव्य, विशेषाधिकार एवं अयोग्यताओं की व्याख्या की। कौटिल्य ने अपने *अर्थशास्त्र* में चार वर्णों के कर्तव्यों पर ही जोर दिया एवं मनु ने भी प्रारम्भिक रूढ़िगत वर्ण व्यवस्था की व्याख्या की।

अध्ययन, यज्ञ करना, दान देना ब्राह्मण, क्षत्रिय एवं वैश्य के आवश्यक कर्तव्य बताए गए हैं एवं वेदाध्ययन, यज्ञ करना, दान लेना ब्राह्मणों के विशेषाधिकार थे। युद्ध करना एवं प्रजा की रक्षा करना क्षत्रियों के कर्तव्य तथा कृषि, पशुपालन एवं व्यापार वैश्यों के विशेषाधिकार थे। उपरोक्त उल्लिखित प्रथम तीन द्विज मात्र के कर्तव्य एवं धर्म थे, यद्यपि वेदाध्ययन ब्राह्मण की वृत्ति मानी गई है।

स्मृतियों एवं सूत्रों में ब्राह्मणों को सर्वश्रेष्ठ, सभी वर्णों का गुरु एवं वर्णों का कर्तव्य-निर्धारक, दंड एवं करों से मुक्त माना गया है एवं कुछ अपराधों में अन्य वर्णों की तुलना में कम दंड का प्रावधान है। इसके विपरीत शूद्रों की दशा अत्यन्त शोचनीय थी एवं उन्हें वेदों के श्रवण तक का भी अधिकार नहीं था। कुछ संस्कार भी उनके लिए वर्जित थे एवं कुछ अपराधों में अत्यधिक कड़े दंड का विधान था।

इस काल में व्यवस्थाकारों ने वर्ण-व्यवस्था से उत्पन्न कठिनाइयों को दूर करने के लिए 'आपद्-धर्म' के सिद्धान्त का प्रतिपादन किया जिससे आपत्ति काल में मनुष्य अपने से ठीक नीचे वर्ण के कर्म को कर सकता था परन्तु उच्चतर वर्ण का नहीं। साहित्यों एवं अभिलेखों में भी इसका उल्लेख है कि अपने निर्धारित कर्मों के उपरान्त भी लोग अन्य व्यवसाय करते थे। नन्द एवं मौर्य राजा शूद्र माने गए, परन्तु वे शासन करते थे। शुंग और सातवाहन राजा ब्राह्मण होने पर भी क्षात्रकर्म करते थे।

इस काल में स्वजाति विवाह को ही श्रेष्ठ माना गया किन्तु समाज में अनुलोम एवं प्रतिलोम विवाह भी प्रचलित थे : अनुलोम विवाह को वर्जित नहीं माना गया एवं इनसे उत्पन्न जातियाँ द्विजों के सारे कर्म-संस्कार कर सकती थीं, परन्तु इसके विपरीत प्रतिलोम विवाह से उत्पन्न जातियों को शूद्रों के समान माना गया एवं इन्हें द्विजों का दर्जा नहीं प्राप्त था। गौतमीपुत्र सातकर्णि ब्राह्मण था एवं अपने पुत्र वासिष्ठीपुत्र पुलमावि का विवाह शकराज रूद्रदामा की कन्या से कर दिया।

2.9 मेगास्थनीज के समय जाति-व्यवस्था

मेगास्थनीज के लेखों से ई.पू. चौथी शताब्दी में सात जातियों में विभाजित लोगों का पता चलता है जो निम्नलिखित थे—दार्शनिक, कृषक, गोपाल एवं गड़ेरिया, शिल्पकार, सैनिक, एवक्षक तथा सभासद एवं करग्राही। उसने वर्णों का उल्लेख नहीं किया एवं शायद उसे व्यवसाय से जाति का भ्रम हो गया। इनमें दार्शनिक एवं सैनिक ब्राह्मण एवं क्षत्रिय के लिए : कृषक गोपाल एवं गड़ेरिया वैश्य वर्ग, शिल्पकार, शूद्र एवं वक्षक तथा सभासद एवं करग्राही अध्यक्षों एवं अमात्यों को सूचित करते हैं जो जाति-सूचक नहीं हो सकते बल्कि व्यवसाय को दर्शाते हैं। सम्भवतः वंशानुगत व्यवसाय होने के कारण मेगास्थनीज को जाति का भ्रम हो गया। उसने भिन्न जातियों में विवाह प्रथा नहीं थी का भी उल्लेख किया है एवं स्वजातीय व्यवसाय को छोड़कर अन्य व्यवसायों में नहीं करने का भी उल्लेख किया है। यह सिर्फ सिद्धान्त का संकेत देता है न कि व्यवहार का। फिर भी इसका अपवाद हो सकता है।

2.10 300 से 700 ई. तक का काल

300 से 700 ई. तक का काल ब्राह्मण धर्म के पुनरुज्जीवन का काल था एवं समाज भी इसके प्रभाव से अछूता नहीं रह सका। इस युग में वर्णव्यवस्था को तत्कालीन परिस्थितियों में

अनुकूल परिवर्तन करके स्वीकार कर लिया गया। जातिव्यवस्था अधिक जटिल नहीं हो पाई थी क्योंकि विदेशी भी हिन्दुओं में घुलमिल रहे थे एवं अन्तर्जातीय विवाह भी होते थे। उद्योग एवं व्यवसाय जाति-व्यवस्था के नियमों से ग्रसित नहीं थे।

समाज में ब्राह्मणों का स्थान सर्वोच्च था एवं अधिकांशतः वे अध्ययन एवं अध्यापन का कार्य करते थे। अभिलेखों और साहित्यों में ब्राह्मणों को अन्य व्यवसाय करने का भी उल्लेख है जिनमें कुछ व्यापारी, शिल्पी एवं राजकीय अधिकारी भी थे। वाकाटक एवं कदम्बवंशों के संस्थापक ब्राह्मण थे।

क्षत्रियों की विशेषाधिकारों के कारण प्रतिष्ठा थी एवं उन्हें उपनयन और वेदाध्ययन अधिकार प्राप्त था। वे व्यापार एवं उद्योग-धन्धे भी करते थे। एक अभिलेख में, तेलियों की श्रेणी का मुख्य अधिकारी क्षत्रिय था, का उल्लेख है।

वैश्य सजातीय रूप में नहीं रहकर कृषक, पशुपालक, व्यापारी, लुहार, बढ़ई, बुनकर तथा तेली जैसी उपजातियों में विभक्त थे। व्यापार एवं उद्योग-धन्धों की उन्नति के कारण वे अधिक समृद्धिशाली हो गए एवं उनकी सामाजिक प्रतिष्ठा बढ़ गई। वे श्रेणियों में संगठित हो गए तथा अपनी दानशीलता के कारण भी प्रसिद्ध थे। जैसे पुण्यशालाएँ, चिकित्सालय, मन्दिर एवं मठों आदि का निर्माण।

वर्णव्यवस्था के अनुसार शूद्र सिर्फ द्विजातियों का सेवक हो सकता था परन्तु सैद्धान्तिक रूप से पूर्णतः स्वीकार नहीं किया गया और न कार्यरूप हुआ। स्मृतिकार याज्ञवल्क्य ने शूद्रों को कृषक, व्यापारी, शिल्पी एवं अन्य सेवा करने का प्रावधान किया जिससे कुछ लोग इस सुविधा का लाभ उठाकर सेना में भरती होकर सेनापति के उच्च पद तक पहुँच गए।

विवाह स्वजातीय होते थे किन्तु अनुलोम एवं प्रतिलोम विवाह भी प्रचलित थे। याज्ञवल्क्य ने इसकी मान्यता दी किन्तु सिफारिश नहीं की। वाकाटक ब्राह्मण राजा रुद्रसेन का विवाह गुप्तवंशीय वैश्य सम्राट् चन्द्रगुप्त द्वितीय की पुत्री प्रभावती गुप्ता से हुआ। कदम्बवंशीय ब्राह्मणराजा की पुत्री का विवाह गुप्तों में हुआ। मृच्छकटिक एवं दशकुमारचरित् जैसे संस्कृत नाटकों में क्षत्रियों एवं ब्राह्मणों का वैश्यों की पुत्रियों से विवाह का उल्लेख है। इक्ष्वाकुवंशीय ब्राह्मण राजाओं का शक राजाओं की कन्याओं से विवाह का उल्लेख मिलता है। हूणों ने ब्राह्मण परिवारों में विवाह सम्बन्ध किए। इसके कारण अनेक विदेशी भारतीय समाज में घुलमिल गए एवं शासक तथा योद्धा होने के कारण उन्हें क्षत्रिय मान लिया गया।

इन अन्तर्जातीय विवाहों के कारण अनेक मिश्रित जातियाँ, जैसे अम्बक, भिषक, करण, कायस्थ, सोपाक एवं चांडाल का जन्म हुआ जिनमें चांडाल सबसे निम्न कोटि के थे एवं अपराधियों को फाँसी देना एवं शव उठाना उनका पेशा था तथा उन्हें ग्रामों और नगरों से बाहर रहना पड़ता था।

दशकुमारचरित्, हर्षचरित, कादम्बरी आदि ग्रन्थों में पुलिन्द, शबर, किरात तथा अन्य जंगली एवं पहाड़ी जातियों का वर्णन है जो मांस एवं मद्यपान करते तथा विवाह के लिए स्त्री-हरण करते थे। मनुष्यबलि का भी पूजा-पाठ में ये प्रयोग करते थे एवं शिकार करते थे।

धर्मग्रन्थों एवं फाहियान के विवरण के अनुसार अस्पृश्यता समाज में विद्यमान थी। पराशर, गार्ग्य आदि ने शूद्रों को न सिर्फ छूना बल्कि देखना भी अपवित्र माना है। इनको छूने पर आचमन और स्नान कर शुद्धि की जाती थी।

2.11 700 से 1200 ई. तक

सातवीं सदी के पश्चात भारतीय सामाजिक इतिहास में अत्यन्त ही क्रान्तिकारी परिवर्तन हुए। कुछ पुरानी जातियाँ विलुप्त हो गई एवं इन चार वर्णों से अनेक नवीन जातियाँ एवं उपजातियाँ बन गईं जिनमें कुछ की उत्पत्ति पर विद्वानों में मतभेद है। जैन एवं बौद्ध धर्म के आन्दोलनों के फलस्वरूप भारतीय सामाजिक व्यवस्था को पुनर्संगठित करने की आवश्यकता पड़ी। मुस्लिम आक्रमणों से भारतीय संस्कृति की सुरक्षा के लिए जातीयता की जटिलता अधिक कठोर हो गई।

इस काल के भाष्यकार एवं निबन्ध लेखक जैसे विज्ञानेश्वर एवं हरदत्त ने मुख्यतया प्राचीन वर्ण व्यवस्था को ही प्रतिपादित किया। ब्राह्मण सर्वश्रेष्ठ माने गए एवं अध्ययन-अध्यापन का कार्य करते थे। कुछ दूसरे अलग व्यवसायों में लिप्त हो गए। कुछ राज्य के राज्याधिकारी तो कुछ व्यापारी हो गए। ब्राह्मण अनेक जातियों एवं उपजातियों जैसे—दीक्षित, शुक्ल, त्रिपाठी, द्विवेदी, अग्निहोत्री, याज्ञिक, अवस्थी और पाठक में विभक्त थे। नागर, दाक्षिणार्त्य, श्रीमाली आदि स्थानों के नाम पर जातियाँ बन गईं। इन सबका उल्लेख अभिलेखों में मिलता है। विज्ञानेश्वर एवं हरदत्त के अनुसार सभी ब्राह्मण करमुक्त नहीं थे।

युद्ध एवं शासन कार्य करनेवाला वर्ग क्षत्रिय कहा गया एवं उसमें अनेक नवीन राजवंशों की स्थापना हुई जिसमें अग्निकुल की चार राजपूत शाखाएँ चौहान, प्रतिहार, परमार एवं चालुक्य प्रमुख हैं। इसके अलावा अन्य राजपूत वंश राष्ट्रकूट, गुहिल, गहड़वाल, चन्देल, कलचुरि एवं कछवाहा आदि हैं जिनकी उत्पत्ति के सम्बन्ध में इतिहासकारों एवं विद्वानों में मतभेद है। कुछ लोग उन्हें विदेशी मानते हैं तो कुछ भारतीय। कुछ लोगों के अनुसार इनका अभ्युदय अनुलोम एवं प्रतिलोम विवाहों के फलस्वरूप हुआ। इस सन्दर्भ में निश्चित मत नहीं क्योंकि उनमें विदेशी एवं भारतीय दोनों तत्त्व मिलते हैं। अतः सैनिक वृति रखनेवालों को क्षत्रिय कहा गया।

जैन धर्म के प्रभावस्वरूप अधिकांशतः वैश्यों ने कृषि एवं पशुपालन के व्यवसाय को छोड़कर उद्योग-व्यापार एवं लेन-देन करना शुरू कर दिया जिससे वे अत्यधिक समृद्ध हो गए एवं समाज तथा राजदरबार में उनकी प्रतिष्ठा बढ़ गई थी तथा मन्दिरों के संरक्षक तथा श्रेणियों एवं नगरों की कार्यकारिणी के अध्यक्ष भी होते थे।

अनेक वैश्य जातियाँ स्थानों के नाम पर हुईं। अनुमान है कि कुछ जैन सन्तों के उपदेशों से प्रभावित होकर कुछ नगरों में ग्रामों के लोग जैन धर्मावलम्बी हो गए एवं स्थानों के नाम पर जातियों की स्थापना हुई। जैसे ओसिया के ओसवाल, खंडेलवाल के खंडेला, बघेरवाल की बघेरा, श्रीमाली के श्रीमाल तथा प्राग्वाट की उत्पत्ति प्राग्वाट् प्रान्त, डींड (माहेश्वरी), अग्रवाल, वयर्कट, लम्बकजुचुक आदि।

कायस्थों की स्थिति की स्पष्ट जानकारी नहीं है किन्तु उनका सम्बन्ध शासन से अधिक था एवं न्यायाधीश, महकमाध्यक्ष तथा लेखा-जोखा अधिकारी थे।

यद्यपि शूद्र अस्पृश्य एवं निम्न श्रेणी के थे फिर भी उनकी दशा में कुछ सुधार हुआ। कृषि एवं पशुपालन से उनकी आर्थिक स्थिति अच्छी हुई एवं जैन तथा शेष धर्म के उदय के फलस्वरूप उनको हैय दृष्टि से देखना कम हो गया। कुछ तान्त्रिक स्वयं शूद्र थे। मेघातिथि में इनको व्यक्तिगत सम्पत्ति पर अधिकार एवं बिना मन्त्रों के संस्कार का उल्लेख है।

शूद्रों में आपस में ऊँच-नीच की भावना थी। तेली, कृषक, लुहार, बढ़ई, वैद्य उच्च माने जाते थे एवं गन्दी तथा हिंसा करनेवाली जातियाँ अन्त्यज कहलाईं। मोची, मछुआ, कसाई, चांडाल, भील, किरात आदि इस वर्ग में थे। ये अस्पृश्य माने जाते थे। इस काल की रचना *ब्रह्मवैवर्तपुराण* (प्रशान्त गौरव, *ब्रह्मवैवर्तपुराण में समाज एवं धर्म,* पटना 2000) में 100 से अधिक वर्णशंकर जातियों का वर्णन है।

2.12 ब्राह्मणों के विशेषाधिकार

ब्राह्मणों का चारों वर्णों में सर्वोच्च स्थान था एवं विशेषाधिकार प्राप्त थे क्योंकि वे विद्वान एवं योग्य थे तथा उन्होंने भारतीय साहित्य तथा संस्कृति के विकास, संरक्षण तथा सम्वर्द्धन में योगदान दिया एवं समाज का पथ प्रदर्शन किया। अतः यह स्वाभाविक था कि उन्हें विशेषाधिकार प्रदान किया जाए।

1. **वेदाध्ययन**–ब्राह्मण विद्वान थे जिस कारण वे वेदों का अध्ययन करते थे। प्रारम्भ में वैदिक साहित्य को लिपिबद्ध करना निषिद्ध था। इस कारण उन्होंने वेदाध्ययन चालू रखकर वैदिक साहित्य को जीवित रखा। पतंजलि *(महाभाष्य)* एवं मनु के अनुसार ब्राह्मणों का परमधर्म वेदाध्ययन करना था।
2. **वेदाध्यापन**–प्राचीन काल में वेदाध्यापन ब्राह्मणों के हाथों में था एवं शिक्षा-पद्धति वाचिक (अलिखित) अर्थात शिष्य गुरु के शब्दों को दोहराते थे। *आपस्तम्ब धर्मसूत्र* के अनुसार गुरु सिर्फ ब्राह्मण ही हो सकते थे। शायद ब्राह्मणों को योग्य एवं विद्वान होने के कारण यह अधिकार दिया गया था।
3. **पौरोहित्य**–हवन एवं यज्ञ सम्पादित करवाना ब्राह्मणों का पैतृक कर्तव्य था जिससे उनकी प्रतिष्ठा में वृद्धि हुई। *महाभारत* में भी इसका उल्लेख है कि सिर्फ ब्राह्मण ही यज्ञ कर सकते थे।
4. **दान**–ब्राह्मण सिर्फ योग्य एवं दोषमुक्त व्यक्ति से ही दान ग्रहण कर सकता था। याज्ञवल्क्य एवं मनु ने भी इसका समर्थन किया है। ब्राह्मण इतना ही धन प्राप्त करता था जितनी आवश्यकता होती थी। उसके जीवन का उद्‌देश्य संस्कृति की रक्षा एवं विकास करना था।
5. **गुरु**–ब्राह्मण सभी का गुरु था एवं श्रद्धा पद जन्म से ही प्राप्त किए हुए था। *वशिष्ठ धर्मसूत्र* में ब्राह्मण की श्रेष्ठता का उल्लेख है। मनु, आपस्तम्ब एवं विष्णु ने भी इसे स्वीकार किया है कि अल्प आयुवाला ब्राह्मण 100 वर्ष की अवस्थावाले क्षत्रिय से श्रेष्ठ है।
6. ब्राह्मण सभी वर्णों के कर्तव्यों का निर्धारण कर नियमानुकूल आचरण एवं सम्यक ज्ञान एवं जीविकोपार्जन का साधन बताता था। राजा ब्राह्मणों द्वारा बताए विधान पर शासन करते थे। *ऐतरेय ब्राह्मण* के अनुसार ब्राह्मण प्रदत्त शासन सुखी एवं समृद्धशाली माना जाता था।
7. गौतम के अनुसार राजा ब्राह्मणों का शासक नहीं था क्योंकि उनका राजा सोम था। इससे स्पष्ट है कि राजा ब्राह्मणों के ऊपर नहीं था।
8. दंड से मुक्ति–गौतम के अनुसार राजा ब्राह्मणों को छह प्रकार के दंड–पीटने, हथकड़ी-बेड़ी लगाने, अर्थदंड, ग्राम या देश निकाला, भर्त्सना एवं त्याज्यता से मुक्त

रखे। ये सिर्फ विद्वान ब्राह्मणों पर ही लागू होता था जिनसे अनजाने कोई अपराध हो जाता था। मनु ने प्राणदंड के बदले सम्पत्ति से च्युत कर देश निकाले की सजा की अनुमति दी है।

9. आपस्तम्ब, वशिष्ठ एवं मनु के धर्मसूत्रों के अनुसार श्रोत्रिय (ज्ञानी) ब्राह्मण करमुक्त किन्तु अश्रोत्रिय ब्राह्मण करमुक्त नहीं थे।
10. पाए हुए गुप्त धन के विषय में ब्राह्मणों को अत्यधिक छूट थी। यदि अन्य को गुप्त धन मिलता तो राजा उसे हड़प लेता था या सत्य बताने पर उसका छठा भाग देता था। यदि राजा को गुप्त धन मिलता तो उसे आधा ब्राह्मणों में बाँटना पड़ता था।
11. बिना उत्तराधिकारी के ब्राह्मण के मरने पर उसका धन क्षत्रियों एवं ब्राह्मणों में बाँट दिया जाता था। अन्य वर्णों में ऐसा होने पर राजा सम्पूर्ण धन हड़प लेता था।
12. अवरुद्ध मार्ग से पहले ब्राह्मण को जाने का अधिकार था क्योंकि ब्राह्मण ज्ञान का प्रसार करता एवं इसका शक्ति से अधिक महत्त्व था।
13. ब्राह्मण का शरीर परम पवित्र माना जाता था एवं ब्रह्महत्या को पंच महापातक ज्ञान में गिना जाता था किन्तु आततायी ब्राह्मण या युद्धरत ब्राह्मण को मारना पाप नहीं था।
14. कुछ अपराधों में ब्राह्मणों को अन्य वर्णों की अपेक्षा सबसे कम दंड का विधान था। भर्त्सना करने पर अन्य वर्णों को ब्राह्मणों की अपेक्षा अधिक दंड का प्रावधान था किन्तु शूद्र के साथ ऐसा करने पर नहीं।
15. गौतम के अनुसार ब्राह्मण द्वारा किसी ब्राह्मण को साक्ष्य के लिए नहीं बुलाया जा सकता। यदि लेख पत्र में साक्षी रूप से लिखित रहता तब राजा उसे बुलाता था। ब्राह्मण द्वारा श्रोत्रिय को भी साक्ष्य के लिए बुलाया जा सकता था।
16. केवल कुछ ब्राह्मण ही श्राद्ध तथा देवक्रिया संस्कार के लिए प्रयुक्त होते थे।
17. कुछ यज्ञ केवल ब्राह्मण ही कर सकते थे। ब्राह्मणों के लिए मृत्यु पर शोक संवेदना की अवधि अपेक्षाकृत सबसे कम थी।

इन विशेषाधिकारों के अलावा इनके कुछ अन्य अधिकारों यथा राजा को सर्वप्रथम ब्राह्मण को मुख दर्शन देना, प्रणाम करना, भिक्षा के लिए सभी घरों एवं किसी भी स्त्री से बात करने, धन, पुष्प, जल आदि बिना पूछे ग्रहण करने, सेवा शुल्क के बिना नदी के आर-पार (नाव द्वारा), व्यापार के लिए निःशुल्क नौका प्रयोग एवं यात्रा के समय थकने पर बिना पूछे दो ईख या कन्द खाने का विशेषाधिकार था।

ये सारे अधिकार समाज में कहाँ तक मान्य थे, इस पर विवाद है। उपनिषदों के अनुसार अध्ययन-अध्यापन सिर्फ ब्राह्मणों के ही हाथों में नहीं बल्कि क्षत्रियों के हाथों में भी था। जैसे–याज्ञवल्क्य की जनक से, वालाकि गार्ग्य काशिराज अजातशत्रु से, श्वेतकेतु आरुणेय प्रवाहण जैवलि से, पंच ब्राह्मण कैकयराज अश्वपति से ज्ञान प्राप्त किए थे। बौद्ध साहित्यों में भी ऐसा प्रमाण है।

बौद्ध ग्रन्थों में ब्राह्मण के बजाय क्षत्रिय को श्रेष्ठ माना गया है। सिर्फ ब्राह्मणों ने ही नहीं बल्कि बुद्ध एवं महावीर ने भी वर्ण-निर्धारण किया है।

राज्य की ओर से सब ब्राह्मण करमुक्त नहीं थे बल्कि यह अधिकार सिर्फ श्रोत्रिय ब्राह्मणों को ही दिया गया था। *महाभारत* के शान्तिपर्व में सभी ब्राह्मणों को करमुक्त रखने की बात

कही गई है।

भयानक अपराध करने पर ब्राह्मणों को भी दंडित किया जाने लगा। कौटिल्य ने अपने *अर्थशास्त्र* में ब्राह्मण को अपराध करने पर ललाटांकन, देश-निर्वासन तथा खानों में श्रमिक के रूप में कार्य करने की व्यवस्था की थी। ब्राह्मण के राजद्रोह, राजा के अन्तःपुर में प्रवेश या राज्य शत्रुओं के उभाड़ने पर जल में डुबाकर मारने की व्यवस्था कौटिल्य ने *अर्थशास्त्र* में की।

2.13 शूद्रों की अयोग्यताएँ

शूद्र की स्थिति समाज में अत्यन्त निम्न थी। एक तरफ ब्राह्मणों को विशेषाधिकार प्राप्त थे तो वहीं दूसरी ओर शूद्रों पर अत्याचार हो रहे थे जो भारतीय समाज एवं संस्कृति की एक भयावह विडम्बना थी। न सिर्फ भारत में, बल्कि अन्य देशों में उन्नीसवीं सदी तक निम्न जातियों की ऐसी ही दशा थी। भारत में शूद्रों की निम्न अयोग्यताएँ थीं :

शूद्रों को वेदाध्ययन के अधिकार से वंचित किया गया था क्योंकि वे दास थे एवं धर्मसूत्रों में उनका स्थान श्मशान भूमि उल्लेख है। गौतम ने लिखा है कि वैदिक मन्त्रों का उच्चारण करने, श्रवण करने एवं कंठस्थ कर लेने पर क्रमशः जिह्वा काट लेने, कान में पिघले टीन या लाख डाल देने एवं शरीर के दो टुकड़े कर देने चाहिए।

शूद्रों को वेदों के अध्ययन से वंचित करने का मुख्य कारण आर्यों से भिन्नता थी एवं उनकी भाषा संस्कृत नहीं थी। चूँकि वेद ईश्वरवाणी माने जाते थे एवं आनेवाली पीढ़ियों के लिए उसी रूप में सुरक्षित रखना आवश्यक था एवं लिपि का आविष्कार नहीं हुआ था, अतः यह आवश्यक था कि वेदों की सुरक्षा आर्यों से ही हो सकती थी। दास ठीक प्रकार से वैदिक मन्त्रों का उच्चारण नहीं कर सकते थे, इस कारण उन्हें वेदाध्ययन के अधिकार से वंचित किया गया। आगे चलकर उच्च वर्णों की स्त्रियों को उच्च शिक्षा से वंचित रहने के कारण वेदाध्ययन से वंचित कर दिया गया। इस प्रकार इनके वेदाध्ययन पर रोक निष्पक्ष दृष्टि से लगाई गई थी। शूद्रों की धार्मिक भावनाओं को पूरा करने के लिए इतिहास, पुराण एवं महाभारत सुनने की अनुमति दी गई।

शूद्रों को वैदिक अग्नियाँ एवं यज्ञ करने का अधिकार नहीं था। गौतम, जैमिनी एवं महाभारत में भी इसका उल्लेख है। ये सिर्फ पूत धर्म; जैसे कूप, तालाब, मन्दिर, वाटिका आदि का निर्माण कर सकते थे एवं ग्रहण आदि अवसरों पर भोजन-दान आदि कर सकते थे तथा देवताओं का नमः शब्द से ध्यान कर सकते थे।

संस्कारों के बारे में धर्मशास्त्रकारों में मतभेद है। कुछ का मानना है कि शूद्र संस्कारों के योग्य नहीं हैं एवं धर्म पालने का अधिकार नहीं है। इसके साथ ही उनसे धर्मपालन, व्रतपालन एवं धार्मिक शिक्षा से निषेधित किया गया था जबकि मनु के अनुसार वे बिना मन्त्रोच्चारण के सवर्णों के सभी धार्मिक कृत्यों को कर सकते थे। शंख एवं यम का भी यही मत है।

सोमरस के पान से शूद्र सर्वथा वंचित था। उसे उपनयन की अनुमति नहीं थी जिस कारण तप नहीं कर सकता था एवं ब्रह्मचर्यावस्था का पालन नहीं कर सकता था।

शूद्रों की आत्म-मुक्ति के सम्बन्ध में अनेक मत हैं। श्रूति के अनुसार आत्मज्ञान की प्राप्ति के बिना मोक्ष नहीं हो सकता था जबकि भगवद्‌गीता के अनुसार उनके नैतिक आचरण

के आधार पर शूद्रों की भी मुक्ति हो सकती है। पुराणों में भी इस पर बल दिया गया है। बुद्ध ने भी व्यक्ति के आचरण पर बल दिया है ,वर्ण पर नहीं।

कई स्थितियों में शूद्रों को अपने पर गर्व था कि उनकी उत्पत्ति भागीरथी (गंगा) के साथ भगवान के पैर से हुई है। इसका उल्लेख आन्ध्र के चौदहवीं सदी के एक अभिलेख में है।

शूद्रों को व्यक्तिगत सम्पत्ति से भी वंचित रखा गया। महाभारत, गौतम एवं मनु के अनुसार शूद्रों की सम्पत्ति उनके स्वामी की सम्पत्ति मानी गई। फिर भी समाज में शूद्र के प्रति सहानुभूतिपूर्ण व्यवहार था। स्वामी की सेवा करते हुए वृद्ध शूद्र एवं कार्य से अशक्त को उसके स्वामी द्वारा खाना-पीना देना अनिवार्य था।

भारतीय शूद्रों की तुलना में रोम के दासों की स्थिति अत्यन्त भयावह थी। भारत में अनेक शूद्र समृद्ध हो गए थे जिनका उल्लेख ब्राह्मण एवं स्मृतियों में मिलता है कि ब्राह्मणों को शूद्रों के राज्य में नहीं रहना चाहिए। मौर्य एवं आभीर राजा शूद्र माने गए।

गरीब एवं विद्वान ब्राह्मण शूद्र से धन ग्रहण कर सकता था। गुरु दक्षिणा के लिए गरीब स्नातक शूद्रों को लूट सकता था, परन्तु ऐसा आवश्यक नहीं जान पड़ता है।

सम्पत्ति विभाजन में भी पुत्र का भाग माता की जाति पर निर्भर करता था। ब्राह्मण पत्नी से उत्पन्न सन्तान को सबसे अधिक भाग, उसके पश्चात् क्षत्रिय पत्नी से उत्पन्न सन्तान को ब्राह्मण जननी से कम, वैश्य पत्नी से उत्पन्न सन्तान को इन दोनों से कम तथा शूद्र पत्नी से उत्पन्न सन्तान को सबसे कम सम्पत्ति प्राप्त होती थी।

कुछ अपराधों जैसे उच्च वर्ण नारी के साथ व्यभिचार, ब्राह्मण की भर्त्सना करने पर कठोर शारीरिक एवं आर्थिक दंड दिया जाता था।

मृत्यु या जन्म लेने पर शूद्रों को एक माह का छूतक लगता था जबकि ब्राह्मण को दस दिन का।

शूद्रों को न तो न्याय और न ही धर्मघोष का अधिकार था।

ब्राह्मण किसी शूद्र से दान ग्रहण नहीं कर सकता था।

ब्राह्मण शूद्र निर्मित या स्पर्शित भोजन नहीं कर सकते थे किन्तु इसमें भी सन्देह है क्योंकि अपने पशुपालक, कृषक या वंशानुक्रम से मित्र शूद्र या अपने भाई एवं दासों के हाथों का भोजन करने पर कोई प्रतिबन्ध नहीं था। आपस्तम्ब के अनुसार ब्राह्मण को अपवित्र शूद्र का भोजन वर्जित था किन्तु उच्च वर्गों के संरक्षण में भोजन बनाने की आज्ञा थी, यदि नाखून, केश आदि शुद्ध हों। धीरे-धीरे यह भी वर्जित हो गया। यही बाद में चलकर अछूत हो गया।

शूद्र सिर्फ गृहस्थाश्रम ही ग्रहण कर सकता था क्योंकि उसे वेदाध्ययन से वंचित रखा गया था। वह उच्च वर्णों की सेवा करते हुए सन्तानोत्पत्ति द्वारा, चौथे आश्रम को छोड़कर सभी आश्रमों का फल प्राप्त करता था।

शूद्रों को मारने पर दान या प्रायश्चित की व्यवस्था को देखते हुए शूद्रों का जीवन क्षुद्र माना गया है। शूद्र को मारने पर सिर्फ कौवे, कुत्ते, छछूँदर, मोर आदि के मार डालने के समान का पाप लगता था।

शूद्र अपना जीवनयापन द्विजों की सेवा करके या अन्य शिल्प एवं उद्योग करके करता था। धीरे-धीरे वैश्य-कार्य जैसे कृषि एवं पशुपालन भी उन्होंने करना शुरू किया जिसका उल्लेख परवर्ती साहित्यों एवं ग्रन्थों में मिलता है।

यद्यपि शूद्रों पर अनेक प्रकार के बन्धन थे फिर भी उन्हें बहुत सी सुविधाएँ प्राप्त थीं।

ब्राह्मण-वृत्ति को छोड़कर वे अन्य सभी व्यवसाय कर सकते थे। कुछ तो राजा भी हो गए एवं उनकी अपनी सेना भी थी। वे प्रतिदिन के अनगिनत कार्य-कलापों से स्वतन्त्र थे एवं विवाह को छोड़कर सारे संस्कारों से मुक्त थे तथा कुछ भी खा-पी सकते थे एवं जप-तप से भी मुक्त थे।

2.14 कर्म पर आधारित जाति व्यवस्था

प्राचीन परम्परा के समर्थक एवं समाज के कट्टरपन्थी वर्ग जन्माश्रित वर्ण व्यवस्था के आधार पर जहाँ एक ओर ब्राह्मणों की श्रेष्ठता तथा शूद्रों की हैयता को सदा के लिए बनाए रखना चाहते थे वहीं दूसरी ओर इसके विरुद्ध ब्राह्मण समाज में ही एक नवीन विचारधारा का उदय हो रहा था, जो वर्ण व्यवस्था को जन्म पर आधारित नहीं वरन् कर्म पर आधारित करना चाहती थी। इसका स्पष्ट उल्लेख *महाभारत* में हुआ है कि वर्ण धर्म पर आधारित होना चाहिए, धर्म वर्ण पर नहीं। *भागवत पुराण* में इसका समर्थन किया गया है कि वर्ण की जानकारी जन्म से नहीं वरन कर्मों से होती है। *शुक्रनीति* में यह स्पष्ट है कि वर्ण अपने गुणों एवं कर्म से ही क्रमानुसार होते हैं। इन विचारों के कारण कट्टरपन्थियों को एक धक्का लगा परन्तु नवीन विचारधाराओं में सफलता नहीं मिली एवं इसके विरुद्ध वर्णव्यवस्था पूर्ववत ही रही।

2.15 जाति-व्यवस्था की विशेषताएँ

भारतीय वर्ण एवं जाति-व्यवस्था का दृढ़ आधार प्रायः जन्म से ही रहा है। धार्मिक एवं सामाजिक रीति-रिवाजों की विभिन्नता के कारण जातियों के बीच की सांस्कृतिक खाई दिनोंदिन चौड़ी होती गई एवं उच्च जातियाँ उच्च तथा निम्न जातियाँ हीन मानी जाने लगीं। जाति व्यवस्था में ब्राह्मण को सर्वश्रेष्ठ एवं शूद्र को सबसे निम्न माना गया एवं स्वजाति के भीतर ही विवाह करना एवं एक ही गोत्र या विशिष्ट सम्बन्धियों में विवाह न करना विहित था। जातियों में आपसी खान-पान पर प्रतिबन्ध था तो कुछ अपने निश्चित व्यवसाय ही करते थे।

जाति एवं वर्ग : प्रत्येक समाज में प्रायः श्रेणी या वर्ग पाए जाते हैं। भारत में इसे वर्ण कहा जाता है जो जन्म के आधार पर है। यूरोप में इसे वर्ग कहा जाता है जो व्यक्ति के व्यवसाय, वेतन एवं पूँजी पर आधारित है। जन्म पर आधारित जाति या वर्ग में कट्टरता होती है जबकि पूँजी पर आधारित वर्ग लचीला होता है एवं वर्ग में व्यक्ति की प्रतिष्ठा में जल्द ही अन्तर आ जाता है।

प्राचीन यूनान एवं रोम में भी तीन वर्ग–विशिष्ट वर्ग, मध्यम वर्ग एवं अविशिष्ट वर्ग था जिसमें विशिष्ट वर्ग के लोग अपने अधिकारों के वर्चस्व को स्थायी रखना चाहते थे जिस कारण अनेक संघर्ष हुए। मध्यकालीन यूरोपीय समाज भी चार वर्गों (Estates) में विभाजित था; पादरी, सामन्त, व्यापारी तथा श्रमिक। इसकी तुलना भारतीय वर्ण विभाजित समाज में की जा सकती है, परन्तु यूरोपीय समाज में इन वर्गों के बीच आपसी संघर्ष निरन्तर चलता रहा एवं उन वर्गों का सम्बन्ध कभी जन्म पर आधारित नहीं रहा।

अतः इसमें कोई अतिशयोक्ति नहीं है कि भारतीय वर्ण व्यवस्था का आरम्भ व्यवसाय के आधार पर सामाजिक हित के लिए किया गया था एवं कालान्तर में इसमें अनेक बुराइयों

ने जन्म लिया जिससे इसके वंशानुगत होने के कारण धार्मिक कट्टरता फैल गई तथा उच्च वर्णों को विशेषाधिकार एवं निम्न तथा शूद्र वर्णों को अपमानजनक अन्याय प्राप्त हुए। उच्च वर्णों के हाथों विशेषाधिकार मिल जाने के कारण सत्ता उनके हाथों में चली गई और वे अत्यन्त समृद्ध हो गए तथा निम्नवर्ण सवर्णों की तुलना में सामाजिक एवं आर्थिक दृष्टिकोण से अत्यन्त पिछड़ गए एवं इनकी स्थिति अत्यन्त शोचनीय हो गई। इसमें सन्देह नहीं कि समाज में प्रत्येक व्यक्ति एवं वर्ग के लोगों को समान स्तर पर नहीं रखा जा सकता किन्तु समाज का यह कर्तव्य होता है कि वह प्रत्येक व्यक्ति की प्रतिभा एवं आवश्यकतानुसार तत्कालीन स्थिति को देखते हुए नीति-निर्धारण करे जिससे किसी का शोषण सम्भव न हो सके।

जाति व्यवस्था के प्रति बौद्ध एवं जैन दृष्टिकोण : बौद्ध काल में जाति का महत्त्व जन्म से नहीं बल्कि गुण से था। वैदिककालीन वर्ण-व्यवस्था को स्वीकारने के बावजूद बौद्धकाल में इस बात पर जोर दिया गया कि यदि वर्ण-व्यवस्था को रहना है, तो वह अपने गुणों की पूर्णता को प्राप्त करे। ब्राह्मण को मिटा देने या समाज से निकाल देने की बात नहीं थी बल्कि इस बात पर जोर दिया गया कि ब्राह्मण सच्चे अर्थों में ब्राह्मण बने।

वर्ण-व्यवस्था जब एक बार कायम हो गई, तो उसके चारों ओर लोहे की दीवारें कायम कर दी गईं। इसी कारण जन्म से जाति का श्रीगणेश हुआ। बौद्धकाल में महसूस किया गया कि इस घेरे से गुणों का लोप होता जा रहा था और यदि कर्म से ब्राह्मण बने रहने का प्रयास नहीं किया गया तो ब्राह्मण चांडाल वर्ग में भी ढकेला जा सकता था। इसी तरह चांडाल-वर्ग का कोई व्यक्ति शीलवान बनने के कारण ब्राह्मण-वर्ण में आ सकता था। *मज्झिमनिकाय* (2/4/4) के अनुसार, "ब्राह्मण, क्षत्रिय, वैश्य और शूद्र चोरी-हिंसा आदि कुकर्म भी कर सकते हैं और साथ ही नरक भी भोग सकते हैं। इस तरह चारों वर्ण सम हो जाते हैं।" अपराध करनेवाला अपराधी पहले था और ब्राह्मण, क्षत्रिय, वैश्य और शूद्र बाद में और सभी दंड के भागी माने जाते थे। शीलवान शूद्र अपने गुणों के कारण ब्राह्मण की श्रेणी में स्थान पा सकता था। *महाकात्यायन* ने शूद्र को केश, दाढ़ी मुँड़वाकर प्रव्रजित होकर, कल्याण-धर्म ग्रहण करने की बात कही है। कल्याण-धर्म करनेवाला सभी वर्णों द्वारा पूजा जाता था, चाहे वह ब्राह्मण हो या चांडाल। सम्भवतः कर्मों के सहारे निम्न श्रेणी से उच्च श्रेणी में पहुँचने का अनुकूल वातावरण बौद्धकाल में था।

वैदिककाल में जाति प्रथा का विकास पूर्णतः जन्म के आधार पर नहीं हुआ था और बौद्धकाल में भी कर्म को प्रधानता दी गई। बौद्धकाल में जन्म से जाति मानने के विरोध में विचार फैल रहे थे और कर्म से जाति मानने की बात कही और सुनी जाती थी किन्तु वास्तव में ऐसा प्रमाण नहीं मिलता कि बौद्धकाल में एक वर्ण अपने गुणों के आधार पर दूसरे वर्ण या जाति में चला गया हो। स्वयं गौतम बुद्ध 'महात्मा' कहलाने के बावजूद क्षत्रिय ही रहे।

बौद्धकाल में जाति या वर्ण के अलावा 'कुल' का पूरा खयाल रखा जाता था। स्वयं भगवान बुद्ध सभी वर्णों से क्षत्रिय वर्ण को श्रेष्ठ मानते थे और जब भी अवसर आया, उन्होंने क्षत्रियों में भी शाक्य-वंश को प्रधानता दी, जिसमें वे स्वयं थे। *दीघनिकाय* (1.3) में एक कथा इस प्रकार है—अम्बट्ठ माणवक नामक एक अति विद्वान ब्राह्मण ने बातचीत के सिलसिले में गौतम बुद्ध से कहा कि शाक्य जाति चंड है, शूद्र है, बकवादी और नीच भी है; क्योंकि वह ब्राह्मणों का सत्कार नहीं करती। शाक्यों पर किए गए आक्षेप को सुनकर बुद्ध ने अम्बट्ठ से उसका गोत्र पूछा। अम्बट्ठ ने अपने को कार्ष्णायन गोत्र का बतलाया। बुद्धदेव ने कहा—

अम्बट्ठ, तुम्हारे पुराने नाम-गोत्र के अनुसार शाक्य आर्य (स्वामी) होते हैं और तुम शाक्यों के दासी-पुत्र हो। और कार्ष्णायन गोत्र की कथा कही, जिससे साबित हो गया कि कार्ष्णायन गोत्रवाले शाक्यों में दासी-पुत्र हैं। इस तरह बुद्ध शाक्य-कुल को सर्वश्रेष्ठ मानते थे और उसकी उच्चता का उन्हें पूर्ण अभिमान था। इस कथा से यह भी पता चलता है कि कुल-गोत्र पर ध्यान दिया जाता था और इसीलिए अम्बट्ठ को दासी-पुत्र बताया गया। भिक्षुओं में भी जो हीन-कुलोत्पन्न होते थे, उन्हें श्रेष्ठ-कुलोत्पन्नों के साथ बराबरी करने पर अपमान सहना पड़ता था—गालियाँ खानी पड़ती थीं।

बौद्धकालीन समाज में सर्वोच्च स्थान पाने के लिए, ब्राह्मणों और क्षत्रियों के बीच काफी तनाव दिखाई देता है। बौद्धग्रन्थों में वैसी ब्राह्मण स्त्रियों की एक लम्बी सूची है जिन्हें पति के अलावा अन्य पुरुषों से गुप्त सम्बन्ध स्थापित करने में विशेष रुचि थी। वैसे ब्राह्मणों की भी चर्चा है जो शूद्र से भी निम्न कार्य करते थे।

पुनः *दीघनिकाय* (3.4) में वर्णों की उत्पत्ति बताते हुए ब्राह्मणों की प्रशंसा की गई है—वे प्राणी जो वर्णवान्, दर्शनीय, प्रासादिक, महाशक्तिशाली और क्षेत्रों का अधिपति थे *क्षत्रिय* कहलाए और दूसरों का रंजन करने के कारण *राजा* कहे जाने लगे।...तब उन्हीं प्राणियों में से कुछ के मन में हुआ कि हम प्राणियों में पाप-धर्म प्रादुर्भूत हो गया है...अतः हम पाप का त्याग करें। उन लोगों ने पाप-धर्म को बहा दिया और *ब्राह्मण* कहलाए। जो वन में ध्यान करते थे, वे *ध्यापक* और जो गाँवों के किनारे रहकर ग्रन्थ-रचना करते थे, वे *अध्यापक* कहे जाने लगे। इस तरह ब्राह्मण प्रकट हुए और उनमें से काफी लोग तरह-तरह के काम में लग गए और *वैश्य* कहलाए। शेष लोग क्षुद्र आचारवाले प्राणी थे जो क्षुद्र या *शूद्र* कहलाए। चारों वर्णों के निर्माण के सम्बन्ध में बुद्ध का यही विचार था। गोत्र के आधार पर उन्होंने क्षत्रियों को श्रेष्ठ बताया। उत्पत्ति-क्रम से भी प्राथमिकता क्षत्रिय-वर्ण को ही दी गई। *दीघनिकाय* (13) में अनुलोम एवं प्रतिलोम सम्भोग से जन्मे बालक की जाति पर प्रकाश डाला गया है। ब्राह्मण कुमार और क्षत्रिय कन्या के सहवास से उत्पन्न पुत्र ब्राह्मण होगा।

इस तरह काफी प्रयास के बावजूद बुद्धकालीन माहौल कोई नवीन जातिप्रथा का विकास या वर्ण-विभाजन करने में सफल नहीं रहा। तत्कालीन सामाजिक वर्गीकरण वैदिक काल के समान ही रहा। बौद्धकाल में ब्राह्मण व्यवस्था की नींव उखाड़ने का यथासम्भव प्रयास किया गया किन्तु इस व्यवस्था की नींव इतनी गहरी थी कि बौद्धों द्वारा नहीं उखाड़ी जा सकी। बौद्धकाल में वैदिककालीन जातिप्रथा नहीं मानने पर जोर दिया गया। जन्म से ज्यादा महत्त्व कर्म को देने का प्रयास किया गया किन्तु वैदिककालीन जातिप्रथा का रूप बदल नहीं सका। विकसित अर्थव्यवस्था ने वैश्यों की आर्थिक स्थिति मजबूत किया और समाज में वैश्यों का महत्त्व बढ़ा किन्तु जाति नहीं। यही बात शूद्रों के साथ भी पाई गई। शूद्रों एवं स्त्रियों की स्वतन्त्रता बढ़ी। व्यापारिक नगरों में पाई गई आर्थिक गतिविधियों ने सामाजिक ऊँच-नीच के भेदभाव को कम किया।

जैन धर्म में जाति

जैन सूत्र *प्रज्ञापना* (1.67-71) में आर्यों की चार जातियाँ : जातिआर्य, कुलआर्य, कर्मआर्य और शिल्पआर्य।

जाति में मातृपक्ष की और कुल में पितृ की प्रधानता रहती थी।

1. छह प्रकार की *आर्यजाति* : अम्बष्ट, कलिन्द, विदेह, हरित, तन्तुण तथा वेदग। अम्बष्ट और विदेह को नीची जातियों में गिना गया है।
2. कुलआर्य में उग्र, भोग, राजन्य, इक्ष्वाकु (ऋषभदेव के वंशज), ज्ञातृ (प्रथम प्रजापति के वंशज) और कौरव्य (महावीर और शान्ति जिनके पूर्वज)
3. कर्मआर्यों में कपड़े के व्यापारी, सूत के व्यापारी, कपास के व्यापारी, करियाने के व्यापारी, कुमार और पालकी उठानेवाले।
4. शिल्पआर्य में रफू करनेवाले, बुननेवाले, पटवे, मशक बनानेवाले, रस्सा बँटनेवाले, चटाई बुननेवाले, लकड़ी का पादुका बनानेवाले, मुंज की पादुका बनानेवाले, छतरी बनानेवाले, वाहन बनानेवाले, मिट्टी के पुतले बनानेवाले, पलस्तर की वस्तुएँ बनानेवाले, चित्रकार, शंखकार, दन्तकार, भांडकार (कंसेरे), माला बनानेवाले और कौड़ियों का काम करनेवालों की चर्चा है।

जैनसूत्रों में ब्राह्मणों की अपेक्षा क्षत्रियों को श्रेष्ठता प्रदान की गई है। सभी तीर्थंकर क्षत्रियकुल में उत्पन्न बताए गए हैं। व्यवहारिक रूप में समाज में ब्राह्मणों का स्थान ऊँचा था क्योंकि उन्हें स्वर्ग में देवता के रूप में निवास करनेवाला बताया गया है। पुनः जन्म की अपेक्षा कर्म को अधिक महत्त्व प्रदान किया गया है। जाति की निन्दा करने के बावजूद जैन मतावलम्बी जाति-पाँति के बन्धनों से अपने आपको सर्वथा मुक्त नहीं कर सके।

समाज को ब्राह्मण, क्षत्रिय, गृहपति (वैश्य), म्लेच्छ, नीच और अस्पृश्य में विभाजित किया गया है।

अध्याय 3

बौद्धस्रोतों में ब्राह्मण-क्षत्रिय संघर्ष

उत्तरवैदिक काल (ई.पू. 1000-600 ई.पू.) की अर्थव्यवस्था ने ही समाज में वर्ग-विभाजन को विकसित किया। समाज-व्यवस्था में ब्राह्मण सर्वोच्च स्तर पर था। इस वर्ग का मुख्य काम पुरोहित विविध कर्मकांड, यज्ञ और कृषि-कार्य से सम्बन्धित उत्सवों का अनुष्ठान करना था। ये लोग युद्ध में अपने आश्रयदाता राजाओं या सरदारों की सफलता के लिए स्तुति पाठ करते थे। ब्राह्मणों के बाद क्षत्रियों का स्थान था। इन लोगों की जीविका का मुख्य आधार युद्ध और शासन बताया गया है। उत्पादन-कार्यों से वैश्य एवं शूद्र सटे हुए थे। बड़े-बड़े भूमिपति ब्राह्मण और क्षत्रिय ही होते थे। कीथ के अनुसार ब्राह्मण काल (छठी शताब्दी ई.पू. से पहले) में बड़ी-बड़ी जमींदारियाँ विकसित हो चुकी थीं, जिनमें दास और बँधुए मजदूर काम करते थे, लेकिन यह बात सैद्धान्तिक रूप से ही सच जान पड़ती है। *अथर्ववेद* (iv 22-21) में ब्राह्मणों द्वारा राजा को ग्रामों में, गायों में और घोड़ों में अंश दिलवाने के लिए इन्द्र से प्रार्थना की गई है। छठी शताब्दी ई.पू. के पश्चात बड़े पैमाने पर लोहे का प्रयोग (वैसे लोहा नौंवी सदी ई. पू. से ही पाया जाने लगा।) होने से आर्थिक व्यवस्था में परिवर्तन और बड़े पैमाने पर नगरीकरण एवं व्यापार में उन्नति हुई। आर्थिक विकास की इस नवीन प्रक्रिया ने यज्ञ के माध्यम से हुई पशुधन की बर्बादी को पसन्द नहीं किया। वैदिक यज्ञों के विरोध एवं बौद्धधर्म के उदय ने ब्राह्मणों एवं क्षत्रियों में तनाव का वातावरण पैदा किया। इस तनाव के सम्बन्ध में विशद् चर्चा हमें पाली स्रोतों में भी मिलती है।

स्रोत

बुद्धकालीन समाज एवं धर्म को जानने के लिए पाली भाषा में लिखे गए ग्रन्थ, जैसे—*महावस्तु, ललितविस्तर, अभिनिष्क्रमणसूत्र, जातक, बुद्धचरित* आदि काफी महत्त्वपूर्ण हैं। इनके आधार पर ब्राह्मण-क्षत्रिय तनाव के सम्बन्ध में हमें जानकारी होती है।

3.1 महावस्तु

विनय-पिटक (अनुवादक, राहुल सांकृत्यायन, बनारस, 1935) महासंघिकों की एक लोकान्तरवादी शाखा है। वैशाली में नन्दिवर्द्धन के समय में महासंघिक सम्प्रदाय की होनेवाली द्वितीय संगति के अवसर पर थेरवादियों के विरोध में इसकी स्थापना हुई थी। इस ग्रन्थ में बुद्ध के जीवन-चरित का वर्णन है जिसमें तारतम्यता का अभाव है। इसकी शैली प्राचीन है और कल्पना पर आधारित कथाओं की ही संख्या ज्यादा है।

महावस्तु में गौतम बुद्ध के जीवन-चरित को तीन भागों में बाँटा गया है। प्रथम खंड में गौतम बुद्ध के जीवन धारण करने के लिए पूर्वजन्मों के सम्पर्क का वर्णन है। दूसरा खंड बुद्ध के वास्तविक पक्षों को दर्शाता है। महाकश्यप, सारिपुत्र, महामौद्गल्यायन, शुद्धोदन, महाप्रजापति गौतमी, यशोधरा, राहुल तथा उपालि-सहित शाक्य-युवकों की दीक्षा-कथा तीसरे खंड में है। बिम्बिसार राजा की दीक्षा पर भी अन्त में प्रकाश डाला गया है। *ललितविस्तर* संस्कृतकाव्यों से प्रभावित है जिसमें बुद्ध के चरित्र पर आकर्षक प्रकाश डाला गया है। *ललितविस्तर* की कथा पर *अभिनिष्क्रमणसूत्र* (डॉ. बील के अनुसार) आधारित है। इसका मूलग्रन्थ उपलब्ध नहीं है। शुरू का भाग तो महावस्तु से भी प्रभावित है। पालि भाषा में लिपिबद्ध जातक बुद्धघोष की रचना मानी जाती है। पालि साहित्य का इतिहास (पृ. 281) के अध्ययन से पता चलता है कि जातक की रचना किसी सिंहली विद्वान ने की थी। इस ग्रन्थ में बुद्ध के चार रूपों की विस्तृत व्याख्या की गई है जिसमें कल्पना को भी जमकर स्थान दिया गया है और गौतम बुद्ध को देवता मानने का प्रयास किया गया है। संस्कृत भाषा में लिखित *बुद्धचरित* का रचयिता अश्वघोष माना गया है। यह ग्रन्थ रामायण, महाभारत तथा कालिदास की रचनाओं से प्रभावित है।

बौद्धकाल की सामाजिक एवं आर्थिक स्थितियों की जानकारी पालिग्रन्थों के 'विनय' और 'निकायों' से होती है। इस तरह की सामग्री में 'महावदान सुत्त' मुख्य कहे जा सकते हैं। 'बोधिराजकुमार सुत्तन्त' नामक ग्रन्थ भी बौद्धकालीन भारत पर थोड़ा-बहुत प्रकाश डालता है। 'सुत्त निपात' तथा महावंश से भी इस धर्म एवं समाज की जानकारी होती है।

3.2 ब्राह्मण-क्षत्रिय संघर्ष

महावंश (6.5.1.21) से पता चलता है कि बुद्ध जब अगुंत्तराप के आपण नामक कस्बे (निगम) में गए, तब 'भद्दिया' के मेंडक गृहपति ने जो बिम्बिसार के राज्य में था, बुद्ध के भिक्षुसंघ के लिए अपने नौकरों के साथ रसद भिजवाई। सुत्तनिपात (33) के अनुसार जब बुद्ध की आगवानी में 'केविय' ने भोज की तैयारी की, तो ब्राह्मणों ने इसे बिल्कुल नापसन्द किया। सेल नामक ब्राह्मण ने केविय द्वारा की गई भोज की तैयारी पर व्यंगात्मक शब्दों में कहा था, "यह धूमधाम किसी विवाह के उपलक्ष्य में है या राजा बिम्बिसार की अगवानी में ?"

वर्णव्यवस्था उत्तर वैदिक काल से हमें देखने को मिलने लगती है। *महाभारत* में युद्ध के अवसर पर कृष्ण ने अर्जुन से कहा, वाक्य की उत्पत्ति होते ही पहले ब्राह्मण हुए, फिर क्षत्रिय, वैश्य और शूद्र (*शान्तिपर्व,* अध्याय 342, पद 21) *हरिवंश पुराण* (210.118.16) के अनुसार अक्षर से ब्राह्मण, क्षर से क्षत्रिय, विकार से वैश्य और धूम-विकार से शूद्रों ने जन्म लिया। *ऋग्वेद* के 'पुरुषसूत' में भी ब्राह्मणों को ही सर्वश्रेष्ठ बताया गया है।

सांस्कृतिक दृष्टिकोण से समाज पर ब्राह्मणों का प्रभुत्व था और राजनीतिक दृष्टिकोण से भारतीय समाज पर क्षत्रियों का। ब्राह्मणों के जैसा क्षत्रियों के बीच भी अपने उच्च कुल का स्वाभिमान था। अपने उदात्त चरित्र तथा समाज के रक्षात्मक भारवाही होने के कारण क्षत्रियों की समाज में काफी शक्तिशाली स्थिति थी। इस तरह समाज में एक तरफ जहाँ ब्राह्मण-वर्ग सत्वशक्ति सम्पन्न था, वहीं दूसरी तरफ क्षत्रिय वर्ग भी राजनीतिक दृष्टिकोण से शक्ति सम्पन्न था। राजनीतिक शक्ति का विकास सत्त्व और तमस–दोनों की ओर हो सकता था, अतः जब ज्ञान का प्रसार होने लगा, तो क्षत्रियों ने अपने को सत्त्व की ओर मोड़ने का प्रयास किया। इनका उद्देश्य सांस्कृतिक क्षेत्र में भी अपनी धाक जमाना था। स्वाभाविक रूप से अब ब्राह्मणों और क्षत्रियों में

परस्पर स्पर्द्धा छिड़ गई तथा बाद में चलकर इसी तनाव ने दोनों वर्गों में संघर्ष का रूप ले लिया। रक्षा-भारवाही तथा शक्ति साधक क्षत्रियों ने अब अपनी सात्विक वृत्ति का विकास कर सांस्कृतिक क्षेत्र में अपनी महत्ता स्थापित करनी चाही। संस्कृति-सम्पन्न ब्राह्मणों ने भी शक्ति के क्षेत्र में अपने ब्रह्मबल तथा बाहुबल का प्रयोग करना शुरू कर दिया। ईर्ष्या और स्पर्द्धा ने श्रद्धा एवं शान्ति का वातावरण समाप्त कर दिया और दोनों में कलह पैदा हो गया।

पुराणों में वशिष्ठ और विश्वामित्र के बीच जिस युद्ध की चर्चा मिलती है वह ब्राह्मण-क्षत्रिय संघर्ष का ही प्रतीक है। इस युद्ध का विस्तृत वर्णन *ब्रह्मपुराण* में मिलता है। परशुराम और क्षत्रियों का युद्ध भी धार्मिक इतिहास में काफी चर्चित है। *शिवपुराण* (अध्याय 38-39) में दधीचि और क्षुवथु नामक राजा के युद्ध की चर्चा है जिसमें क्षत्रिय राजा की मदद करनेवाले विष्णु भी हारे थे। ये सारी लड़ाइयाँ ब्राह्मण-क्षत्रिय कलह का परिणाम थीं। इस संघर्ष के परिणामस्वरूप क्षत्रिय वर्ग सामाजिक श्रेष्ठता ब्राह्मणों के हाथ से नहीं छीन सका। कटु अनुभवों के आधार पर क्षत्रिय वर्ग इस बात को समझ चुके थे कि जिस क्षेत्र और जहाँ के समाज में ब्राह्मणों की श्रेष्ठता कायम थी, वहाँ और उस समाज में उनकी श्रेष्ठता नहीं स्थापित हो सकती थी, फलतः क्षत्रिय ऐसे प्रदेश और ऐसे समाज की खोज में व्यस्त हुए जहाँ ब्राह्मणों का प्रभुत्व नहीं कायम हो। ऐसा प्रदेश भारत का उत्तर-पूर्वी (लगभग उत्तर प्रदेश का पूर्वी भाग और बिहार का प्रदेश) भाग था जहाँ ब्राह्मण धार्मिक प्रवृत्ति के अभाव में वहाँ जाना और रहना पसन्द नहीं करते थे। ऐसे प्रदेशों में सबसे महत्त्वपूर्ण प्रदेश वैशाली और मगध के आसपास के क्षेत्र थे। ब्राह्मण इन प्रदेशों में दूसरे लोगों को भी बसने को मना करते थे। सम्भवतः इसीलिए आज तक पश्चिम के ब्राह्मण पूर्वी भाग के ब्राह्मणों को पंक्ति में छोटा बतलाते हैं और अपना सम्बन्ध पूर्वी भाग के ब्राह्मणों के साथ नहीं करना चाहते। देश का पूर्वी भाग भौगोलिक दृष्टिकोण से दलदल और जंगली था, अतः आर्थिक एवं सामाजिक रूप से पिछड़ा था, इसीलिए आधुनिक उत्तर प्रदेश का पूर्वी भाग, बिहार, बंगाल, असम एवं उड़ीसा के प्रदेशों को क्षत्रियों ने अपने कार्यक्षेत्र का केन्द्र बनाया।

पूर्वी भाग में ही राजा जनक (सीता के पिता और राम के ससुर) हुए जो क्षत्रिय थे। इनकी सभा में सभासद के रूप में याज्ञवल्क्य जैसे ब्राह्मण रहते थे। विश्वामित्र ने भी इसे ही अपना कार्यक्षेत्र चुना और यज्ञ-यज्ञादि की क्रिया भी प्रतिष्ठित की थी किन्तु हम पाते हैं कि इन क्षेत्रों में क्षत्रियों ने ब्राह्मणों द्वारा चलाई गई बहुव्ययी विधि-कलाओं को त्यागना उचित नहीं समझा और उन्होंने मोक्ष मार्ग को प्रशस्त करने में एक नया कदम उठाया। केवल तपस्या, त्याग और ज्ञान के आधार पर ही मोक्ष तथा आत्म-ज्ञान लाभ करने का अधिकार प्रतिष्ठित किया। इस क्षेत्र की गरीब जनता के लिए यह नई और क्रान्तिकारी मार्ग-पद्धति अनुपयुक्त साबित हुई। ब्राह्मणों के द्वारा जिन यज्ञ-यज्ञादि क्रियाओं का उदय सप्तसिन्धु की घाटी में हुआ, बहुत प्रयास करने पर भी वह विधि-क्रिया भारतीय पूर्वी सीमा में जड़ नहीं जमा सकी और न ब्राह्मणत्व ही इस भाग में अपनी सत्ता कायम कर सका। इसके विपरीत ब्राह्मण लोग मगध, अंग आदि प्रदेशों को हेय समझकर तिरस्कृत करते रहे। दूसरी तरफ क्षत्रियों को अपने नवीन मार्ग के सम्वर्द्धन और उसकी स्थिति दृढ़ करने के लिए उपयुक्त भूमि प्राप्त हो गई। धीरे-धीरे क्षत्रियों का उत्कर्ष ऐसे भूभाग में बढ़ता गया तथा यज्ञादि के विपरीत तप और ज्ञान-मार्ग का विकास बिहार प्रदेश के आसपास दृढ़ होता गया।

इस काल में अनेक क्षत्रिय राजा हुए जिन्होंने कठिन तप से ज्ञानबल को मजबूत करके

ब्राह्मणत्व को प्राप्त कर लिया। ऐसे क्षत्रियों में काशिराज (जिनके नाम पर काशी नगरी नाम पड़ा) अजातशत्रु, वैदेह, अश्वपति, कैकेय, प्रवाहण, जावालि आदि प्रमुख थे *(छान्दोग्य, वृहदारण्यक* और *कौषतिकि-उपनिषद्)*। फिर हमें इस बात की चर्चा मिलती है कि औपमन्यव, सत्ययज्ञ, पौतुषि-इन्द्रद्युम्न, भाल्लेय जन-शार्कराक्ष्य और वृटिक्त आवश्वत राखि जैसे महाश्रत्रिय ब्राह्मण गृहस्थों ने भी 'अश्वपति कैकेय' से ब्रह्म-विद्या प्राप्त कर ऋषित्व लाभ किया था (*छान्दोग्य उपनिषद्* 9.5.11)। इस काल में ब्रह्मविद्या प्राप्त करने के लिए क्षत्रियों में होड़ लगी रहती थी जिसके आधार पर कहा जा सकता है कि क्षत्रियों से ज्यादा महत्त्व ब्राह्मणों का था।

ब्राह्मण-क्षत्रिय तनाववाले काल में महावीर जैन और गौतम बुद्ध को हम पाते हैं जो क्षत्रिय थे और जिन्होंने अपने धर्म को भारत से बाहरी देशों में भी प्रसार किया। इन लोगों के द्वारा बनाए गए नियमों ने ब्राह्मण धर्म पर कुठाराघात किया। बौद्धधर्म ने तो वैसे तमाम नियमों का विरोध किया जिन्हें ब्राह्मणों ने समाज में स्थापित किया। उदाहरण के लिए ब्राह्मणों ने देवता और राजा के बीच सम्बन्ध स्थापित करने के लिए यज्ञ आवश्यक बताया जबकि आर्थिक क्षति को ध्यान में रखते हुए गौतम बुद्ध ने यज्ञ को बेकार बताया। ब्राह्मणों ने ईश्वर के अस्तित्व को बताया जबकि गौतम बुद्ध ने ईश्वर के अस्तित्व को नहीं माना। ब्राह्मणों ने ईश्वर को सभी जीवों का सृष्टिकर्ता बताया जबकि गौतम बुद्ध का कहना था कि ईश्वर ही अगर सभी जीवों का निर्माण किया तो फिर समाज में अमीरी और गरीबी क्यों ? ब्राह्मणों ने मृत्यु के बाद आत्मा के अस्तित्व का समर्थन किया और पुनर्जन्म की बात बताई लेकिन गौतम बुद्ध ने मोक्ष का समर्थन किया और आत्मा के अस्तित्व का विरोध किया। ब्राह्मण ने छूत-अछूत में भेदभाव स्थापित किया, तो गौतम बुद्ध ने वर्ग-भेद को नहीं माना। औरतों को ब्राह्मणों ने कोई महत्त्व नहीं दिया जबकि बौद्धधर्म ने स्त्रियों के लिए अपना धर्मद्वार खोल दिया। कृषकों को ब्राह्मणों ने अछूत कहा जबकि पके हुए धान के रंग को गौतम बुद्ध ने अपने वस्त्र का रंग चुना। ब्राह्मणधर्म रूढ़िवादी विचार का समर्थक था जबकि बौद्धधर्म नवीन विचारों का। ब्राह्मणधर्म ने वैदिक रीति-रिवाज का समर्थन किया लेकिन बौद्धधर्म ने वेद को अर्थहीन और ब्राह्मणों द्वारा शोषण का एक तरीका बताया। ब्राह्मणों ने दान को आवश्यक बताया लेकिन बौद्धधर्म ने इसका विरोध किया। तन्त्र-मन्त्र एवं सिद्धि को ब्राह्मणों ने *अथर्ववेद* के आधार पर सच बताया लेकिन बौद्धधर्म ने इसे काटा। ब्राह्मणों ने दुःख का कारण बुरा कर्म और पाप बताया जबकि बौद्धधर्म ने दुःख का कारण धन का अभाव बताया। ब्राह्मणों ने सूद लेना खराब माना और बौद्धधर्म ने इसे ठीक कहा। ब्राह्मणधर्म ने मूर्तिपूजा को आवश्यक बताया जबकि गौतम बुद्ध और हीनयानवालों ने इसे गलत कहा। ब्राह्मण धर्म ने मात्रा पर जोर दिया जैसे अधिक पुत्रों का होना तो बौद्धधर्म ने गुण पर जोर दिया जैसे एक ही पुत्र हो लेकिन गुणवान हो। ब्राह्मणों का केन्द्र उत्तर-पश्चिम भारत रहा जबकि बौद्धधर्म का मुख्य केन्द्र पूर्वी भारत रहा।

क्षत्रियों ने इस बात को समझ लिया था कि जिस क्षेत्र और जहाँ के समाज में ब्राह्मणों की श्रेष्ठता का आधिपत्य कायम है, वहाँ और उस समाज में उनकी श्रेष्ठता का दावा नहीं स्थापित हो पाता। अतः क्षत्रियों ने ऐसे प्रदेश और ऐसे समाज की खोज की जहाँ ब्राह्मणों का प्रभुत्व नहीं कायम हो सके। यह प्रदेश भारत का पूर्वी भाग था जहाँ ब्राह्मण धार्मिक प्रवृत्ति के अभाव में जाना और रहना पसन्द नहीं करते थे। इतना ही नहीं इन पूर्वी भागों को हेय बताकर दूसरे लोगों को भी जाने से मना करते थे।

गौतम बुद्ध शाक्य कुल के थे। शाक्यवंशीय क्षत्रिय अपने जात्याभिमान के लिए देश में प्रसिद्ध

थे (*दीघनिकाय* [अगञ्ञसुत्त] 3.4)। छठी शताब्दी ई.पू. से हम पाते हैं कि क्षत्रिय कर्म से ही नहीं, जन्म से भी अपने को श्रेष्ठ मानने लगे। बुद्ध ने स्वयं इसे स्वीकारा है (*दीघनिकाय* (अम्बट्टसुत्त), 1.3)। अम्बष्ठ ब्राह्मण ने भगवान बुद्ध से भेंट होने पर व्यंगात्मक ढंग से कहा था, 'गौतम शक्य जाति...इब्भा सन्ता इब्भा समाना न ब्राह्मणे संग करोन्ति ना ब्राह्मणे मानन्ति आदि।''

अनेक स्थानों पर बुद्ध ने ब्राह्मण के पहले क्षत्रिय का नाम लिया। क्षत्रियोत्कर्ष का विकसित रूप ही हम पूर्वी भारत में जैन और बौद्ध धर्म के रूप में देखते हैं। जैन एवं बौद्ध धर्म ब्राह्मण-क्षत्रिय संघर्ष में क्षत्रियों की उस विजय का प्रतीक है जो बिहार प्रदेश में विकसित हुई। हम पाते भी हैं कि जिस अनुपात में, काशी से पश्चिम के भागों में ब्राह्मण धर्म का प्रसार दिखाई पड़ता है, अनुपात में काशी के पूर्व के भागों में, शुंगकाल के पहले नहीं दिखाई पड़ता। गौतम बुद्ध के जीवन-चरित विषयक प्रसिद्ध बौद्ध ग्रन्थ ललितविस्तर में जो आठ राजकुलों का वर्णन हमें देखने को मिलता है, उनमें से मगधकुल के सम्बन्ध में बताया गया है कि वह कुल मातृशुद्ध और पितृशुद्ध नहीं था। यह चंचल था और विपुल पुण्य से अभिषिक्त नहीं था। इसकी राजधानी जंगली लोगों के बसने योग्य थी (*ललितविस्तर*, अध्याय-1)। इससे ब्राह्मण ग्रन्थों की बात प्रमाणित होती है। *अथर्ववेद* के अनुसार ब्राह्मण ऋषि अपनी शक्ति से ज्वर आदि खराब बीमारियाँ अंग और मगध भेज देते थे क्योंकि यह अपवित्र और अनार्यों का क्षेत्र था। *ऋग्वेद* (3.53.14) के अनुसार, मगध (कीकट) की गायें किसी काम की नहीं थीं क्योंकि इनका दूध यज्ञ और सोमरस बनाने में प्रयोग नहीं किया जाता था। इस तरह ब्राह्मणों ने मगधवासियों को नीच बताया। यहाँ के लोगों को यज्ञ-विरोधी माना जाता था और ऐसा स्थान निश्चय ही ब्राह्मण-विरोधी धर्मों के प्रचार के लिए अत्यन्त उपयुक्त था।

आधुनिक बिहार प्रदेश के ऋषि, तपस्वी और ज्ञानी पुरुष यज्ञकर्म में दी जानेवाली पशुवलि के विरोधी थे। ज्ञान, व्रत, तपश्चर्या तथा उच्छेद इन लोगों द्वारा श्रेष्ठ माना जाता था। यज्ञादि कर्मों के बदले ये लोग सदाचार, उपवास तथा आत्मशुद्धि पर विशेष जोर देते थे। बिहार के तपस्वियों द्वारा तकलीफदेह तपस्या पर बल दिया जाता था। बुद्ध के बाद भी कुछ दिनों तक कठोर तप का महत्त्व यहाँ बना रहा (राहुल सांकृत्यायन, *विनय-पिटक,* महावग्ग, पृ. 75-78)। वैसे गौतम बुद्ध ने कठोर तपस्या का विरोध किया था।

बुद्ध के काल के जिन छह शास्ताओं का उल्लेख है वे सभी पशु-बलि के विरोधी और तपस्या के समर्थक थे। उत्तरवैदिक काल के अन्तिम चरण से ही पूर्वी भारत में धर्म तथा संस्कृति के क्षेत्र में क्रान्तिकारी सिद्धान्त की नींव पड़ चुकी थी। 'आराल कालाम' और 'उद्यक रामपुत' के सांख्य-दर्शन का सिद्धान्त (आचार्य नरेन्द्र देव, *बौद्धधर्म दर्शन,* पृ.4) प्रचलित हो चुका था। गौतम बुद्ध ने संन्यास ग्रहण करने के पश्चात् सांख्य-दर्शन के विकास से ज्ञान प्राप्त करना शुरू कर दिया था। *मज्झिम निकाय* (1.3.10) के चूल सारोपम सुत्तन्त में छह शास्ताओं– अजित केशकम्वल, संजय वेलट्ठिपुत्त, पकुध कचयन, पुरणकस्सप, मक्खलि गोसाल और निग्गंठ नाथपुत्त की चर्चा मिलती है। निग्गंठ नाथापुत्त जैनधर्म के 24वें तीर्थंकर महावीर थे। अजित केशकम्वल उच्छेदवाद तथा जड़वाद के उपासक थे। उनके अनुसार इहलोक, परलोक, नरक, स्वर्ग, देवता आदि कल्पित वस्तुएँ थीं। कोई भी ब्राह्मण ऐसा नहीं जो इहलोक और परलोक का वास्तविक साक्षात्कार करके कुछ कहे। अजित का कहना था कि दान और धर्म का वितंडावाद स्वार्थियों ने फैलाया। मरने के बाद शरीर चार तत्त्वों (पृथ्वी, अप्, तेज और वायु) में मिल जाते हैं। शरीर की इन्द्रियाँ पाँचवें तत्त्व आकाश में विलीन हो जाती हैं। मृत्यु के बाद

कुछ भी शेष नहीं बचता। यह सम्प्रदाय अग्निहोत्र, वेद, त्रिदंड तथा तपस्या का विरोधी था (सर्व दर्शन संग्रह)। वारु-देश का तात्कालिक राजा उदयन ललितविस्तर (अध्याय 1) के अनुसार, सम्पदाय का उपासक था।

संजय बेलट्टिटपुत्त विक्षेपवादी थे। इनके अनुसार धर्म-अधर्म कोई चीज नहीं है। इस बात में कोई निश्चितता नहीं थी कि अच्छे-बुरे कर्मों का कोई दंड भी होता है।

पकुध कच्चायन किसी एक पदार्थ को शक्ति का केन्द्र नहीं मानते थे और न ही पुण्यात्मा को। पृथ्वी, अपू, तेज, वायु, सुख, दुःख और जीवन को इन्होंने सात पदार्थ माना। इन पदार्थों को किसी ने नहीं बनाया।

पुरणकस्सप आत्मा को निष्क्रिय और कर्म को निष्फल मानते थे। उनके अनुसार यदि गंगा नदी के दक्षिणी किनारे कोई किसी की हत्या करे तो भी पाप नहीं होगा और उत्तरी किनारे यज्ञ करे या दान दे तो भी कोई पुण्य नहीं मिलेगा। अवन्ती का राजा चंडप्रद्योत इसी मत का समर्थक था (ललितविस्तर, अध्याय 1)

मक्खिल गोसाल के सम्प्रदाय का नाम *आजीवक* था। इसके अनुसार अच्छा या बुरा कर्म कुछ नहीं है। इस भवसागर में कुछ ऐसी भवरें हैं जिन्हें बिना झेले कोई भी मूर्ख या पंडित पार नहीं हो सकता। मक्खिल गोसाल नियतिवादी थे जिसके कारण गौतम बुद्ध इस सम्प्रदाय को हीन मानते थे।

निग्गंठनाथपुत्त चायुर्याम सँवर (अहिंसा, सत्य, अस्तेय और अपरिग्रह को चार याम कहा गया)।

इस तरह छह शास्ताओं के ये दार्शनिक मध्य प्रदेश में अपनी धाक स्थापित किए थे। ये लोग ब्राह्मण धर्म की यज्ञादि विधि-क्रियाओं के विपरीत व्रत, अग्निहोत्र और त्याग-तपस्या का वातावरण बनाए थे। यहाँ ब्राह्मण-विरोधी बौद्ध धर्म ने अपनी प्रमुखता इसीलिए कायम की कि उपर्युक्त दार्शनिकों ने पहले से ही वैदिक अनुष्ठान के विरुद्ध वातावरण तैयार कर दिया था। बिम्बिसार जैसे शासक की सहानुभूति के कारण ब्राह्मणों का थोड़ा-बहुत वैदिक अनुष्ठान का जोर बना रहा क्योंकि अधिकांश उपर्युक्त दार्शनिक सिद्धान्त वास्तविक होते हुए भी विज्ञान के कसौटी पर खरा उतरने के लायक नहीं थे। इसके बावजूद इन दार्शनिकों का मगध प्रदेश में काफी प्रभाव ब्राह्मणों के ही कारण स्थापित हो गया था। ब्राह्मण इस भाग को हीन मानकर इधर आना भी पाप मानते थे। परिणामस्वरूप धर्म, ज्ञान और आचार का जितना भी प्रचार हुआ, उसका अधिकांश श्रेय क्षत्रिय ऋषियों और क्षत्रियों को था। उदाहरण के लिए गिरिव्रज के गौतम, सिद्धाश्रम के विश्वामित्र, मिथिला के जनक, अंग के अधिरथ, गया के अमूर्त्तरथ गय क्षत्रिय राजा और ज्ञानी थे। इन ज्ञानियों के प्रभाव से ब्राह्मण ऋषि भी नहीं बच सके। बहुत से ब्राह्मण अब इस प्रदेश में आर्थिक लाभ के लिए आकर बसने लगे और बौद्ध धर्म में भी सम्मिलित हुए। *सुत्तनिपात* (कसिभारद्वाजसुत्त, 4) के अनुसार गौतम बुद्ध चारिका करते हुए जब दक्षिण मगध के एकनाला नामक ग्राम में गए, तब वहाँ कृषिभारद्वाज नामक ब्राह्मण कुमारिकाओं का एक बहुत बड़ा उत्सव मनाया जा रहा था। यह ब्राह्मण स्वयं 500 हलों से खेती करता था। मगध के महातीर्थ ग्राम में पिप्पली नामक एक धनी ब्राह्मण था जिसकी गृहस्थी के खेत 12 योजन में फैले थे। यह ब्राह्मण काफी विद्वान था और बाद में चलकर बुद्ध के प्रधान शिष्यों में 'महाकश्यप' के नाम से प्रसिद्ध हुआ।

ब्राह्मण एवं क्षत्रियों के बीच तनाव का एक आधार स्त्री का मामला भी था। ब्राह्मण धर्म

ने स्त्रियों को हेय दृष्टि से देखा। वैदिक ग्रन्थों में पुत्र का जन्म ही शुभ का लक्षण था। बौद्धधर्म ने स्त्रियों को पुरुषों के समान ऊँचा दर्जा दिलाने का प्रचार किया। अम्बपाली के यहाँ गौतम बुद्ध ने भोजन किया और ढलती आयु में अम्बपाली ने बौद्धधर्म स्वीकारा, यह सर्वविदित है। अम्बपाली के अलावा अन्य कई प्रमुख सुन्दरियों द्वारा बौद्ध धर्म ग्रहण करने की चर्चा हमें मिलती है जो न केवल शूद्र, वैश्य या क्षत्रिय थीं बल्कि ब्राह्मण भी थीं। उपनिषद् और अरण्यक के काल में वेद पढ़ने का अधिकार स्त्रियों को नहीं था। इनका भोजन ब्राह्मण के द्वारा प्राप्त करना अधर्म था। *मनुस्मृति* एवं *याज्ञवल्क्य स्मृति* के अनुसार जवानी की तो बात ही क्या, बचपन और बुढ़ापे में भी नारी स्वतन्त्र नहीं थी। इसे किसी-न-किसी पुरुष के अधीन रहना पड़ता था। उसे दासों के समान खरीदा एवं बेचा जा सकता था।

जातक के अध्ययन से पता चलता है कि नारियों की स्थिति में सुधार करने का प्रयास बौद्ध धर्म ने किया। इसके परिणामस्वरूप ही यह धर्म औरतों के बीच काफी फैला और ब्राह्मणों के साथ तनाव भी बढ़ा। वैसे बौद्ध भिक्षुणियों के पूर्व ही जैन सम्प्रदाय में भिक्षुणियों का संघटन शुरू हो गया था। बौद्ध भिक्षुणियों ने ब्राह्मण धर्म के विरुद्ध और बौद्धधर्म के पक्ष में घूम-घूमकर प्रचार किया। वात्सा एक क्षत्रिय कन्या थी। शादी के पश्चात वह परिवार त्याग कर बौद्धभिक्षुणी बन गई। धर्मदिन्ना एक वैश्य सेठ की पुत्री थी और अपने पति के साथ उसने भी बौद्धधर्म ग्रहण कर ली और बाद में चलकर प्रसिद्ध पंडिता हो गई। आधुनिक भागलपुर के पास की एक सेठ की पुत्री विशाखा सात साल की उम्र में ही बौद्धधर्म के प्रति आकर्षित हो गई थी और विवाह के बाद करोड़ों रुपयों के साथ बौद्धधर्म ग्रहण किया।

जयन्ती नामक एक लिच्छवी राजकुमारी ने गौतम बुद्ध के उपदेशों से प्रभावित होकर बौद्धधर्म स्वीकारा और सप्तांगणे की पूर्ण साधिका थी। गौतम बुद्ध के भाषण से प्रभावित होकर चित्रा नामक एक धनी कन्या बौद्धधर्म में सम्मिलित हो गई।

राजगृह के एक धनी ब्राह्मण की पुत्री मैत्रिका ने बौद्धधर्म ग्रहण कर काफी नाम कमाया।

उज्जैन की सुन्दर वेश्या और बिम्बिसार की रखैल अभयमाता (मूल नाम पद्मावती) ने अपने पुत्र अभय (बिम्बिसार का बेटा) के साथ बौद्धधर्म ग्रहण किया। विषयवासना पर विजय पाने के लिए श्रावस्ती की कन्या दत्तिका ने बौद्धधर्म अपनाकर प्राण-त्याग किया। राजगृह की शुक्ला के साथ भी यही बात हुई।

राजगृह की सोभा और सागल (पंजाब) की भद्रा कापिलायनी अतिधनी ब्राह्मण परिवारों की कन्याएँ थीं। इनकी सुन्दरता का वर्णन *जातक* में विशेष ढंग से किया गया है। इन दोनों सुन्दरियों ने विवाहोपरान्त बौद्धधर्म स्वीकारना सर्वश्रेष्ठ माना और प्रसिद्ध भिक्षुणियाँ हुईं।

अतिसुन्दर और प्रसिद्ध वेश्या विमला वैशाली की थी जिसने मोद्गल्लायन की बातों से प्रभावित होकर बौद्धधर्म ग्रहण किया। धूर्तपति से ऊबकर अतिधनी सेठ की पुत्री भद्रा ने कुंडलकेशा बौद्ध भिक्षुओं के प्रवचन से प्रभावित होकर बौद्धधर्म ग्रहण कर लिया। बेटे की मृत्यु के शोक से अशान्त वासिष्ठी को बौद्धधर्म ने ही शान्त किया। प्रसिद्ध सुन्दरी क्षेमा जो बिम्बिसार की सबसे छोटी पत्नी थी बौद्धधर्म से ही प्रभावित हुई और इस धर्म के प्रचार में काफी रुचि दिखाई।

ब्राह्मण परिवार की चाला, उपचाला (विवाहित) और शिशूपचाला (अविवाहित) नामक तीन बहनों ने बौद्धधर्म स्वीकारा। राजगृह के एक धनी स्वर्णकार की पुत्री शुभा थी जिनकी सुन्दरता से प्रभावित होकर बड़े-बड़े सेठ इसे अपनी पत्नी बनाना चाहते थे। एक बार गौतम बुद्ध का

प्रवचन सुनकर बौद्धधर्म के प्रति इसकी गहरी रुचि हो गई और कई दिनों के धर्म-श्रवण से इसका चित्त 'स्त्रोतापन्नफल' में प्रतिष्ठित हो गया। महाप्रजापति गौतमी के द्वारा बताए गए उद्योगों के अनुसार वह धर्म-साधना करने लगी और कुछ ही दिनों के बाद गौतमी से विधिवत् प्रव्रज्या ले ली। भिक्षुणी बनते समय शुभा के परिवार और जाति-बिरादरी के लोग समझाने लगे लेकिन उस पर कोई असर नहीं पड़ा। उपदेश देने में यह भिक्षुणी इतनी निपुण निकली कि सांसारिक भोगों और सुखों की धज्जियाँ उड़ा देती थी। शुभा (द्वितीय), सच्चा, लोला, अववादका और पाटाचारा आदि बौद्ध भिक्षुणियों ने भी काफी नाम कमाया। उपर्युक्त स्त्रियों की बौद्धधर्म के प्रति जागरूकता ने ब्राह्मणधर्म के विरुद्ध वातावरण तैयार करने में मदद की और ब्राह्मणों का विरोध उस समय ज्यादा बढ़ गया जब ब्राह्मण स्त्रियाँ भी बौद्धसंघ में शामिल होने लगीं।

मज्झिम निकाय के अध्ययन से पता चलता है कि एक दिन आनन्द राजगृह के पास गोपक मौद्गल्यायन नामक ब्राह्मण के द्वार पर गए। गोपक ने आनन्द से कई प्रश्न पूछकर उसे करारी चोट दी। *चुल्लवग्ग* (5.33.1) के अनुसार गौतम बुद्ध ने अपने धर्म का प्रचार स्थानीय भाषाओं में किया जबकि ब्राह्मणों ने संस्कृत में। परिणामस्वरूप संस्कृत भाषा का धर्म सामान्य नागरिकों की समझ से परे रहा। *संयुक्त निकाय* (प्रथम भाग, अनुवादक, जगदीश कश्यप, बनारस, 1954) में अनेकों स्थान पर बौद्धों एवं ब्राह्मणों के बीच तनावपूर्ण बाद-विवाद की चर्चा हमें मिलती है। *उपनेय्य सुञ्ञ* के अनुसार ब्राह्मणों ने भय से बचने के लिए पुण्य पर जोर दिया तो बौद्धधर्म ने सांसारिक भोग त्याग देने की सलाह दी। नथि पुत्तसम (1.2.3) में हम पाते हैं कि ब्राह्मण पुत्र, गाय, सूर्य और समुद्र का महत्त्व बताता है तो बौद्धधर्म, स्वयं, धान्य, प्रज्ञा एवं वृष्टि पर जोर देता है। *समृद्धि सुत्त* में ब्राह्मण वृद्धावस्था में सांसारिक भोग त्यागने की सलाह दी तो बौद्धधर्म ने युवावस्था में ही। जब एक ब्राह्मणी ने गौतम बुद्ध को खाना खिला रही थी उसी समय उसका पति आ पहुँचा और ब्राह्मणी से कहा, "तू ऐसी चंडालीन औरत है कि जैसे-तैसे मथमुंडे के गुण गाती रहती है ! तू पापिन है।" शुद्धिक-भारद्वाज नामक ब्राह्मण ने जब गौतम बुद्ध से कहा कि विद्या और आचरण से युक्त व्यक्ति ही शुद्ध होता है तो बुद्ध ने जवाब दिया कि आत्मसंयमी तथा सदा उद्यम में तत्पर चाहे वह क्षत्रिय, ब्राह्मण, चांडाल, वैश्य, शूद्र, पुक्कुस ही क्यों न हो, वही परम शुद्धि को पाता है।

उपर्युक्त तथ्यों के आधार पर निष्कर्ष के रूप में हम कह सकते हैं कि पालि ग्रन्थों में ब्राह्मणों एवं क्षत्रियों के बीच जो तनाव की बात देखने को मिलती है उसका प्रमुख कारण आर्थिक था। सभ्यता का विकास लोहा मिलने के पश्चात जब उत्तर-पश्चिमी भारत से पूर्व की ओर होने लगा तो ब्राह्मणों ने पूर्व में भी अपना प्रभुत्व स्थापित करना चाहा। इस प्रभुत्व के लिए जो नियम ब्राह्मणों ने बनाया उससे क्षत्रिय, वैश्य और स्त्रियों को आर्थिक एवं सामाजिक रूप से काफी हानि थी और तनाव स्वाभाविक था।

ब्राह्मण ग्रन्थों के अध्ययन से ऐसा नहीं लगता कि ब्राह्मण एव क्षत्रियों में तनाव था, लेकिन यह निष्पक्ष विचार नहीं भी हो सकता है। बौद्ध स्रोतों के अध्ययन से क्षत्रियों की प्रमुखता झलकती है। अतः ब्राह्मण ग्रन्थों एवं बौद्ध स्रोतों पर पूर्णतः विश्वास करना आर.सी मजूमदार (*प्राचीन भारत में संघटित जीवन*, 348-50) ठीक नहीं मानते हैं, वैसे बौद्ध स्रोतों को उन्होंने तुलनात्मक दृष्टिकोण से सत्यता के अधिक निकट माना है। क्षत्रियों के पक्ष का समर्थन करते हुए भी पालि ग्रन्थ वास्तविक तथ्यों को छिपाते नहीं। कई स्थानों पर हम पालि ग्रन्थों में ब्राह्मणों की सर्वोच्चता की बात पाते हैं, जबकि ब्राह्मण ग्रन्थ स्त्रियों की श्रेष्ठता का उल्लेख नहीं करते।

अध्याय 4

शूद्र

धर्मसूत्र का पर्यायवाची धर्मशास्त्र है। धर्मशास्त्र की संज्ञा स्मृतियों पर सभी प्रकार की टीकाओं को भी दी जाती है। धर्मसूत्र गद्य में लिखे गए और बाद में पद्यबद्ध स्मृतियों के रूप में विकसित हुए। मनु की स्मृति सर्वाधिक प्राचीन और सुविख्यात है जिसे *मनुस्मृति* या *मानव धर्मशास्त्र* भी कहा जाता है। ब्यूलर के अनुसार *मनुस्मृति* की रचना ई.पू. 200 से 200 ई. के बीच हुई। के.पी. जायसवाल ने इसे मुगलकालीन कृति माना क्योंकि इसमें ब्राह्मणों को काफी ऊँचा स्थान दिया गया और राजा को ईश्वर माना गया है। शैली और वर्ण्य विषय से पता चलता है कि यह ईसा की पहली और दूसरी शताब्दी में संकलित हुई। इसका कुछ अंश जिसमें वर्णसंकर जातियों की चर्चा है और भी बाद का मालूम पड़ता है। *मनुस्मृति* में समाज विषयक अनेक महत्त्वपूर्ण विषयों पर विचार किया गया है तथा चारों वर्णों के विशेषाधिकार एवं कर्तव्य, मिश्रित जातियों के आचार-नियम, आठ प्रकार के विवाह, गृहस्थ, वानप्रस्थ तथा संन्यास में मनुष्य के कर्तव्य, नियोग, बारह प्रकार के पुत्र, बँटवारा, उत्तराधिकार, स्त्रीधन, शूद्रों की विशेष स्थिति आदि पर प्रकाश डाला गया है।

जहाँ तक शूद्रों की स्थिति का प्रश्न है मनु ने इनकी उत्पत्ति ब्रह्मा के चरण से माना है। इनका काम ब्राह्मण, क्षत्रिय और वैश्य की निष्कपट होकर सेवा करना था। वैसे ब्राह्मणों की तुलना शूद्र से की गई है जो नमस्कार का जवाब न दे। शूद्र से मात्र आरोग्य होने की बात ही ब्राह्मण को पूछ लेना काफी था। नब्बे वर्ष से अधिक आयुवाला शूद्र माननीय था। ब्राह्मणों का ज्ञान से, क्षत्रियों का वीर्य से, वैश्यों का धनधान्य से और शूद्रों का आयु से बड़कपन माना जाता था।

कुछ लोग ऐसा लगता है कि जन्म से शूद्र होते थे और कुछ लोग कर्म से। वह ब्राह्मण शूद्र हो जाता था जो वेद को न पढ़कर शास्त्रों को पढ़ता था। वेद मन्त्रों को नहीं उच्चारण करनेवाला शूद्र के समान था।

शूद्र औरत से शादी करनेवाला शूद्र हो जाता था। मेधातिथि और गोविन्दराज के अनुसार शूद्र औरत के साथ विवाह करनेवाला पतित ही होता था। शूद्र कन्या से उत्पन्न पुत्र भी पतित होता था, ऐसा मनु का कहना है। ब्राह्मण अगर शूद्र कन्या को अपने पलंग पर बैठाता था तो वह अधोगति को प्राप्त होता था। अगर अपने पलंग पर शूद्रा से सम्भोग करके पुत्र पैदा किया तो उस ब्राह्मण का ब्राह्मणत्व समाप्त हो जाता था। जिसके यहाँ देव, पितृ और अतिथि के कर्म शूद्र कन्या की प्रधानता वाले होते थे उसके हव्यकव्य को देव पितर नहीं खाते थे और वह स्वर्ग नहीं पाता था।

शूद्र कन्या के होठ का रस पीनेवाला, जिसके मुख पर शूद्र कन्या का स्वाँस लगा हो या जो शूद्रा से स्वयं उत्पन्न हुआ–ऐसे पुरुष को निस्तारा (मुक्ति मिलना) नहीं कहा गया। शूद्र के लिए मनु चार विवाह की धार्मिक दृष्टि से अनुमति देता है। विद्वानों ने ब्राह्मण को पिछले चार अच्छे, क्षत्रिय को एक राक्षस अच्छा और वैश्य तथा शूद्र को एक आसुर अच्छा कहा है। शूद्र का अतिथि शूद्र ही होता था। शूद्र का सेवक नहीं हो सकता था क्योंकि वह स्वयं सेवक था। जो ब्राह्मण शूद्र के यहाँ यज्ञ कराता था वह भी पतित हो जाता था। श्राद्ध में न्यौता हुआ ब्राह्मण अगर शूद्र के यहाँ जाता और उसकी कन्या का भोग करता, वह पापी होता था।

शूद्रों के सुकाली पितर होते थे (शूद्राणां तू सुकालिनः)। जो पुरुष श्राद्ध में जानकर जूठा भोजन शूद्र को देता था उसे नरक का भोग मिलता। उस दिन जो श्राद्ध में भोजन करनेवाला शूद्रा के साथ रमण करता उसके पितर उस स्त्री की विष्ठा में एक मास तक सोते थे। जिस गाँव में शूद्र बसते थे वहाँ धार्मिक पुरुष को बसने की मनाही थी (न शूद्रराज्ये निवसेन्ना धार्मिकजनाकृते)। शूद्र को उपदेश, जूठन और हवन से बचा हुआ शाकल्य देना अधर्म माना जाता था। इन्हें धर्म और व्रत का उपेदश नहीं दिया जाता था। शूद्र को उपदेश देनेवाला उसी के साथ नरक में गिरता था। शूद्रों के साथ बैठकर खाने की मनाही थी। शूद्रों के समीप वेद पढ़ना अधार्मिक था क्योंकि अगर वेद पाठ शूद्र सुन लेता था तो पाठक अपवित्र हो जाता था।

जहाँ मुर्दा पड़ा हो ऐसे ग्राम में, शूद्र के पास, जहाँ रोने का शब्द होता हो और जहाँ बहुत से मनुष्यों का समूह हो वहाँ वेद नहीं पढ़ा जाता था। बहुत सबेरे, साँझ को और दोपहर को और शूद्रों के साथ अकेला जाना ठीक नहीं माना जाता था। ऐसी बात भी मनु बताता है कि राजा का अन्न तेज को, शूद्र का अन्न ब्रह्मतेज को, सुधार का अन्न आयु को और चमार का अन्न (क्या चमार शूद्र नहीं था ?) यश को समाप्त करता था। विद्वान ब्राह्मण के लिए यह आवश्यक था कि श्राद्ध के अनाधिकारी शूद्र के पकवान को भी भक्षण नहीं करे और अगर भोजन उस दिन कहीं नहीं मिल पाता तो शूद्र से एक रात के लायक कच्चा अन्न ले लेता था। मनु की ब्राह्मणों के पक्ष से यह कितनी हास्यास्पद बात लगती है कि जब तक शूद्र के बिना काम चले शूद्र को सबसे बुरा प्रमाणित किया जाए और ज्योंही स्वार्थ निकालने की बात हो तो शूद्र के स्पर्श से कोई विशेष फर्क नहीं पड़ता था।

मनुस्मृति के अनुसार किसान, कुल का मित्र, अहीर, दास, धर्म और जो अपने सेवा के लिए अर्पण करता था उसे शूद्रों के यहाँ अन्न खाने में कोई दोष नहीं था (आर्थिकः कुलमित्रं च गोपालो दासनापितौ। एते शूद्रेषु भोज्यानान्ना यश्चामानं निवेदयेत् ॥253॥)। युवा व्यक्ति के मरने पर ब्राह्मण दस दिनों में, क्षत्रिय बारह दिनों में, वैश्य पन्द्रह दिनों में और शूद्र तीस दिनों में पवित्र होता था। मरे शूद्र को नगर के दक्षिण द्वार से, वैश्य को पश्चिम से, क्षत्रिय को उत्तर से और ब्राह्मण को पूर्व द्वार से श्मशान घाट ले जाया जाता था। क्रिया कर्म करनेवाला ब्राह्मण जल को, क्षत्रिय सवारी और शस्त्र को, वैश्य चाबुक या लगाम को और शूद्र लकड़ी छूकर शुद्ध होता था।

चर्बी, वीर्य, लोहू, मज्जा, मूत्र, विष्ठा, नाक-कान का मैल, कफ, आँसू, गीड़ और पसीना ये मनुष्यों के बारह मल मनु के अनुसार हैं। इनसे शुद्धि के लिए शूद्र कन्या एक-एक बार आचमन और कुल्ला करती थी। शुद्धि के लिए शूद्रों को प्रत्येक माह मुंडन कराना आवश्यक था और जन्म-मरण के अवसर पर उनके शौच की विधि वैश्य के समान (लिंग को एक बार,

गुदा को तीन बार, बाएँ हाथ को दस बार तथा दाएँ हाथ को सात बार मिट्टी से साफ करना) था और शूद्रों को इस अवसर पर द्विजों (ब्राह्मण, क्षत्रिय और वैश्य) का जूठा भोजन करना आवश्यक था।

मनुस्मृति के अनुसार केवल जाति से जीविका करनेवाला, कर्मरहित भी, ब्राह्मण राजा की ओर से धर्मवक्ता हो सकता था, परन्तु शूद्र कभी नहीं हो सकता था (जातिमात्रोपजीवी वा कामं स्याद्दूयाद्ब्रह्मध्रुवः। धर्मप्रवक्ता नृपतेर्न तु शूद्रः कथंचन (अध्याय-8.21)। जिस राजा के यहाँ शूद्र धर्म का विचार करता था उसके देखते-देखते वह राज्य ऐसा दुखी होता था कि जैसे, कीचड़ में फँसी गौ। जिस राज्य में शूद्रों की संख्या बहुत अधिक होती थी वहाँ प्रायः अकाल और दुःख का वातावरण छाया रहता था (यद्राष्ट्रं शूद्रमूयिऽठं नास्तिकाक्रान्तमाद्विजम्। विनश्यत्याशु तष्कृत्स्त्रं दुर्मिक्षव्याधिपीडितम् (अध्याय-8.22))।

शूद्रों द्वारा धर्म को ध्यान में रखकर कोई भी काम करना आवश्यक था। शूद्र जाति के मुद्दई के बतलाए हुए लोग साक्षी देने के योग्य माने जाते थे। लेकिन दास, लोकनिन्दित, क्रूर कर्म करनेवाले, वर्जित कर्मकर्त्ता, वृद्ध बालक, एकाकी, चांडाल आदि नीच जाति साक्षी के योग्य नहीं माने जाते। शूद्रों का साक्षी शूद्र होना उचित माना जाता था। झूठ बोलनेवाले साक्षी को नरक में स्थान मिलता था। गवाही देते समय ब्राह्मण कहता था–''गवाही दो''; क्षत्रिय कहता था ''सत्य बोलो''; वैश्य कहता था, ''गौ, बीज और सोना चुराने से जो पाप होता है वही पाप झूठ बोलने से होगा'' और शूद्र कहता था ''झूठ बोलने से तुमको सब पातकों का दोष लगेगा'' (बूहीति ब्राह्मणं पृच्छेत्सत्यं ब्रूहीति पार्थिवम्। गोबीजकांचनैवैश्यं शुदं सर्वैस्तु पन्तकैः (अध्याय-8. 88))।

मनु शूद्रों की श्रेणी में अन्य जातियों एवं पेशे के लोगों को लाने लगा। *मनुस्मृति* में (8.102) के अनुसार गौ पालक, वाणिज्य करनेवाले, कारीगर, नट, दास और ब्याज लेनेवालों के साथ ब्राह्मण को शूद्र जैसा व्यवहार करना चाहिए। दास वर्ग मौर्यों के काल से मिलने लगता है। सच बोलने से जान पर आफत आए तो ब्राह्मण, क्षत्रिय, वैश्य एवं शूद्र को झूठ बोलने से कोई पाप नहीं लगता था। यह झूठ वैसे ही लोगों के लिए बोलना उचित था जो अच्छा आदमी हो। ब्राह्मण को सत्य बात कहने के लिए सत्य की शपथ लेनी पड़ती थी और सच बोलने के लिए शूद्र को सब पापों की शपथ लेनी पड़ती थी। उदाहरण के लिए *मनुस्मृति* (8.116) के अनुसार पूर्वकाल में वत्स नामक ऋषि के वैमात्र छोटे भाई ने यह दोष लगाया था कि तू ब्राह्मण नहीं है बल्कि शूद्र से पैदा हुआ है, इसकी शपथ के लिए उसकी अग्नि परीक्षा हुई थी, परन्तु सत्य के कारण जगव्यापी अग्नि ने उसका रोम भी नहीं जलाया (?)। शूद्र यदि झूठी गवाही देता था तो राजा उसे देशनिकाला देने का दंड देता था। मनु ने क्षत्रिय, वैश्य और शूद्र को दंड देने के लिए दस स्थान कहे हैं परन्तु ब्राह्मण अक्षत शरीर हो सकता था। लिंगेन्द्री, उदर, जिह्वा, हाथ, पैर, नेत्र और नासिका, दोनों कान, धन और शरीर–ये दस दंड बताए गए हैं। ब्याज पर धन देनेवाला ब्राह्मण से दो प्रतिशत, क्षत्रिय से तीन प्रतिशत, वैश्य से चार प्रतिशत और शूद्र से पाँच प्रतिशत ब्याज वसूलता था। ब्याज प्रतिमाह लगाया जाता था। यदि कोई शूद्र अपने घर आदि को गिरवी रखकर रुपया लेता तो उसे ब्याज नहीं देना पड़ता था क्योंकि उस मकान से जो किराया मिलता था वह बन्धक रखनेवाले का हो जाता था। गिरवी रखे मकान को किसी दूसरे को बेचा नहीं जा सकता था। अगर शूद्र के द्वारा रखे गए सामान का उपभोग महाजन द्वारा किया जाता था तो उस पर सूद नहीं लगता था जैसे, गाय, औरत,

खेत आदि। गिरवी रखी हुई या भोगार्थ दी हुई वस्तु माँगी जाती थी तो महाजन उसे तभी देता था जब बहुत समय तक रहने पर भी वह उसी क्षण लेने योग्य होती थी। जो मूर्ख पुरुष धन के स्वार्थी की अनुमति के बिना गिरवी की वस्तुओं का भोग करता था उसे आधा ब्याज छोड़ देना पड़ता था। विधि के अनुसार ठहरे हुए धन से अधिक ब्याज लेना गलत था। पाँच प्रतिशत से अधिक ब्याज लेना गैर कानूनन था। एक, दो या तीन माह में या सात वर्ष में एक बार ब्याज लेने के नियम से ऋण दिया जाता था।

ब्राह्मण को शूद्र अगर कठोर वचन का प्रयोग करता था तो उसे जान से मार देने का विधान था; जबकि क्षत्रिय को इसके लिए मात्र एक सौ पण और वैश्य को डेढ़ या दो सौ पण दंड देना पड़ता था। अगर शूद्र किसी क्षत्रिय को कठोर वचन कहता था तो शूद्र को बारह पण दंड देना पड़ता था और ब्राह्मण को पचास और वैश्य को पच्चीस। कठोर वचन का अर्थ मनु ने माँ, भगिनी आदि को अनुचित गाली बकने से लगाया है। शूद्र यदि द्विजातियों से कठोर वचन कहता था तो उसकी जीभ को छेद देने का विधान था क्योंकि शूद्र का जन्म पैर से हुआ था। यदि शूद्र अभिमान से द्विजातियों को धर्म का उपदेश देता था तो राजा उसके मुख और कानों में तपाया हुआ तेल डाल देता था (धर्मोपदेशं दर्पेण विप्राणामस्य कुर्वतः। तप्तमासेचयेत्तैलं वक्रे श्रोत्रे च पार्थिवः (8.272)।

शूद्र और वैश्य की आपस में कहा-सुनी होने पर वैश्य को प्रथम साहस और शूद्र को मध्यम साहस दंड दिया जाता लेकिन उसकी जीभ नहीं काटी जाती थी। जीभ तो शूद्र का उस समय काट ली जाती थी जब वह ब्राह्मण या क्षत्रिय को पतित कहता था। शूद्र जिस अंग से द्विजाति को मारता था, राजा उसका वही अंग काट देता था। जो शूद्र द्विजाति को मारने के लिए हाथ या लकड़ी उठाता तो राजा उसका हाथ काट देता था। अगर शूद्र लात से मारता तो उसके पैर काट लिए जाते थे (येन केनचिदंगेन हिंस्याच्चेच्छ्रेष्ठमन्त्यजः। छेत्तव्यं तत्तदेवास्य तन्मनोरनुशासनम पाणिमुद्यम्य दंड वा पाणिचछेदनमर्हति। पादेन प्रहरकन्कोपात्पादच्छेदनमर्हति (8.279-80)।

जो शूद्र ब्राह्मण के साथ आसन पर बैठता या बैठने का प्रयास करता था, राजा उसकी कमर दाग देता और राज्य से निकाल देता था। अगर राज्य से नहीं निकाल बाहर करता था तो उस शूद्र का चूतड़ कटवा लेता था (सहासनमभिप्रेप्सुरूत्कृष्टस्यायकृष्टज। कट्यां कृतांकों निर्वास्यः स्फिचं वास्यावकर्तयेत्) शूद्र यदि अभिमान से ब्राह्मण के ऊपर थूक देता तो राजा उसके दोनों होंठ कटवा देता था। अगर शूद्र ब्राह्मण के ऊपर पेशाब कर देता तो उस शूद्र का लिंग राजा कटवा देता था। अधोवाचु करने से गुदा कटवा देता था। (अवनिष्ठीवतो दर्पाद्वावोष्ठौ छेदयेन्नृपः अवमूत्रयतो मेद्रमवशर्धयतो गुदम (8.282)। जो शूद्र अभिमान से ब्राह्मण का केश, चरण, दाढ़ी, ग्रीवा, वृषण पकड़ लेता उसका हाथ राजा बिना विलम्ब किए कटवा देता था। एक शूद्र अगर दूसरे शूद्र के साथ धर्म भेद करता तो उस पर एक सौ पण दंड लगाया जाता था। मांस भेद करनेवाले शूद्र को छ निष्क दंड के रूप में देना पड़ता था। एक शूद्र अगर दूसरे शूद्र का हड्डी छेद देता था तो उसे राज्य से निकाल दिया जाता था।

चोरी के गुण-दोषों को जाननेवाले शूद्र को चोरी से आठ गुना, वैश्य को सोलह गुना, क्षत्रिय को बत्तीस गुना और ब्राह्मण को चौंसठ गुना या एक सौ अट्ठाइस गुना दंड देना पड़ता था। शूद्र अगर आततायी को गुप्त या खुले रूप में मार देता था तो वह पाप का भागी नहीं माना जाता। जो समान जाति का मनुष्य नहीं चाहती हुई कन्या के साथ गमन करता उसे

प्राणदंड की सजा मिलती थी। शूद्रा अगर अपने से ऊँची जाति के पुरुष के साथ दोस्ती करती तो वह दंड की भागी बनती थी। शूद्र अगर उत्तम जाति की कन्या से भोग करता तो उसे प्राणदंड दिया जाता था। शूद्र किसी शूद्रा के साथ भोग करता तो शूद्रा का पिता अगर चाहता तो अपनी कन्या का विवाह मोल देकर उस शूद्र के साथ कर सकता था। यदि शूद्र रक्षित या अरक्षित जाति की स्त्री से भोग करता था तो अरक्षिता स्त्री के साथ भोग करने से उसका लिंग काट लिया जाता था। अगर रक्षित-स्त्री से भोग करता तो राजा उसकी सारी सम्पत्ति जब्त करके उसे प्राणदंड देता था। यदि वैश्य और क्षत्रिय रक्षिता ब्राह्मणी के साथ गमन करते थे तो उन्हें शूद्र की तरह दंड दिया जाता था।

यदि ब्राह्मण रक्षित क्षत्रिया अथवा वेश्या स्त्री से गमन करता था तो उस पर एक हजार पण जुर्माना लगता था। क्षत्रिय तथा वैश्य यदि रक्षित शूद्रा के साथ गमन करते तो उन्हें भी दंड के रूप में एक हजार पण देना पड़ता था। अरक्षित क्षत्रिया, वैश्या और शूद्रा के साथ गमन करने पर ब्राह्मण को पाँच सौ पण दंड के रूप में राजा को देना पड़ता था और चंडाल स्त्री के साथ गमन करने पर एक हजार पण (अगुप्ते क्षत्रियावैश्ये शूद्रां वा ब्राह्मण व्रजन। शतानि पंच दंडयःस्यात्सहस्त्रं त्वन्त्यजस्धियम्॥ (8.385)।

राजा का कर्तव्य बताते हुए मनु कहता है कि वह वैश्य से वाणिज्य, ब्याज की जीविका, कृषि और पशुपालन कराए और शूद्रों से द्विजातियों की सेवा। जो ब्राह्मण अपनी प्रभुता या लोभ से यज्ञोपवीतयुक्त द्विजातियों से उनकी इच्छा बिना दास का कार्य कराता था तो राजा उस पर छह सौ पण दंड लगाता था, लेकिन खरीदे हुए या मुफ्त के शूद्र दास का कार्य दबाव से करा सकता था क्योंकि मनु के अनुसार ब्रह्मा ने ब्राह्मण के दासकर्म के लिए ही उस शूद्र को उत्पन्न किया था। स्वामी से त्यागा हुआ शूद्र भी दास बन जाता था क्योंकि दासपना उसका स्वाभाविक कार्य माना जाता था। दास सात प्रकार के होते थे—युद्ध से जीता हुआ, भोजन के लोभ से आया, दासी का पुत्र, मोल खरीदा, दूसरे का दिया हुआ, पिता के आगे से चला आया और दंड ऋण आदि चुकाने के लिए दास हुआ।

ब्राह्मण को यह अधिकार था कि वह शूद्रों का धन छीन ले क्योंकि शूद्रों का अपने धन पर कोई अधिकार नहीं माना जाता था। मनु ने निर्देश दिया है कि राजा को चाहिए कि वैश्यों और शूद्रों को यत्नपूर्वक अपने-अपने कामों में लगाए रखे क्योंकि खाली बैठने से ये लोग समस्या खड़ी कर सकते थे। अधम योनि में उत्पन्न हुई अक्षमाला की शादी वरिष्ठ से हुई और शारंगी नामक नीच कन्या की शादी मन्दपाल से (मनु. 9.23) फिर भी इन ऋषियों का धर्म भ्रष्ट नहीं हुआ।

शूद्र स्त्री का कार्य स्वामी की सेवा करना था। जो ब्राह्मण अपनी पत्नी के रहते हुए अपनी सेवा अन्य स्त्रियों से करता था वह ब्राह्मणी में शूद्र से उत्पन्न हुआ ब्राह्मण कहा जाता था। कन्या के विवाह में अन्य वर्गों के समान शूद्रों को भी शुल्क लेने की मनाही थी। उनके लिए छिपाकर शुल्क लेना कन्या को बेचना था।

सम्पत्ति के दृष्टिकोण से ब्राह्मण का पुत्र सब दाय में से तीन अंश, क्षत्रियाणी का पुत्र दो अंश, वैश्यानी का पुत्र डेढ़ अंश और शूद्रा का पुत्र एक अंश पाता था। धर्मज्ञ पुरुष सब सम्पत्ति को दस भागों में बाँटकर इसी ढंग से धन का बँटवारा करता था। ब्राह्मणी का पुत्र इस तरह चार भाग पाता, क्षत्रियाणी का पुत्र तीन भाग, वैश्याणी का पुत्र दो भाग और शूद्रा का पुत्र एक भाग पाता था। यद्यपि ब्राह्मण का द्विजाति स्त्रियों से पुत्र हो या न हो परन्तु

शूद्रा स्त्री के पुत्र को धर्म से दसवें भाग से अधिक नहीं मिलता था। अनेक वर्णों की स्त्रियों में उत्पन्न हुए पुत्रों के बीच धन का विभाजन इसी तरह होता था। ब्राह्मण, क्षत्रिय या वैश्य का, शूद्र कन्या से उत्पन्न हुआ पुत्र हिस्सा का भागी नहीं होता था। पिता अपनी इच्छा से जो दे देता था वही शूद्रापुत्र का धन होता था। शूद्र की स्त्री स्वजातीय के सिवाय अन्य स्त्री नहीं कही जाती थी इसलिए इसके एक सौ पुत्र होने पर भी सबको समान भाग मिलता था। औरस, क्षेत्रज, दत्तक, कृत्रिम, गूड़ोत्पन्न और अपविल ये छह प्रकार के पुत्र गोत्र के धन के भागी और बाँधव गिने जाते थे। (मनु., 9.159) ब्राह्मण काम के वश होकर विवाहित शूद्रा स्त्री से जिस पुत्र को उत्पन्न करता था उस पुत्र को पारशव कहते थे क्योंकि वह जिन्दा हुआ भी मरे के समान माना जाता था। दासी या दास की स्त्री में शूद्र का जो पुत्र हो वह पिता की आज्ञा से पिता के औरस पुत्र के बराबर भाग ले यही धर्मव्यवस्था थी। द्विजचिह्नधारी शूद्रों को राजा प्राणदंड की सजा देता था (तान्सर्वान्घातयेद्रजा शूद्रांश्च द्विजलिगिंनः; 9.224)।

मनुस्मृति के (9. 229) अनुसार क्षत्रिय, वैश्य और शूद्र आदि यदि दंड देने में असमर्थ हो तो राजा उनके योग्य काम कराकर दंड की रकम वसूल कर सकता था, परन्तु ब्राह्मण से काम लेने की मनाही थी। यदि शूद्र जान-बूझकर ब्राह्मणों को कष्ट देता था तो राजा द्वारा उसे अनेक प्रकार के उद्वेगजनक बधउपायों से मारा जाता था।

देह और मन से शुद्ध, अपनी जाति से ऊँची जाति की सेवा करनेवाला मधुरभाषी, अहंकाररहित शूद्र भी अपनी जाति से उत्तम जाति का हो सकता था (शुचिरूत्कृष्टशुश्रूषु-मृदुवागनहंकृतः। ब्राह्मणद्याश्रयो नित्यमुत्कृष्टां जातिमश्रुते॥ (10.335)। शूद्रों का उपनयन संस्कार नहीं होता था और ये द्विज नहीं हो सकते थे। चारों वर्णों में विवाहिता, सवर्णा, अक्षतयोनि स्त्रियों में जो शूद्र शूद्रा में (क्रम से) पैदा होते थे उन्हें माता-पिता की जाति का ही जाना जाता था। ब्राह्मण से विवाहिता वैश्य कन्या से पैदा हुई सन्तान अम्वष्ठ और विवाहित शूद्र से जो उत्पन्न होता वह निषाद या पारशव कहा जाता था। क्षत्रिय से शूद्रा के गर्भ में उत्पन्न सन्तान का उग्रनाम होता था, वह सन्तान क्षत्रियशूद्र (पिता-माता) के स्वभावयुक्त, क्रूर चेष्टावाली और क्रूर कर्मकारिणी होती थी। ब्राह्मण के द्वारा क्षत्रिया आदि तीनों वर्णों की स्त्रियों से पैदा हुए, क्षत्रिय के वैश्य स्त्री आदि दो वर्ण की स्त्रियों से, और वैश्य के द्वारा एक वर्ण की शूद्र में उत्पन्न पुत्र अधम माना जाता था। शूद्र के द्वारा वैश्य स्त्री से उत्पन्न सन्तान को 'आयोगव', शूद्र से क्षत्रिय स्त्री में उत्पन्न सन्तान को 'सत्ता', और शूद्र से ब्राह्मण स्त्री में उत्पन्न सन्तान को मनुष्यों में नीच 'चांडाल' कहते थे। ये शूद्र से उत्पन्न होने के कारण तीनों वर्णसंकर माने जाते थे। शूद्र के द्वारा (वैश्य, क्षत्रिय और ब्राह्मणों की कन्याओं में) प्रतिलोम विधि से आयोगव, क्षत्ता और मनुष्यों में नीच चंडाल ये तीनों नीच शूद्र होते थे। निषाद के द्वारा शूद्रकन्या में उत्पन्न हुआ पुत्र जाति का 'पुक्कस' और शूद्र के द्वारा निषाद कन्या में उत्पन्न पुत्र, 'कुक्कुट' कहलाता था। सत्ता के द्वारा उग्र कन्या में उत्पन्न हुआ पुत्र 'श्वपाक' कहा जाता था और विदेह के द्वारा अम्वष्ठ कन्या में उत्पन्न पुत्र को 'वेण' कहा जाता था। सूत, वैदेह, मनुष्यों में अधम चांडाल, मागध, क्षत्ता जाति और आयोगव—ये वर्णसंकर थे। ये लोग निजजाति, मातृजाति और अपने श्रेष्ठ जाति की कन्याओं में भी अपने ही वर्ण के पुत्र उत्पन्न करते थे। जैसे क्षत्रिय, वैश्य और शूद्र इन तीनों वर्णों में से क्षत्रिय पत्नियों और वैश्य पत्नियों में ब्राह्मण के द्वारा उत्पन्न सन्तान और ब्राह्मण सवर्णा स्त्री से उत्पन्न सन्तान द्विज कहलाती थी वैसे ही इतर जाति में वैश्य के द्वारा क्षत्रिय स्त्री में पैदा हुई सन्तान और क्षत्रिय

के द्वारा ब्राह्मणी के गर्भ से उत्पन्न हुई सन्तान, शूद्र की प्रतिलोम सन्तान से कुछ श्रेष्ठ थी।

आयोगव आदि छह तरह के वर्णसंकर अनुलोम विधि से परस्पर स्वजातीय स्त्रियों में जो पुत्र पैदा करते थे वे पिता-माता से भी अधिक दूषित, निन्दित और सक्रिया से अलग माने जाते थे। जैसे शूद्र ब्राह्मणी में नीच चंडाल प्राणी को पैदा करता था उसी प्रकार नीच चंडाल भी चारों वर्णों की स्त्रियों में अपने से भी नीच प्राणी को उत्पन्न करता था। आयोगव आदि छह प्रकार के हीन जातिवाले नीच, प्रतिलोम विधि से चारों वर्गों की और अपनी जाति की स्त्रियों में पन्द्रह प्रकार के अपने से भी नीच पुत्रों को उत्पन्न करता था। वैदेह जाति के द्वारा आयोगव स्त्री में जो सन्तान जन्म लेती थी उसे मैत्रेय कहा जाता था। यह मीठा बोलनेवाली और नित्य प्रातःकाल घंटा बजाकर राजा आदि की स्तुति करती थी। निषाद द्वारा आयोगव स्त्री में जन्मी हुई सन्तान को 'मार्गव' या 'दास' कहा जाता था। यह जाति नाच चलाकर जीविका चलाती थी और भारत के निवासी इसे 'कैवर्त' कहते थे। आयोगवी स्त्रियों के गर्भ से मुर्दे का वस्त्र पहननेवाली तथा जूइन खानेवाली सैरिन्ध्र मैत्रेय और मार्गव ये तीन हीन जातियाँ पिता के भेद से उत्पन्न होती थीं। निषाद के द्वारा वैदेही में 'कारावर' नाम की चमार जाति पैदा होती थी। वैदेही जाति के द्वारा कारावरी और निषादी स्त्रियों में अन्ध्र और भेद जाति उत्पन्न होती थी। ये दोनों गाँव के बाहर रहती थीं।

चांडाल के द्वारा वैदेही स्त्री बाँसों के द्वारा वस्तुएँ बनाकर जीविका निभानेवाली पांडु सोपाक जाति और निषाद के द्वारा वैदेही स्त्री में आहिंडक जाति पैदा होती थी। चांडाल के द्वारा पुक्कसी स्त्री में सोपाक जाति जन्मती थी और राजाज्ञा से सज्जनों से निन्दित और अत्यन्त पाप के जनक अपराधियों को मारने का काम इस जाति की जीविका मनु ने बताई है। चांडाल के द्वारा निषादी स्त्री के गर्भ से अन्त्यावासी जाति पैदा होती थी। श्मशानकार्य की इसकी जीविका थी और यह सब निकृष्ट जातियों से भी निकृष्ट बताई गई हैं। वर्णसंकरों में पिता और माताओं से दिखाई हुई इन जातियों को इनके गुप्त या प्रकट कार्यों से पता चल जाता था।

तीन द्विजातियों में सजातीय स्त्रियों में उत्पन्न हुए और अनन्तर वर्ग की स्त्रियों से अर्थात अनुलोम विधि से ब्राह्मण द्वारा क्षत्रिय स्त्री और वैश्य स्त्री में दो और क्षत्रिय से वैश्य स्त्री में एक अर्थात छह प्रकार के पुत्रों का उपनयन संस्कार होता था। जो पुत्र प्रतिलोम विधि से उत्पन्न होते थे जैसे सूत आदि वे सब शूद्र के समान होते थे और इनका उपनयन संस्कार नहीं होता था। क्षत्रिय लोग उपनयन संस्कार के अभाव में और ब्राह्मणों को न देखने से धीरे-धीरे शूद्र हो जाते थे। पौंड्रक, ओड्र, द्रविड़, काम्बोज, यवन, पारद, पल्हलव, चीन, किरात, दरद और खस इन देशों के निवासी क्रिया के लोप होने से धीरे-धीरे शूद्र हो गए। ब्राह्मण, क्षत्रिय, वैश्य और शूद्र इन चारों वर्णों के जो लोग बाहरी कहे जाते थे, भले ही उनकी भाषा आर्य या म्लेच्छ हो दस्यु कहलाते थे। जो द्विजातियों में नीच थे और अपध्वंस से पैदा हुए उनके बारे में मनु कहता है कि वे द्विजाति के (उपकारक) निन्दित कर्मों से अपनी-अपनी जीविका चलाते थे।

सूत प्रायः रथ जोतता और पेट चलाने के लिए घोड़े से सम्बन्धित कोई काम करता था। अम्बष्ठ प्रायः चिकित्सा का कार्य करते थे। रनवास की रक्षा वैदेहिकों द्वारा किया जाता था। मागध प्रायः व्यापार करते थे। मछली मारने का काम निषादों द्वारा की जाती थी। आयोगवों का काम काठ चीरना था। जंगली पशुओं को मारने का काम मेद, चंचु, अन्ध्र और मद्गु करते

थे। क्षत्र, उग्र, पुक्कस बिल में रहनेवाले जानवरों को मारते थे। चर्म बेचने का पेशा धिम्बणों द्वारा किया जाता था। वेणों द्वारा काँसे का घंटा बनाया जाता था। ये लोग मूरत भी बनाते थे। ये शूद्र प्रायः जंगलों, पहाड़ों एवं श्मशान में रहते थे। चांडाल और श्वपच गाँव के बाहर रहते थे। इनके पास बर्तन नहीं होता और कुत्तों तथा गदहों के साथ रहते थे। वस्त्र के नाम पर मुर्दे का कफन होता था। फूटे बर्तन में ये लोग खाते और लोहे का आभूषण पहनते थे। धर्मात्मा मनुष्यों के साथ ये लोग बात नहीं कर सकते थे। इनका लेन-देन और विवाह इन्हीं के बीच आपस में होता था। गाँव या नगर में ये लोग रात में नहीं घूम सकते थे। दिन में जब ये घूमते थे तो चिह्न धारण (चपरास) किए रहते थे। अनाथ मुर्दे को श्मशान तक ये लोग ले जाते थे।

गौ, ब्राह्मण, स्त्री और बालक की रक्षा करते समय शूद्र का मरना स्वर्ग में जाने का रास्ता था। शूद्र को हिंसा और चोरी मनाही तथा सत्य बोलना पवित्र रहने और इन्द्रियों पर संयम रखने की सलाह मनु ने दी है। ब्राह्मण के द्वारा शूद्र कन्या से उत्पन्न पुत्री बाद में चलकर उत्तम स्त्री हो जाती तो वह अनुत्तम पारशव भी सातवें जन्म में ब्राह्मण जाति का हो जाता था। जिस प्रकार शूद्र ब्राह्मण हो सकता था और ब्राह्मण शूद्र, उसी तरह क्षत्रिय और वैश्य से उत्पन्न हुए शूद्र भी क्षत्रिय और वैश्य हो जाते थे (शूद्रो ब्राह्मणतामेति ब्राह्मणश्वेति शूद्रताम्। क्षत्रियाज्जावमेव तु विद्यद्वैश्चात्तथैव च ॥ (श्लोक, 65, अध्याय 10)। ब्राह्मण द्वारा अविवाहित शूद्र कन्या में उत्पन्न और शूद्र के द्वारा ब्राह्मण कन्या में उत्पन्न हुई सन्तान में से कौन सी श्रेष्ठ थी इस सम्बन्ध में मनु बताता है कि ब्राह्मण से शूद्र कन्या में उत्पन्न हुई सन्तान ही गुणयुक्त होने से श्रेष्ठ गिनी जाती थी, परन्तु शूद्र के द्वारा ब्राह्मणी के गर्भ से उत्पन्न हुई सन्तान निश्चय ही नीच होती थी। शूद्र से ब्राह्मण कन्या में पैदा होने से संस्कार के योग्य नहीं माना जाता था। मनु के अनुसार ब्रह्मा ने यह निश्चय किया था कि द्विजकर्म करनेवाला शूद्र और शूद्र का कर्म करनेवाला द्विज ये दोनों शूद्र ही होते थे।

ब्राह्मण अगर मांस, नमक एवं लाख बेचता तो वह शूद्र हो जाता था। वैश्य अगर अपने धर्म के अनुसार जीविका चलाने में असमर्थ था तो निषिद्ध कर्मों को छोड़कर शूद्र के पेशा से जीविका चला सकता था लेकिन द्विज की श्रेणी में रहने के लिए समर्थ होने पर उसे शूद्र का पेशा छोड़ देना पड़ता था। जो शूद्र द्विजातियों की सेवा करने में असमर्थ था और जिसकी स्त्री एवं पुत्र भूख से मर रहे थे वह कारीगरी से जीविका चला सकता था। जिन कार्यों को करने से द्विजों की सेवा होती थी ऐसे अनेक प्रकार के शिल्प और कारीगरी के काम शूद्र करता था। शूद्रों से भोजन ब्राह्मणों द्वारा लेना पाप माना जाता था। लेकिन मनु के अनुसार महातपस्वी भारद्वाज मुनि ने पुत्रों सहित (मुनियों को पुत्र भी थे जिसके आधार पर कहा जा सकता है कि इनकी पत्नियाँ भी होती थीं।) भूख से पीड़ित होने के कारण निर्जन वन में वृधु नामक शूद्र (बढ़ई) से कई गायें भीख में लीं (भरद्वाजः क्षुधार्तस्तु सपुत्रो विजने बने वह्वीर्गाः प्रतिजग्राह वृधोस्तक्ष्णो महातपाः ॥ (10.107)। धर्म-अधर्म के ज्ञाता विश्वामित्र मुनि ने भूखे होने पर चांडाल के हाथ से कुत्ते की जँघा का मांस खाया (क्षुर्धातच्श्रत्तुमभ्यागाद्धि–श्वामित्र श्वजाघनीम्। चंडालहस्तादादाय धर्माधर्म विचक्षणः ॥ (10.108)। संकट काल में ब्राह्मण वेदों का पाठ शूद्रों को भी करा सकते थे। यद्यपि यह निन्दित कार्य माना जाता था। आपात्काल में राजा वैश्यों से धान्य का आठवाँ भाग और सोना आदि का बीसवाँ भाग कर प्राप्त करता था। शूद्रों से अपना कार्य राजा इस घड़ी में मुफ्त में कराता था। ब्राह्मण की सेवा से यदि

शूद्र की जीविका नहीं चल पाती तो वह क्षत्रिय का वैश्य का सेवा कर सकता था। स्वर्ग प्राप्ति एवं अधिक धन शूद्रों को ब्राह्मण की सेवा से ही प्राप्त हो सकता था; अर्थात इसी लालच में ब्राह्मणों की सेवा वह सबसे पहले करता रहे। शूद्र की सेवा की सामर्थ्य, कार्य में उत्साह और नौकरों के स्त्री, पुत्र आदि की मात्रा देखकर ब्राह्मण अपने घर से उसकी आजीविका नियत करता था (शूद्रों को नौकर रखकर काम कराने से ब्राह्मण अपवित्र नहीं होता था ?)। शूद्र सेवक को ब्राह्मण जूठा अन्न, फटा वस्त्र, बिल्कुल थोड़ा सा धान और घर की बेकार वस्तुओं को देता था। शूद्र भोजन में लहसुन खा सकता था लेकिन द्विजों को लहसुन खाना पाप समझा जाता था। शूद्रों को पाठ से दूर रखने से ब्राह्मण पाप के भागी नहीं होते थे। दूसरों की निन्दा नहीं करनेवाला शूद्र अगर ढंग से द्विजों की सेवा करता तभी मनु उसे स्वर्ग में जाना सम्भव मानता है। शूद्रों को धन इकट्ठा करना मनु बिल्कुल पसन्द नहीं करता क्योंकि इससे वे ब्राह्मणों की सेवा नहीं करते थे।

यज्ञ के लिए ब्राह्मण शूद्र से धन कभी नहीं माँगता था। शूद्र से धन लेकर यज्ञ करनेवाला ब्राह्मण का दूसरा जन्म चंडाल में होता था। बिना माँगे शूद्र का धन यज्ञ में लगाने से ब्राह्मण को पाप नहीं लगता था। शूद्र अपनी समस्या को धन के सहारे ही दूर कर पाता था। जो शूद्र ब्राह्मण के मस्तक पर चरण रखकर यज्ञ के लिए धन दान में देता था उसे स्वर्ग में अच्छा स्थान मिलता था। चंडाल स्त्री के साथ सम्भोग करना बहुत ही नीच कर्म बताया गया है। शूद्र की हत्या को मनु ने नास्तिकता का चिह्न बताया है। (*मनु.* 11.65-66)। शूद्र की सेवा करनेवाला निन्दित एवं अपात्र कहा जाता था (11.69)।

क्षत्रिय की हत्या में ब्रह्महत्या का चौथा भाग और क्रम से शूद्र के वध में सोलहवाँ भाग व्रत करना प्रायश्चित कहा जाता था। शूद्र का वध करनेवाला ब्राह्मण छह मास तक व्रत करता या एक बैल और दस श्वेत गाय ब्राह्मण को दान करता था। बिलाव, नेवला, नीलकंठ, मेढ़क, कुत्ता, गोह और काक को आकर शूद्र की हत्या का व्रत लिया जाता था। द्विज स्त्री की हत्या करने पर शुद्र की हत्या का व्रत किया जाता था। अगर ब्राह्मण शूद्र का जल पी लेता तो उसे कुशाओं के साथ औटे हुए जल को तीन दिनों तक पीकर व्रत करना पड़ता था। शूद्र का जूठा खाने पर द्विजों को सात रातों तक जौ का सत्तू पीना पड़ता था। शूद्र की तपस्या मनु ने द्विजों की सेवा करना माना है। शूद्र की श्रेणी में तमोगुणी का जन्म होता था। लोभ, निद्रा, अधीरता, क्रूरता नास्तिकता, आचार का नहीं होना, याचना का स्वभाव और प्रमोद यह तमोगुण का लक्षण था।

संकटकाल को छोड़कर शूद्रों को अपना पेशा ही करना धार्मिक बताया गया है। अगर शूद्र अपने धर्म को त्यागता तो चैलाशक नामक प्रेत में उसका दूसरा जन्म होने की बात मनु बताता है।

यह बड़ा ही महत्त्वपूर्ण तथ्य है कि मनु ने ब्राह्मणों का काम पूजा-पाठ, वेदाध्ययन, दान लेना आदि बताया है लेकिन व्यावहारिक रूप में हम पाते हैं कि ब्राह्मण वैसे सारे कार्यों को करते थे जिन्हें वैश्य, शूद्र एवं क्षत्रियों द्वारा किया जाता था। क्षत्रियों का काम युद्ध करना बताया गया है लेकिन परशुराम की कथा से स्पष्ट है कि क्षत्रियों को अपने-आपको ब्राह्मण व्यवस्था के अनुरूप ढालने में कठिनाइयों का अनुभव होता था। बौद्ध ग्रन्थ भूस्वामी तथा जनजातीय सरदार की भूमिका में क्षत्रिय को अधिक महत्त्व देते हैं। सिद्धान्ततः तो राजा को क्षत्रिय होना किन्तु प्राक्गुप्त काल में क्षत्रिय का राजवंश विरल ही देखने को मिलते हैं। नन्द

शूद्र थे और ब्राह्मण परम्परा के ग्रन्थों में मौर्यों को निम्न वंश-मूल का बताया गया है। शुंग लोग ब्राह्मण थे। प्रारम्भिक चेदि, चोल, चेर, पांड्य और आन्ध्र राजवंश या तो क्षत्रियेतर थे या उन्होंने जाति-गोत्र के सम्बन्ध में कोई दावा नहीं किया। भारतीय-यूनानी, शक तथा कुषाण आदि निर्विवाद रूप से विदेशी मूल के थे और इन राजवंशों को बड़ी अनिच्छापूर्वक व्रात्य क्षत्रियों का दर्जा दिया गया, यद्यपि पाणिनि तथा मनु ने शकों और यवनों का उल्लेख शूद्रों के रूप में किया है। पुराणों में दिए गए वंशवृक्षों में कुछ राजवंशों के क्षत्रियेतर मूल को छिपाने का कोई प्रयत्न नहीं किया गया है। व्यावहारिक राजनीति में यह बात इस प्रकार से स्वीकार कर ली गई थी कि किसी राजवंश का उद्भव किसी विशेष जाति से जुड़े होने के कारण वह राजवंश शासन करने के अयोग्य नहीं हो जाता (रोमिला थापर, *पूर्वकाल और पूर्वाग्रह*, पृ. 30)।

ब्राह्मण ग्रन्थों ने कृषकों को शूद्र कहा। कारीगरों, स्वतन्त्र मजदूरों को भी शूद्र कहा गया। वास्तव में शूद्र प्राथमिक उत्पादक था। शूद्र के अस्तित्व के कारण ही ग्रामीण और शहरी उत्पादन-प्रवृत्तिओं के लिए दास की आवश्यकता नहीं पड़ी। तथापि मौर्य साम्राज्य राजकीय आर्थिक प्रवृत्तियों में दासों का उपयोग करता था।

बौद्ध साहित्य में इस सम्बन्ध में स्पष्ट उल्लेख नहीं प्राप्त होता कि शूद्रों का लक्ष्य क्या था और उनका कार्य क्या था ? जैसा कि अंगतरनिकाय में ब्राह्मण के पूछने पर बुद्ध ने ब्राह्मणों, क्षत्रियों एवं वैश्यों के सम्बन्ध में बताया है। किन्तु यह संकेत अवश्य मिलता है कि ये लोग मिट्टी के बर्तन बनानेवाले कुम्भकार, माली का कार्य, आभूषण बनाने का कार्य, लोहे का कार्य करनेवाले लोहार आदि के शिल्पों को स्वीकार कर जीवनयापन करते थे। इन्होंने कृषि-कर्म को भी अपना लिया था। इनके कार्यों से स्पष्ट विदित होता है कि इनका ग्राम-जीवन में बहुत बड़ा योगदान था। किन्तु इनमें कुछ ऐसे भी थे जिनका जीवन अव्यवस्थित था। शूद्र जीविकोपार्जन के लिए इधर-उधर भ्रमण किया करते थे तथा मजदूरी (श्रम) करते थे। इसके अतिरिक्त इनमें से कुछ सर्पोपजीवी (सपेरा) का भी कार्य करते थे। विभिन्न व्यवसायों के आधार पर इनकी पृथक्-पृथक् जातियाँ बन गई थीं। इस काल में वर्ण सम्बन्धी मान्यताएँ एवं उनके आधार क्रमशः टूटते जा रहे थे। अतः शूद्रों का स्वरूप अपने व्यवसायों के आधार पर ही पहचाना जाने लगा। इनकी अपनी कोई परिषद् नहीं होती थी। *मज्झिमनिकाय* में केवल 8 परिषदों का उल्लेख हुआ है :

1. क्षत्रियपरिषद, 2. ब्राह्मणपरिषद, 3. गृहपतिपरिषद 4. श्रमणपरिषद, 5. चातुर्महाराजिकपरिषद, 6. त्रायस्त्रिंशपरिषद (देवता), 7. मारपरिषद एवं 8. ब्रह्मपरिषद।

इन परिषदों के शूद्रों की गणना किसी भी परिषद में नहीं हुई है, अतः किसी परिषद के न होने के कारण वे न किसी स्थान पर एकत्र हो सकते थे और न कोई निर्णय ही ले सकते थे।

इनकी अन्य जातियाँ—गोपालक (ग्वाले), पशुपालक या तृणहारक (घसियारे), काष्ठहारक (लकड़हारे), वनकार्मिक आदि भी मिलती हैं। इनकी आर्थिक स्थिति ठीक नहीं थी। किसी प्रकार वे केवल अपनी जीविका चलाते थे।

चौथी सदी से शूद्रों तथा ब्राह्मणों के बीच वैर पाते हैं। कमजोर अर्थव्यवस्था और वर्णसंकर के कारण *महाभारत* के अनुसार ब्राह्मण, क्षत्रिय और वैश्य, सब एक वर्ण के हो गए

और तीनों आपस में मिलकर शूद्र हो गए। वैश्य शूद्र का पेशा अपनाकर खेत में मजदूरी करने लगे। शूद्रों ने ब्राह्मण का पेशा अपना लिया। कुछ शूद्र तप करते तो कुछ भिक्षा से जीवनयापन करते थे। कुछ शूद्र स्वामी और ब्राह्मण उनके सेवक बन गए। तीसरी-चौथी सदी में शूद्र-ब्राह्मण बैर की काफी चर्चा मिलती है। वे संस्कार कराने लगे और ब्राह्मण उनका दान स्वीकारते थे। जिन पुरोहितों ने शूद्रों से दान स्वीकार किया ब्राह्मणों ने उन्हें शूद्रों का कर्मकांडी दर्जा प्रदान कर दिया। शूद्रों के अधिकाधिक संख्या में चौथी सदी में किसान बनते जाने के काफी प्रमाण मिलते हैं। जब ब्राह्मण वैदिक नियमों का उल्लंघन करने लगे तो सतयुग का अन्त और शूद्र जब शक्तिशाली हुए तो कलियुग का आगमन हुआ।

अध्याय 5

अस्पृश्यता

अस्पृश्यता केवल जन्म से ही नहीं उत्पन्न होती, इसके उद्‌गम के कई स्रोत हैं। भयंकर पापों अर्थात दुष्कर्मों से लोग जातिनिष्कासित एवं अस्पृश्य हो जा सकते हैं। मनु (9.234-239) ने लिखा है कि ब्रह्महत्या करनेवाले, ब्राह्मण के सोने की चोरी करनेवाले या सुरापान करनेवाले लोगों को जाति से बाहर कर देना चाहिए, न तो कोई उनके साथ खाए, न उन्हें स्पर्श करे, न उनकी पुरोहिती करे और न उनके साथ कोई विवाह-सम्बन्ध स्थापित करे, वे लोग वैदिक धर्म से विहीन होकर संसार में विचरण करें। अस्पृश्यता उत्पन्न होने का दूसरा स्रोत है धर्म-सम्बन्धी घृणा एवं विद्वेष, जैसा कि *अपरार्क* (पृ. 923) एवं *स्मृतिचन्द्रिका* (पृ. 118) ने षट्त्रिंशन्मत एवं ब्रह्मांडपुराण से उद्धरण लेकर कहा है–"बौद्धों, पाशुपतों, जैनों, लोकायतों, कापिलों (सांख्यों), धर्मच्युत ब्राह्मणों, शैवों एवं नास्तिकों को छूने पर वस्त्र के साथ पानी में स्नान कर लेना चाहिए।" ऐसा ही अपरार्क ने भी कहा है। अस्पृश्यता उत्पन्न होने का तीसरा कारण है कुछ लोगों का, जो साधारणतः अस्पृश्य नहीं हो सकते थे, कुछ विशेष व्यवसायों का पालन करना, यथा देवलक (जो धन के लिए तीन वर्ष तक मूर्ति पूजा करता है), ग्राम के पुरोहित, सोमलता विक्रयकर्ता को स्पर्श करने से वस्त्र-परिधान सहित स्नान करना पड़ता था। चौथा कारण है कि कुछ परिस्थितियों में पड़ जाना, यथा रजस्वला स्त्री के स्पर्श, पुत्रोत्पन्न होने के दस दिन की अवधि में स्पर्श, सूतक में स्पर्श, शवस्पर्श आदि में वस्त्र सहित स्नान करना पड़ता था (*मनु* 5.185)। अस्पृश्यता का पाँचवाँ कारण है म्लेच्छ या कुछ विशिष्ट देशों का निवासी होना। इसके अतिरिक्त स्मृतियों के अनुसार कुछ ऐसे व्यक्ति जो गन्दा व्यवसाय करते थे, अस्पृश्य माने जाते थे, यथा कैवर्त (मछुआ), मृगयु (मृग मारनेवाला), व्याध (शिकारी), सौनिक (कसाई), शाकुनिक (पक्षी पकड़नेवाला या बहेलिया), धोबी, जिन्हें छूने पर स्नान करके ही भोजन किया जा सकता था।

अस्पृश्यता-सम्बन्धी जो विधान थे, वे किसी जाति-सम्बन्धी विद्वेष के प्रतिफल नहीं थे, प्रत्युत उनके पीछे मनोवैज्ञानिक या धार्मिक धारणाएँ एवं स्वच्छता-सम्बन्धी विचार थे, जो मोक्ष के लिए परम आवश्यक माने गए थे, क्योंकि अन्तिम छुटकारे (मोक्ष) के लिए शरीर एवं मन से पवित्र एवं स्वच्छ होना अनिवार्य था। *आपस्तम्ब* (1.5.15.16), *वसिष्ठ* (23.33), *विष्णु* (22.69) एवं *वृद्धहारीत* (11.99-102) ने कुत्ते के स्पर्श तथा कुछ वनस्पतियों या औषधियों के स्पर्श पर स्नान की व्यवस्था बताई है। *आपस्तम्ब* (2.4.9.5) ने लिखा है कि वैश्वदेव के उपरान्त प्रत्येक गृहस्थ को चाहिए कि वह चांडालों, कुत्तों एवं कौओं को भोजन दे। यह बात आज भी वैश्यदेव की समाप्ति के उपरान्त पाई जाती है। प्राचीन हिन्दू लोग अस्वच्छता से

भयाकुल रहा करते थे, अतः कुछ व्यवसायों को यथा झाडू देने, चर्मशोधन, श्मशान-रक्षा आदि को बुरे एवं अस्वच्छ व्यवसायों में गिनते थे। इस प्रकार का पृथक्त्व बुरा नहीं माना सकता। अस्पृश्यता के भीतर जो मान्यता एवं धारणा पाई जाती है, वह मात्र धार्मिक एवं क्रिया-संस्कार-सम्बन्धी है। हिन्दू के घर में मासिक-धर्म के समय माता, बेटी, बहन, स्त्री, पतोहू आदि सभी अस्पृश्य मानी जाती हैं। सूतक के समय अपना परम प्रिय मित्र भी अस्पृश्य माना जाता है। एक व्यक्ति अपने पुत्र को भी, जिसका यज्ञोपवीत न किया गया हो, भोजन करने के समय स्पर्श नहीं करता। प्राचीन काल में बहुत से व्यवसाय वंशानुक्रमिक थे, अतः क्रमशः यह विचार ही घर करता चला गया कि वे लोग, जो ऐसी जाति के होते हैं जो गन्दा व्यवसाय करते हैं, जन्म से ही अस्पृश्य हैं। आज तो स्थिति यहाँ तक आ गई है कि चाहे कुछ जातियों के लोग गन्दा व्यवसाय करें या न करें, जन्म से ही अस्पृश्य माने जाते हैं। आश्चर्य है ! किन्तु पहले यह बात नहीं थी। आदि काल में व्यवसाय से लोग स्पृश्य या अस्पृश्य माने जाते थे। यह बात कुछ सीमा तक मध्य काल में भी पाई जाती थी, क्योंकि स्मृतिकारों में इस विषय में मतैक्य नहीं पाया जाता। प्राचीन धर्मसूत्रों ने केवल चांडाल को ही अस्पृश्य माना है। *गौतम* (4.15 एवं 23) ने लिखा है कि चांडाल ब्राह्मणी से शूद्र द्वारा उत्पन्न सन्तान है अतः वह प्रतिलोमों में अत्यन्त गर्हित प्रतिलोम है। *आपस्तम्ब* (2.1.2.8-9) ने लिखा है कि चांडालस्पर्श पर सवस्त्र स्नान करना चाहिए, चांडाल-सम्भाषण पर ब्राह्मण से बात कर लेनी चाहिए, चांडाल-दर्शन पर सूर्य या चन्द्र या तारों को देख लेना चाहिए। मनु (10.36 एवं 51) ने केवल अन्ध्र, मेद, चांडाल एवं श्वपच को गाँव के बाहर तथा अन्त्यावसायी को श्मशान में रहने का कहा है। इससे स्पष्ट है कि अन्य हीन जातियाँ गाँव में रह सकती थीं। अपरार्क द्वारा उद्धृत हारीत का वचन यों है—यदि किसी द्विजाति का कोई अंग (सिर को छोड़कर) रँगरेज, मोची, शिकारी, मछुआ, धोबी, कसाई, नट, अभिनेता जाति के किसी व्यक्ति, तेली कलवार (सुराजीवी), जल्लाद, ग्राम्य सूकर या मुर्गा, कुत्ता से छू जाए तो उसे उस अंग को धोकर एवं जलाचमन करके पवित्र कर लेना चाहिए। मनु (10.13) की व्याख्या में मेधातिथि का स्पष्ट कहना है कि प्रतिलोमों में केवल चांडाल ही अस्पृश्य है, अन्य प्रतिलोमों, यथा सूत, मागध, आयोगव, वैदेहक एवं क्षत्ता के स्पर्श से स्नान करना आवश्यक नहीं। यही बात कुल्लूक में भी पाई जाती है। मनु (5.85) एवं अंगिरा (152) ने दिवाकीर्ति (चांडाल), उदक्या (रजस्वला), पतित (पाप करने पर जो निष्कासित हो गया हो या कुजाति में आ गया हो), सूतिका (पुत्रोत्पति करने पर नारी), शव और शव को छू लेनेवाले को छूने पर स्नान की व्यवस्था दी है। अतः मनु के मत से केवल चांडाल ही अस्पृश्य है। किन्तु कालान्तर में अस्पृश्यता ने कुछ अन्य जातियों को भी स्पर्श कर लिया। कुछ कट्टर स्मृतिकारों ने तो यहाँ तक लिख दिया कि शूद्र के स्पर्श से द्विजों को स्नान कर लेना चाहिए।

'अस्पृश्य' शब्द का प्रयोग *विष्णुधर्मसूत्र* (104) एवं कात्यायन ने किया है। चांडालों, म्लेच्छों, पारसीकों को अस्पृश्यों की श्रेणी में रखा गया है, यह बात उपर्युक्त विवेचन से स्पष्ट हो गई होगी। अत्रि (267-269) ने लिखा है कि यदि द्विज चांडाल, पतित, म्लेच्छ, सुरापात्र, रजस्वला को स्पर्श कर ले तो (उसे बिना स्नान किए) भोजन नहीं करना चाहिए, यदि भोजन करते समय स्पर्श हो जाए तो भोजन करना बन्द कर देना चाहिए और भोजन को फेंककर स्नान कर लेना चाहिए। आजकल अन्त्यजों में म्लेच्छों, धोबियों, बाँस का काम करनेवालों (घरकारों), मल्लाहों, नटों को कुछ प्रान्तों में अस्पृश्य नहीं माना जाता। यही बात मेधातिथि

एवं कुल्लूक के समय में पाई जाती थी।

विभेद की भावना एवं संस्कारोचित पवित्रता की धारणा ने अन्त्जयों एवं कुछ हीन जातियों को अस्पृश्य बना डाला। प्राचीन स्मृतियों से यह नहीं स्पष्ट हो पाता कि चांडालों की छाया अपवित्र मानी जाती रही है। मनु और *विष्णुधर्मसूत्र* (23.52) ने लिखा है कि मक्खियों, हौज की बूँदों, (मनुष्य की) छाया, गाय, अश्व, सूर्यकिरण, धूल, पृथ्वी, हवा एवं अग्नि को पवित्र मानना चाहिए। *याज्ञवल्क्य* (1.93) एवं *मार्कंडेयपुराण* (35.21) में भी यही बात पाई जाती है। मनु (4/130) ने लिखा है कि किसी देवता, अपने गुरु, राजा, स्नातक, अपने अध्यापक, भूरी गाय, वेदाध्यायी की छाया को जान-बूझकर पार नहीं करना चाहिए। यहाँ पर चांडाल की छाया की कोई चर्चा नहीं हुई है। मनु एवं याज्ञवल्क्य ने यह नहीं लिखा कि चांडाल की छाया अपवित्र है। अपरार्क ने एक श्लोक उद्धृत किया है जिसका अर्थ यह है कि चांडाल या पतित की छाया अपवित्र नहीं है। आगे चलकर क्रमशः कुछ स्मृतियों ने चांडाल की छाया को अपवित्र मान लिया और ब्राह्मण को छाया-स्पर्श से स्नान करना आवश्यक माना गया। मिताक्षरा (याज्ञ. 3.30) ने व्याघ्रपाद का श्लोक उद्धृत किया है, जिसका अर्थ है कि यदि चांडाल या पतित गाय की पूँछ के बराबर की दूरी पर आ जाएँ तो हमें स्नान करना चाहिए। कुछ ऐसी ही बात वृहस्पति ने भी कही है।

याज्ञावल्क्य (1.194) ने लिखा है कि यदि सड़क पर चांडाल चले तो वह चन्द्र तथा सूर्य की किरणों एवं हवा से पवित्र हो जाती है। उन्होंने (1.197) पुनः लिखा है कि यदि जनमार्ग या कच्चे मकान पर चांडाल, कुत्ते एवं कौए आ जाएँ तो उसकी मिट्टी एवं जल हवा के स्पर्श से पवित्र हो जाएँगे। इस प्रकार के नियमों से स्पष्ट है कि स्मृतियों के जनमार्ग-सम्बन्धी प्रतिबन्ध तर्कयुक्त ही हैं, मलावार के ब्राह्मणों तथा दक्षिण भारत के कुछ स्थानों की भाँति वे कठोर नहीं हैं। मलावार में उच्च वर्णों एवं अस्पृश्यों के पृथक्-पृथक् मार्ग रहे हैं।

स्मृतिकारों ने कुछ जातियों की अस्पृश्यता के विषय में सामान्य नियमों में अपवाद भी बताए हैं। अत्रि (249) ने लिखा है कि मन्दिर, देवयात्रा, विवाह, यज्ञ एवं सभी उत्सवों में किसी अस्पृश्य का स्पर्श अस्पृश्यता का द्योतक नहीं हो सकता। यही बात शातातप, वृहस्पति आदि ने भी कही है। स्मृत्यर्थसार ने उन स्थानों के नाम गिनाए हैं जहाँ छुआछूत का कोई भेद नहीं माना जाता—संग्राम में, हाट (बाजार) के मार्ग में, धार्मिक जुलूसों, मन्दिरों, उत्सवों, यज्ञों, पूत स्थलों, आपत्तियों में, ग्राम या देश पर आक्रमण होने पर, बड़े जलाशय के किनारे, महान् पुरुषों की उपस्थिति में, अचानक अग्नि लग जाने पर या महान् विपत्ति पड़ने पर स्पर्शास्पर्श पर ध्यान नहीं दिया जाता। स्मृत्यर्थसार ने अस्पृश्यों द्वारा मन्दिर-प्रवेश की बात भी लिखी है, यह आश्चर्य का विषय है।

विष्णुधर्मसूत्र (5.104) के अनुसार तीन उच्च वर्णों का स्पर्श करने पर अस्पृश्य को पीटे जाने का दंड मिलता था। किन्तु याज्ञवल्क्य (2.234) ने चांडाल द्वारा ऐसा किए जाने पर केवल 100 पण के दंड की व्यवस्था दी है। अस्पृश्यों के कुओं या बर्तनों में पानी पीने, उनका दिया हुआ पका-पकाया या बिना पकाया हुआ भोजन ग्रहण करने पर, उनके साथ रहने पर या अछूत नारी के साथ सम्भोग करने पर शुद्धि और प्रायश्चित की व्यवस्था दी गई है, जिसे हम प्रायश्चित्त के प्रकरण में पढ़ेंगे।

तथाकथित अछूत लोग पूजा कर सकते थे। जब यह कहा जाता है कि प्रतिलोम लोग धर्महीन हैं (याज्ञ. 1.93, गौतम 4.10) तो इसका तात्पर्य यह है कि वे उपनयन आदि वैदिक

क्रिया-संस्कार नहीं कर सकते; वास्तव में वे देवताओं की पूजा कर सकते थे। निर्णयसिन्धु द्वारा उद्धृत देवीपुराण के एक श्लोक से ज्ञात होता है कि अन्त्यज लोग भैरव का मन्दिर बना सकते थे। *भागवत पुराण* (10.70) में आया है कि अन्त्यावसायी लोग हरि के नाम या स्तुतियों को सुनकर उनके नाम का कीर्तन कर, उनका ध्यान कर पवित्र हो सकते हैं, किन्तु जो उनकी मूर्तियों को देखें या स्पर्श करें वे अपेक्षाकृत अधिक पवित्र हो सकते हैं। दक्षिण भारत में आलवार वैष्णव सन्तों में तिरुप्पाण आलवार अछूत जाति के थे और नम्मलवार तो वेल्लाल थे। मिताक्षरा (याज्ञ. 3.162) ने लिखा है कि प्रतिलोम जातियाँ (जिनमें चांडाल भी सम्मिलित हैं) व्रत कर सकती हैं।

अध्याय 6

दास प्रथा

ऋग्वेद का 'दास' शब्द आर्यों के शत्रुओं के लिए प्रयुक्त हुआ है। यह सम्भव है कि जब दास लोग पराजित होकर बन्दी हो गए तो वे गुलाम के रूप में परिणत हो गए। *ऋग्वेद* के कई मन्त्रों में दासत्व की झलक मिलती है; "तूने मुझे एक सौ गधों, एक सौ ऊनवाली भेड़ों और एक सौ दासों की भेंट दी" (ऋ. 8.56.3) *तैत्तिरीय संहिता* (2.2.6.3; 7.5.10.1) एवं उपनिषदों में भी दासियों की चर्चा है। *ऐतरेय ब्राह्मण* (39.8) में आया है कि एक राजा ने राज्याभिषेक करानेवाले पुरोहित को 10,000 दासियाँ एवं 10,000 हाथी दिए। *कठोपनिषद्* (1.1.25) में भी दासियों की चर्चा है। *वृहदारण्यकोपनिषद्* (4.4.23) में आया है कि जनक ने याज्ञवल्क्य से ब्रह्मविद्या सीख लेने के पश्चात् उनसे कहा कि "मैं विदेहों के साथ अपने को आपके लिए दास होने के हेतु दान-स्वरूप दे रहा हूँ।" *छान्दोग्योपनिषद्* में आया है–"इस संसार में लोग गायों एवं घोड़ों, हाथियों एवं सोने, पत्नियों एवं दासियों, खेतों एवं घरों को महिमा कहते हैं (7.24.2)।" इसी प्रकार *छान्दोग्योपनिषद्* के 5.13.2 तथा *वृहदारण्यकोपनिषद्* के 6.2.7 में भी दासियों की चर्चा है। इन चर्चाओं से पता चलता है कि वैदिक काल में पुरुष एवं नारियों का दान हुआ करता था और भेंटस्वरूप दिए गए लोग दास माने जाते थे।

यद्यपि मनु (1.91 एवं 8.413 एवं 414) ने आदेशित किया है कि शूद्रों का मुख्य कर्तव्य है उच्च वर्णों की सेवा करना, किन्तु इससे यह नहीं स्पष्ट हो पाता कि शूद्र दास हैं। जैमिनि (6.7.6) ने शूद्र के दान की आज्ञा नहीं दी है।

गृह्यसूत्रों में माननीय अतिथियों के चरण धोने के लिए दासों के प्रयोग की चर्चा हुई है, किन्तु स्वामी को दासों के साथ मानवीय व्यवहार करने का आदेश दिया गया है। *आपस्तम्बधर्मसूत्र* (2.4.9.11) में आया है कि अचानक अतिथि के आ जाने पर अपने को, स्त्री या पुत्र को भूखा रखा जा सकता है, किन्तु उस दास को नहीं, जो सेवा करता है। *महाभारत* में दासों एवं दासियों के दान की प्रभूत चर्चा हुई है (सभापर्व 52.45; वनपर्व 233.43 एवं विराटपर्व 18.21 में 88000 स्नातकों में प्रत्येक स्नातक के लिए 30 दासियों के दान की चर्चा है)। वैन्य ने अत्रि को एक सहस्र सुन्दर दासियाँ दीं (वनपर्व 185.34; द्रोणपर्व 57.5-9)। मनु (8.299-300) ने शारीरिक दंड की व्यावस्था में दास एवं पुत्र को एक ही श्रेणी में रखा है।

मेगस्थनीज ने दासत्व के विषय में चर्चा नहीं की है। वह अपने देश यूनान के दासों से भलीभाँति परिचित था, अतः यदि भारत में उन दिनों, अर्थात् ईसापूर्व चौथी शताब्दी में, दासों की बहुलता होती तो वह भारतीय दासों की चर्चा अवश्य करता। उसने लिखा है कि भारतीय दास नहीं रखते (देखिए मैक्रिण्डल, पृ. 71 एवं स्ट्रैबो 15.1.54)। किन्तु उन दिनों दास थे,

इसमें कोई सन्देह नहीं है। अशोक ने अपने नवें शिलाभिलेख के प्रज्ञापन में दासों एवं नौकरों की स्पष्ट चर्चा की है। कौटिल्य के अर्थशास्त्र (3.13) में दासों की महत्त्वपूर्ण व्यवस्थाओं के विषय में वर्णन है। कौटिल्य ने कई प्रकार के दासों का वर्णन किया है, यथा–ध्वजाहृत (युद्ध में बन्दी), आत्मविक्रयी (अपने को बेचनेवाला), उदरदास (या गर्भदास, जो दास द्वारा दासी से उत्पन्न हो), आहितिक (ऋण के कारण बना हुआ), दंडप्राणित (राजदंड के कारण)। मनु ने सात प्रकार के दासों का वर्णन किया है, यथा–1. युद्धबन्दी, 2. भोजन के लिए बना हुआ, 2. दासीपुत्र 4. खरीदा हुआ, 5. माता या पिता द्वारा दिया हुआ, 6. वसीयत में प्राप्त, 7. राजदंड भुगतान के लिए बना हुआ (मनु 8.415)।

नारद (अभ्युपेत्याशुश्रूषा) एवं कात्यायन ने दासत्व के विषय में विस्तार के साथ लिखा है। नारद ने शुश्रूषक (जो दूसरे की सेवा करता है) को पाँच वर्गों में बाँटा है–1. वैदिक छात्र, 2. अन्तेवासी (नवसिखुवा), 3. अधिकर्मकृत, (मेट या काम करनेवालों को देखनेवाला) 4. भृतक (नौकर, वेतन पर काम करनेवाला) एवं 5. दास। इनमें प्रथम चार को कर्मकर कहा जाता था और वे सभी पवित्र कामों को करने के लिए बुलाए जाते थे। किन्तु दासों को सभी प्रकार के कार्य करने पड़ते थे, यथा घर बुहारना, गन्दे गड्ढों, मार्ग, गोबर-स्थलों को स्वच्छ करना, गुप्तांगों को खुलजाना या स्पर्श करना, मलमूत्र फेंकना आदि (श्लोक 6.7)। नारद ने दासों के 15 प्रकार बताए हैं, यथा 1. घर में उत्पन्न, 2. खरीदा हुआ, 3. दान या किसी अन्य प्रकार से प्राप्त, 4. वसीयत में प्राप्त, 5. अकाल में रक्षित, 6. किसी अन्य स्वामी द्वारा प्रतिश्रुत, 7. बड़े ऋण से युक्त, 8. युद्धबन्दी, 9. बाजी में विजित, 10. 'मैं आपका हूँ' कहकर दासत्व ग्रहण करनेवाला, 11. संन्यास से च्युत, 12. जो अपने से कुछ दिनों के लिए दास बने, 13. भोजन के लिए बना हुआ, 14. दासी के प्रेम से आकृष्ट दास (वडवाहृत) एवं 15. अपने को बेच देनेवाला।

नारद (श्लोक 30) एवं याज्ञवल्क्य (2.182) ने दासों के विषय में एक विधान यह बताया है कि यदि वे अपने स्वामी को किसी आसन्न प्राणलेवा कठिनाई से बचा लें तो वे छूट सकते हैं, (नारद ने जोड़ दिया है) पुत्र की भाँति वसीयत में भाग पा सकते हैं संन्यासपतित व्यक्ति राजा का दास होता है (याज्ञ. 2.183)। याज्ञवल्क्य (2.183) तथा नारद (39) के मत से वर्णों के अनुसार ही दास बन सकते हैं, यथा ब्राह्मण के अतिरिक्त तीनों वर्ण ब्राह्मण के, वैश्य या शूद्र क्षत्रिय के दास हो सकते हैं, किन्तु क्षत्रिय किसी वैश्य या शूद्र का या वैश्य शूद्र का दास नहीं हो सकता। कात्यायन के अनुसार ब्राह्मण किसी ब्राह्मण का भी दास नहीं हो सकता, किन्तु यदि वह होना ही चाहे तो किसी चरित्रवान एवं वैदिक ब्राह्मण का ही, और वह भी केवल पवित्र कार्य करने के लिए हो सकता है। कात्यायन ने यह भी लिखा है (7.21) कि संन्यास-च्युत ब्राह्मण को राज्य से निकाल बाहर करना चाहिए, किन्तु संन्यास-भ्रष्ट क्षत्रिय एवं वैश्य व्यक्ति राजा का दास होता है। दक्ष (7.33) ने तो यह भी लिखा है कि संन्यास-च्युत ब्राह्मण के मस्तक पर कुत्ते के पैर का चिह्न अंकित कर देना चाहिए।

कौटिल्य (3.13) एवं कात्यायन (723) के अनुसार यदि स्वामी दासी से मैथुन करे और सन्तानोत्पत्ति हो जाए तो दासी एवं पुत्र को दासत्व से छुटकारा मिल जाता है।

व्यवहारमयूख (पृ. 114) में आया है कि यदि गोद लिए गए व्यक्तियों के चूड़ाकरण एवं उपनयन संस्कार गोद लेनेवाले के गोत्र के अनुसार हुए हों तो वे गोद लेनेवाले के पुत्र होते हैं, अन्यथा ऐसे लोग गोद लेनेवाले के दास होते हैं।

नारद (ऋणदान, 12) एवं कात्यायन ने घोषित किया है कि किसी वैदिक छात्र, शिक्षार्थी, दास, स्त्री, नौकर या कर्मकर (मजदूर) द्वारा अपने कुटुम्ब के भरण-पोषणार्थ लिया गया धन गृहस्वामी को देना चाहिए, भले ही यह धन उसकी अनुपस्थिति में ही क्यों न लिया गया हो।

मनु (8.70) एवं उशना ने अन्य गवाहों के अभाव में नाबालिग, बूढ़े आदमी, स्त्री, छात्र, सगे सम्बन्धी, दास एवं नौकर को भी गवाह माना है।

अध्याय 7

संस्कार

7.1 अर्थ

ब्राह्मण धर्मग्रन्थों के अनुसार व्यक्ति के सामाजिक जीवन को अच्छा बनाने के लिए संस्कारों की व्यवस्था की गई। संस्कार धार्मिक एवं कर्मकांड क्रियाओं के रूप में जन्म होने से लेकर मरणोपरान्त तक किए जाते थे। संस्कार को अपूर्ण और अदृश्य माना गया है; क्योंकि वे मनुष्य के पूर्व जन्म को निर्धारित करते थे और अगले जन्म की सुरक्षा का उपाय बताने का मार्गदर्शन करते थे।

जहाँ तक संस्कार शब्द के अर्थ का प्रश्न है राजबली पांडेय *(हिन्दू संस्कार* पृ. 18) के अनुसार संस्कार शब्द का प्रयोग अनेक अर्थों में हुआ है। मीमांसा के समर्थक संस्कार का अर्थ यज्ञांगभूत पुरोडास आदि की विधिवत शुद्धि को संस्कार माना है। अद्वैत वेदान्ती के मतानुसार जीव पर सारे क्रियाओं के झूठा आरोप को तथा नेयायिक भावों को व्यक्त करने की आत्म-व्यंजक शक्ति को संस्कार कहते हैं। संस्कृत साहित्यों के अनुसार संस्कार शब्द का प्रयोग शिक्षा, संस्कृत, प्रशिक्षण, सौजन्य, पूर्णता व्याकरण सम्बन्धी शुद्धि संस्कश्य, परिष्करण 'शोभा, आभूषण' प्रभाव, स्वरूप, स्वभाव, क्रिया, छाप, स्मरण शक्ति, स्मरण शक्ति पर पड़नेवाला प्रभाव, शुद्ध क्रिया, धार्मिक विधि, विधान, अभिषेक, विचार, भावना, धारणा, कार्य का परिणाम, क्रिया की विशेषता आदि अर्थों में हुआ है। संस्कारों का अर्थ शुद्धि की धार्मिक क्रियाओं तथा व्यक्ति के शारीरिक, मानसिक और बौद्धिक परिष्कार के लिए किए जानेवाले अनुष्ठानों में से है जिनसे वह समाज का पूर्ण विकसित सदस्य हो सके।

संस्कार का जन्म वैदिक काल में हो चुका था। लेकिन वेदों और ब्राह्मण ग्रन्थों में इनकी चर्चा हम नहीं पाते हैं। संस्कारों का वर्णन गृह्य सूत्रों में है, लेकिन वास्तविक अर्थ में नहीं। दैविक संस्कार पाक यज्ञों में शामिल है। पारस्कर गृह्य सूत्र के अनुसार पाक यज्ञों को दूत, माहूत, प्रहूत और प्राशित में बाँटा गया है। यज्ञ में आहुति देने को दूत कहते हैं जिसके अन्तर्गत विवाह के सीमन्तोन्नपयन पर्यन्त संस्कार आते हैं। अग्नि में आहुति देने के बाद ब्राह्मणों तथा अन्य व्यक्तियों को दान दक्षिणा दी जाती थी तो उसे प्रहूत कहा जाता था। इसके अन्तर्गत जातकर्म से चौल पर्यन्त सभी संस्कारों का समावेश हो जाता था। आहुति तथा ब्राह्मणों को दक्षिणा देने के बीच जब कोई स्वयं अन्य व्यक्तियों से उपहार प्राप्त करता है तो उसे आहूत कहते थे। उपनयन और समावर्त्तन संस्कार इसी में आते हैं जिसका निरूपण गृह्य यज्ञों के रूप में किया गया। इस संस्कार के अन्तर्गत शारीरिक पवित्रता और व्यक्तित्व की पूर्णता के बारे में स्पष्ट संकेत हमें देखने को नहीं मिलता। धार्मिक कृत्यों का केन्द्र व्यक्ति

नहीं बल्कि देवता था। इसलिए दैहिक संस्कारों सहित सम्पूर्ण यज्ञों का अनुष्ठान आराधना के लिए किया जाता था। वैखानस स्मार्त सूत्र (1.1) के अनुसार दैहिक संस्कारों तथा सामान्य यज्ञों में यज्ञों का अनुष्ठान आराधना के लिए किया जाता था। परवर्त्ती स्मृतिकार हारित का कहना है कि यज्ञों का समावेश दैव संस्कारों तथा मनुष्य जीवन के अनेक अवसरों पर किए जानेवाले संस्कारों का समावेश ब्राह्मण संस्कार के अन्तर्गत करना चाहिए और ब्राह्मण संस्कारों को ही वास्तविक संस्कार समझना चाहिए।

गृह्य सूत्रों में संस्कारों की संख्या 12 से 18 तक है और बाद में इसकी संख्या 16 गर्भाधान, पुंसवन, सीमन्तोन्नयन, जातकर्म, नामकरण, निष्क्रमण, अन्नप्राशन, चूड़ाक्रर्म, कर्णवेध, विद्यारम्भ, उपनयन वेदारम्भ, केशान्त, समावर्त्तन, विवाह और अन्त्येष्टि निश्चित हुई।

संस्कारों के प्रयोजन को दो भागों में बाँटा जा सकता है। प्रथम भाग में लोका; प्रिय प्रयोजन और अन्धविश्वास को रखा जा सकता है तथा दूसरे भाग में कर्मकांडी तथा सांस्कृतिक प्रयोजन को। लोकप्रिय एवं अन्धविश्वासपूर्ण संस्कार का आधार सरल विश्वास तथा सादगी है। दूसरे प्रयोजन का आधार सामाजिक विकास और उन्नति को माना जा सकता है।

प्राचीन समय में लोग ऐसा समझते थे कि वे अदृश्य शक्तियों से घिरे हुए हैं जो अच्छे और बुरे ढंग से प्रभावित कर सकते हैं। अमंगलजनक प्रभावों को दूर करने और हितकर प्रभावों की प्राप्ति के लिए मनुष्य कुछ-न-कुछ प्रयास करता था ताकि वह जीवन में आगे बढ़ सके और देवताओं से सहायता प्राप्त कर सके।

अदृश्य शक्तियों के निराकरण के लिए हिन्दुओं ने अपने संस्कारों के अन्तर्गत अनेक साधनों का अवलम्बन किया जिसमें प्रथम स्थान आराधना का था। भूत, पिशाच आदि अदृश्य बुरी शक्तियों की स्तुति कर उन्हें भेंट चढ़ाया जाता था ताकि वे नाराज न हों। *पारस्कर गृह्यसूत्र* (1.16.20) के अनुसार स्त्री के गर्भिणी रहने के समय, शिशु जन्म, शैशव आदि के समय अशुभ शक्तियों की प्रार्थनाएँ की जाती थीं। अदृश्य शक्तियाँ कभी-कभी व्यक्ति को बहका देती थीं जिसके लिए मुंडन तथा अन्त्येष्टि के अवसर पर बलि तथा भोजन दिया जाता था। *कौशिक सूत्र* (4854) के अनुसार बहकावे के लिए मरणासन्न व्यक्ति की प्रतिकृति का दाह कर दिया जाता था जिससे मृत्यु जब उस व्यक्ति पर आक्रमण करे तथा तथाकथित मृत व्यक्ति के कारण भ्रम में पड़ जाए। *आपस्तम्ब गृह्यसूत्र* (1.16) हमें बताता है कि अशुभ शक्तियों को स्पष्टतः दूर चले जाने के लिए किया जाता था। इतना ही नहीं, उनकी भर्त्सना की जाती और प्रत्यक्षतः उन पर आक्रमण भी किया जाता था। अशुभ शक्तियों को आतंकित करने के लिए जल और अग्नि का प्रयोग होता था। आपस्तम्ब गृह्यसूत्र हमें भी यह भी बताता है कि मार्ग में आनेवाली बुरी घटना का मुकाबला करने के लिए मुमुक्षु अपने को अस्त्र-शस्त्रों से सुसज्जित कर लेता था। सीमन्तोन्नयन संस्कार के अवसर पर *आपस्तम्ब गृह्यसूत्र* (14) हमें बताता है कि केशों को उसी उद्देश्य से सँवारा जाता था। बुरी शक्तियों को अपने ऊपर से हटाकर अन्य व्यक्तियों की ओर स्वार्थवश चलाने का भी प्रयास किया जाता था। जैसे—वधू द्वारा पहने हुए वैवाहिक वस्त्र ब्राह्मणों को दान कर दिया जाते थे क्योंकि वे वस्त्र बुरी शक्तियों से प्रभावित समझे जाते थे।

हिन्दू लोग ऐसा मानते थे कि जीवन का प्रत्येक क्षण किसी-न-किसी देवता द्वारा अधिष्ठित है। अतः सभी अवसरों पर संस्कारी व्यक्ति को आशीर्वाद देने के लिए उस देवता का नाम लिया जाता था। गर्भाधान के समय विष्णु प्रधान देवता थे। प्रजापति को विवाह के

समय का प्रधान देवता माना गया है और उपनयन के लिए वृहस्पति प्रधान देवता थे। शुभ वस्तुओं को छूने से शुभ परिणाम निकलेगा ऐसा वे मानते थे। सीमन्तोन्नयन संस्कार के अवसर पर *पारस्कर गृह्यसूत्र* (1.15.4.16) के अनुसार उदुम्बर वृक्ष की शाखा पत्नी के गले से स्पर्श कराया जाता था जिसके आधार पर ऐसा विश्वास किया जाता था कि पत्नी में उर्वरता आ जाती थी। ऐसा भी लोग मानते थे कि कुरूप और खराब दृश्य के निवास और अपवित्र व्यक्तियों के साथ सम्बन्ध विच्छेद कर लेने से पवित्रता सुरक्षित हो जाती थी।

भौतिक उद्देश्यों से भी संस्कार का महत्त्व था। घरेलू कर्मकांडों के रूप में संस्कारों का महत्त्व था जिसके अनुष्ठान के समय घरेलू जीवन के लिए सभी आवश्यक वस्तुओं की कामना देवताओं से की जाती थी। लोग ऐसा मानते थे कि प्रार्थना के माध्यम से देवता मनुष्य की इच्छाओं को समझ लेते थे और पशु, समृद्धिशक्ति, बुद्धि, सन्तान एवं लम्बी उम्र के रूप में उसकी पूर्ति करते थे *(सांख्यान गृह्यसूत्र* 2.14.5)।

आत्माभिव्यक्ति के माध्यम से संस्कारों का अनुष्ठान किया जाता था। सन्तान का जन्म, विवाहोत्सव एवं शिशु की प्रगति शुभ अवसर का प्रतीक माना जाता था। इस खुशी को व्यक्त करने के लिए साज-सजावट, नृत्य-संगीत, भोजन तथा उपहारों की व्यवस्था की जाती थी। श्राद्ध के रूप में शोक की अभिव्यक्ति होती थी।

अनेक प्रकार के संस्कारों को करके शारीरिक पवित्रता प्राप्त करने की बात समाज में प्रचलित थी। समाज में ऐसी मान्यता थी कि जन्म होने के साथ प्रत्येक व्यक्ति शुद्ध होता था और संस्कार की मदद से ही वह द्विज कहलाता था। वेदों के अध्ययन से यह विप्र और ब्रह्म के साक्षात्कार से उसे ब्राह्मण की स्थिति प्राप्त होती है *(मनुस्मृति*, 2.28)। उपनयन संस्कार करनेवाला व्यक्ति समाज में कुछ विशेषाधिकार प्राप्त किए हुए था। विद्यार्थी जीवन की समाप्ति तथा गृहस्थाश्रम में प्रवेश करने के लिए संस्कार किए जाते थे। स्वर्ग और मोक्ष की प्राप्ति मार्ग मनु संस्कारों के माध्यम से ही बताता है।

संस्कारों के भौतिक स्वरूप से उनका नैतिक स्वरूप विकसित हुआ जिनके माध्यम से नैतिक सद्‌गुणों के परिपक्व हो जाने की आशा की जाती थी।

संस्कारों का उद्‌देश्य मनुष्य के व्यक्तित्व का विकास भी था। व्यक्ति अपना जीवन सुचारु रूप से चला सके और दूसरे को सही मार्ग दिखा सके इसके लिए अनुशासित जीवन बिताना आवश्यक था और इसके लिए संस्कारों को मानना ही एकमात्र उपाय बताया गया है।

आध्यात्मिक महत्त्व के दृष्टिकोण से संस्कारों का महत्त्व था। उनके द्वारा सभ्य व्यक्ति यह मानता था कि सम्पूर्ण जीवन संस्कारमय है और शारीरिक क्रियाएँ आध्यात्मिक उद्‌देश्य से अनुप्राणित हैं। यही वह मार्ग था जिसके माध्यम से क्रियाशील सांसारिक जीवन का मेलजोल आध्यात्मिक शक्ति के साथ स्थापित किया जा सकता था।

7.2 संस्कारों की अवस्थाएँ

संस्कारों की प्रथम अवस्था वह थी जब अपने सृजन काल में संस्कार मानव जीवन के प्रति यथार्थ थे। ये संस्कार लचीले और सजीव थे जिन्हें देश और काल के अनुरूप व्यवस्थित किया गया। संस्कारों की दूसरी अवस्था वह थी जब नियमित और व्यवस्थित ढंग से संस्कारों को स्थापित किया गया और उनके वर्गीकरण का मुख्य आधार बौद्धिक माना गया। छोटी-छोटी

बातें भी निश्चित कर ली गईं। अन्तिम अवस्था में संस्कार की शक्ति का ह्रास हो गया था। संस्कार माध्यम से नई वस्तु की रचना सम्भव नहीं थी। पुरानी बातों को ही ये लोग संरक्षण देते रहे जिनके कारण संस्कारों को व्यवस्थित, परिष्कृत और परिमार्जित नहीं किया जाता था और संस्कार एक निर्जीव संस्था के रूप में बना रहा।

संस्कारों के निर्माण में कई प्रकार के धार्मिक भौतिक तत्त्वों को हम पाते हैं। अग्नि सबसे पुराना और स्थायी तत्त्व माना जाता है। रोग, राक्षसों और अन्य अदृश्य बुरी आत्माओं से अग्नि मनुष्य की रक्षा करती थी। मानव और देवता के बीच सम्बन्ध स्थापित करने का भी अग्नि काम करती थी।

स्तुतियाँ, प्रार्थनाएँ और आशीर्वचन संस्कार दूसरे तत्त्व के अन्तर्गत माने जाते हैं। इसके माध्यम से परिवार की रक्षा, समृद्धि और सुख-सम्वर्द्धन की आशा की जाती थी। सन्तान प्राप्ति एवं पशु वृद्धि की आशा उसी अनुष्ठान से की जाती थी। संस्कारों का एक अन्य विधायक अंग यज्ञ था जिसके माध्यम से देवताओं को भेंट प्रदान किया जाता था। स्नान, आचमन और व्यक्तियों का जल से शुद्धिकरण अभिसिंचन कहा जाता था जो संस्कारों का एक प्रमुख विधायक अंग था। इसके माध्यम से भूत-पिशाच का नाश होता, ऐसा लोग मानते थे। संस्कारों का एक प्रमुख अंग दिशा-निर्देशन भी था जिसके अन्तर्गत मनुष्य सभी मंगल संस्कारों में संस्कार्य होकर पूर्व दिशा की ओर मुँह करके जीवन और प्रकाश की प्राप्ति के लिए बैठता था। *पारस्कर गृह्यसूत्र* (1.7.1) के अनुसार संस्कारों में प्रतीकवाद का महत्त्व था। इसके आधार पर लोग ऐसा मानते थे कि सादृश्य वस्तुओं का सादृश्य प्रभाव होता है। पत्थर मजबूती का प्रतीक था और चावल उर्वरता तथा समृद्धि का। संस्कारों में निबन्ध पर भी ध्यान दिया गया है। शुभ और अशुभ दिनों, मांसों और वर्षों के विषय में अनेकों प्रकार के नियम पाए गए थे जो इस बात को बताते थे कि कौन सा दिन संस्कार के लिए ठीक नहीं है। जादू टोना को संस्कार का स्थान दिया गया। पहले के लोग अदृश्य शक्तियों पर विश्वास करते थे जिनसे सुरक्षा के लिए अभिचार संस्कार का महत्त्व था। फलित ज्योतिष को संस्कार का महत्त्व दिया गया। इसके माध्यम से देवता की इच्छा की जानकारी होती थी। मानव प्रायः आनेवाले दिनों के बारे में सदा उत्सुकता रखता है जिसके कारण संस्कारों में फलित ज्योतिष को स्थान मिला। फलित ज्योतिष का अध्ययन नक्षत्रों के आधार पर किया जाता था। संस्कार का ही अंग सांस्कृतिक तत्त्व था जिसका सम्बन्ध प्रजनन विद्या, आचार, स्वास्थ्य, औषधि आदि से होता था। संस्कारों में सामान्य तत्त्व भी पाए जाते थे जिसमें मंडप बनाकर फूल-पत्तियों से उन्हें सजाया जाता था और उस अवसर पर सम्बन्धियों और मित्रों को बुलाया जाता था तथा खुशियाँ मनाई जाती थीं। आध्यात्मिक वातावरण संस्कार में सबसे बड़ी विशेषता थी कि इससे सबको सुख मिलता था।

7.3 प्राग्जन्म संस्कार

संस्कारों का सम्बन्ध व्यक्ति के जन्म से पूर्व ही शुरू हो जाता है। *गर्भाधान* संस्कार को जन्म से पहले का संस्कार कहा जाता है। *मनुस्मृति* (3.2) में गर्भाधान के स्थितियों पर विशद् चर्चा की गई है। इस संस्कार का मुख्य उद्देश्य सन्तान उत्पन्न करना था जो एक प्रकार का धार्मिक कर्म समझा जाता था। गर्भधारण के पश्चात् *पुंसवन संस्कार* होता था जिसके आधार पर पुत्र जन्म की आशा की जाती थी। गर्भकाल का तीसरा संस्कार *सीमन्तोन्नयन* था। इस

अवसर पर गर्भिणी के बालों को ऊपर उठाया जाता था। इस अवसर पर जो भी अनुष्ठान होते थे उसका मुख्य उद्देश्य पति-पत्नी को खुश रखना और उत्पन्न होनेवाले सन्तान को खुश रखना था। इस संस्कार की चर्चा *पारस्कर गृह्यसूत्र* (1.14.2), *बौद्धायन गृह्यसूत्र* (1.9.1), वीर मित्रोदय संस्कार प्रकाश (भाग 1, पृ. 172), *याज्ञवल्क्य स्मृति* (3.89) आदि ग्रन्थों में की गई है।

बाल्यावस्था में संस्कार करने की बात हमें ब्राह्मण ग्रन्थों में देखने को मिलती है। इस अवस्था का संस्कार जातकर्म से शुरू होता था। यह संस्कार जिस कमरे में होता था उसे सूतिका भवन कहते थे जहाँ बच्चे के जन्म के पश्चात् यह संस्कार होता था। इस अवसर पर पुत्र का मुख पिता द्वारा देखा जाता था और बच्चे की जन्मकुंडली तैयार की जाती थी। अपनी चौथी अँगुली और एक स्वयं सलाका से पिता अपनी सन्तान को मधु या घी चटाता था और उसके अच्छे भविष्य के लिए प्रार्थना करता था।

इसके पश्चात *नामकरण संस्कार* होता था जिसमें शिशु का नाम किसी देवता या सन्त के नाम पर रखा जाता था। मनु (2.31) हमें बताता है कि ब्राह्मण का नाम मंगल सूचक, क्षत्रिय का बल सूचक, और वैश्य का धन सूचक, और शूद्र का कुत्सासूचक रखना चाहिए। नामकरण संस्कार प्रायः जन्म के दसवें या बारहवें दिन समाप्त किया जाता था। इस संस्कार के सम्बन्ध में *सांख्यान गृह्यसूत्र* (1.24.4), *गौतम गृह्यसूत्र* (2.7.15) और *आपस्तम्ब गृह्यसूत्र* (1.52) में विशद् चर्चा की गई है।

संस्कार का एक अन्य प्रकार निष्क्रमण था जो बालक द्वारा पहली बार घर से बाहर निकलने पर किया जाता था। यह संस्कार उन्नतशील जीवन होने की आशा में किया जाता था। इस अवसर पर बच्चे की माँ बरामदे के ऐसे वर्गाकार भाग पर स्वस्तिक का चिह्न बनाती तथा धान्य कणों को विकीर्ण करती थी जहाँ से सूर्य दिखाई देता था। इस अवसर पर शिशु को सूर्य दर्शन कराया जाता था ताकि अच्छे कर्मों के बल पर वह भी सूर्य के समान चमके। जिस दिन बच्चे को अन्न खिलाया जाता था उस दिन अनुष्ठान होता था और इसे *अन्नप्राशन संस्कार* कहा जाता था। यह संस्कार प्रायः बच्चे के जन्म के बाद छठे मास में किया जाता था। इस संस्कार की चर्चा *बौद्धायन गृह्यधर्मसूत्र* (2.3) में देखने को मिलता है।

7.4 चूड़ा संस्कार

इस अवसर पर बच्चे का रिर मुड़ा दिया जाता था और मात्र एक टीक छोड़ दिया जाता था जो लम्बी आयु और कल्याण का प्रतीक था। यह संस्कार तीन वर्ष की उम्र के भीतर हो जाता था।

आभूषण पहनाने के लिए *कर्णवेध संस्कार* की चर्चा हमें देखने को मिलती है जिसका उद्देश्य व्यक्ति को अनेक प्रकार के रोगों से सुरक्षा प्रदान करना था। तीन से पाँच वर्ष की उम्र में यह संस्कार होता था। उस अवसर पर स्वर्णकार द्वारा सोना, चाँदी या लोहे की सूई से कान छेदा जाता था।

7.5 शैक्षणिक संस्कार

बच्चा जब शिक्षा देने के योग्य होता था तो अक्षर सिखाने के पहले विद्यारम्भ संस्कार किया जाता था जिसकी शुरुआत लगभग सातवीं सदी में हुई। युवावस्था में पहुँचने के साथ ही बालक का *उपनयन या दीक्षा संस्कार* किया जाता था। इसके पश्चात ही साहित्य और संस्कृति

के बारे में ज्ञान प्राप्त करके वह योग्यतापूर्वक अधिकार और कर्तव्यों को समझने लगता था। उपनयन संस्कार शूद्र का नहीं होता था और इसीलिए केवल ब्राह्मण, क्षत्रिय और वैश्य को द्विज माना गया। उपनयन संस्कार में समय-समय पर कई प्रकार की बात हम पाते हैं। *अथर्ववेद* (11.5.3) के अनुसार उपनयन संस्कार मात्र वैसे ही व्यक्ति का होता था जो ब्रह्मचर्य धारण कर ले। ब्राह्मण ग्रन्थों और धर्मसूत्रों में भी हम यही बात पाते हैं। *मनुस्मृति* (2.170) में उपनयन संस्कार का अर्थ द्वितीय जन्म के रूप में बताया गया है। इसके बाद के काल के स्रोतों के अध्ययन से पता चलता है कि उपनयन संस्कार का प्रयोग अभिभावकों द्वारा छात्र को आचार्य के निकट ले जाने के अर्थ में होने लगा। बाद में चलकर जनेऊ का पर्यायवाची उपनयन हो गया जिसमें बालक को यज्ञोपवीत पहनाया जाता था। उपनयन संस्कार ब्राह्मण का आठवें वर्ष, क्षत्रिय का 11वें और वैश्य का 12वें वर्ष में करने की सलाह *पारस्कर गृह्यसूत्र* में दी गई है। उपनयन संस्कार का उद्‌देश्य ज्ञान प्राप्ति तथा चरित्र निर्माण था। ब्राह्मण का उपनयन संस्कार वसन्त में, क्षत्रिय का ग्रीष्म में और वैश्य का शरद में प्रायः होता था। इस अवसर पर माता और पुत्र अन्तिम बार एक साथ भोजन करते थे जो इस बात का चिह्न था कि वह अब दायित्वहीन शिशु नहीं रहा बल्कि उसे व्यवस्थित जीवन व्यतीत करना है जिसके लिए यह भोज विदाई का भोज माना जाता था। इसके पश्चात आवश्यक अंगों को ढँकने के लिए मन्त्र से प्रभावित एक छोटा सा वस्त्र ब्रह्मचारी को दे दिया जाता जो अपनी कमर में वह ब्रह्मचारी बाँध लेता था। इसके बाद उसे उपवित सूत्र दिया जाता था जो उपनयन संस्कार का सबसे महत्त्वपूर्ण अंग माना जाता था।

आचार्य द्वारा विद्यार्थी को सूर्य का दर्शन कराया जाता था। फिर गुरु और शिष्य हृदय स्पर्श करते थे जो दोनों के बीच हार्दिक सम्बन्ध स्थापित होने का प्रतीक था। विद्यार्थी को चट्टानों पर बहुत समय तक के लिए खड़ा कराया जाता था ताकि शरीर और चरित्र में मजबूती आए। उसे वेदों का अध्ययन करना पड़ता था और गायत्री मन्त्र का जाप। फिर वह अग्नि में आहुति डालता और विनम्र बनने के लिए उसे घूम-घूमकर भिक्षा माँगनी पड़ती थी।

वेदारम्भ संस्कार वैदिक अध्ययन को जिन्दा रखने के लिए किया गया। पहले के संस्कारों में वेदारम्भ की चर्चा हमें देखने को नहीं मिलती है। वैदिक अध्ययन को महत्त्वपूर्ण बनाने के लिए इस संस्कार को बाद में लाया गया जो उपनयन संस्कार का ही अंग माना जाता था। *केशान्त संस्कार* द्वारा विद्यार्थी के सोलह वर्ष की आयु में दाढ़ी, भौंह, मूँछ कटवाते जाते थे। युवावस्था में संयमपूर्वक जीवन बिताने के लिए तमाम आवश्यक बातों की जानकारी बालक को इस अवसर पर दे दी जाती थी। इस संस्कार को गोदान भी कहा जाता था, क्योंकि आचार्य को दान के रूप में गायें मिलती थीं।

ब्रह्मचर्य के समाप्त होने पर समावर्त्तन संस्कार किया जाता था जो विद्यार्थी जीवन के अन्त का सूचक था। *वीरमित्रोदय संस्कार प्रकाश* में समावर्त्तन का अर्थ गुरुकुल से घर की ओर लौटना बताया गया है। विद्यार्थी के द्वारा विद्यासागर को पार करने का तथा ज्ञान की नदी में स्नान करने का इस संस्कार को प्रतीक माना गया है। यह संस्कार लगभग 24 वर्ष की आयु में सम्पन्न किया जाता था।

विवाह संस्कार जो सभी हिन्दू संस्कारों में सबसे अधिक प्रमुख स्थान रखता है, की चर्चा गृह्यसूत्रों में हम पाते हैं। विवाह के पश्चात गार्हस्थ्य जीवन बिताने की बात धर्मग्रन्थों में हम पाते हैं। इस संस्कार को ध्यान में रखते हुए वर एवं कन्या के वर्ण, कुल एवं योग्यता पर ध्यान

दिया जाता था। विवाह संस्कार के अवसर पर मुख्य तत्त्व वरदान, वश्वरण, कन्यादान, विवाह, होम, पाणिग्रहण, हृदय स्पर्श सप्तपदी, अश्वारोहण, सूर्यावलोकन, ध्रुवदर्शन, त्रिरात्रव्रत और चतुर्थीकम होते थे। विवाह विधियों का प्रथम भाग था वर को कन्यादान की मौखिक स्वीकृति। वर की तलाश कन्या का पिता करता था। अग्नि को साक्षी मानकर पिता या संरक्षक कन्यादान करता था। कन्या का दायित्व सँभालने के रूप में वर कन्या का दाहिना हाथ इस अवसर पर पकड़ता था। भावात्मक एकता आपस में स्थापित होने के दृष्टिकोण से भी ऐसा किया जाता था। वधू का दाहिना पैर दृढ़ता के प्रतीक के रूप में इस अवसर पर पत्थर पर रखवाया जाता था। फिर पत्नी को पति सदृष्य उत्तर दिशा में सात पग चलना पड़ता था और यह कहना पड़ता था कि ऐश्वर्य के लिए एक पदी हो, पूर्ण के लिए द्विपदी, भूमि के लिए त्रिपदी, सुखों के लिए चतुष्पदी, पशुओं के लिए पंचपदी, ऋतुओं के लिए षष्टपदी हो। संख्य के लिए सप्तपदी और अनुव्रता हो। सप्तपदी के बाद ही विवाह याज्ञवल्क्य स्मृति और मनुस्मृति के अनुसार पूर्ण समझा जाता था। विवाहोपरान्त *गृह्यसूत्र* (1.8.5.15-17) के अनुसार पति-पत्नी को तीन रात तक एक साथ सोने की मनाही थी।

अन्त्येष्टि संस्कार का महत्त्व भी हिन्दू संस्कार अन्त्येष्टि के दृष्टिकोण से है जिसके आधार पर व्यक्ति का परलोक सुधारने का प्रयास किया जा सकता था। इस संस्कार के विकास के पीछे मुख्य कारक मृत्यु से भय था। मृतक को जलाने की विधि प्रचलित थी। इससे पूर्व ज्यों ही मृत्यु होती थी, सम्बन्धी और मित्रों को निमन्त्रित किया जाता था और ब्राह्मणों को दान ताकि भविष्य में कोई बुरी घटना न हो। मृतक के दाहिने हाथ द्वारा चार चम्मच शुद्ध घी की आहुति अग्नि में दी जाती थी। मृतक के मुँह में तुलसी की पत्ती और जल डाला जाता था। बाँस की अर्थी पर उसकी लाश को *आपस्तम्ब गृह्यसूत्र* (4.1) के अनुसार बैलगाड़ी पर ले जाया जाता था लेकिन बाद में सम्बन्धियों द्वारा अर्थी कन्धों पर ढोने की बात प्रचलित हो गई। मृतक का ज्येष्ठ पुत्र शवयात्रा का नेतृत्व करता था। शव-दाह के पूर्व गोदान की व्यवस्था की चर्चा भी हमें देखने को मिलती है। शव को जलाने का काम लकड़ी की चिता बनाकर किया जाता था। फिर तालाब में स्नान करके शुद्ध होकर प्रजापति की स्तुति करते थे तथा मृत परिवार के सदस्यों को सान्त्वना देने के लिए प्राचीन कथा कहते थे। अस्थि संचयन का काम भी होता था और उसके बाद श्राद्ध। अन्त में प्रेत को पितरों से संयुक्त करने की क्रिया 18वें दिन या तीन पक्षों के अन्त में या वर्ष समाप्त होने पर होती थी।

इस तरह संस्कारों का सम्बन्ध सम्पूर्ण मानव से रहा। संस्कार का महत्त्व ब्राह्मण ग्रन्थों में इस तरह बताया गया है कि संस्कार पशुता को भी सुसंस्कृत मनुष्य में बदल देते थे। संस्कार के माध्यम से यह बताने का प्रयास किया गया कि जीवन का जन्म मिट्टी से होता है और अन्त में वह मिट्टी में मिल जाता है। बीच में बचता है–सुख और दुःख। हिन्दुओं ने संस्कारों को काफी महत्त्व दिया। उन्होंने तीन मार्गों : कर्म, उपासना तथा ज्ञान को मान्यता प्रदान की। संस्कारों का सम्बन्ध कर्म मार्ग से ज्यादा रहा। कुछ मनीषियों ने संस्कारों को महत्त्व नहीं दिया। वैदिक धर्म का पतन और पौराणिक हिन्दू धर्म के उदय के साथ संस्कारों ने मन्दिरों और तीर्थस्थानों में स्थान पाया। बौद्ध धर्म, जैन धर्म एवं भक्ति मार्ग तथा संस्कार के लिए प्रयोग की गई कठिन संस्कृत भाषा के कारण संस्कार घटता गया। इसे जीवित करने का एक असफल प्रयास आधुनिक काल 19वीं सदी में किया गया।

अध्याय 8

स्त्रियाँ

8.1 सिन्धु काल

सिन्धु काल का द्रविड़ समाज मातृ प्रधान होने से तत्कालीन स्त्रियों की दशा खराब नहीं थी। कांस्य नर्तकी से पता चलता है कि नारी की परख का स्तर उत्तरकालीन स्त्रियों से भिन्न था। अन्य उत्पादन कार्यों के अलावा कृषिकार्य और सूत कातने तथा मिट्टी की सामग्रियाँ भी बनाने का काम करती थीं। धनाढ्य स्त्रियों में आभूषणों के साथ कई प्रकार के शृंगार प्रसाधन प्रचलित थे। सिन्धुवासियों की शान्तिप्रियता को देख स्त्रियों द्वारा व्यवस्थित जीवन बिताने की बात सोची जा सकती है। अनाज बोने का काम स्त्रियों ने प्रारम्भ किया।

8.2 ऋग्वैदिक काल

आर्यों तथा अनार्यों और एक आर्य कबीले का दूसरे आर्य कबीलों से भोजन को लेकर युद्ध का माहौल बने रहने से ऋग्वैदिक स्त्रियों के बीच जंगली पशुओं के अलावा युद्ध के कारण सदा असुरक्षा की स्थिति बनी रहती थी। शिकार से भोजन का जुगाड़ पुरुषों के समान स्त्रियों द्वारा करने के कारण उन्हें पर्दा में रहना सम्भव नहीं था। जानलेवा समस्याओं से मुकाबला करते रहने के कारण मन में पैदा डर से ध्यान हटाने के लिए और द्रविड़ संस्कृति से प्रभावित होते हुए वे मदिरापान करतीं; उत्सवों में भाग लेतीं और पुरुषों के साथ नृत्य करती थीं। (सीमा-प्रान्त पंजाब आदि) में स्त्रियों का व्यवहार यथेष्ट उन्मुक्त होने के प्रमाण मिलते हैं। वे न आगन्तुकों के सामने शर्माती, न वयोवृद्ध पुरुषों के आगे कोई शील-संकोच का अनुभव करती थीं। स्त्री-पुरुष दोनों मांस खाते थे और कड़ी शराब पीते थे; निर्वसन होकर एक साथ सार्वजनिक नृत्य भी होता था। उत्तरवैदिक काल में इसे अश्लील माना गया किन्तु दहेज प्रथा की बजाय उसकी उल्टी पत्नी-मूल्य की प्रथा का चलन था जो पूर्वी भारतवालों को अपमानजनक लगती थी। महाभारतकालीन पत्नी लूटकर लाने की प्रथा भी खराब नहीं मानी जाती थी।)

सैकड़ों वर्षों तक शिकारी जीवन व्यतीत करने के दौरान जिन आर्य कबीलों को सीधे-सीधे पशुओं की जानकारी जैसे-जैसे होती गई उनके बीच पशुपालन की संस्कृति विकसित होती गई। स्त्रियाँ पशुधन की रक्षा करती थीं। वेदाध्ययन करके वे मन्त्रद्रष्टा ऋषि का पद प्राप्त कर सकती थीं। अगस्त्य ऋषि की पत्नी लोपामुद्रा द्वारा एक सूक्त की रचना की गई। ऋग्वेद के 8वें मंडल के 10वें सूक्त की रचनाकार अत्रि ऋषि की पुत्री अपाला थी। प्रथम मंडल के 126वें सूक्त की रचना विश्ववारा, सूर्या नामक ब्रह्मवादिनी ऋषिका द्वारा 10वें

मंडल का 85वाँ सूक्त और खेल ऋषि की पत्नी विश्वलर अपने पति के साथ युद्ध क्षेत्र में युद्ध करने गई थी। मुद्गलानी नामक स्त्री शत्रुओं से लड़कर हजार गायें लाई थी। जीवन-भर अविवाहित रहनेवाली कुमारी को पिता के धन में हिस्सा मिलता था। ऐसी स्त्रियों की संख्या तत्कालीन समाज में नगण्य थी।

विवाह प्रथा की प्रायः अनुपस्थिति के दौरान भी आबादी में वृद्धि होती गई। माँ में निश्चितता थी किन्तु पिता में नहीं। अतः अधेड़ स्त्रियों की दशा जवान पुत्रों के कारण बूढ़े पुरुषों की तुलना में बेहतर थी। ऐसी स्त्रियों की विदध जैसी तत्कालीन प्रशासनिक संगठनों में हिस्सेदारी स्वाभाविक थी।

8.3 उत्तरवैदिक काल

उत्तरवैदिक काल में कृषि के कारण समतल मैदान में विवाह की प्रथा विकसित हुई। महाभारत में शकुन्तला और कुन्ती का भरत एवं कर्ण की माँ बनना; कुन्ती, माद्री तथा द्रौपदी का एक से ज्यादा अलौकिक/लौकिक देवताओं/पुरुषों के साथ सम्बन्ध से पता चलता है कि ई.पू. नौवीं शती के आसपास उत्तर भारत के कई क्षेत्रों में विवाह प्रथा परिपक्व ढंग से विकसित नहीं हो पाई थी। शकुन्तला को अपने अधिकार के लिए दुश्यन्त से लम्बा विवाद करना पड़ा था। राजा नल ने दमयन्ती को जुए के दाँव पर लगा दिया। जुआ में ही पांडव द्रौपदी को हार गए और दुर्योधन के चंगुल से जब वह मुक्त हुई तो पांडवों को भर मन अपमानित किया किन्तु शकुन्तला के समान भरे दरबार में नहीं। वासुदेव (श्रीकृष्ण) की 16 हजार पत्नियाँ थीं। कहा गया कि कई पत्नियाँ रखना अधर्म नहीं किन्तु स्त्रियों के लिए पति के प्रति अपना कर्तव्य न करना अधर्म था।

कुन्ती ने ब्राह्मणों से अथर्वशीर्ष का मन्त्र पढ़ा था। हस्तिनापुर के कोष का भार द्रौपदी पर था। जंगल में द्रौपदी जब चलते-चलते थक जाती तो पांडव उसके पैर दबाते थे। अपने पति की मृत्यु पर पांडु की प्यारी रानी माद्री (वैश्य) न कि कुन्ती ने शव के साथ अपने को जला दिया। कीचक के साथ जल जाने के लिए सैरन्ध्री को आज्ञा दी गई। वासुदेव की चार पत्नियों ने–देवकी, भद्रा, रोहिणी एवं मदिरा–अपने को पति के साथ जला डाला। कृष्ण की रुक्मिणी, गान्धारी, शैव्या, हैमवती एवं जाम्बवती ने कृष्ण के शरीर के साथ अपने को भी जला दिया। एक कपोती अपने पति (कपोत) के साथ अग्नि में प्रवेश कर गई। सती प्रथा विशेषतः राजघरानों एवं बड़े-बड़े वीरों तक ही सीमित रही; वह भी बहुत कम। द्रोणाचार्य की पत्नी कृपी विकीर्ण केशी के रूप में रोती हुई युद्ध भूमि में आती है किन्तु अपने को जला डालने की कोई चर्चा नहीं करती है। इससे स्पष्ट होता है कि ब्रह्माणियों का विधवा रूप में जल जाना क्षत्रिय विधवाओं के जल जाने की प्रथा के बहुत दिन उपरान्त आरम्भ हुआ।

ई.पू. 8वीं शती से (लौह उपकरणों के सहयोग से) उत्पादन में अपार वृद्धि हुई और आर्थिक विकास से पुरुषों के अधिकार बढ़ते गए और धनाढ्य स्त्रियों की स्वतन्त्रता घटने लगी। उन्हें बाल्यावस्था में माता-पिता, युवावस्था में पति और बुढ़ापे में पुत्रों के नियन्त्रण में रहना अच्छा माना जाने लगा। रामायण की सीता इसका ज्वलन्त उदाहरण है। पुरुष-प्रतिष्ठा को ध्यान में रखकर शंका के आधार पर गर्भवती सीता को घर से निष्कासित करने की घटना प्रमाणित करती है कि धनाढ्य स्त्रियों की दशा खराब होती गई। ब्रह्मर्षि की पत्नी एवं वेदवती की माता ने रावण द्वारा छेड़े जाने पर अपने को जला डाला। स्त्रियों को पुरुष-प्रतिष्ठा का आधार बना

दिया गया। लक्ष्मण की पत्नी उर्मिला अपने पति द्वारा अपने साथ जंगल नहीं ले जाई गई। स्त्रियों की दशा अच्छी नहीं थी। इनके बीच स्वतन्त्रता से ज्यादा आर्थिक समस्याएँ थीं। सामान्य स्त्रियों को तत्कालीन समाज का मापदंड नहीं बनाया गया; सब कुछ विशिष्ट स्त्रियों को ही ध्यान में रखकर तय किया जाता था। अधिकांश ग्रामीण स्त्रियाँ कृषि एवं पशुपालन में पुरुषों का हाथ बँटाती थीं। कुम्हारों, लोहारों, बढ़इयों, सुनारों, ताम्रकारों आदि की स्त्रियाँ भी पुरुषों के कार्यों में हाथ बँटाती थीं। घास, दूध, दही, घी, मछली, तरकारी, बर्तन आदि वस्तुएँ घूम-घूमकर बेचनेवाली स्त्रियाँ भी थीं जो धनाढ्य स्त्रियों से ज्यादा स्वतन्त्र तो थीं किन्तु मजबूरीवश। उत्तरवैदिक कालीन अर्थव्यवस्था से विकास नहीं रुकनेवाली एक ऐसी प्रक्रिया की जानकारी होती है जिसे आगे बढ़ाने में तत्कालीन सभी तत्त्वों ने सहयोग प्रदान किया।

असुरमायारूप नामक प्रथम महिला चिकित्सक की चर्चा मिलती है जिसने कोढ़नाशक औषधि का आविष्कार किया। स्त्रियों को प्रशंसा का पात्र भी समझा गया। बताया गया कि जिस जगह स्त्रियों के मन में दुःख पहुँचता वहाँ कल्याण नहीं था। स्त्रियाँ मनुष्य का अर्धभाग, पति की श्रेष्ठ मित्र और धर्म, अर्थ, काम—इस त्रिवर्ग का मूल बताई गईं। गर्भ के बालक का असली पिता माता ही जानती थी। सन्तान के लिए माता ही गुरु थी, पिता नहीं। स्त्री अपराध नहीं करती, अपराध पुरुष करता था। सत्यकाम द्वारा अपनी माता जवाला से गोत्र पूछने पर माता ने कहा कि कई पुरुषों से सम्बन्ध स्थापित करने के कारण गोत्र बताना सम्भव नहीं था। गोत्र पिता के नाम पर चलता था, माता के नहीं। उद्दालक ऋषि के पुत्र श्वेतकेतु के सामने ही उनकी पत्नी को एक ब्राह्मण हाथ पकड़कर उठा ले गया। श्वेतकेतु के क्रुद्ध होने पर पिता ने समझाया कि इसमें क्रुद्ध होने की कोई बात नहीं है। पृथ्वी की सभी स्त्रियाँ सर्वजननभोग्या और स्वेच्छाविहारिणी हैं, यही सनातन धर्म है। अपनी पत्नी अहल्या को पराए पुरुष के साथ व्यभिचार में लिप्त देख गौतम ने पत्नी को मार डालने की आज्ञा अपने पुत्र को दी किन्तु पुत्र ने ऐसा नहीं किया। अहल्या को गौतम ऋषि ने माफ कर दिया; समाज के समक्ष उन्हें कोई कैफियत नहीं देनी पड़ी। *महाभारत* में न तो अहल्या के पत्थर होने का अभिशाप है न राम के चरणस्पर्श से पुनर्जीवन लाभ। ब्रह्मचारिणी शांडिल्य दुहिता को तपःसिद्धि प्राप्त करनेवाली स्त्री, सुलभा को मुनिव्रतधारिणी कन्या और ब्राह्मण कन्या सिद्धा को वेद की प्रसिद्ध ज्ञाता के रूप में देखते हैं।

जैनों के प्रथम तीर्थंकर ऋषभदेव ने अपनी बहन सुमंगला से विवाह किया था। उनके पुत्र भरत और बाहुबलि का विवाह ब्रासी और सुन्दरी नामक उनकी बहनों से हुआ था। पुष्पमाद्रिका नगरी के राजा ने अपने पुत्र पुष्पचूल का विवाह अपनी कन्या पुष्पचुला के साथ किया था। वैदिककाल में विवाह प्रथा को व्यवस्थित रूप लेना अभी शेष था। प्रजापति ने स्वयं अपनी पुत्री (उषा) को कामुक दृष्टि से देखा। एक पुरुष कई स्त्रियों को रख सकता था किन्तु एक स्त्री एक साथ कई पति नहीं प्राप्त कर सकती थी। एक पुरुष को चार पत्नियाँ भी होती। हरिशचन्द्र को सौ पत्नियाँ और दार्शनिक याज्ञवल्क्य को दो पत्नियाँ—कात्यायनी तथा मैत्रेयी थीं।

8.4 ई.पू. छठी शताब्दी में स्त्रियाँ

ई.पू. छठी शताब्दी के दौरान स्त्रियों से सम्बद्ध नवीन तत्त्व दिखाई देते हैं। उत्तरवैदिक काल में ब्राह्मण-क्षत्रिय स्त्रियाँ मुख्यधारा का अंग रहीं किन्तु जैन-बौद्ध काल में निम्नवर्ग की स्त्रियाँ; विशेषकर गणिकाओं को मुख्यधारा में पाते हैं। इसके बावजूद स्त्रियों की दशा हीन पाते हैं।

जैनग्रन्थों में तत्कालीन स्त्रियों को व्यंग्यात्मक दृष्टि से देखा गया। स्त्रियों के समान पुरुषों का कोई अरि नहीं होने से इन्हें *नारी*, अनेक प्रकार के कर्म और शिल्प द्वारा पुरुषों को मोहित करने के कारण *महिला*, पुरुषों को मत्त बना देने के कारण *महिलया*, पुरुषों को हावभाव द्वारा मोहित करने के कारण *रामा*, शरीर में राग-भाव उत्पन्न करने के कारण *अंगना*, अनेक युद्ध, कलह, संग्राम, शीत-उष्ण, दुःख-क्लेश आदि उत्पन्न होने पर पुरुषों को वश में करने के कारण *योषित* तथा पुरुषों का अनेक रूपों द्वारा वर्णन करने के कारण *वनिता* कहलाई।

महावीर के संघ में 36 हजार साध्वियाँ थीं। जन्म से लेकर मृत्यु तक स्त्रियों को पुरुषों के नियन्त्रण में रहना पड़ता था। दहेज के रूप में दासियाँ भी प्रदान की जातीं; विशाखा को धनंजय ने 15 सौ दासियाँ दहेज में दी थीं। धनाढ्यों द्वारा पुत्र के लालन-पालन के लिए 18 देशों की दासियाँ नियुक्त की जाती थीं। ऐसी दासियों की आर्थिक दशा अतिदयनीय होती थी। कामध्वजा नामक गणिका 72 कलाओं की ज्ञाता, 64 गुणों से परिपूर्ण, 29 प्रकार के विशेषणों से युक्त, 31 प्रकार के रति विषयक गुणों की जानकार, पुरुषों को आकर्षित करनेवाले 32 प्रकार के उपचारों में पारंगत तथा शृंगार की चरम अभिव्यक्ति थी। गणिकाओं के समूह का यह नेतृत्व करती थी। देवदत्ता गणिका 18 देशों की भाषा की विशारद थी। उसका शुल्क हजार रुपए प्रति रात्रि थी। अत्यन्त तामझामवाली यह गणिका हजार गणिकाओं की अधिपति थी। इनकी स्थिति सम्मानजनक थी। वेश्याएँ और गणिकाएँ समाज में फैलनेवाले अनाचारों को रोकती थीं। इनके यहाँ अतिधनाढ्य पुरुषों का ही जाना सम्भव था।

आर्यवन्दना महावीर की प्रथम शिष्या थी। मल्लिकुमारी ने तीर्थंकर की पदवी प्राप्त की थी। ब्राह्मी, सुन्दरी, चन्दना और मृगावती की चर्चा है जिन्होंने संसार का त्याग कर सिद्धि प्राप्त की और उपदेशिका बनीं। कौशाम्बी नरेश शतानीक की भगिनी जयन्ती प्रसिद्ध जैन साध्वी थी। कोशा और उपकोशा पाटलिपुत्र की प्रसिद्ध वेश्याएँ थीं। इन्हें नगर की शोभा माना जाता था। उज्जैन में देवदत्ता प्रधान गणिका थी। राजगृह के राजा जरासंध की दो प्रधान वेश्याओं का नाम मगहसुन्दरी और मगहसिरि था।

गौतम बुद्ध ने 'मध्यम मार्ग' का पाठ उस गीत से सीखा जो उरवेला की ग्रामीण स्त्रियाँ गा रही थीं, जिसका सार था—"वीणा के तार को इतना न कसो कि तार टूट जाए और न इतना ढीला कि कोई आवाज ही न निकले।" जर्जर बुद्ध ग्वाला स्त्री सुजाता द्वारा लाई खीर को खाकर जान बचाए और जब स्त्रियों को बौद्धसंघ में शामिल होने का प्रश्न उठा तो मौसी प्रजापति गौतमी ने पुरुष-वेश धारण करके वैशाली में अपने साथ अनेक शाक्य स्त्रियों को लेकर रोती हुई बुद्ध से संघ-प्रवेश की प्रार्थना की और आनन्द ने जब बुद्ध से इसके लिए सिफारिश की तब स्त्रियों को संघ-प्रवेश की अनुमति मिली किन्तु साथ ही 8 ऐसे कठोर प्रतिबन्ध भी लगा दिए जिनसे स्त्रियों का संघ जीवन बहुत कष्टदायक और उनका स्थान भी निम्नतम हो गया। बुद्ध की पत्नी मुख्यधारा से हमेशा अलग रही। वैशाली की नगरवधू अम्बपाली अत्यधिक धनी, प्रखर बुद्धिवाली और प्रतिष्ठा प्रेमी थी। उसके द्वारा दिए गए निमन्त्रण को बुद्ध ने नगर पिताओं के निमन्त्रण से अधिक रुचिकर समझा। अम्बपाली सम्भवतः बौद्धभिक्षुणी हो गई थी। पालि में उसने सुन्दरतम कविता की रचना की थी।

जैन-बौद्ध शहरी समाज में इन विशिष्ट स्त्रियों को छोड़ शेष स्त्रियों को शील, लज्जा और पुरुषों से थोड़ा आवरण रखने के बावजूद उन्हें समानता का स्तर प्राप्त नहीं था। अपवादस्वरूप श्रावस्ती की एक कुम्हार स्त्री सौ चाकों से युक्त मृदभांड निर्माणस्थल की स्वामिनी थी।

ग्रामीण महिलाएँ दूध दुहने का काम करती थीं। बहुत सी स्त्रियाँ धनाढ्यों के यहाँ दासी के रूप में काम करती थीं। बहुत सी दासियाँ विदेशों से आयात की जाती थीं। ब्राह्मण एवं क्षत्रिय तथा धनाढ्य घरों की स्त्रियों को घर से बाहर निकलने की मनाही थी। एक पुरुष कई पत्नियाँ भी रखता था।

वृहदारण्यक उपनिषद में गार्गी वाचक नामक एक विदुषी का उल्लेख है जिसने याज्ञवल्क्य के शास्त्रार्थ में जिज्ञासु प्रश्नों को पूछकर सबको चकित कर दिया था। कन्याएँ गुरुओं के भाषण को यदाकदा सुनतीं तथा वेदों के कुछ अंगों पर अधिकार प्राप्त कर लेती थीं। सिकन्दर के भारत में आगमन के समय यूनानियों ने तक्षशिला में सती प्रथा की चर्चा की है। इन्हें सती होने को बाध्य किया जाता था।

8.5 मौर्यकाल

मौर्यकाल में कुशल तीरन्दाज तथा खड्ग विद्या में प्रशिक्षित स्त्रियों को सम्राट चन्द्रगुप्त मौर्य द्वारा अंगरक्षिकाओं के रूप में नियुक्ति मौर्यकालीन स्त्री दशा का प्रतिनिधित्व करती है। सुविधा प्राप्त वर्ग की श्रेणी में निम्नवर्ग की स्त्रियों को स्थान पाने का सुअवसर दिखाई देता है। पति को कुछ विशेष स्थिति में ही एक से अधिक विवाह की अनुमति किन्तु एय्याशीमात्र के लिए एक से अधिक विवाह करता तो पहलेवाली पत्नी या पत्नियों को स्त्रीधन, भरण-पोषण के लिए धन और राजा को 24 पण का धनदंड देना पड़ता था। प्रथम बार पाते हैं कि जीवन-वृत्ति के रूप में 2 हजार पण, आभूषण, रत्न आदि स्त्रीधन था। पुत्रों की अनुपस्थिति में विधवा को उत्तराधिकार प्राप्त होता था।

अन्तःपुर की स्त्रियों को बाहर जाने की आज्ञा जल्दी नहीं मिलती थी। दुराचारिणी पत्नियों के लिए अत्यधिक कठोर दंड निर्धारित थे। बुनाई विभाग के अधीक्षक को राजकीय आदेश था कि राजकीय बुनाई विभाग में उन निर्धन स्त्रियों को नियुक्त किया जाए जिसमें विधवा, अपाहिज, अनाथ, भिखारिणी अर्थदंड देने में असमर्थ रहनेवाली स्त्रियाँ, वेश्याएँ एवं उच्च वर्णों की कोई कष्टग्रस्त स्त्री हों। उच्च श्रेणी की स्त्रियाँ पर्दा में नहीं होतीं; फिर भी वे पतियों को छोड़ अन्य के समक्ष नहीं जा पाती थीं। वेश्याएँ प्रतिमाह दो दिन की आय राज-कर के रूप में देती थीं। गुप्तचरी में वेश्याओं को भी नियुक्त किया जाता था। राजा तथा सरदारों के यहाँ वैतनिक सेविकाओं के रूप में वेश्याएँ होती थीं। कुछ वेश्याएँ पवित्र सुगन्ध का व्यवसाय करती थीं। पति द्वारा पत्नियों के साथ समान व्यवहार करने का राजकीय आदेश था। पति के लुप्त होने, मरने, संन्यास ग्रहण करने, नपुंसक तथा जाति बहिष्कृत होने पर पुनर्विवाह का प्रावधान था। अशोक की रानी तिष्यरक्षिता को चिकित्सा के क्षेत्र में काफी जानकारी थी। उसने बीमार अशोक की जान बचाई थी और पुरस्कारस्वरूप सात दिनों के लिए मौर्य साम्राज्ञी बनी थी।

8.6 शुंगकाल

शुंगकाल में गौरी की कल्पना शिव की पत्नी, लक्ष्मी को धन और भाग्य की देवी तथा अग्नि की पत्नी के रूप में आग्नेयी को मान्यता मिली। बचपन, जवानी और बुढ़ापे में स्त्रियों द्वारा अपनी इच्छा से कोई काम करने पर पाबन्दी लगाई जाती थी। घर के बर्तन शुद्ध तथा स्वच्छ रखनेवाली और कम-से-कम व्यय करनेवाली स्त्री को ठीक बताया जाने लगा। स्त्रियों पर पुरुषों

का नियन्त्रण बढ़ने लगा। सदाचार से हीन, पर-स्त्री से अनुरक्त, गुणहीन और मूर्ख पति को देवता के समान पूजनेवाली स्त्रियों को पतिव्रता और अच्छे स्वभाववाली माना जाता था। शकुन्तला और अम्बपाली नहीं बल्कि सीता और सती सावित्री तत्कालीन समाज का आदर्श थीं।

स्त्री की हत्या करनेवाले मृत्युदंड पाते थे। पिता की मृत्यु के बाद पुत्र के अभाव में पुत्री धन की स्वामिनी होती थी। कन्या के जन्म पर पिता के प्रसन्न नहीं होने का कारण था पुत्री के भविष्य के प्रति चिन्ता। स्त्रियों को वसीयत या दान में भाग नहीं मिलता था। उन्हें वैदिकमन्त्र पढ़ने का अधिकार नहीं रहा। सभी अवस्थाओं में वे पुरुषों पर पूर्णतः आश्रित थीं। उसे देवी, सेविका, एक पवित्र आत्मा, दुराचारिणी–सब कुछ एक ही समय में बताया गया। निरन्तर देखभाल के अभाव में स्त्री को कुबड़े, बौने, पंगु को भी अपना साथी बना लेनेवाली बताया गया। पवित्रता प्रमाणित करने के लिए जो स्त्रियाँ सती नहीं होतीं वे विधवा के रूप में अत्यन्त कठिन जीवन व्यतीत करतीं। नियोग प्रथा के अन्तर्गत सन्तानहीन विधवा को अपने देवर के साथ सम्बन्ध करके पुत्र के लिए गर्भाधान करने की प्रथा पर पूर्णतः रोक लगा दी गई। फलतः निःसन्तान की बुढ़ापे में कोई देखभाल करनेवाला नहीं होता था। रिश्तेदार उसकी सम्पत्ति हड़प लेते थे। उच्च वर्गों में विधवा विवाह वर्जित था। नारी के लिए शिशु, कुमारीतरा, कुमारी, किशोरी, युवती, वधूटी, जरती, वर्या, पर्तिवरा, भार्या, जाया,जनी, चिरंटी आदि का प्रयोग किया जाने लगा।

दासियाँ अपने स्वामियों द्वारा रखैल की भाँति रखी जातीं। कन्या के विवाह के लिए धन का जुगाड़ भीख माँगकर करना भी उचित माना जाने लगा। अच्छी सन्तान के लिए पिता की प्रशंसा और बुरी निकली तो माता को दोषी माना जाता था। ब्रह्मवादिनी स्त्रियों के उपनयन संस्कार होते थे किन्तु बिना मन्त्रों के। कालान्तर में स्त्रियों के उपनयन संस्कार पर पाबन्दी लग गई। माता को सर्वश्रेष्ठ गुरु बताया गया। ब्राह्मण एवं क्षत्रिय स्त्रियाँ विदुषियाँ, श्रमणा, आचार्या, उपाध्याय आदि होती थीं किन्तु धीरे-धीरे स्त्रियों में अध्ययन की ऐसी प्रवृत्ति नष्ट होने लगी। यज्ञादि सभा में उनकी उपस्थिति अच्छी नहीं मानी जाती। उच्च परिवार की स्त्रियाँ सूर्य का मुख तक नहीं देख पातीं, सदा घरों के भीतर रहती थीं। उन्हें शूद्र के समकक्ष बताया जाने लगा। अनेक स्त्रियाँ गणिकाओं और नटियों का काम करके जीवनयापन करतीं।

8.7 शक्काल

शकों में स्त्रियों का स्थान काफी ऊँचा था। पति घर से बाहर के काम-काज में भी पत्नी से राय लिया करता था। सेना का संचालन भी वे करती थीं। अपने सौन्दर्य के लिए वे काफी विख्यात थीं। कुषाणकाल में स्त्रियों की दशा थोड़ी बेहतर हुई। यूची कबीले की संस्कृति से प्रभावित होने के कारण इनके बीच स्त्रियों की स्वतन्त्रता ज्यादा थी। इनके विचारों को मान्यता मिलती थी। पारदर्शी वस्त्रों एवं आभूषणों को धारण करनेवाली धनाढ्य स्त्रियाँ घरों में विलासी जीवन व्यतीत करती थीं। बौद्धमत का समर्थक होने के कारण मनुस्मृति के बन्धन में इन्हें बाँधने का प्रश्न नहीं था। सामान्य स्त्रियाँ भी शुंगकाल की तुलना में बेहतर जीवन व्यतीत करती थीं। भारत-रोम व्यापार के कारण गाँवों में भी व्यापारिक वस्तुओं का निर्माण होने से ग्रामीण महिलाओं की दशा बेहतर थी। दूर-दूर तक व्यापार के लिए जानेवाले व्यापारियों के परिवार की स्त्रियाँ घर चलाती थीं और धन की सुरक्षा करती थीं। स्त्रियों के पीछे-पीछे पुरुष चलते थे। कुषाण कालीन कला में स्त्रियों को जिस रूप में प्रस्तुत किया गया

है उसे भी देख इन तथ्यों को समझा जा सकता है। स्त्रियों द्वारा धारण किए गए स्वर्णाभूषणों के प्रकार और संख्या में वृद्धि हो चुकी थी। गैर ब्राह्मण, गैर क्षत्रिय वर्ग की स्त्रियाँ नवीन परम्परा में अतिविशिष्ट थीं। सामान्य स्त्रियों के घर से बाहर निकलने और बाहरी गतिविधियों पर धार्मिक पाबन्दी नहीं पाते हैं।

8.8 सातवाहन काल

सातवाहन काल में स्त्रियों को सम्पत्ति का अधिकार नहीं था। समाज ब्राह्मण धर्म से प्रभावित था। कुछ धनाढ्य स्त्रियों द्वारा भिक्षुणियों को अपार सम्पत्ति दान में दिए जाने का तत्कालीन स्रोतों में उल्लेख है। ऐसी स्त्रियों को पति या पति से धन मिलता था। अमरावती के कुछ शिल्प पट्टों में स्त्रियों को सर्वजनीन चैत्यगृह में पूजा करते हुए, सभागृह में वाद-विवाद में भाग लेते हुए, गीत, वाद्य आदि के सहारे पति एवं अभ्यागतों का मनोरंजन करते हुए दिखाया गया है। यहाँ कहीं भी पर्दे का प्रयोग नहीं दिखाई देता। ग्रामीण स्त्रियाँ उत्पादन कार्य में पुरुषों का साथ देतीं। सातवाहन कालीन ग्रामीण समाज सम्भवतः ब्राह्मण धर्म से उतना प्रभावित नहीं था क्योंकि गाँवों में स्त्रियाँ पुरुषों के कठोर नियन्त्रण में नहीं थीं। पत्नी के क्रोधित होने पर पति क्षमा माँगता था। देवर और ससुर का उन पर दबाव नहीं था। कुछ सातवाहन नरेशों की रानियाँ अपने पतियों से ज्यादा शिक्षित थीं।

8.9 संगमकाल

संगमकाल में स्त्रियों को पति के अनुचित कार्यों को सहन करना पड़ता था। कभी-कभी स्त्रियाँ पति की मृत्यु पर सती हो जाती थीं। भौतिक सामर्थ्य का अभाव और शारीरिक रूप से दुर्बल होने के कारण उनमें सहने की क्षमता अपार किन्तु संघर्ष में नहीं थी। समाज समतावादी नहीं था। परिवार की मर्यादा बनाए रखने तथा अच्छी और शुद्ध रक्त की सन्तान जनन के लिए उन्हें एक पतित्व तथा सतीत्व का कठोरता से निर्वाह करना पड़ता था। विवाह में वधू का हाथ लेने के लिए वर की ओर से रकम देने की प्रथा थी। कलंकित और कठोर नारी दंडित की जाती थी।

शिल्पदिकारम् में कन्नकी का विवाह 12 वर्ष की अवस्था में 16 वर्षीय कोवलन से होने का वर्णन है। ग्रामीण स्त्रियाँ सूत कातने में निपुण थीं। ग्वालिनें दही बेचतीं धनाढ्य किसान की स्त्रियाँ कृषि कार्य नहीं करती थीं। माधवी जैसी कुछ वेश्याएँ अति धनाढ्य थीं किन्तु इन्हें नियम के भीतर रहना पड़ता था। अधिकांश स्त्रियाँ अन्धविश्वासी होतीं। विधवा को धर्मपरायण जीवन व्यतीत करना पड़ता था।

अपने व्याकरण ग्रन्थ *Tolkappiyam* में तोलकाप्पियर ने लिखा है कि नारी *अच्चम, नाणम* और *मड़म* नामक तीन सद्‌गुणों से नियन्त्रित होती है। शील की हानि की स्वाभाविक आशंका को *अच्चम,* नारीत्व के विरोधी तत्त्वों से परहेज *नाणम* और ज्ञान का भंडार होते हुए भी नारी द्वारा अज्ञान का बहाना *मड़म* कहा जाता था।

कन्या का जन्म बुरा नहीं माना जाता था। युवतियाँ फूल बीनतीं, नदियों तथा तालाबों में गोता लगातीं, झूले में झूलती, बालू का घर बनातीं और फूलमाला भी बनाती थीं। समुद्र तट पर वे केकड़ों के साथ आमोद-प्रमोद करती थीं। लकड़ी के हावन-दस्ते से वे चावल कूटती थीं। संगीत-कला को वे अपन शिशुओं-जैसा स्नेह देती थीं।

अंजिअत्तैमकल नागैयार, अल्लर नन्मुल्लैयार, आदिमन्दियार, उत्तियार, ऊणपित्तैयार, ओक्कूरमासात्तियार, अव्वैयार, कच्चिप्पेट्टु नन्नाकैयार, काक्कैपाड़िनियार, नच्चेल्लैयार, कावर्पेण्डु, कुरमगलइलवेयिनियार, नक्कण्णैयार, नेट्टिमैयार, नेडुंपल्लियत्तै, पारिमगलिर, पूंगण उत्तिरैयार, भूदप्पाण्डियन देवी, पेरूङ्कोप्पेण्डु, पेयमगल इलवेयिनि, पोत्तियार, पोंडैप्पसलैयार, मरोक्कात्तु नण्पसलैयार, वरूमुदलैयारित्ति, वेण्णिक्कुयत्तियार, वेल्लिवीदियार और वेणिपाडिय कामक्कण्णियार इस काल की प्रसिद्ध कवयित्रियाँ थीं।

मनोभावों को शारीरिक संकेतों द्वारा अभिव्यक्त करने में नारियाँ कुशल थीं। अनेक परिवारों में विवाह के पहले थोड़े समय तक प्रेम-व्यापार का प्रचलन था। मुल्लै प्रदेश की युवतियाँ वैसे लड़कों से विवाह करना पसन्द करतीं जो साँडों की लड़ाई में विजयी होते थे। विवाह से पूर्व वधू की साज-सज्जा के लिए वर की टोली से बहुत बड़ी रकम मिलती थी। प्रेमी से विवाह करने पर यह आशा की जाती थी कि वह ससुराल में पूर्ण सहयोग की भूमिका निभाए।

सामाजिक या धार्मिक अवसरों पर आयोजित उत्सवों में स्त्रियाँ खुलकर भाग लेती थीं। सार्वजनिक नृत्यों में वे भाग लेती थीं। उनका वस्त्र एवं अन्य साज-सज्जा उनकी आर्थिक स्थिति पर निर्भर करता था। धनी स्त्रियाँ अनेकों प्रकार के वस्त्र एवं आभूषण धारण करती थीं। अच्छे धागे से कोरवाली साड़ी बनती थी। ऊनी एवं रेश्मी वस्त्र कम स्त्रियाँ पहनती थीं। चूहे के बाल से वस्त्र निर्माण का वर्णन *शिलपदिकरम* में है। बुनाई का काम अधिकतर स्त्रियाँ करती थीं। मोतियों से जड़ित टोपियाँ धनाढ्य घर की स्त्रियाँ पहनती थीं जो पीछे की ओर फीता या बेल्ट से बँधी होती थीं। पत्नी को परिवार की रोशनी समझा जाता था। निर्धन परिवार की स्त्रियाँ जीविका चलाने के लिए काम करती थीं। बाँसों की कड़ियों पर निर्मित घास-फूस के जर्जर छत के नीचे वे रहती थीं। कई-कई दिनों तक घर की अँगीठी जलती नहीं थी। ग्रामीण स्त्रियाँ दही मथती थीं एवं खेतों में काम करती थीं। चावल का मांड पीकर पेट भरना पड़ता था। ग्रामीण स्त्रियाँ फूलों से बालों को सजाती थीं। वे पत्तों को भी आभूषण के रूप में और कभी-कभी वस्त्रों के रूप में इस्तेमाल करती थीं।

शहरों एवं गाँवों में वेश्याएँ होतीं जिनकी अपनी गलियाँ होती थीं। बहुत से नौजवान अपनी पत्नियों पर कम ध्यान देकर अधिक समय तक वेश्याओं के कोठे पर बिताते थे। वेश्याओं के जाल में फँसकर धनाढ्य को निर्धन बन जाने की काफी चर्चा संगम साहित्यों में है। अपनी गलियों में वेश्याएँ स्वतन्त्र रूप से ग्राहक फँसाने के लिए सज-धजकर घूमती थीं जो घरेलू पत्नियों के लिए समस्या थीं। वेश्या के कोठे पर से लौटकर आनेवाले पतियों से उनकी स्त्रियाँ घृणा करती थीं किन्तु प्रतिष्ठित परिवार की स्त्रियाँ इसे चुपचाप सह लेती थीं। वेश्या अगर अपना पेशा त्यागने का प्रयास करती तो *मणिमेखला* (अनु. एस.एन. गणेशन, मद्रास, 1990, पृ. 134) के अनुसार, उसके सिर पर सात ईंटें रखकर रंगशाला के चारों ओर भ्रमण कर अपना अपराध स्वीकारना पड़ता था और तब वेश्या के समाज में उसका कोई स्थान नहीं होता था।

स्त्रियों को सलाह दी जाती थी कि वे अपने पति को माँ का संरक्षण, दासी की सेवा, देवी लक्ष्मी का आकर्षण, वेश्या का आलिंगन, मन्त्री की सलाह तथा धरती की सहिष्णुता प्रदान करें। नारी को अपने पति के लिए मोहक होना आवश्यक माना जाता था। उसे यह सोचना-समझना पड़ता था कि अपने पति से कब छोटा-मोटा करना था और कब समझौता।

अतिथि-सत्कार करना स्त्रियों का सबसे बड़ा पारिवारिक कर्तव्य माना जाता था।

अविवाहित कन्याएँ मुरुगन देवता के पास जाकर अपने प्रेमी से विवाह के लिए विनती करती थीं। विवाहित स्त्रियाँ अच्छे सन्तान के लिए भगवान से प्रार्थना करती थीं। व्यवसाय में उन्नति और युद्ध में अपने पतियों की विजय के लिए स्त्रियाँ मुरुगन देवता से प्रार्थना करती थीं।

संगमकाल में सती प्रथा लोकप्रिय नहीं थी। कभी-कभी स्त्रियाँ पति की मृत्यु पर सती हो जाती थीं। विधवा का जीवन बड़ा ही कष्टमय होता था। उन्हें तिल मिश्रित अन्न तथा इमली में पका वेलै साग खाने को मिलता और कंकरीले फर्श पर सोना पड़ता था। जो स्त्री पति की मृत्यु का समाचार सुनते ही मर जाती उसे सतीत्व की उच्चतम श्रेणी माना जाता था। जो पत्नी अपने पति की चिता पर अपने को जला देती थी उसे पति को प्रेम करने के मामले में द्वितीय श्रेणी का माना जाता था। विधवा जीवन बितानेवाली स्त्री को निम्नतम माना जाता था *(मणिमेखलै)*। जिस विधवा की रक्षा करनेवाला कोई नहीं होता उसे *आलिल पेंडिर* कहा जाता था। जो विधवा बुनाई-कताई कर आजीविका कमाती थी उसे *परूत्तिप्पेंडिर* अर्थात् कपास-नारियाँ कहा जाता था। अपने आभूषणों को त्यागनेवाली विधवा को *कलिकल मगलिर* कहा जाता था। वे अपने सिर मुंडा लेती थीं। जिस औरत का पति मर जाता था वह न हरी चीजें खाती थी और न ही स्नान ही करती थी। वे गहना नहीं पहन सकती थीं, बाल कटवा लेने पड़ते थे, सूखी रोटी खाने को मिलती थी तथा विछावन के नाम पर एक चटाई। घर के बाहर कोई कोना उसे अपवित्र समझकर रहने के लिए दे दिया जाता था। इस स्थिति में यह आश्चर्यजनक नहीं लगता जब कोई विधवा अपने पति की चिता में जलकर मर जाना बेहतर समझे। संगम साहित्यों में सम्पूर्ण पत्नी उसे कहा गया जो अपन मृतपति के साथ सती हो जाए। यौन दृष्टि से संगमकालीन समाज समतावादी नहीं था। स्त्रियों को पुरुषों की तुलना में निम्न स्थान प्राप्त था। सतीत्व के उच्च गुणोंवाली स्त्रियों की दशा बेहतर थी। विवाह के समय वर की ओर से कन्या पक्ष को रकम देने की परम्परा थी। अपनी पत्नी की ईमानदारी पर सन्देह करना पति की मूर्खता की चरमसीमा समझा जाता था। कलंकित और कठोर नारियों को डंडों से पीटा जाता था। झगड़ालू पत्नी, कानूनी लड़ाइयों में लिप्त नारी और पत्नी से सदा भयभीत रहनेवाले पुरुष की चर्चा संगम साहित्यों में है। बहुत-सी स्त्रियाँ सेना में थीं।

समाज में पत्नी का धार्मिक महत्त्व भी था। पत्नी की मूर्ति बनाकर उसकी पूजा की जाती थी जिसे 'पत्तिनी पूजा' कहते थे। एक पत्थर को माध्यम बनाकर पूजा होती थीं। यह पतरि किसी आर्य राजा (उत्तर भारतीय राजा) से लड़ाई के पश्चात् प्राप्त किया गया था। गंगानदी में नहलाकर उसे चेर देश में लाया गया और यही पत्थर आदर्श और पवित्र पत्नी के रूप में पूजा जाता था। उत्तर भारत में भी कहीं-कहीं पत्नी पूजा प्रचलित थी और सम्भव है यह प्रजनन क्रिया या शक्ति देवी से सम्बद्ध थी। यह नारी पर पुरुष के सर्वाधिकार को बताता है। मेगास्थनीज बताता है कि पाण्ड्य देश में नारी शासन करती थी। भौगोलिक प्रभाव के कारण कम उम्र में ही वहाँ की नारी माँ बनने की क्षमता रखती थी जिससे समाज मातृसत्तात्मक था। *शिलपदिकरम्* में भी इस तथ्य की चर्चा है। पत्नी पूजा लंका में भी प्रचलित थी।

पोरूनरारूप्पडै (Porunararruppadai) में नारी की सुन्दरता का वर्णन है। उसकी बालों की तुलना समुद्र किनारे के काले बालू से, ललाट की तुलना चन्द्रमा से भौंहों की तुलना धनुष के उस झुकाव से जिससे छोड़ा हुआ तीर अपने शिकार का बिना जान से मारे नहीं छोड़ता, आँखों की तुलना शीतलता से, मुँह की तुलना रेशम के पेड़ के फल से, दाँतों की तुलना मोतियों की कतार से, कानों की तुलना कैंची की नोंक और कान की बाली से, कन्धों की

तुलना झुके हुए बाँस के पेड़ से और वैसे बाँह को काफी सुन्दर माना गया है जो रोएँ से भरे हों। नवम्बर माह में ऊँची पहाड़ियों पर खिलनेवाले फूलों से नारी के अँगुलियों की तुलना की गई है।

प्रसव के बाद दसवें दिन रात में नारियाँ शुद्ध होने के लिए सरोवर में जाकर स्नान करती थीं। उस समय प्रेत-पिशाच आदि के उपद्रव से मुक्त रखने के लिए दासियाँ नीम के पत्ते और श्वेत सरसों डालतीं और धूप लगाती थीं (*मणिमेखला,* अनु. एस.एन. गणेशन, मद्रास, 1990, पृ. 59)।

8.10 चोलकाल

चोल कालीन स्त्रियों पर उतना प्रतिबन्ध नहीं था। उनसे सच्चरित्रता की आशा की जाती थी। उच्चवर्गीय स्त्रियों को सम्पत्ति का अधिकार था। अपनी इच्छानुसार वे उसका हस्तान्तरण कर सकती थीं। धनाढ्य पुरुषों की कई पत्नियाँ किन्तु आमतौर पर लोगों की एक पत्नी होती थी। मजदूरनियों को अल्प कुशलता के कार्यों में रोजगार दिया जाता था। सौतों का दासी बनकर रहने से सती होना विधवाएँ बेहतर मानती थीं; फिर भी सती के उदाहरण कम मिलते हैं। नृत्य-संगीत में कुशल गणिकाओं का जीवन विलासमय होता था। देवदासी के रूप में ये प्रायः मन्दिरों से सम्बद्ध थीं। अपनी दुरावस्था में वे किसी मन्दिर में चाकरी करतीं। मन्दिरों से सम्बद्ध गणिकाएँ अपनी सारी कमाई पुजारियों को सौंप देती थीं। गणिकाओं को प्रायः अविवाहित जीवन व्यतीत करना पड़ता था। निर्धन महिलाएँ दासी के रूप में स्वयं को बेच डालती थीं। ऐसी दासियों की खरीद मन्दिर भी करते थे। मजदूरों की तुलना में मजदूरनियों को आधी मजदूरी मिलती थी। ग्रामीण स्त्रियाँ शहरी वातावरण से प्रभावित नहीं थीं। ग्रामीण स्त्रियों का जीवन-स्तर भिन्न होता था। कुछ स्त्रियाँ पुरुषों के साथ नृत्य एवं मदिरापान करती थीं। आभूषणों के रूप में ये फूलों का प्रयोग करती थीं।

8.11 गुप्तकाल

याज्ञवल्क्य द्वारा यह बताने के बावजूद कि माता आचार्य से श्रेष्ठ थीं, गुप्तकाल में स्त्रियों की दशा निम्नतर होती गई। गुप्त शासक दुश्मनों के आक्रमण का मुकाबला अपनी पत्नी को दुश्मन शासक के हरम में भेजकर करने लगे। कालिदास की शकुन्तला पर्दे (अवगुँठन) के अन्दर और कम बोलनेवाली हो गई। *सतीप्रथा* को प्रोत्साहित करने के उद्देश्य से कृष्ण की मृत्यु पर उनकी आठ रानियों ने अग्नि में प्रवेश करने की काल्पनिक घटना को लोकप्रिय बनाया जाने लगा। अपने पति की मृत्यु पर विधवा ब्रह्मचर्य रखती थी या उसकी चिता पर जल जाती थी। पति की चिता में जलकर मरना स्त्रियाँ प्रायः नहीं चाहती थीं। इस काल के साहित्यों में बताया गया कि धृतराष्ट्र के शव के साथ गान्धारी भी भस्म हो गई। एरण (मध्यप्रदेश) से 510 ई.पू. का प्राचीनतम प्रस्तर स्तम्भ अभिलेख मिला है जिसमें भानु गुप्त के सेनापति गोपराज की पत्नी का पति के साथ सती होने की चर्चा है।

उच्च परिवारों की और आश्रमों में रहनेवाली कन्याओं में शिक्षा का प्रचलन था। पति को देवता समझनेवाली पत्नी को अच्छा माना जाता था। पति के समक्ष नाराजगी दिखाने, घर के बाहर घूमने, ज्यादा देर तक एकान्त में रहने, पति से आज्ञा प्राप्त किए बगैर दान देने, सास-ससुर से मुँह लगाने, जोर से हँसने, पति के विदेश जाने पर आभूषण पहनने एवं शृंगार

प्रसाधन प्रयोग करने और मायके के रिश्तेदारों से मिलने की उन्हें मनाही थी। पतियों द्वारा घृणा करनेवाली पत्नियों का जीवन अतिकष्टदायक रहता था। केवल पुत्रियाँ पैदा करनेवाली स्त्रियों को सौत की मुसीबत झेलनी पड़ती थी। मन्दिरों में उनका शोषण देवदासियों के रूप में किया जाता था। निर्धन एवं ग्रामीण महिलाएँ दिन-भर काम करके परिवार का भरण-पोषण करती थीं। अतः इन पर पुरुषों का नियन्त्रण कम होता था। उच्चवर्गीय स्त्रियों की तुलना में ये ज्यादा स्वतन्त्र होती थीं। आठ वर्ष की आयु में कन्या का विवाह उपयुक्त माना जाने लगा। विवाह के समय ही उनका उपनयन संस्कार हो जाता था। आठ वर्ष से अधिक आयु की अविवाहित कन्या जिस ब्राह्मण के घर होती उसे निम्न श्रेणी का माना जाने लगा। अन्तर्जातीय विवाह में वृद्धि हुई। चन्द्रगुप्त द्वितीय की पुत्री प्रभावती गुप्ता के विवाह ब्राह्मण वाकाटक नरेश रुद्रसेन से हुआ। ब्राह्मण कदम्ब राजवंश की कन्याओं का विवाह गुप्त एवं अन्य शासकों से हुए। वाकाटक लोकनाथ के मातृपक्ष का पूर्वज ब्राह्मण किन्तु शूद्र पत्नी से उसका एक पुत्र पैदा हुआ था। *मृच्छकटिक* में ब्राह्मण शर्विलक का विवाह दासी मदनिका से होने का वर्णन है। *दशकुमारचरित* में चम्पा की एक गणिका की छोटी पुत्री से राजकुमार के विवाह की चर्चा है। बलात्कार एवं अपहरण की घटनाओं में वृद्धि होने से स्त्रियों की दशा और खराब हुई। वेद और शास्त्रीय ज्ञान से वंचित रहने के कारण इनकी गिरावट में वृद्धि हुई। पत्नी का कर्तव्य घर, बर्तन, कुर्सी आदि साफ रखना, हँसमुख रहना, मितव्ययी होना, पति के मन के योग्य कार्य करना, श्वसुर एवं सास के पैर दबाना, सुन्दर ढंग से चलना-फिरना, इन्द्रियों को बस में रखना और दुःख सहन करना था। बाल्यावस्था में विवाह नहीं होनेवाली कन्या को शूद्र माना जाने लगा। पुत्रहीन पुरुष की विधवा प्रथम उत्तराधिकारी मानी जाती थी।[52]

8.12 गुप्तोत्तरकाल

प्राचीन ग्रन्थों में व्यापक रूप में स्त्रियों की निन्दा ही की गई है। वराहमिरि द्वारा छठी शती में रचित *बृहत्संहिता* सम्भवतः अकेला ग्रन्थ है जिसमें स्त्रियों का रूप यथासम्भव निष्पक्ष ढंग से प्रस्तुत किया गया और बताया गया कि प्रेम करनेवाली स्त्री सबके लिए आवश्यक है। इसके बिना संसार झा-झंकारों से युक्त जंगल है। मानसिक तनाव दूर करने, व्याकुल मन को विश्राम देने के लिए, आशंकाओं से जूझने की शक्ति पाने के लिए पत्नी (स्त्री) सर्वाधिक महत्त्वपूर्ण रसायन है। इससे कीमती रत्न पृथ्वी पर नहीं है। स्त्री के ही कारण पुत्र, धन एवं सुख मिलता है।

स्त्रियों के विशिष्ट गुणों का अनादर करते हुए वैराग्यभाव से स्त्रियों की बुराई दुर्जन करते हैं; वे साफ मन से अपनी बात नहीं करते। पुरुषों के कारण स्त्रियाँ कुमार्ग पर चल पड़ती हैं। उनमें पुरुषों से अधिक गुण होते हैं। ब्राह्मण पैरों की ओर से पवित्र होते; गायें पीछे से पवित्र होती हैं; बकरी एवं घोड़े मुख की ओर से शुद्ध हैं; जबकि स्त्रियाँ सब अंगों से पवित्र होती हैं। वे कभी दूषित नहीं होतीं। वह माता रूप में हो या पत्नी रूप में दोनों ही प्रशंसनीय हैं। सन्तानवाली पत्नी तो माता और स्त्री का संयुक्त रूप होने से अधिक श्रेयोभागिनी है। पुरुष द्वारा परस्त्री का गमन हो या स्त्री द्वारा परपुरुष का गमन–दोनों में पुरुष दोषी है किन्तु स्त्री को इसके लिए एकमात्र दोषी बताकर गौरव का प्रतीक समझते हैं। धर्मशास्त्रों में कहा गया है कि अपनी स्त्री के होते हुए पराई स्त्री से सहवास (दारातिक्रम दोष) हो जाए तो पुरुष छह माह तक गधे का चमड़ा ओढ़कर, चमड़े के रोएँ बाहर की ओर रखते हुए, 'भिक्षा दो'

ऐसा कहकर भिक्षावृत्ति से जीवनयापन करे। मनुष्य की आयु सौ वर्ष होने पर भी उसकी कामेच्छा बनी रहती है; केवल असमर्थ होने के कारण ही वह निवृत्त हो जाता है। इसके विपरीत स्त्रियाँ केवल धैर्य के कारण ही कामवासना पर नियन्त्रण रख लेती हैं। असज्जन लोग, निष्पाप स्त्रियों की भी मिथ्या निन्दा करते हैं। पुरुष एकान्त में, अन्तरंग क्षणों में स्त्री की प्रशंसा में जितने मधुर वचन बोलता है, उनका थोड़ा सा अंश भी उनकी पीठ के पीछे नहीं कहता। स्त्री, अपने मृतपति के शव से संलग्न होकर जीवित ही अग्नि में प्रवेश कर जाती है। ब्रह्मलोक में तो पूज्यों की पूजा, सेव्यों की सेवा, देवमुनि सिद्धों का साथ—सिर्फ इतना ही सुख है; जबकि स्त्री के साथ से उत्पन्न सुखों में उक्त बातों के साथ-साथ और अधिक सुख होता है।

8.13 निष्कर्ष

छठी शताब्दी से स्त्रियों को अपनी ओर आकर्षित करने के लिए जादू-टोटकों की प्रसिद्धि बढ़ी। तन्त्र-मन्त्र में सिद्धि प्राप्ति के लिए सम्भोग को आवश्यक तत्त्व मानकर स्त्रियों का प्रयोग उत्तर-पूर्वी भारत में बढ़ा। दक्षिण भारत के विशाल मन्दिरों की प्रसिद्धि और आय में वृद्धि के लिए स्त्रियों का प्रयोग देवदासी के रूप में किया जाने लगा। यज्ञशुल्क के रूप में प्रथम रजस्वला, आभूषणों से अलंकृत अतिसुन्दर हजारों कन्याएँ ब्राह्मणों द्वारा प्राप्त की जाने लगीं। सामन्तवादी माहौल की विषैली हवा से स्त्रियों का प्रभावित होना स्वाभाविक था। पुत्रों की अधिक आध्यात्मिक महत्ता, बाल-विवाह, स्त्रियों को अपवित्र बताया जाना, पुरुषों पर आर्थिक रूप से निर्भर रहना, उन्हें शिक्षा से दूर रखना और इसके कारण उनके बीच अन्धविश्वास में वृद्धि—स्त्रियों की दीनदशा का मुख्य कारण माना जा सकता है।

भारतीय ग्रन्थकारों की दृष्टि भी निष्पक्ष नहीं रही; स्त्रियाँ उपेक्षित रहीं, विशिष्ट वर्ग से सम्बद्ध स्त्रियों का ग्रन्थों में स्थान देकर शेष स्त्रियों का मापदंड इन्हें ही बना दिया गया। प्राचीन ग्रन्थलेखकों की होशियारी, स्वार्थ और पक्षपातपूर्ण दृष्टि ही मानना उचित प्रतीत होता है कि उन्होंने उन्हीं वर्गों की निन्दा ज्यादा की जिनसे दंडित होने का डर उन्हें नहीं था। शूद्रों और स्त्रियों की एकसमान उन्होंने कठोर निन्दा की और निम्न दृष्टि से उन्हें देखा। धन पाने के लोभ में एवं दंड पाने के डर से सबसे कम निन्दा उन्होंने क्षत्रियों की की। निन्दित से निन्दित ब्राह्मण को अधिक-से-अधिक संरक्षण प्रदान करने के लिए *मनुस्मृति* और *याज्ञवल्क्यस्मृति* व्याकुल हैं।

जिस समय से स्त्रियों एवं शूद्रों ने अवकाशभोगियों (ब्राह्मण एवं क्षत्रिय) द्वारा निर्मित वैदिक सामाजिक व्यवस्था के विरोध में गतिशील होने का प्रयास किया उसी समय को कलियुग का प्रारम्भ माना गया। स्त्री समाज के शोषण के लिए शकुन्तला, कुन्ती, द्रौपदी और अम्बपाली को पीछे करके सीता आगे कर दी गई; उसे ही आदर्श नारी का मापदंड मान लिया गया।

ऋग्वैदिक काल में भोजन की तलाश करने से स्त्रियाँ युद्धकला और शिकार तकनीक में निपुण थीं। कृषि का आविष्कार उन्होंने ही किया। करीब नौ माह तक गर्भ ढोने और एक-दो वर्ष तक बच्चे की देखभाल करने तथा कई बच्चों को अपने रक्तमांस से पैदा करने के बावजूद स्त्रियाँ पुरुषों की आयुवाली, कम बीमार और परिश्रमी रहीं। उनमें पुरुषों से अधिक समय तक भूखे रहने की क्षमता रही। भूमि में हिस्सा माँगने, राजमुकुट पहनने, राज्य विस्तार करने, धन प्राप्त करने, सम्पत्ति बेचने या बन्धक रखने में उन्होंने कभी शायद ही रुचि ली हो। युद्ध से बचने के लिए वे सदा प्रयत्नशील रहीं।

अध्याय 9

विवाह

9.1 अर्थ

विवाह संस्कार को सर्वोत्कृष्ट महत्ता प्रदान की गई है। विवाह-सम्बन्धी बहुत से शब्द विवाह संस्कार के तत्त्वों की ओर संकेत करते हैं, यथा *उद्वाह* (कन्या को उसके पितृ-गृह से उच्चता के साथ ले जाना) विवाह (विशिष्ट ढंग से कन्या को ले जाना या अपनी स्त्री बनाने को ले जाना), परिणय या परिणयन (अग्नि की प्रदक्षिणा करना), उपयम (सन्निकट ले जाना और अपना बना लेना) एवं पाणिग्रहण (कन्या का हाथ पकड़ना)। यद्यपि ये शब्द विवाह-संस्कार का केवल एक-एक तत्त्व बताते हैं, किन्तु शास्त्रों ने इन सबका प्रयोग किया है और विवाह-संस्कार के उत्सव के कतिपय कर्मों को इनमें समेट लिया है। *तैत्तिरीय संहिता* (7.2.87) एवं ऐतरेय ब्राह्मण (27.5) में 'विवाह' शब्द उल्लिखित है। *तांड्य महाब्राह्मण* (7.10.1) में आया है–"स्वर्ग एवं पृथ्वी में पहले एकता थी, किन्तु वे पृथक्-पृथक् हो गए, तब उन्होंने कहा–आओ हम लोग विवाह कर लें, हम लोगों में सहयोग उत्पन्न हो जाए।"

9.2 विवाह का उद्देश्य

विवाह का उद्देश्य था गृहस्थ होकर देवों के लिए यज्ञ करना तथा सन्तानोत्पत्ति करना (*ऋग्वेद* 10.85.36, 5.3.2, 5.28.3, 3.53.4)। पश्चात्कालीन साहित्य में भी यही बात पाई जाती है। स्त्री को 'जाया' कहा गया है, क्योंकि पति ने पत्नी के गर्भ से पुत्र के रूप में ही जन्म लिया (*ऐतरेय ब्राह्मण* 33.1)। *शतपथब्राह्मण* (5.2.1.10) का कहना है कि पत्नी पति की आधी (अर्धांगिनी) है, अतः जब तक व्यक्ति विवाह नहीं करता, अब तक सन्तानोत्पत्ति नहीं करता, तब तक वह पूर्ण नहीं है। अब *आपस्तम्बधर्मसूत्र* (2.5.11.12) प्रथम पत्नी के गर्भवती होने के कारण दूसरी पत्नी ग्रहण करने तथा धार्मिक कृत्य करने को मना करता है, तो इसका तात्पर्य यह है कि विवाह के दो प्रमुख उद्देश्य हैं–1. पत्नी पति को धार्मिक कृत्यों के योग्य बनाती है तथा 2. वह पुत्र या पुत्रों की माता होती है और पुत्र ही नरक से रक्षा करते हैं। मनु (9.28) के अनुसार पत्नी पर पुत्रोत्पत्ति, धार्मिक कृत्य, सेवा, सर्वोत्तम आनन्द (परमानन्द), अपने तथा अपने पूर्वजों के लिए स्वर्ग की प्राप्ति पर निर्भर रहती है। अतः स्पष्ट है कि *धर्मसम्पत्ति, प्रजा* (तथा इसके फलस्वरूप नरक में गिरने से रक्षा) एवं रति (यौनिक तथा अन्य स्वाभाविक आनन्दोत्पत्ति) ये तीन विवाह-सम्बन्धी प्रमुख उद्देश्य स्मृतियों एवं निबन्धों ने माने हैं।

9.3 वर के लक्षण-कुलक्षण

आश्वलायनगृह्यसूत्र (1.5.2) का कहना है कि बुद्धिमान वर को ही कन्यादान करना चाहिए। *आपस्तम्बगृह्यसूत्र* (3.20) के अनुसार अच्छे वर के लक्षण हैं अच्छा कुल, सत् चरित्र, शुभ गुण, ज्ञान एवं सुन्दर स्वास्थ्य। *शाकुन्तल* ना. (4) में भी वर के गुणों की ओर संकेत किया गया है। यम ने वर के लिए सात गुण गिनाए हैं यथा कुल, शील, वपु (शरीर), यश, विद्या, धन एवं सनाथता (सम्बन्धी एवं मित्र लोगों का आलम्बन)। बृहत्पराशर ने आठ लक्षण कहे हैं–जाति, विद्या, युवावस्था, बल, स्वास्थ्य, अन्य लोगों का आलम्बन, अभिकांक्षा (अर्थित्व) एवं धन। *आश्वायनगृह्यसूत्र* (1.5.1) ने कुल को सर्वोपरि स्थान दिया है। ऐसा ही मनु (4.244 एवं 2.6.7) ने भी कहा है। मनु ने दस प्रकार के कुलों से सम्बन्ध जोड़ने को मना किया है, यथा जहाँ संस्कार न किए जाते हों, जहाँ पुत्रोत्पत्ति न होती हो, जहाँ वेदाध्ययन न होता हो, जिसके सदस्यों के शरीर पर केश अधिक मात्रा में हों, जिसमें लोग बवासीर या क्षयरोग या अजीर्ण या मिर्गी या गलित या शुष्क कुष्ठ से पीड़ित हों। कात्यायन ने वर के दोष इस प्रकार बताए हैं, यथा पागलपन, पाप (अपराध), कुष्ठता, नपुंसकता, स्वगोत्रता, अन्धापन, बहिरापन, अपस्मार (मिर्गी)। कात्यायन ने कन्या के लिए भी ये ही बातें कहीं हैं। कात्यायन की तालिका वर एवं कन्या दोनों पक्षों के लिए समान है। महाभारत में बराबर धन, बराबर विद्या पर विशेष बल दिया गया है (आदिपर्व 131.10)।

9.4 कन्या का चुनाव

कन्या का चुनाव करते समय धन, सौन्दर्य, बुद्धि, कुल एवं रोग आदि विषयों पर सबसे पहले ध्यान दिया जाता था। *आश्वलायनगृह्यसूत्र* (1.5.3) ने ऐसी कन्या के साथ विवाह करने को कहा है जो बुद्धिमती हो, सुन्दर हो, सच्चरित्र हो, शुभ लक्षणोंवाली हो और हो स्वस्थ। *शांखायनगृह्यसूत्र* (1.5.6), मनु (3.4) एवं *याज्ञवल्क्य* (1.52) ने कहा है कि कन्या को शुभ लक्षणोंवाली होना चाहिए और उनके अनुसार शुभ लक्षण दो प्रकार के हैं, यथा बाह्य (शारीरिक लक्षण) एवं आभ्यन्तर। मनु (3.8 एवं 10) एवं *विष्णुधर्मसूत्र* (24.12-16) के अनुसार पिंगल बालोंवाली, अतिरिक्त अंगोंवाली (यथा छह अँगुलियोंवाली), टूटे-फूटे अंगोंवाली, बातूनी, पीली आँखोंवाली कन्याओं से विवाह नहीं करना चाहिए, निर्दोष अंगोंवाली, हंस या गज की भाँति चलनेवाली से, जिसके शरीर के (सिर या अन्य अंगों पर) बाल छोटे हों, जिसके दाँत छोटे हों, जिसका शरीर कोमल हो, उससे विवाह करना चाहिए। *विष्णुपुराण* (3.10. 18-22) का कहना है कि कन्या के अधर या चिबुक पर बाल नहीं होने चाहिए, उसका स्वर कौए की भाँति कर्कश नहीं होना चाहिए, उसके घुटनों एवं पाँवों पर बाल नहीं होने चाहिए, हँसने पर उसके गालों में गड्ढे नहीं पड़ने चाहिए, उसका कद न तो बहुत छोटा हो और न बहुत लम्बा होना चाहिए...। मनु (3.9) एवं *आपस्तम्बगृह्यसूत्र* (3.13) का कहना है कि विवाहित होनेवाली कन्या का नाम चान्द्र नक्षत्रवाला, यथा–रेवती, आर्द्रा आदि, वृक्षों या नदियोंवाला नहीं होना चाहिए, उसका म्लेच्छ नाम, पर्वत, पक्षी, सर्प, दासी आदि का नाम नहीं होना चाहिए। *आपस्तम्बगृह्यसूत्र* (3.14) एवं कामसूत्र (3.1.13) के मत से उस कन्या से जिसके नाम के अन्त में र या ल हो, यथा–गौरी, कमला आदि, से विवाह नहीं करना चाहिए।

9.5 विवाह पर प्रतिबन्ध

हिरण्यकेशिगृह्यसूत्र (1.19.2), *गोभिलधर्मसूत्र* (3.4.4) एवं *आपस्तम्बधर्मसूत्र* (2.5.11.15) ने कहा है कि अपने ही गोत्र से कन्या नहीं चुनी जानी चाहिए। किन्तु समान प्रवर के विषय में वे मौन हैं। *विष्णुधर्मसूत्र* (24.9), *याज्ञवल्क्य* (1.53) तथा अन्य लोगों ने समान गोत्र एवं समान प्रवरवाले लोगों में विवाह-सम्बन्ध मना कर दिया है। *गोभिल* (3.4.5), मनु (3.5), *वैखानस* (3.2) एवं आपस्तम्बधर्मसूत्र (2.5.11.16) के मत से कन्या सपिंड नहीं होनी चाहिए, अर्थात् उसे वर की माता का सम्बन्धी नहीं होना चाहिए, किन्तु गौतम (4.2), वसिष्ठ (8.2), *विष्णुधर्मसूत्र* (24.10), वाराह गृ. (9), शंखधर्म, *याज्ञवल्क्य* (1.53) तथा अन्य लोग सात पीढ़ियों के उपरान्त पिता की ओर तथा पाँच पीढ़ियों के उपरान्त माता की ओर सपिंड में कोई प्रतिबन्ध नहीं रखते। व्यास-स्मृति ने न केवल सगोत्र विवाह मना किया है, बल्कि उस कन्या से भी, जिसकी माता तथा वर के गोत्र में समानता हो, विवाह करना मना किया है।

सगोत्र, सप्रवर या सपिंड विवाह पर जो प्रतिबन्ध लगाए गए उसके कारण थे। पूर्वमीमांसा का एक नियम है कि यदि कोई दृष्ट या जानने योग्य कारण हो और यदि उसका उल्लंघन कर दिया जाए तो प्रमुख कार्य अवैध (रद्द) नहीं हो पाता; किन्तु यदि कोई अदृष्ट कारण हो और उसका उल्लंघन हो जाए तो प्रमुख कार्य की वैधता की समाप्ति हो जा सकती है। रोगी या अधिक या कम अंगोंवाली कन्या से विवाह न करने के नियम का कारण दृष्ट है और ऐसा विवाह दुःख और आलोचना का विषय बन जाता है। यदि ऐसी कन्या से कोई विवाह करे तो वह विवाह पूर्ण रूप से वैध माना जाता है। किन्तु सगोत्र एवं सप्रवर कन्या के साथ विवाह न करने का कारण अदृष्ट है और यदि ऐसा सम्बन्ध हो जाए तो यह विवाह नहीं कहा जा सकता। अतः यदि किसी सगोत्र, सप्रवर या सपिंड कन्या से विवाह करे तो वह कन्या नियमपूर्वक उसकी पत्नी नहीं हो सकती। सगोत्र, सप्रवर एवं सपिंड पर विस्तार से आगे लिखा जाएगा।

9.6 विवाह-अवस्था

सभी कालों में, भिन्न-भिन्न प्रान्तों एवं भिन्न-भिन्न जातियों में विवाह-अवस्था पृथक्-पृथक् मानी जाती रही है। पुरुष के लिए कोई निश्चित अवधि नहीं रखी गई। पुरुष यदि चाहे तो जीवन-भर अविवाहित रह सकता था, किन्तु मध्य एवं वर्तमान काल में लड़कियों के लिए विवाह अनिवार्य रूप से मान्य रहा है। वेदाध्ययन के उपरान्त पुरुष विवाह कर सकता था, यद्यपि वेदाध्ययन की परिसमाप्ति की अवधियों में विभिन्नताएँ रही हैं; यथा–12, 24, 36, 48 या उतने वर्ष जिनमें एक वेद या उसका कोई अंश पढ़ लिया जा सके। प्राचीन काल में बहुधा 12 वर्ष तक ब्रह्मचर्य चलता था और ब्राह्मणों का उपनयन-संस्कार 8वें वर्ष में होता था, अतः ब्राह्मणों में 20 वर्ष की अवस्था विवाह के लिए एक सामान्य अवस्था मानी जानी चाहिए। मनु (9.94) के मत से 30 वर्ष का पुरुष 12 वर्ष की लड़की से या 24 वर्ष का पुरुष 8 वर्ष की लड़की से विवाह कर सकता है। इसी के आधार पर *विष्णुपुराण* ने कन्या एवं वर की विवाह-अवस्थाओं का अनुपात 1.3 रखा है। अंगिरा के मत से कन्या वर से 2, 3, 5 या अधिक वर्ष छोटी हो सकती है। *महाभारत* (आश्वमेधिकपर्व 56.22-23) में एक स्थल पर यह आया है कि वर की अवस्था 16 वर्ष की होनी चाहिए, और गौतम अपनी कन्या का विवाह उत्तंक

से करने को तैयार है यदि उत्तंक की अवस्था 16 वर्ष की हो। सभापर्व (64.14) एवं वनपर्व (5.15) में एक ऐसी लड़की की उपमा दी गई है जो 60 वर्ष के पुरुष से विवाह नहीं करना चाहती। इससे स्पष्ट है कि उन दिनों 60 वर्ष के पुरुष से भी कन्याओं का विवाह सम्भव था। *महाभारत* (अनुशासन-पर्व 44.14) में वर एवं कन्या की विवाह-अवस्थाएँ क्रम से 30 तथा 10 से 21 तथा 7 हैं, किन्तु उद्धाहतत्त्व (पृ. 123) एवं औतपदार्थनिर्वचन (पृ. 766) ने महाभारत को उद्धृत कर लिखा है कि 30 वर्ष का पुरुष 16 वर्ष की कन्या से विवाह कर सकता है।

ऋग्वेद (10.27.12) में आया है कि जब कन्या सुन्दर है और आभूषित है तो वह स्वयं पुरुषों के झुंड में से अपना मित्र ढूँढ़ लेती है। इससे स्पष्ट है कि लड़कियाँ इतनी प्रौढ़ होने पर विवाह करती थीं, जबकि वे स्वयं अपना पति चुन सकें। विवाह-मन्त्रों (*ऋग्वेद* 10.85. 26-27, 46) से पता चलता है कि विवाहित लड़कियाँ बच्ची-पत्नियाँ नहीं, प्रत्युत प्रौढ़ होती थीं। एक ओर यह भी पता चलता है कि नासत्यों (आश्विनौ) ने उस विमद को एक स्त्री दी जो अभी अभंग (कम अवस्था का) था। किन्तु यहाँ पर विमद को अन्य राजाओं की अपेक्षा कम अवस्था का कहा गया है। *ऋग्वेद* की दो ऋचाओं (1.126.6-7) से पता चलता है कि लड़कियाँ युवा होने के पूर्व विवाहित होती थीं।

ई.पू. 600 से ईसा की आरम्भिक शताब्दी तक युवती होने के कुछ मास इधर या उधर विवाह कर देना किसी गड़बड़ी का सूचक नहीं था। किन्तु 200 ई. के लगभग (यह वही काल है जब कि याज्ञवल्क्यस्मृति का प्रणयन हुआ था) युवती होने के पूर्व विवाह कर देना आवश्यक-सा हो गया था। कन्याओं के लिए विवाह ही उपनयन-संस्कार माना जाने लगा था, क्योंकि उपनयन के लिए आठ वर्ष की अवस्था निर्धारित थी, अतः वही अवस्था कन्या के विवाह के लिए उपयुक्त मानी जाने लगी। यह भी एक विश्वास सा हो गया कि अविवाहित रूप से मर जाने पर स्त्री को स्वर्ग की प्राप्ति नहीं हो सकती थी। *महाभारत* के शल्यपर्व (52.12) में एक कन्या के विषय में एक दारुण कथा यों है—कुणि गर्ग की कन्या ने कठिन तपस्याएँ कीं और इस प्रकार बुढ़ापे को प्राप्त हो गई, तथापि नारद ने यह कहा कि वह अविवाहित रूप से स्वर्ग नहीं प्राप्त कर सकती। उस नारी ने गालव कुल के शृंगवान् ऋषि से मृत्यु के एक दिन पूर्व विवाह कर लेने की प्रार्थना इस शर्त पर की कि वह उसे अपनी तपश्चर्या से अर्जित पुण्यों का आधा भाग दे देगी। *रामायण* (अरण्यकांड 47.10-11) के अनुसार विवाह के समय राम की आयु 13 वर्ष और सीता की 6 वर्ष थी। इस विषय में कि ब्राह्मण कन्याओं का विवाह 8 और 10 वर्ष के बीच हो जाना चाहिए, जो नियम बने वे छठी एवं सातवीं शताब्दियों से लेकर आधुनिक काल तक विद्यमान रहे हैं। किन्तु आज बहुत से कारणों से, जिनमें सामाजिक, आर्थिक आदि कारण मुख्य हैं, विवाह योग्य अवस्था बहुत बढ़ गई है, यहाँ तक कि आजकल दहेज आदि कुप्रथाओं के कारण ब्राह्मणों की कन्याएँ 16 या कभी-कभी 20 वर्ष के उपरान्त विवाहित हो पाती हैं। अब कुछ कन्याएँ तो अध्ययनाध्यापन में लीन रहने के कारण देर से विवाह करने लगी हैं। अब तो कानून भी बन गए हैं, जिससे बचपन के विवाह अवैधानिक मान लिए गए हैं। 1938 ई. के अधिनियम के अनुसार 14 वर्ष के पहले कन्या-विवाह अपराध माना जाने लगा है।

9.7 विवाह के प्रकार

मनुस्मृति (3.21) एवं *याज्ञवल्क्यस्मृति* (1.58) में विवाह आठ प्रकार के बताए गए हैं–ब्राह्म, प्राजापत्य, आर्ष, दैव, गान्धर्व, आसुर, राक्षस एवं पैशाच। जिस विवाह में बहुमूल्य अलंकारों एवं परिधानों से सुसज्जित, रत्नों से मंडित कन्या वेद-पंडित एवं सुचरित्र व्यक्ति को निमन्त्रित कर (पिता द्वारा) दी जाती है, उसे ब्राह्म कहते हैं। जब पिता अलंकृत एवं सुसज्जित कन्या किसी पुरोहित को (जो यज्ञ करता-कराता है) यज्ञ करते समय दे, तो उस विवाह को दैव कहा जाता है। यदि एक जोड़ा पशु (एक गाय, एक बैल) या दो जोड़ा पशु लेकर (केवल नियम के पालन हेतु न कि कन्या के विक्रय के रूप में) कन्या दी जाए तो इसे आर्ष विवाह कहते हैं। जब पिता वर और कन्या को "तुम दोनों साथ-ही-साथ धार्मिक कृत्य करना" यह कहकर तथा वर को मधुपर्क आदि से सम्मानित कर कन्यादान करता है तो उसे प्राजापत्य कहा जाता है। याज्ञवल्क्य इसे 'काय' की संज्ञा देते हैं, क्योंकि ब्राह्मण-ग्रन्थों में 'क' का तात्पर्य है 'प्रजापति'। जब वर अपनी शक्ति के अनुरूप कन्यापक्षवालों तथा कन्या को धन दे देता है, तब इस प्रकार अपनी इच्छा के अनुकूल पिता द्वारा दत्त कन्या के विवाह को आसुर विवाह कहते हैं। वर एवं कन्या की परस्पर सम्मति से जो प्रेम की भावना के उद्रेक का प्रतिफल हो तथा सम्भोग जिसका उद्‌देश्य हो, उस विवाह को गान्धर्व विवाह कहा जाता है। सम्बन्धियों को मारकर, घायल कर, घर-द्वार तोड़-फोड़कर जब रोती बिलखती हुई कन्या को बलवश छीन लिया जाता है तो इस प्रकार से प्राप्त कन्या के सम्बन्ध में राक्षस विवाह कहा जाता है। जब कोई व्यक्ति चुपके से किसी सोई हुई, उन्मत्त या अचेत कन्या से सम्भोग करता है तो इसे निकृष्ट एवं महापातकी कार्य कहा जाता है और इसे पैशाच विवाह कहते हैं।

9.8 विवाह के धार्मिक कृत्य

ऋग्वेद (10.85) में सविता की पुत्री सूर्या तथा सोम के विवाह की चर्चा है। दोनों आश्विनौ सोम के लिए सूर्या माँगने गए थे, सविता लड़की देने को तैयार हो गए (9), वर का सम्मान किया गया, उसे भेंटें दी गईं, गायें संहत की गईं (या दी गईं), सोम ने सूर्या का पाणिग्रहण किया और यह मन्त्र कहा–"मैं तुम्हारा हाथ प्रेम (सम्मत्ति) के लिए ग्रहण करता हूँ जिससे कि तुम मेरे साथ वृद्धावस्था को प्राप्त होओ; भग, अर्यमा, सविता तथा विज्ञ पूषा देवों ने तुम्हें मुझे दिया कि तुम गृहिणी बनो (गृहिणी का कार्य करने के लिए)।" कन्या अपने पिता, देवों एवं अग्नि के समक्ष दान है (40-41); कन्या अपने पिता के अधिकार एवं नियन्त्रण से हटकर अपने पति से मिल जाती है (24); कन्या (वधू) को इस प्रकार आशीर्वचन दिए जाते हैं–"तुम यहाँ साथ रहो, तुम पृथक् न होने पाओ, तुम दीर्घ जीवनवाली हो, अपने घर में पुत्रों एवं पौत्रों के साथ खेलती प्रसन्न रहो; हे इन्द्र, इसे योग्य पुत्र एवं सम्पत्ति दो, इसे दस पुत्र दो और इसके पति को ग्यारहवाँ पुरुष (घर का सदस्य) बनाओ; तुम अपने श्वसुर, सास, देवर एवं ननद पर रानी बनो (42, 45-46)।" यह बात विचारणीय है कि सूर्या के साथ रैभ्या भी उसकी अनुदेयी होकर गई, जिससे पति के घर प्रथम बार जाने पर सूर्या को बहुत भार न पड़े। आधुनिक काल में वधू के साथ कोई-न-कोई नारी 'पाथराखिन्' के रूप में जाती है।

विवाह-सम्बन्धी कृत्यों के विषय में बहुत प्राचीन काल से ही अत्यधिक मत-मतान्तर रहे हैं। स्वयं *आश्वलायन गृह्यसूत्र* (1.7.1-2) का कहना है–"विभिन्न देशों एवं ग्रामों में विचित्र आचार हैं, उन्हीं का अनुसरण करना चाहिए; उनमें जो सब स्थानों में पाए जाते हैं, हम उन्हीं का वर्णन करेंगे।" *आपस्तम्बगृह्यसूत्र* (2-15) के मत से लोगों को स्त्रियों एवं अन्य लोगों से

विवाह-विधि जाननी चाहिए (अर्थात परम्परा से जो विधि चली आई है)। टीकाकार सुदर्शनाचार्य का कहना है कि कुछ कृत्य, यथा गृह-पूजन, अंकुरारोपण, प्रतिसर (कंगन) का बाँधना सब स्थानों में पाया जाता है, क्योंकि उनके साथ वैदिक मन्त्र कहे जाते हैं, किन्तु नागबलि, यक्षबलि एवं इन्द्राणी की पूजा बिना वेद-मन्त्र के होती है।

आश्वलायनगृह्यसूत्र (1.7.3-1.8) में कहा गया है–"अग्नि के पश्चिम चक्की (आटा पीसनेवाली) तथा उत्तर-पूर्व पानी का घड़ा रखकर वर को होम करना चाहिए (स्रुव से), तब तक कन्या उसे (वर के दाहिने हाथ को) पकड़े रहती है। अपना मुख पश्चिम करके खड़े होकर, जबकि कन्या पूर्व मुख किए बैठी रहती है, उसे कन्या के अँगूठे को पकड़कर यह मन्त्र पढ़ना चाहिए–"मैं तुम्हारा हाथ सुख के लिए पकड़ रहा हूँ" (*ऋग्वेद* 10.85.36), ऐसा वह केवल पुत्रों की उत्पत्ति के लिए कहेगा; यदि वह पुत्रियाँ चाहे तो अन्य अँगुलियाँ भी पकड़ेगा। यदि वह पुत्र-पुत्रियाँ (दोनों प्रकार की सन्तान) चाहे तो वह हाथ के बालवाले भाग की ओर से अँगूठा पकड़ेगा। कन्या के साथ वर अग्नि एवं कलश की दाहिनी ओर से तीन बार प्रदक्षिणा करेगा और कहेगा–"मैं अम (यह) हूँ, तुम सा (स्त्री); तुम सा हो और मैं अम हूँ; मैं स्वर्ग हूँ, तुम पृथ्वी हो; मैं साम हूँ, तुम ऋक् हो। हम दोनों विवाह कर लें। हम सन्तान उत्पन्न करें। एक-दूसरे को प्यारे, चमकीले, एक-दूसरे की ओर झुके हुए हम लोग सौ वर्ष तक जीएँ।" जब वह उसे अग्नि की प्रदक्षिणा कराता है तब प्रस्तर पर पैर रखवाता है और कहता है–"इस पर चढ़ो, इसी के समान अचल होओ, शत्रुओं पर विजय करो, उन्हें कुचल दो।" पहले कन्या की अंजलि में घृत छोड़कर उसका भाई या जो कोई भाई के स्थान पर हो, दो बार भुना हुआ अन्न (लाजा या धान का लावा) छोड़ता है, जिसका गोत्र जमदग्नि हो (अर्थात् यदि वर का यह गोत्र हो) उसके लिए तीन बार यह किया जाता है। तब वह हवि के शेषांश पर या जो छूट गया है उस पर घृत छोड़ता है। तब वर निम्न मन्त्रोच्चारण करता है–"अर्यमा देवता के लिए लड़कियों ने यज्ञ किया, वह देवता (अर्यमा) इस कन्या को (पिता से) मुक्त करें, किन्तु इस स्थान से (पति से) नहीं, स्वाहा। वरुण देवता के लिए लड़कियों ने यज्ञ किया, वह देवता भी...पूषा देवता के लिए लड़कियों ने यज्ञ किया, अग्नि के लिए भी, वह पूषा...।" इनके साथ कन्या अपने हाथों को फैलाकर लावा की हवि दे (मानो दोनों हाथ स्रुची हैं)। बिना अग्नि की प्रदक्षिणा किए कन्या लावा की हवि चौथी बार मौन रूप से देती है। यह कार्य वह सूप को अपनी ओर करके करती है। कुछ लोग सूप में से लावा को गिराते समय अग्नि की प्रदक्षिणा भी कराते हैं, जिससे कि अन्तिम दो हवि लगातार न पड़ जाएँ। तब वर कन्या के सिर के दो बाल-गुच्छ ढीले करता है और दाहिने को ढीला करते समय कहता है–"मैं तुम्हें वरुण के बन्धन से छुटकारा देता हूँ" (*ऋग्वेद* 10.85.24)। तब वह उसे उत्तर-पूर्व दिशा में सात पग इन शब्दों के साथ ले जाता है– "तुम एक पग द्रव (रस) के लिए, दूसरा पग शक्ति के लिए, तीसरा धन के लिए, चौथा आराम के लिए, पाँचवाँ सन्तान के लिए, छठा ऋतुओं के लिए रखो और मेरी मित्र बनो अतः सातवाँ पग रखो; तुम मेरी प्रिय बनो, हम बहुत से पुत्र पाएँ और वे दीर्घायु हों।" वर और कन्या के सिर को साथ मिलाकर आचार्य कलश से उन पर जल छिड़कता है। उस रात्रि में कन्या ऐसी बूढ़ी ब्राह्मणी के घर में निवास करती है, जिसके पति एवं पुत्र जीवित रहते हैं। जब वह ध्रुव तारा देख ले और अरुन्धती तारा एवं सप्तर्षिमंडल देख ले तो उसे अपना मौन तोड़ना चाहिए और कहना चाहिए–"मेरा पति जीए और मैं सन्तान प्राप्त करूँ।" यदि विवाहित दम्पती को सुदूर ग्राम में जाना हो तो पत्नी को रथ में इस मन्त्र के साथ बैठाए–"पूषा तुम्हें यहाँ से हाथ

पकड़कर ले चले'' (*ऋग्वेद* 10.85.26); वह उसे नाव में बैठाए तब श्लोकार्ध पढ़े ''प्रस्तरों को ढोती (नदी अश्वमनूवती) बहती है; तैयार हो जाओ।'' (*ऋग्वेद* 10.53.8)। यदि वह रोती है, तो उसे यह कहना चाहिए कि वे जीनेवाले के लिए रोते हैं (*ऋग्वेद* 10.40.10)। साथ में विवाह की अग्नि आगे-आगे ले जाई जाती है। रमणीक स्थानों, पेड़ों, चौराहों पर पति यह कहता है– ''रास्ते में डाकू न मिलें'' (*ऋग्वेद* 10.85.32)। मार्ग में बस्तियाँ पड़ने पर देखनेवाले को देखकर मन्त्रोच्चारण करे–''यह नवविवाहित वधू भाग्य ला रही है'' (*ऋग्वेद* 10.8.33)। वह उसे गृह में प्रवेश कराते समय यह कहे–''यहाँ सन्तानों के साथ तुम्हारा सुख बढ़े'' (*ऋग्वेद* 19.85.37)। विवाह की अग्नि में लकड़ियाँ छोड़कर और उसके पश्चिम बेल की खाल बिछाकर उसे आहुतियाँ देनी चाहिए, तब तक उसकी वधू पार्श्व में बैठकर पति को पकड़े रहती है और प्रत्येक आहुति के साथ एक मन्त्र कहा जाता है और इस प्रकार चार मन्त्रों का उच्चारण होता है–''प्रजापति हमें सन्तान दे'' (*ऋग्वेद* 10.85.43-46)। तब वह दही खाता है और कहता है–''समस्त देवता हमारे हृदयों को जोड़ दें'' (*ऋग्वेद* 10.85.47)। शेष दही वह पत्नी को दे देता है। उसके उपरान्त वे दोनों क्षार, लवण नहीं खाएँगे, ब्रह्मचर्य से रहेंगे, गहने नहीं धारण करेंगे, पृथ्वी पर सोएँगे (चटाई पर नहीं)। यह क्रिया 3 रातों, 12 रातों या कुछ लोगों के मत से साल-भर तक चलेगी, तब उनका एक ऋषि (गोत्र) हो जाएगा। जब ये सब कृत्य समाप्त हो जाएँ तो वर को चाहिए कि वह वधू के वस्त्र किसी ऐसे ब्राह्मण को दे दे, जो सूर्या-सूक्त जानता है (*ऋग्वेद* 10.85), तब वह ब्राह्मणों को भोजन कराए, इसके उपरान्त वह ब्राह्मणों से शुभ स्वस्तिवाचन का उच्चारण सुने।

9.9 एक से अधिक पत्नियाँ

ऋग्वेद (10.159) के अध्ययन से पता चलता है कि इन्द्र की कई रानियाँ थीं, क्योंकि उसकी रानी शची ने अपनी बहुत सी सौतों को हरा दिया था या मार डाला था तथा इन्द्र एवं अन्य पुरुषों का एकाधिपत्य स्थापित कर लिया था। इस मन्त्र को *आपस्तम्बमन्त्रपाठ* (1.16) में तथा *आपस्तम्बगृह्यसूत्र* (9.9) में उसी कार्य के लिए उद्धृत किया गया है। *ऋग्वेद* (1.105.4) में उल्लेख है कि चित्रित कुएँ में गिर जाने पर कुएँ की दीवारों को उसी प्रकार कष्टदायक पाता है, जिस प्रकार कई पत्नियाँ कष्ट देती हैं (पतियों के लिए या अपने लिए सटकर अतीव उष्णता उत्पन्न करती हैं)। इस विषय में अन्य संकेत हैं *तैत्तिरीय संहितता* (6.6.4.3), *ऐतरेय ब्राह्मण* (12.11), *तैत्तिरीय ब्राह्मण* (3.8.4), *शतपथ ब्राह्मण* (13.4.1.9), *वाजसनेयी संहिता* (23.24.26.28), *तैत्तिरीय संहिता* (1.8.9), *ऐतरेय ब्राह्मण* (33.1) में। *तैत्तिरीय संहिता* (6.6.4.3) में एक बहुत मनोरंजक उदाहरण है–''एक यज्ञयूप पर वह दो मेखलाएँ (करधनियाँ) बाँधता है, अतः एक पुरुष दो पत्नियाँ ग्रहण करता है, वह दो यूपों (खूँटों या स्तम्भों) पर एक मेखला नहीं बाँधता, अतः एक पत्नी को दो पति नहीं प्राप्त होते।'' इसी प्रकार *ऐतरेय ब्राह्मण* (12.11) में घोषित हुआ है; ''अतः एक पुरुष को कई स्त्रियाँ हैं, किन्तु एक पत्नी एक साथ कई पति नहीं प्राप्त कर सकती।'' *तैत्तिरीय ब्राह्मण* (3.8.4) में अश्वमेध की चर्चा में ऐसा आया है–''पत्नियाँ (घोड़े को) उबटन लगाती हैं; पत्नियाँ सचमुच सम्पत्ति के समान हैं।'' *शतपथ ब्राह्मण* (13.4.1.9) में आया है–''चार पत्नियाँ सेवा में लगी हैं–महिषी (अभिषिक्त रानी), वावाता (चहेती पत्नी), परित्यक्ता (त्यागी हुई) एवं पालागली (निम्न जाति की)।'' *तैत्तिरीय संहिता* ने भी परित्यक्ता एवं महिषी की चर्चा की है (1.8.9)। *वाजसनेयी संहिता* (23.

24; 26, 28) में कुछ मन्त्र ऐसे हैं जिन्हें ब्रह्मा, उद्गाता, होता ने क्रम से महिषी, वावाता एवं परित्यक्ता के सम्बोधन के लिए प्रयुक्त किया है। हरिश्चन्द्र की एक सौ पत्नियाँ थीं (*ऐतरेय ब्राह्मण* 33.1)। बहुपत्नीकता केवल राजाओं एवं तथाकथित भद्र पुरुषों तक ही सीमित नहीं थी; प्रसिद्ध दार्शनिक याज्ञवल्क्य की दो पत्नियों में कात्यायनी भौतिक सुख की इच्छा रखनेवाली तथा मैत्रेयी ब्रह्मज्ञान एवं अमरता की इच्छुक थी (*बृहदारण्यकोपनिषद्* 5.5.1-2)।

स्त्रियों के प्रति यह सामाजिक दुर्व्यवहार क्यों ? इसके कई कारण थे–1. पुत्रों की अत्यधिक आध्यात्मिक महत्ता, 2. बाल-विवाह एवं उसके फलस्वरूप 3. स्त्रियों की अशिक्षा, 4. स्त्रियों को अपवित्र मानने की प्रथा का क्रमशः विकास एवं 5. उन्हें शूद्रों के समान मानना तथा 6. स्त्रियों की पुरुषों पर पूर्ण आश्रितता।

यद्यपि बहुपत्नीकता सिद्धान्त रूप से विद्यमान थी, किन्तु व्यवहार में बहुधा लोग प्रथम पत्नी की उपस्थिति में दूसरा विवाह नहीं करते थे। 19वीं शताब्दी के प्रथम चरण में स्टील ने अपनी पुस्तक *ला एंड कस्टम आव हिन्दू कास्ट्स* में यही बात सिद्ध की है। आधुनिक काल में हिन्दू समाज में नए कानून के अनुसार एक-पत्नीकता को गौरव प्राप्त हो गया है।

9.10 एक से अधिक पति

द्रौपदी पाँच पांडवों की पत्नी थी। *महाभारत* ने स्पष्ट लिखा है कि अब अन्य लोगों को यह बात ज्ञात हुई कि युधिष्ठिर ने द्रौपदी को सभी पांडवों की पत्नी मान लिया है, तो वे सभी चकित हो उठे थे। धृष्टद्युम्न (आदिपर्व 295.27-29) ने युधिष्ठिर को बहुत समझाया, किन्तु युधिष्ठिर टस-से-मस नहीं हुए और कहा–"ऐसा कार्य पहले भी होता था और हम पांडवों में यह तय है कि हममें जो भी जो कुछ प्राप्त करेगा, वह सबको बराबर भाग में मिलेगा। इस विषय में युधिष्ठिर ने केवल दो उदाहरण दिए–1. जटिला गौतमी सप्तर्षियों की पत्नी थी तथा 2. सभी दस प्राचेतस भाई वार्क्षी के पति थे। ये गाथाएँ कोई ऐतिहासिकता नहीं रखतीं। *तन्त्रवार्तिक* में कुमारिल भट्ट ने द्रौपदी के सम्बन्ध में तीन व्याख्याएँ उपस्थित की हैं। एक व्याख्या के अनुसार कई द्रौपदियाँ थीं जो एक-दूसरे से मिलती-जुलती थीं और महाभारत ने उन्हें आलंकारिक रूप से एक ही द्रौपदी के रूप में रख दिया है। वास्तव में पाँच द्रौपदियाँ थीं, जिनमें प्रत्येक पांडव से विवाहित हुई थीं।

9.11 तलाक

वैदिक साहित्य में कुछ ऐसी उक्तियाँ हैं, जिन्हें हम विधवा-पुनर्विवाह के अर्थ में ले सकते हैं। 'पुनर्भू' शब्द से पर्याप्त प्रकाश मिलता है। किन्तु विवाह-विच्छेद या तलाक के विषय में वहाँ कुछ भी प्राप्त नहीं है और पश्चात्कालीन वैदिक साहित्य में भी हमें कुछ विशेष प्रकाश नहीं मिल पाता। धर्मशास्त्रकारों का सिद्धान्त है कि होम एवं सप्तपदी के उपरान्त विवाह का विच्छेद नहीं हो सकता। मनु (9.101) ने लिखा है–"पति-पत्नी की पारस्परिक निष्ठा आमरण चलती जाए, यही पति एवं पत्नी का परम धर्म है।" मनु ने एक स्थान (9.46) पर और कहा है–"न तो विक्रय से और न भाग जाने से पत्नी का पति से छुटकारा हो सकता है; हम समझते हैं यह नियम पुरातन काल में सृष्टिकर्ता ने बनाया है।" धर्मशास्त्रकारों का कथन है कि विवाह एक संस्कार है, पत्नीत्व की स्थिति का उद्भव उसी संस्कार से होता है, यदि पति या पत्नी पतित हो जाए, तो संस्कार की परिसमाप्ति नहीं हो जाती, यदि पत्नी व्यभिचारिणी हो जाए तो भी वह

पत्नी है, और प्रायश्चित्त कर लेने के उपरान्त उसे विवाह का संस्कार पुनः नहीं करना पड़ता (विश्वरूप, याज्ञवल्क्य 3.253-254 पर)। नारद, पराशर एवं अन्य धर्मशास्त्रकारों की अनुमति से एक स्त्री कुछ स्थितियों में, यथा पति के मृत हो जाने, गुम हो जाने आदि से, पुनर्विवाह कर सकती थी, किन्तु निबन्धों एवं टीकाकारों ने इसे पूर्व युग की बात कहकर टाल दिया है। अतः विवाह-विच्छेद की बात धर्मशास्त्रों एवं हिन्दू समाज में लगभग दो सहस्र वर्षों से अनसुनी सी रही है, हाँ, परम्परा के अनुसार यह बात नीची जातियों में प्रचलित रही है। यदि पति उसे उसकी त्रुटियों के कारण छोड़ दे तो भी पत्नी भरण-पोषण की अधिकारी मानी जाती रही है। अतः इस प्रकार का त्याग विवाह-विच्छेद का द्योतक नहीं रहा है। पश्चात्कालीन स्मृतियों एवं निबन्धों में नारद को छोड़कर कोई यह बात सोच ही नहीं सकता था कि पत्नी अपने पति का त्याग कर सकती है। नारद ने अवश्य कहा है कि नपुंसक, संन्यासी एवं जातिच्युत पति को पत्नी छोड़ सकती है। *याज्ञवल्क्य* (1.77) की टीका में मिताक्षरा का कहना है कि जब पति पतित (जातिच्युत) हो पत्नी उसके नियन्त्रण के बाहर रहती है, किन्तु उसे तब तक जोहते रहना चाहिए जब तक कि वह प्रायश्चित्त द्वारा पुनः पवित्र न हो जाए एवं जाति में न ले लिया जाए; और इसके उपरान्त वह पुनः उसके नियन्त्रण में चली जाती है। बड़े-से-बड़ा पाप प्रायश्चित्त से कट जाता है, अतः पत्नी अपने पति को सदा के लिए नहीं छोड़ सकती (मनु 10.89, 92, 101, 105-196)। केवल त्याग या वर्षों तक बाहर रहने या व्यभिचार से हिन्दू विवाह की इतिश्री नहीं हो जाती।

कौटिल्य के अर्थशास्त्र (3.3) में कुछ ऐसे मनोरंजक नियम हैं जो विवाह-विच्छेद पर कुछ प्रकाश डालते हैं–"यदि पति नहीं चाहता तो पत्नी को छुटकारा नहीं मिल सकता, इसी प्रकार यदि पत्नी नहीं चाहती तो पति को छुटकारा नहीं प्राप्त हो सकता; किन्तु यदि दोनों में पारस्परिक विद्वेष है तो छुटकारा सम्भव है। यदि पति पत्नी से डरकर उससे पृथक् होना चाहता है तो उसे (पत्नी को) विवाह के समय जो कुछ प्राप्त हुआ था उसे दे देने से पति को छुटकारा मिल सकता है। यदि पत्नी पति से डरकर उससे पृथक् होना चाहती है तो पति पत्नी के विवाह के समय जो कुछ प्राप्त हुआ था, उसे नहीं लौटाएगा। अंगीकृत रूप में (धर्म्य) विवाह का विच्छेद नहीं होता।" *कौटिल्य* (3.2) ने लिखा है कि विवाह के ब्राह्म, प्राजापत्य, आर्ष एवं दैव नामक चार प्रकार धर्म्य हैं, क्योंकि ये पिता के प्रमाण द्वारा स्वीकृत अथवा किए जाते हैं। अतः इन चारों प्रकार के विवाहों का विच्छेद, कौटिल्य के मत से, सम्भव नहीं है। किन्तु यदि विवाह गान्धर्व, आसुर एवं राक्षस प्रकार के रहे हैं, तो विद्वेष उत्पन्न हो जाने पर एक-दूसरे की सम्मति से उनमें विच्छेद हो सकता है किन्तु कौटिल्य के कथन से इतना स्पष्ट है कि यदि एक (पति या पत्नी) विच्छेद नहीं चाहता तो दूसरे को छुटकारा नहीं प्राप्त हो सकता, किन्तु यदि शरीर पर किसी प्रकार का डर या खतरा उत्पन्न हो जाए तो अपवाद रूप से दोनों पक्षों का छुटकारा सम्भव है।

9.12 पर्दाप्रथा

ऋग्वेद (10.85.33) ने लोगों को विवाह के समय कन्या की ओर देखने को कहा है–"यह कन्या मंगलमय है, एकत्र होओ और इसे देखो, इसे आशीष देकर ही तुम लोग अपने घर जा सकते हो।" *आश्वलायनगृह्यसूत्र* (1.8.7) के अनुसार दुल्हिन को अपने घर ले आते समय दूल्हे को

चाहिए कि वह प्रत्येक निवेश स्थान (रुकने के स्थान) पर दर्शकों को *ऋग्वेद* (10.85.33) के उपर्युक्त मन्त्र के साथ दिखाए। इससे स्पष्ट है कि उन दिनों दुल्हिनों या वधुओं द्वारा अवगुँठन (पर्दा या घूँघट) नहीं धारण किया जाता था, प्रत्युत वे सबके सामने निरवगुँठन आती थीं। *ऋग्वेद* के विवाहसूक्त (10.85.46) में एक स्वस्तिवचन है कि वधू अपने श्वशुर, सास, ननद, देवर आदि पर राज्य करे, किन्तु यह केवल हृदय अभिलाषा मात्र है, क्योंकि वास्तविकता कुछ और थी। *ऐतरेय ब्राह्मण* (12.11) में आया है कि वधू अपने श्वशुर से लज्जा करती है और अपने को छिपाकर चली जाती है। इससे प्रकट होता है कि गुरुजनों के समक्ष नवयुवतियों पर कुछ प्रतिबन्ध था। किन्तृ गृह्य एवं धर्म-सूत्रों में इधर-उधर जनसमुदाय में घूमती हुई स्त्रियों के पर्दे के विषय में कोई संकेत नहीं प्राप्त होता। पाणिनि (3.2.26) ने 'असूर्यपश्या' (जो सूर्य को भी नहीं देखती) की, जो रानियों के लिए प्रयुक्त हुआ है, व्युत्पत्ति की है। इससे केवल इतना ही प्रकट होता है कि रानियाँ राजप्रासादों की सीमा के बाहर जन-साधारण के समक्ष नहीं आती थीं। *रामायण* (अयोध्याकांड 33.8) में आया है "आज सड़क पर चलते हुए लोग उस सीता को देख रहे हैं, जिसे पहले आकाशगामी जीव भी न देख सके थे।" वहीं आगे (युद्ध. 116.28) फिर आया है– 'विपत्ति के समय, युद्धों में, स्वयंवर में, यज्ञ में एवं विवाह में स्त्री का बाहर जनता में आना कोई अपराध नहीं है।" सभापर्व (69/9) में द्रौपदी कहती है–"हमने सुना है, प्राचीन काल में लोग विवाहित स्त्रियों को जनसाधारण की सभा या समूह में नहीं ले जाते थे, चिर काल से चली आई हुई प्राचीन प्रथा को कौरवों ने तोड़ दिया है।" द्रौपदी का दर्शन राजाओं ने स्वयंवर के समय किया था, उसके उपरान्त युधिष्ठिर द्वारा जुए में हार जाने पर ही लोगों ने उसे देखा। इन उदाहरणों से स्पष्ट है कि उच्च कुल की नारियाँ कुछ विशेष अवसरों को छोड़कर बाहर नहीं निकलती थीं, किन्तु इसका तात्पर्य यह नहीं है कि वे पर्दा (अवगुँठन) करती थीं। शल्यपर्व (29. 74) में आया है कि कौरवों की पूर्ण हार के उपरान्त उनकी स्त्रियों को, जिन्हें सूर्य भी नहीं देख सकता था, राजधानी में आए हुए लोग देख रहे थे। और देखिए इस विषय में सभापर्व (97. 4-7), शल्यपर्व (19.63), स्त्रीपर्व (9.9-10), आश्रमवासीपर्व (15.13)। *हर्षचरित* (4) में आया है कि राजकुमारी राज्यश्री, जिसे उसका भावी पति ग्रहवर्मा विवाह के पूर्व देखने आया था, अपने मुख पर सुन्दर लाल रंग का परिधान डाले थी। एक अन्य स्थान पर स्थाण्वीश्वर (थानेसर) का वर्णन करते समय बाण कहता है कि नारियाँ अवगुँठन डाले हुए थीं। *कादम्बरी* में भी बाण ने पत्रलेखा को लाल रंग के अवगुँठन के साथ चित्रित किया है। *शाकुन्तल* (5.13) में दुष्यन्त की राजसभा में लाई जाती हुई शकुन्तला को अवगुँठन डाल चित्रित किया गया है। इससे प्रकट होता है कि उच्च कुल की नारियाँ बिना अवगुँठन के बाहर नहीं आती थीं, किन्तु साधारण स्त्रियों के साथ ऐसी बात नहीं थी। उत्तरी एवं पूर्वी भारत में पर्दा की प्रथा जो सर्वसाधारण में पाई जाती है उसका आरम्भ मुसलमानों के आगमन से हुआ। इस विषय में *इंडियन एंटिक्वेरी* (सन् 1933, पृ. 15) पठनीय है, जहाँ वाचस्पति की *सांख्यतत्त्वकौमुदी* (नवीं शताब्दी) की एक उद्धृत उक्ति से प्रकट होता है कि उच्च कुल की नारियाँ पर्दा करके ही बाहर निकलती हैं।

9.13 अनुलोम एवं प्रतिलोम

अनुलोम विवाहों से उत्पन्न सन्तानों की सामाजिक स्थिति के विषय में स्मृतिकारों के मतों में ऐक्य नहीं है। हमें तीन मत प्राप्त होते हैं–1. यदि एक पुरुष अपने से निम्न पासवाली जाति की स्त्री से विवाह करता है तो उसकी सन्तानों का वर्ण पिता का वर्ण माना जाएगा। गौतम

ने कहा है कि एक ब्राह्मण पुरुष एवं क्षत्रिय नारी की सन्तान ब्राह्मण होगी, किन्तु ऐसी बात क्षत्रिय पुरुष एवं वैश्य स्त्री से उत्पन्न सन्तान के साथ तथा वैश्य की शूद्र स्त्री से उत्पन्न सन्तान के साथ नहीं पाई जाती। 2. दूसरे मत के अनुसार अनुलोम विवाह से उत्पन्न सन्तानों की सामाजिक स्थिति पिता निम्नतर, किन्तु माता से उच्चतर होती है (मनु. 10.6)। 3. तीसरा मत है कि अनुलोम सन्तानों के कर्तव्य एवं अधिकार उनकी माता के समान होते हैं। मेधातिथि ने लिखा है कि पांडु, धृतराष्ट्र एवं विदुर क्षेत्रज होने के नाते माता की जाति के थे। प्रतिलोम सन्तानें, अपने पिता एवं माता की सामाजिक स्थिति से निम्न स्थितिवाली होती थीं।

मनु ने 6 अनुलोम, 6 प्रतिलोम एवं 20 मिश्रित जातियों के साथ 23 व्यवसायों की चर्चा की है। याज्ञवल्क्य ने चार वर्णों के अतिरिक्त 13 अन्य जातियों का उल्लेख किया है। उशना ने 40 जातियों एवं उनके विलक्षण व्यवसायों की चर्चा की है। उपजातियों का उद्भव चार वर्णों एवं अनुलोम तथा प्रतिलोम के सम्मिलन से एक अनुलोम के पुरुष एवं दूसरे की नारी के सम्मिलन से, प्रतिलोमों के पारस्परिक सम्मिलन से तथा अनुलोम के पुरुष या नारी एवं प्रतिलोम के पुरुष या नारी के सम्मिलन से हुआ। याज्ञवल्क्य ने रथकार को माहिष्य पुरुष एवं करण स्त्री की सन्तान माना है। मनु ने कहा है कि आवृत्त एवं आभीर सन्तानें क्रम से ब्राह्मण पुरुष एवं उग्र कन्या और ब्राह्मण पुरुष एवं अम्बष्ठ कन्या से उत्पन्न हुई (अर्थात् ब्राह्मण एवं अनुलोम जातिवाली कन्याओं की सन्तानें)। मनु ने श्वपाक को क्षत्ता पुरुष (प्रतिलोम) एवं उग्र कन्या (अनुलोम) की सन्तति माना है। विश्वरूप ने 6 अनुलोम, 24 मिश्रित, (6 अनुलोमों एवं 4 वर्णों से मिश्रित), 6 प्रतिलोम एवं 24 मिश्रित (6 प्रतिलोमों एवं 4 वर्णों से मिश्रित) अर्थात् 60 जातियों तथा असंख्य उपजातियों की ओर संकेत किया है। *विष्णुधर्मसूत्र* ने असंख्य जातियों (संकरसंकराश्चसंख्याः) की ओर संकेत किया है। मेधातिथि ने लिखा है कि 60 मिश्रित जातियाँ हैं, इनसे तथा चार वर्णों के पारस्परिक सम्मिलन से बहुभेदी उपजातियाँ बनती चली गई हैं। मिताक्षरा ने जातियों की गणना करना ही छोड़ दिया है। जातियों एवं उपजातियों के नाम कहीं व्यवसाय के सूचक हैं तो कहीं देश-प्रदेश के।

अध्याय 10

उपनयन

10.1 अर्थ

उपनयन का अर्थ 'पास या सन्निकट ले जाना' होता है। इसका तात्पर्य 'आचार्य के पास शिक्षण के लिए ले जाना' या 'नवाशष्य को विद्यार्थीपन की अवस्था तक पहुँचा' देने से था। उपनयन संस्कार का मूल भारतीय एवं ईरानी है, क्योंकि प्राचीन जोरॉस्ट्रिएन (पारसी) शास्त्रों के अनुसार पवित्र मेखला एवं अधोवसन (लुंगी) का सम्बन्ध आधुनिक पारसियों से भी है। उपनयन संस्कार है, ऐसा संस्कार जो विद्या सीखनेवाले को गायत्री मन्त्र सिखाकर किया जाता है।

उपनयन का काल : *आश्वलायनगृह्यसूत्र* (1.19.1-6) के मत से ब्राह्मणकुमार का उपनयन गर्भाधान या जन्म से लेकर आठवें वर्ष में, क्षत्रिय का 11वें वर्ष में एवं वैश्य का 12वें वर्ष में होना चाहिए; यही नहीं, क्रम से 16वें, 22वें, एवं 24वें वर्ष तक भी उपनयन का समय बना रहता है। आपस्तम्ब (10.2), शांखायन (2.1), बौधायन (2.5.2), भारद्वाज (1.1) एवं गोभिल (2.10) गृह्यसूत्र या याज्ञवल्क्य (1.14), आपस्तम्बधर्मसूत्र (1.1.1.19) स्पष्ट कहते हैं कि वर्षों की गणना गर्भाधान से होनी चाहिए। यही बात महाभाष्य में भी है। *पारस्करगृह्यसूत्र* (2.2) के मत से उपनयन गर्भाधान या जन्म से आठवें वर्ष में होना चाहिए, किन्तु इस विषय में कुलधर्म का पालन भी करना चाहिए। *याज्ञवल्क्य* (1.14) ने भी कुलधर्म की बात चलाई है। *शांखायनगृह्यसूत्र* (2.1.1) ने गर्भाधान से 8वाँ या 10वाँ वर्ष, मानु (1.22.1) ने 7 वाँ या 9वाँ वर्ष, *काठक* (41.1-3) ने तीनों वर्णों के लिए क्रम से 7 वाँ, 9वाँ एवं 11वाँ वर्ष स्वीकृत किया है। कुछ स्मृतियों ने कम अवस्था में ही उपनयन होना स्वीकार किया है, तथा गौतम (1.6-8) ने 5वाँ वर्ष या 9वाँ वर्ष, मनु (2.37) ने 5वाँ (ब्राह्मण के लिए), 6ठा (क्षत्रिय के लिए) एवं 8वाँ (वैश्य के लिए) स्वीकृत किया है; किन्तु यह छूट केवल क्रम से आध्यात्मिक, सैनिक एवं धन-संग्रह की महत्ता के लिए ही दी गई है। आध्यात्मिकता, लम्बी आयु एवं धन की अभिकांक्षावाले ब्राह्मणों पिता के लिए पुत्र का उपनयन गर्भाधान से 5वें, 8वें, 9वें वर्ष में भी किया जा सकता है (वैखानस 3.3)। *आपस्तम्बधर्मसूत्र* (1.1.1.21) एवं *बौधायन गृह्यसूत्र* (2.5) ने आध्यात्मिक महता, लम्बी आयु, दीप्ति, पर्याप्त भोजन, शारीरिक बल एवं पशु के लिए क्रम से 7 वाँ, 8वाँ, 9वाँ, 10वाँ, 11वाँ एवं 12वाँ वर्ष स्वीकृत किया है।

अतः जन्म से 8वाँ, 11वाँ एवं 12वाँ वर्ष क्रम से ब्राह्मण, क्षत्रिय एवं वैश्य के लिए प्रमुख समय माना जाता रहा है। 5वें वर्ष से 11वें वर्ष तक ब्राह्मण के लिए गौण, 9वें वर्ष से 16 वर्ष तक क्षत्रियों के लिए गौण माना जाता रहा है। ब्राह्मणों के लिए 12वें से 16वें गौणतर काल तथा 16वें के उपरान्त गौणतम काल माना जाता है।

आपस्तम्बगृह्य एवं *आपस्तम्बधर्म.* (1.1.1.19), *हिरण्यकेशिगृह्य* (1.1) एवं वैखानस के मत से तीनों वर्णों के लिए क्रम से शुभ मुहूर्त पड़ते हैं वसन्त, ग्रीष्म एवं शरद् के दिन। भारद्वाज. (1.1) के अनुसार वसन्त ब्राह्मण के लिए, ग्रीष्म व हेमन्त क्षत्रिय के लिए, शरद् वैश्य के लिए, वर्षा बढ़ई के लिए या शिशिर सभी के लिए मान्य है। भारद्वाज ने वहीं यह भी कहा है कि उपनयन मास के शुक्लपक्ष में किसी शुभ नक्षत्र में, भरसक पुरुष नक्षत्र में करना चाहिए।

वृद्धगार्ग्य ने लिखा है कि माघ से लेकर छह मास उपनयन के लिए उपयुक्त हैं, किन्तु अन्य लोगों ने माघ से लेकर पाँच मास ही उपयुक्त ठहराए हैं। प्रथम, चौथी, सातवीं, आठवीं, नवीं, तेरहवीं, चौदहवीं, पूर्णमासी एवं अमावास की तिथियाँ बहुधा छोड़ दी जाती हैं जब शुक्र सूर्य के बहुत पास हो और देखा न जा सके, तब सूर्य राशि के प्रथम अंश में हो, अनध्याय के दिनों में तथा गलग्रह में उपनयन नहीं करना चाहिए।" बृहस्पति, शुक्र, मंगल एवं बुध क्रम से ऋग्वेद एवं अन्य वेदों के देवता माने जाते हैं अतः इन वेदों के अध्ययनकर्ताओं का उनके देवों के वारों में ही उपनयन होना चाहिए। सप्ताह में बुध, बृहस्पति एवं शुक्र सर्वोत्तम दिन हैं, रविवार मध्यम तथा सोमवार बहुत कम योग्य है। किन्तु मंगल एवं शनिवार निषिद्ध माने जाते हैं (सामवेद के छात्रों एवं क्षत्रियों के लिए मंगल मान्य है)। नक्षत्रों में हस्त, चित्रा, स्वाति, पुष्य, घनिष्ठा, आश्विनी, मृगशिरा, पुनर्वसु, श्रवण एव रेवती अच्छे माने जाते हैं। एक नियम यह है कि भरणी, कृत्तिका, मघा, विशाखा, ज्येष्ठा, शततारका को छोड़कर सभी अन्य नक्षत्र सबके लिए अच्छे हैं। लड़के की कुंडली के लिए चन्द्र एवं वृहस्पति ज्योतिष-रूप से शक्तिशाली होने चाहिए। बृहस्पति का सम्बन्ध ज्ञान एवं सुख से है, अतः उपनयन के लिए उसकी परम महत्ता गाई गई है। यदि बृहस्पति एवं शुक्र न दिखाई पड़ें तो उपनयन नहीं किया जा सकता।

10.2 वस्त्र

ब्रह्मचारी दो वस्त्र धारण करता था, जिनमें एक अधोभाग के लिए (वासस्) और दूसरा ऊपरी भाग के लिए (उत्तरीय)। *आपस्तम्बधर्मसूत्र* (1.1.2.39-1.1.3.1-2) के अनुसार ब्राह्मण क्षत्रिय एवं वैश्य ब्रह्मचारी के लिए वस्त्र क्रम से पटुआ के सूत का, सन के सूत का एवं मृगचर्म का होता था। कुछ धर्मशास्त्रकारों के मत से अधोभाग का वस्त्र रुई के सूत का (ब्राह्मणों के लिए लाल रंग, क्षत्रियों के लिए मजीठ रंग एवं वैश्यों के लिए हल्दी रंग) होना चाहिए। वस्त्र के विषय में बहुत मतभेद हैं। *आपस्तम्बधर्मसूत्र* (1.1.3.7-8) ने सभी वर्णों के लिए भेड़ का चर्म (उत्तरीय के लिए) या कम्बल विकल्प रूप से स्वीकार कर लिया है।

अधोभाग या ऊपरी भाग के परिधान के विषय में ब्राह्मण-ग्रन्थों में भी संकेत मिलता है (*आपस्तम्बधर्मसूत्र* 1.1.3.9)। जो वैदिक ज्ञान बढ़ाना चाहे उसके अधोवस्त्र एवं उत्तरीय मृगचर्म के, जो सैनिक शक्ति चाहे उसके लिए रुई का वस्त्र और जो दोनों चाहे वह दोनों प्रकार के वस्त्रों का उपयोग करे।

10.3 दंड

दंड किस वृक्ष का बनाया जाए, इस विषय में भी बहुत मतभेद रहा है। *आश्वलायनगृह्य* (1.19.13 एवं 1.20.1) के मत से ब्राह्मण, क्षत्रिय एवं वैश्य के लिए क्रम से पलाश, उदुम्बर एवं बिल्व का दंड होना चाहिए, या कोई भी वर्ण इनमें से किसी एक का दंड बना सकता

है। ब्राह्मण, क्षत्रिय एवं वैश्य के लिए क्रम से पलाश न्यग्रोध की शाखा (जिसका निचला भाग दंड का ऊपरी भाग माना जाए) एवं बदर या उदुम्बर का दंड होना चाहिए। यही बात *आपस्तम्बधर्मसूत्र* (1.1.2.38) में भी पाई जाती है।

पूर्वकाल में सहारे के लिए, आचार्य के पशुओं को नियन्त्रण में रखने के लिए, रात्रि में जाने पर सुरक्षा के लिए एवं नदी में प्रवेश करते समय पथप्रदर्शन के लिए दंड की आवश्यकता पड़ती थी।

बालक के वर्ण के अनुसार दंड की लम्बाई में अन्तर था। *आवश्वलायनगृह्यसूत्र* (1.19.13), गौतम (1.25), *वसिष्ठधर्मसूत्र* (11.55-57), *पारस्करगृह्यसूत्र* (2.5), मनु (2.46) के मतों से ब्राह्मण, क्षत्रिय एवं वैश्य का दंड क्रम से सिर तक, मस्तक तक एवं नाक तक लम्बा होना चाहिए। *शांखायनगृह्यसूत्र* (2.1.21-23) ने इस अनुक्रम को उलट दिया है, अर्थात् इसके अनुसार ब्राह्मण का दंड सबसे छोटा एवं वैश्य का सबसे बड़ा होना चाहिए। गौतम (1.26) का कहना है कि दंड घुना हुआ नहीं होना चाहिए। उसकी छाल लगी रहनी चाहिए, ऊपरी भाग टेढ़ा होना चाहिए। किन्तु मनु (2.47) करने अनुसार दंड सीधा, सुन्दर एवं अग्निस्पर्श से रहित होना चाहिए। *शांखायनगृह्यसूत्र* (2.13.2-3) के अनुसार ब्रह्मचारी को चाहिए कि वह किसी को अपने एवं दंड के बीच से निकलने न दे, यदि दंड, मेखला एवं यज्ञोपवीत टूट जाएँ तो उसे प्रायश्चित्त करना चाहिए (वैसा ही जैसा कि विवाह के समय वर-यात्रा का रथ टूटने पर किया जाता है)। ब्रह्मचर्य के अन्त में यज्ञोपवीत, दंड मेखला एवं मृगचर्म को जल में त्याग देना चाहिए। ऐसा करते समय वरुण के मन्त्र (*ऋग्वेद* 1.24.6) का पाठ करना चाहिए या केवल 'ओम्' का उच्चारण करना चाहिए। मनु (2.64) एवं *विष्णुधर्मसूत्र* (27.29) ने भी यही बात कही है।

10.4 मेखला

गौतम (1.15), *आश्वलायनगृह्य* (1.19.11), *बौधायनगृह्य* (2.5.13), *मनु* (2.42), *काठकगृह्य* (41.12), *भारद्वाज* (1.2) तथा अन्य लोगों के मत से ब्राह्मण, क्षत्रिय एवं वैश्य बच्चे के लिए क्रम से मूँज, मूर्वा (जिससे प्रत्यंचा बनती है) एवं पटुआ की मेखला (करधनी) होनी चाहिए। मनु (2.42-43) ने *पारस्करगृह्यसूत्र* एवं *आपस्तम्बधर्मसूत्र* (1.1.2.35-37) की भाँति ही नियम कहे हैं किन्तु विकल्प से कहा है कि क्षत्रियों के लिए मूँज तथा लोह से गुँथी हुई हो सकती है तथा वैश्यों के लिए सूत का धागा या जूट की रस्सी या तामल (सन) की छाल का धागा हो सकता है। *बौधायनगृह्य* (2.5.13) ने मूँज की मेखला सबके लिए मान्य कही है। मेखला में कितनी गाँठें होनी चाहिए, यह प्रवरों की संख्या पर निर्भर है।

10.5 उपनयन विधि

आश्वलायन एवं आपस्तम्ब तथा कुछ अन्य सूत्रकारों ने जनेऊ के बारे में कुछ भी नहीं लिखा है, किन्तु हिरण्केशि (1.2.6), भारद्वाज (1.3) एवं मानव (1.22.3) ने होगम के पूर्व यज्ञोपवीत धारण करना बतलाया है। *बौधायन* (2.5.7) का कहना है कि यज्ञोपवीत पाने के उपरान्त ही बटुक ''यज्ञोपवीतं परमं पवित्रं प्रजापतेर्यत्सहजं पुरस्तात्। आयुष्यमग्र्यं प्रतिमुंच शुभ्रं यज्ञोपवीतं बलमस्तु तेजः ॥'' नामक अति प्रसिद्ध मन्त्र का उच्चारण करता है। *वैखानस स्मार्त* (2.4) का कहना है कि आचार्य बटुक को उत्तरीय देता है और 'परीदं वासः' का उच्चारण

करता है, पवित्र जनेऊ को 'यज्ञोपवीतम्' मन्त्र के साथ तथा कृष्ण मृगचर्म को 'मित्रस्य चक्षुः' कहकर देता है। पारस्कर के टीकाकार कर्क एवं हरिहर के अनुसार मेखला बाँध लेने के उपरान्त बटुक को आचार्य यज्ञोपवीत देता है। इस अवसर पर धर्मशास्त्रकारों ने चौलकर्म कर लेने को कहा है। आरम्भिक काल में चौलकर्म स्वयं आचार्य करता था। निम्नलिखित विधियाँ भी ध्यान देने योग्य हैं :

(क) *आपस्तम्बगृह्यसूत्र* (10.9), *बौधायन* (2.5.10), खादिर (2.4) एवं भारद्वाज (1.8) ने बटुक को होम के उपरान्त अग्नि के उत्तर दाहिने पैर से प्रस्तर पर चढ़ने को कहा है। प्रस्तर पर पैर रखना दृढ़ निश्चय का द्योतक है।

(ख) खादिर (41.10) ने होम के उपरान्त 'दधिक्रावृणो अकारिषम्' (ऋ. 4.39.6, *तैत्तिरीयसंहिता* 1.5.4.11) मन्त्र को दोहराते हुए दधि तीन बार खाने को कहा है।

(ग) *पारस्करगृह्यसूत्र* (2.2), *भारद्वाज* (1.7), *आपस्तम्ब* (2.1-4), आपस्तम्ब-मन्त्रपाठ (2/3/27-30), *बौधायनग* (2.5.25, शाट्यायनक को उद्धृत कर), खादिर (2.4.12) के मत से बटुक से आचार्य उसका नाम पूछता है और यह बताता है। आचार्य उससे यह भी पूछता है "तुम किसके ब्रह्मचारी हो ?"

सभी स्मृतियों में यह बात पाई जाती है कि उपनयन तीनों वर्णों में होता था। उपनयन-विधि के विषय में बहुत से भेद-विभेद हैं। कालान्तर के लेखकों ने मन्त्रों को जोड़-जोड़कर विस्तार बढ़ा दिया है।

10.6 यज्ञोपवीत

तैत्तिरीय संहिता (2.5.2.1) में मिलता है—"निवीत शब्द मनुष्यों, प्राचीनावीत पितरों एवं उपवीत देवताओं के सम्बन्ध में प्रयुक्त होता है; वह जो उपवीत ढंग से अर्थात बाएँ कन्धे से लटकता है, अतः वह देवताओं के लिए संकेत करता है।" *तैत्तिरीय ब्राह्मण* (1.6.8) में आया है—"प्राचीनावीत ढंग से होकर वह दक्षिण की ओर आहुति देता है, क्योंकि पितरों के लिए कृत्य दक्षिण की ओर ही किए जाते हैं। इसके विपरीत उपवीत ढंग से उत्तर की ओर आहुति देनी चाहिए; देवता एवं पितर इसी प्रकार पूजित होते हैं।" निवीत, प्राचीनावीत एवं उपवीत शब्द *गोभिलगृह्यसूत्र* (1.2.2-4) में समझाए गए हैं, यथा "दाहिने हाथ को उठाकर, सिर को (उपवीत के) बीच में डालकर वह सूत्र को बाएँ कन्धे इस प्रकार लटकाता है कि वह दाहिनी ओर लटकता है; इस प्रकार वह यज्ञोपवीत हो जाता है। बायाँ हाथ को निकालकर (उपवीत के) बीच में सिर को डालकर वह सूत्र को दाहिने कन्धे पर इस प्रकार रखता है कि वह बाईं ओर लटकता है, इस प्रकार वह प्राचीनावीती हो जाता है। जब पितरों को पिंडदान किया जाता है, तभी प्राचीनावीती हुआ जाता है।" यही बात खादिर (1.1.8-9), मनु (2.63), *बौधायन-गृह्यपरिभाषा-सूत्र* (2.2.7 एवं 10) तथा *वैखानस* (1.5) में भी पाई जाती है। *बौधायनगृह्यसूत्र* (2.2.3) का कहना है—"जब यह कन्धों पर रखा जाता है तो दोनों कन्धे एवं छाती (हृदय के नीचे किन्तु नाभि के ऊपर) तक रहते हुए दोनों हाथों के अँगूठों से पकड़ा जाता है, इसे ही *निवीत* कहा जाता है। ऋषि-तर्पण में, सम्भोग में, बच्चों के संस्कारों के समय (किन्तु होम करते समय नहीं), मलमूत्र त्याग करते समय, शव ढोते समय, यानी केवल, मनुष्यों के लिए किए जानेवाले कार्यों में निवीत का प्रयोग होता है गर्दन में टकनेवाले को ही निवीत कहते हैं।" पुरुष लोग देवों की पूजा में परिधान धारण करते थे, न कि सूत्रों

से बना हुआ कोई जनेऊ आदि पहनते थे। *तैत्तिरीय ब्राह्मण* (3.10.9) में आया है कि अब वाक् (वाणी) की देवी देवभाग गौतम के समक्ष उपस्थित हुई तो उन्होंने यज्ञोपवीत धारण किया और 'नमो नमः' शब्द के साथ देवी के समक्ष गिर पड़े, अर्थात् झुककर या दंडवत् गिरकर प्रणाम किया।''

तैत्तिरीय आरण्यक (2.1) से पता चलता है कि प्राचीन काल में उपवीत के लिए काले हरिण का चर्म या वस्त्र उपयोग में लाया जाता था। ऐसा आया है–''जो यज्ञोपवीत धारण करके यज्ञ करता है उसका यज्ञ फैलता है, जो यज्ञोपवीत नहीं धारण करता उसका यज्ञ ऐसा नहीं होता, यज्ञोपवीत धारण करके, ब्राह्मण जो कुछ पढ़ता है, वह यज्ञ है। अतः अध्ययन, यज्ञ या आचार्य-कार्य करते समय यज्ञोपवीत धारण करना चाहिए। मृगचर्म या वस्त्र दाहिनी ओर धारण कर दाहिना हाथ उठाकर तथा बायाँ गिराकर ही यज्ञोपवीत धारण किया जाता है, जब यह ढंग उलट दिया जाता है तो इसे प्राचीनावीत कहते हैं और संवीत स्थिति मनुष्यों के लिए ही होती है।'' स्पष्ट है कि यहाँ उपवीत के लिए कोई सूत्र नहीं है, प्रत्युत मृगचर्म या वस्त्र है। *पराशरमाधवीय* (भाग 1, पृ. 173) ने उपर्युक्त कथन का एक भाग उद्धृत करते हुए लिखा है कि तैतिरीयारण्यक के अनुसार मृगचर्म या रुई के वस्त्र में से कोई एक कारण करने पर कोई उपवीती बन सकता है। *धर्मसूत्र* (2.2.4.23) पर विश्वास करके श्राद्ध-भोजन के समय पवित्र सूत्र धारण नहीं करना चाहिए, प्रत्युत उसे उसी रूप में वस्त्र धारण करना चाहिए और सूत्र का त्याग कर देना चाहिए; 2. दूसरा मत यह है कि उसे उपवीत ढंग से पवित्र सूत्र एवं वस्त्र दोनों धारण करने चाहिए। *आपस्तम्बधर्मसूत्र* (1.5.15.9) ने व्यवस्था दी है कि एक व्यक्ति को गुरुजनों, श्रद्धास्पदों, अतिथियों की प्रतीक्षा करते समय या उनकी पूजा करते समय, होम के समय, जप करते हुए, भोजन, आचमन एवं वैदिक अध्ययन के समय यज्ञोपवीत होना चाहिए। इस पर हरदत्त ने यों व्याख्या की है–यज्ञोपवीत का अर्थ है कि विशिष्ट ढंग से उत्तरीय धारण करना, यदि किसी के पास उत्तरीय (ऊपरी अंग के लिए) न हो तो उसे *आपस्तम्बधर्मसूत्र* (2. 2.4.23) में वर्णित ढंग काम में लाना चाहिए; अन्य समयों में यज्ञोपवीत की आवश्यकता नहीं है।

गोभिलगृह्यसूत्र (1.2.1) में आया है कि विद्यार्थी यज्ञोपवीत के रूप में सूत्रों की डोरी, वस्त्र या कुश की रस्सी धारण करता है। इससे स्पष्ट है कि गोभिल के काल में जनेऊ का रूप प्रचलित था और वह यज्ञोपवीत का उचित रूप माना जाने लगा था, किन्तु वही अन्तिम रूप नहीं था, उसके स्थान पर वस्त्र भी धारण किया जा सकता था। बहुत से गृह्यसूत्रों में सूत्र रूप में यज्ञोपवीत का वर्णन नहीं मिलता और न उसे पहनते समय किसी वैदिक मन्त्र की आवश्यकता ही समझी गई (जबकि उपनयन-सम्बन्धी अन्य कृत्यों के लिए वैदिक मन्त्रों की भरमार पाई जाती है)। अतः ऐसी कल्पना करना उचित ही है कि बहुत प्राचीन काल में सूत्र धारण नहीं किया जाता था; आरम्भ में उत्तरीय ही धारण किया जाता था। आगे चलकर सूत्र भी, जिसे हम जनेऊ कहते हैं, प्रयोग में आने लगा।

यज्ञोपवीत के विषय में कई नियम बने हैं। यज्ञोपवीत में तीन सूत्र होते हैं, जिनमें प्रत्येक सूत्र में नौ धागे (तन्तु) होते हैं, जो भलीभाँति बटे एवं माँजे हुए रहते हैं। देवल ने नौ तन्तुओं (धागों) ने नौ देवताओं के नाम लिखे हैं, तथा ओंकार, अग्नि, नाग, सोम, पितर, प्रजापति, वायु, सूर्य एवं विश्वेदेव। यज्ञोपवीत केवल नाभि तक, उसके आगे नहीं और न छाती के ऊपर तक होना चाहिए। मनु (2/44) एवं विष्णुधर्मसूत्र (27.19) के अनुसार

ब्राह्मण, क्षत्रिय एवं वैश्य के लिए यज्ञोपवीत क्रम से रुई, शण (सन) एवं ऊन का होना चाहिए। *बौधायनधर्मसूत्र* (1.5.5) एवं *गोभिलगृह्यसूत्र* (1.2.1) के अनुसार यज्ञोपवीत रुई या कुश का होना चाहिए; किन्तु देवल के अनुसार सभी द्विजातियों का यज्ञोपवीत कपास (रुई), क्षुमा (अलसी या तीसी), गाय की पूँछ के बाल, पटसन वृक्ष की छाल या कुश का होना चाहिए। इनमें से जो भी सुविधा से प्राप्त हो सके उसका यज्ञोपवीत बन सकता है।

यज्ञोपवीत की संख्या में परिस्थिति के अनुसार परिवर्तन पाया जाता था। ब्रह्मचारी केवल एक यज्ञोपवीत धारण करता था और संन्यासी, यदि वह पहने तो, केवल एक ही धारण कर सकता था। स्नातक (जो ब्रह्मचर्य के उपरान्त गुरुगेह से अपने माता-पिता के घर चला आता था) एवं गृहस्थ दो यज्ञोपवीत तथा जो दीर्घ जीवन चाहे वह दो से अधिक यज्ञोपवीत पहन सकता था। जिस प्रकार से आज हम यज्ञोपवीत धारण करते हैं, वैसा प्राचीन काल में नियम था या नहीं, स्पष्ट रूप से कह नहीं सकते, किन्तु ईसा के पहले यह ब्राह्मणों के लिए अपरिहार्य नियम था कि वे कोई कृत्य करते समय यज्ञोपवीत धारण करें, अपनी शिखा बाँध रखें, क्योंकि बिना इसके किया हुआ कर्म मान्य नहीं हो सकता। *वसिष्ठ* (8.9) का *बौधायनधर्मसूत्र* (2.2.1) के अनुसार पुरुष को सदा यज्ञोपवीत धारण करना चाहिए। यदि कोई ब्राह्मण बिना यज्ञोपवीत धारण किए भोजन कर ले तो उसे प्रायश्चित्त करना पड़ता था, यथा–स्नान करना, प्रार्थना एवं उपवास करना। मिताक्षरा (याज्ञ. 3.292) ने मल-मूत्र त्याग के समय दाहिने कान पर यज्ञोपवीत न रखने के कारण प्रायश्चित्त की व्यवस्था की है। मनु (4.66) ने दूसरे का यज्ञोपवीत पहनने के लिए मना किया है। याज्ञवल्क्य (1.16 एवं 133) तथा अन्य स्मृतियों ने यज्ञोपवीत को ब्रह्मसूत्र कहा है।

क्या स्त्रियों का उपनयन होता था ? क्या वे यज्ञोपवीत धारण करती थीं ? इस विषय में कुछ स्मृतियों में निर्देश मिलते हैं। *स्मृतिचन्द्रिका* में उद्धृत हारीतधर्मसूत्र तथा अन्य निबन्धों में निम्न बात पाई जाती है–स्त्रियों के दो प्रकार हैं; 1. ब्रह्मवादिनी (ज्ञानिनी) एवं 2. सद्योवधू (जो सीधे विवाह कर लेती हैं); इनमें ब्रह्मवादिनी को उपनयन करना, अग्निसेवा करना, वेदाध्ययन करना, अपने गृह में ही भिक्षाटन करना पड़ता था, किन्तु सद्योवधुओं का विवाह के समय केवल उपनयन कर दिया जाता था। *गोभिलगृह्यसूत्र* के अनुसार (2.1.19) लड़कियों को उपनयन के प्रतीक के रूप में यज्ञोपवीत धारण करना पड़ता था। *आश्वलायनगृहसूत्र* (3.8) ने समावर्तन के प्रसंग में लिखा है–"अपने दोनों हाथों में लेप (उबटन) लगाकर ब्राह्मण अपने मुख को, क्षत्रिय अपनी दोनों बाहुओं को, वैश्य अपने पेट को, स्त्री अपने गर्भस्थान के तथा जो दौड़ लगाकर अपनी जीविका चलाते हैं (सरणजीवी) वे अपनी जाँघों को लिप्त करें।" *महाभारत* (वनपर्व 305.20) में आया है कि एक ब्राह्मण ने पांडवों की माता को अथर्वशीर्ष के मन्त्र पढ़ाए थे। हारीत ने व्यवस्था दी है कि मासिक धर्म चालू होने के पूर्व ही स्त्रियों का समावर्तन हो जाना चाहिए। अतः स्पष्ट है कि ब्रह्मवादिनी नारियों का उपनयन गर्भाधान को आठवें वर्ष होता था, वे वेदाध्ययन करती थीं और उनका छात्रा-जीवन रजस्वला होने के (युवा हो जाने के) पूर्व समाप्त हो जाता था। यम ने भी लिखा है कि प्राचीन काल में मूँज की मेखला बाँधना (उपनयन) नारियों के लिए भी एक नियम था, उन्हें वेद पढ़ाया जाता था, वे सावित्री (पवित्र गायत्री मन्त्र) का उच्चारण करती थीं, उन्हें उनके पिता, चाचा या भाई पढ़ा सकते थे, अन्य कोई बाहरी पुरुष नहीं पढ़ा सकता था, वे गृह में ही भिक्षा माँग सकती थीं, उन्हें मृगचर्म, वल्कल बसन नहीं पहनना पड़ता था और न वे जटाएँ रखती थीं।

मनु को भी यह बात ज्ञात थी। जातकर्म से लेकर उपनयन तक के संस्कारों के विषय में चर्चा करके मनु (2.66) ने यह निष्कर्ष निकाला है "ये कृत्य नारियों के लिए भी ज्यों-के-त्यों किए जाते थे, किन्तु बिना मन्त्रों के, परन्तु केवल विवाह के संस्कार में स्त्रियों के लिए वैदिक मन्त्रों का प्रयोग होता था।" इससे स्पष्ट है कि मनु के काल में स्त्रियों का उपनयन नहीं होता था, किन्तु प्राचीन काल में यह होता था, यह स्पष्ट हो जाता है। बाणभट्ट की *कादम्बरी* में महाश्वेता (जो तप कर रही थी) के बारे में ऐसा आया है कि उसका शरीर ब्रह्मसूत्र पहनने के कारण पवित्र हो गया था (ब्रह्मसूत्रेण पवित्रीकृतकायाम्)। यहाँ ब्रह्मसूत्र का अर्थ है यज्ञोपवीत। *संस्कारप्रकाश* में ऐसा आया है कि परमात्मा यज्ञ कहलाता है, और यज्ञोपवीत नाम इसलिए पड़ा कि यह परमात्मा को मिलानेवाला है (यह उनके लिए किए गए यज्ञ में प्रयुक्त होता है)।

तीनों वर्णों के लोगों के लिए यज्ञोपवीत की व्यवस्था थी, किन्तु क्षत्रियों एवं वैश्यों ने इसके प्रयोग को सर्वथा छोड़ दिया या सदा पहनना न चाहा, अतः बहुत पहले से ब्राह्मणों के लिए ही यज्ञोपवीत की विशिष्ट मान्यता थी। कालिदास ने *रघुवंश* (11.64) में कुपित परशुराम के वर्णन में लिखा है कि उपवीत तो पितृ-परम्परा से उन्हें मिला है किन्तु धनुष धारण करना माता के वंश से (क्योंकि माता क्षत्रिय वंश की थी ?)। इस उक्ति से स्पष्ट है कि क्षत्रिय लोग उपवीत सदा नहीं पहनते थे और उपवीत ब्राह्मणों के लिए एक विशिष्ट लक्षण हो गया था। *वेणीसंहार* (3) में कर्ण के इस कथन पर कि वह अश्वत्थामा के पैर को उसके ब्राह्मण होने के नाते नहीं काटेगा, अश्वत्थामा ने कहा; मैं अपनी जाति छोड़ता हूँ। (लो मैं अपना उपवीत छोड़ता हूँ), इससे स्पष्ट होता है कि वेणीसंहार (कम-से-कम 600 ई.) के समय यज्ञोपवीत ब्राह्मणजाति का एक विशिष्ट लक्षण हो गया था।

संस्काररत्नमाला में उद्धृत बौधायनसूत्र के अनुसार किसी ब्राह्मण या उसकी कुमारी कन्या द्वारा काता हुआ सूत लाया जाता है, तब 'भूः' के साथ किसी व्यक्ति द्वारा उसे 96 अँगुल नाप लिया जाता है, इसी प्रकार पुनः दो बार 'भुवः' एवं 'स्वः' के साथ 96 अंगुल नापा जाता है। तब इस प्रकार नापा हुआ सूत पलाश की पत्ती पर रखा जाता है और तीन मन्त्रों 'आपो हि ष्ठा' (*ऋग्वेद* 10.9.1-3), चार मन्त्रों 'हिरण्यवर्णाः' (*तैत्तिरीयसंहिता* 5.6.1 एवं *अथर्ववेद* 1.33.1-4) एवं 'पवमानः सुवर्जनः' (*तैत्तिरीय ब्राह्मण* 1.4.8) से प्रारम्भ होनेवाले अनुवादक तथा गायत्री के साथ उस पर जल छिड़का जाता है। इसके उपरान्त बाएँ हाथ में सूत लेकर दोनों हाथों से तीन बार ताली के रूप में ठोक दिया जाता है, तब वह 'भूरग्निं च' (*तैत्तिरीय ब्राह्मण* 3.10.2) के तीन मन्त्रों के साथ तिहरा मोड़ा जाता है। इसके उपरान्त 'भूर्भुवः स्वश्चन्द्रमस च' (*तैत्तिरीय ब्राह्मण* 3.10.2) के पठन के साथ गाँठ बाँधी जाती है। नौ तन्तुओं के साथ नौ देवताओं का आवाहन किया जाता है; तब 'देवस्य त्वा' नामक मन्त्र के साथ उपवीत उठा लिया जाता है। फिर 'उद्वयं तमसस्परि' (*ऋग्वेद* 1.50.10) के साथ उसे सूर्य को दिखाया जाता है। इसके उपरान्त 'यज्ञोपवीतं परमं पवित्रं' के साथ यज्ञोपवीत धारण किया जाता है। इसके उपरान्त गायत्री का जप करके आचमन किया जाता है।

आधुनिक काल में पुराना हो जाने पर या अशुद्ध हो जाने, कट या टूट जाने पर जब नवीन यज्ञोपवीत धारण किया जाता है तो संक्षिप्त कृत्य इस प्रकार का होता है—यज्ञोपवीत पर तीन 'आपो हिष्ठा' (*ऋग्वेद* 10.9.1-3) मन्त्रों के साथ जल छिड़का जाता है। इसके उपरान्त दस बार गायत्री (प्रति बार ब्याहृतियों, अर्थात "ओम् भूर्भुवः स्वः" के साथ) दुहराई जाती है

तब 'यज्ञोपवीतं परमं पवित्रं' के साथ यज्ञोपवीत धारण किया जाता है।

10.7 अपंगों का संस्कार

क्या अन्धे, बहरे, गूँगे, मूर्ख लोगों का उपनयन होता था? जैमिनि (6.1.41-42) के अनुसार अंगहीनों को अग्निहोत्र नहीं करना चाहिए, किन्तु यह अयोग्यता दोष न अच्छा हो सकने पर ही लागू होती है। *आपस्तम्बधर्मसूत्र* (2.6.14.1), *गौतम* (28.41.42), *वसिष्ठ* (17.52-54), *मनु* (9.201), *याज्ञवल्क्य* (22.40-141), *विष्णुधर्मसूत्र* (15.32) के अनुसार जो नपुंसक, पतित, जन्म से अन्धा या बधिर हो, लूला-लँगड़ा हो, जो असाध्य रोगों से पीड़ित हो उसे विभाजन के समय सम्पत्ति नहीं मिल सकती , हाँ उसके भरण-पोषण का प्रबन्ध होना चाहिए। किन्तु ऐसे लोग विवाह कर सकते थे। बिना उपनयन के विवाह कैसे हो सकता है ? अतः स्पष्ट है; अन्धों, बधिरों, गूँगों आदि का उपनयन होता रहा होगा। *बौधायनगृह्यशेषसूत्र* (2.9) ने इन लोगों में कुछ के लिए अर्थात् बहरों, गूँगों एवं मूर्खों के लिए उपनयन की एक विशिष्ट पद्धति निकाली है। इन लोगों के विषय में समिधा देना, प्रस्तर पर चढ़ना, वस्त्रधारण, मेखला-बन्धन, मृगचर्म एवं दंड लेना मौन रूप से होता है और बालक अपना नाम नहीं लेता, केवल आचार्य ही पक्व भोजन में घृत की आहुति देता है और सब मन्त्र मन-ही-मन पढ़ता है। सूत्र का कहना है कि यही विधि नपुंसक, अन्धे, पागल तथा मूर्च्छा, मिर्गी, कुष्ठ (श्वेत या कृष्ण) आदि रोगों से पीड़ित व्यक्तियों के लिए भी लागू होती है। *निर्णयसिन्धु* ने प्रयोगपारिजात में लिखित *ब्रह्मपुराण* के कथन को उद्धृत कर उपर्युक्त बात ही लिखी है। *संस्कारप्रकाश* (पृ. 399-401) एवं गोपीनाथ की *संस्काररत्नमाला* (पृ. 273-74) में भी यही बात पाई जाती है। मनु (2.174), *आपस्तम्बधर्मसूत्र* (2.6.13.1), *मनु* (10.5) *याज्ञवल्क्य* (1.90 एवं 92) ने स्पष्ट शब्दों में कुंड एवं गोलक सन्तानों के लिए भी उपर्युक्त व्यवस्था मानी है। कुंड वह सन्तान है जो पति के रहते किसी अन्य पुरुष से उत्पन्न होती है तथा गोलक पति की मृत्यु के उपरान्त किसी अन्य पुरुष से उत्पन्न होता है। मनु के कुंडों एवं गोलकों को श्राद्ध के समय निमन्त्रित करना मना किया है (3.156)।

मनु (10.41) ने छह अनुलोमों को द्विजों की क्रियाओं के योग्य माना है। मिताक्षरा (याज्ञवल्क्य 1.92 एवं 95) का कहना है कि माता की जाति के अनुसार ही अनुलोमों के कृत्य सम्पादित होने चाहिए और इन अनुलोमों से उत्पन्न वर्णसंकरों की सन्तानें भी उपनयन के योग्य ठहरती हैं। *बौधायनगृह्यशेषसूत्र* (2.8) ने क्षत्रियों, वैश्यों एवं वर्णसंकरों, यथा रथकारों, अम्बष्ठों आदि के लिए उपनयन-नियम लिखे हैं। मनु (4.41) के अनुसार सभी प्रतिलोम शूद्र हैं, यहाँ तक कि ब्राह्मण पुरुष एवं शूद्र नारी की सन्तान यद्यपि अनुलोम है किन्तु प्रतिलोम के समान ही है। शूद्र केवल एक जाति है, द्विजाति नहीं (गौतम 10.51)। प्रतिलोमों (शूद्रों) का भी उपनयन नहीं किया जाता।

अध्याय 11

सती-प्रथा

आजकल भारत में सती होना अपराध है, किन्तु 1829 के पूर्व इस देश में विधवाओं का सती हो जाना एक धर्म था। विधवाओं का सती, अर्थात् पति की चिता पर जलकर भस्म हो जाना केवल ब्राह्मण धर्म में ही नहीं पाया गया है, प्रत्युत यह प्रथा मानव-समाज की प्राचीनतम धार्मिक धारणाओं एवं अन्धविश्वासपूर्ण कृत्यों में समाविष्ट रही है। सती होने की प्रथा प्राचीन यूनानियों, जर्मनों, स्लावों एवं अन्य जातियों में भी पाई जाती है। किन्तु इसका प्रचलन बहुधा राजघरानों एवं भद्र लोगों में ही रहा।

वैदिक साहित्य में सती होने के विषय में न तो कोई निर्देश मिलता है और न कोई मन्त्र ही प्राप्त होते हैं। गृह्यसूत्रों ने भी इसके विषय में कोई विधि नहीं प्रस्तुत की है। लगता है कि ईसा की कुछ शताब्दियों पहले यह प्रथा ब्राह्मणवादी भारत में प्रचलित हुई। यह प्रथा यहीं उत्पन्न हुई, या किसी अभारतीय जाति से ली गई, इस विषय में प्रमाणयुक्त उक्ति देना कठिन है। *विष्णुधर्मसूत्र* को छोड़कर किसी अन्य धर्मसूत्र ने भी सती होने के विषय में कोई निर्देश नहीं किया है। *मनुस्मृति* इसके विषय में सर्वथा मौन है। स्ट्रैबो (15.1.30 एवं 62) में आया है कि "अलेक्जैंडर के साथ यूनानियों ने पंजाब के कठाइयों (कठों) में सती प्रथा देखी थी; उन्होंने यह भी व्यक्त किया है कि यह प्रथा इस डर से उभरी कि पत्नियाँ अपने पतियों को छोड़ देंगी या विष दे देंगी" (हैमिल्टन एवं फैलकोनर का अनुवाद, जिल्द 3)। *विष्णुधर्मसूत्र* (25.14) ने लिखा है–"अपने पति की मृत्यु पर विधवा ब्रह्मचर्य रखती थी या उसकी चिता पर चढ़ जाती थी (अर्थात् जल जाती थी)।" *महाभारत* ने, यद्यपि वह रक्तरंजित युद्धों की गाथाओं से भरा पड़ा है, सती होने के बहुत कम उदाहरण दिए हैं; "पांडु की प्यारी रानी माद्री ने पति के शव के साथ अपने को जला दिया।" *विराटपर्व* में कीचक के साथ जल जाने के लिए सैरन्ध्री को आज्ञा दी गई है (23.8)। प्राचीन काल में मृत राजा के साथ दास या दासों को गाड़ देने की प्रथा थी; *मौसलपर्व* (7.18) में आया है कि वसुदेव की चार पत्नियों; देवकी, भद्रा, रोहिणी एवं मदिरा ने अपने को पति के साथ जला डाला, और (7.73-74) कृष्ण की रुक्मिणी, गान्धारी, शैव्या, हैमवती एवं जाम्बवती ने अपने को उनके (श्रीकृष्ण के) शरीर के साथ जला दिया तथा सत्यभामा एवं अन्य रानियों ने तप के लिए वन का मार्ग लिया। *विष्णुपुराण* (5.38.2) ने लिखा है कि कृष्ण की मृत्यु पर उनकी आठ रानियों ने अग्नि में प्रवेश कर लिया। *शान्तिपर्व* (148) में आया है कि एक कपोती अपने पति (कपोत) की मृत्यु पर अग्नि में प्रवेश कर गई। *स्त्रीपर्व* (26) में मृत कौरवों की अन्त्येष्टि-क्रिया का वर्णन हुआ है; जिसमें कौरवों के रथों, परिधानों, आयुधों के जला देने की बात आई है, किन्तु उनकी पत्नियों के सती होने की बात पर महाभारत

मौन ही है।

सती-प्रथा विशेषतः राजघरानों एवं बड़े-बड़े वीरों तक ही सीमित रही है, और वह भी बहुत कम। अपरार्क ने पैठीनसि, अंगिरा, व्याघ्रपाद आदि की उक्तियाँ उद्धृत करके बताया है कि इन धर्मशास्त्रकारों ने ब्राह्मण विधवाओं के लिए सती होना वर्जित माना है। निबन्धकारों ने इस निषेध को दूसरे ढंग से समझाया है–"ब्राह्मणों की पत्नियाँ अपने को केवल पतियों की चिता पर ही भस्म कर सकती हैं, यदि पति कहीं दूर विदेश में मर गया हो और वहीं जला दिया गया हो, तो उसकी पत्नी मृत्यु के समाचार से अपने को जला नहीं सकती।" उशना में आया है कि ब्राह्मण विधवा अपने को पति से अलग नहीं जला सकती। सम्भवतः इसी उक्ति को निबन्धकारों ने अपने मतों के प्रमाण में रखा है। *व्यासस्मृति* (2.53) में आया है–"पति के शव का आलिंगन करके ब्राह्मणी को अग्निप्रवेश करना चाहिए; यदि वह पति के उपरान्त जीवित रहती है तो उसे अपना केश-शृंगार नहीं करना चाहिए और तप से शरीर को गला देना चाहिए।" *रामायण* (उत्तरकांड 17.15) में एक ब्राह्मणी के सती हो जाने की ओर संकेत है–ब्रह्मर्षि की पत्नी एवं वेदवती की माता ने रावण द्वारा छेड़े जाने पर अपने को जला डाला। *महाभारत* (स्त्रीपर्व 23.34) में द्रोणाचार्य की पत्नी कृपी विकीर्ण केशी के रूप में रोती हुई युद्धभूमि में आती है किन्तु अपने को जला डालने की कोई चर्चा नहीं करती है। इससे स्पष्ट होता है कि ब्राह्मणियों का विधवा रूप में जल जाना क्षत्रिय विधवाओं के जल जाने की प्रथा से बहुत दिनों उपरान्त आरम्भ हुआ है।

पति की मृत्यु पर विधवा के जल जाने को सहमरण या सहगमन या अन्वारोहण (जब विधवा मृत पति की चिता पर चढ़कर शव के साथ जल जाती है) कहा जाता है, किन्तु अनुमरण तब होता है जब पति और कहीं मर जाता है तथा जला दिया जाता है, और उसकी भस्म के साथ या पादुका के साथ या बिना किसी चिह्न के उसकी विधवा जलकर मर जाती है (*अपरार्क,* पृ. 111 तथा *मदनपारिजात,* पृ. 198)। कालिदास के *कुमारसम्भव* (4.34) में कामदेव के भस्म हो जाने पर उसकी पत्नी अग्नि-प्रवेश करना चाहती है, किन्तु स्वर्गिक स्वर उसे ऐसा करने से रोक देते हैं। *गाथाशप्तशती* (7.32) में अनुमरण करनेवाली एक नारी का उल्लेख हुआ है। *कामसूत्र* (6.3.53) ने भी अनुमरण की चर्चा की है। वराहमिहिर ने उन विधवाओं के साहस की प्रशंसा की है जो पति के मरने पर अग्नि-प्रवेश कर जाती हैं (*बृहत्संहिता* 74.16)। बाण के *हर्षचरित* (उच्छ्वास 5) में हर्ष के पिता प्रभाकरवर्धन को मरता देखकर माता यशोमती के अग्नि प्रवेश का उल्लेख है किन्तु यह सती होने का उदाहरण नहीं कहा जाएगा, क्योंकि यशोमती ने पति के मरण के पूर्व ही अपने को जला दिया। बाण ने *हर्षचरित* (5) में अनुमरण का भी आलंकारिक रूप से उल्लेख किया है। बाण की *कादम्बरी* ने अनुमरण की बड़े-बड़े शब्दों में निन्दा की है। *भागवतपुराण* (1.13.57) ने धृतराष्ट्र के शव के साथ गान्धारी के भस्म होने की बात लिखी है। *राजतरंगिणी* में कई स्थानों (6.107, 195; 7.103, 478) पर सती होने के उदाहरण मिलते हैं।

बहुत से अभिलेखों में सती होने के उदाहरण प्राप्त होते हैं। इनमें सबसे प्राचीन गुप्त संवत् 191 (510 ई.) का है (*गुप्त इंस्क्रिप्शंस,* फ्लीट, पृ. 91) इरन या एरण (मध्यप्रदेश) *प्रस्तर स्तम्भ-अभिलेख,* जिसमें भानुगुप्त के सेनापति गोपराज की पत्नी का पति के साथ सती हो जाना उत्कीर्ण है; *इंडियन एंटीक्वेरी,* जिल्द 9, पृ. 164 में नेपाल अभिलेख (705 ई.), जिसमें धर्मदेव की विधवा राजयवती अपने पुत्र महादेव को शासन-भार सँभालने को कहती

है और अपने को सती कर देना चाहती है; बेलतुरु अभिलेख (979 शक संवत्), जिसमें देकब्बे नामक शूद्र स्त्री अपने पति की मृत्यु पर माता-पिता के मना करने पर भी भस्म हो जाती है और उसके माता-पिता उसकी स्मृति में स्तम्भ खड़ा करते हैं; *एपिग्रैफिया इंडिका,* जिल्द 14, पृ. 265, 267, जहाँ पर सिन्ध महामंडलेश्वर राचमल्ल ने अपने सरदार बेचिराज की दो विधवाओं के, जो कि सती हो गईं, कहने पर शक संवत् 1103 में एक मन्दिर बनवाया। 1772 ई. में पेशवा माधवराव की पत्नी रमा बाई सती हो गई थी। चित्तौड़ तथा अन्य स्थानों पर राजपुत्रियों, रानियों आदि द्वारा खेले गए जौहर की कहानियाँ अभी बहुत ताजी हैं। क्रूर हाथों में पड़ने तथा बलात्कार सहने की अपेक्षा राजपूतों की रानियाँ, पुत्रियाँ तथा अन्य राजपूत कुमारियाँ अपने को अग्नि में झोंक देती थीं।

पुरुष भी सहमरण या अनुमरण करते थे (*इंडियन एंटिक्वेरी,* जिल्द 35 पृ. 129)। बहुत से पुरुष अपनी स्वामि-भक्ति तथा अन्य कारणों से भस्म हो जाया करते थे, इन सतियों एवं पुरुषों की स्मृति में प्रस्तर-स्तम्भ खड़े किए जाते थे, जिन्हें मास्तिक्कल (महासती के लिए प्रस्तर-स्तम्भ या यशस्तम्भ) या विरक्कल (वीर एवं भक्त लोगों के लिए यशस्तम्भ) कहा जाता था। *हर्षचरित* में बाण ने लिखा है कि प्रभाकरवर्धन की मृत्यु पर कितने ही मित्रों, मन्त्रियों, दासों एवं स्नेहपात्रों ने अपने को मार डाला। *राजतरंगिणी* (7.481) में आया है कि अनन्त की रानी जब सती हो गई तो उसका चटाई ढोनेवाला, कुछ अन्य पुरुष तथा तीन दासियाँ उसकी अनुगामी हो गईं। एक उदाहरण माता का भी मिलता है जो अपने पुत्र के साथ सती हो गई (*राजतरंगिणी* 7.1380)। प्रयाग जैसे स्थानों पर स्वर्ग-प्राप्ति के लिए आत्महत्या तक हो जाया करती थी।

ऐतिहासिक कालों में जो सती-प्रथा प्रचलित थी, उसके पीछे कोई पौरोहितक या धार्मिक दबाव नहीं था, और न अनिच्छुक नारियाँ ऐसा करती थीं। यह प्रथा कालान्तर में बढ़ती गई, पर यह कहना कि पुरुषों ने इसके बढ़ने में सहायता की, अनुचित है। एक रोचक मनोभाव के कारण ही सती प्रथा का विकास हुआ। प्रथमतः यह राजकुलों एवं भद्र लोगों तक ही सीमित थी, क्योंकि प्राचीन काल में विजित राजाओं एवं शूरों की पत्नियों की स्थिति बड़ी ही दयनीय होती थी। जीते हुए लोग विचित लोगों की पत्नियों से ही बदला चुकाते थे और उन्हें बन्दी बनाकर ले जाते थे और उनके साथ दासियों जैसा व्यवहार करते थे। मनु (7.96) ने सैनिकों को युद्ध में प्राप्त वस्तुओं के साथ स्त्रियों को भी पकड़ लेने की आज्ञा दी है। प्रभाकरवर्धन की स्त्री यशोमती अपने पुत्र हर्ष से वर्णन करती है कि विजित राजाओं की पत्नियाँ उसको पंखा झला करती हैं (*हर्षचरित* 5)। क्षत्रियों से यह प्रथा ब्राह्मणों में भी पहुँच गई, यद्यपि जैसा कि हमने ऊपर देख लिया है, स्मृतिकारों ने ब्राह्मणियों के लिए सती होना उचित नहीं माना है। एक बार जब यह प्रथा जड़ पकड़ गई तो निबन्धकारों एवं टीकाकारों ने इसको बल दे दिया और सतियों के लिए भविष्य में मिलनेवाले पुरस्कारों (पुण्य) की चर्चा चला दी।

सतियों के लिए निम्नलिखित प्रतिफल (पुण्यप्राप्ति) की चर्चा की गई है–शंख-लिखित एवं अंगिरा के अनुसार जो नारी पति की मृत्यु का अनुसरण करती है, वह मनुष्य के शरीर पर पाए जानेवाले रोमों की संख्या के तुल्य वर्षों तक स्वर्ग में बिराजती है, अर्थात साढ़े तीन करोड़ वर्ष। जिस प्रकार सँपेरा साँप को उसके बिल से खींच लेता है, उसी प्रकार सती होनेवाली स्त्री अपने पति को (चाहे जहाँ भी वह हो) खींच लेती है और उसके साथ कल्याण पाती है...सती होनेवाली

स्त्री अरुन्धती के समान ही स्वर्ग में यश पाती है। हारीत के मत में जो स्त्री सती है, वह तीन कुलों को, अर्थात् माता, पिता एवं पति के कुलों को पवित्र कर देती है। मिताक्षरा ने सती प्रथा अर्थात् अवरोहण को ब्राह्मण से लेकर चांडाल तक की स्त्रियों के लिए समान रूप से श्रेयस्कर माना है, किन्तु उस स्त्री को, जो गर्भवती है या छोटे बच्चोंवाली है, सती होने से रोक दिया है (*याज्ञवल्क्य* 1.86)।

कुछ प्राचीन टीकाकारों ने सती होने का विरोध किया है। मेघातिथि (मनु 5.157) ने इस प्रथा की तुलना श्येनयाग (जिसके द्वारा लोग अपने शत्रु पर काला जादू करके उसे मारते थे) से की है। मेघातिथि का कहना है कि यद्यपि अंगिरा ने अनुमति दी है, किन्तु यह आत्महत्या है और स्त्रियों के लिए वर्जित है। यद्यपि वेद कहता है; ''श्येनेनाभिचरन् यजेत'', किन्तु इसे अर्थात् श्येनयाग को लोग अच्छी दृष्टि से नहीं देखते अर्थात् उसे धर्म नहीं मानते बल्कि अधर्म कहते हैं (जैमिनि 1.1.2 पर शबर), उसी प्रकार यद्यपि अंगिरा ने (सती प्रथा का) अनुमोदन किया, तथापि यह अधर्म है। अवरोहन इस वेदोक्ति के विरुद्ध है–''जब तक आयु न बीत जाए किसी को यह लोक छोड़ना नहीं चाहिए।'' मिताक्षरा (*याज्ञवल्क्य* 1.86) ने मेघातिथि का तर्क न मानकर कहा है–''श्येनयाग वास्तव में अनुचित है अतः अधर्म है, वह इसलिए कि उसका उद्देश्य है दूसरे को कष्ट में डालना, किन्तु अनुगमन वैसा नहीं है, यहाँ प्रतिश्रुत फल है स्वर्ग-प्राप्ति जो उचित कहा जाता है और जो श्रुतिसम्मत है, यथा–''सम्पत्ति की प्राप्ति के लिए वायु को बकरी देनी चाहिए।'' इसी प्रकार अनुगमन के बारे में स्मृति श्रुति के विरुद्ध नहीं है, वहाँ उसका अर्थ है–''किसी को स्वर्गिक आनन्द के लिए अपने जीवन का दुरुपयोग नहीं करना चाहिए, क्योंकि स्वर्गिक आनन्द ब्रह्मज्ञान की तुलना में कुछ नहीं है। क्योंकि स्त्री अनुगमन द्वारा स्वर्ग की इच्छा करती है, अतः वह श्रुतिवाक्य के विरोध में नहीं जाती है।'' *अपरार्क* (पृ. 111), मदनपारिजात (199), *पराशरमाधवीय* (भाग 1, पृ.55-56) ने मिताक्षरा का तर्क स्वीकार किया है। *स्मृतिचन्द्रिका* का कहना है कि अन्वारोहण, जिसे *विष्णुधर्मसूत्र* (25.14) एवं अंगिरा ने माना है, ब्रह्मचर्य से निकृष्ट है, क्योंकि अन्वारोहण के फल ब्रह्मचर्य के फल के हल्के पड़ जाते हैं (व्यवहार, पृ. 254)। इसके विरुद्ध अंगिरा का मत है–''पति के मर जाने पर चिता पर भस्म हो जाने से बढ़कर स्त्रियों के लिए कोई अन्य धर्म नहीं है।'' शुद्धितत्त्व के अनुसार ऐसी धारणा केवल सहमरण की महत्ता की अभिव्यक्ति मात्र है।

ब्राह्मणियों को केवल अन्वारोहण की अनुमति थी, अनुगमन की नहीं। सहमरण के विषय में और भी नियन्त्रण हैं–''वे पत्नियाँ, जिनके बच्चे छोटे-छोटे हों, जो गर्भवती हों, जो अभी युवा न हुई हों और जो रजस्वला हों, वे पति की चिता पर नहीं चढ़तीं'' *(बृहन्नारदीय पुराण)*। बृहस्पति ने भी ऐसा ही कहा है। उस पत्नी को, जो पति की मृत्यु के समय रजस्वला रहती थी, स्नान करने के चौथे दिन जल जाने की अनुमति थी।

आपस्तम्ब (पद्य) ने उस नारी के लिए, जो पति की चिता पर जल जाने की प्रतिज्ञा करके लौट आती है, प्राजापत्य प्रायश्चित्त की व्यवस्था दी है। *राजतरंगिणी* (6.196) ने एक ऐसी रानी का चित्रण किया है।

शुद्धितत्त्व ने सती होने की विधि पर इस प्रकार प्रकाश डाला है। विधवा नारी स्नान करके दो श्वेत वस्त्र धारण करती है, अपने हाथों में कुश लेती है, पूर्व या उत्तर की ओर मुख करती है, आचमन करती है; जब ब्राह्मण कहता है 'ओम् तत्सत्', वह नारायण को स्मरण करती है तथा मास, पक्ष एवं तिथि का संकेत करती है, तब संकल्प करती है। इसके उपरान्त

वह आठों दिक्पालों का आवाहन करती है, सूर्य, चन्द्र, अग्नि आदि का भी आवाहन करती है कि वे लोग चिता पर जल जाने की क्रिया के साक्षी बनें। तब वह अग्नि के चारों ओर तीन बार जाती है (तीन बार अग्नि प्रदक्षिणा करती है), तब ब्राह्मण वैदिक मन्त्र का पाठ (*ऋग्वेद* 10.18.7) तथा एक पुराण के मन्त्र (ये अच्छी और परम पवित्र नारियाँ, जो पतिपरायण हैं, अपने पति के शवों के साथ अग्नि में प्रवेश करें) का पाठ करता है; तब स्त्री 'नमो नमः' कहकर जलती हुई चिता पर चढ़ जाती है। कमलाकर भट्ट द्वारा प्रणीत *निर्णयसिन्धु* (कमलाकर भट्ट की माता भी सती हो गई थी, और इन्होंने अपनी माता की स्मृति में बड़े मर्मस्पर्शी वचन कहे हैं) में उपर्युक्त विधि कुछ भिन्न सी है और उसका धर्मसिन्धु ने भी अनुसरण किया है।

यात्रियों एवं अन्य लोगों के लेखों से पता चलता है कि सती प्रथा बन्द होने के पूर्व की शताब्दियों में देश के अन्य भागों की अपेक्षा बंगाल की विधवाएँ अधिक संख्या में जला करती थीं। यदि यह बात थी तो इसके लिए उपयुक्त कारण भी विद्यमान थे। बंगाल को छोड़कर अन्य प्रान्तों के संयुक्त परिवारों में विधवा को भरण-पोषण के अतिरिक्त सम्पत्ति में कोई अन्य अधिकार प्राप्त नहीं थे। बंगाल में, जहाँ पर 'दायभाग' का प्रचलन था, पुत्रहीन विधवा को संयुक्त परिवार की सम्पत्ति में वही अधिकार था जो उसके पति का होता था। ऐसी स्थिति में परिवार के अन्य लोग पति की मृत्यु पर पत्नी की पतिभक्ति को पर्याप्त मात्रा में उत्तेजित कर देते थे, जिससे कि वह पति की चिता में भस्म हो जाए। क्रमशः सती प्रथा की भावना भारतीय समाज-मन से क्षीणतर होती चली गई और जब लार्ड विलियम बेंटिक ने 1829 ई. में इसे अवैध घोषित कर दिया तो जनता ने इसे स्वीकार ही कर लिया, कुछ स्वार्थी जनों ने ही गलत धार्मिकता का मोह प्रदर्शित कर प्रिवी कौंसिल में इस कानून के विरोध में आवेदन-पत्र दिया था।

अध्याय 12

विधवा

ऋग्वेद (4.18.12, 10.18.7, 10.40.2 एवं 8) में 'विधवा' शब्द कई बार आया है, किन्तु इनमें अन्तिम अर्थात् *ऋग्वेद* 10.40.2 को छोड़कर अन्य अंश विधवा की दशा पर कोई विशेष प्रकाश नहीं डालते। *ऋग्वेद* (1.87.3) में आया है कि मरुतों की अतिशीघ्र गतियों से पृथ्वी पतिहीन स्त्री की भाँति काँपती है। इससे प्रकट होता है कि विधवाएँ या तो दुःख के मारे या बलात्कार के डर से काँपती थीं।

बौधायनधर्मसूत्र (2.2.66-68) के मत से विधवा को साल-भर तक मधु, मांस, मदिरा एवं नमक छोड़ देना चाहिए तथा भूमि पर शयन करना चाहिए, किन्तु मौद्गल्य के मत से केवल छह मास (तक ही ऐसा करना चाहिए)। इसके उपरान्त यदि वह पुत्रहीन हो और गुरुजन आदेश दें तो वह अपने देवर से एक पुत्र उत्पन्न कर सकती है। यही बात *वसिष्ठधर्मसूत्र* (17.55-56) में भी पाई जाती है। मनु (5.157-160) की बताई हुई व्यवस्था अधिकांश में सभी स्मृतियों में पाई जाती है; "पति के मर जाने पर स्त्री, यदि वह चाहे तो, केवल पुष्पों, फलों एवं मूलों को ही खाकर अपने शरीर को गला दे (दुर्बल बना दे), किन्तु उसे किसी अन्य व्यक्ति का नाम भी नहीं लेना चाहिए। मृत्युपर्यन्त उसे संयम रखना चाहिए, व्रत रखने चाहिए, सतीत्व की रक्षा करनी चाहिए और पतिव्रता के सदाचरण एवं गुणों की प्राप्ति की आकांक्षा करनी चाहिए। पति की मृत्यु के उपरान्त यदि साध्वी नारी अविवाह के नियम के अनुसार चले अर्थात् अपने सतीत्व की रक्षा में लगी रहे, तो वह पुत्रहीन रहने पर भी स्वर्गारोहण करती है, जैसा कि प्राचीन नैष्ठिक ब्रह्मचारियों (यथा सनक) ने किया था।" कात्यायन के अनुसार "पुत्रहीन विधवा यदि अपने पति के विक्टर (बिस्तर या सेज) को बिना अपवित्र किए गुरुजनों के साथ रहती हुई अपने को संयमित रखती है तो उसे मृत्युपर्यन्त पति की सम्पत्ति प्राप्त हो जाती है। उसके उपरान्त उसके पति के उत्तराधिकारी लोग सम्पत्ति के अधिकारी होते हैं। धार्मिक व्रतों, उपवासों एवं नियमों में संलग्न, ब्रह्मचर्य के नियमों से पूर्ण, इन्द्रियों को संयमित करती एवं दान करती हुई विधवा पुत्रहीन होने पर भी स्वर्ग को जाती है।" पराशर (4.31) ने भी मनु (5.160) के समान ही कहा है। बृहस्पति का कथन है–"पत्नी पति की अर्धांगिनी घोषित हो चुकी है, वह पति के पापों एवं पुण्यों की भागी होती है, एक सद्गुणी पत्नी, चाहे वह पति की चिता पर भस्म हो जाती है या जीवित रह जाती है, अपने पति के अध्यात्मिक लाभ को अवश्य प्राप्त करती है। *वृद्धहारीत* (11.205-210) ने उसकी आमरण दिनचर्या दी है–"उसे बाल सँवारना छोड़ देना चाहिए, पान खाना, गन्ध, पुष्प, आभूषण एवं रंगीन परिधान का प्रयोग छोड़ देना चाहिए, पीतल-काँसे के बर्तन में भोजन नहीं करना

चाहिए, दो बार भोजन करना, अंजन लगाना आदि त्याग देना चाहिए, उसे श्वेत वस्त्र धारण करना चाहिए, इसे इन्द्रियों एवं क्रोध को दबाना चाहिए, धोखाधड़ी से दूर रहना चाहिए, प्रमाद एवं निन्दा से मुक्त होना चाहिए, पवित्र एवं सदाचरणवाली होना चाहिए, सदा हरि की पूजा करनी चाहिए, रात्रि में पृथ्वी पर कुश की चटाई पर शयन करना चाहिए, मनोयोग एवं सत्संगति में लगा रहना चाहिए।" बाण ने *हर्षचरित* (6, अन्तिम वाक्यांश) में लिखा है कि विधवाएँ अपनी आँखों में अंजन नहीं लगातीं थीं और न मुख पर पीला लेप ही करती थीं, वे अपने बालों को यों ही बाँध लेती थीं। प्रचेता ने संन्यासियों एवं विधवाओं को पान खाना, तेल वगैरह लगाकर स्नान करना एवं धातु के पात्रों में भोजन करना मना किया है। *आदिपर्व* (160.12) में आया है–"जिस प्रकार पृथ्वी पर पड़े मांस के टुकड़े पर पक्षीगण टूट पड़ते हैं, उसी प्रकार पतिहीन स्त्री पर पुरुष टूट पड़ते हैं।" *शान्तिपर्व* (148.2) में आया है–"बहुत पुत्रों के रहते हुए भी सभी विधवाएँ दुःख में हैं।" *स्कन्दपुराण* (काशीखंड, 4.55.75 एवं 3, ब्रह्मारण्य भाग 50.55) में विधवाधर्म के विषय में लम्बा विवेचन है, जिसका अधिकांश मदनपारिजात (पृ. 202-203), निर्णयसिन्धु, धर्मसिन्धु एवं अन्य निबन्धों में उद्धृत है। कुछ बातें यहाँ अवलोकनीय हैं–"अमंगलों में विधवा सबसे अमंगल है, विधवा-दर्शन से सिद्धि नहीं प्राप्त होती (हाथ में लिया हुआ कार्य सिद्ध नहीं होता), विधवा माता को छोड़ सभी विधवाएँ अमंगलसूचक हैं, विधवा की आशीर्वादोक्ति को विज्ञ जन ग्रहण नहीं करते, मानो वह सर्पविष हो।" *स्कन्दपुराण* के काशीखंड (अध्याय 4) में निम्न उक्तियाँ आई हैं–"विधवा के कबरीबन्ध (सिर के केशों को सँवारकर बाँधने) से पति बन्धन में पड़ता है, अतः विधवा को अपना सिर मुंडित रखना चाहिए। उसे दिन में केवल एक बार खाना चाहिए, या उसे मास भर उपवास करना चाहिए या चान्द्रायण व्रत करना चाहिए। जो स्त्री पलंग पर शयन करती है वह अपने पति को नरक में डालती है। विधवा को अपना शरीर सुगन्धित लेप से नहीं स्वच्छ करना चाहिए, और न उसे सुगन्धित पदार्थों का सेवन करना चाहिए, उसे प्रतिदिन तिल, जल एवं कुश से अपने पति, पति के पिता एवं पति के पितामह के नाम एवं गोत्र से तर्पण करना चाहिए, उसे मरते समय भी बैलगाड़ी में नहीं बैठना चाहिए, उसे कंचुकी (चोली) नहीं पहननी चाहिए, उसे रंगीन परिधान नहीं धारण करने चाहिए तथा वैशाख, कार्त्तिक एवं माघ मास में विशेष व्रत करने चाहिए।" *निर्णयसिन्धु* ने ब्रह्मपुराण को उद्धृत कर कहा है कि श्राद्ध का भोजन अन्य गोत्रवाली विधवा द्वारा नहीं बनाना चाहिए।

हिन्दू विधवा की स्थिति अत्यन्त शोचनीय थी और उसका भाग्य तो किसी भी स्थिति में स्पृहणीय नहीं माना जा सकता। वह अमंगलसूचक थी और किसी भी उत्सव में, यथा विवाह में, किसी प्रकार का भाग नहीं ले सकती थी। उसे न केवल पूर्ण रूप से साध्वी रहना पड़ता था, चाहे वह बचपन से ही विधवा क्यों न हो, प्रत्युत उसे संन्यासी की भाँति रहना पड़ता था, कम भोजन और कम वस्त्र धारण करना पड़ता था। उसके सम्पत्ति-अधिकार न कुछ थे। यदि उसका पति पुत्रहीन मर गया तो उसे मौलिक रूप से उत्तराधिकर नहीं मिलता था। कालान्तर में उत्तराधिकार के विषय में उसकी स्थिति में सुधार हुआ। किन्तु तब भी उसे केवल सम्पत्ति की आय मात्र मिलती थी, जिसे वह घर की वैधानिक आवश्यकताओं तथा पति के आध्यात्मिक लाभ के लिए ही हस्तान्तरित कर सकती थी (अन्य कार्यों में नहीं)। हिन्दू संयुक्त परिवार में विधवा को केवल भरण-पोषण का अधिकार है (बंगाल में कुछ अधिक अधिकार हैं), जिसे वह व्यभिचारिणी हो जाने पर खो देती है। यदि वह पुनः नैतिक जीवन

व्यतीत करने लगे तो उसे जीवनचर्या का अधिकार प्राप्त हो सकता है। यदि पति की पृथक् रूप से सम्पत्ति हो गई हो और उसे एक पुत्र या कई पुत्र हों तो उसकी विधवा को केवल भरण-पोषण का ही अधिकार मिलता है। यह स्थिति अभी कुछ दिनों तक रही है किन्तु अब विधवा की अवस्था में सुधार हो गया है।

विधवा का मुंडन हो जाया करता था। 14वीं शताब्दी में यह कर्म प्रचलित था। यह प्रथा कब से चली कहना कठिन है। सम्भवतः यह पश्चात्कालीन है। इस विषय में हमें दो सिद्धान्त देखने पड़ेंगे–1. पति की मृत्यु पर विधवा का मुंडन उसी प्रकार होता था जिस प्रकार पुत्रों का, तथा 2. विधवा को आमरण मुंडन कराना पड़ता था; यद्यपि यह बात पिताहीन पुत्रों के साथ नहीं लागू होती। मुंडन के पक्षपाती तीन वैदिक उक्तियों का हवाला देते हैं। यथा *ऋग्वेद* (10. 40.2), *आपस्तम्बमन्त्रपाठ* (1.4.9) एवं *अथर्ववेद* (14.2.60)। *ऋग्वेद* (10.40.2) केवल विधवा की ओर संकेत करता है या नियोग की बात करता है, किन्तु उसके कथन में मुंडन की ओर कोई संकेत नहीं प्राप्त होता। आज के कुछ कट्टर पंडित लोग निरुक्त (3.15) के 'विधावनाद् वा इति चर्मशिराः'' में 'चर्मशिराः' को मुंडित विधवा का द्योतक मानते हैं। किन्तु यह ठीक नहीं है; वास्तव में 'चर्मशिरा' महोदय, निरुक्त के टीकाकारों के मत से, निरुक्त के लेखक यास्क के पूर्व कोई आचार्य थे। *आपस्तम्बमन्त्रपाठ* (1.5.9) में 'बिकेशी' शब्द का अर्थ 'मुंडित विधवा' नहीं है, जैसा कि लोगों ने समझ रखा है; इसका साधारणतः अर्थ है ''बिखरे हुए केशोंवाली स्त्री।'' *अथर्ववेद* की उक्ति में भी 'विकेशी' शब्द विवाह के समय प्रयुक्त हुआ है। एक-दूसरे स्थान पर (*अथर्ववेद* 9.9.14) सायण ने 'विकेशी' का अर्थ 'विकीर्णकेशी' अर्थात् ''बिखरे हुए बालोंवाली नारी'' लगाया है। स्पष्ट है कि वेद में विधवा के मुंडित होने की ओर कोई स्पष्ट संकेत नहीं मिलता। बौधायन-पितृमेघसूत्र में अन्त्येष्टि-क्रिया के वर्णन में मृतात्मा के निकट सम्बन्धियों के मुंडन की चर्चा है। किन्तु पत्नी के मुंडन का कोई उल्लेख नहीं है

मनु एवं याज्ञवल्क्य विधवाधर्म की चर्चा में विधवा के मुंडन की चर्चा नहीं करते। किसी अन्य स्मृति में भी इसकी चर्चा नहीं हुई है। कुछ धर्मशास्त्रकारों ने विधवा के केश-शृंगार से दूर की बात कही है (*वृद्धहारीत* 9.206), अतः स्पष्ट है कि विधवाएँ केश रखती थीं। कम-से-कम क्षत्रियों की विधवाएँ कभी भी मुंडित-सिर नहीं होती थीं, जैसा कि महाभारत की विधवाओं के चित्रण से व्यक्त होता है। *महाभारत* में वे 'प्रकीर्णकेशाः' अर्थात् बिखरे केशोंवाली कही गई हैं (स्त्रीपर्व 16.18; 17.25, 21.6, 24.7; आश्रमवासिपर्व 25.16; मौसलपर्व (7.17), बाण ने विधवा के केश-बन्धन का उल्लेख किया है (यथा–वध्यनातु वैधव्यवेणीं वर-मनुष्यता। *हर्षचरित,* 5)। कन्नौज के राजा महेन्द्रपाल की पेहोवा प्रशस्ति में शत्रुओं की विधवाएँ लम्बे बालोंवाली कही गई हैं (*एपिग्रैफिया इंडिका,* जिल्द 1, पृ. 246, श्लोक 16)।

कट्टर पंडितों ने *व्यासस्मृति* (2.53) पर भी अपना मत आश्रित रखा है; ''(पति के मर जाने पर) ब्राह्मणी को पति का शव गोद में लेकर अग्नि-प्रवेश करना चाहिए, यदि वह जीवित रहती (सती नहीं होती) तो उसे त्यक्तकेशा होकर तप से अपने शरीर को सुखा डालना चाहिए।'' यहाँ 'त्यक्तकेशा' शब्द के तीन अर्थ सम्भव हैं–1. वह जिसने केश-शृंगार छोड़ दिया हो, या 2. वह जिसके केश कुछ स्मृतियों के मतानुसार केवल दो अँगुल की लम्बाई में काटे गए हों, जैसा कि गोवध आदि के प्रायश्चित्त में किया जाता है, या 3. वह जिसका सिर मुंडित हो चुका हो। जो भी हो, अन्य स्मृतियों ने विधवा के केशमुंडन की चर्चा नहीं की है।

मिताक्षरा ने याज्ञवल्क्य (3.325) की व्याख्या में मनु के एक कथन की चर्चा की है–"विद्वानों, राजाओं, स्त्रियों के विषय में सिर-मुंडन की बात नहीं उठती, केवल महापातक करने या गोहत्या करने या ब्रह्मचारी द्वारा सम्भोग किए जाने पर ही सिर-मुंडन की बात उठती है।" मिताक्षरा ने विधवा के लिए कहीं भी सिर-मुंडन आवश्यक कर्म नहीं माना है।

निर्णयसिन्धु (1612 ई. में प्रणीत) के लेखक एवं बालभट्टी (18वीं शताब्दी के अन्तिम चरण में प्रणीत) ने विधवा के मुंडन की चर्चा की है और इन लोगों ने *आपस्तम्बधर्मसूत्र* (1.3.10.6) एवं मिताक्षरा (3.17) की व्याख्या अपने ढंग से करके विधवा के मुंडित रहने की बात कही है। किन्तु इनकी व्याख्या में बहुत खींचातानी है जो वास्तविकता को प्रकट करने में असमर्थ है।

विधवा के मुंडन के विषय में कोई स्पष्ट वैदिक प्रमाण नहीं मिलता। गृह्य तथा धर्मसूत्र इसकी ओर संकेत नहीं करते; और न मनु एवं याज्ञवल्क्य की स्मृतियाँ ही ऐसा करती हैं। यदि दो-एक स्मृति-ग्रन्थों के श्लोक, जिनके अर्थ के विषय में कुछ सन्देह है, विधवा के मुंडन की चर्चा करते हैं तो वृद्ध-हारीत के समान अन्य स्मृतियाँ इसका विरोध करती हैं। कुछ स्मृतियों ने केवल एक बार, पति की मृत्यु के उपरान्त, मुंडन करने की बात चलाई है, कहीं भी किसी स्मृति के आमरण मुंडन कराने की चर्चा नहीं की है। मिताक्षरा एवं अपरार्क इस विषय में मौन हैं। लगता है, मुंडन की प्रथा 10वीं या 11वीं शताब्दी से उदित हुई। कालान्तर में विधवाएँ यतियों के समान मानी जाने लगीं, और यति लोग अपना सिर मुड़ाया करते थे, अतः विधवाएँ भी वैसा करने लगीं। उन्हें इस प्रकार असुन्दर बनाकर साध्वी रखा जाने लगा। हो सकता है, बौद्ध एवं जैन साधुनियों के उदाहरणों ने भी इस क्रूर प्रथा की ओर संकेत किया हो। हमें यह बात चुल्लवर्ग से ज्ञात होती है कि बौद्ध साधुनियाँ (भिक्षुणियाँ) सिर के केश कटा डालती थीं और नारंगी के रंग (पिच्छिल) के परिधान धारण करती थीं। महाराष्ट्र में कुछ दिन पूर्व ब्राह्मण विधवाएँ लाल रंग का वस्त्र धारण करती थीं (अभी आज भी कुछ पुरानी बूढ़ियाँ मिल ही जाती हैं)। यह प्रथा बहुत प्राचीन नहीं है। *मदनपारिजात* (14वीं शताब्दी) को छोड़कर कोई अन्य निबन्ध स्कन्दपुराण के कथन उद्धृत नहीं करता। यह प्रथा अब समाप्ति पर है।

विधवा का पुनर्विवाह

'पुनर्भू' शब्द उस विधवा के लिए प्रयुक्त होता है, जिसने पुनर्विवाह किया हो। नारद (स्त्रीपुस, 45) के अनुसार सात प्रकार की पत्नियाँ होती हैं जो पहले किसी व्यक्ति से विवाहित (परपूर्वा) हो चुकी रहती हैं; उनमें पुनर्भू के तीन प्रकार होते हैं और स्वैरिणी के चार प्रकार होते हैं। तीन पुनर्भू हैं–1. वह, जिसका विवाह में पाणिग्रहण हो चुका हो किन्तु समागम न हुआ हो; इसके विषय में विवाह एक बार पुनः होता है; 2. वह स्त्री, जो अपने पति के साथ रहकर उसे छोड़ दे और अन्य भर्ता कर ले किन्तु पुनः अपने मौलिक पति के यहाँ चली आए; 3. वह स्त्री, जो अपने पति की मृत्यु के उपरान्त उसके सम्बन्धियों द्वारा, देवर के न रहने पर, किसी सपिंड को या उसी जातिवाले किसी को दे दी जाए (यह नियोग है, जिसमें कोई धार्मिक कृत्य नहीं किया जाता है)। चार स्वैरिणी ये हैं–1. वह स्त्री, जो पुत्रहीन या पुत्रवती होने पर अपने पति की जीवितावस्था में प्रेमवश किसी अन्य पुरुष के यहाँ चली जाए; 2. वह स्त्री, जो अपने मृत पति के भाइयों तथा अन्य लोगों को न चाहकर किसी अन्य के प्रेम में फँस जाए; 3. वह स्त्री जो विदेश से आकर या क्रीत होकर भूख-प्यास से व्याकुल होकर

किसी व्यक्ति की शरण में आकर कह दे 'मैं तुम्हारी हूँ'; 4. वह स्त्री, जो किसी अजनवी को देशाचार के कारण अपने गुरुजनों द्वारा सुपुर्द कर दी जाए, किन्तु स्वैरिणी हो जाने का अपराध करे (जब कि उनके द्वारा या उस (स्त्री) के द्वारा नियोग के विषय में स्मृतियों के नियम पर पालित हों)। नारद के अनुसार उपर्युक्त दोनों प्रकारों में सभी क्रमानुसार निकृष्ट कहे जाते हैं। याज्ञवल्क्य (1.67) इतने बड़े विस्तार में नहीं पड़ते, वे पुनर्भू को दो भागों में बाँटते हैं; 1. वह, जिसका पति से अभी समागम न हुआ हो, तथा 2. वह, जो समागम कर चुकी हो; इन दोनों का विवाह पुनः होता है (पुनर्भू वह है, जो पुनः संस्कृता हो)। याज्ञवल्क्य ने स्वैरिणी उसको माना है जो अपने विवाहित पति को छोड़कर किसी अन्य पुरुष से प्रेम में फँसकर उसी के साथ रहती है। द्वितीय पति या द्वितीय विवाह से उत्पन्न पुत्र को 'पौनर्भव' (क्रम से पति या पुत्र, यथा पौनर्भव-पति या पौनर्भव-पुत्र) की संज्ञा दी जाती है (*संस्कारप्रकाश,* पृ. 740-741)। कश्यप के अनुसार पुनर्भू के सात प्रकार हैं–1. वह कन्या, जो विवाह के लिए प्रतिश्रुत हो चुकी हो, 2. वह, जो मन से दी जा चुकी हो, 3. वह, जिसकी कलाई में वर द्वारा कंगन बाँध दिया गया हो, 4. वह, जिसका जल के साथ (पिता द्वारा) दान हो चुका हो, 5. वह, जिसका वर द्वारा पाणिग्रहण हो चुका हो, 6. वह, जिसने अग्नि-प्रदक्षिणा कर ली हो तथा 7. जिसे विवाहोपरान्त बच्चा हो चुका हो। इनमें प्रथम पाँच प्रकारों से हमें यह समझना चाहिए कि वर या तो मर गया या उसने आगे की वैवाहिक क्रिया नहीं की और लौट गया। इन लड़कियों को भी, इनका पुनर्विवाह हो जाने पर, पुनर्भू कहा जाता है, यद्यपि इनका प्रथम विवाह, विवाह नहीं था, क्योंकि उसमें सप्तपदी नहीं सम्पादित हुई थी। छठे प्रकार में अग्नि-प्रदक्षिणा के कारण विवाह हो जाने की गन्ध मिलती है। बौधायन द्वारा उपस्थापित प्रकारों में थोड़ी सी विभिन्नता है। प्रथम दो कश्यप के प्रकार–जैसे हैं, अन्य प्रकार हैं– 3. वह, जो (वर के साथ) अग्नि के चतुर्दिक् घूम गई है, 4. वह, जिसने सप्तपदी समाप्त कर ली है, 5. वह, जिसने सम्भोग कर लिया हो (चाहे विवाहोपरान्त या बिना विवाह के ही), 6., वह, जो गर्भवती हो चुकी हो तथा 7. वह, जिसे बच्चा उत्पन्न हो गया हो। वेद में प्रयुक्त 'पुनर्भू' का अर्थ करते समय उपर्युक्त अर्थों का स्मरण रखना चाहिए। *शतपथब्राह्मण* (4.1.5.9) में सुकन्या की कथा स्पष्ट है–वह केवल च्यवन को दे दी गई थी, अभी उसका औपचारिक ढंग से विवाह नहीं हुआ था, किन्तु उसने अपने को च्यवन की पत्नी मान लिया था। मनु (9.69-70) ने नियोग के नियमों को केवल उस कन्या तक सीमित माना है जो केवल वाग्दत्ता मात्र थी; किन्तु *वसिष्ठधर्मसूत्र* (27.72) ने वाग्दत्ता एवं उदकस्पर्शिता, (जो मन से जल-स्पर्श करके दी जा चुकी हो) को वेदमन्त्रोच्चारण के पूर्व अभी कुमारी ही माना है। *वसिष्ठधर्मसूत्र* (27.74) ने बौधायन के चौथे प्रकार की ओर संकेत किया है। याज्ञवल्क्य (1.67) जब अक्षता के बारे में लिखते हैं तो कश्यप के सभी छह प्रकारों की ओर संकेत करते हैं या बौधायन के प्रथम चार प्रकारों की ओर निर्देश करते हैं, किन्तु जब वे क्षता की बात करते हैं तो कश्यप के सातवें एवं बौधायन के अन्तिम तीन प्रकारों की ओर निर्देश करते हैं। *वसिष्ठधर्मसूत्र* (17.19-20) ने पौनर्भव को उस स्त्री का पुत्र कहा है, जो अपनी युवावस्था के पति को त्यागकर किसी अन्य का साथ करती है और पुनः पति के घर आकर रहने लगती है, या जो अपने नपुंसक, जातिच्युत या पागल पति को त्याग कर या अपने पति की मृत्यु पर दूसरा पति कर लेती है। *बौधायनधर्मसूत्र* (2.2.31) ने पौनर्भव पुत्र को उस स्त्री का पुत्र माना है, जो अपने नपुंसक या जातिच्युत पति को छोड़कर अन्य पति करती है। नारद

(स्त्रीपुंस, 97), *पराशर* (4.30) एवं *अग्निपुराण* (154.5-6) में एक ही श्लोक आया है, यथा "नष्टे मृते प्रव्रजिते क्लीबे च पतिते पतौ। पंचस्वापत्सु नारीणां पतिरन्यो विधीयते ॥" *नारद* (स्त्रीपुंस प्रकरण 97)। इसका अर्थ है–"पाँच विपत्तियों में स्त्रियों के लिए द्वितीय पति आज्ञापित है; जब पति नष्ट हो जाए (उसके विषय में कुछ सुनाई न पड़े), मर जाए, संन्यासी हो जाए, नपुंसक हो या पतित हो।" इस श्लोक को लेकर बहुत वाद-विवाद चलता रहा है। *पराशरमाधवीय* (2, भाग 1, पृ. 53) ने सबसे सरल मत यह दिया है कि यह बात या स्थिति किसी अन्य युग के समाज की है, इसका कलियुग में कोई उपयोग नहीं है। अन्य लोगों ने, यथा मेधातिथि (मनु 5.157) ने लिखा है कि 'पति' शब्द का अर्थ केवल 'पालक' है। मेधातिथि (मुन 3.10 एवं 5. 163) नियोग के विरोधी नहीं हैं, किन्तु वे विधवा के पुनर्विवाह के कट्टर विरोधी हैं। *स्मृत्यर्थसार* (लगभग 1150 ई. से 1200 ई. तक) ने कई मत प्रकाशित किए हैं, यथा–1. कुछ लोगों के मत से यदि सप्तपदी के पूर्व ही नर मर जाए तो कन्या का विवाह पुनः हो जाना चाहिए 2. अन्यों का कहना है कि समागम (सम्भोग हो जाने के) के पूर्व यदि पति मर जाए तो पुनर्विवाह हो जाना चाहिए, 3. कुछ लोगों के मत से यदि विवाहोपरान्त कन्या के रजस्वला होने के पूर्व पति मर जाए तो पुनर्विवाह हो जाना चाहिए तथा 4. कुछ अन्य लोगों के अनुसार गर्भ ठहरने के पूर्व पुनर्विवाह आज्ञापित है।

आपस्तम्बधर्मसूत्र (2.6.13.3-4) ने पुनर्विवाह की भर्त्सना की है–"यदि कोई पुरुष उस स्त्री से, जिसका कोई पति रह चुका हो, या जिसका विवाह-संस्कार न हुआ हो, या जो दूसरे वर्ण की हो, सम्भोग करता है तो पाप का भागी होता है, और उसका पुत्र भी पाप का भागी कहा जाएगा।" हरदत्त ने मनु (3.174) की व्याख्या में लिखा है कि दूसरे की पत्नी से, जिसका पति जीवित हो, उत्पन्न किया हुआ पुत्र 'कुंड' तथा उससे, जिसका पति मर गया हो, उत्पन्न किया हुआ पुत्र 'गोलक' कहलाता है। मनु (4.162) ने विधवा के पुनर्विवाह का विरोध किया है–"सदाचारी नारियों के लिए दूसरे पति की घोषणा कहीं नहीं हुई है"; यही बात विभिन्न ढंगों से उन्होंने कई बार कही है। ब्रह्मपुराण ने कलियुग में विधवा-विवाह निषिद्ध माना है। संस्कारप्रकाश ने कात्यायन का मत प्रकाशित किया है कि उन्होंने सगोत्र में विवाहित विधवा के पुनर्विवाह की बात चलाई है, किन्तु अब यह मत कलियुग में अमान्य है। यही बात सभी निबन्धों में पाई जाती है। मनु (9.176) ने उस कन्या के पुनर्विवाह के संस्कार की बात उठाई है, जिसका अभी समागम न हुआ हो, या जो अपनी युवावस्था का पति छोड़कर अन्य के साथ रहकर पुनः अपने वास्तविक पति के यहाँ आ गई हो। यहाँ मनु ने अपने समय की रूढ़िगत परम्परा की ओर संकेत मात्र किया है, वास्तव में जैसा कि पहले ही व्यक्त किया जा चुका है, वे विधवा के पुनर्विवाह के घोर विरोधी थे। स्पष्ट है, मनु ने पुनर्विवाह में मन्त्रों के प्रयोग का विरोध नहीं किया है, प्रत्युत मन्त्रों से अभिषिक्त पुनर्विवाह को अधर्म ही माना है। महाभारत में आया है कि दीर्घतमा ने पुनर्विवाह एवं नियोग वर्जित कर दिया है (आदिपर्व 104.34-37)। मनु (9.172-173) ने स्वयं गर्भवती कन्या के संस्कार की बात चलाई है। बौधायनधर्मसूत्र (4.1.18), वसिष्ठधर्मसूत्र (17.74), याज्ञवल्क्य (1.167) ने पुनर्विवाह के संस्कार (पौनर्भव संस्कार) की बात कही है। मनु (3.155) एवं याज्ञवल्क्य (1.222) ने श्राद्ध में न बुलाए जानेवाले ब्राह्मणों में पौनर्भव (पुनर्भू के पुत्र) को भी गिना है। अपरार्क (पृ. 97) द्वारा उद्धृत ब्रह्मपुराण में यह आया है कि बालविधवा, या जो बलवश त्याग दी गई हो, या किसी के द्वारा अपहृत हो चुकी हो, उसके विवाह का नया संस्कार हो सकता है।

बहुत सी स्मृतियों ने उस पत्नी के लिए, जिसका पति बहुत वर्षों के लिए बाहर गया हुआ हो, कुछ नियम बनाए हैं। नारद (स्त्रीपुंस, 98-101) ने ये आदेश दिए हैं–''यदि पति विदेश गया हो तो ब्राह्मण पत्नी को आठ वर्षों तक जोहना चाहिए, किन्तु केवल चार ही वर्षों तक जोहन चाहिए जबकि उसे बच्चा न उत्पन्न हुआ हो, उसके उपरान्त (8 या 4 वर्षों के उपरान्त) वह दूसरा विवाह कर सकती है (नारद ने क्षत्रिय और वैश्य पत्नियों के लिए कम वर्ष निर्धारित किए हैं); यदि पति जीवित है तो दूने वर्षों तक जोहना चाहिए; प्रजापति का मत यह है कि यदि पति का कोई पता न हो तो दूसरा पति करने में कोई पाप नहीं है।'' मनु (9.76) का कहना है–''यदि पुरुष धार्मिक कर्तव्य को लेकर विदेश गया हो तो पत्नी को आठ वर्षों तक, यदि ज्ञान या यश की प्राप्ति के लिए गया हो तो छह वर्षों तक, यदि प्रेम के वश होकर (दूसरी स्त्री के फेर में) गया हो तो तीन वर्षों तक जोहना चाहिए।'' मनु ने यह नहीं बताया कि उपयुक्त अवधि के उपरान्त पत्नी को क्या करना चाहिए। वसिष्ठ (17.75-76) ने बताया है कि यदि पति बाहर चला गया हो तो पाँच वर्षों तक बाट देखकर उसे पति के पास चला जाना चाहिए। यह तो ठीक है, किन्तु यदि पति का कोई पता-ठिकाना न ज्ञात हो तब उस बेचारी पत्नी को क्या करना चाहिए ? इस प्रश्न-उत्तर में वसिष्ठ मौन हैं। विश्वरूप (याज्ञवल्क्य 1.69) ने लिखा है कि विदेश गए हुए पति को नियमानुसार नियत समय तक जोहकर नियोग को नहीं अपनाते हुए उसे पति के पास चला जाना चाहिए। कौटिल्य (3.4) ने मनोहर नियम दिए हैं–''विदेश गए हुए, या संन्यासी, या मरे हुए पति को पत्नी को सात ऋतुमास तक जोहकर, तथा यदि उसे एक बच्चा हो, तो साल-भर तक जोहकर अपने पति के सगे भाई से विवाह कर लेना चाहिए। यदि कई भाई हों तो उसे अपने पति के सन्निकट अवस्थावाले भाई से, जो सदाचारी हो, उसका भरण-पोषण कर सके या वह जो सबसे छोटा हो या अविवाहित हो, उससे विवाह करना चाहिए। यदि कोई भाई न हो तो वह अपने पति के सपिंड से या उसी जाति के किसी से भी विवाह कर सकती है।'' दमयन्ती की गाथा यह स्पष्ट करती है कि जब पति का वर्षों पता न चले तो पत्नी पुनर्विवाह सम्पादित कर सकती है (वनपर्व 70.24)।

अध्याय 13

नियोग

13.1 अर्थ

किसी नियुक्त पुरुष के सम्भोग द्वारा पुत्रोत्पत्ति के लिए पत्नी या विधवा की नियुक्ति। इस प्रथा के उद्‌गम एवं उपयोग के विषय में विविध मत-मतान्तर हैं। गौतम (18.4-14) ने इसकी चर्चा की है; "पतिविहीन नारी यदि पुत्र की अभिलाषा रखे तो अपने देवर द्वारा प्राप्त कर सकती है। किन्तु उसे गुरुजनों से आज्ञा ले लेनी चाहिए और सम्भोग केवल ऋतुकाल में (प्रथम चार दिनों को छोड़कर) ही करना चाहिए। वह सपिंड, सगोत्र, सप्रवर या अपनी जातिवाले से ही (जब देवर न हो तो) पुत्र प्राप्त कर सकती है। कुछ लोगों के मत से यह प्रथा केवल देवर से ही संयुक्त है। वह दो से अधिक पुत्र (इस प्रथा द्वारा) नहीं प्राप्त कर सकती है। गौतम (18.11) का कहना है कि जीवित पति द्वारा प्रार्थित स्त्री जब (नियोग से) पुत्र उत्पन्न करती है तो वह उसी (पुरुष) का पुत्र होता है। गौतम (28.32) ऐसे पुत्र को क्षेत्रज और उसकी माता को क्षेत्र की संज्ञा देते हैं। इसी प्रकार उस स्त्री या विधवा का पति क्षेत्री या क्षेत्रिक (जिसकी वह पत्नी या विधवा होती है) तथा पुत्रोत्पत्ति के लिए नियुक्त पुरुष बीजी (जो बीज बोता है) या नियोगी (वसिष्ठ 17.64, अर्थात् जो नियुक्त हो) कहलाया है।

वसिष्ठधर्मसूत्र (17.56-64) ने लिखा है–विधवा का पति या भाई (या मृत पति का भाई) गुरुओं को (जिन्होंने पढ़ाया हो या मृतात्मा के लिए यज्ञ कराया हो) तथा सम्बन्धियों को एकत्र करे और उसे (विधवा को) मृत के लिए पुत्रोत्पत्ति के लिए नियोजित करे। उन्मादिनी विधवा, अपने को न सँभाल सकनेवाली (दुःख के मारे), रोगी या बूढ़ी विधवा को इस कार्य के लिए नहीं नियोजित करना चाहिए। युवावस्था के ऊपर 16 वर्ष तक ही नियोग होना चाहिए। बीमार पुरुष को नहीं नियुक्त करना चाहिए। नियुक्त व्यक्ति को पति की भाँति प्रजापतिवाले मंगल मुहूर्त में विधवा के पास जाना चाहिए और उसके साथ न तो रतिक्रीड़ा करनी चाहिए, न अश्लील भाषण करना चाहिए और न दुर्व्यवहार करना चाहिए। धन-सम्पत्ति (रिक्थ) की प्राप्ति की अभिलाषा से नियोग नहीं करना चाहिए। *बौधायनधर्मसूत्र* (2.2.17) के अनुसार क्षेत्रज पुत्र वही है जो निश्चित आज्ञा के साथ विधवा से या नपुंसक या रुग्ण पति की पत्नी से उत्पन्न किया जाए। मनु (9.59-61) का कथन है कि पुत्रहीन विधवा अपने देवर या पति के सपिंड से पुत्र उत्पन्न कर सकती है, नियुक्त पुरुष को अँधेरे में ही विधवा के पास जाना चाहिए, उसके शरीर पर घृत का लेप होना चाहिए और उसे एक ही (दो नहीं) पुत्र उत्पन्न करना चाहिए, किन्तु कुछ लोगों के मत से दो पुत्र उत्पन्न करने चाहिए। यही बात *बौधायनधर्मसूत्र* (2.2.68-70), *याज्ञवल्क्य* (1.68-69) एवं नारद (स्त्रीपुंस, 80-83) में भी पाई जाती है। *कौटिल्य* (1.17) ने

लिखा है कि बूढ़े एवं न अच्छे किए जानेवाले रोग से पीड़ित राजा को चाहिए कि वह अपनी रानी को नियुक्त कर किसी मातृबन्धु या अपने ही समान गुणवाले सामन्त द्वारा पुत्र उत्पन्न कराए। एक अन्य स्थान पर कौटिल्य ने पुनः कहा है कि यदि कोई ब्राह्मण बिना सन्निकट उत्तराधिकारी के मर जाए, तो किसी सगोत्र या मातृबन्धु को नियोजित कर क्षेत्रज पुत्र उत्पन्न करना चाहिए, वह रिक्थ प्राप्त करेगा (*कौटिल्य* 3.6)।

13.2 दशा

नियोग के लिए निम्नलिखित दशाएँ आवश्यक थीं—1. जीवित या मृत पति पुत्रहीन होना चाहिए; 2. कुल के गुरुजनों द्वारा ही निर्णीत पद्धति से पति के लिए पुत्र उत्पन्न करने के लिए पत्नी को नियोजित करना चाहिए; 3. नियोजित पुरुष को पति का भाई (देवर), सपिंड या पति का सगोत्र (गौतम के अनुसार सप्रवर या अपनी जाति का) होना चाहिए; 4. नियोजित पुरुष एवं नियोजित विधवा में कामुकता का पूर्ण अभाव एवं कर्तव्य-ज्ञान का भार रहना चाहिए; 5. नियोजित (नियुक्त) पुरुष के शरीर पर घृत या तेल का लेप लगाकर रहना चाहिए, उसे न तो बोलना चाहिए, न चुम्बन करना चाहिए और न स्त्री के साथ किसी प्रकार की रतिक्रीड़ा में संयुक्त होना चाहिए; 4. यह सम्बन्ध केवल एक पुत्र उत्पन्न होने तक (अन्य मतों से दो पुत्र उत्पन्न होने तक) रहता है; 7. नियुक्त विधवा को अपेक्षाकृत युवा होना चाहिए, उसे बूढ़ी या वन्ध्या (बाँझ), अतीतप्रजनन-शक्ति, बीमार, इच्छाहीन या गर्भवती नहीं होना चाहिए; एवं 8. एक पुत्र की उत्पत्ति के उपरान्त दोनों को एक-दूसरे से अर्थात् नियुक्त पुरुष को श्वसुर-सा एवं नियुक्त विधवा या स्त्री को वधू-सा व्यवहार करना चाहिए (मनु 9.62)। स्मृतियों में यह स्पष्ट आया है कि बिना गुरुजनों द्वारा नियुक्ति के या अन्य उपर्युक्त दशाओं के न रहने (यथा, यदि पति को पुत्र हो) पर यदि देवर अपनी भाभी से सम्भोग करे तो वह बलात्कार का अपराधी (अगम्यागामी) कहा जाएगा। इस प्रकार के सम्भोग से उत्पन्न पुत्र जारज (कुलटोत्पन्न) कहा जाएगा तथा सम्पत्ति का अधिकारी नहीं होगा (*नारद-स्त्रीपुंस,* 84-85) और वह उत्पन्न करनेवाले (जनक) का पुत्र कहा जाएगा (*वसिष्ठधर्मसूत्र* 17.63)। नारद के मत से यदि कोई विधवा या पुरुष नियोग के नियमों के प्रतिकूल जाए तो राजा द्वारा उन दोनों को दंड मिलना चाहिए, नहीं तो गड़बड़ी उत्पन्न हो जाएगी। इन सब नियन्त्रणों से स्पष्ट है कि धर्मसूत्रकाल में भी नियोग उतना सरल नहीं था और यह प्रथा उतनी प्रचलित नहीं थी।

आपस्तम्बधर्मसूत्र (27.10.27.5-7), *बौधायनधर्मसूत्र* (2.2.38) आदि ने नियोग की भर्त्सना की है। मनु (9.64-68) ने नियोग का वर्णन करने के उपरान्त इसकी बुरी तरह से भर्त्सना की है। मनु ने इसे नियमविरुद्ध एवं अनैतिक ठहराया है। उन्होंने राजा वेन को इसका प्रचालक माना है और उसे वर्ण-संकरता का जनक मानकर निन्दा की है। उन्होंने लिखा है कि भ्रद एवं विज्ञ लोग नियोग की निन्दा करते हैं, किन्तु कुछ लोग अज्ञानवश इसे अपनाते हैं। मनु (9.69-70) ने नियोग का अर्थ यह कहकर समझाया है कि नियोग के विषय में नियम केवल उसी कन्या के लिए है, जो वधूरूप में प्रतिश्रुत हो चुकी थी किन्तु भावी पति मर गया, ऐसी स्थिति में मृत पति के भाई को उस कन्या से विवाह करके केवल ऋतुकाल में एक बार सम्भोग तब तक करना पड़ता था जब तक कि एक पुत्र उत्पन्न न हो जाए; और वह पुत्र मृत व्यक्ति का पुत्र माना जाता था। यद्यपि मनु ने नियोग की प्राचीन प्रथा की निन्दा की है, किन्तु उत्तराधिकार एवं रिक्थ के विभाजन में क्षेत्रज पुत्र के लिए व्यवस्था रखी है (9.

120-121, 145)। बृहस्पति ने लिखा है–"मनु ने प्रथम नियोग का वर्णन करके इसे निषिद्ध किया है, इससे स्पष्ट होता है कि प्राचीन काल में लोगों में तपोबल एवं ज्ञान था, अतः वे नियमों का पालन तथैव कर सकते थे, किन्तु द्वापर एवं कलियुगों में लोगों में शक्ति एवं बल का ह्रास हो गया है, अतः वे नियोग के नियमों के पालन में असमर्थ हैं। पुत्रों के अनेक प्रकारों के विषय में हम 'व्यवहार' नामक अध्याय में पढ़ेंगे।

विष्णुधर्मसूत्र (15.3) की एक बात गौतम एवं वसिष्ठ में नहीं पाई जाती; "क्षेत्रज वह पुत्र है जो नियुक्त पत्नी या विधवा तथा पति के सपिंड या ब्राह्मण से उत्पन्न होता है।" महाभारत में नियोग के कतिपय उदाहरण प्राप्त होते हैं। *आदिपर्व* (95 एवं 103) है आया है कि सत्यवती ने भीष्म को उसके छोटे भाई विचित्रवीर्य (जो मृत हो चुका था) के लिए उसकी रानियों से पुत्र उत्पन्न करने को उद्वेलित किया, किन्तु भीष्म ने अंगीकार नहीं किया। अन्तोगत्वा सत्यवती ने अपने पुत्र व्यास को नियुक्त किया और इसके फलस्वरूप धृतराष्ट्र एवं पांडु उत्पन्न हुए। स्वयं पांडु ने अपनी रानी कुन्ती को किसी तपोयुक्त ब्राह्मण से पुत्र उत्पन्न कराने को कहा। पांडु ने कुन्ती से नियोग की कई-एक गाथाएँ कहीं हैं (*आदिपर्व* 120-123) और निष्कर्ष निकाला है कि अधिक-से-अधिक तीन पुत्र उत्पन्न किए जा सकते हैं, किन्तु यदि चौथे या पाँचवें पुत्र की उत्पत्ति हो जाए तो स्त्री स्वैरिणी (विलासी) या बन्धकी (वेश्या) कही जाएगी। *आदिपर्व* (64 एवं 104) में आया है कि परशुराम ने जब क्षत्रियों का नाश आरम्भ किया तो सहस्रों क्षत्राणियाँ ब्राह्मणों के पास पुत्रोत्पत्ति के लिए पहुँचने लगीं।

13.3 नियम

स्मृतियों में नियोग सम्बन्धी नियमों के विषय में बहुत-से मत-मतान्तर हैं, अतः विश्वरूप, मेधातिथि जैसे टीकाकारों ने अपने मत-प्रकाशन में पर्याप्त छूट रखी है। विश्वरूप ने *याज्ञवल्क्य* (1.69) की व्याख्या करते हुए इस विषय में कई मत प्रकाशित किए हैं– 1. आज के युग में नियोग निकृष्ट है और स्मृति-विरुद्ध (मनु 9.64 एवं 68), 2. यह उपयुक्त वर्णित मनु की ही मत है; 3. यह विकल्प से किया जाता है (नियोग वर्जित एवं आज्ञापित दोनों है); 4. नियोग के विषय में स्मृतियों की उक्तियाँ शूद्रों के लिए (मनु ने 9.64 में 'द्विजाति' शब्द प्रयुक्त किया है) हैं (यह उक्ति सम्भवतः स्वयं विश्वरूप की है); यह राजाओं के लिए आज्ञापित था जबकि उत्तराधिकार के लिए कोई पुत्र नहीं होता था। विश्वरूप ने अपनी उक्तियाँ वृद्ध मनु एवं वायु की गाथा पर आधारित की हैं। विश्वरूप ने यह भी कहा है कि विचित्रवीर्य की रानियों से व्यास द्वारा उत्पन्न पुत्रों की बात द्रौपदी के पाँच पतियों से विवाह की भाँति निराधार है।

नियोग से उत्पन्न पुत्र किसका है ? इस विषय में भी मतैक्य नहीं है। *वसिष्ठधर्मसूत्र* (17.6) ने स्पष्टतः इस प्रकार के विभिन्न मतों की ओर संकेत किया है; 1. प्रथम मत के अनुसार पुत्र जनक का होता था, किन्तु इस मत से नियोग की उपयोगिता ही निरर्थक सिद्ध हो जाती है। *निरुक्त* (3.1-3) ने इस मत का समर्थन किया है और *ऋग्वेद* (7.4.7-8) को उदाहरण माना है। गौतम (18/9) एवं मनु (9/181) ने भी यही बात मानी है। *आपस्तम्बधर्मसूत्र* (2.6.13.5) का कहना है कि एक ब्राह्मण-ग्रन्थ के अनुसार पुत्र जनक का ही होता है। 2. द्वितीय मत यह था कि यदि विधवा के गुरुजनों एवं नियुक्त पुरुष में यह तय पाया हो कि पुत्र पति का होगा तो पुत्र पति का ही माना जाएगा। 3. तृतीय मत यह था कि पुत्र दोनों

का अर्थात् जनक एवं विधवा के स्वामी का होता है। यह मत नारद (स्त्रीपुंस, 58), याज्ञवल्क्य (2.127), मनु (9.53) एवं गौतम (18.13) का है। नियोग की प्रथा कलियुग में वर्जित मानी गई है। (बृहस्पति)

पति के भाई से विधवा का विवाह तथा उससे पुत्रोत्पत्ति एक अति विस्तृत प्रथा रही है। *ऋग्वेद* (10.40.2) में हम पढ़ते हैं–"तुम्हें, हे आश्विनौ, यज्ञ करनेवाला अपने घर में वैसे ही पुकार रहा है, जिस प्रकार विधवा अपने देवर को पुकारती है या युवती अपने प्रेमी का आह्वान करती है।" किन्तु इससे यह नहीं स्पष्ट हो पाता कि यह उक्ति विधवा तथा उसके देवर के विवाह की ओर या निरोग की ओर संकेत करती है। *निरुक्त* (3.15) की कुछ प्रतियों में ऋग्वेद की इस ऋचा में 'देवर' का अर्थ 'द्वितीय वर' लगाया गया है। *मेधातिथि* (मनु 9.66) ने इसकी व्याख्या नियोग के अर्थ में की है। सूत्रों एवं स्मृतियों के अनुसार नियोग एवं विवाह में अन्तर है। बहुत से प्राचीन समाजों में स्त्रियाँ सम्पत्ति के समान वसीयत के रूप में प्राप्त होती थीं। प्राचीन काल में बड़े भाई की मृत्यु पर छोटा भाई उसकी सम्पत्ति एवं विधवा पर अधिकार कर लेता था। किन्तु ऋग्वेद का काल इस प्रथा के बहुत ऊपर उठ चुका था। मैक्लेन्नान के अनुसार नियोग की प्रथा के मूल में बहु-भर्तृकता पाई जाती है। किन्तु वेस्टरमार्क ने इस मत का खंडन किया है, जो ठीक ही है। जब सूत्रों में नियोग की प्रथा मान्य थी, तब बहु-भर्तृकता या तो विस्मृत हो चुकी थी या वर्जित थी। जॉली का यह कथन कि गौण पुत्रों के मूल में आर्थिक कारण थे, निराधार है। नियोग की प्रथा प्राचीन थी और उसके कई कारण थे, किन्तु वे सभी अज्ञात एवं रहस्यात्मक हैं, केवल एक ही सत्यता स्पष्ट है–वैदिक काल से ही पुत्रोत्पत्ति पर बहुत ध्यान दिया गया है। *वसिष्ठधर्मसूत्र* (17.1-6) ने यह मत माना है और वैदिक उक्तियों के आधार पर पितृऋण से मुक्त होने के लिए पुत्रोत्पत्ति की एवं स्वर्गिक लोकों की प्राप्ति की महत्ता प्रकट की है। किसी भी ऋषि ने इसके पीछे आर्थिक कारण नहीं रखा है। यदि आर्थिक कारणों से गौण पुत्र प्राप्त किए जाएँ तो एक व्यक्ति बहुत से पुत्र प्राप्त कर लेगा। किन्तु धर्मशास्त्रकारों ने इनकी आज्ञा नहीं दी है। जिसे औरस पुत्र होता था वह क्षेत्रज अथवा दत्तक पुत्र नहीं प्राप्त कर सकता था। अतः स्पष्ट है कि नियोग के पीछे आर्थिक कारण नहीं थे। विन्तरनित्स (*जे.आर.ए.एस.*, 1897, पृ. 758) ने नियोग के कारणों में दरिद्रता, स्त्रियों का अभाव एवं संयुक्त परिवार माना है। किन्तु इसके विषय में कि ऐतिहासिक काल में भारत में स्त्रियों का अभाव था, कोई प्रमाण नहीं प्राप्त होता। यही कहना उत्तम जँचता है कि नियोग अति प्राचीन प्रथा का अवशेष मात्र था जो क्रमशः विलीन होता हुआ ईसा की आरम्भिक शताब्दियों में भारत में सदा के लिए वर्जित हो गया।

अध्याय 14

स्त्रीधन

14.1 अर्थ

स्त्रीधन का शाब्दिक अर्थ है 'स्त्री की सम्पत्ति'। स्त्रीधन की एक विशेषता यह रही है कि गौतम के काल से आज तक यह प्रथमतः स्त्रियों को ही प्राप्त (न्यस्त) होता रहा है। धर्मशास्त्र-ग्रन्थों में (सबसे पुरानी परिभाषा मनु (9.194) की है–"विवाह के समय अग्नि के समक्ष जो कुछ दिया गया, विदाई के समय जो कुछ दिया गया, स्नेह (प्रीति) वश जो कुछ दिया गया, जो कुछ भ्राता, माता या पिता से प्राप्त हुआ–यही छह प्रकार का स्त्रीधन है।") मनु (9.195) ने सम्भवतः एक प्रकार और जोड़ दिया है; अन्याधेय (बाद में मिलनेवाली भेंट)। याज्ञवल्क्य (2.143-144) ने स्त्रीधन के निम्न प्रकार दिए हैं–"पिता, माता, पति या भ्राता द्वारा प्रदत्त या जो कुछ विवाह-अग्नि के समक्ष प्राप्त होता है, या पति द्वारा अन्य स्त्री से विवाह के समय जो कुछ प्राप्त किया जाए–ये ही स्त्रीधन में गिने जाते हैं और जो कुछ स्त्री के सम्बन्धियों द्वारा दिया जाता है, शुल्क एवं विवाहोपरान्त की भेंट।"

14.2 कात्यायन का विचार

स्मृतिकारों में कात्यायन ने 27 श्लोकों में स्त्रीधन का विस्तारपूर्वक वर्णन किया है। उन्होंने मनु. , याज्ञ., नारद एवं विष्णु के छह स्त्रीधन-प्रकारों का वर्णन किया है–"विवाह के समय अग्नि के समक्ष जो दिया जाता है उसे बुद्धिमान् लोग *अध्यग्नि* स्त्रीधन कहते हैं। पति के घर जाते समय जो कुछ स्त्री पिता के घर से पाती है उसे *अध्यावहनिक* स्त्रीधन कहा जाता है। श्वशुर या सास द्वारा स्नेह से जो कुछ दिया जाता है और श्रेष्ठ जनों को वन्दन करते समय उनके द्वारा जो कुछ प्राप्त होता है उसे *प्रीतिदत्त* स्त्रीधन कहा जाता है। वह *शुल्क* कहलाता है जो बर्तनों, भारवाही पशुओं, दुधारू पशुओं, आभूषणों एवं दासों के मूल्य के रूप में प्राप्त होता है। विवाहोपरान्त पति-कुल एवं पितृ-कुल के बन्धु-जनों से जो कुछ प्राप्त होता है वह *अन्वाधेय* स्त्रीधन कहलाता है। भृगु के मत से स्नेहवश जो कुछ पति या माता-पाता से प्राप्त होता है वह *अन्वाधेय* कहलाता है।" कात्यायन द्वारा प्रस्तुत अध्यग्नि एवं अध्यावहनिक की परिभाषाओं में वे भेंटें भी सम्मिलित हैं जो विवाह के समय आगन्तुकों द्वारा प्रदत्त होती हैं। वह *सौदायिक* कहा जाता है जो विवाहित स्त्री या कुमारी को अपने पिता या पति के घर में मिल जाता है या भाई से या माता-पिता से प्राप्त होता है।

'विवाद-रत्नाकर' (पृ. 523) ने अध्यावहनिक के अन्तर्गत उन भेंटों को रखा है जिन्हें वधू पिता के घर लौटते समय अपने श्वशुर आदि से पाती है; *विवादचिन्तामणि* (पृ. 138) के मत

से यह वह धन है जो द्विरागमन के समय प्राप्त होता है। *दायभाग* (4.3.19-20, पृ. 93), में *दोह्याभरण-कर्मिणाम्* वह धन है जो गृह-निर्माताओं या स्वर्णकारों द्वारा इसलिए दिया जाए कि स्त्री अपने पति को नई रचना कराने के लिए प्रेरित करे। व्यास ने इसे यों समझाया है–''यह वह धन है जो किसी स्त्री को इसलिए दिया जाता है कि वह (प्रसन्नतापूर्वक) अपने पति के घर जाने को प्रेरित हो सके।'' *स्मृतिचन्द्रिका* एवं *व्यवहारप्रकाश* ने शुल्क को उन वस्तुओं को मूल्य माना है जिन्हें वर विवाह के समय या गृहारम्भ करते समय दुल्हिन को देता है। *व्यवहारनिर्णय* ने (पृ. 468) शुल्क को दो अर्थों में लिया है–1. वह धन जो कन्या के अभिभावकों को कन्या के मूल्य के रूप में दिया जाए और जिसे कन्या की मृत्यु के उपरान्त माता या भाई ले लेता है; 2. वह धन जो वर द्वारा कन्या को आभूषण एवं गृहोपकरण के मूल्य के रूप में दिया जाता है। कात्यायन (904) का कथन है–''उस धन पर, जो स्त्री द्वारा शिल्प आदि के लिए या स्नेहवश किसी अन्य से प्राप्त किया जाता है, पति का स्वामित्व रहता है, अन्य शेष स्त्रीधन कहलाता है।'' देवल का कथन है कि वृत्ति (भरण-पोषण), आभूषण-शुल्क, ऋण-ब्याज स्त्रीधन है; केवल स्त्री उसका उपभोग कर सकती है, किन्तु आपातकाल में पति उसका उपभोग कर सकता है, अन्यथा नहीं। मनु (9.200) का कथन है कि पति के उत्तराधिकारी पति के रहते स्त्रियों द्वारा पहने गए आभूषणों को नहीं बाँट सकते; यदि वे ऐसा करते हैं तो पाप के भागी होते हैं। कात्यायन एवं *विवादचिन्तामणि* की परिभाषा के अनुसार सौदायिक शब्द स्त्रीधन के कई प्रकारों का द्योतक है। एक प्रकार से यह स्त्रीधन का ही पर्याय है। अधिकांश लेखकों का कहना है कि यह वह धन है जो विवाहित अथवा अविवाहित स्त्री द्वारा अपने पति अथवा माता के घर में अथवा माता-पिता के सम्बन्धियों से प्राप्त किया जाता है। *दायभाग* (4.1.23, पृ. 76-77) एवं *विवादचिन्तामणि* के मत से सौदायिक में अचल सम्पत्ति को छोड़कर वह सारी सम्पत्ति सम्मिलित है जिसे पत्नी पति से प्राप्त करती है; पत्नी पति की मृत्यु के उपरान्त अचल सम्पत्ति का विघटन नहीं कर सकती। व्यास ने कहा है–''विवाह के समय या उसके उपरान्त स्त्री को अपने पिता या पति से जो कुछ प्राप्त होता है, वह सौदायिक कहलाता है।'' 'सौदायिक' शब्द 'सुदाय' से बना है, जिसका अर्थ है ''स्नेह सम्बन्धियों से प्राप्त धन।'' *अमरकोश* ने 'सुदाय' को 'यौतक' आदि से प्राप्त भेंट के अर्थ में लिया है। 'यौतक' शब्द का अर्थ क्या है ? मनु (9.131) ने इसका प्रयोग किया है–''माता का जो यौतक होता है वह कुमारी कन्या को मिलता है (विवाहित पुत्री या पुत्र को नहीं मिलता है)।'' अतः 'यौतक' स्त्रीधन का द्योतक प्रतीत होता है। स्मृतिचन्द्रिका (2, पृ. 285), 'मदनरत्न' एवं 'व्य. मयूख' का कथन है–''यौतक वह धन है जो स्त्री द्वारा विवाह के समय पति के साथ बैठे रहने पर किसी से प्राप्त होता है।'' 'यौतक' शब्द 'युत' (जुड़ा हुआ या सम्मिलित) से बना है। याज्ञवल्क्य (2.149) ने इसे 'पृथक् किए हुए' के अर्थ में विशेषण के रूप में लिया है। मेधातिथि (मनु 9.131) ने स्त्री का पृथक् धन अर्थात् स्त्रीधन माना है।

कौटिल्य (3.2, पृ. 152) ने शुल्क, अन्वाधेय, आधिवेदनिक एवं बन्धुदत्त को स्त्रीधन के प्रकारों के रूप में लिया है।

स्मृतियों के कथनों से व्यक्त होता है कि स्त्रीधन एक प्रकार का ऐसा धन है जिसमें पहले छह प्रकार की सम्पत्ति की गणना होती थी और आगे चलकर वह नौ प्रकार का हो गया तथा कात्यायन के समय में उसमें सभी प्रकार की (चल या अचल) सम्पत्ति सम्मिलित हो गई, जिसे कोई स्त्री कुमारी अवस्था में या विवाहित होते समय या विवाह के उपरान्त अपने माता-पिता

या कुल या माता-पिता के सम्बन्धियों या पति एवं उसके कुल से (पति द्वारा प्रदत्त अचल सम्पत्ति को छोड़कर) प्राप्त करती है। वह धन जिसे स्त्री विवाहोपरान्त स्वयं (अपने परिश्रम से) अर्जित करती है या बाहरी लोगों से प्राप्त करती है, स्त्रीधन नहीं कहलाता।

14.3 मिताक्षरा

'मिताक्षरा' का निम्न कथन है–''पिता, माता, पति एवं भ्राता द्वारा जो कुछ दिया जाए; विवाह के समय वैवाहिक अग्नि के समक्ष मामा आदि द्वारा जो कुछ भेंटें दी जाएँ; आधिवेदनिक, अर्थात् (पति द्वारा) दूसरी स्त्री से विवाह करते समय जो भेंट दी जाए 'आद्य' (अर्थात् इसके समान अन्य) शब्द से संकेत मिलता है उस धन का जो उत्तराधिकार, क्रय, विभाजन, परिग्रह, उपलब्धि से प्राप्त होता है–मनु आदि ने इन्हें स्त्रीधन कहा है। 'स्त्रीधन' शब्द यौगिक है न कि पारिभाषिक। जब तक योगसम्भव अर्थ मिले, पारिभाषिक अर्थ का सहारा लेना अनुचित है।'' 'मिताक्षरा' ने स्त्रीधन की परिभाषा विस्तृत कर दी और उसमें उन पाँच सम्पत्ति प्रकारों को सम्मिलित कर लिया जिन पर गौतम (10.39) के मत से व्यक्ति कई प्रकारों से स्वामित्व प्राप्त कर लेता है। स्पष्ट है, 'मिताक्षरा' के मत से किसी भी प्रकार का धन स्त्रीधन की संज्ञा पा सकता है, चाहे वह स्त्री द्वारा किसी पुरुष की विधवा की हैसियत से उत्तराधिकार के रूप में प्राप्त हो या माता के रूप में प्राप्त हो या पत्नी अथवा माता की हैसियत से विभाजन द्वारा प्राप्त हो (याज्ञवल्क्य 2.115 या 123)। *याज्ञवल्क्यस्मृति* (2.143) के अनुसार, स्त्रीधन मनु (9.194) के छह प्रकारों तक ही सीमित नहीं है प्रत्युत उसमें अन्य स्मृतियों में वर्णित अन्य प्रकार भी सम्मिलित हैं। 'जीमूतवाहन' ने अन्त में कहा है–''वही स्त्रीधन है जिसे दान रूप में देने, विक्रय करने तथा बिना पति के निमन्त्रण के स्वतन्त्र रूप से उपभोग करने में स्त्री का पूर्ण अधिकार है।'' 'दायभाग' के मत से पति द्वारा प्रदत्त अचल सम्पत्ति को छोड़कर सम्बन्धियों द्वारा दी गई सभी प्रकार की भेंटें तथा अन्य लोगों से प्राप्त अन्य भेंटें, जो विवाह के समय या विदाई के समय प्राप्त होती हैं, स्त्रीधन के अन्तर्गत मानी जाती हैं। किन्तु वह धन जो स्त्री द्वारा उत्तराधिकार के रूप में या विभाजन से या अन्य लोगों से भेंट के रूप में (उपर्युक्त दो प्रकारों को छोड़कर) या शिल्प आदि कर्मों या परिश्रम से प्राप्त होता है, स्त्रीधन नहीं कहलाता।

14.4 स्त्रीधन पर अधिकार

स्त्रीधन क्या है और उस पर स्त्री का क्या अधिकार है, यह निम्न तीन बातों पर निर्भर है; सम्पत्ति प्राप्त करने का उद्गम, प्राप्ति के समय उसकी स्थिति (वह कुमारी है या अविवाहित है, सधवा है या विधवा) तथा वह सम्प्रदाय जिसके अनुसार उस पर स्मृति-शासन होता है। इस विषय में कात्यायन एवं नारद के वचन प्रमाण हैं। कात्यायन (905-7, 911) का कथन है– ''सौदायिक धन की प्राप्ति पर घोषित किया गया है कि स्त्रियाँ उस पर स्वतन्त्र अधिकार रखती हैं, क्योंकि वह उनके सम्बन्धियों द्वारा इसलिए दिया गया है कि वे दुर्दशा को न प्राप्त हो सकें। ऐसा घोषित है कि विक्रय या दान में सौदायिक सम्पत्ति पर स्त्रियों का पूर्ण अधिकार है, इतना ही नहीं, सौदायिक अचल सम्पत्ति पर भी उनका अधिकार है। विधवा हो जाने पर वे पति द्वारा दी गई चल भेंटों को मनोनुकूल खर्च कर सकती हैं, किन्तु उन्हें जीवित रहते हुए उसकी रक्षा करनी चाहिए या वे कुल के लिए व्यय कर सकती हैं। किन्तु पति या पुत्र और पिता या भाइयों को किसी स्त्री के स्त्रीधन का व्यय करने या विघटित करने का अधिकार नहीं है।'' इससे प्रकट

है कि कुमारी हिन्दू स्त्री सभी प्रकार के स्त्रीधन का उपभोग मनोनुकूल कर सकती है, विधवा स्त्री पति द्वारा प्रदत्त अचल सम्पत्ति को छोड़कर सभी प्रकार के स्त्रीधन का लेन-देन कर सकती है, किन्तु सधवा स्त्री केवल सौदायिक (पति को छोड़कर अन्य लोगों से प्राप्त दान) को ही मनोनुकूल स्वेच्छा से व्यय कर सकती है। आजकल सौदायिक एवं असौदायिक का अन्तर ज्यों-का-त्यों सम्मानार्ह है किन्तु पति द्वारा दिए गए सौदायिक एवं अन्य द्वारा दिए गए सौदायिक के अन्तर को मान्यता नहीं मिली है। पति के रहते आजकल स्त्री का अधिकार स्त्रीधन की विशेषता पर निर्भर है। यदि वह सौदायिक है तो स्त्री विक्रय, दान या स्वेच्छा से बिना पति की सहमति के विघटित कर सकती है, किन्तु शिल्प आदि से प्राप्त धन तथा अन्य लोगों से प्राप्त दान-भेंट आदि स्त्रीधन के अन्य प्रकार बिना पति की आज्ञा के वह नहीं दे सकती। दायभाग (4.1.20) के मत से शिल्पादि से प्राप्त धन या अन्य लोगों से प्राप्त भेंट-दान पति के रहते पति के अधिकार में रहते हैं और पति उनका उपभोग विपत्ति में न रहने पर भी कर सकता है। ऐसे धन पर पति के अतिरिक्त किसी अन्य का अधिकार नहीं होता। पति की मृत्यु के उपरान्त स्त्री असौदायिक स्त्रीधन को स्वेच्छा से व्यय कर सकती है। कुछ परिस्थितियों में पति को सौदायिक स्त्रीधन पर भी अधिकार प्राप्त है। याज्ञवल्क्य (2.147) का कथन है–"दुर्भिक्ष, धर्मकार्य, व्याधि में या बन्दी (ऋणदाता, राजा या शत्रु द्वारा) बनाए जाने पर पति यदि स्त्रीधन का व्यय करे तो उसे लौटाने के लिए उसे बाध्य नहीं किया जा सकता।" यही बात कात्यायन (914) ने भी कही है। कौटिल्य (3.2) ने याज्ञवल्क्य के समान ही व्यवस्था दी है और इतना जोड़ दिया है कि स्त्री अपनी जीविका के लिए या अपने पुत्र या पुत्रवधू के जीविका-साधन में व्यय कर सकती है या जब पति कुछ व्यवस्था किए बिना ही बाहर चला गया हो तो वह ऐसा कर सकती है। कौटिल्य (3.2, पृ. 152) ने कुछ और बातें दी हैं, जो यह सिद्ध करती हैं कि उनकी उक्तियाँ स्त्रीधन के ऊपर पति के अधिकार की प्रारम्भिक अवस्था की द्योतक हैं। पश्चात्कालीन स्मृतियों ने पति एवं पत्नी की सम्पत्तियों को पृथक्-पृथक् माना है। पति के ऋण पत्नी को नहीं बाँध सकते और न पत्नी के ऋण पति को बाँध सकते हैं, ऐसा एक सामान्य नियम है (याज्ञवल्क्य 2.46 एवं विष्णुपुराण 6.31-32)। कुछ अवस्थाओं में इन्हीं स्मृतियों ने कुछ छूट भी दी है। स्त्रीधन को यदि पति, पुत्र, माता एवं भाई बलवश ले लें या उसका किसी प्रकार उपयोग कर लें तो उन्हें ब्याज के साथ उसे लौटाना पड़ता था। केवल दुःखप्रद परिस्थितियों आदि में ही उसका उपयोग हो सकता था। कात्यायन (908) ने एक विशेष नियम दिया है–"यदि किसी की दो पत्नियाँ हों और उनमें एक उपेक्षित हो तो उसको उसका स्त्रीधन लौटा देना पड़ता है, राजा को चाहिए कि वह ऐसा करने में उसकी सहायता करे, भले ही उसने (उपेक्षिता पत्नी ने) अपने पति को प्रेमवश वह धन दे दिया हो।"

कात्यायन (916) ने एक विशेष नियम दिया है–"यदि पति स्त्रीधन देने की प्रतिज्ञा कर ले तो उसकी मृत्यु के उपरान्त उसके पुत्र (अपने पुत्र या विमाता-पुत्र) को उसे ऋण के रूप में चुकाना चाहिए, किन्तु ऐसा तभी होता है जब कि विधवा पति के कुल में ही रहे और अपने मैके में न जाए।" *स्मृतिचन्द्रिका* एवं *व्यवहारप्रकाश* (पृ. 546) ने कहा है कि पौत्रों एवं प्रपौत्रों को भी इसी प्रकार पितामह एवं प्रपितामह द्वारा प्रतिश्रुत स्त्रीधन ऋण के रूप में लौटाना चाहिए। यदि स्त्री दुश्चरित्र हो, व्यभिचार में धन का अपव्यय करती हो तो उसका स्त्रीधन छीन लेना चाहिए।

14.5 उत्तराधिकार

स्त्रीधन का उत्तराधिकार सर्वप्रथम कन्याओं को प्राप्त होना चाहिए, अर्थात् कन्याओं को पुत्रों की अपेक्षा वरीयता मिलनी चाहिए। किन्तु आगे चलकर कुछ लेखकों ने पुत्रों को कन्याओं के साथ जोड़ दिया और कुछ स्त्रीधन-प्रकारों में पुत्रों को वरीयता दे दी। इसका सम्भवतः कारण यह था कि आगे चलकर स्त्रीधन का विस्तार हो गया और लोगों को यह बात नहीं रुची कि स्त्रियों को लम्बी सम्पत्ति मिले। इस विषय में लोकाचार एवं काल-क्रम का विशेष हाथ रहा है। निबन्धों ने बहुधा कहा है कि उनकी व्याख्या लोकाचार पर भी निर्भर रहती है।

गौतम (28.22) के अनुसार–''स्त्रीधन (सर्वप्रथम) पुत्रियों को मिलता है, (प्रतियोगिता होने पर) कुमारी कन्याओं को वरीयता मिलती है तथा विवाहितों में उसको जो निर्धन होती है, वरीयता मिलती है।'' मनु (9.192-193) का कथन यों है–''माता के मर जाने पर सगे भाई एवं बहिनें उसकी सम्पत्ति समान रूप से बाँट लेते हैं। स्नेहानुकूल उन पुत्रियों की पुत्रियों को भी मिलना चाहिए।'' मनु (9.195) का कथन है कि स्त्रीधन के छह प्रकार, अन्वाधेय स्त्रीधन, पति-प्रदत्त स्नेह-दान पति के रहते मर जाने पर सन्तानों को मिलने चाहिए। मनु (9.192-193) को टीकाकारों ने कई ढंग से लिया है; सर्वज्ञ-नारायण के मत से माता की सम्पत्ति का अर्थ है पारिभाषिक स्त्रीधन के अतिरिक्त अन्य सम्पत्ति। बहुत से टीकाकारों ने बृहस्पति का अनुसरण करते हुए कहा है कि सगा भाई एवं कुमारी बहनें साथ-साथ उत्तराधिकार पाते हैं, विवाहित बहनें (अर्थात् स्त्री की कन्याएँ जिनके उत्तराधिकारी होते हैं) केवल थोड़ा (कुल्लूक के मत से भाइयों का एक-चौथाई भाग पाती हैं। मनु (9.196-197) ने व्याख्या दी है कि जब स्त्री ब्राह्म, दैव, आर्ष, प्राजापत्य एवं गान्धर्व नामक विवाह-प्रकारों से विवाहित होती है और सन्तानहीन मर जाती है तो स्त्रीधन पति को मिल जाता है, किन्तु यदि उसका विवाह आसुर या अन्य दो विवाह-प्रथाओं के अनुसार होता है तो सन्तानहीन होने पर उसका धन उसके माता-पिता को मिल जाता है। याज्ञवल्क्य (2.117) के अनुसार कन्याएँ माता का धन पाती हैं और उनके अभाव में पुत्रों का अधिकार होता है। याज्ञवल्क्य (2.144) ने पुनः कहा है कि स्त्रीधन कन्याओं को मिलता है किन्तु यदि स्त्री सन्तानहीन मर जाती है तो स्त्रीधन पति को मिल जाता है (यदि विवाह ब्राह्म, दैव, आर्ष, प्राजापत्य नामक विवाह-प्रथा से हुआ हो), किन्तु अन्य चार प्रकार के विवाहोंवाली स्त्री के मर जाने पर उसका धन माता-पिता को प्राप्त हो जाता है। यही बात विष्णु (17.19-21) एवं नारद (दायभाग, 9) में भी पाई जाती है। किन्तु नारद ने अन्यत्र (दायभाग, 2) यह कहा है कि माता का धन कन्याओं में बाँटना चाहिए और उनके अभाव में उनकी सन्तानों को मिलना चाहिए। बृहस्पति का कथन है कि स्त्रीधन सन्तानों को मिलता है, किन्तु कुमारी कन्याओं को वरीयता मिलती है, विवाहित कन्याओं को स्नेह के रूप में थोड़ा सा मिलता है। पराशर के मत से कुमारी कन्याओं को सम्पूर्ण स्त्रीधन मिल जाता है, किन्तु उनके अभाव में विवाहित कन्याएँ एवं पुत्र बराबर-बराबर बाँट लेते हैं। देवल का कहना है कि स्त्री की मृत्यु पर पुत्र एवं पुत्रियाँ स्त्रीधन को समान रूप से बाँट लेती हैं, यदि सन्तान न हो तो स्त्रीधन पति, माता, भ्राता या पिता को मिल जाता है। पराशर के मत से स्त्रीधन कुमारी कन्या को मिल जाता है, पुत्र कुछ नहीं पाता, किन्तु उसे विवाहित कन्याओं के साथ बराबर भाग मिल जाता है। कौटिल्य (3.2, पृ. 153) का कथन है कि सधवा रूप में मर जाने पर पुत्र एवं पुत्रियाँ स्त्रीधन बाँट लेते हैं, पुत्र के अभाव में पुत्रियाँ बाँट लेती हैं। पुत्रों एवं पुत्रियों के अभाव में पति ले लेता है, किन्तु,

शुल्क, अन्वाधेय एवं स्त्रीधन के अन्य प्रकार (सम्बन्धियों से जो प्राप्त होते हैं) सम्बन्धियों को मिल जाते हैं। कात्यायन (912-920) ने, जिन्होंने विस्तार के साथ स्त्रीधन के विषय में लिखा है, स्त्रीधन के उत्तराधिकार के बारे में यह लिखा है–''सधवा बहनों को भाइयों के साथ स्त्रीधन का भाग लेना चाहिए, यही स्त्रीधन एवं विभाजन के विषय में कानून है। पुत्रियों के अभाव में पुत्रों को स्त्रीधन मिलता है। सम्बन्धियों द्वारा प्रदत्त उनके (सम्बन्धियों के) अभाव में पति को मिलता है। जो कुछ अचल सम्पत्ति माता-पिता द्वारा पुत्री को दी जाती है वह उसकी मृत्यु के उपरान्त सन्तान के अभाव में भाई को ही जाती है। आसुर से लेकर आगे के विवाहोंवाली स्त्री को माता-पिता द्वारा जो कुछ प्राप्त होता है वह उसके सन्तानहीन होने पर माता-पिता को मिल जाता है। सम्भवतः कात्यायन ने निम्न बातें कही हैं–1. कुमारी कन्या को वरीयता मिलती है; 2. यदि कोई कुमारी कन्या न हो तो विवाहित सधवा कन्याएँ अपने भाइयों के साथ-साथ भाग पाती हैं, 3. यदि पुत्र न हों या विवाहित सधवा पुत्रियाँ न हों तो विधवा पुत्रियों को स्त्रीधन मिलता है; 4. पितृपक्ष एवं मातृपक्ष के सम्बन्धियों द्वारा प्रदत्त स्त्रीधन उन्हीं को प्राप्त होता है और उनके अभाव में पति पाता है, 5. सन्तानहीन होने पर माता-पिता द्वारा प्रदत्त अचल सम्पत्ति भाई को प्राप्त होती है; 6. आसुर, राक्षस एवं पैशाच विवाहोंवाली स्त्री के सन्तानहीन होने पर स्त्रीधन माता-पिता को प्राप्त हो जाता है।

कुमारी की सम्मत्ति के उत्तराधिकार के विषय में मिताक्षरा तथा अन्य लेखकों के मतों में कोई अन्तर नहीं है। *मिताक्षरा* ने बौधायन का उल्लेख करके कहा है कि कन्या के मृत हो जाने पर सर्वप्रथम सगे भाइयों को उसका धन मिलता है और तब माता और उसके उपरान्त पिता को मिलता है। पिता के अभाव में कन्या का धन निकटतम सपिंड को मिलता है। *याज्ञवल्क्य* (2.146) का कथन है कि यदि विवाह के लिए प्रतिश्रुत हो जाने पर विवाह के पूर्व कन्या मर जाती है तो होनेवाले वर की शुल्क या अन्य भेंटें वापस मिल जाती हैं, किन्तु उसे कन्या के कुल के व्यय एवं अपने व्यय को घटा देने का अधिकार प्राप्त है।

कुमारी कन्या के धन एवं शुल्क को छोड़कर अन्य प्रकार के स्त्रीधन के उत्तराधिकार का क्रम 'मिताक्षरा' ने यों दिया है–1. कुमारी (अविवाहित) कन्या; 2. निर्धन विवाहित पुत्री; 3. धनी विवाहित पुत्री; 4. पुत्री की कन्याएँ; 5. पुत्री का पुत्र; 6. सब पुत्र; 7. पौत्र; 8. पति (यदि स्त्री का विवाह अनुमोदित चार विवाह-प्रकारों में हुआ हो); 9. सन्निकटता के अनुसार पति के सपिंड; पति के सपिंड के अभाव में माता, तब पिता और (राजा को मिलने से पूर्व) पिता के सपिंड। किन्तु यदि विवाह किसी अनुमोदित विवाह-प्रकार में हुआ है तो सन्तानों के अभाव में स्त्रीधन माता को मिलता है, माता के अभाव में पिता को, पिता के अभाव में उसके निकटतम सपिंडों को क्रम से मिलता है। पिता के सपिंडों के अभाव में स्त्री के पति को तथा पति के अभाव में (राजा को मिलने के पूर्व) पति के सपिंडों को मिलता है।

यह विचारणीय है कि स्त्रीधन के उत्तराधिकार के विषय में पुरुष-धन के उत्तराधिकार से सम्बन्धित प्रतिनिधित्व का नियम नहीं लागू होता। जब कोई व्यक्ति अपनी पृथक् सम्पत्ति छोड़कर मर जाता है तो उसके पुत्र एवं पौत्र (किसी मृत पुत्र का पुत्र) एक साथ उत्तराधिकारी होते हैं; यहाँ पौत्र अपने मृत पिता का प्रतिनिधित्व करता है। किन्तु जब स्त्रीधनवाली स्त्री मर जाती है, और उसे केवल एक पुत्र एवं एक पौत्र (मृत पुत्र का पुत्र) हो तो पुत्र को सम्पूर्ण स्त्रीधन मिल जाता है और पौत्र को कुछ नहीं मिलता।

अध्याय 15

गणिकाएँ

15.1 उत्पत्ति

वेश्यावृत्ति भारत में एक प्राचीन संस्था रही है। *ऋग्वेद* में नृतु शब्द का प्रयोग किया गया है जिसका अर्थ नर्तकी होता है। *वाजसनेयी संहिता* में वेश्यावृत्ति को एक पेशा स्वीकार किया गया है, तथा स्मृतिग्रन्थों में इस पेशे को सम्मान के साथ नहीं देखा गया। लेकिन *जातकों* में वेश्याओं को केवल उदार ही नहीं बताया गया, उन्हें आदर की दृष्टि से भी देखा गया है। *अर्थशास्त्र* के अनुसार, वेश्याएँ सम्मानपूर्वक देखी जाती थीं, और वे राजा द्वारा प्रदत्त छत्र, चामर और सुवर्ण-घट को धारण करती थीं। वात्स्यायन के *कामसूत्र* में वेश्याओं पर छह अध्याय लिखे गए हैं। वेश्याओं को यहाँ कुम्भदासी, परिचारिका, कुलटा, स्वैरिणी, नटी, शिल्कारिका, प्रकाशविनष्टा, रूपाजीवा और गणिका इन नौ वर्गों में विभाजित किया है। इनमें सबसे अधिक सम्मान योग्य वे वेश्याएँ होतीं जो राजा द्वारा पुरस्कृत की जातीं तथा बुद्धिमान व्यक्ति जिनकी सराहना करते।

गणिका गण की सदस्य मानी जाती थी तथा उसका रूप-लावण्य आर्थिक अथवा राजनीतिक गणों से सम्बन्धित व्यक्तियों की सर्वसाधारण सम्पत्ति थी। प्राचीन भारत में सामान्य लोगों द्वारा गणिका आदरणीय मानी जाती थीं। वात्स्यायन के अनुसार, वह सुशिक्षित और सुसंस्कृत होती तथा विविध कलाओं में पारंगत होती थी। गणिका को गणिकाओं के आचार-व्यवहार की शिक्षा दी जाती थी।

संघदासगणी ने *वसुदेवहिंडी* (8वीं सदी की रचना) में वेश्या या गणिका के जीवन का बड़ा विशद चित्रण किया है। उन्होंने अपनी इस कथाकृति में गणिकाओं की अद्भुत उत्पत्ति-कथा (पीठिका : पू. 103) दी है। कथा यह है कि आदि तीर्थंकर ऋषभदेव के पुत्र भरत मंडलाधिपति राजा थे। वह एकस्त्री-व्रतधारी थे। एक बार कतिपय सामन्तों ने एक साथ अनेक कन्याएँ उनके पास भेजीं। अपनी रानी के साथ प्रासाद में बैठे हुए उन्होंने उन कन्याओं को देखा। रानी ने राजा से पूछा : "ये कन्याएँ किसकी हैं ?" "सामन्तों ने मेरे लिए कन्याएँ भेजी हैं।" राजा ने उत्तर दिया। रानी ने सोचा कि "इतनी कन्याओं में यदि एक या अनेक कन्याएँ राजा की प्रेमपात्री हो गईं, तो मैं उपेक्षिता हो सकती हूँ।" सहसा राजा से रानी ने कहा : "मैं प्रासाद से कूदकर अपने को विसर्जित कर रही हूँ।" राजा ने पूछा "ऐसा क्यों कहती हो ?" रानी बोली : "यहाँ आई हुई इन कन्याओं के कारण मैं शोकाग्नि में जलती हुई बड़े कष्ट से मरूँगी।" "अगर तुम्हारा यही निश्चय है तो ये कन्याएँ घर में नहीं प्रवेश करेंगी।" राजा ने रानी को आश्वस्त किया। रानी ने कहा : "अगर यह सच है, तो ये सभी

कन्याएँ बाहर के ही आवास (ब्राह्योपस्थान) में रहें।'' राजा ने वैसा ही प्रबन्ध कर दिया। वे कन्याएँ छत्र और चामर लेकर राजा की सेवा करने लगीं। पुनः वे क्रम से गणों (राजवर्ग) में वितरित कर दी गईं। इसीलिए, वे 'गणिका' कहलाईं। गणिकाओं की उत्पत्ति का यही कारण है।

गणिका की उत्पत्ति के प्रस्तुत विवरण से यह स्पष्ट है कि गणिकाओं का सम्बन्ध गणों से था। डॉ. मोतीचन्द्र का अनुमान है कि कदाचित् गण की आज्ञा से ही अग्रगणिका की नियुक्ति होती थी। किन्तु, इस सन्दर्भ में एक और बात ध्यातव्य है कि ये गणिकाएँ (कन्याएँ) राजवर्ग को राजा भरत की ओर से वितरण में, बिना विवाह-विधि के मिली थीं, इसलिए उन राजाओं ने भी उन्हें अपने अन्तःपुर में नहीं रखा, अपितु स्वतन्त्र रखकर कलाओं की शिक्षा और अभ्यास की ओर उन्मुख किया। फलतः, वे ललितकला की प्रगल्भ मर्मज्ञा होकर अपनी कला-वर्चस्विता से राजसमाज में समादृता बनीं। इसीलिए, वेश्याओं में गणिका सबसे ऊँचे दर्जे की होती थी और क्रयदासी सबसे नीचे दर्जे की।

वसुदेवहिंडी की गणिकोत्पत्ति की कथा का विशद रूपान्तर बुधस्वामी के *बृहत्कथा-श्लोकसंग्रह* (10.182-189) में भी उपलब्ध होता है। कथा यह है कि धर्म, अर्थ और काम के महान साधक भरत नाम के राजा थे। उन्होंने मदोदधि से कमनीय कुमारियों को प्राप्त किया। उन्होंने सोचा कि एकान्त में इन सबसे विवाह करके मैं निरन्तर विविध सुखों का भोग करूँगा। किन्तु, उन्होंने सर्वप्रथम जिस कन्या के काँपते हुए हाथ को ग्रहण किया, उसी की, शुद्ध पुण्य से अर्जित सुन्दराकृति में ही वह सन्तुष्ट हो गए। अतः, उन्होंने शेष कन्याओं के, मन और आँखों को आकृष्ट करनेवाले तथा कामदेव की भाँति कान्तिमान् रूपवाले आठ गण बना दिए। और, प्रत्येक गण की जो प्रधान थी, उसे झमकनेवाले गहनों से अलंकृत किया गया और राजा भरत ने उसे विशिष्ट आसन, छत्र और चँवर रखने की आज्ञा दी। इस कोटि से भिन्न जो दूसरी-दूसरी महागुणवती कन्याएँ थीं, उन्हें गुण के अनुसार 'घटककटि', 'संघट्टकटि', 'कठोरकटि', 'खल' आदि संज्ञाएँ राजा की ओर से दी गईं। आज भी जो गणिकाभेद देखा जाता है, उसका प्रवर्त्तन उसी समय से भरत द्वारा किया गया है।

15.2 पुत्र-पुत्रियाँ

वसुदेवहिंडी में अनेक गणिकाओं और अनेक पुत्र-पुत्रियों का नामोल्लेख हुआ है। जैसे अनंगसेन (प्रियंगुसुन्दरीलम्भ : पृ. 293, 294); अनन्तमति (केतुमतीलम्भ : पृ. 321, 322), अमितयशा (पीठिका : पृ. 103); कलिंगसेना (प्रिंगुसुन्दरीलम्भ : पृ. 293); गणिकापुत्री कामपताका (तत्रैव : पृ. 293, 294, 297, 298); कालिन्दसेना (पीठिका : पृ. 98, 102-104); गणिकापुत्र कुबेरदत्त (कथोत्पत्ति : पृ. 11, 12); कुबेरदत्त (तत्रैव : पृ. 11); कुबेरसेना (तत्रैव : पृ. 10, 11, 12); चित्रसेना (प्रियंगुसुन्दरीलम्भ : पृ. 293); गणिकापुत्री बुद्धिसेना (बालचन्द्रालम्भ पृ. 259, 260), रतिसेनिका या रतिसेना (प्रियंगुसुन्दरीलम्भ : पृ. 289); रंगपताका (तत्रैव : पृ. 289); गणिकापुत्री वसन्ततिलका (धम्मिल्लहिंडी : पृ. 28, 29, 31, 33, 35); वसन्तसेना (तत्रैव : पृ. 28, 31, 72); सुदर्शना (केतुमतीलम्भ : पृ. 329); सुप्रबुद्धा (बालचन्द्रलम्भ : पृ. 249) : सुसेना (केतुमतीलम्भ : पृ. 333); गुणिकापुत्री सुहिरण्या (पीठिका : पृ. 98,, 101-104, मुख : 109) और हिरण्या (पीठिका : पृ. 101)। इन गणिकाओं के अतिरिक्त संघदासगणी ने संगीत और नृत्य में निष्णात कतिपय नर्त्तकी दासियों का भी उल्लेख किया

है। जैसे कामपताका (प्रियंगुसुन्दरीलम्भ : पृ. 1281); विलासिनी (तत्रैव); किन्नरी (तत्रैव); मधुरक्रिया (तत्रैव); हासपोट्टलिका (तत्रैव); रतिसेनिका (तत्रैव : पृ. 282); कौमुदी (तत्रैव) और पद्मिनी (तत्रैव)। ये सब वसुदेव की पत्नी प्रियंगुसुन्दरी के मनोरंजन के लिए उसके निकट रहनेवाली नर्तकियाँ थीं ('प्रियंगुसुन्दरिसंतियाओ नाडइज्जात्ति')। इनके अतिरिक्त, राजा स्तिमितसागर के पुत्र अपराजित और अनन्तवीर्य के दरबार में बर्बरी और चिलातिका (किराती) नाम की दो दासी नर्तकियाँ थीं। ये दोनों नृत्य, नाट्य और संगीतकलाओं में निष्णात थीं। इनका स्वर अतिशय मधुर था। स्वयं नारद ने विद्याधरराज दमितारि के पास जाकर इन दोनों नर्तकियों की प्रशंसा करते हुए कहा था कि ''अपराजित और अनन्तवीर्य की दासी बर्बरी और चिलातिका का नाटक बड़ा दिव्य होता है।' उन्होंने विद्याधरराज से यह भी कहा कि ''उन नर्तकियों के नाटक से रहित तुम्हारा राज्य, वाहन और विद्याधरत्व सब व्यर्थ है (केतुमतीलम्भ : पृ. 325)।''

15.3 नर्तकियाँ

संघदासगणी के अनुसार, नाटक की पात्रियों को दहेज देने की भी प्रथा उस समय प्रचलित थी। नर्तकियों को दहेज में देना गौरव का विषय होता था। प्राचीन युग में भजन, संगीत आदि की दृष्टि से देवालय भी ललितकला के प्रमुख केन्द्रों में अन्यतम था। अतएव, वेश्याओं का देवालयों से बहुत प्राचीन सम्बन्ध रहा है। 'चतुर्भाणी' में ही कई जगह वेश्याओं का मन्दिरों में गाने-बजाने का उल्लेख है। संघदासगणी ने भी गणिकाओं के, देवकुल के प्रति श्रद्धाभाव की अनुशंसा की है। धम्मिल्ल के निर्धन हो जाने के बाद, एक दिन वसन्तसेना, वसन्ततिलका के लिए, पेरकर रस निकाल लेने के बाद बचे हुए कुछ सफेद इक्षुखंड ले आई। जब वह उन्हें खाने लगी, तब वे नीरस लगे। तब माँ ने उससे कहा : ''जिस प्रकार ये इक्षुखंड नीरस हैं, उसी प्रकार धम्मिल्ल भी, इसलिए उसे छोड़ दो।'' वसन्ततिलका ने कहा : ''नहीं, यह भी काम की चीज है। इससे देवगृह (देवकुल) लीपने के लिए मिट्टी (गोबर) घोलने का काम लिया जाएगा (धम्मिलहिंडी : पृ. 32)। इससे स्पष्ट है कि वसन्ततिलका श्रद्धापूर्वक देवकुल जाती थी और वहाँ की भूमि को लीपकर पवित्र करती थी। इसके अतिरिक्त, वसन्तसेना द्वारा कर्बट देवता के उत्सव का आयोजन और फिर गन्ध, धूप, पुष्प और नैवेद्य के साथ गृहदेवता का पूजन आदि क्रियाओं से भी वेश्या की देवकुल के प्रति श्रद्धाभावना का व्यक्तीकरण होता है (*तत्रैव,* पृ. 33)।

नायक के साथ प्रीति हो जाने पर वेश्या एकचारिणी व्रत का पालन करती थी। वसन्तसेना ने जब धम्मिल्ल का निर्वासन कर दिया, तब उसकी पुत्री वसन्ततिलका ने धम्मिल्ल के प्रति प्रीति की एकनिष्ठता के कारण प्रतिज्ञा की : ''अपने स्वामी के प्रति सत्प्रतिज्ञ मैं अपनी वेणी बाँधती हूँ, यह मानकर कि मेरा प्रियतम आकर इसे खोलेगा।'' यह कहकर वह गन्ध, माला, अलंकार आदि का उपयोग छोड़कर केवल शरीर-रक्षा के लिए अन्न-पान ग्रहण करती हुई शुद्ध भावना से समय बिताने लगी। बहुत दिनों के बाद धम्मिल्ल के साथ फिर उसका मिलन हुआ (*तत्रैव,* पृ. 35)।

15.4 प्रशिक्षण

गणिकाएँ ललितकला की शिक्षिकाएँ होती थीं। उस युग के राजा या सेठ अपने पुत्रों को गणिकाओं के घर भेजकर शिक्षा दिलवाते थे। *वसुदेवहिंडी* में कथा है कि श्रेष्ठिपुत्र चारुस्वामी

को 'अर्थपरिभोक्ता' बनाने के लिए उसकी माता ने उसे गणिका के घर भर्ती कराने की जोरदार सिफारिश की थी (गन्धर्वदत्तालम्भ : पृ. 141)। उसने चारुस्वामी के गोमुख आदि मित्रों से कहा था कि यदि मेरा पुत्र, धन नष्ट करके भी गणिकागृह में पहुँच जाता है, तो मेरा मनोरथ पूर्ण समझो : ''जति वित्तं विणासेइ वेसवसं पतो ततो पुण्णो मे मनोरहो'' (*तत्रैव* : पृ. 141-142)। इसके बाद गोमुख आदि मित्रों ने चारुस्वामी को उद्यान में ले जाकर मद्यपान कराया और युक्तिपूर्वक वसन्ततिलका के जिम्मे लगा दिया। नशे के आवेश में चारुस्वामी को वसन्ततिलका अप्सरा जैसी दिखाई पड़ती थी। वह अप्सरा उसे रथ पर चढ़ाकर अपने घर ले गई। वहाँ उसने उसे रथ से उतारा। वहाँ उसी के समान उम्रवाली और युवतियों ने उसे घेर लिया। अप्सरा ने उससे कहा : ''इभ्यपुत्र ! मैं तुम्हें देवविमान (स्वर्गलोक) में ले आई हूँ। मेरे साथ निश्चित भाव से विषयसुख का भोग करो।'' अब चारुस्वामी हथिनियों के साथ हाथी की भाँति उन मधुरभाषिणी युवतियों के साथ था। उन्होंने अप्सरा के साथ चारुस्वामी का पाणिग्रहण करा दिया। फिर, गीत गाती हुई वे उसे गर्भगृह में ले गईं। वहाँ वह अप्सरा के साथ रतिपरायण होकर सो गया। जब उसका नशा उतरने लगा, तब उसे पता चला कि वह अप्सरा के दिव्यलोक में नहीं, अपितु वसन्ततिलका गणिका के घर में पड़ा है। तभी, वसन्ततिलका ने बड़ी लुभावनी भाषा में चारुस्वामी को अपना परिचय देते हुए कहा : ''मैं गणिकापुत्री वसन्ततिलका हूँ। कन्याभाव में रहकर कला की साधना करती हुई समय बिताती हूँ। मुझे धन का लोभ नहीं है। मैं गुण का आदर करती हूँ। मैंने तुम्हें हृदय से वरण किया है। तुम्हारी माँ की अनुमति से तुम्हारे गोमुख आदि मित्रों ने उद्यान में युक्तिपूर्वक तुम्हें मुझे सौंप दिया है।'' यह कहकर वह उठी, अपने कपड़े बदले और फिर चारुस्वामी के पास आकर, कृतांजलि होकर निवेदन करने लगी : ''इभ्यपुत्र ! मैं तुम्हारी सेविका हूँ। मुझे स्त्री के रूप में स्वीकार करो। ये रेशमी वस्त्र मेरे कन्याभाव के प्रमाण हैं। मैं आजीवन तुम्हारी सेवा करती रहूँगी।'' चारुस्वामी ने रागानुबद्ध होकर उसे पत्नी के रूप में स्वीकार कर लिया और वह उसके साथ स्वच्छन्द विहार करने लगा।

विलक्षणबुद्धि वसन्ततिलका चारुस्वामी को उसकी माता के द्वारा भेजी गई परिभोग्य वस्तुओं को दिखलाने लगी। वसन्ततिलका चूँकि कामकला के शिक्षण में चारुस्वामी की आचार्या थी, इसलिए उसे दक्षिणा में उसकी माँ की ओर से प्रतिदिन एक हजार आठ स्वर्णमुद्राएँ मिलती थीं। फिर, किसी उत्सव के दिन एक लाख आठ हजार स्वर्णमुद्राएँ आती थीं। इस प्रकार, विषयसुख से मोहित होकर चारुस्वामी ने वसन्ततिलका के साथ रमण करते हुए बारह वर्ष बिता दिए। एक दिन मधुपान करके चारुस्वामी जब वसन्ततिलका के साथ सोया था, तभी ठंडी हवा लगने से उसकी नींद खुल गई। किन्तु, वसन्ततिलका वहाँ नहीं दिखाई पड़ी। उसी क्षण, उसे समझ में आ गया कि गणिका उसे छोड़कर चली गई है। इधर सारा धन नष्ट हो जाने से चारुस्वामी का पिता संन्यासी हो गया और माँ घर बेचकर नैहर अपने भाई सर्वार्थ के पास चली गई (गन्धर्वदत्तालम्भः, पृ. 143-144)।

15.5 विशेषताएँ

गणिकाओं की कई उल्लेखनीय विशेषताएँ सामने आती हैं। सर्वप्रथम गणिकाएँ रतिप्रगल्भा होती थीं। फिर, उनका कन्याभाव कृत्रिम होता था। वे अपनी ललित बचोभंगी में मोहन और वशीकरण की अद्भुत शक्ति रखती थीं। विश्वनाथ महापात्र के अनुसार, गणिकाएँ धीरा और

कलाप्रगल्भा होती थीं। ये न तो गुणहीनों से द्वेष करती थीं, न ही गुणियों से अनुराग रखती थीं। ये केवल धन देखकर बाहरी प्रेम प्रदर्शित करती थीं। धन क्षीण हो जाने पर ये स्वीकृत पुरुष को भी अपनी माँ से कहकर निकाल बाहर कराती थीं और फिर नए पुरुषों की खोज में लग जाती थीं। *वसुदेवहिंडी* के धम्मिल्ल और चारुस्वामी, गणिका की इस सहज निर्मम प्रवृत्ति के दुःखपूर्ण शिकार बने थे। और, दोनों को मोह-मरीचिका में डालनेवाली गणिकाओं के नाम भी एक ही थे। ध्यातव्य है कि संघदासगणी के कथाग्रन्थ में, भिन्न कथाप्रसंगों में भी एक ही नाम के कई पात्र-पात्री पुनरावृत्त हैं।

उपर्युक्त कथाप्रसंग से यह भी स्पष्ट है कि गणिकाएँ रथ पर चलती थीं। अग्रगणिकाएँ या प्रधान गणिकाएँ या महागणिकाएँ प्रायः अनेक युवा-युवतियों से घिरी रहती थीं। ये ललितकला की आचार्या होने के कारण दक्षिणा में विपुल राशि वसूल करती थीं। कुल मिलाकर, गणिकाएँ परमाद्भुत चरित्रवाली होती थीं।

गणिकाएँ बड़ी धूर्त्त होती थीं और अपनी पुत्रियों को निर्धन पुरुषों के साथ प्रेमासाक्त जानकर, उन अभागों को बड़े छल-छद्म से निष्कासित कर देती थीं। वसन्तसेना इसका ज्वलन्त उदाहरण है। उसने जब धम्मिल्ल के प्रति वसन्ततिलका को आसक्त जान लिया, तब एक उत्सव का आयोजन किया और उसी में खान-पान के बहाने धम्मिल्ल को बहुत अधिक मदिरा पिलाकर बेहोश कर दिया और उसे एकवस्त्र स्थिति में नगर के बाहर थोड़ी दूर पर फेंकवा दिया।

चारुस्वामी या चारुदत्त जब अर्थहीन हो गया, तब वसन्ततिलका की माँ ने उसे पहले तो योगमद्य पिलवाया, फिर बेहोशी की हालत में उसे भूतघर में डलवा दिया। वसन्ततिलका को जब अपनी माँ के इस दुष्कृत्य का पता चला, तब उसने अपनी वेणी बाँधकर प्रतिज्ञा की कि चारुदत्त ही आकर इसे खोलेगा। इसी क्रम में, वसन्ततिलका राजा की सेवा से, उचित शुल्क चुकाकर, मुक्त हो गई (गन्धर्वदत्तालम्भ : पृ. 154)। इससे स्पष्ट है कि गणिका सिद्धान्तवादिनी होती थीं और विहित शुल्क (निष्क्रिय) देकर राजा की सेवा से मुक्ति पा लेती थीं ("दिण्णो निक्कओ रणो, राइणा य मोइयं गिहं") और अपने मनोनुकूल गृहस्थ-जीवन बिताती थीं। धम्मिल्ल की प्रेमिका गणिका वसन्ततिलका की कथा भी प्रायः चारुदत्त की प्रेमिका वसन्ततिलका के ही समानान्तर है।

वसुदेवहिंडी के गंगरक्षित-वृत्तान्त से गणिकाओं की सांस्कृतिक अभिरुचि और वेश्यालय की शिष्टता का अनुमान होता है। गंगरक्षित ने वसुदेव से अपनी कहानी सुनाते हुए कहा था कि एक दिन वह अपने प्रियमित्र वीणादत्त के साथ श्रावस्ती के चौक में बैठा था ('सावत्थीचउक्कम्मि आसहे' : प्रियंगुसुन्दरीलम्भ : पृ. 189)। उसी समय रंगपताका नाम की गणिका की दासी ने वीणादत्त को बुलाया और उससे कहा कि मेरी स्वामिनी रंगपताका और रतिसेनिका के मुर्गों की लड़ाई (युद्ध-प्रतियोगिता) आयोजित की गई है, इसलिए साखी (मध्यस्थ) के रूप में आप उसमें सम्मिलित होने के लिए शीघ्र आएँ। इसके बाद उस दासी की नजर गंगरक्षित पर पड़ी और प्रश्नात्मक स्वर में बोली : "उत्सवों से दूर रहनेवाला यह गणिकाओं के रसविशेष को जानता है ?" ("एसो गणियाणं रसविसेसं जाणइ ?") उसकी चिढ़ानेवाली बात से गंगरक्षित सहसा जल उठा और वीणादत्त के साथ वेश्यालय में चला गया। वहाँ बैठने के लिए उन्हें आसन दिया गया, फिर इत्र और माला से उन दोनों का सम्मान किया गया।

उसके बाद मुर्गों की लड़ाई शुरू हुई। एक लाख की बाजी रखी गई थी। वीणादत्त ने रंगपताका के मुर्गे को ललकारा और रतिसेना के मुर्गे से लड़वाना शुरू किया। रतिसेना का मुर्गा मात खा गया और रतिसेना एक लाख की बाजी हार गई। तब, उसने दसगुनी, यानी दस लाख रुपए की, बाजी लगाई। दूसरी पाली में गंगरक्षित ने रतिसेना के मुर्गे का पक्ष लिया और उसे ललकारा। दूसरी बार मुर्गों की लड़ाई शुरू हुई। इस बार रतिसेना ने बाजी जीत ली। गंगरक्षित रतिसेना के घर में ही रह गया। दूसरे दिन, ओढ़े हुए कपड़े में अपना हाथ छिपाए हुई एक दासी एक सौ आठ दीनार दिखलाती हुई गंगरक्षित से बोली : "रतिसेना दे रही है।" इस प्रकार, सुखपूर्वक गंगरक्षित का समय बीतने लगा। गणिकागृह में रहते हुए कितना समय बीत गया, यह उसने नहीं जाना। एक दिन गणिका के परिजन ने करुण रुदन करना शुरू किया। "यह क्या बात है ?" ऐसा बोलता हुआ गंगरक्षित सहसा उठा और सुना कि उसके पिता मर गए ! वह शोकाभिभूत हो उठा और तुरन्त ही अपने घर लौट आया।

इसी प्रकार, जम्बूद्वीप स्थित पूर्वविदेह-क्षेत्र के पुष्कलावती विजय की पुंडरीकिणी नगरी के राजा धनरथ के दरबार में सुसेना (सुषेणा) नाम की गणिका शास्त्रार्थ की इच्छा से कुक्कुट की युद्ध-प्रतियोगिता के लिए आई थी। उसने कुक्कुट के घनरथ की रानी मनोहरी के वज्रतुंड नामक कुक्कुट से युद्ध किया था। इसके लिए दोनों पक्षों की ओर से एक लाख की बाजी रखी गई थी (केतुमतीलम्भ : पृ. 333)।

उक्त कथाप्रसंगों से यह ज्ञात होता है कि गणिकाएँ सांस्कृतिक उत्सवों का आयोजन करने में सहज अभिरुचि रखती थीं और इस प्रकार को आयोजनों में अपनी स्पृहणीय धनाढ्यता प्रदर्शित करती थीं और रानियों से भी होड़ लेने को तैयार रहती थीं। इसके अतिरिक्त, अपने आमन्त्रितों के प्रति सामान्य शिष्टाचार का पालन तो करती ही थीं, अपने प्रति किए गए उपकार का आर्थिक मूल्य भी चुकाती थीं। आमन्त्रित अतिथि के शोक में सहानुभूति प्रदर्शित करके, अपनी सहज मानव-भावना का भी परिचय प्रस्तुत करती थीं।

इसी प्रकार, वसुदेव जब अपनी भावी गणिका-पत्नी ललितश्री के घर गए, तब उसने उनका अर्घ्य से सम्मान किया। कौतूहल से भरी हुई कुछ गणिकाएँ वहाँ आ गईं। उन्होंने ललितश्री का अभिप्राय जानकर वसुदेव का शृंगार किया। फिर, "फल चाहनेवाले को विशेष रस की भी प्राप्ति होती है", इस प्रकार बोलते हुए उन्होंने ललितश्री के साथ वसुदेव को भी स्नान कराया। फिर, वे मंगलाचार के साथ वसुदेव को ललितश्री के वासगृह (शयनकक्ष) में ले गईं। वहाँ मोती की झालरें लटकाई गई थीं, शयनगृह की भूमि पर सुगन्धित फूल बिखेरे गए थे। घ्राण के अनुकूल धूप से वासगृह सुरभि-मुखर हो रहा था। वहाँ वसुदेव स्वच्छन्द भाव से पाँच प्रकार के (रूप, रस, गन्ध, स्पर्श और शब्द) विषय-सुखों को भोगते हुए प्रसन्नतापूर्वक विहार करते रहे (ललितश्रीलम्भ : पृ. 363)।

इस कथा से यह स्पष्ट होता है कि गणिकाओं की शिष्टता में मोहक सौन्दर्य का अभिनिवेश अतिशय प्रबल रहता था। रति-महोत्सव के अनुकूल वातावरण तैयार करने में सहायिका गणिकाएँ अपने कला-कौशल का भरपूर प्रदर्शन करती थीं। वेश्यागृह में मंडन-कला का उत्कर्ष अपनी चरम सीमा पर रहता था। गणिकाएँ जब एकचारिणी हो जाती थीं, तब अपने अनुकूल पुरुष को कामकला से कृतार्थ कर देती थीं।

वसुदेवहिंडी में इस बात का भी उल्लेख है कि गणिकाओं को जिन-भक्ति और वैदिक सिद्धि भी प्राप्त रहती थी और वे पूर्वभव के ज्ञान या अवधिज्ञान से भी सम्पन्न होती थीं।

यज्ञोत्सव के अवसर पर भी वे नृत्य आदि का प्रदर्शन करती थीं। कामपताका नाम की गणिकापुत्री ने तो अतिशय कठिन सूचीनृत्य, अर्थात् विषदिग्ध सुदयों पर नृत्य भी किया था (प्रियंगुसुन्दरीलम्भः पृ. 293)।

चन्दनपुर नामक नगर के राजा अमोघरिपु की राजगणिका अनंगसेना की पुत्री कामपताका की, रूप, ज्ञान और बुद्धि में, द्वितीयता नहीं थी। वह जिनशासन-प्राप्त रहने के कारण दैविक बल से सम्पन्न थी (तत्रैवः पृ. 293)। कथा है कि एक दिन जब वह राजभवन से निकल रही थी, तभी राजदरबार का एक धृष्ट सेवक दुर्मुख नामक दास ने उसे छेड़ दिया : "मेरे साथ रहोगी ?" जब उसने अनिच्छा प्रकट की, तब दुर्मुख ने उसे अपने कठोर हाथों से पकड़ लिया। इस पर कामपताका बोली : "यदि मैंने जिनशासन प्राप्त किया है, तो इस सत्यवचन से मैं दुर्मुख से छुटकारा पा जाऊँगी।" उसके ऐसा कहने पर, किसी देवी ने देवत्व के प्रभाव से अपने आकारिक विस्तार को और अधिक विस्तृत कर दास दुर्मुख को एकबारगी रोक लिया। कामपताका निर्विघ्न अपने पर चली गई।

किन्तु, दुर्मुख उसके प्रति द्वेष रखने लगा। उसने पुनः कामपताका को संकट में डाल दिया। इस पर कामपताका जिनवर के अष्टाह्निक की मनौती मानकर कष्टमुक्त हुई। कथा है कि एक बार किसी दिन वटप, शांडिल्य, उदकबिन्दु प्रभृति तपस्वी फूल-फल लेकर राजा अमोघरिपु को उपहार देने आए और आश्रम में आयोजित यज्ञ की रक्षा के लिए उन्होंने सहायता माँगी। राजा ने अपने मन्त्रियों से विचार-विमर्श करके अपने पुत्र कुमार चारुचन्द्र को विपुल सैन्यबल और बहुत सारे लोगों के साथ, जिनमें गणिकाएँ भी शामिल थीं, यज्ञ की रक्षा के निमित्त आश्रम भेज दिया।

उस यज्ञोत्सव में चित्रसेना, कलिंगसेना, अनंगसेना और कामपताका परस्पर प्रतिस्पर्द्धा करती हुई नृत्य आदि का प्रदर्शन कर रही थीं। कामपताका की बारी जानकर, परपीड़न से सुखानुभूति प्राप्त करनेवाले दास दुर्मख ने उसे सूचीनृत्य करने का आदेश दिया और विष से बुझी सुइयाँ कामपताका के नृत्यस्थल पर रखवा दीं। कामपताका उसे समझ गई और उसने मनौती की : "यदि मैं इस नृत्य-प्रदर्शन में निस्तार पा गई, तो जिनवर का आष्टाह्निक महामहोत्सव कराऊँगी।" और, उसने उस दिन उपवास का व्रत रखा और उसी के प्रभाव से वह अपने प्रदर्शन में सफल हो गई; क्योंकि विष से बुझी सुइयों को देवी ने नृत्यस्थल से हटा दिया था।

मानिनी कामपताका का रूप बड़ा तीखा था। उस पर राजकुमार से उपाध्याय तक रीझ जाते थे। यज्ञोत्सव में नृत्य की समाप्ति के बाद कुमार चारुचन्द्र ने अपने सारे आभूषण, छत्र-चामर-सहित, उतारकर, कामपताका को दे दिए और स्वयं निराभरण होकर घर वापस आया और कामरोग से ग्रस्त और विषय-विरक्त रहने लगा। अन्त में, अमोघरिपु ने कामपताका को अपने युवराज चारुचन्द्र के लिए दे दिया। कामपताका पहले स्वामिदत्त नामक परदेशी वणिक पर रीझ गई थी। किन्तु, परदेशी वणिक विरागमार्गी निकला। उलटे, उसने कामपताका और उसकी माँ अनंगसेना को श्रमणधर्म और श्रावकधर्म का उपदेश देकर श्राविका बना दिया। तभी से कामपताका जिनभक्त हो गई थी। मनौती के अनुसार, उसने विविध आयोजनों के साथ जिनवरेन्द्र का उत्सव मनाया था। कामपताका की प्राप्ति की उपायसिद्धि के लिए युवराज चारुचन्द्र ने भी जिनोत्सव आयोजित किया था। युवराज चारुचन्द्र को कामपताका की प्राप्ति में उक्त धार्मिक सहधर्मिता ही विशिष्ट कारण हुई।

राजपरिवार का एक मूल्यवान अंग हो जाने के बाद कामपताका की माँ अनंगसेना ने राजा से सारी वस्तुस्थिति कहकर दास दुर्मुख को उसकी धृष्टता के लिए वध का दंड दिलवाया।

यज्ञोत्सव में रंगमंच पर कामपताका को नाचते देखकर शुनकच्छेद उपाध्याय भी कामशर से आहत हो गए। कामपताका के बिना वह प्राण तक छोड़ने को तैयार थे। उपाध्याय की प्राणरक्षा के लिए तपस्वियों के निवेदन करने पर भी राजा ने अपनी विवशता प्रकट की; क्योंकि वे कामपताका को कुमार चारुचन्द्र के जिम्मे सौंप चुके थे।

कुल मिलाकर, इस कथा-सन्दर्भ से यह स्पष्ट होता है कि वेश्याएँ गणिका-वृत्ति और धार्मिकता के अद्‌भुत समन्वय की कलापुत्तलिकाएँ होती थीं। समृद्ध गणिकाओं में धार्मिक कृत्यों के प्रति आग्रह का समर्थन वात्स्यायन ने भी किया है। अनंगसेना जैसी गणिका का चरित्र तो अद्‌भुत है कि एक ओर वह श्राविका है, दूसरी ओर दुर्मुख को क्षमादान न दिलवाकर अपनी प्रतिक्रिया की तृप्ति के लिए वध का दंड दिलवाती है। इस प्रकार, गणिकाएँ यौनदृष्टि से कभी विश्वसनीय नहीं होतीं। उनकी धार्मिकता भी प्रायः स्वार्थ की पूर्ति का आवरण बनती थीं।

"ललितश्री (या सोमयशा) नाम की एक गणिकापुत्री थी। वह सर्वांगतः प्रशस्य कन्यालक्षणों से युक्त थी। उसकी मृदुल, मित और मधुर वाणी श्रवण और मन को हर लेती थी। अपनी ललित गति से वह हंस का अनुसरण करती थी, वह कुलवधू के वेश में रहती थी और शास्त्रीय बातों में सुन्दर और तीखी युक्ति उपस्थित करनेवाली होने के साथ ही वह लोकसेविका भी थी। वह रानी होने के योग्य थी।" किन्तु, यह सब कुछ होते हुए उस युवती कलाविदुषी ("जोव्वणवती कलासु य सकण्णा':, तत्रैव, पृ. 362) को पुरुष से द्वेष हो गया था।

पुरुषद्वेष के कारण के स्पष्टीकरण के लिए ललितश्री ने अपने पूर्वभव की कथा सुमित्र परिव्राजक से कह सुनाई थी, जिसे उसने पहले किसी योगी या गुरु से भी नहीं कहा था। पिछले जन्म में वह मृगी थी। वह सोने की पीठवाले (कणयपटु : कनकपृष्ट) मृग की प्रिया थी। एक बार व्याधों ने मृगयूथ पर आक्रमण कर दिया। कनकपृष्ठ मृग उस मृगी को छोड़कर भाग गया। निर्दय व्याधों ने गर्भ-भरालसा मृगी को पकड़ लिया और तीर से बेधकर मार डाला। उसके बाद उसने ललितश्री के रूप में पुनर्जन्म ग्रहण किया। बचपन में राजा के आँगन में खेलते समय, मृगशावक को देखकर उसे पूर्वजन्म का स्मरण हो आया। तब उसके मन में यह बात आई कि ओह ! बलवान पुरुष कपटी और अकृतज्ञ होते हैं। तभी तो मृग ने मुझे पहले प्रलोभन दिया, बाद में व्याधों से घिरे जंगल में छोड़कर चला गया। उसी समय से वह पुरुष से द्वेष करने लगी। अन्त में, वसुदेव ने चीवर-चित्र द्वारा उसके हृदय को परिवर्तित कर उसे पुरुषप्रेमी बना दिया।

गणिका का पद काफी ऊँचा होता था। उसमें लीला, हाव-भाव, सत्य, विनय और माधुर्य का अपूर्व सम्मिश्रण होता था। चौंसठ कलाओं में उसकी प्रवृत्ति होती थी। वह राजोपचार में कुशल होती थी तथा स्त्रीसुलभ दोष भी उसमें होते थे। वह मृदुभाषिणी, चतुर और परिश्रमी होती थी।

15.6 देवदत्ता

चम्पा नगरी की देवदत्ता नामक गणिका धन-सम्पन्न, 64 कलाओं में निष्णात, 29 प्रकार से रमण करनेवाली, 21 रतिगुणों से युक्त, 32 पुरुषोपचार में कुशल, 18 देशी भाषाओं में

विशारद, नवयौवना और शृंगार आदि से सम्पन्न थी। अपनी ध्वजा के साथ वह कर्णीरथ पर सवार होकर चलती थी, एक हजार उसकी फीस थी, राजा ने उसे छत्र और चामर प्रदान किए थे, तथा अनेक गणिकाओं की वह स्वामिनी थी। एक दिन नगर के सार्थवाहपुत्रों ने देवदत्ता के साथ उद्यान में जाकर विहार करने का विचार किया। उन्होंने अपने नौकरों को विपुल अशन, पान आदि लेकर नन्दा पुष्करिणी पर पहुँच, एक सुन्दर मंडप बनाने का आदेश दिया। तत्पश्चात् सार्थवाह स्नान आदि से निवृत्त हो, सुन्दर बैलों के रथ में सवार होकर देवदत्ता के घर पहुँचे। देवदत्ता ने आसन से उठकर उनका स्वागत किया। उसके बाद, वह वस्त्रादि से विभूषित हो और यान में बैठ, चम्पा नगरी के बीच होती हुई नन्दा पुष्करिणी पर आई। यहाँ पर जलक्रीड़ा की गई और फिर सब लोग मंडप में पहुँचे। वहाँ अशन, पान आदि का उपभोग करते हुए वे देवदत्ता के साथ विहार करने गले। तत्पश्चात् देवदत्ता के हाथ में हाथ डालकर सुभूमिभाग नाम के उद्यान में गए, और वहाँ बने हुए कदलीगृह, लतागृह, आसनगृह, प्रक्षेणकगृह, प्रसाधनगृह, मोहनगृह, जालगृह और कुसुमगृह आदि में भ्रमण करते हुए आनन्दपूर्वक समय यापन करने लगे।

गणिकाएँ *वैशिकशास्त्र* (वेश, नृत्य, कामपरिज्ञान, मित्रवंचन, चुम्बन, एकान्तप्रसाधन, केशरंजन आदि) की पंडित होती थीं। इस शास्त्र का अध्ययन करने के लिए कितने ही लोग गणिकाओं के पास जाया करते थे। कहा जाता है कि दत्तक या दत्तावैशिक ने, विशेषकर पाटलिपुत्र की वेश्याओं के लिए, इस दुर्लभ ग्रन्थ की रचना की थी। एक बार की बात है, किसी वेश्या ने दत्तावैशिक को अनेक प्रकार के हाव-भाव दिखाकर वश में करने की चेष्टा की, किन्तु वह सफल न हुई। इस पर वेश्या ने अग्नि में जलकर मर जाने की धमकी थी। दत्तावैशिक ने कहा कि अवश्य ही इस प्रकार की माया का उल्लेख भी वैशिकशास्त्र में होगा। इसके बाद एक सुरंग के पश्चिम द्वार से अपने घर पहुँच गई। दत्तक चिल्लाता रह गया, और इस बीच लोगों ने उसे उठाकर चिता में डाल दिया। लेकिन उसने फिर भी गणिकाओं का विश्वास न किया।

15.7 गणिकाओं का महत्त्व

वृहत्वकल्पभाष्य में 64 कलाओं में निपुण गणिका का उल्लेख है जिसने अपनी चित्रसभा में सब मनुष्यों के जाति-कर्म, शिल्प तथा कुपितों को प्रसन्न करने के सुन्दर चित्र बनवा रखे थे। जब कोई उसका प्रेमी उसके घर आता तो पहले वह उससे चित्रसभा का निरीक्षण करने के लिए कहती। उस समय उसे ज्ञात हो जाता कि कौन व्यक्ति किस जाति का है, कौन सा शिल्प उसे अच्छा लगता है और कुपित-प्रसादन में वह दारुण स्वभाव का है या स्त्रियों के जल्दी ही वश में आ जाता है।

राजा और राजा के मन्त्री भी वेश्यागमन करते थे। वाणियगाम में विविध कलाओं में निष्णात कामज्झया (कामध्वजा) नाम की एक गणिका रहती थी। उसी नगर में उज्झित नाम का एक सार्थवाह रहता था। जब उसके माता-पिता मर गए तो नगर-रक्षकों ने उसे घर से निकाल बाहर किया और उसका घर दूसरों को दे दिया। उज्झित आवारा होकर फिरने लगा। एक दिन वह कामज्झया गणिका के घर गया और वहीं रहने लगा। एक बार विजयमित्र राजा की रानी को योनिशूल उत्पन्न हुआ। उसने उज्झित को कामज्झया के घर से निकलवा दिया, और स्वयं उसके साथ रहने लगा। उज्झित को यह बात बहुत बुरी लगी। मौका पाकर फिर

वह चुपके से कामज्झया के घर पहुँच गया। राजकर्मचारियों को जब इसका पता लगा तो उज्झित की मुश्कें बाँधकर वे उसे वध्यस्थान को ले गए।

जैन और बौद्ध काल में गणिकाएँ नगर की शोभा मानी जाती थीं। राजा उन्हें आदर की दृष्टि से देखता था और उन्हें अपनी राजधानी का रत्न समझता था। मुख्य-मुख्य नगरों में प्रधान गणिका का बड़ी धूमधाम से अभिषेक किया जाता, तथा उसके न रहने पर दूसरी, और दूसरी के न रहने पर तीसरी को उस पद पर नियुक्त किया जाता। नन्दिनी इसी प्रकार की एक गणिका थी जिसके रोग से आक्रान्त होने पर, उसकी जगह दूसरी गणिका स्थापित की गई, और फिर उसका स्थान तीसरी गणिका को मिला।

इन गणिकाओं के पास हर किसी को जाने की छूट नहीं थी। उनका प्रेम किसी एकाध पुरुष पर ही केन्द्रित होता और उसके परदेश चले जाने पर वे कुल-वधू की भाँति एकवेणी बाँधकर विरहिणी-व्रत स्वीकार करतीं।

15.8 कोशा और उपकोशा

कोशा और उपकोशा पाटलिपुत्र की दो प्रसिद्ध गणिकाएँ थीं; दोनों बहनें थीं। कोशा स्थूलभद्र से और उपकोशा वररुचि से प्रेम करती थी। कोशा ने स्थूलभद्र के साथ बारह वर्ष व्यतीत किए, इसलिए स्थूलभद्र को छोड़कर वह अन्य किसी पुरुष को नहीं चाहती थी। इसी समय स्थूलभद्र घोर तप करने चले गए। लेकिन एक बार अभिग्रह ग्रहण करके वे फिर कोशा के घर लौटे। कोशा ने समझा कि तप से पराजित होकर वे उसके साथ रहने आए हैं। अपने उद्यान-गृह में रहने के लिए उसने उन्हें स्थान दे दिया। तत्पश्चात् वह रात्रि के समय सर्वालंकार विभूषित होकर स्थूलभद्र के पास आई, लेकिन स्थूलभद्र वहाँ चार महीने रहकर भी अपने व्रत से विचलित न हुए। उल्टे उन्होंने कोशा को उपदेश दिया और उपदेश से प्रभावित होकर कोशा ने श्राविका के व्रत ग्रहण किए। उसने अब निश्चय कर लिया कि राजा के आदेश से ही वह किसी पुरुष के साथ सहवास करेगी, अन्यथा ब्रह्मचारिणी रहेगी।

देवदत्ता उज्जैनी की दूसरी प्रधान गणिका थी जिसे अपने रूप-लावण्य का बहुत गर्व था और जो साधारण पुरुषों से रंजित नहीं होती थी। इधर पाटलिपुत्रवासी समस्त कलाओं में कुशल मूलदेव नाम का राजकुमार घूमता-घामता उज्जैनी पहुँचा। जब उसे पता लगा कि देवदत्ता बड़ी गर्वीली है तो मूलदेव ने उसके घर के समीप पहुँच अपना मधुर संगीत आलापना प्रारम्भ कर दिया। संगीत सुनकर देवदत्ता क्षण-भर के लिए पागल बन गई। उसने तुरन्त ही माधवी नाम की अपनी चतुर दासी को भेजकर मूलदेव को बुलवाया। लेकिन मूलदेव ने कहा– "विचित्र विटों के वश में रहनेवाली, मद्यपान और मांस-भक्षण में आसक्त, अति निकृष्ट, तथा वचनों में कोमल और मन से दुष्ट ऐसी गणिका का विशिष्ट पुरुष कभी सेवन नहीं करते। अग्नि की शिखा की भाँति वह सन्ताप उत्पन्न करती है, मदिरा की भाँति मन को मोहित करती है, छुरी की भाँति शरीर को काटती है और सींक की भाँति वह निन्दनीय है।" खैर, दासी किसी प्रकार समझा-बुझाकर मूलदेव को अपनी स्वामिनी के पास ले गई। मूलदेव उसके घर रहने लगा और दोनों में प्रीति बढ़ती गई।

अचल नाम का एक व्यापारी देवदत्ता का दूसरा प्रेमी था। वह उसे मुँह-माँगे वस्त्र और आभूषण आदि देकर प्रसन्न रखता था। देवदत्ता की माँ अपनी बेटी से कंगाल मूलदेव का परित्याग करने के लिए बहुत कहती-सुनती, लेकिन उसकी बेटी यही उत्तर देती कि वह केवल

धन की लोभी नहीं है, गुणों की भी वह कद्र करती है। कुछ समय बाद, अचल ने मूलदेव को अपमानित कर वहाँ से निकाल दिया, और संयोग से वह बेन्यातट नगर का राजा बन गया। इधर देवदत्ता ने अचल के व्यवहार से असन्तुष्ट हो उसे अपने घर से निकाल बाहर किया। उसके बाद, उसने राजा के पास पहुँचकर निवेदन किया कि मूलदेव के सिवाय अन्य किसी पुरुष को उसके घर न आने दिया जाए।

कृष्णवासुदेव ने जब कांपिल्यपुर के लिए प्रस्थान किया तो उनके साथ अनंगसेना आदि गणिकाएँ भी चलीं; इससे भी यही पता लगता है कि उस समय आजकल की भाँति उन्हें, निकृष्ट नहीं समझा जाता था। राजगृह के राजा जरासंध की दो सर्वप्रधान गणिकाएँ थीं; एक का नाम था मगहसुन्दरी और दूसरी का मगहसिरि। मगहसिरी मगहसुन्दरी से ईर्ष्या करती थी। एक दिन जब मगहसुन्दरी के नृत्य का दिन आया तो उसने विषयुक्त सोने की बारीक सुइयों को कनेर के वृक्ष पर डाल दिया। मगहसुन्दरी की माँ को पता लगा कि भौंरे कनेर की डाल पर न बैठकर, आम के वृक्ष पर बैठते हैं तो उसे सन्देह हो गया, और उसने सुइयों को हटाकर अपनी पुत्री की रक्षा की।

15.9 बिन्दुमती

पाटलिपुत्र की बिन्दुमती गणिका के सत्य के प्रभाव से गंगा का प्रवाह ही उलट गया था। सम्राट् अशोक ने इसका कारण पूछा तो उसने उत्तर दिया कि महाराज, जो मुझे धन देता है, चाहे वह क्षत्रिय, ब्राह्मण, वैश्य या शूद्र कोई भी हो, वह सबको समान भाव से देखती है, (*मिलिन्दप्रश्न,* पृ. 121 आदि)। कुरुधम्मजातक (276) 2, पृ. 100-1 में एक सदाचारी गणिका का उल्लेख है जिसने किसी व्यक्ति से एक हार मुद्राएँ स्वीकार कर ली थीं, लेकिन वह तीन वर्ष तक लौटकर नहीं आया। इस बीच उस गणिका ने अन्य पुरुष के हाथ से पान का एक बीड़ा तक न लिया। अन्त में जब वह दरिद्र अवस्था को पहुँच गई तो न्यायालय में जाकर उसने न्यायाधीशों से पहले की तरह जीवनयापन करने की अनुमति माँगी। *कथासरित्सागर* (जिल्द 3, अध्याय 38, पृ. 207--17) में एक वेश्या की कथा आती है जिसने प्रतिज्ञा की थी कि यदि उसका प्रेमी छह महीने के अन्दर लौटकर न आया तो वह अपनी सब सम्पत्ति का त्याग कर देगी और अग्नि में जलकर प्राण दे देगी। इस बीच ब्राह्मणों को दान आदि देकर वह अपना समय यापन करती रही।

वेश्यागामी गुंड (गोट्ठिल्ल) पुरुषों का भी उल्लेख मिलता है। बड़े-बड़े नगरों में उनकी टोलियाँ (गोट्ठी=गोष्ठी) रहती थीं। इन टोलियों के सदस्यों को राजा की ओर से परवाना मिला रहता, नगरवासी उनके अनुचित कामों को भी उचित मानते, अपने माता-पिता और स्वजन सम्बन्धियों द्वारा वे उपेक्षा दृष्टि से देखे जाते, वे अपनी मनमानी करते, और किसी के वश में न आते। चम्पा नगरी में ललिता नाम की एक गोष्ठी थी। एक बार इस गोष्ठी के पाँच सदस्य किसी गणिका के साथ उद्यान में क्रीड़ार्थ गए। एक ने गणिका को अपनी गोद में बैठाया, दूसरे ने उस पर छाता लगाया, तीसरे ने पुष्पशेखर बनाकर तैयार किया, चौथे ने पाद-रचना की और पाँचवाँ उसके ऊपर चमर डुलाने लगा।

राजगृह की गोष्ठी भी इसी नाम से प्रसिद्ध थी। एक बार उसके छह सदस्य मोग्गरपाणि यक्ष के आयतन में क्रीड़ा करने गए। उन्होंने पुष्पार्चना करने के बाद, यक्ष-मन्दिर में से अपनी मालिन के साथ निकलते हुए माली को देखा। उन्हें देखकर वे किवाड़ों के पीछे छिप गए।

फिर माली को बाँधकर उसकी मालिन के साथ उन्होंने विषय-भोग किया।

15.10 अर्थशास्त्र (कौटिल्य) में गणिका

1. वेश्यालयों की व्यवस्था करनेवाले राजकीय अधिकारी को चाहिए कि रूप, यौवन से सम्पन्न एवं गायन-वादन में निपुण स्त्री को, चाहे वह वेश्याकुल से सम्बद्ध हो या न हो, एक हजार पण देकर गणिका (वेश्या) के कार्य पर नियुक्त करे। इसी प्रकार दूसरी गणिकाओं को नियुक्त किया जाए, और एक सहस्र पण में से आधा उन्हें तथा आधा उनके परिवार को दे दिया जाए।

2. यदि कोई गणिका दूसरी जगह चली जाए या मर जाए तो उसकी जगह उसकी लड़की या बहन नियुक्त होकर परिवार का पोषण करे। अथवा उसकी माता उसकी जगह किसी दूसरी गणिका को नियुक्त करे। यदि ऐसा भी सम्भव न हो सके तो उसकी सम्पत्ति को राजा ले ले।

3. गणिकाओं की तीन श्रेणियाँ थीं–1. कनिष्ठ, 2. मध्यम और 3. उत्तम। सौन्दर्य तथा सजावट में कमसल कनिष्ठ गणिका का वेतन एक हजार पण, सौन्दर्य तथा सजावट में उससे अच्छी मध्यम गणिका का वेतन दो हजार पण, और हर एक बात में चतुर उत्तम गणिका का वेतन तीन हजार पण होता था। कनिष्ठ गणिका छत्र तथा इत्रदान लेकर राजा की सेवा करे, मध्यम गणिका पालकी के साथ रहकर राजा को व्यजंन करे, और उत्तम गणिका राजसिंहासन तथा रथ आदि के निकट रहकर राजा की परिचर्या करे।

4. जब गणिकाओं का सौन्दर्य जाता रहे और उनकी जवानी ढल जाए, तब उन्हें खाला (मातृका) के स्थान पर नियुक्त कर देना चाहिए।

5. जो गणिकाएँ राजवृत्ति से अपने को मुक्त करना चाहें, वे राजा को चौबीस हजार पण देकर स्वतन्त्र हो सकती थीं। यदि गणिकापुत्र राजसेवा से निवृत्त होना चाहे तो वह बारह पण अदा करे। यदि वह मुक्त होने का मूल्य (निष्क्रय) अदा करने में असमर्थ हो तो आठ वर्ष तक राजा के यहाँ चारण का कार्य कर अपने आपको मुक्त कर सकता है।

6. गणिका की दासी जब बूढ़ी हो जाए तो उसे कोष्ठागार या रसोई के कार्य में नियुक्त कर देना चाहिए। यदि वह काम न करना चाहे और किसी पुरुष की स्त्री बनकर रहना चाहे, तो वह प्रतिमास उस गणिका को सवा पण वेतन दे।

7. गणिकाध्यक्ष को चाहिए कि वह वेश्याओं के भोगधन (सम्भोग से प्राप्त हुई आमदनी), माता से मिला धन (दायभाग), सम्भोग के अतिरिक्त आमदनी (आय) और भावी-प्रभाव (आयति) आदि को रजिस्टर में दर्ज करता रहे, और उन्हें अधिक खर्च करने से रोकता रहे।

8. यदि गणिका अपने आभूषणों को अपनी माता के सिवा किसी दूसरे के हाथ सौंपे तो उसे सवा चार पण दंड दिया जाए। यदि वह अपने गहने, कपड़े, बर्तन आदि को बेचे या गिरवी रखे तो उस पर सवा पचास पण का दंड दिया जाए।

9. यदि वह किसी के साथ कठोरता का बर्ताव करे तो उसे चौबीस पण का दंड दिया जाए। यदि वह हाथ, पैर, लाठी आदि से प्रहार करे तो दोगुना (अड़तालीस पण) दंड दिया जाए। यदि वह किसी का कान, हाथ काट ले तो उसे पौने बावन पण का दंड दिया जाए।

10. यदि कोई पुरुष कामनारहित कुमारी पर बलात्कार करे तो उसे उत्तम साहस दंड

देना चाहिए। जो इच्छा करनेवाली कुमारी के साथ सम्भोग करे उसे भी प्रथम साहस दंड दिया जाना चाहिए।

11. जो पुरुष किसी कामनारहित गणिका को जबर्दस्ती अपने घर में रोककर रखे या कोई चोट तथा घाव कर उसके रूप को क्षति पहुँचाए उस पुरुष को एक हजार पण से दंडित करना चाहिए। शरीर के भिन्न-भिन्न स्थानों को चोट पहुँचाने पर, उन-उन स्थानों की विशेषताओं के अनुसार अधिक दंड दिया जा सकता था, यह दंड-राशि अड़तालीस हजार पण तक ली जा सकती थी।

12. राजा की सेवा में नियुक्त गणिकाओं को मारनेवाले व्यक्ति पर बहत्तर हजार पण दंड किया जाए। खाला, गणिकापुत्री और गणिका को मारने-पीटनेवाले को उत्तम साहस दंड दिया जाए।

13. पूर्वोक्त सारी दंड-व्यवस्था एक बार अपराध करनेवालों के लिए निर्दिष्ट है। यदि कोई अपराधी उसी अपराध को दोहराए तो दोगुना दंड, तिहराए तो तिगुना दंड और चौथी बार भी उसी अपराध को करे तो चौगुना दंड अथवा सर्वस्वहरण, देश-निकाला आदि जो भी उचित हो, उसे दंड दिया जाए।

14. राजा की आज्ञा होने पर यदि कोई गणिका किसी विशिष्ट व्यक्ति के पास जाने से इनकार करे तो उस पर एक हजार कोड़े लगवाए जाएँ अथवा उस पर पाँच हजार पण जुर्माना किया जाए।

15. यदि कोई गणिका सम्भोग-शुल्क (भाग) लेकर धोखा कर दे तो उस पर सम्भोग-शुल्क से दोगुना जुर्माना करना चाहिए। यदि पूरी रात का शुल्क लेकर गणिका किस्सा-कहानियों या दूसरे बहानों में ही सारी रात टाल दे तो उस पर शुल्क का आठ गुना दंड किया जाना चाहिए, किसी संक्रामक रोग या किसी दोष के कारण गणिका यदि सम्भोग कराने को तैयार न हो तो उसे अपराधिनी न समझा जाए।

16. यदि कोई गणिका सम्भोग-शुल्क लेकर किसी पुरुष को मरवा डाले तो गणिका को उस पुरुष के साथ जीवित ही चिता में जला देना चाहिए, अथवा उसके गले में पत्थर बाँधकर उसे पानी में डुबो देना चाहिए।

17. यदि कोई पुरुष किसी गणिका के वस्त्र, आभरण या सम्भोग से प्राप्त धन को चुरा ले तो उसे उस धन का आठ गुना दंड दिया जाए। गणिका को चाहिए कि वह अपने सम्भोग, अपनी आमदनी और अपने साथ रहनेवाले पुरुष की सूचना गणिकाध्यक्ष को बराबर देती रहे।

18. यही दंड-विधान और यही व्यवस्था उन लोगों के लिए भी है जो नट, नर्तक, गायक, वादक, कथावाचक, कुशीलव, प्लवक, जादूगर चारण हैं तथा जो कोई भी स्त्रियों द्वारा जीविका-निर्वाह करते हैं, और वे स्त्रियाँ जो छिपकर व्यभिचार करती हैं।

19. बाहर से आई हुई नट-मंडली प्रत्येक खेल पर पाँच पण राजकर के रूप में अदा करे।

20. रूप से जीविका कमानेवाली गणिका अपनी मासिक आमदनी के हिसाब से दो दिन की कमाई कर के रूप में राजा को दे।

21. गाना, बजाना, नाचना, नाटक करना, लिखना, चित्रकारी करना, वीणावेणु-मृदंग बजाना, दूसरे के मन को पहचानना, सुगन्धित द्रव्यों को बनाना, माला गूँथना, पैर दबाना, शरीर सजाना आदि कार्यों में निपुण लोगों की और गणिका, दासी तथा नर्तकियों को कलाओं का ज्ञान देनेवाले आचार्यों की, आजीविका का प्रबन्ध नगरों तथा गाँवों से आनेवाली आय

द्वारा किया जाना चाहिए।

22. गणिकापुत्रों, नाचने-गानेवालों और उसी प्रकार के अन्य लोगों को गणिकाओं का शिक्षक नियुक्त करना चाहिए।

23. नट-नर्तक आदि पुरुषों को धन का लालच देकर राजा अपने वश में कर ले और तब, अनेक भाषाएँ बोलनेवाली तथा अनेक प्रकार के वेश बनानेवाली उनकी स्त्रियों को शत्रु के गुप्तचरों का वध करने अथवा उनको विषयवासनाओं में फँसाने के लिए नियुक्त कर दे।

15.11 ब्राह्मण साहित्य में गणिका

ऋग्वेद से प्रकट है कि उस काल में कुछ ऐसी भी नारियाँ थीं, जो सभी की थीं, और वे थीं वेश्या या गणिका। *ऋग्वेद* (1.167.4) में मरुत्-गण (अन्धड़ के देवता) विद्युत् के साथ उसी प्रकार संयुक्त माने गए हैं, जिस प्रकार युवती वेश्या से पुरुष लोग संयुक्त होते हैं। *ऋग्वेद* (2.29.1) के एक संकेत से अभिव्यक्त होता है कि उस समय भी ऐसी नारियाँ थीं ज़ो गुप्त रूप से बच्चा जनकर उसे मार्ग के एक ओर रख देती थीं। *ऋग्वेद* (1.66.4, 1.117.18, 1.134.3 आदि) में कई स्थानों पर जार (गुप्त प्रेमी) का उल्लेख हुआ है। गौतम (22.27) के अनुसार ब्राह्मणी गणिका को मारने पर प्रायश्चित्त की कोई आवश्यकता नहीं है, केवल 8 मुट्ठी अन्न दान कर देना ही पर्याप्त है। मनु (4.209) ने गणिका के हाथ का भोजन ब्राह्मण के लिए वर्जित माना है। मनु (8.259) ने धूर्त गणिकाओं को दंडित करने के लिए राजा को प्रेरित किया है। *महाभारत* में गणिका-वृत्ति एक स्थिर संस्था के रूप में प्रचलित पाई जाती हैं। आदिपर्व (115.39) में आया है कि गान्धारी के गर्भवती रहने के कारण धृतराष्ट्र की सेवा में एक गणिका रहती थी। उद्योगपर्व (30.38) में आया है कि युधिष्ठिर ने कौरवों की गणिंकाओं को शुभ-सन्देश भेजे थे। जब श्रीकृष्ण कौरवों की सभा में शान्ति-स्थापना का सन्देश लेकर आए थे तो गणिकाएँ भी उनके स्वागतार्थ आई थीं (उद्योगपर्व 86.15)। जब पांडवों की सेना ने युद्ध के लिए कूच किया तो गाड़ियाँ, हाटें एवं गणिकाएँ उसके साथ चलीं (उद्योगपर्व 151.58)।

याज्ञवल्क्य (2.290) ने रखैलों को दो भागों में बाँटा है–1. अवरुद्धा (जो घर में रहती है और उसके साथ कोई अन्य व्यक्ति सम्भोग नहीं कर सकता) तथा 2. भुजिष्या (जो घर में नहीं रहती, किन्तु एक व्यक्ति की रखैल के रूप में और कहीं रहती है)। यदि इनके साथ कोई अन्य व्यक्ति सम्भोग करे तो उसे 50 पण का दंड देना पड़ता था। नारद (स्त्रपुंस, 78-79) का कथन है–"अब्राह्मणी स्वैरिणी, वेश्या, दासी निष्कासिनी यदि अपनी जाति से निम्नजाति की हों तो सम्भोग की अनुमति है, किन्तु उच्च जाति की स्त्रियों से ऐसा व्यवहार वर्जित है। यदि ये स्त्रियाँ किसी की रखैल हों तो उनसे सम्भोग करने पर वही अपराध होता है जो किसी की पत्नी से करने पर होता है। इन स्त्रियों के पास नहीं जाना चाहिए क्योंकि ये दूसरे की हैं। मिताक्षरा ने याज्ञवल्क्य (1.290) की व्याख्या में लिखा है कि वेश्याएँ अप्सराओं से उत्पन्न पंचचूड़ा नामक विशिष्ट जाति हैं, यदि वे किसी की रखैल नहीं हैं तो यदि वे अपनी जाति या उच्च जाति के पुरुषों से सम्भोग करती हैं तो पाप की भागी या राजा से दंडित नहीं होतीं, यदि वे अवरुद्धा नहीं हैं तो उनके पास जानेवाला व्यक्ति भी दंडित नहीं होता। किन्तु उनके पास जानेवालों को पाप लगता है, क्योंकि स्मृतियों के अनुसार उन्हें पत्नीपरायण होना चाहिए (याज्ञवल्क्य 1.81)। जो लोग वेश्यागमन करते थे उन्हें प्राजापत्य प्रायश्चित्त करना पड़ता था (अत्रि 271)। नारद

(वेतनस्यानपाकर्म, 18) ने लिखा है कि यदि शुल्क पा लेने पर गणिका सम्भोग नहीं करती थी तो उस पर शुल्क का दूना दंड लगता था। और इसी प्रकार यदि सम्भोग कर लेने पर व्यक्ति शुल्क नहीं देता था तो उस पर शुल्क का दूना दंड लगता था। यही व्यवस्था *याज्ञवल्क्य* (2. 292) एवं *मत्स्यपुराण* (227.144-145) में भी पाई जाती है। *मत्स्यपुराण* ने वेश्याधर्म पर लिखा है (अध्याय 70)। *कामसूत्र* (1.3.20) ने गणिका को वह वेश्या कहा है जो 64 कलाओं में पारंगत हो। अपरार्क (याज्ञवल्क्य 2.198) ने नारद एवं *मत्स्यपुराण* से गणिका के विषय में लिखते समय बहुत से श्लोक उद्धृत किए हैं।

अध्याय 16

वैष्णव धर्म

16.1 उत्पत्ति

वैष्णव धर्म विष्णु की भक्ति-उपासना पर आधारित है। उसमें विष्णु के व्यापक स्वरूप की अभिव्यंजना हुई है। भारत की धार्मिक परम्परा में विष्णु को महत्त्वपूर्ण स्थान प्रदान किया गया है। उन्हें जगत्पालक कहा गया है और जगत्संहारक सदाशिव के साथ आद्यदेवता के रूप में उनकी पूजा की जाती है। ये दोनों देवता ऐसे हैं, जिनके प्रति भारतीयों में आदि काल से अब तक समान श्रद्धा एवं भक्ति रही हैं। भारतीय संस्कृति भी उनसे प्रभावित है। विष्णु एवं सदाशिव, दोनों का उत्तरवैदिक युग में मानवीकरण हुआ और इस रूप में उनकी देवोपासना प्रारम्भ हुई। शिव का मानवीरूप शिवोपासना के रूप में और विष्णु का मानवीस्वरूप वैष्णवोपासना के रूप में प्रचलित हुआ। इस प्रकार भारत के धार्मिक इतिहास में शैव सम्प्रदाय और वैष्णव सम्प्रदाय, परवर्तीकालीन समस्त धार्मिक सम्प्रदायों के मूल उत्स या उद्गम स्रोत बने।

वैदिक साहित्य में विष्णु को सात्वत लोगों ने वासुदेव भक्ति के रूप में और ब्राह्मणादि ग्रन्थों ने नारायण भक्ति के रूप में प्रचलित किया। पुराणों में विष्णु के अनेक अवतारों की कल्पना हुई, जिनमें कृष्ण और राम प्रमुख हैं; और इस प्रकार इन अवतारों के भी नए धार्मिक सम्प्रदाय बने। पुराणों में विष्णु को प्रथम स्थान का देवता माना गया है, जब कि वैदिक साहित्य में विष्णु का स्थान इन्द्र, वरुण, अग्नि के बाद चतुर्थ है। *ऋग्वेद* के एक मन्त्र (1.22.19) में विष्णु को इन्द्र का योग्य सहायक बताया गया है।

'विष्णु' शब्द की व्युत्पत्ति विद्वानों ने दो प्रकार से की है। प्रथम व्युत्पत्ति के अनुसार 'सतत क्रियाशील (विष) रहनेवाले तथा सौर स्वरूप' होने के कारण उन्हें 'विष्णु' कहा गया; और दूसरी व्युत्पत्ति के अनुसार 'विश्व की उत्पत्ति (विश) करने के बाद उसको व्यापक करने' के कारण 'विष्णु' कहलाए, जैसा कि 'विष्णुसहस्रनाम' की टीका में भी लिखा गया है–चराचरेषु भूतेषु वशनात् विष्णुरुच्यते।

ऋग्वेद में ऐसा उल्लेख हुआ है कि (1.22.18) अपने तीन पगों में विष्णु ने पृथ्वीलोक, द्यूलोक और अन्तरिक्षलोक को नाप लिया था। *ऋग्वेद* के अन्य मन्त्रों (1.15.55; 1.22.20 आदि) में कहा गया है कि तृतीय पद विष्णु का परम पद है। उसे विद्वज्जन आकाश में सदा दृष्टि लगाकर देखा करते हैं। विष्णु के उस परम पद में आनन्द रस का स्रोत विद्यमान है।

ऋग्वेद के अन्य सन्दर्भों (1.155.5; 165.1) में कहा गया है कि विष्णु अत्यन्त पराक्रमी, विधि-नियमों के पालनकर्ता और उन नियमों के प्रेरक भी हैं। ब्राह्मण-ग्रन्थों में विष्णु को इन्द्र

तथा अग्नि से बढ़कर माना गया है (अग्निर्वै देवानामवनो विष्णुः परमः, *ऐतरेय ब्राह्मण* 1.1.1)। इसी प्रकार *शतपथ ब्राह्मण* (14.11; 1.2.5) में विष्णु को यज्ञ में अन्य देवताओं से बढ़कर काम करनेवाला बताया गया है। वे समस्त भूलोक में विचरण करनेवाले अलौकिक शक्ति-सम्पन्न देवता हैं।

ऋग्वेद और ब्राह्मण-ग्रन्थों के उक्त सन्दर्भों की समीक्षा करने पर ऐसा प्रतीत होता है कि ब्राह्मण काल में इन्द्र से देवराज का पद विष्णु को प्राप्त हो गया था और विष्णु की महत्ता को प्रतिपादित करने के लिए 'इन्द्रसूक्त' की भाँति 'विष्णुसूक्त' की भी रचना की गई। इतना ही नहीं, अपितु अनेक सन्दर्भों से यह भी विदित होता है कि हरि, केशव, वासुदेव, वृष्णीपति, वृषभ तथा वैकुंठ आदि जो पर्याय इन्द्र के थे, वे विष्णु के पर्याय के रूप में प्रयुक्त होने लगे थे।

16.2 अवतार

विष्णु के अवतारों के सम्बन्ध में वेदों में प्रायः कुछ नहीं कहा गया है। किन्तु ब्राह्मण ग्रन्थ और पुराणों में विष्णु के विभिन्न अवतारों का उल्लेख किया गया है। *महाभारत* (शा. 326. 825) में विष्णु के दस अवतारों का उल्लेख हुआ है। उनके नाम हैं–1. वाराह, 2. नरसिंह, 3. वामन, 4. परशुराम, 4. राम दशरथि, 6. वासुदेव कृष्ण 7. हंस, 8. कूर्म, 9. मत्स्य और 10 कल्कि। *वायुपुराण* तथा *वाराहपुराण* में विष्णु के दस ही अवतार बताए गए हैं। किन्तु उनमें कुछ नामान्तर है। महाभारत काल में देवताओं में विष्णु का सर्वाधिक महत्त्व बताया गया है। उन्हें सृष्टि का नियन्ता एवं शास्ता माना गया है। इस युग में नारायण, विष्णु और वासुदेव, तीनों देवता एकरूप हो गए थे और उनकी उपासना सम्मिलित रूप में की जाती थी। *महाभारत* (शां. 43) में विष्णु को बहुधा परमात्मा के रूप में माना गया है और नारायण तथा वासुदेव उन्हीं के स्वरूप बताए गए हैं।

महाभारत के 'नारायणीय उपाख्यान' में नारायण की उपासना का विस्तार से उल्लेख हुआ है। नारायण ने अपने एकान्तिक धर्म का कथन सर्वप्रथम महर्षि नारद को किया था। उसी को नारायण ने राजा जनमेजय को उपदेश देते समय 'हरिगीता' में कहा था। यह उपदेश इससे पूर्व कृष्ण-रूपधारी नारायण ने महाभारत युद्ध के समय अर्जुन को दिया था। वह उपदेश सात्वत धर्म का था। इस सात्वत धर्म के उपदेश में यज्ञमार्ग और तपस्या-मार्ग का परित्याग कर निर्लिप्त भक्ति को श्रेष्ठ कहा गया है। इसी सम्प्रदाय के अधिष्ठान श्रीकृष्ण थे, जो कि नारायण अथवा वासुदेव के अवतार कहलाए। नारायण के इसी कृष्ण अवतार ने *भगवद्गीता* का प्रणयन कर वैष्णव धर्म का पुनरुथान किया।

पुराणों में सत्वगुणप्रधान देवता विष्णु को जगत का संचालक एवं पालक बताया गया है। विभिन्न युगों में नानाविध अवतार धारण कर उसने दुष्टों का संहार किया और पृथ्वी की रक्षा की। वह विश्वात्मा का विश्वरूप सात्विक तत्त्व है। उसका मुख्य कार्य संयोजन, धारण, केन्द्रीयकरण तथा संरक्षण है। वह सर्वत्र व्याप्त है। समस्त पृथ्वी का स्वामी है और विध्वंसक शक्तियों का दमन करता है। सभी शक्तियों पर उसका प्रभुत्व है, इसीलिए वह 'विष्णु' है।

जब विष्णु देवता शयन करते हैं, तो सम्पूर्ण विश्व अपनी अव्यक्तावस्था में पहुँच जाता है। व्यक्त सृष्टि के अवशेष का नाम ही 'शेष' है, जो कुंडली मारकर अनन्त जलराशि पर तैरता रहता है। शेषशायी विष्णु ही नारायण कहलाते हैं, जिसका अर्थ है 'नार,' जल पर

आवास करनेवाला, अथवा जिसमें समस्त मनुष्यों का आधान (आवास) है। विष्णु चतुर्हस्त हैं और चारों हाथों में शंख, चक्र, पद्म तथा गदा धारण किए हुए हैं।

16.3 आलवार

भारत की धर्म-गंगा का मूल उद्‌गम वेद है। वेदों की धर्मसंहिता का व्याख्यान पुराणों और *महाभारत* में हुआ है। पुराणों में भागवत धर्म की परम्परा का विस्तार से वर्णन किया गया है। भारत की समस्त पुरातन धर्म-प्रवृत्तियों पर भागवत धर्म का व्यापक प्रभाव रहा है। वैष्णव धर्म की जो अनेक शाखाएँ प्रकाश में आईं, उनके उद्‌गम तथा विकास में भागवत धर्म का ही प्रभाव रहा है।

दक्षिण भारत में भागवत धर्म की परम्परा को प्रकाश में लाने और उसे लोकप्रचलित करने का श्रेय आलवार भक्तों को है। 'आलवार' का शाब्दिक अर्थ है–'ज्ञान-समुद्र में गहरे गोते लगानेवाला'। ये आलवार भक्त वास्तव में ऐसे ही थे, जिनकी वाणियों में ज्ञान तथा कर्म की परिणति भक्ति में दिखाई गई है। इन भक्तों द्वारा प्राचीन काल से ही दक्षिण भारत में हरिभक्ति (वैष्णव धर्म) का प्रचार-प्रसार हुआ। एक परम्परागत अनुश्रुति में कहा गया है कि कलियुग के उदय के साथ ही दक्षिण में आलवार भक्तों का जन्म हुआ। उनके प्रथम या आदिम तीन आचार्य हुए, जिनके नाम थे–पोहिए, पूदत्त और पेंठ। पोहिए की ध्यानावस्थित मूर्ति आज भी काँची के प्रसिद्ध मन्दिर में विराजमान है। इन तीन आचार्यों के पश्चात् दो आचार्यों के नामों का उल्लेख हुआ है–तिकमिडिशि और शठारि। उनको क्रमशः शठरिपु तथा शठकोप नामों से भी कहा गया है। ऐसा प्रतीत होता है कि प्रथम तीन आचार्यों से इन दोनों आचार्यों का कालक्रम की दृष्टि से पर्याप्त अन्तर था।

भक्त शठकोप पांड्य राजाओं के शासन काल में हुए। उनके द्वारा तमिल भाषा में रचित कविता-संग्रह का नाम *तिरुवाय मौलि* है। इस संग्रह में लगभग एक हजार कविताएँ संकलित हैं। इनकी कविताओं में प्रभु-प्रेम तथा सौन्दर्य का सुन्दर समन्वय हुआ है और इसलिए आज भी उन्हें आलवार भक्तों की परम्परा में सर्वाधिक लोकप्रियता प्राप्त है। प्रसिद्ध मधुर कवि इन्हीं के शिष्य थे। उनकी कविताएँ तमिल क्षेत्र की भक्त-हृदय जनता में बड़ी श्रद्धा-निष्ठा से गाई जाती हैं। *कुन्दमाला स्तोत्र* के रचयिता कुलशेखर त्रावणकोर के नरेश थे, जिन्होंने रामनाम की महिमा का उद्‌गायन कर स्वयं को आलवार भक्तों की परम्परा में प्रसिद्ध किया।

दक्षिण भारत में आलवार वैष्णव मत की ऐतिहासिक प्राचीनता के सम्बन्ध में पर्याप्त प्रमाण उपलब्ध नहीं हैं। दक्षिण भारत में भागवत धर्म के प्रचार-प्रसार का प्राचीनतम साक्ष्य सातवाहन राजा का नानाघाट शिलालेख है, जो कि ई.पू. प्रथम शती का है। उसके पश्चात् इस धर्म की परम्परा किस रूप में आगे बढ़ी, इसका क्रमबद्ध इतिहास नहीं मिलता है। गुप्त सम्राट् समुद्रगुप्त (335-375 ई.) की प्रसिद्ध 'प्रयाग प्रशस्ति' से भी दक्षिण में भागवत धर्म के अस्तित्व का पता चलता है। इन दोनों अभिलेखों से ज्ञात होता है कि दक्षिण में वैष्णव भक्ति का उदय ई. पूर्व प्रथम शती से भी पहले हो चुका था और उसकी परम्परा को गुप्त सम्राटों ने पुनरुत्थापित किया।

दक्षिण में विष्णुभक्ति का क्रमबद्ध इतिहास बारह आलवार भक्तों से आरम्भ होता है। उनके नाम थे–1. पोरिगे आलवार, 2. भूतल्लालवार, 3. पैयालवार, 4. तिरुमिलिसै आलवार, 5. नम्मालवार, 6. मधुरकवि आलवार, 7. कुलशेखरालवार, 8. पेरियालवार, 9. अंडाल,

10. तोंडर-डिप्पोडियालवार, 11. तिरुपाणोलवार और 12. तिरुमगैयालवार। इन बारह भक्त कवियों का समय ईसा की तीसरी शती से लेकर नवीं शती के बीच था। उन्होंने अपने भजनों तथा गीतों में भागवत धर्म की महिमा का उद्‌गायन करके उसे लोक-प्रचारित किया।

ये धर्मानुरागी जन भगवत्प्रेम में निमग्न, दुनियादारी से विमुख, सीधा-सादा जीवन बितानेवाले, कविहृदय और परम भक्त थे। उन्होंने परमेश्वर के नारायण (विष्णु), राम, कृष्ण आदि लोक-प्रतिष्ठित प्रेममय, भक्तवत्सल एवं परम कृपालु स्वरूपों का गुणगान करते हुए उनके चिन्तन-मनन में ही एकाग्रतापूर्वक जीवन बिताया।

'श्रीवैष्णव सम्प्रदाय' के संस्थापक नाथमुनि (10वीं शती ई.) ने उक्त आलवार भक्तों की श्रुति-परम्परा में जीवित वाणियों का संकलन किया और उन्हें एक-एक हजार के चार भागों में संकलित किया। चार हजार स्तुतियों एवं भजनों का यह बृहत्संग्रह 'नालायिर प्रबन्धम्' (दिव्य प्रबन्ध) नाम से कहा जाता है। अपनी महानता एवं पवित्रता के कारण वह 'वैष्णववेद' के नाम से भी प्रसिद्ध है। इन पदों का प्रचार-प्रसार यामुनाचार्य और रामानुजाचार्य ने किया।

आलवार भक्तों की इस परम्परा में पेरिया आलवार (सर्वश्रेष्ठ भक्त) या विष्णुचित्त और उनकी पुत्री आंडाल या गोदा के नाम उल्लेखनीय हैं। दक्षिण भारत की आलवार भक्त-परम्परा के अनुसार पेरिया का जन्म कलि सं. 45 और उनकी पुत्री आंडाल का जन्म कलि सं. 96 में हुआ। इन संवतों की ऐतिहासिक प्रामाणिकता के सम्बन्ध में कुछ नहीं कहा जा सकता है। आंडाल बड़ी प्रसिद्ध भक्त हुई। मधुरभाषिणी होने के कारण वह गोदा नाम से भी कही गई। उनकी तीन सौ श्लोक (पद्यों) की तमिल रचना 'स्तोत्ररत्नावली' तमिल भक्तों में आज भी आदर एवं श्रद्धा के साथ गाई जाती है। उन्हें दक्षिण की मीराबाई कहा जाता है। उसकी कविताओं में इष्टदेव की पतिरूप में आराधना की गई है।

प्रसिद्ध बारह आलवार भक्तों में नम्मालवार का भी एक नाम है। वे 8वीं शती ई. में हुए। उन्हें द्रविड़ वेदों का रचयिता कहा जाता है। उनकी भक्ति-तन्मयता के सम्बन्ध में प्रचलित है कि वे अपने इष्टदेव के सामने इतने भाव-विह्वल हो जाते थे कि उन्हें स्वयं की सुध तक नहीं रह जाती थी। उनका सम्मान आज भी जन-मानस में सुजीवित है।

दक्षिण भारत में विष्णुभक्ति का प्रचार-प्रसार करनेवाले ये बारह भक्त-कवि आज भी वहाँ के जनमानस में लोकप्रिय एवं श्रद्धास्पद हैं। उन्होंने समस्त दक्षिण भारत में पैदल यात्रा कर जन-जन में भगवद् भक्ति की ज्योति को जगाया। ये आचार्य एवं कवि जन-मानस से जुड़े हुए थे। उन्होंने जन-सामान्य में उनकी भाषा तथा समझ के अनुरूप भक्ति का प्रचार किया। तमिल भाषा उनके भजनों तथा उपदेशों का माध्यम रही है। आलवार भक्तों का सम्पूर्ण साहित्य तमिल है। इसलिए आलवार वैष्णवों के धार्मिक साहित्य को 'उभय वेदान्त' के नाम से कहा जाता है। उसमें संस्कृत के 'प्रस्थानत्रयी' (गीता, उपनिषद्, ब्रह्मसूत्र) और तमिल प्रबन्धकों को समान रूप से प्रमाण माना जाता है।

आलवार वैष्णव सम्प्रदाय की सार्वभौम उदारता का दृष्टिकोण सराहनीय है। उसमें किसी प्रकार का भेद-भाव नहीं है। किसी भी जाति, धर्म, मत, वर्ग का व्यक्ति उसमें सम्मिलित हो सकता है। इस सम्प्रदाय में जाति-बहिष्कृत लोगों को भी सम्मिलित किया जाता था। समस्त मानवता में एक ही भाव की अनुभूति का उच्चादर्श ही आलवार भक्तों की लोकप्रियता का कारण था।

यद्यपि भागवत धर्म के रूप में वैष्णव धर्म की परम्परा बहुत प्राचीन है, तथापि उसका इतिहास तीसरी-चौथी शताब्दी तक क्रमबद्ध रूप में नहीं मिलता है। यद्यपि दक्षिण के अनेक अंचलों–द्रविड़, तैलंग, कर्नाटक और महाराष्ट्र में उसका प्रचार-प्रसार हो चुका था; किन्तु उत्तर भारत में उसका केन्द्र केवल मथुरा तक ही सीमित रहा। भारत में गुप्त साम्राज्य के उदय के साथ ही तीसरी-चौथी शती ई. के लगभग साम्राज्य की सीमाओं के साथ ही वैष्णव धर्म का प्रभाव भी बढ़ता गया। 'परम भागवत' का वीरुद् धारण करनेवाले गुप्त सम्राटों की संरक्षकता में वैष्णव धर्म का उल्लेखनीय विकास-विस्तार हुआ। उन्होंने वैष्णव धर्म को उदात्त सार्वभौम धर्म के रूप में विकसित किया। गुप्त युग में भागवत धर्म का पुनरुत्थान हुआ। उसका प्रभाव हिमालय से लेकर कन्याकुमारी तक विस्तृत भूभाग में व्याप्त हुआ। गुप्तों के प्रश्रय के कारण धर्म का यह अभियान बृहत्तर भारत में फैला। भारत पर गुप्तों ने 275 से 510 ई. तक राज्य किया और इस अवधि में वैष्णव धर्म का जितना विकास हुआ, वह अभूतपूर्व था।

गुप्तकालीन भारत का साहित्य-निर्माण की दृष्टि से भी उल्लेखनीय योगदान रहा। इस समय संस्कृत साहित्य का सर्वांगीण विकास हुआ तथा हिन्दू धर्म अपनी उन्नतावस्था को पहुँचा। हिन्दू धर्म के आचार, विचार तथा कर्म-संस्कारों के प्रतिपादक बहुसंख्यक ग्रन्थों का निर्माण भी इसी समय हुआ। धर्म के व्यापक स्वरूप को प्रतिपादित करनेवाले धर्मशास्त्रीय साहित्य के निर्माण का भी यह उल्लेखनीय समय रहा। इसी युग में अनेक पुराण-ग्रन्थों के प्रामाणिक संस्करण प्रकाश में आए। श्लोकबद्ध स्मृति-ग्रन्थ भी इसी युग में निर्मित हुए। उनमें मुख्य हैं–*मनुस्मृति, याज्ञवल्क्यस्मृति, पराशरस्मृति, बृहस्पतिस्मृति और कात्यायनश्रौतसूत्र*।

16.4 भागवत धर्म

भारत की पुरातन धर्म-शाखाओं में 'भागवत मत' या 'भागवत धर्म' का भी एक नाम है। यद्यपि कालान्तर में भागवत धर्म का विकास वैष्णव धर्म के रूप में हुआ; किन्तु अपने मूलरूप में वह स्वतन्त्र धर्मशाखा के रूप में प्रचलित था। उसका स्वतन्त्र अस्तित्व उसके महामन्त्र 'ओम् नमो भगवते वासुदेवाय' से भी स्पष्ट होता है। यद्यपि इस द्वादशाक्षरी महामन्त्र का प्रयोग वैष्णवधर्मानुयायी, विशेषरूप से बल्लभ-सम्प्रदाय के अनुयायी भी करने लगे थे; किन्तु आरम्भ में भागवत धर्म सर्वथा स्वतन्त्र था और उक्त महामन्त्र का प्रयोग उसके अनुयायी ही करते थे।

भागवत धर्म पुरातन पाँचरात्र या सातवत अथवा वैखानस मतों से भिन्न था। पाँचरात्र या वैखानस आदि मतों में नारायण को परमतत्त्व तथा उपास्य-आराध्य के रूप में माना गया है, जबकि भागवत धर्म के आधार वासुदेव श्रीकृष्ण रहे हैं। भागवत धर्म में नारायण तथा विष्णु की अपेक्षा श्रीकृष्ण को एकमात्र स्थान दिया गया है।

इन महत्त्वपूर्ण देवताओं की शास्त्रमान्यता तथा लोकमान्यता परम्परा से भिन्न रही है। ब्राह्मण-ग्रन्थों तथा आरण्यक-ग्रन्थों के समय तक विष्णु, नारायण या हरि आदि देवताओं को आधुनिक भक्ति-भावना के अनुरूप करुणानिधान भगवान के रूप में नहीं माना गया है। अपने उपास्यदेव के प्रति उपासक की भक्ति-भावपूर्ण निष्ठा सातवत धर्म या भागवत धर्म के उदय के अनन्तर ही हुई। इस धर्म के उपास्य-आराध्य वासुदेव श्रीकृष्ण थे। यद्यपि विष्णु तथा नारायण या हरि की भाँति वासुदेव या कृष्ण, इन दो नामों का प्रयोग आरम्भ में अलग-अलग होता रहा, किन्तु बाद में उनको वासुदेव कृष्ण एक मानकर कहा गया।

यद्यपि वासुदेव नाम का उल्लेख प्राचीनता की दृष्टि से केवल *तैत्तिरीय आरण्यक* में हुआ

है, तथापि 'महाभारत' के अनन्तर उनके स्वरूप तथा महत्त्व में परिवर्तन हुआ। *महाभारत* (5.70.30) के एक स्थल पर कहा गया है–"मैं वासुदेव इसलिए कहलाता हूँ कि मैं सभी प्राणियों को अपनी माया या अलौकिक ज्योति द्वारा आच्छादित किए रहता हूँ।" *भगवद्गीता* में श्रीकृष्ण ने स्वयं कहा है–'बृष्णियों में मैं वासुदेव हूँ'। (बृष्णीनां वासुदेवोऽहम्)। इस कथन से यह भी ज्ञात होता है कि वासुदेव बृष्णिकुल में उत्पन्न हुए थे। अन्यान्य इतिहास ग्रन्थों से स्पष्ट है कि बृष्णियों का मूल निवास मथुरा के उत्तर में था। वसुदेव-देवकी इसी कुल के थे। देवकीपुत्र कृष्ण और वासुदेव कृष्ण एक ही थे। 'भगवद्गीता' में अर्जुन को कर्तव्यबोध का उपदेश देते हुए श्रीकृष्ण ने कहा है–"सब कुछ सच्चा सीधा कर्तव्य समझकर उसके फल को भगवान के हाथ में निहित मानना चाहिए।" अर्थात् एकमात्र भगवान पर भरोसा करना चाहिए। एकनिष्ठ भक्त ही भगवान को प्रिय है। भागवतों ने इसी एकनिष्ठा को 'एकान्तिक धर्म' कहा है और वही भगवान नारायण को प्रिय है (*महाभारत* 12.348.4)। *भगवद्गीता* में कहा गया है–"मुझमें ही मन लगाकर मुझमें ही बुद्धि को स्थिर कर। इससे तू निःसन्देह मुझमें ही निवास करेगा।...मैं तुझसे सच्ची प्रतिज्ञा करता हूँ। इसके द्वारा तू मुझमें आ मिलेगा।" आत्मसमर्पण की यह एकनिष्ठ भावना ही एकान्तिक धर्म है। इस एकान्तिक धर्म का विकास पंचरात्र धर्म में हुआ है। पंचरात्र धर्म की पूर्णता वैष्णव धर्म के रूप में पल्लवित हुई। प्राचीन पंचरात्र धर्म या भगवत धर्म का ही वैष्णव धर्म में रूपान्तर हुआ।

विकास की इस स्थिति तक पहुँचने से पूर्व भागवत धर्म स्वतन्त्र रूप से विकसित होता रहा। अपने मूल रूप में वह उदार, सहिष्णु और मानवमात्र के लिए ग्राह्य होता रहा है। उसमें असमानता का कोई भाव नहीं था। किरात, हूण, आन्ध्र, पुलिन्द, पुल्कस, आभीर, कंक, यवन और खश आदि जो भी तत्कालीन विभिन्न भारतेतर जातियाँ तथा निम्न वर्ग का समाज था, उसको भी भागवत धर्म को वरण करने की स्वतन्त्रता थी।

भागवत धर्म यद्यपि वेदानुमत धर्म है, तथापि उसमें वेदमत के विपरीत हिंसा का निषेध है। वैदिक यज्ञों में परम्परा से पशुवध का प्रचलन था। किन्तु भागवत धर्मानुयायी राजा उपरिचर वसु ने अपने अश्वमेध में पशु-बलि नहीं दी थी (*महाभारत,* शां. 336.10)। कुरुवंशीय सुधन्वा की शाखा में यह राजा कृत्तिका का पुत्र था और कृतयुग में हुआ था। एक समय इन्द्र तथा महर्षियों का पशुवध के विहित-अविहित पक्ष पर विवाद हो गया था। उसें निर्णायक के रूप में राजा उपरिचर वसु ने महर्षियों का पक्ष लेकर पशुवध को अविहित ठहराया। अपने गुरु वृहस्पति के होतृत्व में उसने अश्वमेध यज्ञ किया था, जिसमें पशु-वध नहीं किया गया। इस यज्ञ में राजा ने नारायण के साक्षात् दर्शन किए थे।

भागवत धर्म की प्राचीनता तथा लोकप्रियता के कुछ ऐतिहासिक तथा पुरातात्त्विक प्रमाण उपलब्ध होते हैं। भारत के अनेक पुरातन राजवंशों ने भागवत धर्म को राजधर्म के रूप में प्रचलित किया था। इस प्रकार के राजवंशों में गुप्त साम्राज्य का नाम उल्लेखनीय है। उन्होंने अपने अभिलेखों तथा सिक्कों पर स्वयं को 'परम भागवत' अंकित किया है। इस सामग्री का समय 200 ई. पूर्व है। इसी शती में वर्तमान तक्षशिला के राजा भागभद्र के दरबार में निवास करनेवाला यूनान के ग्रीक शासक अन्तियोकिदस् का राजदूत हैलियादोरस् भागवत धर्म का अनुयायी था। उसने वेस नगर (भिलसा, म.प्र.) में देवाधिदेव की पुण्य-स्मृति में एक गरुड़-स्तम्भ (विष्णुध्वजस्तम्भ) का निर्माण कराया था। इस स्तम्भ में उत्कीर्णित शिलालेख में उसने स्वयं को 'परम भागवत' कहा है। इससे यह भी सम्भावना की जा सकती है कि पश्चिमी

यवन देशों में दौत्य सम्बन्ध होने के कारण वहाँ भागवत धर्म का प्रचार हुआ होगा। यूनानी राजदूत का भागवत धर्म वरण करने से यह भी सिद्ध होता है कि उस समय धर्म को, आज की भाँति सीमा-रेखाओं में बाँधने और उसको संकीर्ण दायरे में बाँधने की प्रवृत्ति नहीं थी। लगभग 250 ई.पू. में उत्कीर्णित घुसुंडी शिलालेख में भी वासुदेव-पूजा का उल्लेख हुआ है।

भागवत धर्म के अनुयायी राजवंशों में आन्ध्र सातवाहनों का नाम उल्लेखनीय है। सातवाहन सम्राट् द्वारा उत्कीर्णित नानाघाट शिलालेख (200 ई. पू.) में अन्य देवों के साथ भगवान संकर्षण (बलराम) तथा वासुदेव का भी उल्लेख हुआ है। इसी प्रकार ई. पूर्व प्रथम शती में मथुरा मंडली के अधिपति के समय वर्तमान वसु नामक एक धर्मप्राण व्यक्ति ने मथुरा में भगवान वासुदेव का एक मन्दिर बनवाया था। मथुरा में भागवतों का यह प्रथम मन्दिर था। इस मन्दिर के अस्तित्व का पता एक उपलब्ध शिलालेख में चला है।

भागवत धर्म के प्रवर्तन की यह परम्परा साहित्य के क्षेत्र में भी प्रतिफलित हुई। वैयाकरण पाणिनि ने *अष्टाध्यायी* में वासुदेव शब्द की सिद्धि के लिए एक स्वतन्त्र सूत्र (4.3.89) की रचना की और उसका अर्थ किया–'वासुदेव भक्त'। पाणिनि स्वयं पश्चिमोत्तर भारत के निवासी थे। वे पारसिकों के सेवक यवनों या ग्रीकों से सुपरिचित थे। इसलिए ऐसा प्रतीत होता है कि भागवत धर्म का प्रचार पाणिनि के समय (500 ई.पू.) में बृहत्तर भारत में हो चुका था।

भागवत धर्म में श्रीकृष्ण को एकमेव अद्वितीय परमोच्च सत्तासम्पन्न माना गया है। ज्ञानियों ने उन्हें ब्रह्म के रूप में, योगियों ने परमात्मा के रूप में और भक्तों ने भगवान के रूप में ध्याया है। वे अगुण, अचिन्त्य होते हुए भी रूपवान सृष्टि की संरचना करने के कारण सगुण और साकार भी हैं। वे गुणगान और अनन्त विभूतियों से सम्पन्न हैं और उनकी गुणवत्ता तथा विभूतिमत्ता उनके चार गुणों से सिद्ध होती है। वे लीलामय हैं, प्रेममय हैं, विमुग्धकारी हैं और मुरलीमनोहर हैं। उस लीलामय सगुण ब्रह्म को प्राप्त करने का एकमात्र उपाय भक्ति है, जो कि मुक्ति तथा ज्ञान से भी उत्तम है। किसी भी भक्त में इस भक्ति का उदय भगवान की कृपा से ही होता है।

इस प्रकार भागवत धर्म का परमोच्च विकास वासुदेव श्रीकृष्ण की भक्ति में प्रतिफलित हुआ और उस लीलामय के विभिन्न रूपों की आराधना में भक्ति की अनेक कोटियाँ प्रचलित हुईं। उनका अलग-अलग स्वरूप वैष्णवाचार्यों के विभिन्न सम्प्रदायों में देखने को मिलता है। वस्तुतः भागवत धर्म वैष्णव धर्म का ही उपजीव्य रहा है। उसने वैष्णव धर्म के अनेक मतों को जन्म दिया और वैष्णव धर्म में ही समायत हो गया।

16.5 भागवत धर्म का आधारभूत ग्रन्थ 'भागवत'

श्रीमद्भागवत भागवत धर्म का आधारभूत ग्रन्थ है। उक्त विवेचन से स्पष्ट होता है कि प्राचीन सात्वत मत एवं पंचरात्र मत का विकास भागवत धर्म के रूप में हुआ और भागवत धर्म ने वैष्णव मत की अनेक शाखा-प्रशाखाओं को जन्म दिया। इस दृष्टि से वैष्णव धर्म का आधार भागवत धर्म ही रहा है। भागवत धर्म की व्यापकता *महाभारत* तथा समस्त पुराणों, उपपुराणों में देखने को मिलती है। किन्तु *भागवत* में उसको पूर्णता प्राप्त हुई। यही कारण है कि जितने भी धर्मप्रवर्तक वैष्णवाचार्य हुए उन्होंने *भागवत* को इतनी अधिक मान्यता दी कि उसे 'प्रस्थानत्रयी' (उपनिषद्, गीता, ब्रह्मसूत्र) के समकक्ष स्थापित कर 'प्रस्थानचतुष्टय' को प्रमाण माना और उस पर भाष्य लिखे। सभी वैष्णवाचार्यों ने अपने मत की पुष्टि के लिए

भागवत को प्रमाण माना है।

भागवत मुख्यतः भक्तिरस का ग्रन्थ है। उसका कथन ब्रह्मज्ञानी महर्षि शुकदेव ने किया था। उसमें मुख्यरूप से विष्णु अवतार भगवान कृष्ण की लीलाओं का वर्णन है। उसका दशमस्कन्ध इस दृष्टि से महत्त्वपूर्ण है। इस ग्रन्थ में धर्म के साथ दर्शन का भी विवेचन हुआ है। श्रीकृष्ण के लीलामय स्वरूप का निरूपण द्वैतवादी आचार्यों ने और उनके परब्रह्म स्वरूप का वर्णन अद्वैतवादी आचार्यों ने किया है। *भागवत* के वर्तमान स्वरूप की रचना 7वीं शती ई. मानी जाती है।

भक्ति के क्षेत्र में इस ग्रन्थ का जितना सम्मान हुआ, उसके साथ ही उसका महत्त्व इस रूप में भी है कि परवर्ती आचार्य-परम्परा और भक्त-परम्परा के ग्रन्थकारों का वह उपजीव्य भी रहा है। इस दृष्टि से *महाभारत* और *रामायण* के बाद उसका तीसरा स्थान है। तमिल, आन्ध्र, कन्नड़, गुजरात, महाराष्ट्र और उत्तर भारत के वैष्णव कवियों ने *भागवत* के विभिन्न सन्दर्भों पर अनेक रचनाओं का निर्माण किया। ब्रजभाषा का प्रायः सारा भक्ति-साहित्य इसी ग्रन्थ पर आधारित है।

भागवत के प्रकाश में आ जाने से पुरातन सात्वत मत और पंचरात्र मत, दोनों का उसमें समावेश हो गया और कालान्तर में भागवत मत की धर्मगंगा से जो अनेकानेक धर्मधाराएँ प्रवाहित हुईं, वे वैष्णव धर्म की विभिन्न शाखा-उपशाखओं के रूप में प्रवर्तित एवं विकसित हुईं।

अध्याय 17

शैवधर्म

17.1 उत्पत्ति

शास्त्रों में एक ही परमतत्त्व के तीन रूप बताए गए हैं–"ब्रह्मा, विष्णु और महेश। ब्रह्मा का कार्य सृष्टि-रचना, विष्णु का कार्य सृष्टि-पालन (स्थिति) और महेश या शिव का कार्य सृष्टिलय है। किन्तु शैव धर्मदर्शन में शिव को स्वयमेव परमतत्त्व माना गया है और सृष्टि, स्थिति तथा लय, तीनों का कर्ता माना गया है। सृष्टिकर्ता के रूप में शिव ब्रह्मस्वरूप हैं और हरिहर के रूप में विष्णुस्वरूप भी।

शिव परम कारुणिक हैं। उनमें अनुग्रह तथा प्रसादगुणों का समन्वय है। उनका उद्देश्य भक्तों का कल्याण करना है। वे शुभ, कल्याण, मंगल, तथा श्रेय के पर्याय हैं। वे विभिन्न कलाओं तथा सिद्धियों के अधिष्ठाता हैं। योगविद्या, व्याकरण और भैषज्य के प्रवर्तक भी शिव ही हैं। नाट्यशास्त्र के जनक होने के कारण वे 'नटराज' कहलाते हैं और उनके द्वारा संगीत, नृत्य (लास्य तथा तांडव) एवं 108 प्रकार की नाट्य-मुद्राओं की सृष्टि हुई। समस्त जीवधारियों के स्वामी होने के कारण उन्हें पशुपति, भूतनाथ एवं भूतपति आदि विभिन्न नामों से स्मरण किया जाता है। वे महाशक्ति से सम्पन्न हैं, अतः 'मायापति' कहे जाते हैं। उमा के पति होने के कारण उन्हें 'उमापति' भी कहा जाता है। कंठ में गरल धारण करने से उन्हें 'नीलकंठ' कहा जाता है।

पुराणों तथा परवर्ती साहित्य में शिव की योगिराज के रूप में वन्दना की गई है। वे कैलाशवासी हैं और व्याघ्रचर्म पर ध्यानलीन हैं। उनके शिर पर जटा-जूट है, जिसमें द्वितीया का नवचन्द्र सुशोभित है। उनकी इसी जटा से जगत्पावनी भगवती गंगा का उद्गम हुआ है। उनके ललाट पर स्थित तृतीय नेत्र ज्ञानलोक का प्रतीक है। इसी से उन्होंने कामदेव का दहन किया था। समस्त अनिष्टों के प्रतीक विष को समाहित करने के कारण वे 'विषपायी' कहे जाते हैं। कंठ तथा भुजाओं में वे रुद्राक्ष धारण करते हैं। उनके वाम भाग में पार्वती और सम्मुख नन्दी विराजमान हैं। कर में वे त्रिशूल धारण किए हुए हैं।

उनका मूर्त स्वरूप लिंग है, जो कि उनके अविचल स्वभाव, अपरम्पार ज्ञान तथा अनन्य तेज-बल का प्रतीक है, और जनमानस की उपासना-भक्ति का अधिष्ठान है। उनका एक रूप (रुद्र) प्रलयंकारी है। अपने इस रूप में वे श्मशान, रणक्षेत्र तथा मृत्यु-स्थानों पर निवास करते हैं और मुंडमाला धारण किए हुए भूत-प्रेत-गणों से घिरे रहते हैं। वे साक्षात् महाकाल हैं और उन्हीं के भ्रू-विक्षेपमात्र से महाप्रलय की विनाशलीला होती है।

शिव अष्टमूर्ति हैं, अर्थात् पंचमहाभूत, सूर्य, चन्द्र तथा पुरुष उन्हीं के स्वरूप हैं। बन्धन

तथा प्रपंच से जीवन्मुक्ति के वे ही एकमात्र आधार हैं। गृहस्थ जीवन की जितनी समस्याएँ-विषमताएँ हैं, जितने अनन्त क्रिया-कलाप जो सम्बन्ध तथा व्यवहार, जितनी मान्यताएँ तथा परम्पराएँ और भारतीय ज्ञान-विज्ञान का क्षेत्र है, उन सबका यदि एकत्र समन्वय देखने को मिलता है तो वह एकमात्र शिव के स्वरूप में सन्निहित है। भारत की जितनी आध्यात्मिक, आधिभौतिक और आधिदैविक मान्यताएँ हैं, उन सबका संपुंजन यदि किसी एक स्वरूप में देखने को मिलता है, तो वह सर्वांगीणता, सार्वभौमिकता में ही समाहित है। इसलिए शिव समस्त भारतीय जनमानस के, चाहे वह आस्तिक हो या नास्तिक हो, किसी-न-किसी रूप में उनका अस्तित्व या उनकी सत्ता सर्वत्र विद्यमान है।

इस प्रकार शिव समस्त सृष्टि के सार्वभौम क्रिया-कलापों के अधिष्ठान और इस जीव-जगत के अधिपति हैं।

17.2 शैवमत की प्राचीनता

पुराण–साहित्य की एकमात्र ऐसी विपुल ज्ञान-सामग्री है, जिसमें विभिन्न देवी-देवताओं तथा धर्म-शाखाओं का विस्तार से प्रतिपादन हुआ है। पुराणों में वर्णित जिन अनेक धर्म-शाखाओं का भारत में उदय हुआ, उनमें शैव-मत का प्रमुख स्थान है। शिव की उपासना-आराधना से सम्बन्धित वर्तमान में प्रचलित शैवमत कितना प्राचीन है, इसका निर्धारण करना नितान्त दुष्कर है। यद्यपि रुद्र महाशिव की उपासना-पूजा (लिंगपूजा) का पुरातन अस्तित्व सिन्धु सभ्यता के पुरावशेषों से सिद्ध होता है, तथापि जहाँ तक वर्तमान में शैवमत के प्रचार का प्रश्न है, निश्चित रूप से यह कहा जा सकता है कि वह पौराणिक धर्म के उदय के बाद ही लोकप्रिय हुआ।

17.3 लिंगपूजा एवं शिश्नपूजा

विद्वानों का अभिमत है कि समाज में जिस सुदूर पुरातन के मूर्तिपूजा का आरम्भ हुआ, तभी से लिंगपूजा का अस्तित्व विद्यमान था। आर्यों की अपेक्षा आर्येतर समुदाय में लिंगपूजा का अधिक प्रचलन था और इसलिए यदि कहा जाए कि लिंगपूजा आर्येतर जातियों की देन है, तो अनुपयुक्त न होगा। मोहनजोदड़ो की खुदाई में योगमुद्रा में ध्यानस्थ एक मूर्ति और उसके निकट ही नन्दी अवस्थित हुआ मिला है। इस ध्यानस्थ मूर्ति को शिवमूर्ति कहा गया है और इस आधार पर यह माना गया है कि सिन्धु देशवासी शिव के उपासक थे।

इतिहासकारों और पुरातत्त्वविदों का यह भी अभिमत है कि ईसा से कई शताब्दियों पूर्व न केवल भारत में, अपितु समस्त विश्व में लिंगपूजा का प्रचलन था। पुरातत्त्व के उत्खननों से जो सामग्री प्राप्त हुई है, उससे यह सिद्ध होता है कि मिस्र, यूनान, काबुल आदि असुरोपासक देशों में और इटली, फ्रांस, अमेरीका तथा पालिनेशिया आदि द्वीपों में परम्परा से लिंगपूजा का व्यापक प्रचलन था।

लिंगपूजा के अस्तित्व को बतानेवाली जो प्रमाण-सामग्री उपलब्ध है, उसके आधार पर यह कहा जा सकता है कि उसकी आदिप्रवर्तक आर्येतर जातियाँ थीं। कुछ विद्वानों ने *ऋग्वेद* के दो मन्त्रों (7.21.5, 1.99.3) में उल्लिखित 'शिश्नदेव' शब्द के आधार पर आर्यों को शिवोपासक माना है, किन्तु निरुक्ताकार यास्क (700 ई. पू.) ने उसका अर्थ 'अब्रह्मचर्य आसक्त' किया है। इस दृष्टि से *ऋग्वेद* में उल्लिखित उक्त शब्द का सम्बन्ध शिवलिंग से स्थापित करना युक्तिसंगत प्रतीत नहीं होता।

लिंगपूजा और शिश्नपूजा में व्यापक अन्तर है। *ऋग्वेद* का उक्त शिश्नदेव हिन्दुओं की लिंगपूजा का प्रतीक नहीं है, अपितु शिश्नपूजा हिन्दूधर्म में निम्नतम कार्य माना जाता था। हिन्दू परम्परा में शिश्न कामेन्द्रिय का द्योतक है, जबकि लिंग को ज्ञानस्कन्ध का प्रतीक माना गया है। इस प्रकार के प्रधान एवं सर्वसम्पूज्य लिंगों की संख्या द्वादश (बारह) मानी जाती है।

पुरातन पुरातात्त्विक उत्खननों से भी भारत में शिवलिंग प्राप्त हुए हैं, जिनसे लिंगपूजा की प्रसिद्धि का पता चलता है। उदाहरण के लिए बसाढ़ (वैशाली) और सारनाथ स्थित धार्मिक स्तूप की खुदाई में शिवलिंग प्राप्त हुए हैं। इसी प्रकार मोटा ग्राम, गुड़ीमालम (मद्रास) से भी शिवलिंग मिले हैं। रानीगुटा स्टेशन से 6 मील की दूरी पर स्थित गुड़ीमालम स्थान से जो लिंग मिला है, उसकी लम्बाई लगभग 5 फुट है और उसका समय पुरातत्त्वविदों ने 200 ई. पू. पूर्व निर्धारित किया है।

17.4 रुद्र और शिव

पौराणिक आर्य देवता शिव से आर्येतर देवता रुद्र का तारतम्य स्थापित करने से अनेक नए तथ्य प्रकाश में आए हैं। पुरातन आर्य तथा आर्येतर सभ्यता में रुद्र की पूजा-उपासना के पुरातात्त्विक तथा साहित्यिक प्रमाण उपलब्ध हैं। वेदमन्त्रों में रुद्र का अनेक बार उल्लेख हुआ है। एशिया के विभिन्न अंचलों में बिखरी हुई आर्येतर जातियों के उपास्यदेव रुद्र ही रहे हैं। देवताओं में रुद्र का जो स्वरूप, स्वभाव एवं वैभव प्रकाश में आया है, उससे प्रतीत होता है कि रुद्र भयंकर क्रोधी तथा संहारक देवता हैं। आरम्भ में आर्य तथा आर्येतर जातियों के पारस्परिक युद्धों के कारण रुद्र जैसे शक्ति-सम्पन्न संहारक देवता की आवश्यकता हुई। यही प्रभाव रुद्र का आगे भी बना रहा। उत्तरवैदिक युग, विशेष रूप से ब्राह्मण-ग्रन्थों के समय, अश्वमेधादि यज्ञों की सम्पन्नता के लिए बिजिगीषु राजाओं ने रुद्र को अपना उपास्यदेव वरण किया और उसके अनुग्रह से शक्तिशाली शत्रु पर विजय प्राप्त की।

शिव, जो कि पुरातन रुद्र हैं, अपने विभिन्न नाम-रूपों में मूलतः वे आर्येतर जातियों के आराध्यदेव थे। पुराणों से ज्ञात होता है कि हिरण्यकशिपु, रावण, बाणासुर तथा भस्मासुर आदि जितने भी प्रभावशाली आर्येतर प्रतिनिधि हुए, वे सब शिवोपासक थे और उन्हें शिव का वरदान प्राप्त था। इन वरप्राप्त आर्यभिन्न प्रतिनिधियों को पराजित करने के लिए आर्यजनों ने इन्द्र तथा विष्णु का आश्रय लिया था और उनके सहयोग से लम्बे युद्ध के बाद किसी प्रकार उन पर विजय प्राप्त की। इन्हीं विजयों का परिणाम था कि रावण के भाई विभीषण और हिरण्यकशिपु के पुत्र प्रह्लाद ने विष्णु भक्ति में अपनी निष्ठा व्यक्त की।

शैव मतानुयायियों में शिवोपासना का जो स्वरूप वर्तमान समय में प्रचलित है, उसका सम्बन्ध पुरातन रुद्र से है, इस सम्बन्ध में विद्वान् एकमत नहीं हैं। मूल मन्त्र-संहिताओं में बहुत बाद तक, लगभग पुराणों के समय तक, शिवभक्ति का प्रचार नहीं हुआ था। प्रमुख एकादशोपनिषदों में 'श्वेताश्वतरोपनिषद्' के अतिरिक्त किसी भी अन्य उपनिषद् में शिव का उल्लेख नहीं हुआ है। इस उपनिषद् के एक स्थान (3.2) पर 'अद्वितीय रुद्र' का उल्लेख हुआ है, जिसका सम्बन्ध शिव से स्थापित किया जा सकता है। इसी उपनिषद् के एक-दूसरे स्थल (4.10) पर स्पष्टतः 'महेश्वर' शिव का उल्लेख हुआ है–'माया तु प्रकृतिं विद्यान्मायिनं तु महेश्वरम्'।

उक्त उपनिषद्-ग्रन्थ के अतिरिक्त अन्य उपनिषदों में शिव के अद्वैत, अनादि, परब्रह्म

स्वरूप को ही ग्रहण किया गया। उनके आराधनीय स्वरूप को नहीं। पुराणों के समय तक शिवोपासना प्रायः आर्येतर जातियों में ही प्रचलित थी। आर्यों के शिवोपासना के प्रचलन के मूल में सम्भवतः सती का प्राणत्याग था। प्रजापति दक्ष ने यद्यपि अपनी कन्या सती का विवाह शंकर से किया था, किन्तु शंकर के प्रति दक्ष की अनिच्छा तब भी बनी हुई थी। परम्परा से आर्यों तथा आर्येतर जातियों में जो संघर्ष चला आ रहा था, इस पारम्परिक विरोध को समाप्त करने के लिए सती ने अपना प्राणोत्सर्ग किया था। तभी से आर्य-सभ्यता में शिव को आराध्यदेव के रूप में अपनाया गया।

17.5 पशुपति और शिव

महाभारत के समय जिस प्रकार रुद्र के साथ शिव की अभिन्नता स्थापित हुई, उसी प्रकार पशुपति को भी शिव का स्वरूप माना लाने लगा। अर्जुन ने शंकर की उपासना करके उनसे अविजेय पाशुपत अस्त्र प्राप्त किया था। *महाभारत* (शां. 184) के एक सन्दर्भ में दक्ष प्रजापति द्वारा शंकर ने दक्ष को पाशुपत व्रत धारण करने के लिए कहा था। महाभारत काल में पँचरात्र मत के समान पाशुपत मत को भी मान्यता प्राप्त हो चुकी थी। *महाभारत* (शां. 180-184) में पंचरात्र तथा पाशुपत, दोनों धर्मों के उपाख्यान वर्णित हैं। इसी सन्दर्भ में पाशुपत व्रत के माहात्म्य का वर्णन करते हुए उसे समस्त वर्णों तथा आश्रमों के लिए मोक्षप्रद बताया गया है। अतएव यह मानना समीचीन प्रतीत होता है कि महाभारत काल में ही पाशुपत मत अथवा शिवभक्ति का प्रचार हो चुका था, जिसको पुराणकार सूतों तथा मुनियों ने व्यापकता प्रदान की।

शैवमत के पुराण-साहित्य से ज्ञात होता है कि पाशुपत मत का अस्तित्व बहुत पुरातन है। अनेक ऋषि-महर्षियों ने इस मत को वरण किया था और तब से लेकर परवर्ती युगों तक उसकी परम्परा लोक में उत्तरोत्तर विकसित होती रही। पुराण-साहित्य से ज्ञात होता है कि अगस्त्य, दधीचि, विश्वामित्र, शतानन्द, दुर्वासा, गौतम, ऋष्यश्रृंग, उपमन्यु और बादरायण व्यास शिवोपासक थे। बादरायण व्यास ने केदारखंड की दिव्य तपोभूमि में महाज्ञानी योगी घंटाकर्ण से पाशुपत धर्म की दीक्षा ली थी। घंटाकर्ण उनका नाम इसलिए प्रचलित हुआ क्योंकि उनके दोनों कानों के पास दो घंटे बँधे हुए थे। वे इतने कट्टर शिवभक्त थे कि अन्य शब्द कानों में पड़ते ही अपना शिर हिला देते थे, जिससे कि घंटों की ध्वनि से शिव नाम के अतिरिक्त दूसरा शब्द न सुनाई दे।

परम शिवज्ञानी घंटाकर्ण से दीक्षा प्राप्त कर बादरायण व्यास काशी में आकर बस गए थे। महाज्ञानी घंटाकर्ण के काशीवास के अनेक स्मारक आज भी वर्तमान हैं। वर्तमान काशी के नीचीबाग मोहल्ले में (जो सम्प्रति घंटाकर्ण के नाम से कहा जाता है), घंटाकर्ण (कर्ण घंटा) नामक तालाब आज भी विद्यमान है, जिसके एक किनारे पर व्यास जी का मन्दिर स्थापित है। इस मन्दिर की एक मूर्ति में घंटाकर्ण हाथ में शिवलिंग धारण किए हुए हैं। इस दृष्टि से यह मन्दिर और तालाब अपना ऐतिहासिक महत्त्व रखते हैं।

पाशुपत मत का प्राचीन ग्रन्थ 'अथर्वा गिरस उपनिषद्' है। उसमें पशुपति रुद्र को प्रथम तत्त्व माना गया है। उसमें 'ओम्' के पवित्र उच्चारण के साथ ध्यान करने की यौगिक पद्धति का निरूपण किया गया है। इस मत में शरीर पर भस्मावलेपन करना आवश्यक बताया गया है। इन मत में तात्त्विक दृष्टि से परम शिव (पशुपति) ही पति हैं, मनुष्यमात्र पशु है, जो कि पाश, अर्थात् सांसारिक माया-जाल से बँधा हुआ है। वे पाश चार प्रकार के हैं—मल, कर्म, माया

और रोधशक्ति। स्वभावजन्य अपवित्रता का नाम 'मल' है। धर्माधर्म का नाम 'कर्म' है। प्रलय काल में जिसके भीतर समस्त विश्व समाहित हो जाता है, और सृष्टिकाल में जिससे समस्त विश्व का विस्तार होता है, वह 'माया' है। साधक की गति में अवरोध उत्पन्न करनेवाले कर्म ही 'रोधशक्ति' हैं। इस प्रकार पति, अर्थात् शिव के अनुग्रह से ही पशु अर्थात् मनुष्य, पाश अर्थात् सांसारिक बन्धनों से मुक्त हो सकता है।

पाशुपत मत के साधकों के लिए पाँच तत्त्व बताए गए हैं, जिनके नाम हैं–पति (कारण), पशु (कार्य), योगाभ्यास, विधि और दुःखमन्त। धर्मार्थ-साधना के लिए जो क्रियाएँ नियत हैं, उन्हें 'विधि' कहा गया है। वह दो प्रकार की हैं–'व्रत' और 'द्वार'। भस्मस्नान, भस्मशयन, जप, प्रदक्षिणा और उपवास आदि व्रत हैं। शिवनाम का उच्चारण कर हँसना, गाल बजाना, गाना, नाचना, बम्बम्कार करना तथा जप आदि उपद्वार हैं। द्वार के अन्तर्गत क्राथन (जागृतावस्था में शयन-मुद्रा), 'स्पन्दन' (वायुवेगों की भाँति झूमना), 'मन्दन' (उन्मत्त की भाँति आचरण करना), 'शृंगारण' (कामातुरों जैसा व्यवहार करना), 'अवित्करण' (अविवेकियों जैसा निषिद्ध व्यवहार करना) 'अविद्भाषण' (अर्थहीन तथा व्याहत शब्दों का व्यवहार करना), ये छह कियाएँ हैं।

17.6 शिवोपासना का प्रचलन

महाभारत की रचना के समय तक रुद्र के अनेक रूप प्रचलित हो चुके थे और शिव के साथ उनकी अभिन्नता स्थापित हो चुकी थी। *भगवद्गीता* (10.23) में श्रीकृष्ण ने स्वयं ही कहा है– "रुद्रों में मैं शंकर हूँ (रुद्राणां शंकरश्वास्मि)।" *महाभारत* (शां.अ. 349) में नारायणीय विष्णु के अनन्तर शिव का महात्म्य वर्णित है। शिव का महत्त्व विष्णु से भी पुरातन है। उनकी सगुणोपासना का प्रचलन पुराण काल से ही हो चुका था। इसी सगुणोपासक शिव आराधना से पाशुपत मत का प्रवर्त्तन हुआ। पुराणों में शिवोपासना या शिवभक्ति का विस्तार से उल्लेख हुआ है। अधिकतर पुराणों में शिव को सर्वोच्च स्थान दिया गया है। वहाँ शिव को सृष्टि-विधायक बताया गया है और शिव-पार्वती के संवाद में पारमार्थिक विषयों का वर्णन किया गया है। *शिवपुराण* तथा *लिंगपुराण* शिव की व्यापक महिमा को वर्णित करनेवाले प्रमुख पुराण-ग्रन्थ हैं। *लिंगपुराण* में कहा गया है कि शिव ने स्वेच्छाशक्ति से सर्वप्रथम नारायण को तथा ब्रह्मा को उत्पन्न किया और तत्पश्चात सृष्टि का विस्तार हुआ। *विष्णुपुराण* विशुद्ध शैवपुराण है। उसके 'रुद्रमाहात्म्य' में शिव-शक्ति द्वारा सृष्टि-रचना का विस्तार से उल्लेख हुआ है। उसमें पाशुपत योग का भी गम्भीर विवेचन हुआ है, जो अन्य पुराणों में नहीं है।

यद्यपि पुराण युग में भी परम्परा के अनुकरण पर आर्येतर देवता रुद्र या शिव के प्रतीक लिंग की पूजा-अर्चना का विरोध किया जाता रहा है, किन्तु *बामनपुराण* (43.51-69) के दो सन्दर्भों से ज्ञात होता है कि ऋषियों के घोर प्रतिरोध के बावजूद ऋषि-पत्नियों ने लिंगपूजा की निष्ठा का परित्याग नहीं किया। ठीक यही धारणा *कूर्मपुराण* (47.22) में भी देखने को मिलती है। *शिवपुराण* (10.187-207) में कहा गया है कि ऋषि-पत्नियों का अनुकरण कर अन्ततः ऋषियों ने भी लिंगपूजा को वरण किया।

उक्त पुराणों में मुनि-पत्नियों द्वारा शिव के प्रति जो आसक्ति-भाव देखने को मिलता है, विद्वानों का कहना है कि इससे यह सिद्ध होता है कि लिंगपूजा को व्यापकता से ग्रहण एवं अंगीकार कर लिया गया था। जो ऋषि-पत्नियाँ लिंगपूजा के प्रति आसक्त दिखाई देती हैं, सम्भवतः वे आर्येत्तर कुलों से आई थीं और आर्यकुलों में आकर भी उन्होंने अपने मातृ-पितृ-कुल

के आराध्यदेव रुद्र या शिव की लिंगपूजा का परित्याग नहीं किया था (क्षितिमोहन सेन, *भारतवर्ष में जातिभेद*, पृ. 67)।

पुराणों में शिव के सर्वव्यापी स्वरूप का जो दिग्दर्शन हुआ है, पश्चात्कालीन समाज तथा साहित्य पर उसका व्यापक प्रभाव लक्षित हुआ। साहित्य के साथ-साथ कला के क्षेत्र को भी उसने अतिशयता से प्रभावित किया। संस्कृत के ग्रन्थकार भास, कालिदास, शूद्रक तथा भवभूति से लेकर परवर्ती कवियों तथा नाटककारों ने शिव को ही एकमात्र वन्दनीय एवं आराध्य माना।

ऐसा प्रतीत होता है कि शंकराचार्य के उदय से पूर्व ही सारे भारत में शिव के प्रति जन-निष्ठा व्याप्त हो चुकी थी। ह्वेन-त्सांग ने अपने *यात्रा-वृत्तान्त* में काशी, कन्नौज, कांची, मालावार और गान्धार आदि विभिन्न प्रदेशों में स्थापित बहुसंख्यक शिव-मन्दिरों तथा शिवोपासकों का उल्लेख किया है। काशी में उसने अनेक शिव-मन्दिरों को देखा था और वहाँ के एक मन्दिर में स्थापित पीतल की शिवमूर्ति की कलात्मकता की भूरि-भूरि प्रशंसा की थी। उसने यह भी लिखा है कि उस समय देश के अनेक भागों में पाशुपत, विवस्त्र, जटाधारी तथा निर्ग्रन्थ आदि अनेक शिवमतानुयायी लोग विद्यमान थे।

शंकराचार्य की दिग्विजय के पश्चात् 8वीं शती ई. में समस्त भारत के धार्मिक तथा वैचारिक क्षेत्रों में शिव की सत्ता को सर्वोपरि महत्त्व दिया जाने लगा था। देश के विभिन्न क्षेत्रों में, गाँवों से लेकर नगरों तक, शिव-मन्दिरों की स्थापना होने से शैवमत का व्यापक प्रचार-प्रसार हुआ।

मेवाड़ (राजस्थान) में सिराही के अर्बुदगिरि पर स्थापित शिव-मन्दिरों पर 8वीं शती से लेकर 19वीं शती तक के अनेक शैव धर्मावलम्बी शासकों के नाम शिलापट्टों पर उत्कीर्णित हैं, जो कि आज भी सुरक्षित हैं।

यद्यपि शिव की उपासना का वेदोत्तर भारत में प्रचार-प्रसार हो चुका था; किन्तु मूलतः वे उन जातियों के उपास्यदेव रहे, जो बहुधा वनचर रहीं। उदाहरण के लिए शिवपूजा के लिए परम्परा से अब तक केतकी (कनेर), धतूर, बिल्वपत्र आदि जिस नैवेद्य-सामग्री को उपयोग में लाया जाता है, उससे भी यही सिद्ध होता है कि मूलतः शिव उन वनचर जातियों के उपास्यदेव थे, जिनकी सभ्यता-संस्कृति आर्यों से भिन्न थी।

शिवभक्ति एवं आराधना के प्रति आज के जन-जीवन में पूर्ण श्रद्धा-निष्ठा है। भारत की जनता शिव को आज भी अपना आराध्यदेव मानती है और उनकी भक्ति तथा पूजा में विश्वास करती है। अन्य देवी-देवताओं का प्रभाव क्षेत्रीय या आंचलिक है। उदाहरण के लिए दक्षिण भारत में विष्णु-पूजा की प्रधानता है, पश्चिम में श्रीकृष्ण की भक्ति प्रमुख हैं, उत्तर में रामभक्ति की महिमा व्याप्त है और पूर्व में शक्ति की उपासना का प्रचार है। किन्तु शंकर के प्रतीक लिंग की पूजा-भक्ति का प्रचलन समान रूप में समस्त भारत में है।

17.7 शैवमत की शाखा-उपशाखाएँ

शैवमत का उदय दक्षिण भारत में हुआ। उसके जनक थे आलवार वैष्णव सन्त जिन्होंने दक्षिण भारत में भक्ति की भावधारा बहाई। कालान्तर में एक ही शैवमत अनेक शाख-उपशाखाओं में पल्लवित हुआ। सर्वप्रथम वह दो भागों में विभक्त हुआ—पाशुपत तथा आगमिक। आगे चलकर शैवों की सात उपशाखाएँ हुईं, जिनके नाम हैं—1. सामान्य शैव, 2. मिश्र शैव,

3. कापालिक शैव, 4. वीर शैव, 5. तमिल शैव, 6. काश्मीर शैव और 7. लकुलीश शैव। इन उपशाखाओं में आचारिक ही नहीं, वैचारिक भिन्नता भी है। उनमें कुछ शाखाओं का ही समाज में प्रचलन रहा। शेष समय के साथ ही कथावशेष होती गईं।

1. सामान्य शैव : इस शाखा के शैव भू-प्रतिष्ठित शिवलिंगों की पूजा-अर्चना करते हैं और भस्म धारण करते हैं। वे शिव-ध्यानादि अष्टविधा भक्ति करते हैं और श्रद्धापूर्वक शिवकथा का श्रवण करते हैं।

2. मिश्र शैव : इस शाखा के शैव पीठस्थ शिव की पूजा-अर्चना करते हैं। शिव उनके मुख्य आराध्यदेव हैं। किन्तु उमा, विष्णु, देवी, गणपति और सूर्य आदि देवी-देवताओं के प्रति भी उनकी पूर्णतः श्रद्धा-निष्ठा है। शिव के अतिरिक्त अन्य देवी-देवताओं के प्रति समान पूजाभाव होने के कारण ही उनको मिश्र शैव कहा गया है।

3. कापालिक शैव : मध्ययुगीन साधना एवं उपासना की भिन्नता को लेकर जो विविध धर्ममार्ग प्रचलित हुए, उनमें कापालिक शैवमत का भी उल्लेखनीय स्थान है। इस मत का पन्थ या मूल स्रोत पाशुपत शाखा है। पाशुपत मत के संस्थापक का नाम नकुलीश या लकुलीश था। लकुलीश (जिसके हाथ में लकुड हो) एक ऐतिहासिक व्यक्ति था या उसका यह प्रतीकात्मक नाम था, इस सम्बन्ध में निश्चित रूप से कुछ कहना सम्भव नहीं है। कुछ विद्वानों का कथन है कि वह दाक्षिणात्य था, क्योंकि दक्षिण में ही विशेष रूप से इस पन्थ के बहुसंख्यक अनुयायी पाए जाते हैं। या यह भी हो सकता है कि पाशुपत मत से सम्बन्धित जो लकुडधारी मूर्तियाँ पाई जाती हैं, सम्भव है कि इसलिए भी उसके प्रवर्तक का लकुलीश नामकरण किया गया हो। इस मत के संस्थापक ने एक सूत्र-ग्रन्थ की भी रचना की थी, जो कि सम्प्रति उपलब्ध नहीं है। उनका लिखा हुआ *पंचाध्यायी* नामक ग्रन्थ उपलब्ध है, जिसमें कि सर्वप्रथम शैव-सिद्धान्तों का निरूपण किया गया है।

पाशुपत मत की प्राचीनता 200 ई. पूर्व से पहले मानी जाती है। *महाभारत* में माहेश्वरों के चार सम्प्रदाय बताए जाते हैं—शैव, पाशुपत, कालदमन और कालमुख। यमुनाचार्य ने कालदमन को कालमुख नाम से कहा है। आगे चलकर इस धार्मिक पन्थ से कालमुख तथा कापालिक मतों का प्रचलन हुआ। कालमुख का प्रचलन नगरों तथा राजदरबारों तक ही सीमित रहा; किन्तु कापालिकों का प्रसार अपेक्षाकृत व्यापक जन-समाज में हुआ।

पाशुपत मत के जो मूल सिद्धान्त हैं, कालमुख तथा कापालिकों के सिद्धान्तों से उनकी स्पष्ट भिन्नता है। पाशुपत मत की मूल साधना-पद्धति हठयोग से सम्बन्धित है। उनके योगी कापालिक तथा अघोरी क्रियाओं के अनुयायी हैं। उनकी योग-साधना के—1. लाभ, 2. मल, 3. उपाय, 4. देश 5. अवस्था, 6. विशुद्धि, 7. दीक्षाकारत्व और 8. बल—ये आठ *पंचक* कहलाते हैं। इसी प्रकार उनकी तीन वृत्तियों के नाम हैं—भैक्ष्य, उत्सृष्ट और उपलब्ध। इस सिद्धान्त के अनुसार मिथ्या-अज्ञानादि जो *पंच मल* हैं, वे जीवत्व (पशुत्व) के मूल हैं, जिनका उन्मूलन गुरु के ज्ञान-प्राप्ति के अनन्तर सम्भव हो सकता है। इन मिथ्या-अज्ञानादि मलों की क्षीणता के लिए भिक्षाटन, पथ में विकीर्ण अन्नाहार तथा जूठन-भक्षण करना बताया गया है। आत्मा की उन्नति के लिए जप तथा ध्यानादि उपाय बताए गए हैं। उनके नैसर्गिक व्रत हैं—भस्म-शयन और

भस्म-स्नान। उनकी योग-साधना के अन्तिम लक्ष्य हैं—दुःख-निवृत्ति तथा ऐश्वर्य-प्राप्ति। यही उनका मोक्ष है। पाशुपत मतानुयायी ललाट, हृदय, नाभि आदि पर शिवलिंग का चिह्न अंकित करते हैं। उनके प्रतीक चिह्न हैं—कंठहार, आभूषण, चूड़ामणि और यज्ञोपवीत। बाद में इस धर्म-शाखा का लक्ष्य परिवर्तित हो गया।

कालमुख अनुयायियों की परम्परा उत्तरोत्तर क्षीण होती गई; किन्तु कापालिकों का प्रसार मुख्यतः दक्षिण भारत तथा पूर्वोत्तर भारत के अनेक क्षेत्रों में हुआ। कापालिकों की गुह्यसाधना, उनके रहस्यमय क्रियाकलापों का प्रभाव जन-सामान्य में प्रत्यक्ष रूप से कम, किन्तु परोक्ष रूप से अधिक व्यापक होता गया।

कापालिकों के उदय तथा नामकरण के सम्बन्ध में 'गोरक्षसिद्धान्त-संग्रह' में कहा गया है कि श्रीनाथ के दूतों के रूप में विष्णु के चौबीस अवतारों के कपाल (शिर) काट देनेवाले इस नए मत के प्रवर्तकों को ही कापालिक कहा जाने लगा। उनका अधिष्ठाता एवं आराध्य देवता माहेश्वर है। शिवोपासक होने के कारण कापालिकों तथा वैष्णों में परम्परा से घोर सैद्धान्तिक मतभेद तथा विरोध रहा है।

कापालिक मत शैव-सम्प्रदाय तथा पाशुपत मत की वह शाखा है, जिसमें विलासी तथा घोर क्रिया-कलापों से सम्बद्ध शिव की गुह्य-साधना प्रचलित थी और जिसमें वामाचार चरम रूप में पाया जाता है।

इस शाखा के शैव गृहस्थ नहीं हैं। वे वाममार्गी साधु हैं और महाकाली के उपासक हैं। वे मद्य-मांसादि का सेवन करते हैं और श्मशान में रहकर मृतक की खोपड़ी से तान्त्रिक साधना द्वारा विविध सिद्धियाँ प्राप्त करते हैं। उनमें नरबलि की प्रथा भी प्रचलित थी। साधना के क्षेत्र में कापालिकों की वज्रयानियों से समानता है। इस दृष्टि से उनका सम्बन्ध वज्रयानियों से भी रहा है। बौद्ध सम्प्रदाय के सहजयान वज्रयान में भी स्त्री साहचर्य की अनिवार्यता स्वीकार की गई है और इस मत के बौद्ध-साधक स्वयं को 'कपाली' कहते हैं। 'चर्याचर्य-विनिश्चय' में स्त्रियों को कपालवनिता (कापालिनी) कहा गया है। स्त्री सर्व-जन-सुलभ होने के कारण ही सम्भवतः इस गुह्य-साधना को कापालिक नाम से कहा गया।

कापालिकों की गुह्य-साधना का बहुत-कुछ तारतम्य नाथ सम्प्रदाय एवं हठयोगियों के योगाभ्यास में भी देखने को मिलता है, विशेष रूप से षट् चक्र-क्रिया के आधार पर। कापालिक साधना में शिव से जीव की अभिन्नता मानी गई है और योगाभ्यास द्वारा ही शिव को प्राप्त किया जा सकता है। शिव के शक्तिसंयुक्त रूप को यह प्रतीकात्मक रूप में प्रस्तुत करता है। शिवशक्ति का जो मिलन-सुख है, उसे कापालिक अपनी कापालिनी के माध्यम से प्राप्त करता है और उसको महासुख या परमसुख की संज्ञा से अभिहित करता है। सोम (स+उमा) को भी कापालिक शक्तिसंयुक्त शिव का प्रतीक मानकर उसके पान से अभिभूत हो योगिनी के साथ विहार करता हुआ कैलासवासी शिव-उमा की भाँति स्वयं को आनन्दनिमग्न हुआ अनुभव करता है।

इस विवेचन से यह स्पष्ट होता है कि कापालिकों, शाक्तों, सहजयानियों तथा वज्रयानियों का मद्य, मांस, मत्स्य, मुद्रा और मैथुन—इन पाँच मकारों से घनिष्ठ सम्बन्ध था। उनकी स्थूल उपासना के ये पाँच प्रतीकात्मक साधन थे।

अध्याय 18

भारतीय कला

मनुष्य के हाथों निर्मित वह हर वस्तु कला या शिल्प है जो लय, सन्तुलन और सुसंगति आदि की स्थितियों में तैयार होती है। हमारे समक्ष पुरातत्त्वशास्त्र से कला की जो भी धरोहर मौजूद है उन्हें देखकर स्पष्ट होता है कि यहाँ के लोगों के जीवन में सिन्धुकाल से ही कला के प्रति विशेष लगाव रहा। हड़प्पा से प्राप्त नृत्यमुद्रा में पुरुष-धड़ और मोहनजोदड़ो के घरों में बने हुए सुन्दर स्नानागार, खुदाई से प्राप्त आभूषण, तराशकर बनाए गए हार के मनके, कड़े, चूड़ियाँ आदि तत्कालीन कला का सन्देश देती हैं। सिन्धुभांडों पर की काली लिखाई के अन्तर्गत रेखा और उछलते हुए पशु–इन विविध आकृतियों से यह लिखाई सुशोभित है। आड़ी, तिरछी, खड़ी-पड़ी रेखाओं के सम्मिलन से शुल्बाकृतियों की जो सजावट लिखी गई है उससे कलाकारों की बढ़ी-चढ़ी कुशलता का प्रमाण मिलता है। वृक्ष-वनस्पति और पशु-पक्षी जगत के साथ भारतीय कला का अद्भुत सम्बन्ध रहा है। सिन्धुवृषभ भी कला की दृष्टि से बड़ी जानदार हैं।

वैदिककालीन लकड़ी एवं धातु के खिलौने, कच्ची दीवालों को विभिन्न रीतियों से रँगना और चित्रों से सजाना एवं यज्ञ जैसे सामुदायिक धार्मिक कार्यों को सम्पन्न करने के लिए शिल्पकला, चित्रकला एवं स्थापत्यकला का प्रयोग–ये सारे कला और शिल्प से सम्बद्ध रहे।

18.1 मौर्यकाल

भागवत शरण उपाध्याय, रोमिला थापर, आर.के. मुखर्जी, जी.आर. भंडारकर, भगवत प्रसाद पान्थरी, राधाकुमुद मुकर्जी और मुख्य रूप से कुमार स्वामी तथा निहार रंजन रे ने मौर्यकालीन कला को तत्कालीन सामाजिक, आर्थिक, राजनीतिक और धार्मिक ऐतिहासिक पहलुओं को समझने के लिए इसके महत्त्व पर विशेष रूप से प्रकाश डाला है। इन विद्वानों ने भावना के अवतार को कला कहा है।

मौर्यकाल जिसकी स्थापना चाणक्य या कौटिल्य की मदद से चन्द्रगुप्त ने 322 ई.पू. में की थी, के काल में सर्वप्रथम वास्तुकला के केन्द्र के रूप में पाटलिपुत्र नगर को पाते हैं। इस नगर की प्रशंसा विदेशी विद्वान मेगास्थनीज ने भी की है। इसकी पुष्टि पुरातात्विक सामग्रियाँ करती हैं। नगर की प्रशंसा चीनी यात्री फाहियान और सातवीं सदी का चीनी यात्री ह्वेनत्साँग ने भी की है। वैसे यह नगर ह्वेनत्साँग के काल में बर्बाद हो चुका था।

यूनानी राजदूत मेगास्थनीज ने पाटलीपुत्र (पालिबोथा) को साढ़े नौ मील लम्बा और दो मील चौड़ा बताया है। इस नगर के चारों ओर छह सौ फुट चौड़ी और तीस हाथ गहरी खाई

थी। नगर लकड़ी की दीवारों से घिरा था जिसमें 64 दरवाजे और 560 खम्भे थे। राजभवन आकर्षक उद्यान और मछलियों से भरे सरोवरों से सजाए गए थे। कुमारस्वामी के अनुसार इस राजमहल की बनावट पार्सिपोलिस के हखमनी महलों के जैसा बना था। नगर के परकोटे की प्रशंसा कला के दृष्टिकोण से कुमारस्वामी ने काफी की है। राजमहल के विशाल कमरे की प्रशंसा कला के दृष्टिकोण से विद्वान रॉलैंड ने की है, जिसमें पत्थर के 80 खम्भों का प्रयोग हुआ था।

उपर्युक्त सारी कलात्मक उन्नति चन्द्रगुप्त मौर्य के काल में हो चुकी थी और इसमें अशोक ने नवीन वृद्धि की। अशोक ने कश्मीर के श्रीगनर और नेपाल के ललितपट्टन नामक नगरों को बसाया। उसने लगभग 80 हजार स्तूपों का निर्माण किया। गया में बराबर नाम की पहाड़ियों में साधुओं के लिए ठोस चट्टान काटकर गुहागृह बनवाया जिसकी छतें और दीवारें शीशे की भाँति चमकती थीं। ऐसी कलात्मक उपलब्धि न पहले और न बाद में भारत में देखने को मिलती है। मौर्य काल में निर्मित लोमहर्षऋषि के गुहागृह कला का एक अन्य ज्वलन्त उदाहरण हैं। यह पुरानी लकड़ी का पत्थर के बीच में मात्र विस्तार है। द्वार के पार्श्वजानु एक पर एक उठते गए अर्धचन्द्राकार तोरणों को उठाए हुए है। अनेक हाथियों की कतार इसमें खुदी हैं जिसकी नकल शुंगों और उसके बाद भी की गई। बराबर पहाड़ियों की सुदामा गुफा का प्रधान कक्ष वृत्ताकार है। इसमें प्रवेश के लिए पास के कक्ष से द्वार बनाया गया है। खुदाई से प्राप्त सारनाथ की वेदिका (रेलिंग) उच्चकोटि की कला के प्रमाण हैं।

ई.पू. चौथा-तीसरी सदी से चैत्यगृह अर्थात् पूजास्थल बनते थे। अशोक के काल के चैत्यगृह छोटे और सादे हैं। उसके काल की सबसे सुन्दर वास्तुकृतियाँ उसके स्तम्भ हैं, जिसे घनी आबादियों में बौद्धधर्म और सहिष्णु सामाजिक आचार्य धर्म के लिए निर्मित किया गया है। इन धर्म स्तम्भों में ब्राह्मी-लिपि में खुदे अभिलेख कला के उदाहरण हैं। प्रस्तर शिल्प की तरह मौर्यकालीन कला इतनी साफ-सुथरी है कि इस कृति में अशोक का जोड़ नहीं। अशोक ने स्तम्भों पर अभिलेख दिल्ली, मेरठ कौसाम्बी, इलाहाबाद, सारनाथ, मुजफ्फरपुर (बिहार प्रान्त) चम्पारण जिला में स्थित लौरिया नन्दनगढ़ एवं रड़िया तथा रामपुरवा (बिहार प्रान्त) लुम्बिनी और निग्लिता (नेपाल), साँची मंकिसा (फर्रुखाबाद जिला) में निर्मित करवाया जिनमें से कुछ की ऊँचाई 40 फीट और वजन 50 टन है। निश्चय ही अशोक को निपुण इंजीनियरों की सहायता प्राप्त रही होगी। चुनार के पत्थर के बने इन स्तम्भों में कहीं जोड़ नहीं है। मोमबत्ती की शक्ल के गोदुमा बने हैं। ये स्तम्भ नीचे मोटे और ऊपर क्रमशः पतले होते गए हैं। दूर से देखने से ऐसा लगता है कि पूरे स्तम्भ को एक साँचे में ढाल दिया गया है। सबसे ऊपर एक या अनेक पशु हैं। सारनाथ और साँची में पीठ-से-पीठ लगाए चार सिंह हैं। लुम्बिनी के स्तम्भ पर अश्व था। संकिसा के स्तम्भ पर गज, रामपुरवा के दो स्तम्भों में से एक पर वृषभ और दूसरे पर सिंह है। पशु के नीचे पट्टिका है जिसकी गोलाकार दौड़ती बाड़ पर गतिमान वृषभ, अश्व, गज और सिंह अद्भुत क्षमता से उत्कीर्ण हैं। पट्टिका के नीचे स्तम्भ गष्टि की चोटी अथवा दोनों की सन्धि पर लटकी घंटी की अति सुन्दर आकृति बनी है जिसे कुछ लोग निम्नाभिमुख कमल मानते हैं। लौरियानन्दन का सिंहशीर्ष स्तम्भ सर्वथा सम्पूर्ण और अखंड है। इसकी ऊँचाई 32 फुट 9.5 इंच, व्यास 35.5 इंच, सिंह के नीचे का 22.5 इंच है। पर इस सर्वांग सुरक्षित स्तम्भ के बावजूद, यह इतना सुदर्शन नहीं जितना सारनाथ का स्तम्भशीर्ष है। इस स्तम्भ पर निर्मित सिंहों की मूर्तियाँ अपनी सजीवता, मूर्त्तन विन्यास और

आकर्षक बनावट से दर्शकों को स्तम्भित कर देता है। पत्थर की चमक आज भी देख सकते हैं। अशोककालीन इस उच्चतम तकनीक विशेषकर उनकी शीशे के समान चमक और सुन्दरता पर विद्वानों का मत है कि इसका विकास मात्र अशोक के शासन में सम्भव नहीं और यह ईरानियों द्वारा सिकन्दर के काल में अगर निर्मित हुई हो तो बहुत आश्चर्य नहीं। हाँ, उस पर अभिलेख को खोदने का कार्य अशोक के काल में हुआ। सच चाहे जो हो—स्तम्भ और स्तूपों का निर्माण महत्त्वपूर्ण घटनाओं की स्मृति बनाए रखने के लिए किया जाता था। कुमारस्वामी अशोक की कला पर ईरानी कला का प्रभाव नहीं मानते।

मूर्तिकला के क्षेत्र में कलात्मक विकास की बात हम मौर्यकाल में पाते हैं जिसका ज्वलन्त उदाहरण एक बड़ी शालीन अत्यन्त सुन्दर और विशाल नारी मूर्ति है जो दीदारगंजयक्षी या चमरधारिणी कहलाती है। पटना संग्रहालय में उपलब्ध इस मूर्ति का महत्त्व इस बात से भी जान सकते हैं कि कुछ ही दिन पहले पेरिस में आयोजित विश्व मेले में इस मूर्ति को लगभग चार सौ करोड़ रुपए के जीवन बीमा के आधार पर पेरिस के मेले में ले जाया गया था और इतनी अधिक कीमत पत्थर की मूर्ति का निश्चय करना उसकी कलात्मक श्रेष्ठता को प्रदर्शित करता है। कुछ विद्वान इस मूर्ति को शुंग काल का मानते हैं लेकिन भगवत शरण उपाध्याय (*भारतीय कला का इतिहास,* दिल्ली, 1981, पृ. 119) इसे निश्चय ही मौर्य काल का बताते हैं क्योंकि शुंगकालीन शैली का कोई लक्षण नहीं और इस मूर्ति में मौर्यकालीन कला के सभी लक्षण पाए जाते हैं। इस मूर्ति में शुद्ध मौर्यकालीन चिकनी और चमकदार पॉलिश जो शुंगकाल में नहीं पाई गई है। इतनी विशाल नारी मूर्तियाँ हम शुंगकाल में नहीं पाते हैं। इस मूर्ति के आकर्षक रूप को आगे-पीछे, अगल-बगल कहीं से देख सकते हैं जबकि शुंग काल में यह अपवाद है। इस नारी मूर्ति के बालों की बनावट शुंगकालीन बालों से भिन्न है। इस मूर्ति के दोनों ओर बराबर रेखा पर मोती की एक लड़ी सिर से नीचे लटकी है। डमरू के समान कान के आभूषण हैं। मोती की एक माला पुष्ट स्तनों के बीच लटकी है और पेट के ऊपरी भाग को छू रही है। पैरों में वजनदार पायल है। दाहिना हाथ ऊपर को मुड़कर चमर दाहिने कन्धे पर रखा है जिसका एक-एक बाल गिना जा सकता है। समूचा जिस्म जैसे अपने सम्पूर्ण तैयारी के साथ साँचे में ढाल दिया गया है। मूर्तियों में इतना निखार और ऊँचे दर्जे की ऐसी कला शुंगकालीन मूर्तियों में नहीं पाई जा सकती है। पक्षी के बदले उस मूर्ति को चमरधारिणी कहना ज्यादा तार्किक लगता है।

खुदाई से प्राप्त अवशेषों से विद्वानों ने अनुमान किया है कि काठ से बने मन्दिरों में विष्णु की पूजा होती थी, इसलिए मन्दिरों में विशेष कलात्मक विकास की बात हम नहीं पाते हैं।

इस काल में ईंट और पत्थर का प्रयोग शुरू हो गया था लेकिन बड़े पैमाने पर लकड़ी का उपयोग किया जाता था। स्थापत्य की विशेषताओं में विशालता और सजावट मुख्य थी। प्रेक्षागृहों (नाटकों के अभिनय के लिए बने भवन) और रंगशालाओं (नाटक मंच) का उल्लेख करना भी इस युग की कला के साथ, आवश्यक जान पड़ता है। *अर्थशास्त्र* में प्रेक्षागृहों के कई उल्लेख हैं।

जिस नारी मूर्ति के शारीरिक आकर्षण और सज्जा के लिए शुंगकालीन कला का महत्त्व है, उसकी पृष्ठभूमि मौर्यकाल ने तैयार की थी।

कला के क्षेत्र में अगर हम आभूषण को रखें तो पाते हैं कि आभूषण बनाने और रत्नों के काम में भी मौर्य कलाकारों ने प्रवीणता प्राप्त की थी। उनकी रुचि "आकृति को

कोमलतापूर्वक ढालने में न होकर उच्चकोटि की दक्षता थी जिससे वे चमकीले पत्थर को काटकर चमकाते या धातु की वस्तुओं पर कोमल खुदाई करते या दानेदार नमूने बनाते थे।" पिपराहवा से प्राप्त स्फटिक प्याला और भट्टीप्रोलु स्तूप से प्राप्त नीलमणि का अवशेष पात्र सर जॉन मार्शल के विचार में मौर्यकाल की कृतियाँ हैं।

पाटिलपुत्र से प्राप्त 'मुस्कुराते बालक' का शीर्ष न केवल मौर्य बल्कि सम्पूर्ण भारतीय मूर्ति कला में बेजोड़ हैं।

निष्कर्ष के रूप में हम कह सकते हैं कि तीसरी सदी ई.पू. में स्थापित मौर्य साम्राज्य में न केवल भारत का सामाजिक, आर्थिक और धार्मिक विकास हुआ बल्कि कला के विकास के क्षेत्र में यह प्रथम चरण माना जा सकता है।

18.2 शुंगकाल

बौद्ध मतानुसार सारी कलाकृतियाँ मस्तिष्क द्वारा निर्मित होती हैं (सव्य तं चितेन एवं कार्यारित)। एक बार चरणचित्र नामक एक विशेष प्रकार की चित्रकला देखकर भगवान बुद्ध ने कहा था कि यह भी चित्त द्वारा ही चिन्तित है (चितेन एवं चिन्तितम्)। इस सूत्र की व्याख्या करते हुए बुद्धघोष कहते हैं कि चित्रकला से बढ़कर संसार में कोई दूसरी कला नहीं है। चित्र लिखते समय चित्रकार के मन में ये विचार उठते हैं–यहाँ पर यह चित्र बनाना चाहिए। मस्तिष्क में इन भावों के साथ खाका बनता है, बाह्य भाग बनते हैं, रंग लगाया जाता है, तूलिका से चित्रलेख का कार्य प्रारम्भ होता है। फलस्वरूप अभीसिप्त चित्र पट पर प्रस्तुत हो जाता है। तत्पश्चात चित्रकार अपने विचार के अनुसार उचित स्थान पर चित्र को अन्तिम पूर्णता प्रदान करता है। बुद्ध की मूर्ति बौद्ध मतानुसार भगवान बुद्ध के भौतिक शरीर की भाँति नहीं होती अपितु उनके मस्तिष्क के विचारों का शारीरिक रूप में प्रतिनिधित्व करती है। (अबत्युकं मनभक्तकम्)

चित्रकला की सम्भावना की इस मनोवैज्ञानिक परिभाषा के अनुसार कला कतिपय तत्त्वों द्वारा प्रकट चित्र का ही वर्णन है जिसे चित्रकार अपनी बुद्धि की छाप अपने विचारों का साकार रूप और अपनी चेतना से उसे जीवन प्रदान करता है। इसलिए कला की उत्तमता स्वयं चित्र के गाम्भीर्य, पवित्रता और अलौकिकता पर निर्भर है।

भरहुत का स्तूप शुंगकालीन बौद्ध का सर्वोत्कृष्ट उदाहरण है। यह मध्य भारत के नागोद क्षेत्र में एक साधारण ग्राम है। यह स्थान सतना के निकट उचेरा से छह मील उत्तरपूर्व की ओर स्थित है। यहाँ पर 1973 में जनरल कनिंघम को एक बौद्ध सतूप के अवशेष मिले जो आकार-प्रकार में साँची के बृहत् स्तूपों के सदृश्य ही था। यद्यपि इसका अधिकांश भाग ईंट और पत्थर की खोज में पड़ोस के ग्रामवासियों ने नष्ट कर दिया था, तथापि कनिंघम ने स्तूपों की रेलिंग तथा पूर्व द्वार का पता लगा ही लिया और 1875 में उसे कलकत्ता के भारतीय संग्रहालय में भेज दिया। कुछ सामग्री जो भूल-चूक से टीले पर छूट गई थी, उसे सतना रेजीडेंसी गार्डेन में भेज दिया गया जिसने पुनः 1925 में संग्रहालय के लिए ले लिया गया।

18.3 भरहुत की कला

भरहुत स्तूप का निर्माण किसी एक समय, एक ही आदमी और एक ही कलाकार द्वारा नहीं हुआ था। सम्भवतः शुंग शासन में ही अनेक वर्षों में इसका निर्माण किया गया। स्तूप के

विभिन्न भागों से यह सिद्ध होता है कि इसका निर्माण विभिन्न श्रेणी के विभिन्न कलाकारों द्वारा अनेक दानियों की सहायता से हुआ था। इसका प्रमाण अनेक प्राप्त उत्कीर्ण लेखों से मिलता है। परिणामस्वरूप इसके बाह्य भाग में कला की दृष्टि से एकरूपता नहीं आ सकी। भरहुत के कलाकारों के प्रति न्याय करने की दृष्टि से यह आवश्यक है कि इसकी जनकला के स्तर का निर्णय अशोककलीन कला के उस मापदंड से न किया जाए जो स्वयं में एक ऊँचा मापदंड है। भरहुत की कला में वे ही गुण हैं, जो तत्कालीन पाश्चात्य कला में पाए जाते हैं। यह आज भी अग्रिम भाग के नियम के अधीन है और प्रकृति के प्रत्यक्ष निरीक्षण की अपेक्षा स्मरण चित्रों पर अधिक निर्भर करता है, यद्यपि कभी-कभी प्राचीन स्तर से आगे बढ़ने के चिह्न मिला करते हैं। कोने के स्तम्भों के कुछ चित्र पीछे के रिक्त भाग से भिन्न प्रतीत होते और उसकी कारीगरी मोटे किस्म की दिखाई देती है। कभी गहराई का ध्यान न रखने तथा शरीर शास्त्र की पूर्णता का ज्ञान न होने के कारण मूर्तियों का शरीर चौरस और विकृत हो गया है, अंग कोण के सदृश हो गया है और भक्त के पग तथा जोड़े हुए हाथ एक ही स्तर पर होने के कारण किनारे पड़ गए हैं। कुछ दूसरी मूर्तियाँ पीछे की ओर से किंचित् लम्बी होती हुई स्वाभाविक मुद्रा में हैं, जो कोमल आकार की हैं और रूप-निरूपण की दृष्टि से अधिक कौशलपूर्ण हैं। किन्तु प्रकृति की भाँति शरीर के विभिन्न अंगों को उनकी पृथक्-पृथक् गहराई के अनुसार वर्गीकृत करने का सामर्थ्य नहीं प्राप्त हो सका है। तथापि जहाँ तक दृश्यों के चित्रण का सम्बन्ध है, भरहुत के कलाकारों ने कुछ विशेष साधनों का उपयोग किया है।

इस तरह राष्ट्रीय कला के रूप को स्थापित करने का श्रेय विद्वानों ने शुंगों को दिया है। इस काल की कला पर पश्चिम का प्रभाव नहीं दिखाई देता और यथार्थता को कला में स्थान मिला। विचारों का वास्तविक अवतार कला हो गया। मूर्तिकला में काफी विकास हुआ। विदिशा के गजदन्तकार कलावन्तों ने भरहुत और साँची के स्तूपों की वेदिकाएँ और तोरण-द्वारों की विस्मयकारी आकृतियाँ उभारीं। हाथी, मृग, घोड़ा आदि की अति आकर्षित मूर्तियाँ बनाई गईं। श्रावस्ती, भीटा, बोधगया, पाटलिपुत्र, कोशाम्बी, साँची, भरहुत , सारनाथ आदि शुंगकाल के प्रसिद्ध केन्द्र थे। उभरी हुई मूर्तियाँ मथुरा के स्तम्भों में मिली हैं। स्तम्भ-पक्षी, बलराम की हल-मूसलधारी की मूर्ति और मिट्टी की बनी अनेक नारी मूर्तियाँ लखनऊ और पटना के संग्रहालयों में आज भी देखी जा सकती हैं। वत्स नामक एक राजा जो महावीर और गौतम बुद्ध के काल का था, की मिट्टी की बनी अर्द्ध-मूर्ति इस काल में विकसित कला का ज्वलन्त उदाहरण है। इस काल की कला ने ही कालिदास को जन्म दिया। चित्रों के अध्ययन से प्रेमिका को लेकर प्रेमी द्वारा हाथी पर भागने, बैलगाड़ी पर पिकनिक मनाने आदि के चित्र अद्वितीय हैं। प्रसन्न मुद्रा में मिथुन की आकृतियों से युक्त ठीकरा मिला है। इस तरह मिट्टी के माध्यम से कला का विकास काफी हुआ।

स्तूपों की वेदिकाओं का निर्माण सर्वप्रथम इसी काल में हुआ। इससे पूर्व अशोक मौर्य के काल में स्तूप बने लेकिन वेदिका नहीं। स्तूपों के वहिरंग, उनकी वेदिकाएँ (रेलिंग), तोरणद्वार, हीनयानी बौद्ध लक्षणों से संयुक्त प्रतीक, उत्खचन और चिकार्ध बनाए गए। इस प्रस्तर कला-प्रक्रिया से अलग एक नई दिशा में विशेष प्रगति हुई, मृत्तिका के माध्यम से कलाकारिता में। मृण्मूर्तियाँ अद्भुत क्षमता, सौन्दर्य और नए लक्षणों से युक्त साँचों में ढाली गईं। मौर्यकालीन मिट्टी के ठीकरों (प्लाकों) की रूपकारिता, अशोकीय शिलाकार्य के विपरीत, सर्वथा स्वदेशी है। उसकी रूपसज्जा भारी और अनन्त है। अधिकतर मूर्तियाँ नारी की हैं जो

सजी अवस्था में हैं। ये घाघरा (चुन्नटवाला) पहनी हैं।

भरहुत रेलिंग के स्तम्भों पर बनी एक विशेष प्रकार की नारी मूर्तियाँ वृक्ष की शाखा झुकाए या उनके तनों को शरीर से लटकाए हुए खड़ी हैं। इसे वृक्षिका, शालभंजिका, यक्षी, यक्षिणी आदि के नाम से पुकारा जाता है। यक्ष-यक्षियों का सम्बन्ध प्राचीन भारतीय जनविश्वास में वृक्षों से किया गया है जो उर्वरा शक्ति से सम्पन्न मानी जाती हैं। इनका सफल सपाट निरूपण इन वेदिकाओं पर हुआ है जो साँची के तोरणों पर उनका नग्न निरूपण वृक्ष की शाखाओं से प्रायः झूलते हुए किया गया है। इनकी परम्परा वेदिका-स्तम्भों पर मथुरा में कुषाण काल में उभारी गई, जहाँ ये कामातुर और वासनाजन्य विविध रूपों में नग्न किन्तु अत्यन्त मांसल और सजीव सी लगती हैं। बोधगयावाली वेदिका भरहुत से प्रभावित है। साँची की रेलिंगों की परम्परा भी यही है लेकिन उनके अर्द्धचित्रों का आकर्षण इनसे भी तीव्र है। आकृतियों के प्रकार बढ़ गए हैं और व्यक्ति विन्यास का सामूहिक रूप प्रस्तुत हुआ है।

गुहा चैत्यों के दृष्टिकोण से शुंगकाल के बने गुहा चैत्यों की अधिकांश संख्या उदयगिरि और खंडगिरि की पहाड़ियों में स्थित है। अनन्त गुफा के द्वार त्रिशिरा नाग मूर्तियों से सजे हैं। उड़ीसा के खंडगिरि में स्थित रानीगुफा में पक्षधारी मृग का शिकार, युद्ध आदि के दृश्य बने हैं। स्वस्तिक का चिह्न भी उसमें अंकित है। अनन्त गुफा और गणेश गुफा दोमंजिला हैं।

शुंगकाल के दो स्तम्भशीर्ष विदिशा के बाहर वेसनगर में बने हैं। इनका शीर्ष तालपत्र का है। यहाँ गरुड़ध्वज स्तम्भ भी है जो वासुदेव विष्णु की पूजा में प्रतिष्ठित वैष्णव धर्म के प्राचीनतम पुरातात्विक प्रमाणों में से है। यद्यपि राजाओं द्वारा पूजा-स्तम्भों, शिलाओं पर अभिलेख लिखकर सन्देश देने की प्रथा अशोक के साथ समाप्त हो गई पर स्तम्भों के निर्माण की परम्परा चलती रही। अशोक के स्तम्भ की तुलना में शुंगकालीन स्तम्भ नितान्त अगन्य हैं उनमें मौर्यकालीन सौन्दर्य, पॉलिश, परिष्कार, सुरुचि और शालीनता का अभाव है।

इस तरह शुंगों के शासन में कला ने राष्ट्रीय रूप लिया। कुछ चित्रों को छोड़कर इस काल की कला पर पश्चिम का प्रभाव नहीं मिलता। मौर्यकाल के ईरानी-असूरी प्रभावों को सर्वथा पचाकर शुंग कलाकारों ने देश की कला को एक नई दिशा दी। इस काल में कला-कृतियों की बाढ़-सी आ गई। उत्तर, दक्षिण, पश्चिम और पूर्व में कला के निर्माण-कार्य की लहर पर लहर उठी और विलय हुई।

18.4 कुषाणकाल

मौर्य साम्राज्य के पतन के पश्चात् भारत पर विदेशी हमलों की बाढ़ सी आ गई। इनमें ग्रीक (यवन), इरानी-पार्थव (पह्लव), शक, कुषाण आदि थे। गुर्जरों और आभीरों ने भी भारत में आकर साम्राज्य स्थापित किए। यू-ची कबीले के ये कुषाण लोग चीन से चलकर उत्तर-पश्चिम भारत में पहुँचे और इनका साम्राज्य-विस्तार पूर्वी ईरान, काबुल, पंजाब, उत्तर-प्रदेश और पश्चिमी बिहार तक हो गया। इन लोगों ने मथुरा को प्रशासनिक केन्द्र बनाया। सबसे प्रसिद्ध कुषाण शासक कनिष्क की राजधानी सर्दियों में पुरुषपुर (पेशावर) और गर्मियों में कपिशा हुई। कुषाण काल का महत्त्व बौद्ध धर्म के प्रसार और कला से जुड़ गया।

साधारण तौर पर गान्धार कला को कुषाण कला कहा जाता है लेकिन गान्धार कला चूँकि शकों से भी प्रभावित थी अतः हमें स्वतन्त्र रूप से कुषाण का अध्ययन करना चाहिए।

अनेक नगरों का निर्माण कर कुषाण शासकों ने वास्तुकला को विकसित किया। कनिष्क

ने कश्मीर में कनिष्कपुर (आधुनिक कानीसपुर) बसाया। हुविष्क नामक कुषाण शासक ने कश्मीर में हुविष्कपुर (आधुनिक हुस्कुपुर) बसाया। कुषाण-कालीन स्तूप, बौद्ध-विहार और राजप्रासाद के पुरातात्त्विक चिह्न तक्षशिला के निकट हैं। तक्षशिला के पास स्थित आधुनिक देवकुल नामक गाँव में अनेक मूर्तियाँ मिली हैं जिनमें कनिष्क की आदमकद मूर्ति सबसे प्रसिद्ध है।

इस काल के स्तूपों में कलात्मक विशेषताएँ दिखाई देती हैं जो अफगानिस्तान की खुदाई से प्राप्त होती हैं। अमरावती में (मद्रास के गुन्टुर जिले में कृष्णा नदी के तट पर स्थित) संगमरमर के निर्मित कुषाणकालीन स्तूप मिले हैं। इस स्तूप की परिधि 162 फुट है। प्राचीन भारतीय मूर्तिकला के अन्य केन्द्रों से अमरावती की मूर्तियाँ भिन्न हैं और आकृतियों की बंकिम भंगिमा, उनकी लोच इनसे बढ़कर उसकी यष्टिकायिकता में अमरावती की कलाकृतियाँ अपना जोड़ नहीं रखतीं। पतली-दुबली-लचीली-शक्तिम् पुरुष काया वस्तुतः अभिराम सिरीष वृक्ष-सी लगती है और नारी की काम्य काया उससे लिपटी लता-सी। शरीर पर लम्बी धोती, उत्तरीय और कुषाणकालीन पगड़ी बहुत फबती है। कुषाण मूर्तियों में आभूषणों की भरमार है। अमरावती में पाए गए दरबार और स्तूप पूजन के दृश्य काफी आकर्षक हैं। उभारे व्यक्तियों में सामूहिकता झलकती है। सिंह की आकृतियाँ इसमें पाई गई हैं। पुष्पों की बनावट जीवन्त कला की श्रेणी में थी। स्तूप को रंगीन पलस्तर से सजाया गया था। इनमें बनाए गए कमल के फूल, चहारदीवारी एवं गड्ढों से युक्त नगर, तोरण और बोधि मन्दिर में पाई गई कला आधुनिक कला से भी ज्यादा धनी दिखाई देती है। कुषाणकालीन स्तूप की पूजा 12वीं सदी तक होती थी। पत्थर और मिट्टी से बनी मूर्तियाँ साँचे में ढाली जाती थीं। सारनाथ की कला मथुरा की ही कला का विस्तार थी। कुषाणों के काल से पहले ही पत्थर कोरने की कला मथुरा में विकसित हो चुकी थी। कुषाणों के काल में अर्धचित्रों के उभार और विकसित हो गए थे। धोती और पगड़ी बाँधने की शैली बदल गई थी। रंगों में शुंगकाल की तुलना में कुछ फीकापन आ गया था।

18.5 गान्धार कला

महायान के नए धार्मिक आन्दोलन ने कला में एक नई धारा बहा दी तथा एक नए युग को जन्म दिया। प्राचीन बौद्ध-कला में बुद्ध की जातक कथाओं का प्रदर्शन होता था, परन्तु स्वयं बुद्ध की प्रतिमा का उसमें अभाव था। बुद्ध की उपस्थिति कला में केवल लक्षणों और संकेतों से ही दर्शाई जाती थी। उष्णीष, चरणांक, बोधिवृक्ष, रिक्तासन, छत्र, कमंडलु, भिक्षापात्र, धर्मचक्र आदि बुद्ध के प्रतीक माने जाते थे, परन्तु अब स्वयं बुद्ध की प्रतिमा श्रद्धालुओं की पूजा और तक्षकों के कलात्मक प्रयास का केन्द्र बनी। चूँकि इनका निर्माण एक विशिष्ट शैली में हुआ और अधिकतर ये गान्धार प्रान्त में, जिसका केन्द्र पेशावर था, मिली हैं ये *गान्धार शैली* की कहलाती हैं। प्राचीन भारतीय बुद्ध की प्रतिमाएँ गान्धार कला के नमूने हैं।

गान्धार कला से अभिप्राय ईसा की प्रथम शताब्दी की उस तक्षण कला से है जिसके विकास के प्रमुख केन्द्र जलालाबाद, हद और बया स्वातघाटी तथा पेशावर जिला थे। इस गान्धार कला को 'इंडो-ग्रीक-कला' भी कहा जाता है, क्योंकि इसका विषय भारतीय होते हुए भी इसकी शैली पूर्णतया यूनानी थी। इन मूर्तियों का वस्त्र-विन्यास तथा बनावट यूनानी देवता अपोलो से पर्याप्त साम्य रखती है। इसका स्पष्ट प्रमाण यह है कि इन मूर्तियों में गौतम बुद्ध

का केशविन्यास दिखाया गया है। यदि इस कला पर यूनानी प्रभाव न होता तो निश्चय ही बुद्ध को मुंडित केश दिखलाया गया होता, क्योंकि उन्होंने संन्यास ग्रहण करते समय अपने केश मुड़वा दिए थे। इसी प्रकार बोधिसत्वों की प्रतिमाएँ भी वस्त्राभरणों से अलंकृत, यूनानी राजाओं जैसी लगती है। उनकी प्रतिमाओं में वीतरागता जैसी कोई बात दृष्टिगोचर नहीं होती। यह यूनानी प्रभाव के कारण ही है। गौतम को अनेक स्थान पर यूरोपीय वेशभूषा से अलंकृत दिखाया है। अतः सिद्ध है कि इन प्रतिमाओं पर यूनानी प्रभाव है, क्योंकि इनकी मुद्राएँ भारतीय होती हुई अधिकांश में यूनानी अथवा रोमन शैली की थीं। इन प्रतिमाओं का निर्माण अभय मुद्रा, नरद मुद्रा, धर्मचक्र मुद्रा आदि विभिन्न रूपों में हुआ। पाश्चात्य कला समीक्षकों की चिरकाल तक यह धारणा बनी रही कि भारतीय कला का निर्देशन गान्धार कला के द्वारा हुआ। यह धारणा गलत है क्योंकि भारतीय तथा यूरोपीय कला में इतना मौलिक अन्तर है कि वे एक हो ही नहीं सकतीं। भौतिकवादी दृष्टिकोण युक्त पाश्चात्य कला भारत की आध्यात्मिक भावना को अभिव्यक्ति देने में असमर्थ ही रही। साथ ही, पाश्चात्य कलाकार से शिक्षित भारतीय कलाकार ने उसे मथुरा शैली में कला के माध्यम से अपनी आध्यात्मिक भावना की अभिव्यक्ति प्रदान की, जबकि गान्धार कला प्रायः सभी स्थानों पर गौतम बुद्ध की प्रतिमाओं को आध्यात्मिक तेजोदीप्त दिखाने की अपेक्षा स्वर्णमुद्राओं में ही अधिक दिखा सकी। इससे स्पष्ट है कि भारतीय कला ने गम्भीर रूप से प्रभावित नहीं किया। इसका मुख्य कारण यह भी है कि जीवन की तरह कला के क्षेत्र में विदेशी प्रभावों को अनुकूल साँचे में ढालकर उसे पचा लेने तथा आत्मसात् कर लेने की अद्‌भुत क्षमता भारतीय जीवन में थी।

गान्धार कला की प्रतिमाओं को देखने से ऐसा प्रतीत होता है, मानो वे कलाकार द्वारा निर्मित न होकर मशीनों द्वारा बनाई गई हों।

कुषाण युग में गान्धार के अतिरिक्त और भी कलाकेन्द्र थे जहाँ पर कला की काफी उन्नति हो रही थी। ये कलाकेन्द्र सारनाथ, अमरावती और मथुरा में थे। इनमें से प्रत्येक की एक अलग शैली थी, एक-दूसरे से अप्रभावित। सारनाथ और मथुरा से प्राप्त मूर्तियों की निर्माण-कला में कुछ समानता अवश्य पाई जाती है। अमरावती से प्राप्त पाषाण वेष्टनियों पर उत्कीर्ण चित्रों की अद्वितीय कारीगरी शिल्प का विलक्षण नमूना प्रस्तुत करती है। गान्धार और मथुरा कुषाण युग की कलात्मक प्रगति के केन्द्र थे।

18.6 मथुरा कला

इस समय बोधिसत्वों की मूर्तियों के निर्माण का केन्द्र मथुरा था। मथुरा की कला पर गान्धार कला का प्रभाव एक विवादास्पद विषय है। कुछ यूरोपीय विद्वानों के विचार से मथुरा कला न केवल गान्धार कला से प्रभावित है, अपितु इसकी उत्पत्ति की मूल प्रेरक ही गान्धार कला है। किन्तु रालिंसन इस बात को स्वीकार नहीं करते। उनका कहना है कि "ठीक उसी समय देश में विशुद्ध स्वदेशी कला का विकास 'भरहुत' और 'साँची' में हुआ, जो भीटा, मथुरा तथा बेसनगर आदि केन्द्रों में प्रचलित था। पहले हिन्दू देवी-देवताओं तथा बुद्ध प्रतिमाओं के निर्माण का आविष्कार विदेशी प्रभावों के कारण हुआ किन्तु विद्वानों के मतानुसार बाद में निश्चय ही इसे मथुरा के देशी कलाकारों ने खोजा न कि गान्धार के कलाकारों ने।"

डॉ. निहार रंजन रे मथुरा की अतीव प्राचीन मूर्तियों को जो द्वितीय शताब्दी ई.पू. मध्य की हैं, भरहुत की कला से सम्बद्ध मानते हैं। उनका कहना है कि उनके लिए गान्धार कला

की बुद्ध प्रतिमाएँ अनजान न थीं। कुछ के नमूने तथा अलंकरण शैली में गान्धार शैली की सहायता ली गई थी, किन्तु मथुरा की कला व अनुकरण की यह प्रवृत्ति दूसरी शताब्दी ई.पू. से दृष्टिगोचर नहीं होती। इससे स्पष्ट हो जाता है कि मथुरा की कला को स्वदेशी मानते हैं, विदेशी नहीं।

डॉ. फीगेल का भी यही कथन है। वे मथुरा की कला में भाव कल्पना तथा अलंकरण शैली को पूर्णतया भारतीय मानते हैं, किन्तु साथ ही वे गान्धार शैली का कुछ प्रभाव भी स्वीकार करते हैं। उनके विचार में मथुरा की कला में जहाँ एक ओर भरहुत तथा साँची कला का प्रभाव है, वहाँ दूसरी ओर गान्धार कला का भी कुछ प्रभाव है। फीगेल का मत ठीक प्रतीत होता है क्योंकि मथुरा कला की उत्पत्ति तथा विकास स्वेदशी स्रोतों से ही हुआ, बाद में इस पर गान्धार कला का भी कुछ प्रभाव अवश्य पड़ा। मथुरा की सभी कलाकृतियों में सीकर के लाल पत्थर का प्रयोग होने से वे सरलतापूर्वक पहचानी जा सकती हैं। ईसा सन् की प्रथम शताब्दी तक मथुरा की कला अपने चरमोत्कर्ष तक पहुँच चुकी थी। बाद में यहाँ की बनी मूर्तियाँ मध्य एशिया, तक्षशिला, श्रावस्ती तथा सारनाथ भेजी जाने लगी थीं। गान्धार तथा मथुरा की कला में बुद्ध के जीवन की प्रमुख घटनाओं का चित्रण किया गया। कुषाणकालीन मथुरा की कला बनावट की दृष्टि से भरे शरीर तथा विशालता के लिए प्रसिद्ध है। उसमें मस्तक को भूर्ध्व युक्त नहीं दिखाया गया। मथुरा की कला में गान्धार कला की तरह मूँछ नहीं है। बालों तथा मूँछ रहित मूर्तियों का निर्माण विशुद्ध रूप में भारतीय है। इस प्रकार गान्धार तथा मथुरा की बुद्ध तथा बोधिसत्वों की प्रतिमाएँ एक-दूसरे से पूरी तरह भिन्न हैं। मथुरा की कुषाणकालीन प्रतिमाओं के दाएँ कन्धे पर वस्त्र नहीं होता। दायाँ हाथ प्रायः अभय मुद्रा में दिखाया जाता रहा है। गान्धार कला में बुद्ध को प्रायः पद्मासन में बैठा दिखाया गया है जबकि मथुरा की मूर्तियों में सिंहासन पाया जाता है। खड़ी मूर्तियों के पाँवों के नीचे सिंह की आकृति पाई जाती है। तेजस्विता दोनों कलाओं में प्रचुर मात्रा में पाई जाती है। यदि हम दोनों की कलाकृतियों को थोड़ी सूक्ष्मता से देखें तो यह स्पष्ट हो जाता है कि इन दोनों की उत्पत्ति तथा विकास अलग-अलग तथा स्वतन्त्र रूप से हुआ है। मथुरा की शैली स्वदेशी थी, इसलिए गुप्त युग में ही अपनाई गई तथा विकास की चरम सीमा तक पहुँचा दी गई। प्रोफेसर आनन्द कुमारस्वामी के अनुसार गुप्तयुग की मूर्ति कला का मूल स्रोत मथुरा की तक्षण कला ही है।

मथुरा की कला के साथ भरहुत तथा साँची की कला का निकट सम्पर्क है। रालिंसन के मतानुसार, ''मथुरा कला का उदय ही भरहुत तथा साँची की कला से हुआ, फिर भी मथुरा की कला में अपनी पूर्ववर्त्तिनी (भरहुत तथा साँची की) कलाओं में प्राप्त सूक्ष्म सांकेतिकता तथा प्रतीकात्मकता का अभाव है।''

भरहुत तथा साँची की कलाकृतियों में वृक्ष-लतादि के मध्य स्थित या खड़ी हुई नारी के उन्नत उरोजों तथा विकसित नितम्बों को देखकर प्राकृतिक उर्वरता की अनुभूति होती है। साथ ही, यह भी ज्ञात होता है कि उनके रचयिता कलाकारों का जीवन के प्रति नकारात्मक दृष्टिकोण न था, अपितु प्रकृति तथा मानव के प्रति उसका अनुराग दृढ़ था। इतना होने पर उसमें इन्द्रियासक्ति का अभाव मात्र भी नहीं है। उनकी ध्वनिपूरक अभिव्यक्ति शारीरिक नहीं, अपितु मानसिक हैं, जो दर्शकों को इहलौकिक जीवन के चित्रण द्वारा पारलौकिक आध्यात्मिक आनन्द की अनुभूति कराते हैं। परन्तु मथुरा की कला इस क्षेत्र में पीछे है। इसमें

अन्तः तथा स्वतः प्रेरणा के अभाव के साथ कृत्रिमता की अनुमति होती है। मथुरा की यक्षिणी प्रतिमाएँ मानव इन्द्रियों को अवश्य आन्दोलित करती हैं, पर हृदय पर उनका प्रभाव कम ही होता है। मथुरा की कला में आध्यात्मक पक्ष की अपेक्षा इन्द्रिय परायणता तथा कामुकता अधिक है। ऐसा प्रतीत होता है, मानो कलाकृतियों के निर्माताओं का उद्देश्य भी यही था। यदि ये यक्षिणीं प्रतिमाएँ प्रथम शती के बाद की मानी जाएँ तो इन पर गान्धार कला का प्रभाव स्पष्ट प्रतीत होता है क्योंकि गान्धार कला में मानवाकृति को यथावत् चित्रित करने की परम्परा थी। यदि यह बात न मानी जाए तो भी इतना तो निश्चित है कि इस कला में कुछ दोष थे जिनका परिमार्जन गुप्त युग के कलाकारों ने किया।

आरम्भिक कुषाणकालीन एक नारी मूर्ति त्रिभंग मुद्रा में खड़ी है, जिससे उसका मांसल तन तीन खम्भों में सहसा लचक गया है। सिर के केश पीछे की ओर सँवारकर मुक्ता-जाल से ढँक दिए गए हैं। यह नारी आभूषणों से लदी है और एक सुन्दर हाथी के उर्धार्द्ध पर खड़ी है। इसका दाहिना पैर हाथी के सूँड पर है तथा दूसरा उसके मस्तक पर। श्रीलक्ष्मी की परम्परा में यह मूर्ति भी कला का ज्वलन्त उदाहरण है।

कुषाणों से पूर्व भारतीय कला का क्षेत्र प्रायः मूक, गम्भीर और जन्म को दुःख का कारण मानने के कारण प्रायः दुखित रूप से विकसित था। कुषाण काल ने प्रसन्न मुद्रा प्रदान की। प्रतीकों में उभारी आकृतियों को आकर्षण बनाकर कुषाण शासकों ने भारतीय भाव सत्ता को आवाज दी। गुप्तकालीन कला का विकास कुषाण कला की नींव पर हुआ।

इस काल की कला सम्पदा सजधजकर मथुरा की भूमि पर अवतरित हुई। पशुओं के भोजन पात्र 'नाद' कलाकार की छेनी के स्पर्श से अछूते न बचे। बौद्ध और जैन मूर्तियों के अतिरिक्त ब्राह्मण धर्म की मूर्तियाँ जैसे सूर्य, शैव और वैष्णव सम्प्रदाय की मूर्तियाँ कुषाणकाल में विकसित हुईं। मथुरा की सूर्य मूर्तियाँ पूजा के लिए बनीं। इन्हें प्रभामंडल युक्त पृष्ठभूमि में बैठी हुई अवस्था में उभारा गया। चार घोड़ों के रथ पर यह सवार है और ईरानी पगड़ी और कुषाण काल का चोंगा पहने हुए है। शरीर का ऊपरी भाग ही दिखाई दे रहा है। इस देवता के एक हाथ में कमल और दूसरे में कटार है। सूर्य-पूजा शकों और कुषाणों के बीच काफी प्रचलित थी। शिव और पार्वती की मूर्तियाँ कनिष्क के सिक्कों पर भी पाई गई हैं।

दक्षिण में इस काल में अनेक चैत्य विहारों का निर्माण हुआ, जिनमें से कई का निर्माण आन्ध्रशासकों के द्वारा किया गया लेकिन कुषाण कला से यह प्रभावित थी। उत्तर आन्ध्रकाल में कन्हेरी का प्रसिद्ध चैत्य हाल और नासिक की गुहा नं. 3 बने। कन्हेरी का हाल कार्ली की ही भाँति बना जिसके सामने की दीवार पर घंटाघर पर सिंहशीर्ष अशोकीय-पर्सिपोलिसी स्तम्भों के बीच, चैत्य निर्माता दम्पतियों की आकृतियाँ आदमकद उभारी गई हैं। उनके ऊपर बुद्ध की मूर्तियाँ हैं जो बाद की हैं। भीतरी छत लकड़ी की ही धन्नियों से पटी थी जिसके कुछ अंश अब भी बचे हैं। यह कन्हेरी की चैत्यशाला सम्भवतः दूसरी सदी ई. की है। नासिक गौतमी पुत्र गुहा चैत्य नं. 3 नहपान विहार की ही भाँति बना है जिसके वर्गाकार हाल में तीन ओर भिक्षुकक्ष बने हैं और सामने एक बरामदा है। वह दूसरी सदी ई. के मध्य का है। उसी सदी का बना श्रीयज्ञ की गुहा नं. 15 है जिसका कोई विशेष महत्त्व नहीं। चैतन्य-विहार की निर्माण-परम्परा बाद तक चलती रही।

मिट्टी की काफी मूर्तियाँ कुषाण काल में मिली हैं। कुछ मूर्तियाँ हाथ से बनाई जाती थीं और कुछ साँचे में ढाली जाती थीं। इन मूर्तियों में काफी संख्या नारी मूर्तियों की है जिनके

चेहरे प्रसन्न और असाधारण सजीवता है। वादक और गायक अनेक प्रकार के वाद्य-यन्त्र लिए दिखाए गए हैं। भारतीय मिट्टी की कला में यह अभिप्राय सर्वप्रथम कुषाण काल में ही देखने को मिलता है। इस काल की घुड़सवारों की मूर्तियाँ मिली हैं जिनका रूपायन पहली बार इसी समय हुआ। इसके अलावा साँड, कुत्ते, मगर और अनेक पक्षियों की मूर्तियाँ साँचे में ढाली जाती थीं जो उनके उपयोग की प्रचुरता को सिद्ध करती हैं।

निष्कर्ष के रूप में हम कह सकते हैं कि कुषाण काल की कला ने भारतीय इतिहास का एक साधारण प्रकरण समाप्त किया जिसमें संसार की विविध जातियों ने अपने-अपने अध्याय लिखे और जिसकी कला में उन्होंने अपनी-अपनी आकृतियाँ उकेरीं। विदेशी शीघ्र यहाँ की संस्कृति स्वीकार कर यहाँ के माहौल में घुल-मिल गए, पर उनकी कला अपना विस्तार करती गई। स्वयं गान्धार कला का जिसका आरम्भ ग्रीकों ने किया था वह और जिसको कुषाणों ने संज्ञा दी थी, सम्वर्धन किया था—वह, उनके साथ ही विलीन न हो सकी। गुप्त राजाओं के शासन काल में भी यह कला उन्नति करती रही; उसके आदर्श तो इस नए युग में ही प्रस्तुत हुए।

18.7 गुप्तकाल

कुषाणों के पश्चात् उत्तर भारत के ऐतिहासिक रंगमंच पर गुप्तों का आगमन होता है जिनके काल में कला को एक नई राष्ट्रीय दिशा और सार्वभौमिक समृद्धि मिली। इसका मुख्य कारण यह था कि इन शासकों में असाधारण सहिष्णुता थी। वैष्णव-शैव धर्मों के समर्थक होने के साथ-साथ बौद्ध एवं जैन धर्मों के भी ये लोग पक्षधर रहे। ऐसी सहिष्णुता पूर्व के कालों में हमें देखने को नहीं मिलती है। इस काल की कला शुंग और कुषाण से अलग हटकर प्रतिष्ठित मानदंडों के आधार पर विकसित हुई। गौतम बुद्ध की समाधिस्थ मूर्तियों के उलट अँगूठों में कठोरता के बदले अब कोमलता पाई गई। नारी और पुरुष ने इस केश-कला को धारण किया। पुरुषों के बाल अब कन्धों तक लटकने लगे। बुद्ध की मूर्तियाँ अब सजाई जाने लगीं।

इस काल में पाए गए बौद्ध-विहारों में हमें गान्धार शैली की महक मिलती है। इस काल के स्तूपों, चैत्यों और विहारों के मिले अवशेषों के अध्ययन से पता चलता है कि भिक्षुओं का जीवन काफी आरामदायक हो गया था। ईंटों की बनी इमारतों को बड़े पैमाने पर हम पाते हैं। इस काल की अजन्ता की गुहा नं. 19 में स्तूप का खंड, हर्मिका और छत्रावली उठाए गोलाकार खड़ा है। उसके आगे का भाग मेहराबों से सुसज्जित हैं जिनमें स्तम्भों के बीच बुद्ध की मूर्तियाँ बैठी या खडी हैं। विदिसा के पास के उदयगिरि का गुहा मन्दिर भी इसी काल का है जिसमें चन्द्रगुप्त विक्रमादित्य की मालव विजय का उल्लेख है। पृथ्वी को उबारते वराह विष्णु की मूर्ति दीवार पर उभारी गई है। गान्धार के आस-पास गुप्तकालीन अनेक विहारों की जानकारी मिलती है जिनमें भिक्षुओं के छोटे आवास बने होते थे। ईंट और पत्थर से निर्मित ये विहार आठ मंजिलों तक होते थे। खम्भों पर देवताओं की मूर्तियाँ बनी होती थीं और छत्रियों में कई रंगों का प्रयोग किया जाता था।

गुप्तकाल में नागर शैली में निर्मित हिन्दू मन्दिरों का निर्माण साधारण पैमाने पर शुरू हुआ। देवगढ़ (ललितपुर) झाँसी के पास गुप्तकाल के बचे हुए मन्दिर रत्नों में से है, जिसका विस्मयकारी अलंकरण मन को मोह लेता है। गुप्त वास्तु के मूर्धन्य अभिजात शिल्प का यह उदाहरण है। नचना के मंडल के अन्तरतम घेरे में मन्दिर खड़ा था। किसी समय इसका

पिरामिडनुमा शिखर लगभग 40 फुट ऊँचा था। सुन्दर गर्भ-गृह पहले चार मंडपों से घिरा था जिसमें एक से होकर गर्भगृह को रास्ता जाता था, शेष उन दीवारों की रक्षा करते थे, जिन पर अत्यन्त अभिराम और पौराणिक देवताओं अथवा कथाओं के चित्र कटे थे। कलाओं के दृश्य दीवारों में गहरे धँसा दिए गए हैं और दोनों ओर सुन्दर स्तम्भ खड़े हैं। दोनों ओर की और ऊपर की भूमि 'स्क्राल' भर दी गई है। सारनाथ के स्तूप की ही तरह इसके द्वारों आदि पर भी कमलनालों के स्क्राल कटे हैं। चौखटों के अलंकरण दीवारों के उत्कीर्णनों की भाँति हृदयग्राही हैं। आकृतियों का सुडौलपन और नखनिश ऐसा है जैसे अब तक की मूर्तियों में सिवाय अमरावती की पट्टिकाओं की मूर्तियों के कहीं उपलब्ध नहीं। इस मन्दिर की कला पर सर्वत्र रामायण के दृश्य कटे हुए हैं। उनकी अनन्तधा परिणति जातक के वास्तु में हुई। देवगढ़ का मन्दिर दशावतार का है और पाँचवीं सदी का बना है। इसी मन्दिर के पीछे के मन्दिरों के दृश्य-मूर्तियों से सजे चौखटों का आरम्भ होता है। स्तम्भों की बनावट चौपहली, आठ-पहली और सोलहपहली है और सर्वत्र बड़ी सुरुचि के कटे दृश्यों की भरमार है। भिक्षुओं के परिवार यत्र-तत्र लक्षित हैं और द्वार स्तम्भों पर शेषशायी विष्णु की सजीव काया उकेरी गई है। दोनों ओर गंगा और यमुना जिनका प्रादुर्भाव कुषाण काल में ही हो चुका था, खड़ी हैं। अन्य द्वारपालों का भी द्वारस्तम्भों पर उत्कीर्णन हुआ है। द्वारपालों और गंगा-यमुना के अंकन के अभिप्राय दीर्घ काल तक भारतीय मन्दिरों के द्वार उत्खचकों में बने रहे। यह मन्दिर पत्थर का था।

आधुनिक कानपुर जिले में स्थित भीतरगाँव में निर्मित विष्णुमन्दिर में जिन ईंटों का प्रयोग किया गया है उनमें सर्वप्रथम इसी समय की हम नक्काशी पाते हैं। ईंटों की दर्शनीय जालियाँ बनी हैं। मध्य प्रदेश में स्थित भूमरा में एक शिव-मन्दिर मिला है जिसका सबसे आश्चर्यजनक हिस्सा वह आयताकार ऊँचा लाल पत्थर का पट्ट है जिस पर लिलि स्क्राल (लहरिया कमलनाल) मनहर कटा है और उसके मोटे दंड को पकड़े वामन अथवा गण अपने गुप्तकालीन केशसज्जा से सजे अंग में खड़े हैं। उसकी शारीरिक आकृति काफी आकर्षक है। गुप्त शिल्प की यह पट्टिका शालीन गौरव है। ऐसा भारतीय कला में हमें कहीं नहीं दीखता।

गुप्तकाल के राजप्रासादों में अनेक मंजिलें होती थीं। राजभवन में आँगन, सभागृह, न्यायालय, कारागार, बरामदा और खुली छत होती थी। राजमहल के भीतर के भाग में अन्तःशाला थी जिसमें शयनागार होते थे। बाहर के भाग में अग्निगृह, सभागृह, न्यायगृह, कारागृह, आँगन आदि होता था। राजमहल बाग-बगीचों से घिरा रहता था। एक भाग में पक्षियों का घोंसला था तो दूसरे भाग में पशुओं का बाड़ा। गर्मी के दिनों में एक ऐसा मकान राजा के लिए होता था जो चारों तरफ से जल से घिरा रहता था। भवन पर पलस्तर किया जाता था और चूने का प्रयोग होता था। फर्श संगमरमर और स्फटिक के बनते थे। प्रासादों के स्नानागारों में मशीन से चलनेवाली जलधारा का भी प्रयोग था।

सड़क का किनारा कुआँ, तालाब और उद्यानों से सजाया जाता था। राजा का उद्यान काफी आकर्षक होता था जिसमें फव्वारों के जल की व्यवस्था थी।

स्तम्भों का निर्माण गुप्तकाल में भी जारी रहा यद्यपि उनकी उपलब्धि संख्या कुछ विशेष नहीं है। इनके बनवाए स्तम्भों में एक लोहे का है जो पूरे देश में मात्र एक है। इसमें आज तक जंग नहीं लगा। स्कन्दगुप्त के दो स्तम्भ—कहाँव (गोरखपुर जिला) और सैदपुर भीतरी गाँव (गाजीपुर जिला) में मिले हैं जिन पर ललितशैली में प्रशस्ति लिखी हुई है। गुप्तकालीन स्तम्भों

की एक विशिष्ट बात यह है कि इसके माध्यम से उन्होंने साहित्य को विकसित किया।

इस काल में पत्थर, धातु एवं मिट्टी की मूर्तियाँ बनीं। इन मूर्तियों का विशेष महत्त्व हम मथुरा, सारनाथ, सुल्तानगंज आदि स्थानों में देख सकते हैं। मूर्तियों के निर्माण में ग्रीक शैली को भी स्थान मिला। न केवल बुद्ध एवं जैन बल्कि ब्राह्मण मूर्तियों का भी निर्माण इस काल में किया गया। यक्षों और साँपों की मूर्तियाँ देवता के रूप में बड़े पैमाने पर बनीं। पौराणिक देवताओं की मूर्तियाँ बनाई गईं। उमा-महेश्वर आदि मूर्तियाँ भी इसी काल में बनीं। गंगा की मूर्ति प्रायः त्रिभंग में दाहिना पैर मकर की पीठ पर और बायाँ मोड़कर उसके मस्तक पर रखे आम के पेड़ की शाखा के नीचे खड़ी है जिसमें तीन-तीन आमों के चार गुच्छे उकरे हुए हैं। इसे आभूषणों से लाद दिया गया है। गंगा की इस मूर्ति के दोनों ओर दो व्यक्ति हैं जिनमें से एक मकर के मुँह को पकड़े मार रहा है। जोधपुर के भंडोर से प्राप्त तोरण-स्तम्भों पर कृष्णलीला के दृश्य खुदे हैं। इनमें से एक मूर्ति मयूर पर बैठे कार्तिकेय की है। मोर चढ़े कार्तिकेय का चित्र इस काल में इतना लोकप्रिय था कि बोधिसत्वों की बाँहें अक्सर नाचते मयूर पर चढ़े कार्तिकेय के रूप में लांछित दिखाया गया है। सप्त माटकाओं का कलागत विकास गुप्तकाल में हुआ। इसका विकास कुषाण काल में ही हो चुका था। प्रभामंडल देवताओं के मस्तक के पीछे अनिवार्य रूप में गुप्तकाल में दिखाया गया है।

इस काल में मन्दिरों, सार्वजनिक निवासों एवं मठ विहारों को मूर्तियों से सजाया गया है। इन मूर्तियों के कुन्तल केशों की बनावट के विशेष लक्षण से ही गुप्तकाल का होने के रूप में पहचाना जा सकता है। इनमें से एक शिव का त्रिनेत्रधारे पार्वती का असाधारण मत्य मस्तक है। आहिछत्र में 8-9 फुट गहरे विशाल मूर्तियाँ पकाने के लिए आवे मिले हैं। मूर्तियों को रँगकर आवों में डाल दिया जाता था। खिलौनों में हाथी, घोड़े, मगर, सिंह, मानव, पक्षी आदि की मिट्टी से बनी मूर्तियाँ मिली हैं।

मृण्मूर्तियाँ गीली मिट्टी में ढालकर आवों में पकाई जाती थीं। कुछ घिसकर चिकनी कर ली जाती थीं, कुछ पर लेप चढ़ा दिया जाता और कुछ रंग दी जाती थीं। बर्तन-भाँडों का भी निर्माण बहुत कुछ रंगादि के ही पचाने के सम्बन्ध में इसी प्रकार होता था, यद्यपि उन्हें चक्के से उतारा जाता था। उनकी भी विविध किस्में मिली हैं जिनसे गुप्तकाल में उपर्युक्त उनके आकार-प्रकार पर प्रकाश पड़ता है। कूँड़े, बड़े-बड़े कलशे, तश्तरियाँ, कटोरियाँ, सुराहियाँ, दीपक आदि इतने सुन्दर मिले हैं कि उनको देखते ही बनता है। सुराहियों आदि के हाथों पर अक्सर इस काल में गंगा की मूर्ति बनी मिलती है और टोंटियाँ हाथी की सूँड, सूअर के थूथन, गाय आदि के मुखों के आकार की हैं। प्रायः सारी भाँड सम्पदा चक्के पर बनी और आँवे पर पकाई मिलती है। अनेक पर चमकते बालू या माइका के टुकड़ों का प्रयोग हुआ है। इनकी मिट्टी साधारण नदी या जलाशय की हैं। मौर्यकालीन पालिश के बर्तन तो अब नहीं रहे, न शुंगकालीन भूरी मिट्टी के ही रहे पर गुप्तकाल ने अपनी मिट्टी को लाल भूरी देकर सुन्दर बनाया। फिर उन्हें चिकनाकर उन पर अनेक ज्यामितिक आकृतियाँ बनाईं या ठप्पे तैयार कर उन पर विभिन्न रंगों में पशु-पक्षियों की असंख्य डिजाइनें छपी हैं। डिजाइनदार ईंटों, विभिन्न मूर्तियों, मुहरों आदि के साँचों का अध्ययन स्वयं एक नई दिशा की ओर संकेत करता है।

इस काल में सिक्कों की ढलाई की जाती थी और उन पर प्रतीक के रूप में अनेक प्रकार के राजनीतिक, सामाजिक, आर्थिक, धार्मिक एवं सांस्कृतिक चिह्नों का प्रयोग होता था।

कला के क्षेत्र में गुप्तों की महत्त्वपूर्ण देन चित्रकला है। चित्रों के माध्यम से नाट्यशास्त्र

से सम्बन्धित अनेक भाव मुद्राओं को चित्रित किया गया है। कामशास्त्र की 64 कलाओं को चित्र द्वारा दर्शाया गया। मन्दिरों में अनेक प्रकार के देवताओं, शासकों, जानवरों और पक्षियों की मूर्तियाँ बनीं जिन्हें अजन्ता की अनेक गुफाओं बादामी, काँची और मैलापुरम् में आज भी देखा जा सकता है।

इन चित्रों के रेखांकन के पूर्व दीवारों की भूमि तैयार कर ली जाती थी अर्थात् दीवारों को घिसकर चिकना कर लिया जाता था। इसके पश्चात् उस पर पलस्तर, चूर्ण, मिट्टी और गोबर मिलाकर तथा सिरे द्वारा उनका एक तार-लेप बनाकर उससे दीवार लीप दी जाती थी। कुछ देर के बाद यह लेप पलस्तर की तरह उस भूमि पर चढ़कर जम जाता था। बाद में चूने के पानी से पलस्तर को गीला रखते ही औजार से धो देते थे। अब शुरू होता था खाका बनाने का काम। चित्रों की सीमाएँ गेरू से खींच दी जाती थी। चित्रकार आकृतियों का रेखांकन करते थे। इसके पश्चात् शेष कलाकारों द्वारा रंग भरने का काम किया जाता था। चित्र को अन्तिम रूप प्रदान करने का काम प्रधान या गुरु चित्रकार करता था। कहते हैं अजन्ता के चित्रों में प्रयोग किए गए रंग स्थानीय पहाड़ियों से बिल्कुल मिल जाते हैं। चित्रों को गेरुए, लाल, हरा, नीला, काला आदि रंगों से रँगा जाता था। कुछ चित्रकारियाँ कपड़ों पर की जाती थीं। चित्रकारी में ब्रशों का प्रयोग होता था। महीन नोकवाली पेंसिल से सीमा रेखा तैयार की जाती थी। कलाकारों के बैठने के लिए कुछ विशेष प्रकार के टेबल होते थे। चित्रकला का विकास सामाजिक जीवन से जुड़ा रहा। स्वर्णकारों द्वारा अनेक प्रकार के आभूषण बनाए जाते थे। इस तरह गुप्तकाल में हुए सांस्कृतिक विकास में सबसे ज्यादा महत्त्व हम कला को दे सकते हैं। इस काल की कलाकृति न तो शुंगकाल की तरह चिपटी रही और न कुषाण काल की तरह गोल बल्कि जैसा कि भगवतशरण उपाध्याय (*भारतीय कला का इतिहास,* पृ. 96) का मत है कि गुप्तकालीन कला गान्धार शैली की आकृतियों की तरह प्रकृत अंडाकार हो गई। अब कलाकार इन्हें कला के प्रतिष्ठित मानदंडों एवं सौन्दर्य मान से नहीं बल्कि सीधे प्रवाहित जीवन से लेने लगे। वात्स्यायन के कामसूत्रों के विधान से सँवरा नागरिक अभिराम नागर बना। बुद्ध के परिधान की चुन्नटें अलंकरण बन गईं, काया उसके भीतर से पिघली धातु के साँचा ढली सी झलकने लगी। जीवन के अंगारों से भी कला कौतुक और निखार लिए विहँसी।

अध्याय 19

आर्थिक इतिहास लेखन

प्रारम्भ में प्राचीन भारतीय इतिहास का सामान्य अर्थ सांस्कृतिक, दार्शनिक एवं राजनीतिक इतिहास था। भारतीय इतिहास का अध्ययन आर्थिक दशा के आधार पर भी करने को पाश्चात्य विद्वानों ने प्रोत्साहित किया। 19वीं सदी के मध्य में क्रिश्चियन लासेन ने जब अपनी पुस्तक *इंडिशे* आल्टेयर *टुम्सकुंडे* में उद्योग एवं वाणिज्य के प्रमुख आर्थिक पहलुओं पर प्रकाश डाला तो आर्थिक इतिहास के अध्ययन की आवश्यकता महसूस की गई। चार खंडों में प्रकाशित इस पुस्तक में आर्थिक स्थिति पर सन्तोषजनक प्रकाश नहीं डाला गया। इस पुस्तक में विजयनगर साम्राज्य के पतन तक के इतिहास पर राजनीतिक, सामाजिक एवं धार्मिक दृष्टिकोण से प्रकाश डाला गया। इसके पश्चात् फिक की पुस्तक (अंग्रेजी अनुवाद, एस.के. मित्रा, *दि सोशल आर्गनीजेशन इन नार्थ ईस्ट इंडियन इन बुद्धाज टाईम,* कलकत्ता, 1920) में हम पाते हैं जिसमें छठी शताब्दी ई.पू. के आसपास के काल में उत्तर-पूर्वी भारत की आर्थिक स्थिति पर प्रकाश लगभग 80 पृष्ठों में डाला गया है। फिक की पुस्तक का मुख्य आधार *जातक* है। *जातक* (बौद्ध ग्रन्थ) के आधार पर श्रीमती, राइस डेविड्स ने अपनी पुस्तक *नोट्स ऑन अर्ली इकोनॉमिक कडिशंस इन नॉर्थ इंडिया* (जर्नल ऑफ रायल एसियाटिक सोसायटी 1901 में छठी शताब्दी ई. पू. के आर्थिक जीवन पर प्रकाश डाला है। उपुर्यक्त तीनों विद्वानों ने (लासेन, फिक एवं डेविड्स) इस काल के आर्थिक जीवन पर जो भी प्रकाश डाला है उसे सन्तोषप्रद कहना मुश्किल है।

अंग्रेजी प्रशासन से प्रभावित विद्वान भी कुछ कहने से बाज नहीं आए। 1817 में जेम्स मिल ने अपनी पुस्तक *हिस्ट्री ऑफ ब्रिटिश इंडिया* (लन्दन 1817) में बताया कि शुरू से आज तक भारतीय समाज में कोई परिवर्तन हुआ ही नहीं। जेम्स मिल की बातों से प्रभावित होते हुए एलफिस्टन ने अपरिवर्तनशील ग्राम समुदायों के बारे में बढ़ा-चढ़ाकर लिख दिया। लुई डूमों ने अपने लेख 'द विलेज कम्यूनिटी फ्राम मुनरो टु मेन' (*कांट्रिब्यूशंस टु इंडियन सोशियोलॉजी* अंक 1, पेरिस-दिल्ली, दिसम्बर, 1966, पृ. 67-89) और एस.ए. मुखर्जी ने 'द आइडिया ऑफ विलेज कम्यूनिटी एंड द ब्रिटिश एडमिनिस्ट्रेटर्स', (*एंक्वायरी,* न्यू सीरीज, III, अंक 3, 1971, पृ. 55-67) अपने लेख में बताया कि ब्रिटिश साम्राज्यिक प्रशासन कानून द्वारा भारतीय आर्थिक व्यवस्था में परिवर्तन लाया जा सकता था। उपर्युक्त विद्वानों के विचारों ने मार्क्स को भी भारतीय आर्थिक व्यवस्था एवं उसमें परिवर्तन के लिए अपना विचार देने को बाध्य किया। एशियाई उत्पादन विद्या के पुनर्निर्माण के लिए मार्क्स का विचार आत्मनिर्भर ग्रामीण व्यवस्था की प्रभुता निजी रूप से भूस्वामित्व की अनुपस्थिति तथा ग्राम समुदायों की

राज्य के प्रति पूर्ण अधीनता जैसी विशेषताओं से प्रभावित थी (डेनियल थार्नर, 'मार्क्स ऑन इंडिया एंट द एशियाटक मोड ऑफ प्रोडक्शन', *कांट्रिब्यूशंस टु इंडियन सोशियोलॉजी,* अंक 1 दिसम्बर, 1966, पृ. 33-66)।

विसेंट आर्थर स्मिथ ने अपनी पुस्तक *अर्ली हिस्ट्री ऑफ इंडिया,* (ऑक्सफोर्ड, 1908) में बताया कि प्राचीन काल में भूमि पर राजा का स्वामित्व होता था। अंग्रेजों के औपनिवेशिक हितों के पक्ष में स्मिथ का यह विचार था जिसका समर्थन अन्य अंग्रेज इतिहासकारों ने भी किया। इस समय ये अंग्रेज विद्वान भारतीय कृषि व्यवस्था में परिवर्तनों का श्रीगणेश के लिए सैद्धान्तिक आधार बनाना चाहते थे जिसकी जानकारी ई. डब्ल्यू. हापकिंग की पुस्तक *'इंडिया ओल्ड एंड न्यू,* (न्यूयार्क, 1901, पृ. 206-29) में भी होती है।

भारत एवं रोम से प्राचीन काल में व्यापारिक सम्बन्ध के आधार पर अंग्रेज विद्वानों ने भारत में ग्रीक शासन पर विशेष ध्यान दिया। इन्होंने भारत में मिले रोमन सिक्कों का ऐतिहासिक अध्ययन किया और यूरोप से भारत के साथ व्यापार उन्हें विशेष रूप से रुचिकर लगा। एच.जी. रालिंसन ने अपनी पुस्तक *इंटरकोर्स बिटविन इंडिया एंड द वेस्टर्न वर्ल्ड* (1916) में प्राचीनतम काल से रोम के पतन तक भारत और ग्रीस-रोमन साम्राज्य के व्यापारिक सम्बन्धों पर प्रकाश डाला। ई.एच. वार्मिंगटन ने भी 1928 में ग्रीक एवं लैटिन स्रोतों के आधार पर भारत-रोम व्यापार पर विशेष अध्ययन प्रस्तुत किया। 1928 में कैम्ब्रिज से छपी उनकी पुस्तक *कामर्स बिटविन इंडिया एंड द रोमन एम्पायर* में मानसून की खोज (48 ई.) की महत्ता पर विशेष बल दिया गया और आयात-निर्यात वस्तुओं की गणना भी की गई है। भारत के साथ प्राचीन काल में हो रहे रोम के साथ व्यापार का अध्ययन 1951 में चार्ल्सवर्थ (रोमन ट्रेड विद इंडिया : *द रिसर्वे, स्टडीज इन रोमन इकोनॉमिक एंड सोशल हिस्ट्री इन ऑनर ऑफ ऐलेन चेस्टर जानसन प्रिंटन* यूनिवर्सिटी प्रेस, लन्दन 1951) ने भी किया। 1954 में पेलिकन से *रोम वियांड इम्पीरियल फ्रांटियर्ज* नामक पुस्तक मार्टिमर व्हीलर ने प्रकाशित कराया जिसमें खुदाई से प्राप्त सामग्री के आधार पर भारत-रोम व्यापार के बारे में बताया गया है। उपर्युक्त ग्रन्थों से इन विद्वानों ने आधुनिक काल में यूरोपीय राष्ट्रों की वाणिज्यिक गतिविधियों को सही बताने का प्रयास किया। 1953 में पटना (बिहार राष्ट्रभाषा परिषद) से प्रकाशित मोतीचन्द्र कृत *सार्थवाह* नामक पुस्तक में भारतीय स्रोतों के आधार पर प्राचीन व्यापारिक गतिविधियों का वर्णन किया गया है। वैश्यों, सेट्ठियों एवं गृहपतियों जैसे व्यापारिक समुदायों, शहरों, यातायात के साधन, भारतीय बहुमूल्य वस्तुओं, आदि की भूमिका पर इस पुस्तक में प्रकाश डाला गया है। 1966 में जी.एल. अढ्या द्वारा बम्बई से प्रकाशित पुस्तक *अर्ली इंडियन इकोनॉमिक्स* के अध्ययन से पता चलता है कि यह पुस्तक भी अंग्रेजी प्रभाव से दबी है। आढ्या महोदय ने इसमें बताया है कि भारत-रोम व्यापार अधिकांशतः विदेशियों द्वारा किया जाता था जो जल एवं थल मार्गों से भारत में आते थे और एकत्रित वस्तुओं को विदेशी ग्राहकों को बेच देते थे। भारतीय व्यापारियों द्वारा भाग लेने पर आढ्या महोदय ने सन्तोषप्रद प्रकाश डालने की आवश्यकता नहीं महसूस की है। भारतीय व्यापारियों को वे सामान्य रूप से निरूपमी बताते हैं। दक्षिण-पूर्व एशिया और भारत के वाणिज्यक सम्बन्धों को उन्होंने नजरन्दाज कर दिया है। एच.पी. चक्रवर्ती द्वारा लिखित पुस्तक *'ट्रेड एंड कामर्स ऑफ एशेंट इंडिया* (ई.पू. 200-650 ई. तक) कलकत्ता, 1966 तथा बलराम श्रीवास्तव द्वारा रचित पुस्तक *ट्रेड एंड कॉमर्स इन एशेंट टाइम्स* (फ्रॉम अर्लीएस्ट टाइम्स टु 300 ए.डी.), वाराणसी 1968

के अध्ययन से लगता है कि इन दोनों पुस्तकों में ज्ञात सामग्री को केवल एकत्रित कर दिया गया है और कोई विश्लेषणात्मक ढाँचा प्रस्तुत नहीं किया जा सका है।

राष्ट्रीयता के आन्दोलन से प्रभावित होनेवाले कुछ विद्वानों ने अंग्रेज इतिहासकारों द्वारा प्रस्तुत ऐतिहासिक आदर्शों को चुनौती दी। इस भावना की छाप हमें दादाभाई नौरोजी और आर.सी. दत्त की पुस्तकों में देखने को मिलती है। एन.एस. सुब्बाराव की पुस्तक *इकोनॉमिक एंड पॉलिटिकल कंडीशंस इन एशेंट इंडिया* (मैसूर 1911) और सी.पी.पी. ऐयर द्वारा लिखित *टाउन प्लैनिंग इन दि एशेंट डेकन* (मद्रास 1911) में प्राचीन भारत की आर्थिक दशा को भारत की नजर से देखने का सफलतापूर्वक प्रयास किया गया। 1912 में ऑक्सफोर्ड से छपी आर. के. मुखर्जी की पुस्तक *इंडियन शिपिंग एंड मैरिटाइम ऐक्टिविटी* में ब्रिटिश इतिहासकारों के विचारों का कड़ा विरोध किया गया। रॉलिंसन और वार्मिंग्टन के विचारों को मुखर्जी महोदय ने प्राप्त सामग्री के आधार पर ठोस ढंग से काटा। इस विद्वान ने इस बात को सफलतापूर्वक बताया कि प्राचीन भारतीयों ने सामुद्रिक गतिविधियों के विकास के लिए प्रकृति द्वारा प्रस्तुत अवसरों का पूर्ण रूप से उपयोग किया और अन्य एशियाई देशों में अपने उपनिवेश स्थापित किए। के.पी. जायसवाल सम्भवतः प्रथम इतिहासकार हैं जिन्होंने साम्राज्यवादी लेखकों का इतने बड़े पैमाने पर अपने लेखन माध्यम से विरोध किया कि इन्हें 1912-13 में बंगाल सरकार द्वारा कलकत्ता विश्वविद्यालय के स्नानकोत्तर अध्यापन विभाग के पद से त्यागपत्र देने पर बाध्य किया गया। 1924 में छपी इनकी पुस्तक *हिन्दू पॉलिटी* में उनके साम्राज्यवादी विचार को देखा जा सकता है। स्मिथ के प्राचीन भारतीय भूस्वामित्व सम्बन्धी दृष्टिकोण को जायसवाल ने कहा और बड़े जमींदारों की जमीनों पर अंग्रेजी प्रभुत्व का विरोध किया। उनका कहना था कि प्राचीन भारत में भूमि का निजी स्वामित्व प्रचलित था।

अपनी पुस्तक *कॉर्पोरेट लाइफ इन एशेंट इंडिया* (कलकत्ता, 1918) में आर.सी. मजूमदार का कहना था कि प्राचीन भारत में निश्चित ही जनता का ध्यान मात्र धर्म तक सीमित नहीं था। यह कहकर मजूमदार ने प्रमाणित किया कि अंग्रेजों का यह मत गलत था कि प्राचीन काल में भारत ने सम्पूर्ण शक्ति आध्यात्मिक विवेचनों में लगा दी थी। यद्यपि भारत की पारलौकिकता की अवधारणा मैक्सम्यूलर से पहले भी लोकप्रिय थी और ब्रिटिश शासन वर्ग के हितों के अनुकूल थी, फिर भी उसकी सर्वोत्तम अभिव्यक्ति मैक्सम्यूलर (*ए हिस्ट्री ऑफ संस्कृत लिटरेचर,* (लन्दन 1859, पृ. 3) द्वारा की गई थी। यह उचित ही कहा गया है कि इतिहास लेखन में भारत की पारलौकिकता की स्थिर धारणा ने भी इस देश के आर्थिक पिछड़ेपन पर हो रहे हाल के वाद-विवाद को पर्याप्त रूप से प्रभावित किया है (रोमिला थापर, *द पास्ट एंड प्रेजुडिस,* सरदार पटेल मेमोरियल लेक्चर्ज 1912, मिमियोग्रैक्ड पृ. 18)। उदाहरणार्थ, विकास मिश्र, *हिन्दूइज्म एंड इकोनॉमिक ग्रोथ'* (ऑक्सफोर्ड यूनिवर्सिटी प्रेस, 1962) विलियम कैप, *हिन्दू कल्चर, इकोनॉमिक डेवलपमेंट एंड इकोनॉमिक लैनिंग इन इंडिया* (एशिया पब्लिशिंग हाउस, न्यूयार्क, 1963) थामस डब्ल्यू. सी, जूनियर, *"दि इकोनॉमिक डेवलपमेंट इन ट्रेडीशनल सोसायटीज,"* मालावार, ए केस स्टडी, *जर्नल ऑफ इकोनॉमिक हिस्ट्री* XIX (1954), पृ. 504-22; गुन्नार मिर्डल, *एशियन ड्रामा एंड एंक्वायरी इनटु दि पावर्टी ऑफ नेशंस,* 3 खंड (दि पेंगुइन प्रेस 1968); ए. मेडिशन, *क्लास स्ट्रक्चर एंड इकोनॉमिक ग्रोथ इन इंडिया एंड पाकिस्तान सिंस मुगल्स* (जार्ज ऐलन एंड अन्विन, लन्दन, 1971)। मजूमदार ने श्रेणियों के रूप में संघटित आर्थिक गतिविधियों की महत्ता को प्रदर्शित करने की चेष्टा की

और श्रीमती राइस डेविड्स की आलोचना की जिन्हें जातक साहित्य में श्रेणी जैसे किसी भी संघटित संगठन का कोई भी उदाहरण नहीं मिला था। संगठित संगठन पर आर.के. मुखर्जी ने अपनी पुस्तक *लोकल गवर्नमेंट इन एंशेंट इंडिया* (ऑक्सफोर्ड, 1920) में सन्तोषप्रद प्रकाश डाला है। इस पुस्तक के योग्य तथ्यों को प्रभावित करने के लिए मुखर्जी महोदय ने दक्षिण भारतीय अभिलेखों की मदद ली है। प्राचीन भारतीय आर्थिक संस्थानों एवं प्रथाओं का विस्तृत सर्वेक्षण जे.एन. समद्दार (*इकोनॉमिक कंडिशंस ऑफ एंशेंट इंडिया,* (कलकत्ता, 1922); एम.ए. वख, *इकोनॉमिक लाइफ इन एशेंट इंडिया,* (बड़ौदा) और एस. के दास *इकोनॉमिक हिस्ट्री ऑफ एशेंट इंडिया,* (कलकत्ता, 1929) ने किया है। उपर्युक्त तीनों विद्वानों के समान अपनी पुस्तक *ए स्टडी इन द इकोनॉमिक कंडीशंस ऑफ एंशेंट इंडिया* (लन्दन, 1929) में प्राणनाथ ने प्राचीन भारतीय आर्थिक संस्थानों एवं प्रथाओं का सर्वेक्षण किया है। अपनी पुस्तक में एम.ए. वख ने सम्पत्ति का अधिकार, सिक्का, मूल्य, व्यापार, शहर, यातायात, सार्वजनिक वित्त आदि पर विचार किया है। वैसे, आर्थिक विकास के विभिन्न चरणों के विकास पर सन्तोषप्रद सामग्री हमें इस पुस्तक में नहीं मिलती है। अपनी पुस्तक *इकोनॉमिक लाइफ एंड प्रोग्रेस इन एंशेंट इंडिया, खंड 1,* (कलकत्ता, 1925) में एन.सी. बन्द्योपाध्याय ने भूमि व्यवस्था, कृषि, उद्योग एवं व्यापार के सम्बन्ध में बताते हुए आर्थिक विकास के कई चरणों का उल्लेख किया है। सामाजिक परिवर्तन का मुख्य आधार उन्होंने अर्थ या धन माना है। वख एवं बन्द्योपाध्याय प्रत्यक्ष या अप्रत्यक्ष रूप से राष्ट्रीय भावना से प्रभावित थे। इनकी पुस्तक से ऐसा लगता है कि इन लोगों ने भारतीय अर्थव्यवस्था का अध्ययन भारतीय वातावरण से प्रभावित होकर किया है। अंग्रेज विद्वानों के विपरीत इन विद्वानों ने यह तर्क दिया कि प्राचीन भारतीयों को भी भौतिक जीवन की समस्याओं में रुचि थी। उस समय बैंकिंग साझेदारी जैसी आधुनिक प्रथाएँ प्रचलित थीं। प्राचीन काल की आर्थिक दशाओं को अच्छा बताते हुए अप्रत्यक्ष रूप से यह बात भी इन विद्वानों ने बताने में सफलता पाई कि आधुनिक काल की आर्थिक स्थिति प्राचीन काल की तुलना में असन्तोषप्रद थी।

कुछ वैसे विद्वानों के बारे में भी हमें जानकारी मिलती है जिन्होंने अंग्रेजों द्वारा एकत्रित ऐतिहासिक सामग्री के आधार पर उनके भारत-विरोधी विचारों को काटा। जेम्स प्रिंसेप ने 1837 में ब्राह्मी लिपि का अध्ययन किया ताकि भारतीय प्राचीन स्रोत के आधार पर आर्थिक शासन का नवीन रास्ता ढूँढ़ सकें। इसके पश्चात अन्य भारतीय विद्वानों को भी इस लिपि का अध्ययन करने का सुअवसर मिला। एलेक्जेंडर कनिंघम को 1861 में पुरातात्त्विक सर्वेक्षण नियुक्त किया गया। पुरातात्त्विक सर्वेक्षण से सरकारी एवं गैरसरकारी खोज को प्रोत्साहन मिला। डी.सी. सरकार की पुस्तक *इंडियन एपिग्राफी* (दिल्ली, 1965) के अध्ययन से पता चलता है कि इस समय (1965) तक काफी अभिलेखीय सामग्री प्राप्त हो चुकी थी। 1905 में आर. सामाशास्त्री ने कौटिल्य के *अर्थशास्त्र* का अध्ययन किया। 1910 से 1930 के बीच *अर्थशास्त्र* पर अनेक महत्त्वपूर्ण लेख अनेक विद्वानों द्वारा प्रकाशित किया गया। कौटिल्य के *अर्थशास्त्र* ने प्राचीन आर्थिक गतिविधियों को इतने अच्छे ढंग से चित्रित किया कि अब प्राचीन आर्थिक जीवन के पक्ष में अनेक ग्रन्थों एवं लेखों का प्रकाशन हुआ। इससे साम्राज्यवादी विचारधारा को ठोकर मारने और राष्ट्रीयता की भावना जागृत करने में इतिहासकारों को काफी सफलता मिली। रामशरण शर्मा की पुस्तक *आस्पेक्ट्स ऑफ पॉलिटिकल आइडियाज एंड इंस्टीट्यूशंस इन एंशेंट इंडिया* (दिल्ली, 1968) और रोमिला थापर

के लेख 'इंटरप्रेटेशंस ऑफ एंशेंट इंडिया हिस्ट्री' (*हिस्ट्री एंड थ्योरी,* खंड VII, अंक 3, 1968) से उपर्युक्त तथ्य ठोस ढंग से प्रमाणित होते हैं।

एच.सी. रे ने अपने लेख ('वाज स्टेट सोशलिज्म नोन इन एंशेंट इंडिया ? : ए स्टडी इन कौटिल्याज 'अर्थशास्त्र') *'सर आशुतोष, सिल्वर जुबिली वाल्यूम्ज, खंड III, भाग 1* (कलकत्ता, 1922, पृ. 429-46) और 'इकोनॉमिक पॉलिसी एंड फंक्शंस ऑफ द कौटिल्यन स्टेट, *जर्नल ऑफ द डिपार्टमेंट ऑफ लेटर्स,* (कलकत्ता यूनिवर्सिटी, XIII 1926, पृ. 1–30) के आधार पर बताया कि कौटिल्य की सामाजिक एवं आर्थिक नीतियों में राज्य-समाजवाद के उन आधुनिक तत्त्वों का अस्तित्व था जिनका विकास जर्मनी में विस्मार्क के सामाजिक विधान द्वारा हुआ था। रे के अनुसार *अर्थशास्त्र* शोषण के खिलाफ श्रमिकों की रक्षा भी करता था। कौटिल्य ने ही यह बताया कि जनता का कल्याण राजा के निजी कल्याण से ज्यादा महत्त्वपूर्ण था। रायबहादुर रंगास्वामी आयंगर (एस्पेक्ट्स ऑफ एंशेंट इंडियन थाट', *मनीन्द्र चन्द्र नन्दी लैक्चर्स, 1927,* बनारस हिन्दू विश्वविद्यालय, बनारस, 1934) ने बताया कि कौटिल्य के आर्थिक सिद्धान्त ने 'पाश्चात्य आर्थिक सिद्धान्त' में उत्पन्न भ्रमों के विरुद्ध रक्षा की। उनका विचार था कि प्राचीन भारतीय आर्थिक विचारधारा का ज्ञान एवं अध्ययन भारत में पश्चिम के कुछ समाजवादी सिद्धान्तों के आयात की आधुनिक प्रवृत्ति का प्रतिकार कर सकता था।

अपनी गम्भीर पुस्तक *कांट्रीब्यूशंस टु द स्टडी ऑफ द हिन्दू रेवेन्यू सिस्टम* (कलकत्ता, 1929) में यू.एन. घोषाल ने ई.पू. 1500 से 1200 ई. तक का अध्ययन किया और मौर्ययुग को सर्वोच्च काल बताया। उनका यह विचार कौटिल्य के *अर्थशास्त्र* पर आधारित था। उनके अनुसार प्राचीन भारत में यह विचार कि कर राजा का पारिश्रमिक था जो जनता को सुरक्षा एवं सेवाएँ प्रदान करने के बदल में दिया जाता था, "17वीं एवं 18वीं शताब्दी के योरोप में लोकप्रिय सिद्धान्त बन गया। वी.ए. स्मिथ के विचार को भी घोषाल ने काटा और बताया कि यह प्रमाणित करना काफी मुश्किल है कि प्राचीन एवं मध्य युगों में करों का बोझ इतना भारी था कि कृषकों के अपने निर्वाह के लिए अंशमात्र बच पाता था। घोषाल ने अपनी पुस्तक *द एग्रेरियन सिस्टम इन एशेंट इंडिया* (कलकत्ता, 1930) के माध्यम से बताया कि भारतीयों के वास्तविक जीवन के बारे में विदेशी यात्रियों की उक्तियों की जो झलक मिलती है, उसका इशारा सामान्यतया प्रसन्न एवं सन्तुष्ट कृषक वर्ग की ओर था। 1935 में लन्दन से छपी पुस्तक *मौर्यन पब्लिक फाइनेंस* में एम.एच. गोपाल ने प्राचीन भारतीय कर व्यवस्था के प्रभावशाली पक्ष को उजागर किया है। इस पक्ष को प्रभावशाली बनाने के लिए गोपाल ने कौटिल्य के *अर्थशास्त्र* को आधार बनाया है। के.एल. सरन ने अपनी पुस्तक *लेवर इन एंशेंट इंडिया* (बम्बई, 1957) में *अर्थशास्त्र* को मुख्य स्रोत मानकर राष्ट्रवादी आर्थिक इतिहास लेखन को प्रेरित किया।

इस तरह 1930-40 में प्रकाशित पुस्तकों के आधार पर विद्वानों ने बताया कि भारतीय इतिहास का प्राचीनकाल पर्याप्त समृद्धता एवं सामान्य सन्तुष्टि का काल था। देशभक्तिपूर्ण अभिनति के फलस्वरूप प्राचीन भारतीय ग्राम की आत्मनिर्भरता का अतिशयोक्तिपूर्ण वर्णन हुआ और अंग्रेजीकाल के पूर्व भारत के संघटित संस्थानों (जातिसहित) के सामाजिक दृष्टिकोण से उत्पादक पक्षों पर इतना अधिक प्रकाश डाला गया, जो प्राप्य ऐतिहासिक साक्ष्यों में दृष्टिगोचर नहीं होता। अतीत का सुन्दर और सही (लगभग) चित्र प्रस्तुत करके भारतीय इतिहास के विद्वानों ने जनता में आत्मविश्वास जगाने की चेष्टा की। यह चेष्टा स्वतन्त्रता

संग्राम का पोषण करने के लिए अतिआवश्यक थी। इन विद्वानों ने भारत में अंग्रेजों के प्रभाव को एक ऐसी अपकारी, शक्ति के रूप में देखा जिसने भारतीय जीवन के नैतिक एवं सामाजिक आधार को नष्ट कर दिया था। बी.डी. वसु की पुस्तक *द राइज ऑफ क्रिश्चियन पावर इन इंडिया* (कलकत्ता, 1931) में इसी तरह की बात दिखाई देती है। राष्ट्रवादी आर्थिक इतिहास लेखन ने कुछ महत्त्वपूर्ण बातों को प्रकाश में लाया। उदाहरण के लिए, श्रेणी व्यवस्था का अस्तित्व, यान्त्रिक शिल्पों एवं व्यवसायों की विविधता, साहूकारों, कृषि एवं सिंचाई व्यवस्था आदि पर पुस्तकों के माध्यम से विचार किया गया। वृजकिशोर भार्गव (*इंडिजिनस बैकिंग इन मेडीवल इंडिया, बम्बई, 1943*) और प्रिंसीपल बालकृष्ण ने 'ईंटरेस्ट एंड यूजरी', *सर आशुतोष मेमोरियल वाल्युम,* (पटना, 1926) में प्राचीन भारतीय बैंक प्रणाली एवं सूदखोरी के बारे में कई महत्त्वपूर्ण तथ्यों को बताया।

अपनी पुस्तक *हिस्ट्री ऑफ द विलेज कंयूनिटीस इन वेस्टर्न इंडिया* में ए.एस. अल्टेकर ने ईसा युग से तत्काल पूर्व एवं बाद की कुछ शताब्दियों के दौरान उस क्षेत्र की ग्रामीण अर्थव्यवस्था पर प्रकाश डाला। अल्टेकर की एक दूसरी पुस्तक का नाम है *राष्ट्रकूट्ज एंड देयर टाइम्स* (पूना–1934)। इसके एक अध्याय में उद्योग, शिल्प, व्यापार, विभिन्न विनिमय माध्यमों के विनिमय अनुपात, वस्तुओं का मूल्य, दैनिक जीवन का खर्च आदि विषयों पर विचार किया गया है और इससे पता चल जाता है कि जनता वर्तमान स्थिति की तुलना में राष्ट्रकूटों के काल में अधिक खुशहाल थी। राष्ट्रकूट-काल की बातों को बताने के लिए अल्टेकर महोदय ने *द पेरिप्लस ऑफ इ इरिथ्रियन सी* और मार्कोपोलो आदि के वृत्तान्त से बड़े पैमाने पर मदद ली है जिसके कारण अल्टेकर के विचार को सन्तोषप्रद मान्यता नहीं मिल पाई।

के.ए. नीलकंठ शास्त्री ने दक्षिण भारत की आर्थिक स्थिति के इतिहास को बताने का सरलतापूर्वक प्रयास किया। इनके द्वारा लिखित पुस्तकों ने दक्षिण के लोगों में एक नई जागरूकता लाई। वैसे नीलकंठ शास्त्री ने अधिकांश पुस्तकें राजनीतिक स्थितियों पर ही लिखीं लेकिन आर्थिक पक्ष पर भी प्रकाश डाला। उनकी पुस्तक *द पांड्यन किंगडम* (लंदन, 1929), द चोलज (मद्रास, 1935), *हिस्टारियकल मेथड इन रिलेसन टु प्राब्लेम्ज ऑफ साउथ इंडियन हिस्ट्री* (मद्रास, 1944), *द कल्चर एंड हिस्ट्री ऑफ द तामिल्ज* (कलकत्ता, 1964), *कल्चरल कांटेक्ट्स बिटवीन आर्यंज एंड ड्रेविडियंज* (बम्बई, 1967) आदि पुस्तकों के अध्ययन से उपर्युक्त बातों की जानकारी होती है। *द चोलज* नामक पुस्तक में शास्त्री ने कर विधान, कृषि एवं भूमि की पट्टेदारी, उद्योग, व्यापार एवं मुद्राप्रणाली तथा नाप तौल से सम्बन्धित पृथक खंड में प्रकाश डाला है। उपर्युक्त बातों को बताने के लिए शास्त्री ने तत्कालीन अभिलेखों की मदद ली है। इसके बावजूद शास्त्री सामाजिक एवं आर्थिक संस्थाओं के उन लक्षणों पर ध्यान केन्द्रित नहीं करते जो इस काल की विशेषता थी। प्राचीनकाल के असुविधाजनक तथ्यों की उन्होंने अवहेलना की है। विपक्ष में पर्याप्त साक्ष्यों के होते हुए भी वे चोलकालीन समाज के बारे में बताते हैं कि उसमें वर्गों अथवा व्यक्तियों की समानता पर नहीं बल्कि लेन-देन की भावना पर एक आश्चर्यजनक सामाजिक सामंजस्य आधारित था, एक पारस्परिक सद्भावना भी थी जिसकी जड़ें वाणिज्यिक जीवन की नीवों तक पहुँचीं थीं।

अपनी पुस्तक *ऐडमिनिस्ट्रेशन एंड सोशल लाइफ अंडर द पल्लवज* (मद्रास, 1932) में सी. मीनाक्षी ने प्राचीनकाल की प्रशंसा उतनी नहीं की है जितनी है। इस पुस्तक में पल्लवों के शासनकाल के दौरान दक्षिण भारत के कर विधान; नाप-तौल, सिंचाई, अकाल, दुर्भिक्ष एवं

ग्रामीण आर्थिक जीवन का ढाँचा प्रस्तुत किया गया है। *अर्ली हिस्ट्री ऑफ द आन्ध्र कंट्री* (मद्रास, 1941) में के. गोपालाचारी ने प्रारम्भिक ईस्वी शताब्दियों के दौरान पूर्व एवं पश्चिमी घाटों पर स्थित नगरों तथा आन्ध्र क्षेत्र की भूमि व्यवस्था एवं श्रेणियों का सर्वेक्षण किया है। इन ग्रन्थों में प्राचीन दक्षिण भारत के आर्थिक जीवन का पुनर्निर्माण अत्यन्त अपर्याप्त है। चूँकि ये ग्रन्थ मुख्य रूप से वंशीय इतिहास हैं, अतः इनमें आर्थिक जीवन एवं संस्थानों के विश्लेषण का अभाव है। एन. अरोकियास्वामी, *द कोगू कंट्री* (मद्रास, 1916), पी. भाटिया, *द परमारज* (दिल्ली, 1970), जे.डी.एम. डेरेट, *द होयसलाज* (मद्रास, 1957) बी.एन. पुरी, *द हिस्ट्री ऑफ द गुर्जर प्रतिहारज* (बम्बई, 1951) और *इंडिया अंडर द कुषाणज* (बम्बई, 1965), डी. शर्मा, *अर्ली चौहान डायनेस्टीज* (दिल्ली, 1959), में भी हम पाते हैं कि आर्थिक स्थिति के विभिन्न पहलुओं पर तथ्यों का अभाव है।

आर.दास. द्वारा लिखित पुस्तक *इकोनॉमिक हिस्ट्री ऑफ द डेकन* (दिल्ली, 1969) में 100-600 ई. के काल का अध्ययन किया गया है जिसमें भौगोलिक पृष्ठभूमि, भूमि, राजस्व व्यवस्था, कृषि, वन, अकाल, सिंचाई, एवं नगर, शहरों तथा ग्रामों से सम्बन्धित जीवन, खनिज रूपी साधन स्रोत, शिल्प एवं औद्योगिक कला, पेशे एवं व्यवसाय, उद्योग एवं व्यापार का संगठन, व्यापार एवं वाणिज्य, बैंकिंग एवं मुद्रा प्रणाली आदि से सम्बन्धित बातों पर 15 अध्याय हैं। इन अध्यायों के पढ़ने से ऐसा नहीं लगता कि इनमें परिवर्तन एवं स्थिरता के तत्त्वों का उल्लेख है। इस पुस्तक में इस्तेमाल किए गए स्रोत उत्तर भारत से सम्बन्धित हैं, जैसे *रामायण*।

कुछ वैसे इतिहासकारों को भी हम पाते हैं जो अस्पष्ट समाजवादी विचारधारा एवं इतिहास की भौतिकवादी व्याख्या के विचारों से प्रभावित हुए प्रतीत होते हैं। इस वर्ग में सर्वप्रथम हम ए.एन.बोस को रख सकते हैं जिन्होंने ई.पू. 600 से 200 तक के उत्तर भारत की ग्रामीण व्यवस्था का अध्ययन प्रस्तुत किया (*सोशल एंड रूरल इकॉनॉमी ऑफ नॉदर्न इंडिया, सी. 600 बी.सी.ए.डी.* 200, दो खंड, (कलकत्ता, 1942-45)। इस पुस्तक के उपसंहार में इन्होंने अप्रत्यक्ष रूप से मार्क्स के वर्ग एवं वर्गचेतना, वर्गसंघर्ष एवं समझौता का विवेचन किया है। फिर बोस यह बताते हैं कि प्राचीन अर्थव्यवस्था में सब कुछ अच्छा नहीं था और जातक कथाओं के अनुसार नरेशों द्वारा कृषकों का शोषण किया जाता था। वैसे मार्क्स के विचार को लागू करनेवाले प्रथम विद्वान डी.पी. मुखर्जी (*आन इंडियन हिस्ट्री : ए स्टडी इन मेथड,* बम्बई, 1945) थे। बी.एन. दत्ता की पुस्तक मार्क्सवादी विचारधारा से ज्यादा प्रभावित है। देश से निकाले जाने के पश्चात दत्ता 1921 में मास्को गए और विश्व साम्यवादी आन्दोलन के सम्पर्क में आए। सम्पूर्ण प्राचीन काल के दौरान सामाजिक-आर्थिक गतिविधियों को ध्यान में रखते हुए 1944 में उन्होंने अपनी पुस्तक *स्टडीज इन इंडियन सोसल पॉलिटी,* (कलकत्ता, 1944) जिसमें जाति की उत्पत्ति एवं विकास, वर्ग संघर्ष एवं सामन्तवाद के विकास को एक नई नजर से देखा। उनकी एक अन्य पुस्तक *डायलेक्टिक्स ऑफ लैंड इकोनॉमिक्स इन इंडिया,* (कलकत्ता, 1952) हैं जिसमें वैदिक काल से लेकर ब्रिटिश शासन के अन्त तक भूमि एवं उसके जोतनेवाले इतिहास की विवेचना की। वी.एन. दत्ता की दोनों पुस्तकें प्राचीन लेखन कला से ज्यादा प्रभावित रहीं और इनके निष्कर्षों को विद्वानों द्वारा काटा गया है। इसके बावजूद भी दत्ता की लेखनी काफी हद तक स्वतन्त्र एवं निष्पक्ष रही है।

मार्क्सवादी विचारधारा को सबसे ज्यादा उत्साहित किया डी.डी. कोसाम्बी ने। इनकी दो

पुस्तकें हैं—*ऐन इंट्रोडक्शन टू द स्टडी ऑफ इंडियन हिस्ट्री* (बम्बई, 1956) और दूसरी पुस्तक *कल्चर एंड सिविलाइजेशन ऑफ एंशेंट इंडिया* (लन्दन, 1965) है। प्रथम पुस्तक में कोसाम्बी ने प्राचीन काल से ब्रिटिश विजय तक के भारतीय इतिहास का सर्वेक्षण किया है। दूसरी पुस्तक प्रागैतिहास काल से लेकर उदीयमान सामन्तवाद तक लम्बी प्रक्रिया की चर्चा की है। उन्होंने इतिहास का अर्थ उत्पादन के साधनों एवं साधनों के क्रमिक परिवर्तनों को तिथि क्रमानुसार प्रस्तुत करना बताया है। उनके अनुसार किसी भी निजी, घटनात्मक एवं मृदंग तथा भेरीनादीय भारतीय इतिहास को 'रोमांसवादी उपन्यास' अथवा भारतीय रेलवे समय सारिणी की तरह आनन्द लेना चाहिए। इस विचारानुसार कोसाम्बी संस्कृति का निरूपण लोगों के जीवन के प्रमुख ढंग के रूप में करते हैं न कि केवल एक बौद्धिक एवं आध्यात्मिक महत्त्व के विषय में। कोसाम्बी का कहना है कि सभी इतिहास मूलभूत एवं आर्थिक इतिहास हैं। इन्होंने महत्त्वपूर्ण घटनाओं की व्याख्या उत्पादन की विधाओं में हुए आधारभूत परिवर्तनों के आधार पर करने की चेष्टा की है। 'द बेसिस ऑफ इंडियन हिस्ट्री, *जर्नल ऑफ द अमेरिकन ओरिएंटल सोसाइटी,* (Lxxv न्यू हैवन, न्यू.एस.ए., 1955, पृ. 34-45)।

प्राचीन भारतीय साहित्य मुख्य रूप से धार्मिक एवं कर्मकांडीय रहा है। उसमें आर्थिक सामग्री का अभाव है। अतः कोसाम्बी जिस प्रकार का इतिहास बनाना चाहते हैं, वह कठिन है। कोसाम्बी की बातों का मेल-मिलाप पुरातात्त्विक साक्ष्यों से हो जाता है लेकिन उनकी बातों को आगे बढ़ाना काफी कठिन कार्य है, ऐसा विद्वानों का मत है।

रामशरण शर्मा एवं डी.एन. झा अपने लेख (1200 ई. तक का भारत का आर्थिक इतिहास : प्रवृत्तियाँ एवं सम्भावनाएँ, *प्राचीन भारत,* संयोजक, डी.एन. झा, दिल्ली, 1978, पृ. 33) में बताते हैं कि सामान्य रूप से अभी तक भारतीय विद्वान मार्क्सवादियों के प्रति अत्यन्त आशंकित रहे हैं। प्रायः इन मार्क्सवादी इतिहासकारों को इस बात का दोषी ठहराया जाता है कि वे जबर्दस्ती ही ऐतिहासिक समस्याओं को मार्क्स एवं एंगल्स द्वारा निरूपित अपरिवर्तनीय ढाँचे में बिठाते हैं। निःसन्देह डाँगे एवं हुसैनी जैसे कुछ इतिहासकारों ने कालविभाजन की रूढ़िगत मार्क्सवादी योजना का अनुकरण किया है जिसकी प्रतिक्रिया के रूप में यह विश्वास पैदा हो गया है कि मार्क्स एवं इतिहास के रेखीय विकास का ही, प्रतिपादन करता है। किन्तु कोसाम्बी के अनुसार भारतीय इतिहास इस अपरिवर्तनीय ढाँचे में पूर्ण रूप से ठीक से नहीं बैठता और ग्रीस तथा रोम के समाज के समान प्राचीन भारतीय समाज दासप्रथा पर आधारित नहीं था। ये बताते हैं कि उत्पादन के सम्बन्धों में जंगल दासप्रथा का कोई महत्त्व न था और आर्थिक उत्पादन के लिए श्रमिकों की पूर्ति के रूप में उनका स्थान शुद्ध अथवा निम्नतम जाति के सदस्यों ने लिया था, जिनके अधिशेष को हथियाया (हड़पा) जा सकता था। यह तथ्य वैदिक काल के लिए विशेष रूप से सत्य हो सकता है। इस समय दासों की संख्या बहुत कम थी और उत्पादन की गतिविधियों में संलग्न नहीं हो सकते थे। यह बात इससे प्रमाणित होती है कि जब भी वैदिक उद्धरण दासों की भेंट का उल्लेख करते हैं तो प्रायः ब्राह्मणों को दी गई दासियों का ही वर्णन करते हैं। इस तरह कोसाम्बी दासप्रथा-सामन्तवाद-पूँजीवाद के प्रारूप के दृढ़ अनुकरण का प्रमाण प्रस्तुत नहीं करते। किन्तु कुछ मार्क्सवादी इतिहासकारों ने प्राचीन भारत में दास प्रथा के आर्थिक महत्त्व को नकारने की प्रवृत्ति का विरोध किया है। देवराज चानना की पुस्तक, *स्लेवरी इन एंसेंट इंडिया* (दिल्ली, 1960) में ईसा युग के आरम्भ होने से पूर्व की प्रथम छह शताब्दियों के दौरान दासप्रथा की उत्पत्ति, विस्तार एवं स्वरूप के सम्बन्ध

में महत्त्वपूर्ण तथ्यों की विवेचना की गई है।

कोसाम्बी के समान रामशरण शर्मा एशियाई समाज के स्थिर एवं निष्क्रिय जीवन सम्बन्धी मार्क्स के विचारों से सहमत नहीं हैं। उन्होंने गुप्तकाल में सामन्तवाद के आरम्भ होने तक भारतीय समाज के आर्थिक आधार के विकास में निश्चित चरणों का निरूपण अपनी पुस्तक *परस्पेक्टिव इन सोशल एंड इकोनॉमिक हिस्ट्री ऑफ इंडिया,* (दिल्ली, 1988) में किया है। इन्होंने इतिहास को राजा-रानी, मन्त्री, सामन्तों आदि की प्रशस्ति नहीं माना है बल्कि इनकी आवश्यकता क्यों पड़ी, अतिरेक क्या है, किसान क्या है, हमारे नगर क्या हैं, आदि समस्याओं पर विचार करते हुए इतिहास को पढ़ने का एक नया दृष्टिकोण देने में सफल रहे हैं। रामशरण शर्मा, रोमिला थापर, बी.डी. चट्टोपाध्याय, इरफान हबीब, सतीश चन्द्र, विपन चन्द्र, सुमित सरकार आदि विद्वानों ने नगरों, कृषकों एवं व्यापार के आधार पर इतिहास का अध्ययन करने का एक नया मार्ग बताकर डी.डी. कोसाम्बी द्वारा बताए गए इतिहास के अर्थ को सफलतापूर्वक प्रभावित किया है।

1946 के बाद से पाए गए पुरातात्त्विक अवशेषों से यह बात साफ तौर पर प्रमाणित हो गई है कि सिन्धु सभ्यता का प्रसार काफी लम्बे-चौड़े क्षेत्र में फैला हुआ था। 1958 की खुदाइयों से कई रहस्यों पर से पर्दा उठा है। इस समय ही यह पता चला कि पूर्व में आलमगीरपुर तक सिन्धुघाटी की सभ्यता फैली थी। आलमगीर दिल्ली से बीस मील उत्तर-पूर्व और मेरठ से सत्रह मील पश्चिम में स्थित है। लोथल (गुजरात) कालीबंगन (राजस्थान), कोटदिजी (मोहनजोदड़ो से पच्चीस मील पूर्व), चान्हदड़ो (मोहनजोदड़ो से अस्सी मील दक्षिण और सिन्धु-घाटी के बाएँ मैदानी इलाकों में स्थित) तथा आमी सिन्धु सभ्यता के महत्त्वपूर्ण स्थान हैं।

अध्याय 20

द्वितीय नगरीकरण

20.1 ग्रामीण परिवेश

शिकारी और पशुपालन अवस्था के कठिन दौर से काफी समय तक गुजरने के बाद समाज ने कृषि अवस्था में प्रवेश किया। यह एक मन्द प्रक्रिया थी। कृषि अवस्था में भी शिकार और पशुपालन से जीविका चलानेवाले उपस्थित रहे। एक स्थान पर स्थायी रूप से बसने के लिए स्थायी भोजन पहला सार्वजनिक आवश्यक तत्त्व होता है और स्थायी भोजन कृषि के बिना सम्भव नहीं। स्थायी रूप से बसने का परिणाम था गाँवों का उदय एवं विकास। लोहे के बने कृषि औजारों के प्रयोग ने गाँवों के कृषि उत्पादन में अपार वृद्धि का अनुकूल माहौल तैयार किया। धोबी, जुलाहे, बढ़ई, नाई, बेंत एवं बाँस की वस्तुएँ बनानेवाले (नलकार), कुम्हार आदि शिल्पकारों ने कृषकों की आवश्यकताओं की पूर्ति कर तत्कालीन ग्रामीण जीवन को आत्मनिर्भर बनाने में योगदान दिए। प्राचीन भारत में नगर वहीं पैदा हुए, जहाँ खनिजों के प्रचुर संग्रह पाए गए। वस्त्र उत्पादन, मृदभांड उत्पादन आदि उद्योगों के लिए प्रसिद्ध प्राचीन बस्तियाँ नगर के जन्म का आधार बनती थीं। प्रशासनिक तथा धार्मिक केन्द्र एवं आरक्षित स्थल (दुर्ग आदि), जिनके चारों ओर की आबादी की आवश्यकताओं की पूर्ति करनेवाले शिल्पियों और कारीगरों की बस्तियाँ होतीं, बड़े नगरों में परिवर्तित हो जाते थे। नगर हमेशा ही अनगिनत ग्रामों से घिरा होता था। अतिरेक (Surplus) के फलस्वरूप कई गाँवों में से कोई एक गाँव, जहाँ आने-जाने में जंगली जानवरों, चोर-डाकू, नदी-नाला आदि से कम खतरा रहता और जल, यातायात आदि की ज्यादा सुविधा रहती, शहर का रूप ले लिया। इस तरह गाँवों द्वारा पैदा किए गए अतिरेक से शहर बनने लगे।

इस तरह विकसित होते भौतिक उत्पादन ने नगर तथा देहात के पृथक्करण को वस्तुगत रूप से आवश्यक बना दिया। इसके परिणामस्वरूप सामाजिक श्रम-विभाजन का जन्म हुआ; उद्योग का कृषि से पृथक्करण हुआ। यह प्रक्रिया आरम्भ में दस्तकारियों के जमीन की काश्त से पृथक्करण के रूप में प्रकट होता है और फिर मानसिक श्रम का शारीरिक श्रम से पृथक्करण होता है। नगर तथा देहात के पारस्परिक ठोस सम्बन्ध विभिन्न सामाजिक-आर्थिक परिवेश में भिन्न-भिन्न होते हैं। उदयीमान नगर मुख्यतया फौजी-नौकरशाही, प्रशासनिक और धार्मिक है। सामन्तवादी व्यवस्था में आर्थिक जीवन का केन्द्र देहात की ओर स्थानान्तरित हो जाता है।

20.2 लौह उपकरण

लौह उपकरण (यन्त्र, औजार) ज्ञान का एक ऐसा साधन है जिसे विभिन्न प्रकार के *मापन*

का अवलोकन करने और उसे दर्ज करने के लिए उपयोग में लाया जाता है। उपकरण मनुष्य की ज्ञानेन्द्रियों को सशक्त बनाता है। उपकरणों के माध्यम से ही मनुष्य भौतिक यथार्थ का निर्माण करता है। प्रगति का महान मार्ग प्रशस्थ करने में उपकरणों की भूमिका महत्त्वपूर्ण रही। इनके निर्माता शूद्र एवं दास थे।

प्राचीन भारत के परिप्रेक्ष्य में लोहे की भूमिका को 1950 के दशक के आरम्भ में उठाया गया था जब डी.डी. कोसाम्बी ने बौद्धकाल में लोहा का प्रयोग होने पर जोर दिया था। ई.पू. छठी शताब्दी के बाद कृषि योग्य भूमि की मात्रा बढ़ाने के लिए घनी वनस्पतियों को साफ करना आवश्यक था। इस कार्य में आग ने सहायता पहुँचाई किन्तु जली हुई वनस्पतियों के ठूँठों (Stumps) को आग की सहायता से हटाना सम्भव नहीं था। वृक्ष की जड़ों को लोहे की कुल्हाड़ियों और कुदालियों से हटाना सम्भव था। ईख, धान आदि फसलों के बीजारोपण के लिए गहरी जुताई की आवश्यकता होती है और बिहार के कठोर एवं मृण्मय मिट्टी युक्त क्षेत्रों में बिना लोहे की फालवाले हल से असम्भव था। वैशाली से लोहे के फाल, गर्तिका-युक्त (Socketed) लोहे की कुल्हाड़ी, कुदाली और दराँतियों के प्रमाण मिलते हैं। कृषि से सम्बद्ध पर्याप्त लौह उपकरणों की बिहार में अनुपस्थिति के सम्बन्ध में रामशरण शर्मा का विचार है कि यहाँ की अम्लीय, अत्यधिक आर्द्र और उष्ण जलोढ़ मिट्टी अत्यधिक क्षयकारी (संज्ञारक) रही और इसीलिए लौह उपकरणों के संरक्षण के लिए हानिकारक सिद्ध हुई और इसने ऑक्सीजन से इन्हें भूरी-लाल धूल में परिवर्तित कर दिया। रामशरण शर्मा का यह विचार भारद्वाज के शोधलेख पर आधारित है। चम्पा और राजगृह की खुदाई हुई किन्तु वहाँ से कृषि से सम्बद्ध लौह उपकरण इसलिए नहीं मिला क्योंकि ये दोनों स्थल प्रशासनिक, व्यावसायिक या शिल्पकारी के केन्द्र थे न कि कृषि केन्द्र। पुनः बस्तियों की खुदाई में कई प्रकार की खामियाँ रहीं, फलतः कृषि उपकरण नहीं प्राप्त हो सके।

ई.पू. छठी शताब्दी के दौरान लोहे की क्रान्तिकारी भूमिका का सिद्धान्त बहुत सारे विद्वानों को मान्य नहीं भी है। निहाररंजन रे बताते हैं कि मौर्यकाल से पहले लौह तकनीक और लौह उपकरणों का प्रचलन इस स्तर पर नहीं था कि उनसे सामाजिक परिवर्तन हो गए। वे यह भी बताते हैं कि पुरातात्त्विक साक्ष्य लौह तकनीक के उपयोग द्वारा बड़े पैमाने पर वनों की समाप्ति को नहीं दर्शाते। सम्पूर्ण गंगा-घाटी में लोहे की जानकारी करीब 1000 ई.पू. या उसके आसपास से थी। अतः कृषि कार्य में उपयोग में लाए जानेवाले उपकरणों का क्षयकारी मिट्टी के कारण नहीं मिलने की परिकल्पना तर्कसंगत प्रतीत नहीं होती, क्योंकि कृषिगय उपकरण एवं आलपिन, कील आदि खुदाई से मिले हैं; तथाकथित अम्लीय एवं आर्द्र मिट्टी ने इन वस्तुओं को क्यों नहीं नष्ट किया ? इस प्रकार बौद्धकाल में लौह तकनीक की अचानक और क्रान्तिकारी भूमिका की परिकल्पना विश्वसनीय प्रतीत नहीं होती।

दिलचस्प बात यह है कि बिहार लौह भंडार जैसा कि इरफान हबीब बताते हैं, मुगल साम्राज्य के अन्तिम समय तक उपयोग में नहीं लाए गए थे। अवश्य ही लोहा कहीं और से, सम्भवतः मालपुर (राजस्थान), मारवाड़ (राजस्थान), कलिंजर (इलाहाबाद से लगभग 70 मील दक्षिण-पश्चिम में), मंडी (हिमाचल प्रदेश), रामगढ़ (कुमाऊँ पहाड़ियाँ), बुरहानपुर (मध्य भारत), गंजाम (उड़ीसा) तथा ग्वालियर क्षेत्र के किसी एक लौह-खदान से आयात किया जाता होगा। बिहार में ऐतिहासिक नगरीकरण की प्रक्रिया में लोहा ही मुख्य कारक था तो आकार श्रेणी तथा बस्तियों की रचना में यह उपक्रम धूसर मृद्‌भांड (Painted Grey Ware) काल

में ही हो जाना चाहिए था।

भारत में नगरीकरण का विकास अचानक नहीं हुआ। इसका विकास तत्कालीन समाज के समग्र विकास का अभिन्न अंग था। यहाँ के लगभग सभी महत्त्वपूर्ण नगर महत्त्वपूर्ण राज्यों की राजधानियाँ थे। वे सभी ग्रामीण बस्तियों के विस्तार थे, जहाँ समय के साथ-साथ शासक वर्ग ने स्वयं को ठाट-बाट एवं गौरव से संगठित एवं स्थापित कर लिया था। 5वीं सदी ई.पू. में उन बस्तियों की संख्या तथा आकार जिन्हें नगरीय कहा जा सकता हो, इतने विस्तृत नहीं थे कि उनके लिए उत्पादन-पद्धति में बड़े पैमाने पर तथा अचानक परिवर्तन करने की जरूरत पड़ी हो। यह भी कहा जा सकता है कि नियमित सेनाएँ, शायद जिनके लिए खाद्य-पदार्थों का संग्रह आवश्यक था, मगध के राजा अजातशत्रु की विस्तारवादी नीति के आरम्भ तक अस्तित्व में नहीं आई थीं।

निष्कर्षतः भारत में नगरीकरण की जो प्रक्रिया प्रारम्भ हुई उसकी पृष्ठभूमि स्थानीय लोगों के सामूहिक प्रयास ने तैयार किया। लौह उपकरणों के अभाव में भी अतिरेक में वृद्धि होती रही। उत्पादन से सम्बद्ध जो छोटे-मोटे लौह उपकरण प्रयोग किए गए उससे अतिरेक में वृद्धि की गति तेज हुई और नगरीय वातावरण में परिपक्वता आई।

20.3 नगरों का महत्त्व

किसी समुदाय की शान्ति और संस्कृति का अन्तिम केन्द्र नगर होता है। वह एक ऐसा स्थान है, जहाँ जीवन का नानारूप रश्मिलाओं से विसरित रश्मियाँ एक ही केन्द्र पर पूँजीभूत होती हैं। सामाजिक प्रभाविष्णुता तथा सार्थकता दोनों की प्राप्ति नगर में ही होती है। नगर एक अविच्छिन्न सामाजिक सम्बन्ध का रूप और प्रतीक है। वह मन्दिर, बाजार, न्यायालय और विद्याभवन का अधिष्ठान रहा। शहर में ही सभ्यता के उपकरण बाहुल्य एवं वैविध्य प्राप्त होते हैं। मानव के अनुभव शहर में ही व्यवहार चिह्नों, प्रतीकों, आवरण के प्रतिरूपों तथा व्यवस्था की प्रणालियों में रूपान्तरित होते हैं। सभ्यता के विषयों का केन्द्रीयकरण वहीं होता है। शहर उस सुस्थिर जीवन का प्रतीक है जो स्थायी कृषि के साथ प्रारम्भ हुआ। शहरों के अस्तित्व में देहाती जीवन की प्रत्येक अवस्था का योगदान होता है।

शहरों के अस्तित्व में देहाती जीवन की प्रत्येक अवस्था का योगदान होता है। एक चरवाहा, एक लकड़हारा और एक खानमजदूर जो कुछ जानता उसे जब शहर के माध्यम से प्रस्तुत करता तो वह स्थायी तत्त्वों में रूपान्तरित हो जाता है।

शहर काल की उपज है। वह एक ऐसा ढाँचा है जिसमें ढलकर मनुष्यों की जीवनावधि ने शान्ति और स्थिरता प्राप्त की है। इसमें कला के माध्यम से उन क्षणों का शाश्वत रूप मिला है, जो इस माध्यम के अभाव में जीवित व्यक्ति के साथ ही समाप्त हो जाता और बाद में जिनके नवीकरण या व्यापक सहयोग का कोई उपाय ही नहीं सूझता। शहर में कालान्तर प्रत्यक्ष हो उठता है। भवन-स्मारक और सार्वजनिक उपकरण लिखित अभिलेख की अपेक्षा कहीं अधिक स्पष्ट होता है।

देहात में बिखरी कलात्मक वस्तुओं को तो शायद ही कोई देख पाता, किन्तु शहर बहुसंख्यक मनुष्यों की दृष्टि के विषय बन जाते हैं; वे भूखे और उदासीनों के मन पर भी अपनी छाप छोड़ जाते हैं। आदतों और जीवन के मूल्यों की धारा विभिन्न युगों में तत्कालीन समाज की सीमा को लाँघकर, युग-विशेष का छाप छोड़ती चलती है। शहरी अपनी गोद में

हमारे अतीत को कालखंडों में तह पर तह जमाता चला जाता है और इस अतीत को वह तब तक बचाता रहता है जब तक कि वह अन्त में स्वतः घुटन का शिकार होकर समाप्त नहीं हो जाता। यह वह समय होता है जब आधुनिक मनुष्य केवल आत्मरक्षा के लिए संग्रहालयों का आविष्कार करता है।

शहर एक तैरता हुआ जलयान होता है जहाँ अपरिचित पुरुष और स्त्रियाँ, अपरिचित रुचियाँ, अपरिचित देवी-देवताएँ, अपरिचित रक्त और पुराने बन्धन शिथिल पड़ जाते हैं। कुम्हार द्वारा निर्मित तश्तरी को नई चमक शहर प्रदान करता है। सुदूर संचार के लिए नई संकेत प्रणाली या मानव से सम्बद्ध विषय पर नवीन विचार प्रदान करने का श्रेय नगर को है। गाँवों में सोने-चाँदी के रूप में एकत्रित ढेर शहर में पूँजी का रूप ले लेता है। पूँजी का सक्रिय तत्त्व बैंक का रूप लेता है। बैंक केवल रुपया ही उधार नहीं देता बल्कि धन रखने की व्यवस्था भी करता है। वह पूँजी को परिचालित रखता और अन्ततः व्यापार तथा उत्पादन की प्रक्रिया पर हावी हो जाता है।

20.4 नगर की परिभाषा

सभ्यता को प्रायः नगर जीवन या उसकी देन के रूप में माना जाता है। मानव के विकास में वह अवस्था अत्यन्त महत्त्वपूर्ण थी जब कृषि और पशुपालन के द्वारा यह सम्भव हुआ कि अन्न का उत्पादन उसकी आवश्यकता से अधिक हो सके और उस अतिरेक को आवश्यक भागों में भेजा जा सके। इस व्यवस्था के कारण उत्पादन में विशेष योग्यता तथा वृद्धि के लिए एक प्रक्रिया और फिर प्रगतिशीलता का जन्म होता है। उद्योग, वाणिज्य, एवं नगर-जीवन की परिवर्तनशीलता और अनेक समुदायों के पारस्परिक सम्पर्क और संघर्ष में डालने की योग्यता ऐतिहासिक प्रगति में महत्त्वपूर्ण कारण थे और आज भी हैं। अतः कहा जा सकता है कि नगर एक ऐसा विशाल जनसमूहवाला क्षेत्र है जिसकी जीविका के प्रधान साधन उद्योग एवं व्यापार होते हैं। वह व्यावसायिक उत्पादनों के विनिमय द्वारा ग्राम से खाद्यान्न प्राप्त करता है। इन नगरों के कुछ प्रमुख तत्त्व थे–पक्की सड़क, पक्के मकान, व्यापारी, शिल्पकार, धातुकार, कर्मकार, प्रशासक, सैनिक, दुकानें, मोहल्ला, जल एवं यातायात की सुविधा, आदि। इन तत्त्वों का नगरों में आगमन धीरे-धीरे भी हो सकता था। नदियों एवं समुद्रों का तट तथा सुप्रसिद्ध मार्गों पर बसी हुई साधारण बस्तियों का नगरों के रूप में बदलना व्यापारिक सम्बन्ध के कारण नितान्त स्वाभाविक था। कुछ धार्मिक तथा शिक्षण केन्द्रों में बाद में चलकर नगर-तत्त्व के आगमन की प्रक्रिया प्रारम्भ हुई। कुछ नगरों की आवश्यकता राजाओं के कारण हुई। सुरक्षा के साधन, शासन की मजबूती एवं सुव्यवस्था, सैनिक प्रबन्ध तथा प्रसिद्ध राजभवनों एवं राजप्रासादों की सुस्थिति के प्रश्न ने भी अनेक नगरों के जन्म में सहायता पहुँचाई।

20.5 नगर के अध्ययन की आवश्यकता क्यों

आज प्राचीन नगरों के अध्ययन का महत्त्व इतना बढ़ गया है कि सामाजिक, आर्थिक, राजनीतिक एवं धार्मिक दृष्टिकोण से इतिहास का अध्ययन करनेवाले इतिहासकारों के समान नगरों के उत्थान, प्रकार एवं पतन के दृष्टिकोण से अध्ययन करनेवाले इतिहासकारों का एक वर्ग हमें देखने को मिलता है जो नगरों का अध्ययन उसके आकार-प्रकार, उत्थान एवं पतन के दृष्टिकोण से करने लगे हैं। इन इतिहासकारों, जैसे अमलानन्द घोष, आर.एस. शर्मा,

रोमिला थापर आदि का कहना है कि भारतीय इतिहास का अध्ययन नगरीय वातावरण के आधार पर होना चाहिए। देश या समाज में पाए गए आर्थिक, सामाजिक, राजनीतिक एवं धार्मिक स्वरूप को समझने में नगरों का अध्ययन हमें काफी सहायता करता है।

अंग्रेजों के काल के अधिकांश इतिहासकारों ने राजा-रानी, मन्त्री, जमींदार, आदि ऊँचे वर्गों के लोगों एवं एक राजा से दूसरे राजा के बीच की लड़ाई को इतने विशाल रूप में बताने का प्रयास किया है कि इतिहास के निर्माण का मुख्य आधार जैसे–किसान, व्यापारी, कर्मचारी, शिल्पकार, शूद्र, विद्यार्थी, गरीब मजदूर, आदि की स्थिति इन राजाओं के भार से दबकर रह जाती है। लगभग 1960 के बाद भारतीय इतिहासकारों का एक समूह इस बात को ढंग से बताने का प्रयास करने लगा कि मात्र राजा-रानी और युद्ध ही इतिहास नहीं बनाते। इतिहास बनाता है गरीब मजदूर, किसान, शिल्पकार, व्यापारी, सेना में काम करनेवाला एवं अपने राज्य को दुश्मनों से बचाने के लिए जान की बाजी लगा देनेवाला युवा सिपाही। समाज का यही वर्ग राजा-रानी को पैदा करता है न कि राजा से प्रजा का जन्म होता है। वैसे भारतीय धार्मिक ग्रन्थ राजा का अर्थ पिता, ईश्वर, मालिक और प्रजा का अर्थ पुत्र बताते हैं। यह बात धर्म के धरातल पर ही सत्य हो सकती है। वास्तविक धरातल पर तो हम पाते हैं कि प्रजा ही पिता है। वही कर के रूप में राजा को अपने उत्पादन का एक भाग नगद या वस्तु के रूप में देती है जिससे राजा अपना भरण-पोषण करने में समर्थ हो पाता है। डी.डी. कोसाम्बी का कहना है कि यदि प्रमुख महत्त्वाकांक्षी लोगों के नामों और बड़ी-बड़ी लड़ाइयों की सूची ही इतिहास है तो यह अर्थ गलत होगा किन्तु यदि यह जानना अधिक महत्त्वपूर्ण समझा जाए कि उसके पास हल था या नहीं तो भारतीय इतिहास को समझने में अधिक सुविधा होगी। नगरों के निर्माण में असल महत्त्व हल और चक्का का है जिसने आम आदमी को प्रभावित किया और अतिरेक की ओर उत्पादक वर्ग निर्देशित हुआ।

20.6 नगरों का उदय

जहाँ तक नगरों के निर्माण का प्रश्न है, इस पर दो प्रमुख विचार इतिहासकारों के बीच पाए जाते हैं। (क) राजनीतिक और (ख) आर्थिक। गिडेन जोबर्ग (*द प्रीइंडस्ट्रीयल सिटी, पास्ट एंड प्रेजेंट,* न्यूयॉर्क, 1965) के अनुसार नगरों के निर्माण में कुछ निम्नलिखित तत्त्वों का रहना आवश्यक है–

(क) एक अनुकूल क्षेत्र।

(ख) कृषि एवं अन्य उत्पादन के क्षेत्र में विकसित शिल्पकला तथा निर्माण की जानकारी, जो प्राक्-नगरीय अवस्था से सम्बद्ध हो।

(ग) एक मिश्रित सामाजिक संगठन।

(घ) समाज की एक पूर्ण विकसित शक्तिशाली बनावट।

उपर्युक्त तत्त्वों को ध्यान में रखते हुए गिडेन जोबर्ग का कहना है कि विश्व के प्राचीन नगरों का जन्म मुख्य रूप से वैसे ही स्थानों में सबसे पहले हुआ जहाँ की जलवायु एवं मिट्टी पौधों एवं जानवरों की जिन्दगी की सुरक्षा के लिए अनुकूल थी। इन्हीं पौधों एवं जानवरों के कारण बड़े पैमाने पर लोग एक जगह इकट्ठा हो सके। इतना ही नहीं, शिल्पकला निर्माण की जानकारी रखने के बावजूद लोग वैसे ही स्थानों पर मुख्य रूप से बसने लगे जो पौधों एवं जानवरों के लिए अनुकूल वातावरणवाले हों, भले ही वह स्थान काफी छोटा क्यों न हो। इसी

अनुकूल वातावरण ने आगे चलकर शिल्पकला को विकसित किया और भोजन की आपूर्त्ति होने के कारण शिल्पकारों ने ऐसे ही स्थानों को पसन्द किया। जीवन धारण के लिए जिस तरह पौधे एवं जानवरों की आवश्यकता महसूस की गई उसी तरह वैसे स्थानों को ज्यादा पसन्द किया गया जहाँ जल की पूर्त्ति भी आसानी से हो सके क्योंकि जल भी नगरों के निर्माण के लिए आवश्यक तत्त्व था।

नगर-जीवन के लिए दूसरी मौलिक आवश्यकता एक विकसित शिल्प-कला निर्माण को जोबर्ग मानता है जिसका महत्त्व उसके अनुसार कृषि उत्पादन एवं अन्य उत्पादन के लिए काफी है। कृषि उपकरणों के विकास की आवश्यकता केवल इसीलिए नहीं पड़ी कि जोतने के लिए औजार चाहिए बल्कि इसलिए भी कि काफी फसल लगा सकें तथा काफी अन्न प्राप्त हो सके। इसके लिए भी कृषि के नए उपकरणों की आवश्यकता पड़ी। ऐसा इसलिए जरूरी था कि एक निश्चित मात्रा में खाद्य पदार्थ आवश्यकता से अधिक या अतिरेक के रूप में पैदा हो सकें क्योंकि नगरों में रह रहे लोग तो शिल्पकला विज्ञान में व्यस्त थे, अतः अन्न नहीं पैदा करते थे। जब अन्न-उत्पादक अतिरेक पैदा करेगा तभी तो कुछ लोग खाद्य-पदार्थ पैदा करने से मुक्त हो सकते हैं और ये लोग जहाँ पर रहकर शिल्पकला, विज्ञान एवं एक-दूसरे से मदद लेकर कच्चे सामान से तैयार माल बनाएँगे वहाँ, नगरों का जन्म होगा। खाद्यपदार्थ में न केवल खेतों से उत्पन्न वस्तुएँ ही थीं बल्कि शिकार द्वारा जानवरों को मारना एवं मछली मारने का काम भी उत्पादक वर्ग के ही हाथों में था जो प्रायः नगर निवासियों को इसका भी अतिरेक देते थे।

जोबर्ग के अनुसार प्राचीन शहरों के निर्माण में तीसरी महत्त्वपूर्ण प्राक्-स्थिति राजनीतिक एवं आर्थिक क्षेत्र में विकसित सामाजिक संगठन का होना भी है। नगरीय जीवन के प्रारम्भ में ही आर्थिक व्यवस्था ऐसी होनी चाहिए जिसमें नगर का तैयार माल आसपास के समुदायों या दूर के समुदायों में वितरित किया जा सके। इससे भी पहले यह आवश्यक है कि खेती से उत्पन्न अतिरेक अतिसुविधापूर्वक अन्य आबादी में पहुँचाया जा सके। इसके अलावा अनेक पेशेवर कार्य जिसमें कुछ विशेष ज्ञान एवं प्रशिक्षण की आवश्यकता हो जैसे; खान से धातु निकालना, यातायात एवं खनिज पदार्थों को साफ करने की विधि–ये सारे काम एक-दूसरे से जुड़े हुए भी सुचारु एवं व्यवस्थित रूप से हो सकें। इस तरह एक शासक वर्ग की आवश्यकता पड़ती है जो नियमित रूप से इन कार्यकलापों को चलाने में एक विशेष नियम के अनुसार शासन करे ताकि अतिरेक की उपलब्धि व्यवस्थित ढंग से हो सके तथा सामाजिक शक्ति एवं कार्यकुशलता का प्रसार हो जिससे नगरों का विकास हो सके।

जोबर्ग के नगरीकरण के इस सिद्धान्त के अनुसार सामाजिक शक्ति का प्रभुत्व आर्थिक वातावरण पर होता है। उसका मानना है कि नगर के विकास एवं आर्थिक वातावरण को ठीक से बनाए रखने के लिए सबसे पहले सामाजिक स्थायित्व (Social Stability) आवश्यक है। जोबर्ग यह तर्क देता है कि प्राचीनतम शहरों के निर्माण में एक राजनीतिक स्वरूप या बनावट की उपस्थिति आवश्यक है। यह राजनीतिक स्वरूप नगर में हो रहे पेशा से वसूले गए कर एवं आसपास के गाँवों में रह रहे किसानों से अतिरेक के रूप में जो अन्न प्राप्त करेगा उसी से शहर में रह रहे अनुत्पादक वर्ग के भरण-पोषण करने के लिए खाद्य सामग्रियाँ मिलेंगी।

'दी अरबन रिवॉल्युशन' नामक अपने लेख एवं अपनी पुस्तक *प्रोग्रेस एंड आर्क्योलॉजी* लन्दन, (1944) में गॉर्डन चाइल्ड बताते हैं कि शहर के आकार-प्रकार सरकारी काम, आदि

के लिए लेखन-पद्धति बहुत आवश्यक था। उनका कहना है कि लेखन क्रिया के आधार पर ही नगर में एक ऊँचे दर्जे के लोगों, (जो खेती का काम नहीं करते हों एवं नगर में अलग-अलग पेशे के विशेषज्ञ हों तथा शिल्प, विज्ञान, कला को विकसित करने की क्षमता रखते हों) का रहना सम्भव है। सारे तत्त्वों के ऊपर वे लेखन-पद्धति को ही एक ऐसा बिन्दु मानते हैं जिसके आधार पर नगर एवं गाँवों में अन्तर किया जा सकता है। चाइल्ड महोदय का यह विचार पूर्ण रूप से स्वीकारते हुए जोबर्ग का कहना है कि लेखन-क्रिया की उपस्थिति का अर्थ है शिक्षित समुदाय की उपस्थिति जो शिक्षा के आवश्यक सिद्धान्तों को नगरीय वातावरण में फैलाता है और इसके आधार पर एक ऐसे राजनीतिक औजार का निर्माण होता है जो नगरीय जीवन को सुचारु रूप से चलाने में प्राथमिक रूप से महत्त्वपूर्ण भूमिका अदा करता है। इसी लेखन-पद्धति के आधार पर व्यापारियों, शिल्पकारों एवं अन्य कर्मचारियों को आवश्यकतानुसार वस्तुएँ एवं नई वस्तुओं के उत्पादन के लिए उचित सहायता मिल पाती है।

दी सिटी इन हिस्ट्री, न्यूयार्क (1651) के लेखक लेवीस मॉमफोर्ड नगरों की उत्पत्ति पर प्रकाश डालते हुए बताते हैं कि विकेन्द्रित ग्रामीण अर्थव्यवस्था को ऊँचे दर्जे की एक संगठित नगरीय अर्थव्यवस्था में परिवर्तन करने का सबसे प्रमुख प्रतिनिधि राजा या शासक वर्ग होता है। नगरीय प्रसार में राजा को ध्रुव के समान एक चुम्बकीय शक्ति के रूप में वे मानते हैं जो शहर रूपी मानव के शरीर का दिल होता है एवं सभ्यता की नई शक्तियों के विकास पर उसी का नियन्त्रण रहता है। *सिटी इन अर्ली हिस्टोरिकल इंडिया*, शिमला (1973) के लेखक आमलानन्द घोष (प्रथम भारतीय इतिहासकार जिन्होंने भारतीय इतिहास का अध्ययन नगरों के उदय, विकास एवं पतन के आधार पर किया है) ने भी उपर्युक्त तथ्यों को स्वीकारा है।

उपर्युक्त तथ्यों को पूर्ण रूप से स्वीकारते हुए जोबर्ग का कहना है कि इसमें कोई दो मत नहीं कि आर्थिक कारण से ज्यादा महत्त्वपूर्ण राजनीतिक कारण है जिसकी मदद से ही नगर केन्द्रों का जन्म हो सका। यद्यपि जोबर्ग इस बात से इनकार नहीं करते हैं कि राजनीतिक बुनियाद के लिए व्यापारिक व्यवस्था आवश्यक है; फिर भी वे राजनीतिक कारण को नगर के उदय के लिए मौलिक कारण मानते हैं।

लन्दन का एक विद्वान ब्रुश ट्रिगर ने अपने एक लेख 'डिटरमिनेंट्स ऑफ अरबन ग्रोथ इन प्री इंडस्ट्रियल सोसायटी' में गीडेन जोबर्ग के उपर्युक्त विचारों को बहुत ढंग से काटते हुए बताया है कि गीडेन जोबर्ग लेखन क्रिया और नगरीकरण को इतना ज्यादा एक-दूसरे से सम्बद्ध बताते हैं कि ऐसा लगता है कि लेखन क्रिया के अलावा नगर के उदय के लिए कोई दूसरा तत्त्व अतिआवश्यक है ही नहीं। गीडेन जोबर्ग के मत से ऐसा लगता है कि नगर वहीं पर है जहाँ शिक्षित संस्कृति है, जहाँ लेखन नहीं है, वहाँ नगर नहीं है। लेकिन भारत में हम पाते हैं कि शैक्षणिक केन्द्र होने के बावजूद नालन्दा या विक्रमशिला भारत के सबसे प्रमुख शहर कभी नहीं रहे। गीडेन जोबर्ग द्वारा नगर के उदय के लिए राजा की प्रमुखता को काटते हुए ट्रिगर कहता है कि बहुत सी आवश्यकताओं में से नगर के लिए एक आवश्यक तत्त्व राजा हो सकता है, न कि केवल राजा या राजा की शक्ति से ही नगर का निर्माण।

फिर हम देखते हैं कि जोबर्ग नगर के महत्त्व एवं लम्बी जिन्दगी के लिए शिल्पकला, विज्ञान एवं व्यापारिक चहल-पहल को महत्त्व देता है, लेकिन स्पष्ट रूप से शिल्प, विज्ञान, कला एवं व्यापारिक तत्त्वों के महत्त्व को नगरों के उदय के लिए मानने से इनकार कर देता है। ऐसा लगता है कि वह इस बात को बिल्कुल नहीं समझ पाता है कि शिल्प, विज्ञान, कला

एवं आर्थिक विकास ने ही मानव को एक समुदाय का रूप दिया और एक साथ मिलकर जीवन की आवश्यकताओं की पूर्ति में एक-दूसरे की मदद करने एवं सभ्य या व्यवस्थित जीवन व्यतीत करने का पाठ पढ़ाया। इस तरह नगर के उदय का पहला बीज शिल्प, विज्ञान, कला एवं व्यापारिक आवश्यकता एवं उत्थान के ही कारण हुआ। इन्हीं तत्त्वों के कारण एक क्षेत्र में स्थित कई गाँवों में से कोई एक गाँव नगर के रूप में बदला जहाँ कुछ विशेष प्रकार के लोग जो शिल्प, कला, विज्ञान एवं व्यापार से किसी-न-किसी तरह जुड़े थे, आकर रहने लगे और एक साथ मिलकर एक सुचारू जिन्दगी बिताने लगे और यही वह विकसित सामाजिक स्थिति थी जब लोगों ने प्रशासन की आवश्यकता या दूसरे रूप में हम कह सकते हैं, राजा की आवश्यकता महसूस की। सामाजिक एवं आर्थिक व्यवस्थित स्थिति के अभाव में प्रशासन मात्र उसी स्थिति में आवश्यक समझा जाता है जब समाज की बनावट आर्थिक एवं शिल्प, विज्ञान, कला में उन्नति होने के कारण काफी बड़ी हो जाए। इसी स्थिति में समाज इस बात की आवश्यकता महसूस करता है कि धन एवं जन की सुरक्षा के लिए तथा सामाजिक सम्बन्ध को अच्छा बनाने के लिए एक राजनीतिक संगठन की आवश्यकता पड़ती है। इन तथ्यों से यह प्रमाणित होता है कि शिल्पकला, विज्ञान, आर्थिक एवं सामाजिक विकास के बाद ही राजनीतिक साधन की आवश्यकता पड़ती है, न कि राजनीतिक साधन से प्रारम्भिक अर्थ एवं शिल्प, विज्ञान, कला का जन्म होता है।

नगर की उत्पत्ति के उपर्युक्त कारणों एवं विभिन्न विद्वानों के मतों एवं विचारों के अध्ययन से हमें इतिहास में नगरीय विषयों के प्रारम्भिक विकास को जानने में सुविधा मिलती है।

भारत में शहरीकरण की शुरुआत सिन्धुघाटी में पाए गए नगरों से आरम्भ होती है। सिन्धुकाल की नगरीय अवस्था के पतन के पश्चात् ऋग्वैदिक एवं उत्तर वैदिक काल में अर्थात् ईसा पूर्व छठी शताब्दी के पहले हमें नगरों के प्रमाण नहीं के बराबर देखने को मिलते हैं। खुदाई से प्राप्त सिक्के, लिखित सामग्री एवं अन्य पुरातात्त्विक सामग्रियों के अध्ययन से पता चलता है कि लगभग 500 ई. पू. से भारत की आर्थिक व्यवस्था में महत्त्वपूर्ण परिवर्तन आने लगे। इसके परिणामस्वरूप नगरों का प्रादुर्भाव होने लगा। गंगा के किनारे स्थित उपजाऊ प्रदेश के कारण श्रावस्ती, चम्पा, राजगृह, अयोध्या, कोशाम्बी और काशी जैसे कुछ नगर बहुत महत्त्वपूर्ण बन गए। आवश्यकता से अधिक उत्पादन के कारण कुछ अन्य नगर भी विकसित हुए। नगरों का जन्म वैसे क्षेत्रों में हुआ जहाँ आरम्भ मे कुम्हारगिरी, बढ़ईगिरी, वस्त्रों की बुनाई जैसे शिल्पों में विशिष्टता प्राप्त करनेवाले ग्राम ज्यादा पाए गए। जैनधर्मग्रन्थों में कई प्रकार के नगरों की चर्चा हमें देखने को मिलती है, जैसे—अवारीत नगर, मिट्‌टी की चहारदीवारीवाला नगर, छोटी दीवारवाला नगर, बड़ानगर, समुद्रनगर और राजधानी नगर। दक्षिण के कुछ शहरों के लिए पुर, स्कन्धावार, विजय-स्कन्धावार, नगर, महानगर, सार्वभौम (महानगर से भी ज्यादा महत्त्वपूर्ण नगर) पट्‌टण, महापट्‌टण, आदि की चर्चा अभिलेखों एवं लिखित स्रोतों में मिलती है।

20.7 नगरों का विकास

प्राचीन काल के नगरों के विकास में मुख्य रूप से तीन आधार हमें देखने को मिलते हैं—आर्थिक, राजनीतिक और धार्मिक। छठी शताब्दी ईसा पूर्व से लेकर कुषाण एवं सातवाहन काल तक के

नगरों के अध्ययन से हम पाते हैं कि इस काल में कुछ अपवादों को छोड़कर मुख्य रूप से आर्थिक एवं राजनीतिक कारणों का ही हाथ नगरों के विकास में रहा। धार्मिक प्रधानतावाले शहरों की संख्या इस काल में नगण्य है।

खुदाई से प्राप्त सिक्के, लिखित सामग्री एवं अन्य पुरातात्त्विक सामग्री के अध्ययन से पता चलता है कि छठी शताब्दी ईसा पूर्व से भारत की आर्थिक व्यवस्था में महत्त्वपूर्ण परिवर्तन का आधार था लोहे का व्यापक उपयोग (भारत में लोहे का उपयोग 800 ईसा पूर्व से पाया जाता है)। धान, ईख और कपास की बड़े पैमाने पर खेती तथा शिल्प विज्ञान में काफी उन्नति होने लगी। परिणामस्वरूप, आवश्यकता से अधिक उत्पादन इस काल की मुख्य विशेषता थी। इस काल में लगभग 60 सुविख्यात नगरों की चर्चा हमें देखने को मिलती है। ये नगर पूर्व में चम्पा से लेकर पश्चिमी तट में भृगुकच्छ तक और दक्षिण में कावेरी-पट्टनम से लेकर उत्तर में कपिलवस्तु तक फैले हुए थे। श्रावस्ती जैसे बड़े नगरों की संख्या 20 थी। इनमें से छह नगर तो इतने महत्त्वपूर्ण थे कि वहाँ बुद्ध ने पर्यटन भी किया था। ये छह नगर थे—चम्पा, राजगृह, साकेत, कोशाम्बी, वाराणसी और कुशीनगर। वस्तुतः नगर का महत्त्व उसकी कला एवं शिल्प से होता था। राजगृह के बारे में उस काल के ग्रन्थों में चर्चा है कि वहाँ अट्ठारह शिल्पी संघ थे। बौद्धग्रन्थ में वर्णित इन परम्परागत अट्ठारह शिल्पी संघों में से केवल चार का ही उल्लेख है—बढ़ई, लौहकार, चर्मकार और चित्रकार। हमें यह ठीक-ठीक ज्ञान नहीं कि नगर और गाँवों के बीच कैसा सम्बन्ध था। उत्पादन के अच्छे साधनों के कारण ग्राम सात प्रकार के अन्न और सात प्रकार के दलहन पैदा करते थे और अतिरिक्त खाद्य सामग्री नगर में भारी संख्या में रहनेवाले शिल्पियों, वणिकों और सैनिकों के लिए तथा राजा और उसके सामन्तों की ड्योढ़ियों के लिए आपूर्ति करते थे। अतिरिक्त अनाज के बदले जनपद के लोग नगरों से शायद वस्त्र पाते थे क्योंकि कहते हैं कि वाराणसी के आसपास रूई उपजाई जाती थी जिससे वस्त्र बुना जाता था।

1. इतिहास के विभिन्न स्रोतों एवं घटनाओं के अध्ययन से पता चलता है कि नगरों का उत्थान विस्तृत रूप से अनेक कारणों के परिणामस्वरूप हुआ। इनमें से सबसे प्रमुख कारण था अतिरेक अर्थात् आवश्यकता से अधिक उत्पादन और उसके वितरण के लिए व्यापार एवं व्यापारियों का क्रिया-कलाप। धार्मिक कारण के समान ही प्रशासक वर्ग का भी हाथ शहरों के उत्थान में रहा। व्यापारिक, प्रशासनिक, शैक्षणिक, धार्मिक, आदि जो भी नगरों की चर्चा हमें देखने को मिलती है वे मात्र एक ही प्रकार के क्रिया-कलाप के केन्द्र न थे बल्कि अन्य प्रकार की विशेषताएँ भी यहाँ पाई जाती थीं। इन शहरों की आबादी अलग-अलग क्रिया-कलापों पर निर्भर करती थी, जैसे व्यापारिक नगरों की आबादी धार्मिक या प्रशासनिक केन्द्रों की तुलना में सम्भवतः अधिक होती थी। शहरों के विकास के जिन मुख्य कारणों का अध्ययन आवश्यक है, वे हैं : अधिक मात्रा में खाद्य पदार्थों की आपूर्ति, जनसंख्या में वृद्धि एवं ग्रामीण बेकारी, हस्तकला एवं कारीगरी में विशिष्टता, खरीद एवं बिक्री, सामाजिक विकेन्द्रीकरण, धर्म, धार्मिक यात्रा, शिक्षा, भूस्वामित्व, किराएदार, प्रशासन, सुरक्षा, युद्ध, सिंचाई, भौगोलिक वातावरण, व्यक्तिगत प्रयास आदि।

2. जहाँ तक अधिक मात्रा में खाद्य पदार्थ के उत्पादन का प्रश्न है, हम पाते हैं कि अधिक उत्पादन एवं नगरीय क्षेत्रों में उसका पहुँच पाना शहरों के उत्पादन का मुख्य आधार था। उत्पादक वर्ग मुख्य रूप से शहरों के आसपास स्थित गाँवों में रहता था। अपवाद के रूप

में उत्पादक वर्ग का एक छोटा-सा वर्ग शहरों में भी रहता था। उत्पादक वर्ग से शहर खाद्य सामग्री एवं कच्चा माल जैसे अन्न, कपास, आदि खरीदता था और बदले में शहर में निर्मित तैयार माल, जैसे कपड़ा आदि गाँवों में बेचा जाता था। इसी खरीद एवं बिक्री के आधार पर बहुत से शहरों का जन्म हुआ।

जनसंख्या की वृद्धि एवं अकाल, महामारी, सूखा आदि के कारण ग्रामीण बेकारी का भी हाथ शहर के विकास में रहा। नौकरी की तलाश में आए हुए लोगों के कारण शहरों की आबादी बढ़ती गई। फलतः शहरों के उत्पादन में वृद्धि हुई और शहरों के क्षेत्रफल में विस्तार भी होने लगा। आबादी बढ़ने के साथ-साथ तकनीकी विज्ञान में प्रगति की आवश्यकता महसूस की गई और तब नई-नई वस्तुएँ अधिक मात्रा में निर्मित होने लगीं।

नगरीय अर्थव्यवस्था का मुख्य आधार व्यापार एवं हस्तकला के माध्यम से निर्मित वस्तुएँ थीं। विकसित व्यापार के कारण ही हस्तकला के आधार पर निर्मित अधिक-से-अधिक वस्तुओं की आवश्यकता होती थी। नगरों में प्रायः हस्तकला विशेषज्ञ जैसे स्वर्णकार, कसेरा, कुम्हार, आदि रहते थे और कई शिल्पकार एक साथ मिलकर आभूषण, बर्तन आदि वस्तुओं का निर्माण करते थे। इस तरह एक साथ मिलकर नियमबद्ध तरीके से निर्मित होनेवाले सामान का केन्द्र नगर के रूप में विकसित हो जाता था। अपने स्वार्थ की रक्षा के लिए व्यापारियों एवं शिल्पकारों में एकता आने लगी और इनके बीच अनेक व्यापारिक समूहों का विकास होने लगा।

3. शहरों के विकास में व्यापार एवं बाजार का बड़ा ही महत्त्वपूर्ण स्थान रहा। नगरीय आर्थिक स्थिति का मुख्य आधार व्यापार ही था। निर्मित वस्तुओं के वितरण के एक निश्चित नियम का विकास होने लगा। ग्रामीण अतिरेक एवं शहरी उत्पादन का मुख्य आधार व्यापार ही होता था। वैसे, शहरों का गाँवों के साथ व्यापार का क्षेत्र काफी सीमित था। एक स्थान का दूसरे स्थान के साथ व्यापार होने के सिलसिले में बीच-बीच में कुछ ऐसे सुरक्षित स्थानों का भी जन्म होने लगा जहाँ व्यापारी अपना सामान रखकर वर्षा या अन्य संकटकालीन स्थिति में या कुछ दिनों तक आराम करने के दृष्टिकोण से ठहरा करते थे। ठहरनेवाला यह स्थान बाद में चलकर शहर का रूप ले लेता था।

दूर-दूर पर बसे हुए शहरों के बीच भी व्यापार होता था। विदेशों से भी भारतीय नगरों के व्यापारिक सम्बन्ध थे। मिस्र एवं मेसोपोटामिया से व्यापारिक सम्बन्ध होने के कारण भारत में नए-नए शहरों का विकास हुआ। शहरों में तैयार माल के उत्पादन और वितरण के आधार पर हम पाते हैं कि बहुत से शिल्पियों एवं कारीगरों का व्यापारिक सम्बन्ध न केवल राजदरबार से बल्कि मन्दिर एवं सेना से भी था। ये कारीगर कपड़ा, गहना, लड़ाई के औजार, खाद्य-सामग्री आदि पहुँचाते थे। वितरण की इस प्रथा ने उत्पादक वर्ग एवं वितरकों के बीच संगठन को दृढ़ किया। फलतः बहुत से गोदामों, यातायात के साधन, लेखा-जोखा रखनेवाले शहरी लोगों का एक नया वर्ग विकसित हुआ जो भिन्न-भिन्न कार्यों के विशेषज्ञ होते थे। उद्योग एवं व्यापार में विकास के कारण नए-नए शहरी वर्गों का भी विकास हुआ। इससे मुख्य रूप से दो नए वर्गों का विकास हुआ जिनमें से एक का सम्बन्ध उत्पादन से था और दूसरा वर्ग इन वस्तुओं को थोक भाव से कम कीमत पर खरीद लेता था और उस पर मुनाफा रखकर राजदरबार, मन्दिरों एवं सेनाओं आदि को बेचता था। इस प्रक्रिया में अत्यन्त धनी, धनी, कम धनी, मध्यम वर्ग एवं गरीब वर्गों का विकास हुआ और इनके जीवन स्तर में भी आर्थिक एवं

सामाजिक भिन्नता पाई जाने लगी। अब भिन्न-भिन्न शहरों में आर्थिक, प्रशासनिक एवं नगर-योजना के दृष्टिकोण से अलग-अलग विशेषताएँ पाई जाने लगीं।

4. धार्मिक कारण से भी शहरों का विकास हुआ। बहुत से गाँवों में भी अनेकों प्रकार के धार्मिक केन्द्र थे लेकिन वे बड़े पैमाने पर विकसित नहीं थे। जिस गाँव में बड़े पैमाने पर धार्मिक विकास हुआ वह शहर में बदल गया। अतः बड़े पैमाने पर धार्मिक क्रिया-कलाप के लिए शहरी व्यक्तियों का समर्थन आवश्यक था। धर्मस्थलों के मन्दिरों में ब्राह्मण, क्लर्क, शिल्पकार, गानेवाला, बजानेवाला, नाचनेवाली, नौकर, दासी आदि रहते थे। ये लोग मन्दिरों से सम्बन्धित सभी तरह के धार्मिक एवं आर्थिक कामों में संलग्न थे। अपनी आवश्यकता के सामानों की पूर्ति कुछ तो ये स्वयं करते थे लेकिन अधिक मात्रा में इन्हें शहरों से खरीदना पड़ता था।

धार्मिक यात्री जो दूर-दूर से मन्दिर में पूजा-पाठ या दर्शन के लिए आते थे, बड़ी मात्रा में मन्दिरों को दान देते थे। इससे न केवल मन्दिरों को आर्थिक लाभ होता था बल्कि यातायात के साधनों का भी विकास हुआ और ये धार्मिक यात्री जो शहर के आस-पास या दूर के गाँवों से आते थे अनेक नए रास्तों का निर्माण किया करते थे। कुशीनारा, कपिलवस्तु, सारनाथ, श्रावस्ती, वैशाली आदि शहर उसी के परिणाम थे। मथुरा को भी इस श्रेणी में रखा जा सकता है। इन नगरीय स्थलों ने अनेक प्रकार के धार्मिक विचारों का विकास किया। भिन्न-भिन्न क्षेत्रों से आए हुए यात्री अनेक प्रकार के धार्मिक विचारों से प्रभावित होकर गाँव में इन धर्मों का बड़े पैमाने पर प्रचार एवं प्रसार करते रहते थे। इतना ही नहीं, गाँव से आनेवाले इन धार्मिक यात्रियों को शहरों से अनेक प्रकार के अनुभव प्राप्त हुए जिसके परिणामस्वरूप उनका मानसिक विकास हुआ।

धार्मिक यात्रा के परिणामस्वरूप ही शहर और गाँवों के बीच धर्मशाला या सरायों या ठहरने के स्थानों का निर्माण हुआ जो गाँव या शहर में रहनेवाले लोगों के द्वारा चन्दा इकट्ठा करके बनवाए गए या जिन्हें प्रशासन ने बनवाया। बहुत सी सरायों का निर्माण तो अनेक प्रकार की धार्मिक संस्थाओं ने भी किया। व्यापारियों के द्वारा भी इनके निर्माण में काफी मदद की गई। ये धार्मिक सरायें प्रायः मुख्य सड़कों पर शहरों के नजदीक निर्मित की जाती थीं। बाद में चलकर इन सरायों में व्यापारियों एवं यात्रियों के ठहरने के कारण बहुत तरह की दुकानें खुल गई। कुछ शिल्पकार भी यहाँ रहने लगे जो अपने सामान को नए-नए यात्रियों के हाथ बेंचा करते थे। इस तरह धीरे-धीरे स्थायी रूप से बसनेवाले लोगों की संख्या बढ़ने लगी और एक प्रशासनिक संगठन का निर्माण आवश्यक हो गया। धीरे-धीरे नगरीय विशेषताएँ यहाँ विकसित हुईं। उदाहरण के लिए आधुनिक छपरा के पास चिराँड नामक शहर को ले सकते हैं।

5. शिक्षा के कारण भी नगरों का निर्माण हुआ। बड़े-बड़े शैक्षणिक केन्द्र असंख्य विद्यार्थियों एवं शिक्षकों (जो खाद्य उत्पादन का कार्य नहीं करते थे) के रहने के कारण छोटे-छोटे शहरों के रूप में परिणत हो गए। इस श्रेणी में हम तक्षशिला एवं काशी को रख सकते हैं जहाँ राजपरिवार के भी लड़के पढ़ने आते थे। सारनाथ भी बौद्ध विद्या का एक केन्द्र था। नालन्दा और विक्रमशिला को इस श्रेणी में रखा जा सकता है।

6. बड़े-बड़े भूमिपतियों ने शहर के विकास में मदद की। काफी धनी होने के कारण इन लोगों ने आरामदायक जिन्दगी बिताने के लिए शहरों में रहना शुरू किया। शहर में ही रहकर

ये लोग गाँव की आर्थिक व्यवस्था का संचालन करते थे। अपने खेतों में प्रत्यक्ष रूप से काम न करके ये मजदूरों से काम करवाते थे। इस तरह भूमिपतियों के आने से छोटे-छोटे शहरों का भी रूप विस्तृत होने लगा।

शहरों में रह रहे लोगों की भिन्न-भिन्न दृष्टिकोण से सेवा करने के लिए अनेक तरह के सेवकों जैसे माली, हजाम, आदि की जरूरत पड़ी और इस तरह शहरी लोगों की संख्या बढ़ने लगी। रसोइया, घरेलू नौकर, व्यक्तिगत नौकर, गानेवाला, आदि लोग शहर में पाए जाने लगे। ऐसे लोग अधिकांश संख्या में बड़े-बड़े नगरों, प्रशासनिक केन्द्रों एवं राजधानियों में रहते थे।

7. प्रशासनिक आवश्यकताओं के कारण शहरों का विकास हुआ। सामान्य तौर हम पाते हैं कि प्रशानिक आवश्यकताओं के साथ-साथ ही शहरों का विकास आरम्भ हुआ। यह ठीक है कि शहरों के विकास में सबसे प्रमुख तत्त्व आर्थिक होता, लेकिन हम यह भी पाते हैं कि जब से प्रशासनिक व्यवस्था की आवश्यकता महसूस की जाने लगती है, शहरों का विकास होने लगता है। छठी शताब्दी ई.पू. में तो हम कई वैसे ही शहरों को पाते हैं जो मुख्य रूप से प्रशासनिक केन्द्र होते थे।

सुरक्षा की व्यवस्था ने नगरों के विकास में हाथ बँटाया। क्षेत्रीय सुरक्षा के लिए जब एक निश्चित स्थान पर काफी संख्या में सैनिक, लड़ाई के औजार एवं अन्य सुरक्षात्मक उपकरण रखे गए तथा उनकी देखभाल के लिए अधिकारियों की नियुक्ति की गई तो बाद में चलकर ऐसे स्थान शहर के रूप में परिणत हो गए।

युद्ध के कारण नए-नए शहर बने। युद्ध से सुरक्षा के लिए बड़े-बड़े स्थानों पर चहारदीवारी और मजबूत किले बनाए गए तथा वहाँ पर बहुत से सैनिकों, अधिकारियों एवं राजाओं के आवास निर्मित हुए। बाद में ऐसे स्थान भी जिन्हें *स्कन्धावार* भी कहा जाता है, शहर के रूप में बदल गए।

जिन क्षेत्रों में सिंचाई व्यवस्था अच्छे तरीके से की गई, वहाँ आवश्यकता से अधिक खाद्य सामग्री एवं कच्चे सामान पैदा किए गए। आवश्यकता से अधिक सामानों की बिक्री के लिए बहुत से गाँवों में से किसी एक गाँव को बहुत तरह की सुविधाओं को ध्यान में रखकर खरीद-बिक्री के केन्द्र के रूप में जब उसे स्थापित किया गया तो बाद में चलकर वह स्थान शहर के रूप में परिणत हो गया।

भौगोलिक दृष्टिकोण से जिन क्षेत्रों की भूमि काफी उपजाऊ रही एवं वर्षा सन्तोषप्रद रही और बाढ़ तथा सूखा से क्षति की सम्भावना नहीं रही वैसे क्षेत्रों में व्यापारिक एवं राजनीतिक नगरों का विकास तेजी से हुआ।

व्यक्तिगत प्रयासों से भी नगरों का विकास हुआ। सिकन्दर ने अपने नाम पर शहर बसाया। कनिष्कपुर एवं हुष्कपुर नामक शहरों के निर्माता कुषाण राजा कनिष्क एवं हुविश्क थे।

20.8 शहरों का पतन

1. भारत में नगरीय दृष्टिकोण से तीन प्रकार के काल पाए जाते हैं। प्रथम काल की शुरुआत लगभग छठी शताब्दी ई.पू. से होती है और ईसा के बाद की तीसरी सदी तक रहती है। पुरातात्त्विक सामग्री, लिखित स्रोत एवं सिक्कों के अध्ययन के आधार पर हम पाते हैं कि इस

काल में वैसे नगरों की संख्या काफी रही जो मुख्य रूप से व्यापारिक केन्द्र थे और इनका सम्बन्ध देश-विदेश से जुड़ा हुआ था। ऐसे शहर लगभग 60 थे, जो चम्पा से लेकर पश्चिमी तट में भृगुकच्छ तक और दक्षिण में कावेरीपट्टम से लेकर उत्तर में कपिलवस्तु तक फैले हुए थे। इस काल के कुछ प्रमुख शहर कपिलवस्तु, राजगृह, चम्पा, कौशाम्बी, पावा, पाटलिपुत्र, ताम्रलिप्ति, दन्तपुर, वैशाली, कुशीनगर, साकेत, चिराँड, श्रावस्ती, कामपिल्य, मथुरा, पुष्कलावती, सोपारा, भृगुकच्छ उज्जैनी, शाकल, गया, हस्तिनापुर, अयोध्या, प्रयाग, वल्लभी, प्रभास, तक्षशिला, श्रीनगर, कनिष्कपुर, प्रातानप्रस्थ, कल्याण, टगर, चन्द्रवल्ली, बड़गाँव-माधोपुर, गोवा, कारावार, चौल, नासिक, काँचीपुरम, सुरपरक, जगन्नाथपुरी, मसुलीपत्तन, कावेरीपत्तन, कान्यकुब्ज, नागार्जुन, कोरडा, इन्द्रप्रस्थ, महिष्मती, विदिशा, साकेत आदि थे। इनमें से अधिकांश नगर समुद्र या नदियों के किनारे अवस्थित थे, जिनका थोड़ा-बहुत धार्मिक महत्त्व और अधिकांशतः व्यापारिक महत्त्व था। रोम के साथ व्यापारिक सम्बन्ध होने के कारण इस काल के शहर काफी विकसित हुए। रोमन साम्राज्य का पतन छठी सदी में हुआ। उसके पथ पद्धति पर हूणों के आक्रमण होने लगे। भारत-रोम का सामुद्रिक मार्ग बन्द हो गया था और सब व्यापार पुनः अरब और अक्षुणियों के अधीन चला गया। ससानियों का फारस की खाड़ी तथा स्थल मार्गों पर चलनेवाले रेशम के व्यापार पर पूर्ण अधिकार हो गया। भारत में पाए जानेवाले रोमन स्वर्ण सिक्कों से यह पता चलता है कि भुगतान सन्तुलन भारत के पक्ष में था।

दूसरे काल की शुरुआत प्रमाणों के आधार पर चौथी सदी से कर सकते हैं, जिसमें व्यापार के पतन की बात झलकती है और भूमिदान की बात बड़े पैमाने पर हम पाते हैं। यह स्थिति भारत में लगभग 10वीं सदी तक बनी रहती है। इस काल के अध्ययन के लिए खुदाई से हमें कुछ विशेष प्राप्त नहीं होता। बड़े पैमाने पर एक नया स्रोत *अभिलेख* पाया जाने लगता है। अभिलेखों, सिक्कों एवं लिखित स्रोतों के आधार पर हम इस काल में नगरों एवं व्यापार की पतन की बात पाते हैं।

अधिकांश शहरों ने चौथी सदी में अपना पूर्व महत्त्व खो दिया और मात्र धार्मिक स्थल रह गए, जहाँ वर्ष में कम-से-कम एक बार आने पर जोर दिया गया। चिराँड, राजगृह, ताम्रलिप्ति, पाटलिपुत्र, बड़गाँव-माधोपुर, नागार्जुन कोंड, चन्द्रवल्ली आदि नगर तो गाँव बनकर रह गए। सातवाहन या कुषाण काल के बाद ये नगर अपने प्राचीन सौन्दर्य को कभी नहीं प्राप्त कर सके। प्रशासनिक केन्द्रों के रूप में इनमें से कुछ शहर अपनी पहचान 11वीं सदी तक बनाए रहे। उपयुक्त शहरों में रो कुछ शहर छठी शताब्दी तक किसी तरह अपना व्यापारिक महत्त्व बनाए रखे, क्योंकि 550 ई. तक रोम का व्यापारिक सम्बन्ध भारत से बना रहा। लेकिन 5वीं सदी से ही हम पाते हैं कि शहरों के बड़े-बड़े व्यवसायी अपने पेशा को बदलने लगे और नगर छोड़ने लगे क्योंकि बड़े पैमाने पर व्यापार का पतन होने लगा और रेशम, बहुमूल्य पत्थर, मसाला आदि में बड़ी पूँजी को व्यय करने से कोई लाभ नहीं था, क्योंकि इन वस्तुओं का बाजार दिन-प्रतिदिन घटता जा रहा था। हूणों के आक्रमण ने भी व्यापार पर कुठाराघात किया। गुप्तकाल में भूमि का महत्त्व बढ़ने की बात हम पाते हैं और इसी के साथ शुरू हुआ राजकीय जमींदारों का उदय। मौर्यकाल में या सातवाहन काल में केन्द्रीय शक्ति जितनी मजबूत थी, उतनी मजबूत गुप्तकाल में हम नहीं पाते हैं। और इसलिए भूमिदान के साथ-साथ जमींदारी व्यवस्था और पुरोहितों की शक्ति में नए मन्दिर के निर्माण के साथ वृद्धि होने लगती है। इन सारी बातों के पीछे मुख्य हाथ था चौथी सदी से शुरू हुए व्यापारिक पतन का।

मन्दिरों के निर्माण, परती भूमि में खेती, तौलने और मापने के अनेक प्रकार के यन्त्र एवं बटखरे, अन्न के उत्पादन में वृद्धि, कला में उत्कर्ष, लिखित रचनाएँ, आदि को देखकर कुछ विद्वानों ने चौथी सदी के बाद के काल को विकसित अवस्था का काल माना है। किन्तु ये सारी चीजें उसी समय विकसित हुईं जब आर्थिक पतन आरम्भ हो गए। आर्थिक पतन के ही कारण सिक्कों के प्रयोग में हम कमी पाते हैं। चौथी सदी से लेकर दसवीं सदी से तक सिक्कों का प्रयोग खरीद-बिक्री में होने के प्रमाण नहीं मिलते।

गुप्तकाल में भारत चीन और दक्षिण पूर्व एशिया को रत्न, वस्त्र और शक्कर भेजकर सोना प्राप्त करता था, लेकिन कुछ दिनों के बाद ही यह व्यापार भी समाप्त हो गया। पुनः भारतीयों ने मध्य एशिया और दक्षिण-पूर्व एशिया में कपास की खेती शुरू की, जो धीरे-धीरे चीन तक चली गई। छठी सदी के बाद चीनियों ने सूती वस्त्र बनाना सीख लिया। सातवीं सदी में कुछ चीनी लोग मगध में आए और भारत से शक्कर बनाने की कला सीखी। इसके परिणामस्वरूप चीन ने अब भारत से शक्कर का आयात बन्द कर दिया। व्यापारिक पतन के कारण बन्दरगाहों और भीतरी नगरों के बीच तथा नगरों और ग्रामों के बीच की आर्थिक कड़ी कमजोर हो गई। गुप्तकाल से सामन्ती वातावरण में अनेक राज्यों के होने से प्राशसनिक केन्द्रों की संख्या तो बढ़ी लेकिन ये केन्द्र बहुत बड़े शहर के रूप में नहीं बदल सके। अनेक राज्यों के होने से कई जाँच चौकियों पर जो थोड़े बहुत व्यापारी व्यापार में लगे थे, उन्हें सीमा शुल्क चुकाना पड़ता था, जिसके कारण वस्तुओं का दर महँगा हो जाता था और सामान्य नागरिक खरीदने में हिचकिचाता था। व्यापार और वाणिज्य के पतन से व्यापारियों की गतिशीलता काफी कम हो गई और व्यापारिक नगरों का पतन होने लगा। अब अधिकांश भाग में *स्कन्धावार* जैसे छोटे शहर पाए जाने लगे। वहाँ सैनिक रहते थे और उनकी आवश्यकता की पूर्ति के लिए थोड़े-बहुत व्यापारी होते थे। यह एक छोटा-मोटा शहर होता था जहाँ प्रशासनिक केन्द्र स्थापित होने लगे, जिसके लिए व्यापार की कोई खास उपयोगिता नहीं थी। कारीगरों को ग्राहकों या शहरों से बँध जाना पड़ा, जहाँ ये लोग मात्र स्थानीय ग्राहकों या मालिकों की जरूरतों को पूरा करते थे।

धार्मिक पुस्तकों में समुद्र यात्रा को निषिद्ध माना गया। व्यापारियों को नगर के एक ही बाजार में इकट्ठा होने की मनाही थी। फाहियान वैश्यों की गरीबी और नगरों के पतन की चर्चा करता है। बंगाल में भी आठवीं सदी से वाणिज्य में पतन होने के कारण नगरों की स्थिति खराब होने लगी। (निहाररंजन राय, *बंगालेर इतिहास,* आदिपर्व, कलकत्ता 1948)।

नए नगरों के निर्माण के बदले छठी सदी से हम नए-नए मन्दिरों के बनने की प्रथा की शुरुआत पाते हैं। आर्थिक स्थिति अच्छी होने पर मौर्य या कुषाण काल में हम ऐसी बात नहीं पाते हैं, क्योंकि व्यापार ही इस काल का प्रतिष्ठा-चिह्न था। सिकन्दर ने आर्थिक स्थिति अच्छी होने के कारण नया शहर बनवाया। कुषाण शासक कनिष्क ने तक्षशिला एवं कनिष्कपुर जैसे नगरों का निर्माण किया और पुरुषपुर, पुष्कलावती, इन्द्रप्रस्थ, हस्तिनापुर, मथुरा, श्रावस्ती, कौशाम्बी, वाराणसी, पाटलिपुत्र, वैशाली आदि नगरों को संरक्षण प्रदान किया। मन्दिरों के निर्माण से ही गुप्तकाल के शासक सन्तुष्ट नहीं हुए, बल्कि चोलों के काल में अपनी विलासपूर्ण पिपासा एवं आर्थिक कमजोरियों को छुपाने के लिए अपने को मन्दिरों में देवता के रूप में प्रतिष्ठित किया। जबर्दस्ती सामाजिक प्रतिष्ठा प्राप्त करने के लिए तन्त्रमन्त्र से प्रभावित होकर सम्भोगरत प्रतिमाओं को अनेक मन्दिरों में इस काल के शासकों ने स्थान दिया।

उपर्युक्त तथ्यों को ध्यान में रखते हुए हम पाते हैं कि लगभग चौथी सदी से लेकर 10वीं सदी तक शहरों की स्थिति खराब हो गई थी, और बहुत से शहर समाप्त हो गए क्योंकि व्यापारिक पतन के कारण आर्थिक स्थिति कमजोर हो गई। कृषक और श्रमिक गुलाम के रूप में भूमिपतियों एवं धार्मिक संस्थाओं द्वारा इस्तेमाल किए जाने लगे। इन्हीं दोनों के पास बड़े पैमाने पर भूमि थी, जिसके लिए नौकरों की आवश्यकता थी। शहरों के पतन के कारण भूमि का महत्त्व बढ़ा क्योंकि भूमि से उत्पन्न खाद्य सामग्री ही समाज के लगभग सभी वर्गों के लिए जीविका का प्रमुख साधन हो गया। भूमि का महत्त्व बढ़ने के कारण भूमि के विभाजन की चर्चा इसी काल में काफी मिलती है। देश में गृहयुद्ध का वातावरण हमें देखने को मिलता है जिसके कारण बड़े पैमाने पर उत्पादन के कार्यों में कमी तथा स्थानीय उत्पादन की प्रमुखता के कारण आर्थिक संसाधन काफी सीमित हो गए। केन्द्रीय सत्ता का अभाव और सामन्ती व्यवस्था के कारण खेती की सुविधा के लिए सिंचाई की व्यवस्था का भार स्थानीय लोगों पर था। माप-तौल के लिए छोटे बटखरों का प्रयोग होने से हमें आर्थिक दुर्व्यवस्था का आभास मिलता है। रोम के साथ व्यापार का पतन और आठवीं सदी आते-आते पूर्वी क्षेत्रों के साथ व्यापार की समाप्ति के कारण शहरों का पतन स्वाभाविक था। व्यापार की असन्तोषजनक स्थिति के कारण निश्चित लाभ की आशा में व्यापारी अपना ध्यान जमीन की ओर केन्द्रित करने लगे।

छठी से तेरहवीं सदी तक पूर्व मध्यकालीन भारत का इतिहास प्राचीन भारत के इतिहास से अनेक प्रकार से भिन्न है। इस काल में केन्द्रीय शासन के कमजोर होने के परिणामस्वरूप उत्तरी भारत तथा दक्खिन में प्रादेशिक राज्यों के रूप में राजनीतिक विखंडन हुआ। फलतः प्रादेशिक निष्ठा को बढ़ावा मिला। मोटे रूप में इसे सामन्तवाद कहते हैं। इस काल की अर्थव्यवस्था का सर्वाधिक महत्त्वपूर्ण परिवर्तन भू-राजस्व और भूमि का बड़े पैमाने पर हस्तान्तरण है जो राजाओं और उनके अधीनस्थों द्वारा धर्म-निरपेक्ष और धार्मिक दोनों ही तत्त्वों को किया गया था। इसका प्रमाण हमें अनेक अभिलेखों से मिलता है जिनमें शुरू में पुरोहितों को तथा आगे चलकर अधीनस्थों एवं अधिकारियों को भी राजस्व और प्रशासकीय उन्नमुक्तियों सहित गाँव दान में दे दिए गए। दक्षिण भारत में सैनिक सेवा के बदले गाँव दान में देने की चर्चा मिली है। इसके कारण अनेक स्वतन्त्र अस्तित्व रखनेवाले वित्तीय और प्रशासनिक प्रखंडों का उदय हुआ।

जो ग्राम या ग्राम-समूह इस विकेन्द्रीकरण में शामिल नहीं भी थे उनके हिताधिकार का भी पृथक अस्तित्व इस काल में हुए व्यापारिक पतन के कारण मजबूत हो गया। भारत के विदेशी व्यापार का स्वर्णकाल प्रथम और द्वितीय शताब्दियों में करीब सौ वर्षों तक रहा। इस काल में भारत से रोमन साम्राज्य के पूर्वी भाग को मसाला, रेशम और कीमती धातुओं का निर्यात होता था। बैजन्तिया (वाइजेंटियम) को ईस्वी सन् की छठी शताब्दी के मध्य तक भारतीय रेशम का निर्यात होता रहा। लेकिन एक बार जब बैजन्तिया निवासियों ने चीनियों से रेशम का कीड़ा पालना सीख लिया तब उन्हें चीन या भारत से रेशम मँगाने की जरूरत नहीं रही। सम्भवतः अभी भी दक्षिण-पूर्व एशिया और चीन के साथ भारत के तटवर्ती क्षेत्रों का थोड़ा व्यापार ही चल रहा था लेकिन इसका कोई विशेष असर देश की आन्तरिक अर्थव्यवस्था पर नहीं पड़ा। व्यापार के इस पतन के कारण तटवर्ती नगरों और भीतरी नगरों के बीच तथा नगरों और ग्रामों के बीच की आर्थिक कड़ी कमजोर पड़ गई।

व्यापार के पतन की बात सिक्कों में पाई गई कमी के आधार पर भी होती है। पूर्व मध्यकाल के शासकों जैसे पाल, गुर्जर-प्रतिहार, राष्ट्रकूट, आदि के समय के सिक्कों को लगभग नहीं पाया गया है। 650 ई. से 1000 ई. तक तो स्वर्णमुद्राओं का पूर्ण अभाव ही दीख पड़ता है। सिक्कों की कमी से आन्तरिक एवं बाह्य दोनों ही व्यापारों को बाधा पहुँची और गाँव अकेले ही मिल-जुलकर अपनी जरूरतें स्वयं पूरी करने का बाध्य हो गए।

व्यापार एवं वाणिज्य का पतन होने से व्यापारियों और कारीगरों का देश के एक भाग से दूसरे भाग में आना-जाना वास्तव में बन्द हो गया। कारीगरों को ग्रामों या नगरों से ही बँध जाना पड़ा जहाँ ये मात्र स्थानीय लोगों की आवश्यकता को पूरा करने के लिए ही सामान बनाते थे। जिन शहरों का अस्तित्व बचा रहा उनके आकार छोटे हो गए।

इस काल में समुद्र यात्रा की मनाही ब्राह्मणों द्वारा की गई। समुद्र यात्रा करनेवाले व्यापारियों को म्लेच्छ कहा जाने लगा जिसका भी व्यापार पर खराब प्रभाव पड़ा। दक्षिण भारत से प्राप्त छठी-आठवीं शताब्दी के कुछेक अधिकारपत्रों में व्यापारियों को नगर के एक ही बाजार में इकट्ठा होने की मनाही की गई है। यह प्रतियोगिता के अभाव और व्यापारियों के स्थानीयकरण का संकेत करता है। इस काल में किसानों को जमीन छोड़कर दूसरी जगह जाकर बसने को भी मना किया गया। चूँकि किसान, कारीगर और व्यापारी अपने वास-स्थानों से ही जुड़े रहे, इसलिए अर्थव्यवस्था अवरुद्ध हो गई और एक मजबूत स्थानीयता की भावना पनपी। उनके स्वामी, राजा, पुरोहित और अनेक प्रकार के हिताधिकारी बदल सकते थे लेकिन मजदूर, कारीगर, खेतिहर आदि की स्थिति में कोई परिवर्तन सम्भव नहीं था।

यद्यपि यह सामन्तकाल युद्धों का काल था फिर भी सेना के आवागमन से वाणिज्य की उन्नति नहीं हुई। सैनिक अपनी आंशिक रसद आप ही ढोकर ले जाते थे। बाकी रसद वे मार्ग में पड़नेवाले गाँवों से जबर्दस्ती इकट्ठा करते थे। इन गाँववालों को ढुलाई और ऐसे अन्य प्रयोजनों के लिए बेगार भी देने पड़ते थे। अतः इस प्रथा से व्यापारियों में कोई गतिशीलता नहीं आई। मुस्लिम फौज के साथ ऐसी बात नहीं थी। इसे रसद पहुँचाने के लिए घुमन्तू व्यापारी थे।

2. इस काल में कारीगरों और व्यापारियों को सैनिक एवं प्रशासनिक दर्जा बतानेवाली सामन्ती उपाधियाँ प्रदान की जाती थीं। इससे उनकी सामाजिक हैसियत बढ़ जाती थी। ठाकुर, राउत, नायक आदि कुछ उपाधियाँ केवल क्षत्रियों या राजपुत्रों तक ही सीमत नहीं थीं। ये उन कायस्थों और अन्य जाति के लोगों को भी प्रदान की जाती थीं जिन्हें भूमि का दान दिया जाता था और जो सेना में नौकरी करते थे। यही कारण है कि आधुनिक काल में भी विभिन्न कोटि के ब्राह्मणों, राजपूतों, कायस्थों, नाइयों तथा ऐसी ही तथाकथित निचली जातियों के बीच ठाकुर की उपाधि का प्रचलन है।

इस काल में राजाओं द्वारा पुरोहितों, मन्दिरों और अधिकारियों के नाम भूमि या भूराजस्व का निरन्तर हस्तान्तरण होते रहने के चलते लिपिक या कायस्थ समुदाय का विकास हुआ। पेशेवर शिक्षित जाति के रूप में ब्राह्मणों का एकाधिकार नष्ट हो गया। मध्य प्रदेश में चन्देल और कलचुरी राजाओं तथा कर्नाटक और उड़ीसा के राजाओं के यहाँ कायस्थ मन्त्री थे। ब्राह्मणों को इससे रोष हुआ, क्योंकि ऐसे उच्च पदों पर अधिकतर वे ही रखे जाते थे। ये कायस्थ भूमिदान का लेखा-जोखा अभिलेख के माध्यम से रखने लगे जिसके कारण ब्राह्मण दोबारा भूमिदान माँगने पर पकड़े जा सकते थे। अतः ब्राह्मणों के ग्रन्थों में कायस्थों का गुण

वर्णन नहीं हुआ है।

यह काल जातियों की संख्या में टूट-टूटकर वृद्धि और खंडों में बँटने का काल है। विद्यमान वर्ण कई जातियों में विभाजित हो गए तथा अनेक नई जनजातियाँ और जातियाँ इनमें सम्मिलित कर ली गईं। शाखा-दर-शाखा में बँटने की यह प्रक्रिया सबसे अधिक ब्राह्मणों में लक्षित होती है। अनेक ब्राह्मणों के नाम उनके धार्मिक अनुष्ठान के प्रकार या उनके द्वारा अर्जित वैदिक ज्ञान के आधार पर रखे गए। लेकिन उनकी जातियों के इस बहुशाखा में सर्वाधिक महत्त्वपूर्ण कारण दृढ़ स्थानीयता की भावना का विकास था। बहुत से लोग तो दक्षिण-भारत में मात्र आर्य गोत्र कहकर ब्राह्मण हो गए।

क्षत्रिय समुदाय में जातियों की शाखोपखाएँ मुख्यतः राजपूत नामक एक नई जाति के उदय के कारण हुई। अभिलेखों में शासक-राजवंशों को सूर्यवंशी और चन्द्रवंशी मानने की प्रथा करीब सातवीं शताब्दी से शुरू हुई। सम्भवतः चालुक्य, चन्देल, पाल आदि स्थानीय जातियाँ थीं जिन्हें ब्राह्मण वंशावली-लेखकों ने सामान्य क्षत्रिय वंश प्रदान किया। संस्कार वर्जितः पद व्रात्य नामक नव क्षत्रियों के साथ लागू था। यह प्रियोक्ति उन्हें घटिया धर्म विधियों द्वारा ब्राह्मणिक समाज-व्यवस्था में दाखिल करने के लिए थी। वैक्ट्रियायी, यूनानी, शक, पार्थियन, आदि का अपना कोई प्रबल धर्म या संस्कृति न होने के कारण इन्हें द्वितीय श्रेणी के क्षत्रियों के रूप में हिन्दू समाज-व्यवस्था में खपा लिया गया। वास्तव में क्षत्रिय जातियों का बहुगुणन पाँचवीं और छठी शताब्दियों से होने लगा, जब राजपूत के रूप में हूण और गुर्जर जैसी मध्य एशियाई जातियाँ इनकी पंक्ति में दाखिल हुईं। यद्यपि जाट राजपूत नहीं माने जाते लेकिन इनका जातीय सम्बन्ध मध्य एशियाई जनों से था। हमें यह भी पता चलता है कि तोमर और गुर्जर जातियों के प्रतिनिधि जाट सभा में बैठते थे। जाट, अहीर और गुर्जर का साथ-साथ हुक्का-पानी होता था। सभी विदेशियों को राजपूत के रूप में नहीं स्वीकारा गया। डी.आर. भंडारकर के अनुसार कालक्रम में गुर्जरों का विभाजन ब्राह्मण, बनिया, कुम्हार, सोनार और यहाँ तक कि चरवाहा और किसान के रूप में हो गया जिन्हें लोग शूद्र समझते थे।

पूर्व मध्यकाल में जातियों की सबसे अधिक संख्या शूद्रों की थी। मनु के विधि ग्रन्थ में इकसठ मिश्रित जातियाँ गिनाई गई हैं। मनु के इस विधि ग्रन्थ का रचना काल प्रथम शताब्दी है। पूर्व मध्यकाल की रचना *ब्रह्मवैवर्तपुराण* में करीब 110 नवीन वर्णसंकर जातियों का वर्णन है। आठवीं शताब्दी के *विष्णु धर्मोत्तर पुराण* के अनुसार वैश्य स्त्रियों और निम्न श्रेणी के पुरुषों के सम्पर्क से हजारों मिश्रित जातियाँ उत्पन्न होती हैं हालाँकि उनके नाम नहीं गिनाए गए हैं।

एक अन्य महत्त्वपूर्ण प्रक्रिया जिसके कारण शूद्र जातियों का बहुगुणन हुआ और वह यह था कि शिल्पी जाति का एक आधार हो गया था। उत्तर गुप्तकाल में ज्यों-ज्यों व्यापार और वाणिज्य मन्द पड़ने लगे त्यों-त्यों शिल्पी संघ अवरुद्ध, गतिहीन, अधिक-से-अधिक वंशानुगामी और अधिक-से-अधिक स्थानीय होने लगे। व्यापारियों और शिल्पियों ने धीरे-धीरे अपना एक विशिष्ट बन्द वर्ग बना लिया जिसका रूप सभी व्यावहारिक प्रयोजनों के लिए जाति जैसा मालूम पड़ता था। अपरार्क *वृहस्पति* से उद्धरण देकर सिद्ध करता है कि इन संघों का प्रधान गलत काम करनेवालों को अपमानित, निन्दित और जाति बहिष्कृत भी कर सकता था। ऐसा प्रतीत होता है कि नापित, मोदक, ताम्बूलिक, स्वर्णकार, मालाकार, शंखकार, सूत्रकार,

चित्रकार, आदि जिन्हें मध्यकालीन ग्रन्थों में आदिम जातियों की तरह मिश्रित जातियाँ कहा गया है, स्पष्टतः विभिन्न शिल्पों से निकलनेवाली जातियाँ हैं।

3. बौद्ध धर्म का विभाजन इस काल में अठारह सम्प्रदायों में और जैन धर्म का, कर्णाटक में सात सम्प्रदायों में हुआ।

कालक्रम में एक सम्प्रदाय के सदस्य आपस में एक जाति जैसा व्यवहार करने लगे। वे अपने ही सम्प्रदाय तक सीमित रहने लगे और दूसरे सम्प्रदाय के साथ खाने-पीने से इनकार करने लगे। कर्णाटक के लिंगायत और वीर शैव तथा उत्तर भारत के राधास्वामी सम्प्रदाय पृथक जातियाँ बन गए। इस तरह पूर्व मध्यकाल में समाज में कई महत्त्वपूर्ण परिवर्तन आए। भूमि और सैनिक शक्ति के असमान वितरण के कारण सामन्ती श्रेणियाँ उत्पन्न हुईं। निरन्तर भूमिदान और भूमि विभाजन होते रहने के कारण कायस्थ वर्ग का विकास हुआ। शूद्रों को कृषक एवं वैश्यों को शूद्र की स्थिति में ढकेल दिए जाने के कारण भी वर्ण व्यवस्था में परिवर्तन हुए। मिश्रित जातियों की बाढ़ आ गई। अछूतों की संख्या में अपार वृद्धि हुई।

धार्मिक दृष्टिकोण से इस काल का सबसे महत्त्वपूर्ण तथ्य पूजा करने की विधि में परिवर्तन रहा है। ईश्वर की पूजा व्यक्ति के रूप में होने लगी और इनको नए-नए मन्दिरों में स्थान मिलने लगा। अब प्रत्येक प्रसिद्ध राजा और शक्तिशाली सामन्त मन्दिर बनवाता था। इनमें उड़ीसा के पुरी और भुवनेश्वर के मन्दिर तथा कोणार्क का सूर्य मन्दिर काफी प्रसिद्ध हैं। चन्देल राजाओं ने मध्यभारत में खजुराहो के मन्दिर बनवाए।

संस्कृत के अतिरिक्त दूसरी भाषाओं का भी विकास हुआ। ये वही भाषाएँ थीं जिन्हें हम क्षेत्रीय भाषाओं के रूप में अच्छी तरह जानते हैं। इनका विकास सर्वसाधारण के द्वारा बोली जानेवाली अपभ्रंश भाषाओं से हुआ। पश्चिमी भारत में गुजराती और मराठी का विकास हुआ और पूर्वी भारत में बंगला के आरम्भिक रूप का बोलचाल में व्यवहार होता था। बंगला, असमी, उड़िया, भोजपुरी, मैथिली तथा मगधी भाषा का विकास इसी समय हुआ। हिन्दू धर्म के अन्तर्गत भक्ति भावना के प्रचार से इन भाषाओं के विकास में काफी सहायता मिली। दक्षिण भारत के तमिल भक्तों ने इस भावना को आरम्भ किया और धीरे-धीरे यह भावना उत्तर भारत में भी फैलने लगी।

इस काल में भक्ति सम्प्रदाय की बढ़ती हुई लोकप्रियता के कारण भी बौद्ध धर्म का कुछ हद तक पतन हुआ। जब तुर्कों ने नालन्दा के मठ पर आक्रमण किया तब बौद्ध भिक्षु दक्षिण पूर्व एशिया के विभिन्न भाग में भाग गए।

उत्तर भारत में वैष्णव और शैव दोनों सम्प्रदायों को माननेवाले लोग बहुत बड़ी संख्या में थे। विष्णु की उपासना का सर्वश्रेष्ठ रूप उनका कृष्ण का अवतार था। कृष्ण के बालजीवन, गाय चराना, राधा का प्रेम तथा मथुरा में कंस से युद्ध की अनेक कथाएँ प्रचलित हो गई। अयोध्या के राजकुमार के रूप में विष्णु का रामावतार भी बड़ा लोकप्रिय था। इस तरह इस काल में नए-नए धर्मों, कला और स्थापत्य को संरक्षण प्राप्त हुआ। प्राचीन काल की तुलना में इस काल में विज्ञान के विकास की अवेहलना की गई।

भारतवर्ष में योजनाबद्ध तरीके से मन्दिरों के निर्माण का कार्य ईसा के बाद की छठी शताब्दी से आरम्भ होता है। यहाँ कुछ ऐसे प्रदेश हैं जहाँ भव्य मन्दिरों का निर्माण हुआ। पश्चिम में राजस्थान एवं गुजरात तथा अन्य प्रदेश में बुन्देलखंड और पूर्व में उड़ीसा का प्रदेश है, जहाँ बड़े-बड़े शहर आज भी हमें देखने को मिलते हैं। फिर दक्षिण भारत में भी अनेक

विशाल मन्दिर-निर्मित हुए। कट्टर धार्मिक विश्वास एवं लोकप्रिय व्यक्तिगत धर्म में समझौते के फलस्वरूप मूर्तिपूजा में काफी वृद्धि हुई। अनेक नए-नए देवी-देवताओं का सूत्रपात होने के साथ-साथ छठी शताब्दी से मन्दिरों का निर्माण आवश्यक हो गया। इसी समय दक्षिण भारत में भक्ति-सम्प्रदाय की लहर उठी और उत्तर भारत की ओर बढ़ी। प्रमुख रूप से वैष्णव, शैव और शाक्त धर्म का विकास हुआ। शुरू-शुरू में शैव मत में तान्त्रिक क्रियाएँ शामिल थीं। इस तन्त्रवाद ने न केवल शैव बल्कि वैष्णव और बौद्ध आचरण को भी प्रभावित किया। तन्त्रवाद के समर्थकों का कहना था कि यह मत वैदिक मान्यताओं का सरल रूप है। समस्त वर्गों तथा स्त्रियों को इसे अपना लेने की अनुमति थी। तान्त्रिक रीति में प्रार्थना, रहस्यमय सिद्धान्तों, जादू से मन्त्रों तथा प्रतीकों एवं एक विशिष्ट देवता की उपासना पर बल दिया जाता था। तन्त्रवाद में माता की धारणा को बहुत सम्मान दिया जाता क्योंकि जीवन की सृष्टि माँ के गर्भ से हुई थी। इस विषय में उसका सम्बन्ध शाक्त-शक्ति सम्प्रदाय से था जो किसी भी कार्य के लिए स्त्री की सर्जनात्मक शक्ति को अनिवार्य मानता था। शक्ति और देवी माता पर दिए जानेवाले बल से ज्ञात होता है कि तान्त्रिक मन्त्र की जड़ें समाज में आज से लगभग पैंतीस सौ वर्ष पूर्व ही थीं। अतः कहा जा सकता है कि अनार्य क्षेत्रों में इसका जन्म हुआ। फिर दैवी चमत्कार में तान्त्रिक अभिरुचि होने के कारण विशेषतया रासायनिकों एवं धातुओं पर प्रयोग करने के कुछ अर्द्ध-वैज्ञानिक तथ्यों की खोजें हुई। तान्त्रिकों का दावा था कि कुछ रासायनिकों के साथ पारा खाने से आयु बढ़ती है। इसमें सन्देह नहीं कि उन्होंने कीमियागरी अर्थात् धातुओं को सोने में परिवर्तित कर देने की कला का प्रयोग भी किया होगा, जैसा कि इस विषय पर तेरहवीं शताब्दी में लिखे गए ग्रन्थों से ज्ञात होता है और वे प्रयोग इस समय काफी लोकप्रिय थे। तेरहवीं शताब्दी वही काल है जब मध्य प्रदेश में खजुराहो और उड़ीसा के कोर्णाक मन्दिर बने। इन दोनों मन्दिरों को कामोत्तेजक कला का प्रदर्शन मात्र समझा जाता है। इन कामुक दृश्यों को देखने की उत्सुकता बहुधा दर्शकों का ध्यान वास्तुकला तथा मूर्तिकला दोनों की सौन्दर्य विषयक विशेषताओं से आज भी हटा देती है।

ब्राह्मणों की पुरानी विचारधारा ने छोटे मतों और सम्प्रदायों को पूर्णतया निकाल बाहर नहीं किया था। सम्भवतः पारसी लोग पश्चिम भारत में अपने साथ जो जोराष्ट्र धर्म लाए थे, उससे प्रभावित होकर इस समय सूर्यदेवता की पूजा फिर से होने लगी थी और आज के बिहार प्रान्त में प्रचलित छठ-व्रत पर्व इसी से सम्बन्धित है क्योंकि अन्त में सूर्य मत के अनुयायी बिहार प्रान्त के क्षेत्रों में बचे रहे और यह पर्व आज भी यहीं प्रचलित है। छठी शताब्दी के विद्यमान देवताओं को नया महत्त्व प्राप्त हुआ और नए देवताओं का प्रादुर्भाव हुआ। ग्रामों के पूजास्थलों में आज भी पूजे जानेवाले देवता गणेश या गणपति लोकप्रिय हो गए। शुरू में ऐसे देवता को जो एक पशु का रूप धारण कर सकता था, ब्राह्मणों ने सम्मानित देवी-देवता का पुत्र माना और उसे शिव तथा पार्वती की सन्तान बताया। जनन क्षमता सम्प्रदाय से सम्बन्धित देवी माता की पूजा उसी भाँति चलती रही।

4. दक्षिण भारत में स्थित कुछ मन्दिरों (जिनका निर्माण छठी शताब्दी से आरम्भ होता है) में स्थित नग्न प्रतिमाओं को स्थापित करने के प्रमाण मिलते हैं। कर्णाटक प्रान्त में सर्वप्रथम कामुक प्रतिमाएँ कुपगल्लुफा में दृष्टिगत होती हैं। वैसे, मैथुन की अवस्था में प्रतिमाएँ कर्णाटक में ही स्थित ऐहोल, बादामी एवं महाकुटेश्वर में देखने को मिलती हैं। ऐहोल नामक स्थान में छठी सदी में निर्मित विष्णु मन्दिर में कामविषयक प्रतिमाएँ विद्यमान हैं। पर्सी

ब्राउन के विचार से सहमत होते हुए डी.एच. गार्डन ने कहा है कि सम्भोगावस्था में प्राप्त प्रतिमाओं की संख्या इन मन्दिरों में बहुत कम है। ऐहोल में स्थित इस विष्णु मन्दिर के दरवाजे पर नग्न प्रतिमाएँ सम्भोगावस्था में उपलब्ध हुई हैं, जिसमें मन्दिर के दाहिने द्वार पर प्रतिक्रियावाली प्रतिमाओं के नीचे मूर्तियों के दो अलग-अलग जोड़े हैं जो एक-दूसरे का चुम्बन ले रहे हैं। एक तीसरी जोड़ी भी जिसमें नारी अपने स्तनों को बहुत ऊँचा दर्शाने हेतु कमर के पास से पीछे की ओर झुकी हुई है और नर सामने से नारी के कुचों को चूमने के लिए आगे की ओर झुका हुआ है। चन्द्रकेतु नामक स्थान की खुदाई में भी इसी तरह की प्रतिमा मिली जिसका निर्माण शुंगकाल में हुआ था।

एस.के. सरस्वती ने अपनी पुस्तक *सर्वे ऑफ इंडियन स्कल्पचर* में छठी शताब्दी ई. में निर्मित लरकान की प्रतिमाओं पर काफी प्रकाश डाला है जो कि भगवान विष्णु की ही है। इस मन्दिर में स्थित खम्भों में बहुत सी नग्न प्रतिमाएँ जड़ी हैं। ये खम्भे मन्दिर के सबसे अग्र भाग में हैं। कामावस्था की ये प्रतिमाएँ कालिदास के *कुमारसम्भव* में वर्णित नायक-नायिकाओं से बहुत कुछ मिलती-जुलती हैं। खम्भों पर रत्यावस्था में दर्शित नर-नारी की ऐसी जोड़ियाँ हैं, जिनमें नारी लज्जाजनक अवस्था से नर को ऊपर से उठा रही है। ऐहोल में नंगी प्रतिमाओं से परिपूर्ण मन्दिर आठवीं सदी में भी निर्मित किए गए हैं। एच.सी. रे के मतानुसार यह मन्दिर प्रारम्भ में दुर्गा का मन्दिर था। लेकिन बाद में इसे विष्णु-मन्दिर के रूप में परिवर्तित कर दिया गया। इसमें कुछ ऐसी जोड़ियाँ हैं जो वात्स्यायन के *कामसूत्र* में वर्णित वृक्षाधिरूढ़क मुद्रा के अनुरूप रतिक्रिया में व्यस्त हैं।

उपर्युक्त मन्दिरों में उपलब्ध नग्न मूर्तियों से परिलक्षित होता है कि इन नग्न मूर्तियों के निर्माण के समय इसका विरोध न तो मूर्तिकारों ने किया, न ही उन मूर्तियों के निर्माण हेतु दान देनेवाले व्यक्तियों ने, न मन्दिरों के पुजारियों ने और न ही भक्तों ने। ऐसे तथ्यों से इस बात का संकेत मिलता है कि अन्य प्रतिमाओं और चित्रों की तरह विषयावस्थावाली मूर्तियाँ मन्दिरों को प्रसिद्ध बनाने एवं भीड़ एकत्र करने के लिए निर्मित की गई थीं। इन मन्दिरों में निर्मित नग्न प्रतिमाओं के पीछे धार्मिक विचार के साथ-साथ तन्त्र-मन्त्र का भी प्रभाव पड़ने लगा। तन्त्र-मन्त्र से सिद्धि के लिए अन्न, शराब, मांस, मछली के अतिरिक्त सम्भोग क्रिया का काफी महत्त्व है। चूँकि तन्त्र-मन्त्र का विकास छठी सदी से ही वृहत् पैमाने पर हो रहा था इसलिए तन्त्र-मन्त्र से धार्मिक संस्थाओं का प्रभावित होना स्वाभाविक था। नग्न प्रतिमाओं से संलग्न लगभग सात मन्दिर मात्र ऐहोल में मिलते हैं। तन्त्र-मन्त्र में सिद्धि प्राप्त करने के लिए इन्द्रियसुख एवं प्रजनन क्रिया को प्रधान स्रोत माना गया है। इन्द्रियसुख के निमित्त कुछ ऐसी प्रतिमाएँ निर्मित की गई थीं जिसमें स्त्रियाँ अपने बालों को सँवार रही हैं तथा आकर्षक मुद्रा में उरोजों को उभारते हुए मुख्य देवता के अगल-बगल खड़ी हैं। इन प्रतिमाओं के अनुरूप ही नायिकाओं एवं स्त्रियों का चित्रण कालिदास, भारवि, अमरू आदि साहित्यकारों की रचनाओं में मिलता है। इन कवियों एवं नाटककारों की शृंगार रस की रचनाओं का इस काल में महत्त्वपूर्ण स्थान था। यह तथ्य ऐहोल में पाए गए सातवीं सदी के एक अभिलेख से भी प्रमाणित होता है। इस अभिलेख में एक जैन प्रशस्तिकार अपने ज्ञान से तत्कालीन सामाजिक स्थिति का चित्रण कर रहा है। यह बहुत ही मनोरंजक तथ्य है कि इस प्रशस्तिकार को शृंगार रस का जो भी ज्ञान था वह कालिदास और भारवि की रचनाओं में वर्णित ज्ञान के बिल्कुल अनुरूप था।

इस काल में न केवल कर्णाटक के बल्कि सम्पूर्ण भारत में पाए जानेवाले मन्दिरों का सामाजिक एवं धार्मिक दृष्टिकोण से एक महत्त्वपूर्ण स्थान हो गया था। बहुत तरह के पेशे के लोग इन मन्दिरों में नौकरी कर रहे थे, जैसे माली, ढोलकवादक स्वर्णकार, देवदासी इत्यादि। इनके बारे में हमें धनंजय रचित *दसरूप* नामक ग्रन्थ में विस्तृत विवेचना मिलती है। नवीं सदी आते-आते मन्दिरों में नृत्य एवं नर्तकियों का महत्त्व इतना बढ़ गया कि भरतनाट्यम जैसी उत्कृष्ट कला का विकास मन्दिरों में ही हुआ। वात्स्यायन के *कामसूत्र* में भी भरतनाट्यम का जिक्र हुआ है।

अब मन्दिरों में योजनाबद्ध ढंग से विभिन्न अवसरों पर नृत्य, गान एवं वादन के कार्यक्रम प्रस्तुत किए जाने लगे। नृत्य करनेवाली देवदासी को प्रायः नग्न मूर्तियों में अंकित दृश्यों की भाँति ही शृंगार एवं भूमिका अदा करनी पड़ती थी। शृंगार रस के इस वातावरण को प्रोत्साहन देने के लिए इन मन्दिरों में बहुत से विद्वानों को प्रश्रय दिया जाने लगा। मन्दिरों में स्थित सम्भोगरत प्रतिमाओं को जीवन्त रूप देने के उद्देश्य से इन विद्वानों ने अपनी रचनाओं में इन्द्रियसुख को ज्यादा महत्त्व दिया। इन कामविषयक मन्दिरों की देखभाल के लिए अब मन्दिरों में स्थायी रूप से बहुत से धार्मिक व्यक्तियों को स्थान मिला। इस तरह जब हम सामाजिक एवं धार्मिक दृष्टिकोण से इन मन्दिरों में स्थित नग्न एवं सम्भोगरत मूर्तियों को देखते हैं तो पाते हैं कि सिर्फ मन्दिरों में ही ऐसी प्रतिमाओं को इसलिए निर्मित किया गया क्योंकि मन्दिर मात्र धार्मिक केन्द्र ही नहीं बल्कि सामाजिक, आर्थिक एवं राजनीतिक क्रिया-कलापों के भी केन्द्र थे जहाँ प्रायः लोग आया करते थे।

चालुक्यों की राजधानी बादामी में भी काफी संख्या में ऐसी कामुक प्रतिमाएँ मिली हैं। छठी सदी के आसपास निर्मित कुछ ऐसी प्रतिमाएँ यहाँ पाई गई हैं जिनमें नग्न दृश्यों को कुछ विशिष्ट ढंग से दिखलाया गया है। उदाहरणस्वरूप, यहाँ की एक गुफा में प्रेमी और प्रेमिका बिस्तर पर सटकर बैठे हैं और प्रेमी प्रेमिका की कमर में हाथ डाले हुए है। इन जोड़ियों के निकट ही कुछ नवयौवनाएँ खड़ी हैं जिनके हाथों में शराब और पीने के लिए एक सुन्दर पात्र है। इसी तरह के दृश्य खजुराहो में भी पाए गए हैं। यहाँ पर हम कालिदास द्वारा रचित *कुमारसम्भव* के अध्याय आठ एवं नौ को देखें तो उसमें भी एक ऐसे ही दृश्य का वर्णन है जिसमें शिव प्याले में शराब लेकर उमा के होंठ से सटाए हुए हैं। उमा शिव की जाँघ पर बैठी है एवं उमा की सखियाँ जया एवं विजया कमरे में उमा को सजा रही हैं। मधुपान का यह दृश्य बादामी स्थित मन्दिरों की दूसरी गुफाओं में भी पाए गए हैं। ऐसे दृश्य वात्स्यायन के *कामसूत्र* एवं सातवीं-आठवीं सदी में निर्मित अनेक मन्दिरों में भी हैं। बादामी से मात्र दस मील की दूरी पर स्थित पटूटदकल नामक स्थान में निर्मित मन्दिरों में बहुत सी नर्तकियों एवं इन्द्रयसुख में रत प्रेमी तथा प्रेमिकाओं की मूर्तियाँ विद्यमान हैं। यहाँ पर स्थित पापनाथ नामक मन्दिर में भी इसी तरह की प्रतिमाएँ पाई गई हैं। विरूपाक्ष नामक मन्दिर जिसका निर्माण चालुक्य राजा विक्रमादित्य द्वितीय की प्रधान रानी लोक महादेवी के द्वारा आठवीं सदी में किया गया, में वासना से ओत प्रोत प्रतिमाएँ हैं।

मल्लिकार्जुन के मन्दिर में मात्र दो ऐसे प्रेमी एवं प्रेमिकाओं के दृश्य मिले हैं जिसमें प्रेमिका लिंगपान कर रही है। एक दूसरा दृश्य जिसमें एक औरत मर्द की पीठ पर बैठी हुई है और इसका बाल जो काटकर छोटा किया गया है मर्द के सिर के कुछ भागों को ढके हुए है। इस दृश्य में हमें शैव धर्म के माननेवाले भक्तों के बारे में पता चलता है।

बारहवीं और तेरहवीं सदी में होयसल राजाओं के द्वारा नंगी एवं वासनात्मक प्रतिमाओं से मन्दिरों को सजाने का कार्य जारी रहा। कर्णाटक के हसन जिला के बेलूर नामक स्थान में स्थित मन्दिर से उपर्युक्त बातों की पुष्टि होती है। यह मन्दिर वैष्णवधर्म के समर्थकों द्वारा निर्मित किया गया, जिसमें कृष्ण को विजयनारायण या केशव के रूप में स्थापित किया गया था। इस मन्दिर की बाहरी दीवारों पर कृष्ण को गोपियों के साथ रासलीला करते दिखाया गया है परन्तु यहाँ नग्नता को अधिक महत्त्व नहीं दिया गया है। तेरहवीं सदी में निर्मित सोमनाथपुर के मन्दिर में भागवत् पुराण के आधार पर बहुत से चित्रों का निर्माण तो किया गया है लेकिन नग्नता का हम यहाँ अभाव पाते हैं। इससे यह प्रमाणित होता है कि तेरहवीं सदी के आसपास कृष्णमार्गी मन्दिरों में नग्न एवं वासनात्मक प्रतिमाएँ कम मिलती हैं। अतः इस आधार पर हम कह सकते हैं कि तेरहवीं सदी में तन्त्र-मन्त्र का प्रभाव कम रहा। फिर भी जैसा रोमिला थापर का मत है, ये राधाकृष्ण की मूर्तियाँ प्रजनन-क्रिया की प्रतीक हैं। राधाकृष्ण की यह जोड़ी उत्तर भारत में बारहवीं सदी से शुरू होती है।

सामन्तवाद

साधारण तौर पर सामन्तवाद एक कृषि-सम्बन्धी सामाजिक व्यवस्था थी जो भूमि-वितरण के आधार पर निर्मित हुई थी। इस व्यवस्था के अन्तर्गत समाज के भिन्न-भिन्न वर्गों के लोग एक पारस्परिक सम्बन्ध में बँधे थे। इस व्यवस्था के अन्तर्गत लगभग प्रत्येक व्यक्ति के अधिकार और कर्तव्य उसकी अधिकृत भूमि जो राज्य द्वारा दी गई थी, से ही निर्धारित होते थे। प्रत्येक व्यक्ति मालिक भी था और रैयत भी। संक्षेप में कहा जा सकता है कि सामन्तवाद भूमि के वितरण पर आधारित सामाजिक संगठन था जिसमें राजा से लेकर छोटे-से-छोटे भूस्वामी तक सभी सेवा और रक्षा की शर्तों से बँधे थे।

इतिहासकारों के बीच इस विषय पर मतभेद है कि भारत में जिस प्रकार की सामन्तवादी प्रथा विकसित हुई (500 ए.डी. से 1200 ए.डी.) उसे यूरोपीय अर्थ में सामन्तवाद कहा जाए या नहीं। कुछ इतिहासकारों का मत है कि भारतीय सामन्तवाद पूर्णतः यूरोपीय सामन्तवाद की तरह नहीं था। दूसरी ओर कुछ विद्वान् ऐसे भी हैं जिनके मतानुसार यद्यपि यूरोपीय तथा भारतीय सामन्तवाद में कुछ भिन्नताएँ हैं, फिर भी इनके बीच काफी समानताएँ भी हैं। अतः इस आधार पर हम एक भारतीय सामन्तवाद की भी बात कर सकते हैं। जो इतिहासकार इस तर्क का विरोध करते वे भारतीय एवं यूरोपीय सामन्तवाद की भिन्नता पर विशेष बल डालते हैं। इनका कहना है कि यूरोप में सामन्तों को अर्द्धदासों पर कानूनी रूप से अधिकार प्राप्त था परन्तु भारत में यह बात नहीं देखी जाती है। सामान्य तौर पर इतिहासकारों का यही मत है कि यह भिन्नता उतनी महत्त्वपूर्ण नहीं कि दूसरे कारण से हम भारतीय सन्दर्भ में सामन्तवाद की बात नहीं करें। उनके अनुसार भारत में भी कुछ वैसे सामाजिक, आर्थिक और राजनीतिक लक्षण विकसित हुए जो समकालीन यूरोप से मिलते-जुलते थे। इस मतभेद से बचने के लिए कुछ इतिहासकार ऐसे भी हैं जो यहाँ की परिस्थिति के लिए अर्द्धसामन्तवाद शब्द का प्रयोग करना पसन्द करते हैं। रोमिला थापर का मत है कि इन शब्दों के प्रयोग की भी विशेष आवश्यकता नहीं है क्योंकि एक बार जब यह मान लिया गया कि भारत में एक भारतीय प्रकार की सामन्त प्रथा विकसित हुई, तो फिर ऐसे शब्दों के प्रयोग की आवश्यकता नहीं रह जाती है। इस समय की भारतीय दशा को सीधे सामन्तवाद ही कहा जाए तो बेहतर है।

लगभग 500 ई. से 1200 ई. के बीच भारत में कुछ ऐसे सामाजिक और आर्थिक लक्षण दृष्टिगोचर होते हैं जिनके आधार पर हम सामन्तवाद की बात कर सकते हैं। इस नई व्यवस्था में अत्यधिक राजनीतिक विकेन्द्रीकरण और आर्थिक स्थानीयकरण विद्यमान थे। मौर्यकाल की तरह अब राजनीतिक तथा आर्थिक दशाएँ केन्द्रीकरण पर आधारित नहीं रह गई थीं।

भारत में सामन्तवाद के मौलिक तत्त्व मौजूद थे। शासक अपने अधिकारियों को तथा विशेष व्यक्तियों को भूमिदान किया करता था और ऐसे भोक्ता यूरोपीय सामन्तों के समान हो जाते थे। यह प्रक्रिया उत्तर गुप्तकाल से शुरू हुई और चालुक्य हर्षकाल में काफी विकसित हुई। कृषि का कार्य किसान करते थे जो अधिकतर शूद्र होते थे। ये अपने उपज का निश्चित भाग अपने सामन्तों को देते थे। वसूले गए भू-राजस्व का एक भाग सामन्त अपने शासकों को भेज देते थे। शेष भाग से वे अपने अधीन सेना एकत्रित करते थे। उन्हें अपने शासकों के सिक्कों का भी प्रयोग करना पड़ता था और अगर कोई शासक उनकी पुत्री से विवाह करना चाहता था तो इनकार नहीं कर सकते थे। इसके अतिरिक्त उन्हें शाही दरबार में उपस्थिति भी देनी पड़ती थी। उनकी उपाधियाँ भी भिन्न-भिन्न हुआ करती थीं। जो अधिक महत्त्वपूर्ण होते थे वे महासामन्त भी कहे जाते थे। निम्नस्तर के सामन्त साधारण तौर पर सामन्त, ठाकुर आदि कहे जाते थे।

सैद्धान्तिक तौर पर इन्हें जमीन नहीं दी जाती थी वरन् उन क्षेत्रों की आय दी जाती थी। ये दान भी उनके जीवन काल के लिए ही होता था लेकिन व्यावहारिक तौर पर ऐसे दान आनुवंशिक हो जाते थे; विशेषकर उस समय जब शासक कमजोर होता था। एक बार जब दान आनुवंशिक हो जाता था तो फिर वह आश्चर्य की बात नहीं रह जाती थी कि धीरे-धीरे दान-भोक्ता इसे निजी सम्पत्ति बना लेते थे। यद्यपि वैधानिक तौर पर इसकी आज्ञा नहीं थी।

किसी एक क्षेत्र की आय का मूल्यांकन करने के लिए ग्रामों को दस-दस की इकाई में बाँटा जाता था। विशेषकर दक्षिण राज्यों में 12 या 16 की इकाइयों में। पाल राजाओं के अधीन 90 गाँवों की प्रणाली थी और प्रतिहारों के काल की इकाई 84 गाँवों की हुआ करती थी।

ग्रामीण अर्थव्यवस्था आत्मनिर्भरता पर आधारित थी। यहाँ उत्पादन उतना ही होता था जितने की आवश्यकता थी। आवश्यकता से अधिक उत्पादन की प्रेरणा भी नहीं थी क्योंकि किसानों के सभी अतिरिक्त उत्पादनों को सामन्त हड़प जाते थे। उपसामन्तीकरण इस युग का एक और पहलू था। जिसका अर्थ होता है बड़े सामन्तों के नीचे छोटे-छोटे सामन्तों की नियुक्ति जिससे शासक और किसान दोनों की स्थिति बिगड़ गई थी। ब्राह्मणों एवं अधिकारियों के सभी भूमिदान करमुक्त होते थे जिस कारण राजस्व में इस घाटे को राज्य दूसरे स्रोत से प्राप्त करना चाहता था। चौहान इतिहास पढ़ने से ऐसा ज्ञात होता है कि इस सामन्तवादी राज्य में अन्य वस्तुओं पर करों की संख्या अत्यधिक बढ़ गई थी। भूमि कर काफी ऊँचा था। किसानों के उत्पादन का एक-तिहाई भाग भूमि के मालिक ले लेते थे। कहीं-कहीं ऐसा भी लगता है कि किसी-किसी क्षेत्र में 1/6 भाग ही लिया जाता था।

इस समय ग्रामीण आत्मनिर्भरता के कारण व्यापार लुप्त हो गया था जिससे शहरीकरण को भी हानि पहुँचती थी। कुछ अरबी भूगोलशास्त्रियों ने यहाँ नगरों का अभाव पाया है। परन्तु समुद्र के तटीय क्षेत्रों में कुछ-कुछ व्यापार चल रहा था। ऐसे क्षेत्र विशेषकर गुजरात, मालावार, बंगाल तथा चोल तामिल इलाके में थे। आन्तरिक व्यापार भी पूर्णतः लुप्त नहीं हुआ

था। कारीगर, ग्रामीण तथा शहरी क्षेत्रों में अपने धन्धों में व्यस्त रहते ही थे।

भारतीय सामन्तवाद के समर्थक ऐसी कल्पना करते हैं कि यहाँ भी किसी प्रकार के सामन्तवादी लक्षण विकसित हुए जो समकालीन यूरोप में पाए जाते थे, जैसे अर्द्धदास प्रथा, आत्मनिर्भरता और व्यापार एवं शहरीकरण का अधिक-से-अधिक क्षेत्रों में पतन होना। प्रशासकीय दृष्टिकोण से सामन्तवादी प्रथा से एक लाभ यह था कि केन्द्रीय सरकार को स्थानीय प्रशासन के लिए चिन्तित नहीं रहना पड़ता था। स्थानीय राजस्व स्थानीय सामन्तों के द्वारा ही वसूले जाते थे और ये ही सामन्त यथासम्भव इन क्षेत्रों के प्रशासन की देख-रेख भी करते थे। प्रशासकीय सुविधा के लिए एक सामन्तवादी राज्य कई प्रान्तों में विभक्त रहता था और इसके प्रत्येक प्रान्त ग्रामों के समूहों में विभाजित किए जाते थे। इस तरह साम्राज्य टूट-टूटकर छोटे-छोटे स्वतन्त्र राज्यों में बँट गया।

इस तरह भारतीय सामन्तों के भिन्न-भिन्न पहलुओं की विवेचना करते हुए हम इसी निष्कर्ष पर पहुँचते हैं कि यह राजनीतिक और आर्थिक विकेन्द्रीकरण का युग था। वास्तविक राजनीतिक प्रभाव बड़े-बड़े सामन्तों एवं भूमिपतियों के हाथों में आ गया था। इसके विकास द्वारा शासकों का हाथ कमजोर हो गया था, क्योंकि यह अपने सामन्तों पर आवश्यकता से अधिक निर्भर करने लगा था और दूसरी ओर ग्रामीण समुदाय की अर्द्धस्वतन्त्रता भी काफी हद तक समाप्त हो गई थी।

अध्याय 21

ई.पू. छठी शताब्दी में आर्थिक गतिविधियाँ

21.1 ग्रामीण आर्थिक दशा

शिकारी और पशुपालन अवस्था के दौर से काफी समय तक गुजरने के बाद समाज ने कृषि अवस्था में प्रवेश किया। यह एक मन्द प्रक्रिया थी। कृषि अवस्था में शिकार और पशुपालन से जीविका चलानेवाले उपस्थित रहे। एक स्थान पर स्थायी रूप से बसने के लिए स्थायी भोजन पहला सर्वाधिक आवश्यक तत्त्व होता है और स्थायी भोजन कृषि के बिना सम्भव नहीं। स्थायी रूप से बसने का परिणाम था गाँवों का उदय एवं विकास। लोहे के बने कृषि औजारों के प्रयोग ने गाँवों के कृषि-उत्पादन में अपार वृद्धि का अनुकूल माहौल तैयार किया। अतिरेक का माहौल बना और कई गाँवों में से कोई एक गाँव, जहाँ आने-जाने में जंगली जानवरों, चोर-डाकू, नदी-नाला आदि का कम-से-कम डर रहता और जल, यातायात आदि की सुविधा ज्यादा रहती, शहर का रूप ले लिया। इस तरह गाँवों द्वारा उत्पन्न किए गए अतिरेक से शहर बनने लगे।

ई.पू. छठी शताब्दी मध्य बिहार के साथ-साथ सम्पूर्ण गंगाघाटी मैदान और आसपास के क्षेत्रों के लिए अति महत्त्वपूर्ण काल रहा। नगरीकरण का द्वितीय चरण, 16 नगर राज्यों में मगध का सबसे शक्तिशाली होना, कृषि लायक भूमि में विस्तार, लौह-औजारों में वृद्धि, वाणिज्य-व्यापार का विकसित अनुकूल माहौल, राजगृह में आयुर्वेद का प्रसिद्ध वैद्य जीवक, वैशाली की नगरवधू, पाटलिपुत्र के निर्माण की पृष्ठभूमि, जैनधर्म, बौद्धधर्म आदि के कारण आधुनिक उत्तर-दक्षिण बिहार का इलाका आज से करीब ढाई हजार वर्ष पहले सम्पूर्ण देश का सर्वाधिक महत्त्वपूर्ण केन्द्र था। मौर्यकाल तक यह गौरवशाली परम्परा उपस्थित रही।

इन सभी गौरवशाली गतिविधियों की बुनियाद कृषि और कृषक समाज पर टिकी थी। इनकी दशा जानने और समझने के लिए पालिसाहित्य भी उपयोगी है। बौद्धधर्म के पतन के कई कारणों में से एक प्रमुख कारण यह था कि इस धर्म के प्रचारक प्रायः शहरों / नगरों तक ज्यादा गतिशील रहे। एक नगर से दूसरे नगर में पहुँचने के सिलसिले में गौतम बुद्ध ने कुछ गाँवों और वहाँ के खेतों में उगी फसलों को देखा था। अतः बौद्ध साहित्य मुख्य रूप से नगरीय गतिविधियों के अध्ययन के लिए ज्यादा उपयोगी है। उदाहरण के लिए *जातक* में करीब 547 बौद्ध कथाओं का वर्णन है जिनमें से करीब 360 कथाएँ वाराणसी से सम्बद्ध हैं। शेष कथाओं में राजगृह, अंग, वैशाली, मिथिला, कौशाम्बी, श्रावस्ती, कुरुक्षेत्र, कलिंग, तक्षशिला, चम्पा, कौशल, इन्द्रप्रस्थ, कपिलवस्तु, गया, पावा, गान्धार, मथुरा, ताम्रलिप्ति, भरुकच्छ आदि का वर्णन है। बौद्ध निकायों एवं अवदानों के साथ भी यही बात है।

आधुनिक पटना, गया, नालन्दा और राजगीर तथा इनके आसपास के इलाकों को बुद्धकालीन मध्यबिहार-क्षेत्र मानें तो इनमें राजगृह और पाटलिपुत्र ही ज्यादा प्रसिद्ध थे। राजगृह और पाटलिपुत्र का अधिकाधिक महत्त्व प्रशासनिक केन्द्रों के रूप में था। इन दोनों राजधानी नगरों का अगर आर्थिक महत्त्व था भी तो वह गैरकृषि-उत्पादन से ज्यादा सम्बद्ध था। इन समस्याओं के बावजूद ग्रामीण माहौल से सम्बद्ध सामग्री को विभिन्न बौद्ध साहित्य से निकालकर एक साथ व्यवस्थित ढंग से प्रस्तुत करने का प्रयास यहाँ किया गया है।

मगधराज श्रेणिक बिम्बिसार द्वारा कृषि एवं पशुपालन करनेवालों को बीज एवं अन्य सहायता प्रदान की जाती थी। गाँव के लोगों को *जनपद* कहने की चर्चा *दीघनिकाय* में मिलती है। राजगीर के क्षेत्र में नगरों के सीमावर्ती इलाकों में गाँव स्थित होते थे। गाँव कई मोहल्लों में बँटे होते थे। मगध साम्राज्य में 80 हजार ग्राम थे। बिम्बिसार को 80 हजार ग्रामों का अधिपति या स्वामी बताया गया है। प्रत्येक गाँव का एक प्रधान होता था। सभी 80 हजार ग्राम-प्रधानों को बुद्ध ने लौकिक (व्यावहारिक) बातों का उपदेश दिया था। बुद्ध ने उन्हें 4 आर्यसत्य (दुःख, दुःख का कारण, दुःख का नाश एवं दुःख के नाश के उपाय) का उपदेश दिया जिनका पालन करके उत्कर्ष के तरफ जाया जा सकता था। राजगृह के पास स्थित पिलिन्दग्राम में बौद्ध समर्थकों की संख्या अधिकांश थी। गाँवों में उत्सव भी होते थे जिनमें बालक सुन्दर-सुन्दर वस्त्रों एवं मालाओं से अलंकृत होकर इधर-उधर खेला करते थे। निर्धन बच्चों के पास अलंकृत होने को कुछ नहीं होता था। ऐसे बच्चों को बौद्ध मतावलम्बियों से मदद मिलती थी।

शासक के प्रयास से गाँव नगर का रूप धारण कर लेते थे। साढ़े बारह सौ भिक्षुओं के साथ बुद्ध राजगृह से पाटलिग्राम पहुँचे। उनके स्वागत में पाटलिग्रामवासियों ने एक आवसथागार (अतिथिशाला) का निर्माण किया और बुद्ध को सारे शिष्यों के साथ उसमें ठहराया। यहाँ बुद्ध ने ग्रामवासियों को दुराचार (दुःशील) के 5 दुष्परिणामों से परिचित कराया। उन्होंने शीलवान (सदाचारी) के भी 5 सुपरिणाम बताए। मगधराज्य के सुनीध एवं वर्षकार नामक 2 महामात्य (अधिकारी) वज्जियों से रक्षा हेतु अजातशत्रु और लिच्छवि राजाओं के आदमी समय-समय पर आकर घर के स्वामियों को घर से निकालकर एक मास या आधा मास स्वयं रहते थे। बुद्ध ने इस ग्राम को प्रसिद्ध व्यापारिक केन्द्र *(सार्वभौम नगर)* की भविष्यवाणी की और इस नगर को 3 नाशकों—अग्नि, जल एवं आन्तरिक कलह से बचने की सलाह दी।

अगुंत्तराप (मुँगेर जिला में गंगा नदी के उत्तरवाला भाग) के आसपास कई गाँव स्थित थे जहाँ नमक, तेल, मधु और अनाज काफी मात्रा में उत्पन्न होते थे। गाँवों के साढ़े बारह सौ ग्वालों ने दूध देनेवाली इतनी ही गौओं के साथ बुद्ध का स्वागत किया था। बौद्धग्रन्थों में कई गाँवों को *आपण* कहा गया है जो अंगुत्तराय के आसपास स्थित थे। वैसा छोटा बाजार *आपण* कहलाता जहाँ साधारण उपयोग की वस्तुएँ व्यापारियों द्वारा विक्रय हेतु रखी जाती थीं। इन गाँवों में महुआ, ईख, आम, जामुन, चोच, केला (मोच), मधु, अंगूर, धान आदि होते थे।

राजगृह में दक्षिणागिरि की तरफ जाते समय बुद्ध ने मगध प्रदेश के देहात के खेतों को मेड़-बँधा, पंक्ति में बँधा, मर्यादा तथा चारों तरफ से घिरा हुआ देखा। मगध के इन सुव्यवस्थित खेतों को देख बुद्ध इतने प्रभावित हुए कि इसी शैली में चारों तरफ से घिरे चिवर का प्रयोग करने का आदेश आनन्द के माध्यम से अपने शिष्यों को दिया।

राजगृह के आसपास खेती पकने के समय मृगों से सदा खतरा बना रहता था। फसलों

को मृगों का झुंड नष्ट कर दिया करता था। अतः ग्रामवासी मृगों को मारने के लिए जहाँ-तहाँ गढ़े खोदते, काँटे लगाते, पत्थर-यन्त्रों (गुलेल) को सँवारते, कुटपाश आदि बन्धन फैलाते तथा अन्य उपाय करते थे। ग्रामवासियों द्वारा किए गए इन उपायों के फलस्वरूप बहुत से मृग जंगल की ओर भाग जाते थे। कभी-कभी ग्रामद्वार के पास से अगर मृग भागते हुए दिखाई पड़ते तो ग्रामवासी उन्हें मार डालते थे। धीरे-धीरे गाँवों से भागकर मृग करीब चार मास तक जंगल में ही रहते थे।

बीज बोने से फसल कटने तक चार मास लगते थे। सम्पूर्ण मगध के कृषक मृगों द्वारा फसलें नष्ट किए जाने के कारण परेशान रहते थे। गन्ध सूँघकर शिकारी जान जाते थे कि मृग किधर-से-किधर आने-जाने वाले थे। ज्योंही मौका मिलता, वे मृग पर बाण से प्रहार कर मृग को गिरा देते और उसे काटकर अग्नि जलाकर बिना लाह के अंगारों पर स्वादिष्ट मांस को पकाकर खाते और शेष मांस को बहँगी पर रख परिवार के लिए ले जाते थे। सुगन्धित चावल के लिए गया-शीर्ष (गया का ब्रह्मयोनि-पहाड़) प्रसिद्ध था। तीन वर्ष पुराने सुगन्धित चावलों से बने भोजन की पाँच सौ थालियाँ प्रतिदिन बौद्ध अनुयाइयों को देने की चर्चा है।

बोधिसत्व को मगध-राज्य के मचल ग्राम के एक परिवार में जन्म लेने की चर्चा है। उनका नाम मघकुमार और बड़ा होने पर मघमाणवक पड़ा। मचलग्राम में 30 कुल रहते और खेती का काम करते थे। प्रत्येक कुल से एक-एक आदमी मिलकर एक साथ प्रातःकाल उठकर वसुला (वासी), कुल्हाड़ा (परुष) तथा मूसल हाथ में लेकर चौरस्तों पर जा, वहाँ मूसल से पत्थरों को रास्ते से उलटकर हटा देते थे। गाड़ियों के अक्षों में बाधक वृक्षों को हटाते और ऊँच-नीच बराबर करते थे। वे पुल बनाते, पुष्करिणियाँ खोदते और शालाएँ बनाते थे। सभी ग्रामवासी बौद्धधर्म के समर्थक बन गए थे। इस गाँव का अधिकारी *ग्राम-भोजक* कहलाता था जो शराब पीनेवालों से, जीवहिंसा करनेवालों से जुर्माना (दंड-बलि) के रूप में कार्षापण वसूल करते थे किन्तु बौद्धधर्म के अनुयायी के रूप में सभी ग्रामवासी सदाचारी बन गए तो ग्राम-भोजक की आमदनी बन्द हो गई। आमदनी के लिए ग्राम-भोजक अब सदाचारी ग्रामवासियों में से किसी पर चोरी का आरोप लगाकर उसे पकड़वा देता और राजा से दंड दिलाता था। बोधिसत्व माणविक के कारण इस समस्या से ग्रामवासी मुक्त हुए। गाँव में औषधि चुरानेवाले पाए जाते थे।

मचल ग्राम में बढ़ई रहते थे जो मकान बनाने में लकड़ी का काम करते थे। मगध राज्य में एक ऐसे गाँव की चर्चा है जहाँ के अधिकतर लोग अत्यन्त मूर्ख थे। वे जंगलों में काम करते थे जहाँ मच्छर उन्हें बहुत काटते थे। मच्छरों को मारने के लिए वे मूर्खतावश धनुष और दूसरे आयुध का प्रयोग करते थे। धान कूटकर चावल निकालने की चर्चा है। ग्रामवासी द्वारा कहार को चादर तथा कार्षापण देने की चर्चा मिलती है। भेड़ पालनेवाले गिरिव्रज के मैदानों में भेड़ चराते और जीविका पालन करते थे। कभी-कभी भेड़ को पकड़कर चीता खा जाते थे। राजगृह के पास स्थित गाँव के एक कृषक मजदूर का वर्णन है जो प्राप्त मजदूरी से खिचड़ी-भात आदि तैयार कर पिता को खिलाता और स्वयं खाता था। पिता ने उसका विवाह कर दिया। कृषक मजदूर जो भी कमाकर लाता अपनी पत्नी को दे दिया करता था। पत्नी नम्र स्वभाव से श्वशुर और स्वामी की सेवा करती थी किन्तु बाद में श्वशुर को कष्ट देने लगी। वह भोजन में बहुत नमक डाल देती या बिना नमक डाले ही भोजन श्वशुर को देने लगी। कभी कच्चा चावलवाला भात तो कभी गीला भात बनाकर श्वशुर को देती थी। कठोर वचन

से झगड़ा बढ़ाती थी। जहाँ-तहाँ थूककर पति को क्रोध दिलाती कि श्वशुर ने थूककर गन्दा कर दिया। अन्त में कृषक मजदूर ने अपने बूढ़े पिता का पक्ष लेते हुए पत्नी को घर से निकलने को कह डाला तो पत्नी ने अपने श्वशुर के पैरों पर गिरकर क्षमा माँगी और ठीक से रहने लगी।

राजगृह के पूर्वोत्तर दिशा में सालिन्दिय नामक ब्राह्मण-ग्राम था। उसके पूर्वोत्तर दिशा में, मगध के खेत थे। वहाँ कोसिय गोत्र नामक सालिन्दिय ब्राह्मण ने हजार करीष भूमि में शालि (धान) बोया। जब धान उग आए तो उसने पक्की बाड़ बनाकर खेत रखवाली करनेवाले अपने आदमियों को 50 करीष या किसी को 60 करीष धान दिया। शेष पाँच सौ करीष खेत एक मजदूर की मजदूरी (भृति) पर दे दिया। मजदूर वहीं कुटी बनाकर रहने और खेत की रखवाली करने लगा। जब धान पकने लगा तो तोते धान चुगने लगे। मजदूर को यह देख चिन्ता होने लगी कि ब्राह्मण धान की कीमत लगाकर उस पर कर्ज लाद देगा। अतः उसने यह बात ब्राह्मण को बता दी। ब्राह्मण ने मजदूर को सलाह दी कि वह जाल बाँधकर तोतों को फँसा ले। मजदूर ने घोड़े के बालों से जाल बनाया और खेतों में डाल दिया। कई तोते जाल में फँस गए और उन्हें ले जाकर उसने स्वामी को दे दिया। मगध राज्य में गाँवों से सटे बाँस के जंगल होते थे। वहाँ गाँववालों एवं गाँव के चौधरी के गाय-बैल चरते थे। बाँस के जंगल में रहनेवाले साँपों के काटने से कभी-कभी गाय-बैल मर जाते थे। मरे पशु को वहीं गड्ढा खोदकर डाल दिया जाता था। राजगृह नगर से सटे गाँवों में चोरी की घटनाएँ घटती रहती थीं। चोर सेंध लगाकर चोरी करते थे। चोर कभी-कभी चोरी करने के बाद भिक्षुओं की कुटियों में जाकर छिप जाते थे। राजगृह के पास स्थित गाँवों से भिक्षुओं को भोजन मिल जाता था। गाँवों के वृद्ध पसन्द नहीं करते थे कि ग्राम-बालक भिक्षु बनें। कृषक-ब्राह्मण परिवार अपने खेतों में मजदूरों से हल चलवाते थे। सँपेरे गाँवों में साँप का तमाशा दिखाकर जीविका चलाते थे।

मगध के एकनाला ब्राह्मण-ग्राम के कसि भारद्वाज ब्राह्मण द्वारा पाँच सौ हल लेकर जुताई कराने की चर्चा है। *मज्झिम निकाय* के अनुसार, मगध का गोपक मोग्गल्लान ब्राह्मण कृषक था। भूमि छोटे-छोटे टुकड़ों के रूप में बँटी हुई थी, जिन पर अलग-अलग परिवार खेती करते थे और फसल काटकर अपने-अपने घर लाते थे। मललसेकर के अनुसार प्रत्येक 'मगध-खेत' विस्तार में एक गावुत अर्थात करीब दो मील होता था। गुड़ और शक्कर मगध राज्य के गाँवों में बनाए जाते थे। गुड़ से भरी पाँच सौ गाड़ियों को राजगृह से अन्धकविन्द के मार्ग में जाते हुए *विनयपिटक* में देखते हैं

मध्य बिहार के आसपास के क्षेत्रों, वाराणसी आदि क्षेत्रों की कृषि पर बौद्धग्रन्थ तुलनात्मक दृष्टि से ज्यादा प्रकाश डालते हैं। *दिव्यावदान* के अनुसार धान बोने के लिए आषाढ़ मास का शुक्लपक्ष और भाद्रपद मास उपयुक्त समझा जाता था। खेत की तैयारी के लिए हल-बैल द्वारा खेत की जुताई अच्छी तरह की जाती थी। पाँच सौ हल से कृषि कार्य करने की भी चर्चा है। फसल का होना या न होना वर्षा पर निर्भर करता था। *मिलिन्दप्रश्न* में लिखा है कि खेतों में अच्छी तरह जमा हुआ धान समय पर पानी बरसने से फैलकर घने बालों से लद जाता और कटनी के समय तक पूरा तैयार हो जाता था। इस स्थिति में फसल बिना किसी विघ्नबाधा के अच्छी तरह काटकर घर लाया जाता था। हरे-भरे धान कभी-कभी कीड़ों के लग जाने से बिलकुल नष्ट हो जाते थे। धान की खिली फसल कभी-कभी ओले

की वर्षा से नष्ट हो जाती थी। केवल थोड़े से बीज अच्छे खेत में बोए जाने और समय पर वर्षा होने से बहुत फल देते थे। अच्छी तरह शुद्ध किए गए खेत में बीज रोपे जाने से शीघ्र जमता था। खेत नहरों से पटाए जाते थे। खेत में क्यारियाँ बँधी रहती थीं जिनसे पानी को रोककर धान पुष्ट किया जाता था और तब थोड़ा बीज बोने से बहुत धान होता था। खेतों में प्रायः वही चीजें होतीं जिनका प्रवाह पहले से ही चला आता था। पककर सूख गए धान को किसान खलिहान में गंज लगाकार पानी पड़ने से बचाता था किन्तु जब धान का पौधा हरा-हरा दिखाई देता तो किसान उन्हें पानी से बार-बार सींचता था। रस निकालने के लिए ईख को कोल्हू में पेरा जाता था। लकड़ी की गाड़ी पर धान लादकर लाया जाता था। मृगों को खेत खाने से रोकने के लिए बाड़ बाँधे जाते थे। जब मृगों का डर कम हुआ तो खेत को घेरकर पत्तों की झंडी (निशानी) बाँधने की प्रथा आरम्भ हुई। *जातक* में गाँव उजड़कर खेत का रूप ले लेने की चर्चा है। भेरी बजानेवाले प्रायः गाँवों में रहते थे।

निष्कर्षतः बौद्धकालीन मध्य बिहार में ग्रामीण समाज केवल कृषकों का प्रतिनिधित्व नहीं करता था। वहाँ कई प्रकार के अन्य पेशा से जीविका चलानेवाले लोग भी रहते थे। नगदी-फसलों की खेती व्यापक रूप में होती थी। कृषकों की आय इतनी होती कि वे अपने मजदूरों को नकद मुद्रा मजदूरी के रूप में देते थे। कृषक मजदूरों की दशा दयनीय थी। फलस्वरूप उनके परिवार में कलह की सम्भावना बनी रहती थी। पाटलिग्राम की तुलना में गया और राजगृह के आसपास स्थित गाँवों में कृषि से ज्यादा फसलें होती थीं। गाँवों में गायों से थोड़ा भी कम महत्त्व बैलों का नहीं था। खेत की जोताई और यातायात के साधनों में बैल काफी उपयोगी पशु था। सम्बद्ध स्रोत प्रमाणित करते हैं कि ग्रामीणों का जीवन साधारण और बौद्धधर्म से प्रभावित था। लोग प्रायः अपनी आवश्यकताओं की पूर्ति स्थानीय स्तर पर स्वयं कर लेते थे। मृगों को पकड़ने के लिए घोड़ों के बालों से जाल बनाना इसे प्रमाणित करता है कि गाँव में घोड़े भी होते थे तथा जाने-अनजाने में विज्ञान और प्रोद्यौगिकी के क्षेत्र में नवीन आविष्कार की प्रक्रिया निर्धन और गँवार द्वारा जारी थी। पाटलिग्राम ज्यों-ज्यों नगर का रूप लेने लगा त्यों-त्यों गया और राजगृह में गाँवों की संख्या में वृद्धि होती गई क्योंकि यहाँ का नगरीय माहौल पहले जैसा नहीं रहा और कृषि से आय में निश्चितता की सम्भावना बढ़ती गई। ज्ञान प्राप्त करने के बाद गौतम बुद्ध की धार्मिक गतिविधियों का केन्द्र वाराणसी एवं इसके पड़ोसी क्षेत्र हो गए, फलतः बौद्धसाहित्य भी वाराणसी के आसपास के सामाजिक एवं आर्थिक दशाओं की चर्चा व्यापक रूप में करते हैं।

21.2 शहरी अर्थव्यवस्था

बुद्ध-काल में भारतीय जनता का आर्थिक जीवन सुखी और समृद्ध था। अनेक बुद्धकालीन मनुष्यों, विशेषतः सेठों की प्रभूत सम्पत्ति का वर्णन मिलता है। चम्पा-निवासी श्रेष्ठि-पुत्र सोण कोटिविंश (बीस करोड़) का धनी था। अस्सी गाड़ी अशर्फियाँ (हिरण्य) उसके यहाँ थीं। साकेत के सेठ धनंजय ने, अंगुत्तर-निकाय की अट्ठकथा के अनुसार, अपनी पुत्री विशाखा के लिए 9 करोड़ के मूल्य से महालता नामक आभूषण को बनवाया था और उसके स्नान-चूर्ण के मूल्य के लिए 5400 गाड़ी धन दिया था। इसी विशाखा के लिए उसके श्वशुर मृगार श्रेष्ठी ने केवल एक आभूषण एक लाख का बनवाया था। श्रावस्ती के प्रसिद्ध व्यापारी अनाथपिंडिक ने जेतवन की सारी भूमि को सोने की मुहरों से किनारे से किनारा मिलाकर ढाँककर जेत

कुमार से उसे खरीदा था और इसमें उसकी 18 करोड़ मुहरें लगी थीं। कुल मिलाकर सेठ को 54 करोड़ धन जेतवनाराम के बनवाने में व्यय करना पड़ा था। *धम्मपदट्ठकथा* की 'विसाखाय वत्थु' में कहा गया है कि विशाखा अपने घर से दहेज के रूप में ताँबे, चाँदी और सोने के बर्तनों की पाँच-पाँच सौ गाड़ियाँ, इतनी ही गाड़ियाँ रेशमी और बहुमूल्य वस्त्रों की और 60,000 बैल और इतनी ही संख्या में गायें लेकर आई थी। *धम्मपदट्ठकथा* के अनुसार विशाखा मृगारमाता ने 18 करोड़ के मूल्य से पूर्वाराम प्रासाद बनवाया था। *संयुक्त-निकाय* में श्रावस्ती के दो कंजूस सेठों के मर जाने का उल्लेख है, जिन्होंने क्रमशः अस्सी लाख और सौ लाख अशर्फियाँ छोड़ी थीं। इन दोनों के सन्तानहीन होने के कारण यह सब धन राजकोष में चला गया था। इसी प्रकार बब्बु जातक में कहा गया है कि काशी देश के एक धनवान् सेठ का गाड़ा हुआ खजाना 40 करोड़ के सोने का था। असम्पदान जातक में मगध के संख नामक एक सेठ का उल्लेख है जिसके पास 18 करोड़ सम्पत्ति थी और इतनी ही सम्पत्ति उसके एक मित्र वाराणसी के सेठ की बताई गई है। 'असीति कोटि विभवो सेट्ठि' अर्थात् अस्सी करोड़ सम्पत्तिवाले सेठों के अनेक विवरण हमें जातक-कथाओं में मिलते हैं। पेतवत्थु की अट्ठकथा में बताया गया है कि राजगृह के एक व्यापारी के पास इतनी सम्पत्ति थी कि यदि प्रतिदिन एक हजार मुद्राएँ व्यय की जातीं तब भी वह समाप्त नहीं हो सकती थीं। धम्मपदट्ठकथा में मगध राज्य के कुम्भघोसक नामक व्यक्ति का उल्लेख है जो फटे-पुराने कपड़े पहनता था, परन्तु जिसके पास उसके पिता के द्वारा छोड़ी हुई 40 करोड़ सम्पत्ति जमीन में गड़ी हुई थी। वाराणसी के श्रेष्ठिपुत्र यश और कौशाम्बी के घोषक, कुक्कुट और पावारिक (पावारिय) नामक सेठों की इसी प्रकार प्रभूत सम्पत्ति का वर्णन किया गया है। *सुमंगलविलासिनी* के अनुसार वही सेठ बुद्ध-काल में वास्तविक रूप से धनवान माना जाता था जिसके पास 40 करोड़ धन हो और जो प्रतिदिन 5 अम्मण (अनाज नापने का एक माप) से लेकर एक तुम्ब (अनाज नापने का एक अन्य माप) तक कार्षापणों की खरीद-बिक्री करता हो।

बड़े-बड़े सेठ (सेट्ठि) और वणिक् (वाणिजा) ही नहीं, अन्य लोगों की भी प्रभूत सम्पत्ति का वर्णन मिलता है। पिप्पलि माणवक (बाद में आर्य महाकाश्यप), जो मगध देश के महातित्थ (महातीर्थ) नामक ग्राम के निवासी थे, 87 करोड़ सम्पत्ति के स्वामी थे। इसी प्रकार सारिपुत्र के यहाँ 500 सोने की पालकियाँ और महामोग्गल्लान के यहाँ 500 गाड़ियाँ थीं। उरुवेला के सेनानी निगम की तरुणी सुजाता ने बरगद के पेड़ के देवता से यह मनौती की थी कि यदि प्रथम गर्भ में वह पुत्र-प्रसव करेगी तो प्रति वर्ष एक लाख के व्यय से उसकी पूजा करेगी।

अनेक बुद्धकालीन ब्राह्मण-महाशालों की भी प्रभूत सम्पत्ति के वर्णन मिलते हैं। उन्हें अक्सर 'अड्ढा', 'महद्धना' और 'महाभोगा' कहकर पुकारा गया है। अनेक जातककथाओं में ऐसे ब्राह्मणों के उल्लेख हैं जिन्हें 'असीति-कोटि-धन-विभवा' अर्थात् अस्सी करोड़ धन-वैभववाले कहा गया है। आचार्य बुद्धघोष ने परमत्थ-जोतिका में ब्राह्मण-महाशाल की परिभाषा करते हुए ऐसे ब्राह्मणों को महाशाल (महासाल) बताया है जिनके पास अस्सी करोड़ धन हो। अंग देश के चम्पा नगर का स्वामी सोणदंड, जिसे वह नगर मगधराज श्रेणिक बिम्बिसार की ओर से दान के रूप में मिला हुआ था, इसी प्रकार का ब्राह्मण-महाशाल था। इसी प्रकार मगध देश के खाणुमत गाँव का ब्राह्मण कूटदन्त था। कोसल देश में तो ऐसे ब्राह्मण महाशाल काफी संख्या में थे। ओपसाद का चंकि ब्राह्मण, इच्छानंगल का तारुक्क, उक्कट्ठा का पोक्खरसादि,

सालवतिका का लोहिच्च, ये सब ब्राह्मण महाधनी और महा-ऐश्वर्यवाले थे।

जहाँ तक कृषकों की अवस्था का सम्बन्ध है, हम मगध के उर्वर खेतों और वहाँ के शस्यसम्पन्न, अकंटक, अपीड़ित, क्षेमयुक्त और हस्तिकाय, अश्वकाय और रथकाय से युक्त, हिरण्य-सुवर्ण-मय, द्रव्य-सम्भार-सुलभ (दब्बसम्भारसुलभा) जनपदों को देख चुके हैं। धनधान्यपूर्ण, समृद्ध और स्फीत बुद्धकालीन नगरों के चित्र को भी हम देख चुके हैं। श्रावस्ती में ऐसी कोई वस्तु नहीं थी जो मिल न सकती हो। आपण जैसे निगमों का व्यस्त व्यापारिक जीवन था। वाराणसी का कला-कौशल और धन-वैभव अनुपम था। मिथिला के चार महाद्वारों के बाहर 'यवमज्झक' बाजारों की रचना आधुनिक योजनाबद्ध जैसी लगती है। सुत्त-निपात में धनिय गोप के सुखमय जीवन को भी हमने देखा है। पंच गोरस सर्वत्र सुलभ थे। लिच्छबियों की वैशाली के भरे हुए 7707 धान्यागारों और अनाज से भरे हुए कोठों के कारण ही 'थुल्लकोट्ठित' नाम प्राप्त करनेवाले कुरु राष्ट्र के प्रसिद्ध निगम को देखकर यह कहना कुछ अधिक नहीं होगा कि भगवान बुद्ध के जीवन-काल में भारतीय जनता का आर्थिक जीवन सुखी और समृद्ध था और देश में स्वर्ण-रजत, धन-धान्य और पशु-धन की कमी नहीं थी। *महापरिनिब्बाण-सुत्त* में कहा गया है कि कुशावती नगरी 'अशन करो, पान करो, भोजन करो' ('अस्नाथ, पिवथ, खादथ') इन तीन शब्दों से गुँजायमान रहती थी। ऐसा ही अन्य अनेक बुद्ध-कालीन महानगरों के सम्बन्ध में कहा जा सकता है। *दीघ-निकाय* के कूटदन्त-सुत्त में कहा गया है, "मनुष्य हर्षित, मोदित, गोद में पुत्रों को नचाते, खुले घर विहरते थे।" इसे सुखी और समृद्ध आर्थिक जीवन का हम प्रतीक मान सकते हैं।

शिल्पकारी का बुद्धकालीन समाज के जीवन में महत्त्वपूर्ण और आदरणीय स्थान था। एक ओर शिल्पकारी कृषि द्वारा उत्पादित कच्चे माल पर आधारित थी, तो दूसरी ओर कृषकों की आवश्यकताओं की पूर्ति पर वह तत्कालीन ग्रामीण जीवन को आत्म-निर्भर भी बनानेवाली थी। बुद्धकालीन व्यापार और उद्योग इन्हीं शिल्पकारियों पर और कृषि द्वारा उत्पादित कच्चे माल पर निर्भर थे। छोटा हो या बड़ा, सबको अपने प्रारम्भिक जीवन में बुद्ध-काल में यह चिन्ता रहती थी, "बिना शिल्प के जीविका करना मुश्किल है। क्यों न मैं शिल्प सीखूँ।" लड़की देते समय तो यह विशेष रूप से देखा जाता था कि लड़का कोई शिल्प जानता है या नहीं। जिस प्रकार मगध के दक्षिण में स्थित वंकहार जनपद के बहेलिए ने अपनी लड़की चापा को उपक आजीवक को देने से पूर्व उससे पूछा था, "क्या कोई शिल्प भी जानते हो ?" उसी प्रकार सुप्रबुद्ध शाक्य भी तब तक अपनी पुत्री भद्रा कात्यायनी को कुमार सिद्धार्थ को देने को तैयार नहीं हुआ था जब तक शिल्पों में भी उन्होंने अपनी दक्षता का पूरा परिचय नहीं दे दिया। शाक्य लोग इस बात से बड़े चिन्तित हो गए थे कि कुमार सिद्धार्थ शिल्पों के सीखने में मन नहीं लगाते, परन्तु जब कुमार ने कई विशेष शिल्पों में दक्षता दिखाई, तो उन लोगों की शंका दूर हुई। कोसलराज प्रसेनजित् ने, जैसा हम पहले देख चुके हैं, तक्षशिला में शिक्षा पाई थी और वहाँ उसने शिल्पों को भी सीखा था। राजकुमारों के लिए उस समय शिल्प सीखना प्रायः अनिवार्य माना जाता था। पुरुषों के समान स्त्रियों के लिए भी शिल्प, गृह-शिल्प, सीखना आवश्यक माना जाता था। भगवान बुद्ध ने विवाह-योग्य बालिकाओं को उपदेश देते हुए उनसे कहा था कि वे जिस घर में जाएँ और वहाँ जो कपास या ऊन के गृहशिल्प चलते हों, उनमें उन्हें पूरी दक्षता और कुशलता प्राप्त करनी चाहिए। अपने हाथ से काम करने में स्त्रियाँ उस समय कितना गौरव समझती थीं, यह इस बात से जाना जा सकता

है कि महापजावती गौतमी ने अपने हाथ से कते-बुने एक धुस्से के जोड़े को भगवान को अर्पित किया था।

21.3 शिल्पकार

अनेक प्रकार की शिल्पकारियाँ (सिप्पायतनानि) भगवान बुद्ध के जीवन-काल में प्रचलित थीं। सामंञफल-सुत्त (दीघ. 1.2) में शिल्पकारों के 25 प्रकार इस प्रकार वर्णित हैं :

1. हत्थारोहा–हाथी की सवारी करनेवाले।
2. अस्सारोहा–अश्वारोही।
3. रथिका–रथ को चलानेवाले।
4. धनुग्गहा–धनुष चलानेवाले।

5-13. चेलका...योधिनी–युद्ध में विभिन्न काम करनेवाले लोग।

14. दासकपुत्ता–दास लोग।
15. आलारिका–रसोइया।
16. कप्पका–नाई।
17. नहापका–स्नान करानेवाले।
18. सूदा या सुदा–हलवाई।
19. मालाकारा–माला बनानेवाले।
20. रजका–धोबी।
21. पेसकारा–जुलाहे (रँगरेज भी)।
22. नलकारा–बेंत और बाँस की वस्तुएँ बनानेवाले।
23. कुम्भकारा–कुम्हार।
24. गणका–हिसाब-किताब की जाँच करनेवाले।
25. मुद्दिका–मुनीम।

उपर्युक्त शिल्पों या पेशों के अतिरिक्त अन्य अनेक पेशे बुद्ध-काल में प्रचलित थे, जैसा कि उपर्युक्त सुत्त के ही इन शिल्पों के संगठन के बाद राजा अजातशत्रु के इन शब्दों से प्रकट होता है, "यानि वा पन अञ्ञानि पि एवंगतानि पुथु सिप्पायतनानि", अर्थात् "इनके अलावा भी अन्य अनेक शिल्प-स्थान हैं।"

सबसे महत्त्वपूर्ण शिल्प बुनकरों (तन्तवाया या पेसकारा) का था। साथ में धुनने, कातने आदि के काम भी चलते थे। अनेक प्रकार के सूक्ष्म वस्त्र बुद्ध-काल में बनाए जाते थे, जैसे कि क्षौम या अलसी की छाल के सूक्ष्म वस्त्र (खोमसुखुमानं), कपास के सूक्ष्म वस्त्र (कप्पासिकसुखुमानं), कौशेय सूक्ष्म वस्त्र (कौसेय्यसुखुमानं) और ऊन के सूक्ष्म वस्त्र (कम्बलसुखुमानं)। कपास, कौशेय, क्षौम तथा कोटुम्बर नगर के वस्त्रों का उल्लेख *महाजनक जातक* में है। "कप्पासकोसियं खोमकोटुम्बरानि च।" काशी जनपद बुद्ध-काल में अपने बहुमूल्य वस्त्रों के लिए प्रसिद्ध था। काशी के कोमल वस्त्र (कासिकं च मुदुवत्थं) अपनी ख्याति के लिए विदेशों तक प्रसिद्ध थे। उनका मूल्य एक लाख कहापण तक (सतसहस्सग्घनिकं) होता था। गान्धार और कोटुम्बर जनपद अपने बहुमूल्य कम्बलों और ऊनी वस्त्रों के लिए प्रसिद्ध थे। सिवि के दुशाले और बाहित या बाहिय के महीन वस्त्र प्रसिद्ध थे। शाक्य जनपद का खोमदुस्स नगर तो अपने क्षौम वस्त्रों वस्त्रों के लिए प्रसिद्ध ही था। कौशेय (कौसेय्य) वस्त्रों

में उस समय सोने का काम भी किया जाता था। मणियों से जटित, दोनों ओर से पालिश किए, चिकने, नीले और लोहित वर्ण के काशी वस्त्र प्रसिद्ध थे। राजाओं की पगड़ियाँ भी स्वर्णजटित वस्त्र (कंचनपट्ट) की होती थीं। और उनके हाथियों की झूलें भी इसी प्रकार सोने से जड़ी होती थीं। बड़े-बड़े रोएँवाले आसन, चित्रित आसन, उजले कम्बल, फूलदार बिछावन, सिंह-व्याघ्र आदि के चित्रवाले आसन, झालरदार आसन, काम किए हुए आसन, लम्बी दरी, हाथी के साज, घोड़े के साज, रथ के साज, कदलि मृग की खाल के बने आसन, चँदवेदार आसन, आदि वस्तुएँ उस समय पूरी कलात्मकता के साथ बनाई जाती थीं। इसी प्रकार पलंगों पर बिछाने के लम्बे बालोंवाले बिछौने, सफेद ऊनी बिछौने, फूल-बूटे कढ़े बिछौने, कदलि मृगचर्म के बिछौने, यहाँ तक कि मसहरियाँ (उत्तरच्छदनानि) और लाल रंग के तकिए (लोहितकूपधानानि) भी उस समय बनते थे और समृद्ध लोग उनका उपयोग करते थे। पाँच सौ के मूल्य तक के क्षौम-मिश्रित कम्बल बुद्ध-काल में बनाए जाते थे। बड़े-बड़े कालीन बनाने में सिद्धहस्त कारीगर उस समय थे। अभिजात कुल की स्त्रियाँ भी अपने हाथ से कातने-बुनने के काम को करना सम्माननीय समझती थीं और बालिकाओं को उपदेश देते समय भगवान बुद्ध ने उन्हें गृह-शिल्पों में दक्षता प्राप्त करने के लिए कहा था। रुई को धुनने के लिए स्त्रियाँ एक धनुषाकार यन्त्र का उपयोग करती थीं, जो आजकल के पींजन या धुनकी के समान होता था। *जातक* में स्त्रियों के कपास धुनने के इस धनुष (इत्थीनं कप्पास पोत्थन-धनुका) का उल्लेख है। महीन सूत कातकर (सुखुम सुत्तानि कन्तित्वा) उनकी गुंडी (गुलं) बनाने की भी क्रिया बुद्ध-काल में ज्ञात थी। कपड़े बेचनेवाले व्यापारी 'दुस्सिक' कहलाते थे। बड़े-बड़े लोगों के यहाँ बहुमूल्य वस्त्रों के गोदाम भरे रहते थे। साकेत के धनंजय सेठ के यहाँ ऐसे कई 'दुस्स कोट्ठागार' (कपड़े के गोदाम) थे। कपड़े के बुनने के साथ ही रँगने का काम भी बुद्ध-काल में अत्यन्त उत्कृष्ट कला के साथ किया जाता था। *विनय-पिटक* में चीवर के रँगने के सम्बन्ध में जो निर्देश दिए गए हैं, उनसे पता चलता है कि बुद्ध-काल में कपड़े की रँगाई की कला अत्यन्त उच्चस्तर पर थी। *मज्झिम-निकाय* के वत्थ-सुत्तान्त से भी यही बात प्रकट होती है। काले (काल), नीले (नील), सफेद (सेत), पिंगल (किशमिशी), हल्दी के रंग के (हलिद्द), सुनहली (सोवण्ण), चाँदी के रंग के (रजतमय), काल (रत), मंजिष्ठा रंग (मंजिट्ठ) जैसे अनेक रंगों का ज्ञान उस समय था और विभिन्न रंगों में कपड़े रँगे जाते थे। वाराणसी के नीले रंग के और कुराग्भी बहुमूल्य रजक या रजकार (धोबी) लोग ही प्रायः रँगने का लाम भी करते थे। रँगरेजों या कुशल चित्रकारों के द्वारा तख्तों और दीवालों पर स्त्री-पुरुषों के सुन्दर चित्र बनाए जाने का उल्लेख *संयुक्त-निकाय* के दुतिय गद्दुल-सुत्त में है। कपड़े सीनेवाले दर्जी भी उस समय होते थे और वे 'तुण्णकारा' कहलाते थे। विनय-पिटक के महावग्ग में बौद्ध भिक्षु और भिक्षुणियों के वस्त्रों के सम्बन्ध में जो निर्देश दिए गए हैं, उनसे स्पष्ट विदित होता है कि सिलाई की कला एक उच्च रूप में बुद्ध-काल में लोगों को ज्ञात थी।

21.4 धातुकारी

धातुकारी का काम करनेवाले लोग साधारणतः कम्मार (कर्मार) कहलाते थे। कम्मार शब्द का प्रयोग *मज्झिम-निकाय* के संखारुप्पति-सुत्तन्त में तो निश्चयतः सुवर्णकार के लिए ही किया गया है, परन्तु कुछ जातकों में लुहार के लिए भी इस शब्द का प्रयोग किया गया है। वैसे, साधारणतः लुहार के लिए लोहकार और सुनार के लिए सुवण्णकार, सोण्णकार या मणिकार

शब्द का प्रयोग किया गया है। बुद्धकालीन स्वर्णकार अधिकतर बहुत धनवान व्यक्ति होते थे। भिक्षुणी इसिदासी (ऋषिदासी) ने अपने एक पूर्व पुरुष-जन्म की बात सुनाते हुए कहा है, "मैं बहुत धनवाली स्वर्णकार थी।" "सुवणाकारो अहं बहुधनो।" बुद्ध-काल में आभूषण बनाने की कला अत्यन्त उच्च कोटि की थी। अनेक प्रकार के आभूषण उस समय बनाए जाते थे, जैसे कि चूड़ियाँ (हत्थत्थरण), मुद्रिकाएँ (मुद्दिका), मालाएँ, कुंडल, मेखला, बिछुए (कायूर) आदि। *मज्झिम-निकाय* के धातु-विभंग-सुत्तन्त में पट्टिका, कुंडल, ग्रैवेयक और सुवर्णमाला नामक आभूषणों के भी वर्णन हैं। स्वर्ण के आभूषणों में बहुमूल्य रत्न और मणियाँ भी जड़ी जाती थीं। रत्नों के बहुमूल्य हार बनाए जाते थे। नील, पीत, लोहित, अवदात और पांडु रंग के सूत में पिरोई हुई, सुन्दर पॉलिश की हुई (सुपरिकर्मकृत) वैदूर्य मणियों के भी उल्लेख हैं। *मज्झिम-निकाय* के धातु-विभंग-सुत्तन्त में बताया गया है कि किस प्रकार एक चतुर स्वर्णकार अपनी अँगीठी (उल्कामुख) को बाँधता है, उसे लीपता है, संडासी से सोने को पकड़कर अँगीठी में डालता है, समय-समय पर धौंकता है, समय-समय पर पानी के छींटे देता है, समय-समय पर उसे चुपचाप छोड़ देता है आदि। इसी निकाय के संखारुप्पति-सुत्त में एक चतुर सुनार द्वारा भट्ठी (उल्कामुख) में सोने को डालकर उसे शुद्ध करने का उल्लेख है। ताँबे, काँसे और लोहे की धातुओं के अनेक प्रकार के बर्तनों के बनने के उल्लेख है। कृषि में काम आनेवाले औजार लोहे के बनाए जाते थे। महीन काम के लिए भी धातुओं का उपयोग होता था। सुइयाँ (सूची) बनाई जाती थीं, जिनके पैनेपन और हल्केपन की प्रशंसा की गई है। *जातक* में हम एक कुशल लुहार को वाराणसी के बाजार में अपनी सुइयों को बेचते हुए और उनकी इस प्रकार प्रशंसा करते देखते हैं, "कौन है जो यह सुई खरीदेगा ? अकर्कश, गोल, अच्छे सुन्दर पत्थर से रगड़ी हुई, चिकनी तथा सीधी तथा तीखी नोकवाली ! कौन है जो यह सुई खरीदेगा ? अच्छी तरह मँजी हुई, सुन्दर छेदवाली, क्रमशः गोल, (वस्त्र आदि में) प्रवेश कर जानेवाली तथा मजबूत !" इसी प्रकार वीणा के तार (तन्ति) बड़ी सूक्ष्म कला के साथ बनाए जाते थे। चापकार या उसुकार (वाण बनानेवाले लोग) जिस कुशलता से सीधे वाण बनाते थे और इस कार्य में उन्हें जो विभिन्न क्रियाएँ करनी पड़ती थीं, उनका वर्णन जातक में किया गया है। निहाई (अधिकरणिय) और भट्ठी (उखा) का भी उल्लेख किया गया है। हाथीदाँत का काम करनेवाले (दन्तकारा) बुद्ध-काल में कुशल कारीगर माने जाते थे। मज्झिम-निकाय के महासुकुलदायि-सुत्तन्त में बताया गया है कि किस प्रकार एक चतुर दन्तकार सिझाए दाँत से जिस किसी वस्तु को चाहता है, बना सकता है। दन्तकार लोग एक प्रकार की आरी (खरकच) से अपना काम करते थे और भारत की बनी हुई हाथीदाँत की वस्तुएँ बाहर निर्यात की जाती थीं।

अनेक प्रकार के घड़े और बर्तन, जो उपयोगी होने के साथ-साथ कलापूर्ण भी होते थे, बुद्धकालीन कुम्भकार बनाते थे। चाक (चक्क) पर आजकल के समान ही प्रायः बर्तन बनाए जाते थे। अनेक प्रकार की रंग-बिरंगी चित्रकारी बर्तनों पर की जाती थी।

लकड़ी का काम करनेवाले लोग अक्सर वड्ढकी या बढ़ई कहलाते थे। उनका काम अधिकतर भवन-निर्माण-कला से सम्बन्धित था। बड़े निर्माण-कार्यों को करनेवाले बढ़ई *महावड्ढकी* कहलाते थे। भवन-निर्माण से ही सम्बन्धित पत्थर को काटकर काम करनेवाले 'पासाणकोत्तका' और ईंटों का काम करनेवाले 'इट्ठकवड्ढकी' लोग होते थे। राज लोग गृहपति-शिल्पकार (गहपति सिप्पकार) कहलाते थे। ईंट (इट्ठक) और मिट्टी (मत्तिका) से

प्रायः घर बनाए जाते थे। चूने (उदुक्खल, उल्लोक) का प्रयोग किया जाता था। बढ़ई लोग लकड़ी के खिलौने बनाते थे। कृषकों के लिए यन्त्र (यन्तनि) और वस्त्र-उद्योग से सम्बद्ध औजार बनाना वड्ढकी लोगों का ही काम था। लकड़ी काटकर विभिन्न वस्तुएँ बनाने का काम करनेवाले तच्छक (तच्छका) एक प्रकार के बढ़ई होते थे। कुशलतापूर्वक खराद करनेवाले और रथ के अंग-प्रत्यंग बनानेवाले होते थे।

अनेक प्रकार के चिकित्सक (तिकिच्छका) और वैद्य (वेज्ज) उस समय थे, जो जड़ी-बूटियों से औषधोपचार करते थे। चीर-फाड़ करनेवाले (सल्लकत्ता) वैद्य भी उस समय थे। बाल-रोगों के विशेषज्ञ वैद्य 'दारक तिकिच्छका' कहलाते थे। माला बनानेवाले 'मालाकारा' और फूल, काशिक चन्दन, अगरु आदि सुगन्धित वस्तुएँ बेचनेवाले 'गन्धिका' लोग काफी संख्या में थे। खश भी खोदी जाती थी और इस सम्बन्धी उद्योग भी सम्भवतः चलता था। नृत्य-गीत और वाद्य में कुशल 'नच्च-गीत-वादिता-कुसला' कलाकार होते थे, जो नाटकीय अभिनय और 'समज्जा' जैसे खेलों से जनता का मनोरंजन करते थे। रस्सी का नाच दिखानेवाले 'लंघन नटका' और बाँस पर चढ़कर खेल दिखानेवाले नट भी उस समय थे।

21.5 पूगा

भिन्न-भिन्न शिल्पों को करनेवाले लोगों के संघ बुद्ध-काल में बने हुए थे, जो 'सेणियो' (श्रेणयः) या 'पूगा' कहलाते थे। *जातक* में 18 प्रकार के शिल्पकारों के संघ (अट्ठारस सेणियो) बुद्ध-काल में विद्यमान थे। इनमें से केवल चार का स्पष्टतः उल्लेख पाया जाता है, जैसे कि (1) वड्ढकि-सेणि, (2) कम्मार सेणि (3) चम्मकार-सेणि और (4) चित्तकार-सेणि। इस प्रकार बढ़ई, धातुकार, चर्मकार और चित्रकार, इन चार प्रकार के कारीगरों के संघ या श्रेणियाँ बुद्ध-काल में निश्चित रूप से विद्यमान थीं। शेष 14 'सेणियों' के सम्बन्ध में हम केवल अनुमान लगा सकते हैं। यह भी सम्भव है कि शिल्पकारों के संघों की संख्या 18 से ऊपर रही हो। व्यावसायिक संगठन-विशेष के रूप में 'पूग' शब्द का प्रयोग *विनय-पिटक* के पाचित्तिय-कांड (पाचित्तिय पालि, श्री नालन्दा संस्करण, पृष्ठ 344) में 'पूगपरिक्खारनिक्खिपनवत्थु' में है। *अंगुत्तर-निकाय* में भी पूग में जाकर किसी व्यक्ति के द्वारा झूठी गवाही देने की बात कही गई है, जिससे विदित होता है कि झगड़ा होने पर गवाहियाँ पूगों में ली जाती होंगी।

बुद्ध-काल में अधिकतर शिल्प पितृक्रमागत ढंग से चलते थे। एक कुम्भकार या चम्मकार का पुत्र प्रायः उसी काम को करता था जो उसके परिवार में होता चला आता था। यही कारण है कि 'कुम्भकार-कुल', 'सत्थवाह-कुल', 'पण्णिक-कुल' जैसे प्रयोग, जिनमें विशिष्ट शिल्पों का सम्बन्ध विशिष्ट परिवारों के साथ कर दिया गया है, हमें जातकों में देखने को मिलते हैं। एक विशेष शिल्प को करनेवाले विशिष्ट ग्रामों और नगरों की बीथियों में रहते थे, जिनके नाम उनके नाम पर ही अक्सर पड़ जाते थे। *कुम्भकार जातक* में हम देखते हैं कि वाराणसी के समीप 'कुम्भकार गाम' नामक एक गाँव कुम्भकारों का ही बसा हुआ था। *अलीन-चित्त-जातक* के अनुसार 'वड्ढकिगाम' नामक एक बढ़इयों का गाँव भी वाराणसी के समीप बसा हुआ था। *समुद्दवाणिज जातक* में इस गाँव का उल्लेख हुआ है। इसी प्रकार एक 'नेसादगाम' (निषाद-ग्राम) भी था। *मज्झिम-निकाय* के सुभ-सुत्तन्त में एक 'नलकारगाम' का उल्लेख है, जो श्रावस्ती के समीप स्थित था। इस गाँव में, जैसा उसके नाम से स्पष्ट है, अधिकतर निवासी बाँस की टोकरी आदि बनाने का काम करते थे। विभिन्न नगरों की बीथियों के नाम

अक्सर उनमें बसनेवाले शिल्पकारों के नाम पर पड़ जाते थे। जातकों में हम दन्तकार-बीथि (हाथीदाँत का काम करनेवाले कारीगरों की गली), रजक-बीथि और तन्तविततट्ठान (जुलाहों का स्थान) जैसे स्थानों के प्रयोग देखते हैं।

21.6 जेट्ठक

एक विशेष प्रकार के शिल्पकारों का प्रधान 'जेट्ठक' या 'पमुख' ('पामुख' भी) (प्रमुख) कहलाता था। समुद्वाणिज जातक के वर्णनानुसार वाराणसी से थोड़ी दूर एक वड्ढकिगाम में 1000 परिवार रहते थे, जिनमें से प्रत्येक 500-500 बढ़इयों के ऊपर एक-एक जेट्ठक के हिसाब से दो बढ़ई जेट्ठक थे। विशिष्ट शिल्प के साथ जेट्ठक का नाम जोड़कर अक्सर प्रयोग किया जाता था, जैसे कम्मारजेट्ठक, मालाकारजेट्ठक, वड्ढकिजेट्ठक आदि। व्यापारिक समुदायों के जेट्ठक 'सत्थवाह जेट्ठक' कहलाते थे। इन जेट्ठकों के, जो प्रायः निर्वाचित होते थे, काफी अधिकार थे और राजदरबार में उन्हें प्रायः एक पदाधिकारी माना जाता था। उरग जातक में व्यावसायिक संघों के दो प्रमुखों को हम राजा के मन्त्रियों के रूप में देखते हैं। कारीगरों में कोई झगड़ा होने पर उसका निर्णय जेट्ठक लोग ही करते थे और सामान्यतः एक विशिष्ट शिल्प से सम्बन्धित सब बातों पर उसके जेट्ठक का अधिकार होता था।

व्यापार या वाणिज्य (वणिज्जा) की एक उच्च विकसित अवस्था हमें बुद्ध-काल में देखने को मिलती है। उस समय देश का प्रायः सारा व्यापार गहपति (गृहपति-वैश्य) लोगों के हाथ में था, जिनके पास प्रभूत सम्पत्ति होती थी। राजगृह, श्रावस्ती, कौशाम्बी, वाराणसी, चम्पा, वैशाली, तक्षशिला, भद्रावती, मिथिला और आपण जैसे नगरों में अनेक धनी सेठ उस समय थे, जिनका सामाजिक जीवन में महत्त्वपूर्ण स्थान था। जनपदों में भी इसी प्रकार सेठ होते थे, जिन्हें 'जनपद सेट्ठि' कहा जाता था। ये व्यापार का काम करते थे और लेन-देन का काम भी। सामाजिक जीवन उतना अधिक जटिल नहीं हो पाया था, फलतः अभी उस शोषण के दुष्परिणाम दृष्टिगोचर नहीं हो रहे थे जो एक पूँजीवादी समाज से सम्बन्धित है। यह इस बात से प्रकट होता है कि इस समय किसी जनपद की समृद्धि के लिए उसके अन्दर सेठ का होना आवश्यक माना जाता था। *धम्मपदट्ठकथा* में कहा गया है कि राजा प्रसेनजित् के राज्य में कोई बड़ा सेठ नहीं था। इसलिए उसकी प्रार्थना पर मगधराज बिम्बिसार ने अपने राज्य के प्रसिद्ध सेठ धनंजय को कोसल में बसने भेज दिया था, जिसने साकेत में आकर अपना व्यवसाय आरम्भ किया। समाज में सेठों का कितना आदर था और उनकी कितनी बड़ी शक्ति थी, यह इसी से जाना जा सकता है कि राजाओं से उनके प्रायः मित्रता के सम्बन्ध रहते थे और एक-दूसरे के यहाँ निमन्त्रण आदि में आना-जाना होता था। श्रावस्ती के मृगार श्रेष्ठी के पुत्र की बरात में, जो साकेत के धनंजय सेठ के यहाँ गई थी, राजा प्रसेनजित् बराती बनकर गया था और कई महीने तक वहाँ ठहरा था। राजगृह का सेठ जब भगवान बुद्ध और उनके भिक्षु-संघ के लिए भोजन तैयार करवा रहा था तो अनाथपिंडिक ने उससे पूछा था, ''क्या आपके यहाँ महाराज बिम्बिसार भोजन के लिए आनेवाले हैं ?'' धम्मपदट्ठकथा के अनुसार राजा बिम्बिसार का भी इतना सुन्दर महल नहीं था जितना उसी के राज्य के राजगृह-निवासी श्रेष्ठी जोतिक का था। राजा बिम्बिसार लकड़ी के बने महल में रहता था, जबकि जोतिक का भवन पत्थर का बना हुआ था। इस पर ईर्ष्या करते हुए कुमार अजातशत्रु को यह कहते दिखाया गया है, ''अहो ! कितना अन्धा और मूर्ख है मेरा पिता ! गृहपति तो रहते हैं

सप्तरत्नमय प्रासाद में और यह राजा होकर लकड़ी के बने घर में रहता है।" आज की तरह उस समय भी सेठ शब्द का प्रयोग किसी भी धनवान वैश्य व्यापारी के लिए होता था, परन्तु बुद्ध-काल में वह विशेषतः एक पद का भी सूचक था, जो पितृक्रमागत होता था।

21.7 अन्तर्देशीय व्यापार

बुद्धकालीन भारत के अन्तर्देशीय व्यापार का विचार करने पर सर्वप्रथम चित्र जो हमारे सामने आता है वह है, माल (भंडं) से भरी हुई 500 गाड़ियों के काफिलों (शकट-सार्थ) को लिए हुए देश के एक कोने से दूसरे कोने को जानेवाले व्यापारियों का। इस प्रकार हम सूनापरान्त जनपद (ठाणा और सूरत के जिलों का अंश) के दो व्यापारी भाइयों को क्रमशः 500-500 गाड़ियाँ लेकर श्रावस्ती व्यापारार्थ जाते देखते हैं। 500 गाड़ियों को ही साथ लेकर जाता हुआ पुक्कुस मल्लपुत्र व्यापारी भगवान को पावा और कुसिनारा के बीच रास्ते पर मिला था। भगवान पावा से कुसिनारा की ओर जा रहे थे और वह कुसिनारा से पावा की ओर आ रहा था। श्रावस्ती का प्रसिद्ध व्यापारी अनाथपिंडिक राजगृह अपने किसी व्यापारिक कार्य से 500 गाड़ियों को साथ लेकर गया था और इसी समय प्रथम बार उसने भगवान बुद्ध के दर्शन किए थे। *विनय-पिटक* में हम वेलट्ठ कच्चान नामक व्यापारी को गुड़ के घड़ों से भरी 500 गाड़ियों के साथ राजगृह से अन्धकविन्द ग्राम की ओर जानेवाले रास्ते पर जाते देखते हैं। *तपस्सु* और *भल्लिक* नामक व्यापारी, जिन्होंने भगवान बुद्ध को बुद्धत्व-प्राप्ति के बाद सर्वप्रथम आहार दिया था, 500 गाड़ियों के साथ उत्कल (उक्कल) जनपद के मध्य देश में व्यापारार्थ ही आ रहे थे। लाल वस्त्रों से लदी 500 गाड़ियों को साथ लिए वाराणसी के एक व्यापारी का श्रावस्ती जाने का उल्लेख है, जो बीच में नदी न पार कर सकने के कारण किनारे पर ही माल बेचने के लिए रुका रहा। इसी प्रकार वाराणसी के एक अन्य व्यापारी का उल्लेख है, जो 500 गाड़ियाँ लेकर माल खरीदने सीमान्त (प्रत्यन्त) देश में गया और वहाँ उसने चन्दन खरीदा। *दीघ-निकाय* के पायासि राजञ्ञ सुत्त में 500-500 गाड़ियों को साथ लिए दो मालिक व्यापारियों का पूर्व देश से पश्चिम देश को (पुब्तन्ता अपरन्तं) जाने का उल्लेख है। 500 गाड़ियों की बात छोड़कर वैसे भी एक प्रान्त से दूसरे प्रान्त को व्यापारार्थ जानेवाले व्यापारियों के अनेक विवरण हमें *पालि तिपिटक* और उसकी अट्ठकथाओं में मिलते हैं। वाराणसी के एक व्यापारी का व्यापारार्थ तक्षशिला जाने का उल्लेख है। दक्षिणापथ के व्यापारी पूर्व देश में व्यापार के लिए जाते थे। *कूटवाणिज जातक, अपण्णक जातक* तथा अन्य अनेक जातक-कथाओं में हमें पूर्वान्त से अपरान्त जानेवाले व्यापारियों के उल्लेख मिलते हैं। *सेरिवाणिज जातक* में सेरिय्य राष्ट्र के व्यापारियों को व्यापारार्थ तेलवाह नामक नदी को पार कर अन्धपुर नामक नगर में जाते दिखाया गया है। उत्तरापथ के घोड़ों के सौदागरों को 500 घोड़ों के सहित वर्षा-काल में वेरंजा में पड़ाव डाले हम देखते हैं। अंग-मगध के व्यापारी सिन्धु-सोवीर देश तक व्यापारार्थ जाते थे और उन्हें मार्ग में 60 योजन का मरु-कान्तार पार करना पड़ता था। मरू-कान्तार का सम्बन्ध राजपूताना के रेगिस्तान से ही हो सकता है। विदेह के व्यापारी व्यापारार्थ गान्धार तक जाते थे। गंगा और यमुना को पार कर मरुस्थल में होते हुए वे गान्धार की राजधानी तक्षशिला में पहुँचते थे। इसी प्रकार वाराणसी और उज्जेनी (उज्जयिनी), विदेह और कश्मीर-गान्धार, वाराणसी और श्रावस्ती, वाराणसी और चेतिदेश, राजगृह और श्रावस्ती, तथा अन्य बीसों नगरों के बीच व्यापारिक सम्बन्धों को हम बुद्ध-काल में देखते हैं।

विनय-पिटक से स्पष्ट विदित होता है कि राजा की ओर से आवागमन के मुख्य नाकों पर, यथा नदी के घाटों पर और गाँवों और नगरों के प्रवेश-द्वार पर चुंगी (सुंक) वसूल करने की चौकियाँ (सुंकट्ठान) बनी हुई थीं जहाँ यात्रियों और व्यापारियों को चुंगी चुकानी पड़ती थी। *विनय-पिटक* की पाचित्तिय पालि (पृष्ठ 176, श्री नालन्दा संस्करण) में उल्लेख है कि एक भिक्षु कुछ यात्रियों के साथ पकड़ा गया था जो चोरी से कुछ चीजें ले जा रहा था। *अंगुत्तर-निकाय* के दुक-निपात के एक सुत्त में भी अपराधी भिक्षु की उपमा उस व्यक्ति से दी गई है जो बिना चुंगी चुकाए माल ले जाने पर अपराधी होता है।

21.8 व्यापारिक मार्ग और खतरे

सबसे प्रधान मार्ग बुद्ध-काल में वह था जो पूर्व से पश्चिम तक (पुब्बन्ता अपरन्तं) जाता था। मगध की राजधानी राजगृह से चलकर यह मार्ग उत्तर-पश्चिम में गान्धार राष्ट्र की राजधानी तक्षशिला तक पहुँचता था। श्रावस्ती से भी जोड़ता था। यही मार्ग *उत्तरापथ* कहलाता था और इसे हम प्राचीन ग्रांड ट्रंक रोड कह सकते हैं। राजगृह से चलकर यह मार्ग पहले नालन्दा आता था, फिर पाटलिपुत्र, वाराणसी, पयाग पतिट्ठान (प्रयाग प्रतिष्ठान), कण्णकुज्ज (कन्नौज), संकाश्य, सोरों (सोरेय्य) और वेरंजा होता हुआ मथुरा पहुँचता था। मथुरा से आगे चलकर इन्द्रप्रस्थ (इन्दपत्त) और सम्भवतः सागल (स्यालकोट) होते हुए गान्धार राष्ट्र के तक्षशिला नगर तक पहुँचता था। बीच में पाटलिपुत्र, वाराणसी और प्रयाग प्रतिष्ठान पर गंगा पार करने के अतिरिक्त अन्य कई नदियाँ भी मार्ग में पार करनी पड़ती थीं, जहाँ घाटों पर नावें तैयार मिलती थीं। राजगृह का जीवक वैद्य सम्भवतः इसी मार्ग के द्वारा राजगृह से तक्षशिला में विद्या प्राप्त करने गया था। इस परम्परा से केवल इतना मालूम पड़ता है कि लौटते हुए जीवक साकेत होते हुए राजगृह आया था। परन्तु मूल सर्वास्तिवाद के 'विनय-वस्तु' में हमें तक्षशिला से लेकर राजगृह तक की जीवक की वापसी यात्रा का पूरा विवरण मिलता है। इस ग्रन्थ के अनुसार जीवक तक्षशिला से चलकर पहले भद्रशंकर नगर में आया, फिर वहाँ से उदुम्बरिका पहुँचा। उदुम्बरिका से जीवक रोहीतक (वर्तमान रोहतक) आया। वहाँ से चलकर वह मथुरा आया और फिर यमुना के तट पर गया। यहाँ से चलने के बाद वह वैशाली पहुँचा और फिर क्रमशः यात्रा करता हुआ राजगृह पहुँचा। इस प्रकार तक्षशिला से प्रारम्भ कर जीवक के मुख्य पड़ाव थे भद्रंकर, उदुम्बरिका, रोहीतक (दिव्यावदान में 'रोहितक' पाठ है), मथुरा, वैशाली और राजगृह। यद्यपि यह विवरण भी पूरा नहीं है, परन्तु फिर भी इससे हम राजगृह से तक्षशिला जानेवाले मार्ग के बीच के महत्त्वपूर्ण नगरों का परिचय अवश्य प्राप्त कर लेते हैं। पूर्व देश के व्यापारी पश्चिम देश में व्यापारार्थ जाते थे। ये सब व्यापारी उपर्युक्त 'उत्तरापथ' मार्ग से ही आते-जाते होंगे। *विमानवत्थु* की अट्ठकथा में सेरिस्सक की कथा तथा जातक के विवरण से हम अंग-मगध के जिन व्यापारियों को 60 योजन मरुकान्तार पार करके सिन्धु-सोवीर और गान्धार जनपद में पहुँचते देखते हैं, वे भी इसी मार्ग से राजपूताना के रेगिस्तान को पार करके सम्भवतः गए होंगे। उत्तरापथ के जिन 500 घोड़ों के व्यापारियों को हम वेरंजा में पड़ाव डाले देखते हैं, वे उत्तरापथ मार्ग के द्वारा ही वेरंजा तक आए होंगे। राजगृह के व्यापारी रोरुक (रोरुव) तक इसी मार्ग के द्वारा पहुँचते थे और वाराणसी और मथुरा आदि इस मार्ग पर पड़नेवाले नगरों का गान्धार और सिन्धु-सोवीर देशों के साथ जो व्यापार चलता था, वह भी इसी मार्ग से होता था। गौतम बुद्ध ने वेरंजा से सोरेय्य, संकस्स, कण्णकुज्ज और पयाग

पतिट्ठान होते हुए वाराणसी तक की जो यात्रा की थी, वह इसी महामार्ग के बीच का एक अंग थी। राजगृह से तक्षशिला तक जानेवाला यह महामार्ग वस्तुतः यहीं तक सीमित न था। पूर्व में हम जानते हैं कि राजगृह चम्पा से स्थलीय मार्ग के द्वारा सम्बन्धित था और चम्पा से जलीय मार्ग द्वारा ताम्रलिप्ति तक आवागमन था। ताम्रलिप्ति से समुद्री मार्ग द्वारा व्यापारी सुवर्णभूमि (दक्षिणी बरमा) तक तो जाते ही थे, *मिलिन्दपञ्हो* (ईस्वी सन् के करीब) में चीन के साथ व्यापारिक सम्बन्धों का स्पष्ट उल्लेख है और बाद में चलकर भारत से चीने जानेवाले और चीन से भारत आनेवाले यात्रियों के जहाज बदलने के स्थान के रूप में ताम्रलिप्ति बन्दरगाह प्रसिद्ध ही था, ऐसा चीनी यात्रियों के विवरणों से स्पष्ट विदित होता है। उत्तर में यह महामार्ग तक्षशिला से आगे चलकर पश्चिमी तथा मध्य एशिया तक जाता था। इस प्रकार राजगृह से तक्षशिला जानेवाला यह मार्ग पूर्व और उत्तर-पश्चिम दोनों ओर शेष संसार से भारत का सम्बन्ध जोड़ता था। भारत के प्रायः सब महानगर इस मार्ग से दूसरे मार्गों के द्वारा जुड़े हुए थे।

राजगृह से श्रावस्ती जानेवाला बुद्ध-काल का एक-दूसरा प्रसिद्ध मार्ग था। *बावरि* ब्राह्मण के सोलह शिष्य प्रतिष्ठान से श्रावस्ती पहुँचने के बाद फिर श्रावस्ती से राजगृह तक इसी मार्ग के द्वारा गए थे। इस मार्ग में पड़नेवाले स्थान श्रावस्ती से आरम्भ कर इस प्रकार थे—श्रावस्ती, सेतव्या, कपिलवस्तु, कुसिनारा, पावा, भोगनगर, जम्बुगाम, अम्बगाम, हत्थिगाम, भंडगाम, वैशाली, नादिका, कोटिगाम, पाटलिपुत्र, नालन्दा और राजगृह। इन स्थानों में से कुछ पर बावरि ब्राह्मण के शिष्य नहीं रुके थे। गौतम बुद्ध अपनी अन्तिम यात्रा में जब राजगृह से कुसिनारा गए, तो इसी मार्ग पर होकर गए थे। राजगृह और नालन्दा के बीच भगवान अम्बलट्ठिका में भी ठहरे थे। राजगृह से तक्षशिला तक जानेवाला महामार्ग भी नालन्दा और पाटलिपुत्र होकर गुजरता था, अतः ये दोनों स्थान उसके साथ-साथ इस दूसरे मार्ग पर स्थित वैशाली, कपिलवस्तु और श्रावस्ती जैसे नगरों के साथ भी जुड़े हुए थे। नालन्दा में एक सड़क गया को भी जाती थी, जो उसे उस मार्ग से जोड़ती थी, जो ताम्रलिप्ति से गया होता हुआ वाराणसी तक जाता था। वैशाली से पाटलिपुत्र होते हुए भी यात्री वाराणसी जाते थे।

बुद्ध-काल का तीसरा प्रसिद्ध मार्ग दक्षिणापथ था, जो उत्तर भारत को दक्षिण भारत से जोड़ता था। यह मार्ग उत्तर में श्रावस्ती से चलकर दक्षिण में प्रतिष्ठान (पैठन) तक जाता था। बावरि ब्राह्मण के 16 शिष्य इसी मार्ग के द्वारा प्रतिष्ठान से श्रावस्ती गए थे। बीच में पड़नेवाले स्थान प्रतिष्ठान से प्रारम्भ कर इस प्रकार थे—प्रतिष्ठान, माहिष्मती, उज्जेनी, गोनद्ध, विदिशा (वेदिसं), वनसाह्वय या वनसव्हय, कौशाम्बी, साकेत और श्रावस्ती। इस मार्ग पर पड़नेवाली कौशाम्बी नगरी व्यापारिक मार्ग द्वारा एक ओर वाराणसी से जुड़ी हुई थी और दूसरी ओर राजगृह से। माहिष्मती से एक मार्ग भरुकच्छ को भी जाता था। इसी मार्ग के द्वारा उज्जेनी (उज्जयिनी) पश्चिमी समुद्र-तट के भरुकच्छ और सुप्पारक जैसे बन्दरगाहों से जुड़ी हुई थी।

तीन *महामार्गों* के अलावा अन्य कई मार्ग भी बुद्ध-काल में विद्यमान थे। एक मार्ग अहोगंग पर्वत (हरिद्वार) से सोरों (सोरेय्य) तक आता था और सोरों से क्रमशः संकाश्य, कन्नौज, उदुम्बर और अग्गलपुर होता हुआ सहजाति या सहजातिय तक जाता था। सोरों, संकाश्य और कन्नौज उस मार्ग पर भी पड़ते थे जो मथुरा से वेरंजा होता हुआ इन तीनों स्थानों को क्रमशः पार कर प्रयाग प्रतिष्ठान और उसके बाद वाराणसी तक पहुँचता था, जहाँ से पाटलिपुत्र, चम्पा और ताम्रलिप्ति तक के लिए नावें मिलती थीं। विदेह के व्यापारी मिथिला

से स्थल-मार्ग द्वारा पहले चम्पा पहुँचते थे, जहाँ से वहाँ की दूरी 50 योजन बताई गई है और फिर चम्पा से नदी के द्वारा ताम्रलिप्ति तक जाते थे जहाँ से वे सुवर्णभूमि की समुद्री यात्रा करते थे। श्रावस्ती से चलकर कुमार प्रसेनजित्, बन्धुल मल्ल और महालि लिच्छवि विद्या प्राप्त करने तक्षशिला गए थे। उनके मार्ग का उल्लेख नहीं किया गया है। श्रावस्ती से वैशाली होकर वाराणसी तक आना और फिर वहाँ से प्रयाग प्रतिष्ठान, कान्यकुब्ज, संकाश्य, सोरेय्य, वेरंजा और मथुरा होते हुए जाना अवश्य ही लम्बा मार्ग पड़ता होगा। अतः श्रावस्ती से कोई सीधा मार्ग भी तक्षशिला के लिए था, जिसकी दूरी कुल 192 योजन बताई गई है। सम्भवतः यह मार्ग तक्षशिला से सागल (स्यालकोट) होता हुआ सोरेय्य से होकर जाता होगा। वेरंजा के नलेरुपुचिमन्द नामक चैत्य के पास से होकर उत्तरकुरु की ओर मार्ग जाता था। उसी से उत्तरापथ के घोड़ों के व्यापारी, जो वहाँ पड़ाव डाले हुए थे, आए होंगे। अतः तक्षशिला और श्रावस्ती को जोड़नेवाला यह मार्ग अलीगढ़ जिले के वर्तमान कस्बे सिकन्दराराव के आसपास से होकर गुजरता होगा (जहाँ होकर ग्रांड ट्रंक रोड आज भी जाती है), यह प्रायः निश्चित जान पड़ता है। श्रावस्ती से साकेत होते हुए एक मार्ग संकाश्य नगर तक भी आता था। गौतम बुद्ध संकाश्य में अवतरण के बाद इसी मार्ग से श्रावस्ती गए थे। श्रावस्ती से संकाश्य आने के बाद वहाँ से मथुरा होते हुए भी बुद्ध-काल में गान्धार राष्ट्र तक जाया जा सकता था। सिन्धु-सोवीर देश और सूनापरान्त जनपद भी व्यापारिक मार्गों के द्वारा श्रावस्ती और राजगृह से जुड़े हुए थे।

गंगा नदी के मुहाने से लेकर चम्पा, पाटलिपुत्र, वाराणसी और सहजाति तक माल का परिवहन होता था। यमुना में कौशाम्बी तक नावों के द्वारा माल लाया-ले जाया जाता था और यात्री भी आते-जाते थे। वैशाली के वज्जिपुत्तक भिक्षु नावों में बैठकर वाराणसी से होते हुए गंगा के मार्ग के द्वारा सहजाति आए थे। पाटलिपुत्र से ताम्रलिप्ति (तामलित्ति) तक गंगा के मार्ग के द्वारा भिक्षुणी संघमित्रा गई थी। इसी प्रकार देवानंपिय तिस्स के राजदूत तामलित्ति तक और लंका से समुद्री मार्ग द्वारा आकर तामलित्ति से पाटलिपुत्र तक गंगा के मार्ग द्वारा ही गए थे। *समुद्दवाणिज जातक* और *अलीनचित्त जातक* में हमने देखा है कि वाराणसी के समीप के वाड्ढिकिगाम के सब बढ़ई अपने परिवारों को लेकर एक बड़ी नाव में बैठकर गंगा के मार्ग द्वारा भाग गए थे और समुद्र के समीप एक उर्वर द्वीप में जाकर बस गए थे। इसी प्रकार *महाजनक जातक* और *संख जातक* में क्रमशः चम्पा (काल चम्मा नगर) और वाराणसी (मोलिनी) के व्यापारियों का सुवर्णभूमि (दक्षिण बरमा) जाने का उल्लेख है। ये व्यापारी गंगा नदी के द्वारा पहले ताम्रलिप्ति पहुँचते थे और फिर वहाँ से सुवण्णभूमि जाते थे। *सीलानिसंस जातक* से भी गंगा नदी के द्वारा समुद्र से लेकर वाराणसी तक का आवागमन सिद्ध है।

महाजनक जातक में चम्पा के व्यापारियों का सुवण्णभूमि जाना वर्णित है। इसी प्रकार *संख जातक* से हमें पता चलता है कि वाराणसी के व्यापारी भी व्यापारार्थ सुवण्णभूमि तक जाते थे। बुद्ध-काल में भारतीय व्यापारी धन के लिए समुद्री यात्रा करने के लिए कितने लालायित रहते थे, इसके वर्णन हमें *सुधाभोजन-जातक* और *समुद्द-जातक* में मिलते हैं। छह-छह मास की लम्बी समुद्री यात्रा भारतीय व्यापारी बुद्ध-काल में करते थे। *वलाहस्य जातक* में हम वाराणसी के 500 व्यापारियों को तम्बपण्णि (ताम्रमपर्णि-लंका) के सिरिसवत्थु नामक नगर में पहुँचते देखते हैं। इसी जातक में तम्बपण्णि दीप की कल्याणी नदी का भी उल्लेख किया गया है। इससे प्रकट होता है कि लंका के साथ समुद्री मार्ग द्वारा सम्बन्ध भारत के

जातक-काल में थे। बाद के ग्रीक लोगों के विवरणों से, जिनमें ताम्रपर्णि द्वीप को टेप्रोबेन कहकर पुकारा गया है, इसी तथ्य की सिद्धि होती है। प्रसिद्ध *बावेरु जातक* से यह सिद्ध ही है कि भारतीय व्यापारी जहाजों के द्वारा फारस की खड़ी में होकर बेबीलोन तक व्यापारार्थ समुद्री यात्रा करते थे। *सुप्पारक जातक* में भरुकच्छ के व्यापारियों का 600 यात्रियों से भरे एक विशाल जहाज को लेकर एक लम्बी यात्रा पर जाना वर्णित है। भारत के व्यापारिक सम्बन्ध समुद्री मार्ग के द्वारा बेबीलोन, अरब, मिस्र, यूनान और भूमध्यसागर के कतिपय देशों के साथ थे। इधर दक्षिण में ताम्रपर्णि द्वीप के साथ तो भरुकच्छ और सुप्पारक के व्यापारियों का समुद्री मार्ग द्वारा घनिष्ठ सम्पर्क था ही, हम भरुकच्छ के व्यापारियों को, *सुसन्धि जातक* में, सुवर्णभूमि (दक्षिणी बरमा) जक जाते देखते हैं। स्वाभाविक तौर पर वे पूरे पश्चिमी और पूर्वी समुद्री तट के सहारे चलकर, ताम्रपणि द्वीप में होते हुए सुवण्णभूमि तक पहुँचते होंगे। उदान की अट्ठकथा से विदित होता है कि बाहिय दारुचीरिय, जिनका जन्म बाहिय राष्ट्र में (एक अन्य सूचना के अनुसार भरुकच्छ में) हुआ था, सात बार सिन्धु नदी में होकर समुद्री यात्रा पर गए थे और आठवीं बार जब वे सुवण्णभूमि की ओर जा रहे थे तो उनका जहाज टूट गया और उन्होंने सुप्पारक में शरण ली। इस प्रकार सिन्धु नदी के समीपवर्ती बाहिय राष्ट्र तक से व्यापारी सुवर्णभूमि तक जाते थे।

चीन के साथ भारत के समुद्री मार्ग के द्वारा व्यापारिक सम्बन्ध की बात *मिलिन्दपक्हो* में तो है ही, *अवदान* में भी मलय प्रायद्वीप और चीन के देश के साथ भारत के समुद्री व्यापार का उल्लेख है। दिशाओं का ज्ञान करने के लिए नाविक लोग कभी-कभी अपने साथ कौओं (दिसा काका) को ले जाते थे, ऐसा *धम्मद्धज जातक* से स्पष्ट मालूम पड़ता है। तारों को देखकर भी दिशाओं का ज्ञान किया जाता था, ऐसा *वण्णुपथ जातक* से विदित होता है।

भारत के पश्चिमी तट पर भरुकच्छ और सुप्पारक जैसे प्रसिद्ध बन्दरगाह थे और एक ओर अरब और बेबीलोन तक भारतीय व्यापारी यात्रा करते थे तो दूसरी ओर तम्बपण्णि द्वीप तक और पूर्वी किनारे होते-होते ताम्रलिप्ति तक और फिर वहाँ से सुवण्णभूमि तक जाते थे।

स्थल-पथ के द्वारा व्यापार का कार्य करनेवाले व्यापारी *थलपथकम्मिका* और जलमार्ग के द्वारा व्यापार करनेवाले *जलपथ-कम्मिका* कहलाते थे। शिल्पकारों के समान व्यापारियों (वाणिथजा) के भी संघ थे। उनका प्रधान 'जेट्ठक' या 'सेट्ठि' कहलाता था। सेठ धनी व्यापारी होने के अतिरिक्त एक पदाधिकारी भी होता था। वणिक्-संघों का वह एक प्रकार से प्रतिनिधि होता था जिसे एक उच्च पदाधिकारी के रूप में राजा के पास भी इस सम्बन्ध में जाना पड़ता था। सेठ या सेट्ठि का पद प्रायः पितृक्रमागत होता था। अनेक जातक-कथाओं में हमें सेठों के उत्तराधिकारियों के सम्बन्ध में इस प्रकार के वर्णन मिलते हैं "सौ सेट्ठिनो अच्चयेन तस्मि नगरे सेट्ठिट्ठानं लभि" अर्थात् "सेठ के मरने के बाद उसने उस नगर में सेठ का स्थान प्राप्त किया।" समाज में सेठ के पद का बड़ा सम्मान होता था और एक जातक-कथा में उसे 'राजपूजितो नगर-जनपद-पूजितो' कहा गया है। सेट्ठि के नीचे उसका एक सहायक पदाधिकारी होता था, जिसे 'अनुसेट्ठि' कहा जाता था। चेदि देश से वाराणसी जानेवाले और श्रावस्ती से साकेत तथा राजगृह जानेवाले जैसे मार्गों में चारों ओर लुटेरों का भय रहता था। अनेक जातक-कथाओं में चोरों और लुटेरों के भय का वर्णन है। *सतपत्त जातक* में 500 लुटेरों के एक गिरोह का वर्णन है। इसी प्रकार का वर्णन *सत्तिगुम्ब जातक* में भी है। इन चोरों से बचने के लिए भिन्न-भिन्न शकट-सार्थों के नेता तथा संयुक्त जेट्ठक

की अधीनता में चलते थे और अपने साथ चौकीदारों का भी प्रबन्ध रखते थे। घने वनों में होकर निकलते हुए मार्ग के सम्बन्ध में उनकी सहायता वनवासी (अटवीमुखवासि) लोग करते थे, जिन्हें व्यापारियों को पारिश्रमिक-स्वरूप कुछ देना भी पड़ता था। जहाँ तक पड़ाव आदि डालने का सम्बन्ध था, उसके लिए एक अलग अधिकारी होता था, जो 'थल निय्यामक' कहलाता था। यही अधिकारी शकट-सार्थ की सुरक्षा के लिए उत्तरदायी होता था। समुद्री यात्रा के समान अक्सर तारों के मार्ग को देखकर वह शकट-सार्थ की दिशा के सम्बन्ध में निर्णय करता था। जल-यात्रा के सम्बन्ध में इसी प्रकार का अधिकारी 'जल निय्यामक' कहलाता था। *कूटवाणिज जातक* में हमें सूचना मिलती है कि दो वणिकों ने आपस में साझेदारी करके वाराणसी से 500 गाड़ियों में माल खरीदकर भरा था और फिर वे उसे बेचने के लिए दूसरे जनपदों में गए थे। *महावाणिज जातक, सेरिवाणिज जातक* और *गुत्तिल जातक* में हमें व्यापारियों के स्थायी या अस्थायी संघों की सूचना मिलती है। कई जातकों में हम किसी व्यापारी के सम्बन्ध में अक्सर ऐसा पढ़ते हैं कि ''वह किसी अन्य व्यापारी के साथ मिलकर वाणिज्य करता है।'' ''अञ्ञेन वाणिजेन सद्धि एकतो हुत्वा वाणिज्जं करोति।'' *महावाणिज जातक* में तो अत्यन्त साधारण रूप से कहा गया है ''नाना राष्ट्रों से आए हुए व्यापारियों ने एक समिति बनाई और एक को प्रधान बनाकर धन कमाने के लिए चल पड़े।''

अध्याय 22

सिक्के

22.1 ई.पू. छठी शताब्दी

बुद्ध-काल में यद्यपि वस्तु-विनिमय के द्वारा अदला-बदली का रिवाज था, विशेषतः ग्रामीण वन्य समाज में। किसी ने कपड़ा देकर कुत्ता ले लिया, आदि, जातक-कथाओं में मिल जाते हैं, परन्तु साधारणतः समाज में सिक्कों का प्रचलन था, जिनका प्रयोग क्रय-विक्रय के लिए किया जाता था। भारत में सिक्कों का प्रचार वस्तुतः ताम्र-युग से ही चला आ रहा था। हिरण्य (अशर्फी) के द्वारा क्रय-विक्रय बुद्धकालीन भारत में निश्चयतः प्रचलित था। तभी तो प्रेत-लोक के सम्बन्ध में यह कहा जा सकता था, ''न हि तत्थ कसी अत्थि गोरक्ख एत्त न विज्जति। वणिज्जा तादिसी नत्थि हिरण्णेन कयक्कयं''। अर्थात् ''वहाँ प्रेत-लोक में कृषि नहीं है और न गौ-रक्षा (पशु-पालन) वहाँ है। न वहाँ यहाँ का-सा वाणिज्य-व्यापार है और न हिरण्य के द्वारा क्रय-विक्रय।'' इससे स्पष्ट प्रकट होता है कि हिरण्य के द्वारा क्रय-विक्रय बुद्धकालीन भारतीय व्यापार में प्रचलित था। सर्वाधिक प्रचलित सिक्का कहापण (सं. कार्षापण) कहलाता था। कहापण बुद्ध-काल का एक अति प्रचलित सिक्का था और जिस प्रकार आज हम साधारणतः धन के लिए पैसे शब्द का प्रयोग कर देते हैं, उसी प्रकार बुद्ध-काल में लोग कहापण का प्रयोग करते थे। उदाहरणतः, *जातकट्ठ-कथा* की निदान-कथा में कहा गया है, ''परलोकं गच्छन्ता एकं कहापण पि गहेत्वा न गता।'' अर्थात् ''परलोक जानेवाले अपने साथ एक भी कहापण नहीं ले गए।''

विनय-पिटक की अट्ठकथा (समन्तपासादिका) में भगवान बुद्ध के जीवन-काल में अर्थात् राजा बिम्बिसार और अजातशत्रु के शासन-काल में प्रचलित मुद्रा-प्रणाली पर प्रकाश डालते हुए कहा गया है, ''तदा राजगहे वीसतिमासको कहापणो होति। तस्मा पंचभाकसो पादो। एतेन लक्खणेन सब्बजनपदेसु कहापणस्स चतुत्थो भागो पादो ति वेदितब्बो।' इसका अर्थ यह है, ''उस समय राजगृह में एक कहापण 20 मासे (मासक) का होता था, जबकि एक पाद पाँच मासे (मासक) के बराबर होता था। जनपदों में एक कहापण का चतुर्थ भाग पाद कहलाता था।'' इस उद्धरण से प्रकट होता है कि भगवान बुद्ध के जीवन-काल में भी मुद्रा-प्रणाली प्रचलित थी, उसके अनुसार पाँच मासे (मासक) का एक पाद और चार पाद का एक कहापण होता था। इस प्रकार एक कहापण 20 मासक का होता था। यहाँ यह ध्यान रखना चाहिए कि मासक या मासा उस समय धातुओं के वजन की एक तौल थी, जैसी कि आज भी हमारे देश में है और विभिन्न धातुओं के सिक्कों के लिए विभिन्न वजन मासों (माशों) के रूप में निश्चित थे। आचार्य बुद्धघोष ने बुद्धकालीन कहापण सिक्के के लिए

"प्राचीन नील कहापण" (पोराणस्य नीलकहापणस्य) शब्द का प्रयोग किया है और उसे रुद्रदामक आदि सिक्कों से विभिन्न प्रकार का बताया है। रुद्रदामक सिक्कों से आचार्य बुद्धघोष का तात्पर्य निश्चयतः रुद्रदामा के द्वारा चलाए गए सिक्कों से है। बुद्धघोष द्वारा उल्लिखित 'रुद्रदामक' सिक्कों को चलानेवाला प्रसिद्ध शक राजा महाक्षत्रप रुद्रदामा प्रथम था, जिसने 130 ई. से 150 ई. तक मालवा में शासन किया। उसके समय के कई अभिलेख भी मिले हैं और जूनागढ़ में प्राप्त एक अभिलेख में उसके नाम और उपाधि का स्पष्ट उल्लेख है। पुरातत्त्व की खोजों से यह भी सिद्ध हो चुका है कि उसने चाँदी और ताँबे के सिक्के चलाए थे, जिनमें से कुछ आज प्राप्त हैं।

बुद्धघोष ने अट्ठसालिनी में सफेद (पंडर) रंग के, बड़े आकारवाले (पुथुल) तथा चौकोर शकल के (चतुरस्स) कहापणों का उल्लेख किया है। सफेद (पंडर) रंग से उनका चाँदी के सिक्के होना ही सिद्ध होता है। अट्ठसालिनी में ही एक-दूसरी जगह बुद्धघोष ने 'रजत' शब्द की व्याख्या करते हुए उसे 'कहापण' ही बताया है। 'रतं बुच्चति कहापणो।' इससे स्पष्ट विदित होता है कि कहापण अकसर चाँदी के ही होते थे। यह उल्लेखनीय है कि प्राङ-मौर्यकाल के अनेक चाँदी के कहापण मिले भी हैं। यद्यपि पालि साहित्य के आधार पर कहापणों का चाँदी के सिक्के होना ही सिद्ध होता है, परन्तु यह भी प्रायः सुनिश्चित है कि प्राङ-मौर्यकाल के कुछ ताँबे के कहापण भी मिले हैं। अतः हम ऐसा मान सकते हैं कि कहापण चाँदी और ताँबे दोनों ही धातुओं से बुद्ध-काल में बनाए जाते थे। कहापण के अलावा अद्ध कहापण, पाद कहापण, मासक, अद्धमासक और काकणिका नामक सिक्के भी प्रचलित थे। काकणिका सम्भवतः उस समय का सबसे छोटा सिक्का था। अट्ठसालिनी के प्रमाण पर हम जानते हैं कि 'मासक' नामक सिक्के ताँबे, लकड़ी और लाख के भी बनाए जाते थे।

बैलों की एक जोड़ी 24 कहापण में आ जाती थी। एक गधे की कीमत प्रायः आठ कहापण थी। घास का एक गट्ठर एक मासक में आ जाता था। एक मजदूर की दैनिक मजदूरी प्रायः मासक या अद्धमासक होती थी। घोड़ों की उस समय अधिक कीमत मालूम पड़ती है। अच्छी जाति के घोड़े एक हजार कहापण से लेकर 6000 कहापण तक के आते थे। काशी के बहुमूल्य वस्त्रों की कीमत एक लाख कहापण तक होती थी और उनका उपयोग उच्च वर्ग के लोग ही कर सकते थे।

ताँबे (लोह) और रजत (चाँदी) के अतिरिक्त स्वर्ण की मुद्राएँ भी बुद्धकाल में प्रचलित थीं। स्वर्ण-मुद्राएँ हिरण्य (हिरञ्ञ) कहलाती थीं, जिन्हें हम अशर्फी कह सकते हैं। अनाथपिंडिक ने हिरण्यों से ही धरती को ढँककर जेतवन की भूमि को खरीदा था। सबसे बड़ा सोने का सिक्का बुद्ध-काल में निक्ख (निष्क) कहलाता था और उसका वजन प्रायः 25 धरण या करीब 10 औंस होता था। *अंगुत्तर-निकाय* में "नेक्कखं जम्बोनदस्सेव" (सोने के निष्क की भाँति), ऐसा एक उपमा के प्रसंग में कहा गया है।

22.2 मौर्यकाल

मौर्यकालीन सिक्कों की जानकारी *अर्थशास्त्र* से होती है। इस समय चाँदी के सिक्के होते थे जिसे रुपया-रूप कहा जाता था लेकिन यह चाँदी का सिक्का शुद्ध चाँदी का नहीं होता था। इसमें कुछ अंश में ताँबे और लोहे इत्यादि की भी मिलावट होती थी। चाँदी के वास्तविक सिक्के 'पण' कहे जाते थे। 'पण' आधा, 1/4 और 1/8 अट्ठन्नी, चवन्नी, दुअन्नी भाग का

भी होता था। सम्भवतः पण का 1/16 एकन्नी भाग भी होता था। कौटिल्य काल के सिक्कों के सन्दर्भ में एक बात यह भी बताई जा सकती है कि बड़े सिक्कों को तोड़कर उनके टुकड़ों को छोटे सिक्कों का मूल्य दिया जा सकता था। रजत सिक्के का वजन 1 कर्ष होने के कारण इसे *कर्षापण* भी कहते थे।

मौर्यकाल तक ताँबे के सिक्के पूर्णतः व्यवहार में आ गए थे। चाँदी के सिक्कों के समान ताँबे के सिक्कों में भी अन्य धातुओं की कुछ मिलावट होती थी। कौटिल्य इसे *मासक* और *काकिणि* की संज्ञा देता है।

इन सिक्कों के अतिरिक्त कौटिल्य के समय सम्भवतः एक और प्रकार के सिक्के प्रचलित थे जो शीशे के बने होते थे। इसलिए इन्हें शीशारूप कहा गया है।

सिक्कों की शुद्धता और उत्तमत्ता को ध्यान में रखते हुए कौटिल्य उसी प्रकार के विषय में बताता है। वह एक ऐसे अधिकारी का भी वर्णन करता है जिसका कर्तव्य यही था कि पुराने सिक्कों का मूल्य निर्धारित करे और जाली सिक्कों को पहचाने। इस अधिकारी को 'रूपदर्शक' कहते थे। इस अधिकारी का यह कर्तव्य था कि खराब सिक्कों को नष्ट कर दे। अतएव कौटिल्य ने मुद्रा की उत्तमता पर विशेष ध्यान दिया।

अर्थशास्त्र से यही पता चलता है कि सिक्कों की संख्या पर कोई विशेष राजकीय नियन्त्रण नहीं था। केवल इतना ही था कि जो भी सिक्के बनें वे राजकीय टकसाल से ही निकलें जिससे राज्य को इस बात का ज्ञान रहे कि कुल सिक्के कितने प्रचलित हैं। कोई भी व्यक्ति जिसके पास कच्चा चाँदी रहता था राजकीय सोनार के पास सिक्का बनवा सकता था। सिक्कों को बनाने का कुछ खर्च बनवानेवाले को सहना पड़ता था।

अर्थशास्त्र से ऐसा ज्ञात होता है कि आमतौर पर सिक्के जो प्रचलित होते थे उन्हें *व्यावहारिका* कहा जाता था लेकिन कुछ सिक्के ऐसे भी होते थे जो राजकीय खर्च के लिए रखे जाते थे। निष्कर्षतः हम कह सकते हैं कि कौटिल्य निजी तौर पर सिक्कों के उत्पादन को मान्यता देता है लेकिन सिक्के बनाने के सभी केन्द्र राजकीय निरीक्षण के अधीन आ गए थे।

22.3 कुषाण सिक्के

जहाँ तक कुषाणकालीन सिक्कों के ऐतिहासिक महत्त्व का प्रश्न है काबुल प्रान्त से प्राप्त सिक्कों से पता चलता है कि कुषाणों का इस क्षेत्र पर अधिकार था। ये सिक्के अन्तिम यूनानी राजा हरमियस के हैं। इन पर एक ओर राजा हरमियस का नाम खुदा है और दूसरी ओर खरोष्ठी भाषा में कुजुकसम या कडफाइसिस का नाम अंकित है। ताँबे के इन सिक्कों से पता चलता है कि प्रथम कुषाण शासक कडफाइसिस ने अन्तिम यूनानी राजा हरमियस के साथ मिलकर शासन किया। कनिंघम का विचार है कि कडफाइसिस ने हरमियस को हरा दिया था। हरमियस के सिक्कों से पता चलता है कि ई.पू. 40 के आसपास वह काबुल का शासक था जबकि कडफाइसिस 52 ई. के आसपास इस क्षेत्र का शासक था। यहाँ पाए गए छह सिक्के गोल और ताँबे के बने हैं। इनमें से दो सिक्कों के मुख भाग पर दाहिनी ओर हरमियस राजा का आधा चित्र अंकित है और पीछे भाग पर हेराक्लीज की मूर्ति। दो सिक्कों के मुख भाग पर हरमियस राजा का आधा चित्र बना है और पृष्ठ भाग पर दूसरी मुद्रा में हेराक्लीज की मूर्ति अंकित है। शेष के अग्र भाग पर भी इसी तरह के चित्र बने हैं और पिछले भाग पर

विजया देवी की मूर्ति अंकित है। इसी प्रकार का एक सिक्का कुषाण सरदार माउरा के द्वारा चलाया गया था।

कुषाण शासक कुजुलकदफिस के काल का चाँदी का एक सिक्का तक्षशिला से प्राप्त हुआ है जिसके मुख भाग पर इस शासक का आधा चित्र बना है और पृष्ठभाग पर विजया देवीजी की मूर्ति है। ये सिक्के काबुल की घाटी में बनाए गए थे। इस काल के ऐसे सिक्के लगभग ढाई हजार तक्षशिला में मिले हैं।

कुषाणकालीन कुछ अन्य सिक्कों के अग्रभाग पर कुषाण राजा कुजुलकदफिस का मुकुट के साथ सिर का चित्र देखने को मिलता है। पीछे के भाग पर यह शासक किसी अस्पष्ट वस्तु पर बैठा है। अगस्टस के रोमन सिक्कों के जैसे ये सिक्के हैं। इन सिक्कों के आधार पर कहा जा सकता है कि कदफिस प्रथम शताब्दी के प्रारम्भ में शासन कर रहा था।

कुछ अन्य सिक्कों के मुख भाग पर बैल की आकृति है जिसके आधार पर विद्वानों का कहना है कि कुजुलकदफिस ने अलग एक अन्य राजा जिसका नाम कुजुलकरकप है, पुष्कलावती की राजधानी छत्रप जीयोनिस पर विजय पाई थी। कनिंघम ने कुजुलकरकप को कुजुलकदफिस का सबसे बड़ा पुत्र और उत्तराधिकारी बताया है जिसने अपने पिता के जीवन काल में यह सिक्का प्रचलित करवाया था।

इस काल के कुछ अन्य सिक्कों के मुख भाग पर राजा को वस्त्रयुक्त रूप में बैठे दिखाया है और खरोष्ठी में कुजुलकदफिस (कसम) कुषणस लिखा हुआ है। ऐसे सिक्के संख्या में 78 हैं।

एक अन्य कुषाण शासक कदफिस द्वितीय (विम कदफिस) ने रोमन सिक्के की तौल 124 ग्रेन के समान सिक्के चलाए जिन पर शिव मूर्ति तथा कहीं-कहीं पर महीश्वर पदवी भी खुदी मिली है जिसके आधार पर विद्वानों ने इस शासक को शैव मत का माना है। इस शासक के सिक्कों के अग्र भाग पर राजा को देवता के रूप में दिखाया गया है। इस काल के कुछ सिक्कों के अग्र भाग पर राजा का सिर चौकोर ढाँचों से युक्त दिखाया गया है। इसके काल के कुछ रजत सिक्के भी मिले हैं, जिनके मुख भाग पर राजा ऊँची टोपी, बटनदार नुकीला कोट, बटनवाला पाजामा पहने हुए और दाएँ हाथ में ध्वज लेकर दाहिने हाथ से वेदी पर आहुति दे रहा है।

इस काल के ताम्र सिक्के तीन आकार—लम्बे, मध्य और छोटे आकार के हैं। लम्बे आकार के सिक्के 270 ग्रेन के हैं। 128 ग्रेन के मध्य आकार के सिक्के मिले हैं। छोटे आकार अर्थात् तीसरे प्रकार के सिक्कों का वजन 60 ग्रेन है। इस तरह हम कह सकते हैं कि विम कदफिस शैव धर्म का उपासक था। इसने सोने, चाँदी और ताँबे के सिक्के को चलाया।

इस काल के कुछ अन्य सिक्के पंजाब, कान्धार और काबुल की घाटी में मिले हैं जिनसे कुषाण साम्राज्य-विस्तार की जानकारी तो होती है लेकिन राजा का नाम नहीं। इन सिक्कों पर अश्वारोही के चिह्न बने हैं और यूनानी तथा खरोष्ठी में कुछ लिखा हुआ है। बिना नाम के कुछ अन्य ताम्र सिक्के मिले हैं जिनके पृष्ठ भाग पर राजा मुकुट धारण किए घोड़े पर बैठा है।

शक संवत् (78 ई.) को चलानेवाला कनिष्क कुषाण काल का सबसे प्रतापी और प्रसिद्ध शासक माना गया है। इसके काल के बड़े पैमाने पर स्वर्ण सिक्के पाए गए हैं जिनके अग्र भाग पर सिरस्त्राण, मुकुट, ईरानी ढंग का लम्बा कोट, पाजामा, टोपी और जूता पहने हुए

राजा बाईं ओर खड़ा है और दाहिने मूर्ति, बाएँ हाथ में भाला पकड़े हुए है। ग्रीक भाषा में इन सिक्कों पर कनिष्क का नाम खुदा है। इस काल के सिक्कों को विद्वानों ने सलेने, मनोबगो, मओ, हिफेस्टस, अवासो, अरदोक्षो लुहस्प, बोछो, माओ, महिरि, नन, ओइशो, ओरलग्नो, फर्रो, मजदहनो कहा है।

कनिष्क प्रथम काल के ताम्र सिक्के पंजाब, उत्तर प्रदेश और बिहार में मिले हैं जो रोमन सिक्कों के बराबर हैं। इन सिक्कों का प्रयोग स्थानीय व्यापार के लिए होता था। ताँबे के इन सिक्कों पर स्वर्ण सिक्कों के समान चिह्न बने हुए हैं।

रौशन, कनिंघम, केनेडी, एलन और विल्सन आदि विद्वानों के अनुसार कनिष्क के उत्तराधिकारी हुविष्क ने चाँदी, सोने और ताँबे के सिक्के चलाए जिन पर ईरानी पत्नी सहित राजा का नाम मुख भाग पर और पृष्ठ भाग पर विभिन्न देवताओं की आकृतियाँ खुदी हैं। हुविष्क के रजत सिक्के 32 ग्रेन के हैं।

हुविष्क के बाद कुषाण वंश का शासक वासुदेव था जिसके काल के गोल सिक्कों पर पाए गए चित्रों से पता चलता है कि ईरानी देवी-देवताओं और बौद्ध धर्म का पतन हो गया था। इसके साथ ही शैव धर्म ने प्रमुखता पा ली थी। वासुदेव का शासन 2 सदी तक उत्तरी भारत में कायम था। इस शासक के सिक्के सोने और ताँबे के बने हैं जिनका वजन कनिष्क और हुविष्क के समान है जो पंजाब और उत्तरी पश्चिम भारत में पाए गए हैं। स्वर्ण सिक्के पेशावर में मिले हैं।

वासुदेव के बाद कुषाण साम्राज्य कई भागों में बँट गया। वासुदेव के बाद कुछ वैसे सिक्के पाए गए हैं जिन पर कनिष्क और वासुदेव दोनों का नाम अंकित है। इस आधार पर कहा जाता है कि ये सिक्के वासुदेव द्वितीय, कनिष्क तृतीय तथा वासुदेव तृतीय के होंगे, जिन्होंने अफगानिस्तान, सीस्तान अथवा भारत के उत्तर-पश्चिम भाग में नाममात्र का शासन किया था। इन राजाओं की प्रामाणिकता लेखों तथा सिक्कों से सिद्ध होती है। सीस्तान, पंजाब तथा अफगानिस्तान में एक प्रकार के सिक्के मिले हैं जिन पर राजा के बाईं ओर ब्राह्मी अक्षरों में 'वसु' लिखा है। इसके अतिरिक्त दोनों पैरों के बीच कुछ ब्राह्मी अक्षर दिखाई पड़ते हैं। मुद्राशास्त्र-विज्ञ इन सिक्कों को द्वितीय वासुदेव का मानते हैं जो वासुदेव प्रथम के बाद शासक हुआ। विद्वानों का अनुमान है कि द्वितीय वासुदेव ने द्वितीय कनिष्क की अधीनता स्वीकार कर ली थी।

आरा अभिलेख से विदित होता है कि कनिष्क द्वितीय वासिष्क का पुत्र था जो कनिष्क संवत् 41 वर्ष में शासन कर रहा था (महरजस रजतिरजस देवपुत्तस वइसरस वझिप्प पुत्तराक निष्कस सतत्सरए एकच परिशय स. 20+20+1)। इस राजा के सिक्के बहुलता से मिलते हैं जिससे ज्ञात होता है कि कनिष्क द्वितीय का राज्य अधिक समय तक रहा। कश्मीर से सीस्तान के विस्तृत क्षेत्र में इसके सिक्के मिले हैं।

डेढ़ इंच आकार में स्वर्ण सिक्का कनिष्क तृतीय का मिला है जिसके अग्र भाग पर सजे-सजाए ढंग में राजा खड़ा है। इसके अलावा बाद के अनेक छोटे-छोटे कुषाण शासकों के काल के सिक्के मिले हैं। काल के स्वर्ण सिक्के अन्तर्राष्ट्रीय व्यापार में प्रयोग किए गए। कुषाण मुद्राओं से ऐतिहासिक तिथियाँ निर्धारित करने में सुविधा मिलती है। धार्मिक दृष्टिकोण से पता चलता है कि विदेशियों ने भारतीय धर्म और संस्कृति को स्वीकारा। इस काल में धार्मिक इतिहास को व्यक्त करने के रूप में कनिष्क तथा हुविष्क के सिक्कों का

पर्याप्त महत्त्व है। इसमें उल्लेखनीय चयनात्मकता लक्षित होती है क्योंकि इनके पृष्ठ भाग पर यूनानी तथा शुक्रदेवता, अतस्ता तथा वेद का देवता और बुद्ध के चित्र हैं। हुविष्क ने कार्त्तिकेय की मुद्राओं को विभिन्न नामों से अंकित करवाया।

22.4 गुप्त सिक्के

जिन-जिन उपलब्धियों के कारण गुप्त काल, भारतीय इतिहास का स्वर्ण युग (वैसे इस काल को स्वर्ण युग कहना उचित नहीं है) माना जाता रहा है, उनमें से एक उपलब्धि है सिक्का। मुद्रा का प्रचलन गुप्तकाल में चन्द्रगुप्त ने किया। इसके काल के सिक्के मथुरा, टाँडा, गाजीपुर, अयोध्या, बनारस तथा भरतपुर स्टेट के बयाना फोर्ड में मिले हैं। इस सिक्के का वजन 120 ग्रेन है। मिलावट की मात्रा भी बाद के गुप्त शासकों की तुलना में कम है। चन्द्रगुप्तकालीन सिक्कों के अग्रभाग में राजा-रानी आमने-सामने खड़े हैं। दोनों मूल्यवान वस्त्रों तथा आभूषणों से सजे हैं। राजा के बाएँ हाथ में ध्वज है और दाहिने हाथ से रानी को कुछ भेंट कर रहा है। यह उपहार किसी मुद्रा में अँगूठी, किसी में सिन्दूरदानी और किसी में अन्य आभूषण के रूप में है। रानी का दाहिना हाथ कमर पर और बायाँ नीचे लटका है। मुद्रा पर बाईं ओर चन्द्रगुप्त और दाईं ओर श्रीकुमार देवी या कुमार देवीश्री लिखा हुआ है। पीछे के भाग में दुर्गा की आकृति है। अनन्त सदाशिव अल्तेकर ने इस मूर्ति को दुर्गा नहीं माना है। सी. शिवराम मूर्ति ने इसे लक्ष्मी कहा है।

40 वर्षों तक शासन करनेवाले महाविजेता समुद्रगुप्त के काल के केवल सोने के सिक्के मिलते हैं, जिसके बारे में कुछ विद्वानों का मत है कि आधुनिक कर्नाटक प्रान्त में स्थित कोलार के स्वर्ण खान पर विजय प्राप्त करके इस शासक ने काफी सोना प्राप्त किया था। कुछ अन्य विद्वानों का मत है कि दुश्मनों से स्वर्ण सिक्का प्राप्त किया था। कुछ अन्य विद्वानों के अनुसार अपने गौरव को बढ़ाने के दृष्टिकोण से उसने सोने का सिक्का चलाया। उसके काल के पाँच प्रकार के सिक्के मिले हैं। पहले प्रकार का सिक्का *ध्वजधारी* कहा जाता है जिसका वजन लगभग 104 ग्रेन है। इस सिक्के के अग्रभाग में सुन्दर आभूषण और पोशाक पहने राजा खड़ा है। राजा की बाँह के नीचे समुद्र या समुद्रगुप्त लिखा है। इस सिक्के के पृष्ठ भाग पर लक्ष्मी की मूर्ति है। इस सिक्के के चित्र कुषाण मुद्राओं से मिलते हैं।

दूसरे प्रकार के सिक्के को *दंडधारी* कहा जाता है जिसके मुख भाग पर राजा सजधजकर बैठा है और उसके एक हाथ में कटार है और पृष्ठ भाग पर लक्ष्मी साड़ी, चोली, चादर, हार तथा अन्य आभूषणों से सजी-धजी हैं।

तीसरे प्रकार के सिक्के को *धनुर्धारी* कहा गया है जो कुषाण सिक्कों से प्रभावित है। इसका वजन 110-20 ग्रेन है। इसके पृष्ठ भाग में लक्ष्मी की मूर्ति है।

परशुधारी समुद्रगुप्त का चौथे प्रकार का सिक्का है जो दो प्रकार के मिले हैं। इन सिक्कों का वजन लगभग 117-123 ग्रेन है। इस प्रकार के सिक्के के अगले भाग पर राजा पोशाक में खड़ा है। बाएँ हाथ में परशु और दाहिना हाथ कमर पर रखे हुए है। पृष्ठ भाग पर लक्ष्मी सिंहासन पर बैठी है।

अश्वमेध पाँचवें प्रकार का सिक्का है जो काफी संख्या में मिला है। इसका वजन लगभग 112-13 ग्रेन तक है। अधिकांश सिक्के बिहार और उत्तर प्रदेश में पाए गए हैं। इस प्रकार के सिक्के के आगेवाले भाग पर बाईं ओर अश्व यूप के समान खड़ा है। जीन रहित घोड़ों

के गले में पट्टा है, उसकी पीठ पर लम्बा तिकोन पट्टा है। कुछ मुद्राओं पर नीचे एक छोटी वेदी, घोड़े के नीचे 'सि' अक्षर उत्कीर्ण है। घोड़ा सुन्दर और सजीव है। मोतियों की माला से उसे अलंकृत किया गया है। उपजाति छन्द में "राजाधिराजः पृथ्वीमतित्वा दिव जत्याहतवाजिमेघः" या "राजाधिराजः पृथ्वीमविजित्य दिवं जयत्याहुत वाजिमेघः" उत्कीर्ण है (अर्थात् राजाधिराज, जिसने पृथ्वी को जीतकर अश्वमेध यज्ञ किया है और जो अपने अपूर्व पराक्रम से स्वर्ग प्राप्त करता है)। रैप्सन ने ब्रिटिश संग्रहालय से एक मिट्टी की मुद्रा का वर्णन किया है जिसमें अश्व एक खम्भे से बँधा है जिसके नीचे पराक्रम लिखा है। इस मुद्रा पर डॉ. अल्तेकर ने अपना सुझाव दिया है, "मालूम पड़ता है कि समुद्रगुप्त ने अपनी मोहर पर भी अश्वमेध चिह्न समूह को पिछले समय में स्वीकृत किया था। डी.सी. सरकार ने एक अन्य मुद्रा का भी उल्लेख किया है जिस पर 'दिवम जयत्याहृत वाजिमेघः' उत्कीर्ण है। पृष्ठभाग पर सम्भवतः राजमहिषी (दत्त देवी) बाएँ खड़ी है।

समुद्रगुप्त के अन्तिम काल में व्याघ्र निहन्ता प्रकार के सिक्के बनाए गए जिनकी संख्या काफी कम है। अभी तक मात्र 6 सिक्के मिले हैं जिनका वजन 111-17 ग्रेन तक है। इस मुद्रा के आगेवाले भाग पर राजा बाघ पर झटपता और उसे कुचलता हुआ दिखाया गया है। पीछेवाले भाग पर देवी गंगा खड़ी है। समुद्रगुप्त के विनयधारी सिक्के भी मिले हैं जिनके मुख भाग पर राजा गद्देदार पलंग पर वीणा लिए है। पृष्ठ भाग पर लक्ष्मी बैठी है। समुद्रगुप्त की मुद्राओं को देखने से पता चलता है कि धीरे-धीरे इनका भारतीयकरण होता गया। प्रारम्भ में कुषाण प्रभाव अवश्य दिखाई देता है। एक अन्य बात भी ध्यान देने की है कि मुद्राएँ राज्य की विभिन्न टकसालों में निर्मित की जाती थीं। वह स्थान जो कुषाण राज्यों के निकटवर्ती भाग थे, वहाँ से निर्मित मुद्राओं में कुषाण प्रभाव अधिक है। पूर्वी क्षेत्र में निर्मित मुद्राएँ भारतीय चिह्न लिए हुए हैं।

काँच राजा का केवल एक ही प्रकार का 111 से 118 ग्रेन तौल का सिक्का उपलब्ध हुआ है। उसकी मुद्रा दो तौल की थी, जिसमें एक तौल 115 ग्रेन तथा दूसरे की 118 ग्रेन थी। दूसरे सिक्के बयाना निधि (16 सिक्का) जौनपुर, टांडा निधि तथा बलिया से उपलब्ध हुए हैं। इसके सात सिक्के ब्रिटिश संग्रहालय, तीन कलकत्ता संग्रहालय तथा चार लखनऊ संग्रहालय में सुरक्षित हैं।

ताँबे के कुछ सिक्के मालवा में मिले हैं जिन पर रामगुप्त का नाम अंकित है जो चन्द्रगुप्त द्वितीय का बड़ा भाई था। ये ताँबे के सिक्के 45 ग्रेन के हैं। अग्रभाग पर पशु का और पृष्ठ भाग पर अर्द्धचन्द्र और रामगुप्त खुदा है।

गुप्तकालीन शासक चन्द्रगुप्त द्वितीय के काल के स्वर्ण सिक्कों की संख्या सबसे अधिक है। इस शासक के काल के आठ प्रकार के स्वर्ण सिक्के मिले हैं। अपने पिता के द्वारा प्रचलित कई सिक्कों को समाप्त करके इसने दूसरे नए सिक्के चलाए। वैष्णव मत का समर्थक होने के कारण इसने अश्वमेध सिक्के नहीं चलवाए। परशुधारी प्रकार के सिक्के नहीं मिलते हैं। समुद्रगुप्त ने बाघ को सिंह में बदल दिया। सिक्कों पर वीणा के बदले पर्यक सिक्का चलाया। कुछ सिक्कों पर इसने चक्र-जैसी पदवियों को अपने सिक्कों पर उत्कीर्ण कराया। इसके काल के सिक्के 121, 124, 127 आदि-ग्रेन के मिले हैं। चन्द्रगुप्त द्वितीय कालीन सिक्के बनावट तथा कला-कौशल के दृष्टिकोण से काफी अच्छे हैं। सिंह से लड़ते हुए इस राजा की आकृति सिक्कों पर बड़ी सफलता के साथ बनाई गई है। उसकी मांसपेशियाँ शक्तिशाली होने की

प्रतीक हैं। लक्ष्मी की आकृति भी सिक्कों पर काफी आकर्षक है।

इसके पश्चात् कुमारगुप्त प्रथम ने पुराने सिक्कों के अलावा कुछ नए सिक्के भी प्रचलित किए। 124 ग्रेन का बना धनुर्धारी प्रकार का सिक्का काफी संख्या में तैयार कराया गया था जिसके मुख भाग पर राजा धनुष-बाण लिए खड़ा है और पृष्ठ भाग पर लक्ष्मी कमल पर बैठी है। अश्वारोही प्रकार के सिक्के 125-127 ग्रेन तक के मिले हैं। अलग-अलग सिक्कों में राजा की अलग-अलग आकृतियाँ हैं। पुष्ठ भाग पर भिन्न-भिन्न मुद्रा में देवी-मूर्ति है। कुमारगुप्त प्रथम काल में संगधारी प्रकार का सिक्का नया है जिसका सामान्य तौल लगभग 126 ग्रेन है। इस सिक्के के अग्रभाग पर आभूषण पहने राजा वेदी पर आहुति डाल रहा है और पृष्ठ भाग पर लक्ष्मी चप्पल पहने कमल के सम्मुख बैठी है। सिंहनिहन्ता प्रकार के सिक्के 124, 127, 131 ग्रेन के मिले हैं। व्याघ्रनिहन्ता प्रकार के कुमारगुप्त प्रथम के सिक्के समुद्रगुप्त की मुद्राओं से काफी मिलते-जुलते हैं। गजारोही प्रकार के 3 सिक्के 129 ग्रेन के मिले हैं। हीरानन्द शास्त्री ने 1917 ई. में गजारूढ़ सिंहनिहन्ता प्रकार के सिक्के के बारे में हमें जानकारी दी थी। खड़गनिहन्ता प्रकार का सिक्का कुमारगुप्त प्रथम की आखेटप्रियता का प्रतीक और नई प्रकार की मुद्रा है। इलाहाबाद में कार्तिकेय प्रकार के सिक्के 300 की संख्या में मिले हैं जिनका वजन लगभग 125 ग्रेन है। इस शासक के दो सिक्के छत्त प्रकार के मिले हैं। अप्रतीय प्रकार के एक वीणाधारी प्रकार के सिक्के मिले हैं जिनका वजन 125 ग्रेन है। लगभग 126 ग्रेन का राजा-रानी प्रकार का सिक्का इस काल का मिला है। मध्यप्रदेश के रामपुर जिले में इस शासक का 20 ग्रेन का गरुड़ प्रकार का सिक्का मिला है। 80 रत्ती या 144 ग्रेन की चार प्रकार की अन्य स्वर्णमुद्राएँ इस काल की मिली है।

धनुर्धारी प्रकार के सिक्के पुरुगुप्त के काल के मिले हैं। इस शासक को कुछ विद्वानों ने प्रकाशादित्य नाम का बताया है।

घटोत्कच गुप्त, नरसिंह गुप्त, कुमारगुप्त द्वितीय, बुद्धगुप्त, विष्णुगुप्त, वैन्यगुप्त, प्रकाशादित्य गुप्त के काल के स्वर्ण सिक्के भी मिले हैं जिनका वजन क्रमशः 144-149, 144, 142.7-144. 5, 147-151, 144.7, 144 है।

घटोत्कच गुप्त कालीन स्वर्ण सिक्कों का वजन नहीं पता चल पाया है।

जहाँ तक चाँदी के सिक्कों का प्रश्न है समुद्रगुप्त के काल में हम नहीं पाते हैं। चाँदी के सिक्कों का प्रचलन चन्द्रगुप्त द्वितीय ने किया जिसका वजन लगभग 2631 ग्रेन तक का है। कुमारगुप्त प्रथम के काल के रजत सिक्के कठियावाड़, गुजरात, वल्लभी जूनागढ़, अहमदाबाद एवं आधुनिक उत्तर प्रदेश एवं मध्य प्रदेश के क्षेत्रों में मिले हैं। गिरनार प्रशस्ति के अनुसार स्कन्दगुप्त ने भी रजत सिक्के चलाए थे। बुद्धगुप्त कालीन चाँदी के सिक्के 33 से 36.5 तक के काशी आदि क्षेत्रों से पाए गए हैं।

अध्याय 23

मौर्यकालीन आर्थिक दशा

23.1 महत्त्व

अपनी उपलब्धियों के आधार पर मौर्यकाल भारतीय इतिहास का गौरवशाली काल रहा है। इस समय सारे भारत का एक राजनीतिक नक्शा तैयार हुआ। सामाजिक दृष्टि से वैदिककालीन समाज-व्यवस्था की बुनियाद हिल गई और वैश्य इस साम्राज्य का संस्थापक बना। योग्यता के आधार पर प्रशासनिक अधिकारियों की नियुक्ति करने का सिलसिला प्रारम्भ हुआ। खनिज पदार्थों का महत्त्व बढ़ा और इन पर राजकीय नियन्त्रण स्थापित हुआ। कुशल तीरन्दाज स्त्रियों की सम्राट के अंगरक्षियों के रूप में नियुक्ति और गुप्तचर विभाग में अनेकों पद पर स्त्रियों की नियुक्ति का यह प्रारम्भिक दौर था। सुदृढ़ केन्द्रीय प्रशासन की स्थापना इसी समय हुई। बौद्धधर्म विश्वधर्म बना। शिल्पकला में पत्थरों का प्रयोग होने लगा। अशोककालीन कला आज भी अद्वितीय है। 'सार्वभौम' राजधानी पाटलिपुत्र सूसा और एकबताना के समान विश्वप्रसिद्ध हो गया। यातायात के नवीन साधनों का व्यापक रूप में विकास हुआ। अनेक प्रकार की मदिरा बनाने की रासायनिक विधियों का आविष्कार हुआ। सैनिकों को प्रशिक्षित करने की प्रथम जानकारी इसी समय से मिलती है। प्रथम बार विदेशी यात्री के यात्रा-विवरण इस काल की जानकारी के लिए उपयोगी सिद्ध होते हैं। विदेशी कन्या से शासक के वैवाहिक सम्बन्ध की प्रथम जानकारी इसी समय होती है। तिष्यरक्षिता राजघराने की प्रथम महिला थी जिसे रोगों का इलाज और चीरफाड़ का डॉक्टरी ज्ञान था।

आर्थिक दृष्टि से इस काल की कृषि व्यवस्था, खान से धातु निकलने की तकनीक, शुल्क-व्यवस्था, व्यापारियों एवं कारीगरों पर प्रशासन की पैनी दृष्टि, जलमार्ग, राजकीय भंडार आदि विकसित दशा में थी। *अर्थशास्त्र* से इस काल की जानकारी सन्तोषप्रद ढंग से होती है। इस समय कृषि और पशुपालन के साथ-साथ व्यापार-वाणिज्य प्रारम्भिक अवस्था से निकलकर विकास की उच्चावस्था में पहुँच रहा था।

23.2 आयात-निर्यात

व्यापार आमतौर पर तीन प्रकार का समझा जाता था। बाह्य, आभ्यन्तर और आतिथ्य। इन तीनों प्रकार के व्यापारों पर दो प्रकार का शुल्क (चुंगी) लिया जाता था–*निष्क्राम्य* और *प्रवेश्य*। निर्यात व्यापार पर लिया जानेवाला कर *निष्क्राम्य* तथा आयातित पण्य पर लिया जानेवाला शुल्क *प्रवेश्य* कहलाता था। अपने ही देश में राजधानी तथा दुर्ग से भिन्न स्थानों पर उत्पन्न पण्य *बाह्य* कहलाता था एवं राजधानी तथा दुर्ग में उत्पन्न पण्य को *आभ्यन्तर* कहते थे। विदेशों से आयातित

पण्य *आतिथ्य* अथवा *निर्यातित* कहलाता था।

शुल्क (चुंगी) की दरें प्रत्येक प्रकार के पण्य एवं व्यापार के लिए भिन्न-भिन्न थीं। बाहर से आनेवाले पण्यों पर मूल्य का पाँचवाँ भाग प्रवेश्य शुल्क लिया जाता था। प्रत्येक पण्य के मूल्य के आधार पर उसकी सूची बनाकर प्रवेश्य शुल्क लेने की व्यवस्था प्रचलित थी। राजधानी में विदेशी माल के प्रवेश पर विशेष शुल्क लेने की प्रथा थी और विदेशी माल के मुकाबले स्वदेशी माल को प्रोत्साहन दिया जाता था।

जिन प्रदेशों में जो माल बहुतायत से पैदा होता था उसे दूसरे प्रदेशों में बेचना अधिक लाभदायक माना जाता था। परन्तु खानों में से निकाले हुए कच्चे माल के बेचने तथा खरीदने पर कठोर प्रतिबन्ध लगा हुआ था। जिस खेत, बाग या स्थान में जो सामान पैदा होता था उसको वहीं बेचने पर भी कड़ा प्रतिबन्ध था। किसी भी स्थिति में चुंगी का चुराना राज्य के प्रति घोर अपराध था। व्यापार मार्गों का विकास एवं उनकी सुरक्षा सर्वोपरि समझी जाती थी। भारत का, स्थल मार्ग से जहाँ उत्तरापथ में ईरान एवं यूनान तक व्यापार था, वहाँ समुद्र मार्ग से पूरे दक्षिणी एवं दक्षिण पूर्वी एशिया के देशों के साथ गहरा आर्थिक सम्बन्ध था। यदि राज्य स्वयं इस दिशा में पहले अपने हाथ में न लेता तो कठिन जलमार्गों तथा अत्यन्त असुरक्षित स्थलमार्गों का विकास करना सम्भव नहीं था।

राज्य की ओर से समुद्र तथा नदी संगमों, समुद्रों, महानदियों के व्यापार मार्गों, विशाल सरोवरों, मध्य सरोवरों, छोटी नदियों के सरोवरों तथा तटों पर स्थानीयों (नगरों) की स्थापना की जाती थी और राज्य की ओर से नौकाध्यक्ष जलमार्गों तथा तत्सम्बन्धी व्यापार की व्यवस्था करता था। जलमार्गों से होनेवाली राजकीय आय का भी वही संग्रह करता था। इनके तटों पर रहनेवाले ग्रामवासी 'क्लृप्त' (फुसलाने) के रूप में राजकर देते थे जिनकी देखा-देखी आगन्तुकों से कर लेना आसान होता था।

राज्य की ओर से बड़ी-बड़ी नावें तथा डोंगियाँ किराए पर चलती थीं। मछुवे भी इन नौकाओं पर समुद्र तथा नदियों में मछली मारा करते थे एवं उनकी आय का छठा भाग राज्य को मत्स्य कर के रूप में मिलता था। इसी में नाव का किराया भी सम्मिलित रहता था। पत्तनों (समुद्रतटीय नगरों) में प्रचलित प्रथाओं के अनुसार बनिए अपनी आय का पाँचवाँ या छठा भाग राज्य कर में देते थे। परन्तु सरकारी नावों से माल ढोने का किराया पृथक् देना पड़ता था।

पतनाध्यक्ष दोनों प्रकार के—आयात एवं निर्यात व्यापार के लिए विशेष नियम बनाता था और नौकाध्यक्ष, जिसके अंकुश में व्यापारी रहते थे, उन नियमों का उनसे पालन करवाता था। यदि व्यापारी समुद्र में दिशा भूल जाते थे (मूढ़ानाम्) तथा तूफानों में उनकी नाव फँस जाती थी तो राज्य की ओर से मौके पर संरक्षण दिया जाता था। जो पण्य (माल) पानी में खराब हो जाता था उस पर शुल्क आधा कर दिया जाता था या पूरी छूट दे दी जाती थी। ऐसी विपत्तिग्रस्त नौकाओं के बारे में राज्य की ओर से पण्यपत्तन को स्पष्ट आदेश देकर भेज दिया जाता था।

नौकाएँ जो पण्यपत्तन पर पहुँचती थीं, सबसे पहले उनसे राज्यकर लिया जाता था। दस्युओं तथा चोरों की नौकाओं का पीछा करके नष्ट कर दिया जाता था। ऐसी नावें भी नष्ट कर दी जाती थीं जो शत्रुदेश की ओर से आ रही हों या जिन्होंने राज्य के नियमों का खुला उल्लंघन किया हो।

महानौकाओं में अग्रलिखित अधिकारियों तथा कर्मचारियों का रहना अनिवार्य समझा

जाता था–

शासक–जिसके आदेश से नाव चलती और रुकती थी–कप्तान।

नियामक–जो नाव का संचालन (रेगुलेशन) करता था।

दात्रग्राहक–लकड़ी आदि काटने का हथियार हाथ में रखनेवाला।

रश्मिग्राहक–पतवार एवं मस्तूल की रस्सी हाथ में रखनेवाला।

उत्सेचक–नाव में आए पानी की निकासी करनेवाला।

सिन्धु आदि महानदियों तथा समुद्रों में पूरे अधिकारियों एवं साधनों के साथ ही नौका उतारने की परम्परा थी। छोटी नावें छोटी नदियों में उतारी जा सकती थी। जहाँ ये महानावें आकर रुकती थीं वहाँ पक्के स्थान बनाए जाते थे (वद्धतीर्था)। इसके राजद्रोहियों के आने-जाने पर भी प्रतिबन्ध लगता था।

महानदियों तथा समुद्रों के मार्गों की व्यवस्था एवं सुरक्षा के अलावा छोटी-बड़ी सभी नदियों के पार उतरने के लिए जो घाट बनाए जाते थे उनके लिए भी नियम थे। इस प्रकार घाट भी राज्य की आय के एक साधन थे। बिना समय और बिना घाट के जो व्यक्ति नदी पार करता था उसे कठोर दंड मिलता था। ठीक समय पर तथा घाट से पार होने के लिए भी राज्य की ओर से नियुक्त व्यक्ति की स्वीकृति अनिवार्य मानी जाती थी।

मछली मारनेवाले और केवट आदि के लिए अपवाद था। पैदल यात्री से लेकर बड़ी-बड़ी सवारियों के साथ पार होनेवालों के लिए पार होने के विभिन्न शुल्क नियुक्त थे। महानदियों को पार करने का शुल्क दोगुना होता और इन करों का संग्रह करने में पूरी कठोरता से काम लिया जाता था।

यदि नौकाध्यक्ष की अव्यवस्था से अर्थात् राजकीय नौका की खराबी के कारण व्यापारियों का पण्य खराब या नष्ट हो जाता था या किसी की मृत्यु हो जाती थी तो राज्य की ओर से स्पष्ट आदेश था कि नौकाध्यक्ष उनकी पूरी क्षतिपूर्ति करे।

23.3 राज्य और राजकीय व्यापार

जैसे सामाजिक जीविका के दो अन्य मुख्य साधनों–खेती और पशुपालन में राज्य का प्रभावशाली हस्तक्षेप था, इसी प्रकार व्यापार के क्षेत्र में राज्य का भाग न केवल महत्त्वपूर्ण था प्रत्युत् उसका बड़ा भाग राजकीय क्षेत्र में था और राज्य स्वयं की सबसे बड़ी व्यापारिक संस्था थी। यहाँ तक कि निजी क्षेत्र के व्यापारी भी राज्य से अनुमति लेकर तथा उसके संरक्षण में अपना कारोबार चलाते थे। कौटिल्य की परिभाषा में *पण्य* उस माल का नाम था जो केवल बाजार के लिए तैयार किया जाता था अथवा वह माल पण्य था जो बाजार में बिक्री के लिए लाया जाता था। इस प्रकार पण्य शब्द अंग्रेजी भाषा के कम्योडिटी शब्द का पूर्ण पर्यायवाची है। राज्य की ओर से जो सबसे बड़ा अधिकारी राजकीय व्यापार की देख-रेख करता था एवं निजी व्यापारियों को पण्य अनुमति (लाइसेंस) देता था उसे *पण्याध्यक्ष* कहते थे। पण्याध्यक्ष अपनी ओर से प्रत्येक बड़ी मंडी में प्रतिनिधि नियुक्त करता था जो *संस्थाध्यक्ष* कहलाता था और उसी की देख-रेख में व्यक्तिगत व्यापारी बाजारों (हाटकेषु) में अपना व्यापारिक कारोबार चलाते थे। उसके अधिकार बहुत व्यापक एवं विस्तृत थे। वह राजकीय क्षेत्र में उत्पन्न पण्य के विक्रय की व्यवस्था करता था और व्यापारिक क्षेत्र से होनेवाली आय के लिए सीधा राज्य के प्रति उत्तरदायी होता था।

पण्याध्यक्ष स्थल तथा जल में पैदा होनेवाले पण्य पदार्थों, उनके गुण-दोषों, लाने ले जानेवाले

मार्गों तथा साधनों, विभिन्न देशों तथा समयों–जहाँ और जब वे पण्य उत्पन्न होते थे, उनके मूल्यों के अन्तर तथा उनकी लोकप्रियता एवं अप्रियता का पूरा विवरण रखता था।

व्यापार के क्षेत्र में एकाधिकारी प्रवृत्ति सिर उठा चुकी थी। यद्यपि वह एकाधिकारी प्रवृत्ति आधुनिक पूँजीवाद की श्रेणी में नहीं थी, फिर भी एकाधिकार प्रथा पूँजीवाद के जन्म तथा विकास के साथ अनिवार्य रूप से जुड़ी हुई रहती है और वह कौटिल्यकालीन भारत में प्रत्यक्ष रूप से अनुभव की जा सकती थी। कौटिल्य पण्याध्यक्ष को सलाह देता है कि जब पण्य की अधिकता के कारण बाजार में उसका मूल्य गिर जाए तो आस-पास का सारा पण्य अपने अधिकार में कर लिया जाए और बनावटी कमी पैदा करके मूल्य बढ़ा देना चाहिए। ज्योंही अर्ध्य (उत्पादक मूल्य) लौट आवे त्यों ही पुनः दाम गिराकर सस्ता बेच देना चाहिए। यहाँ *अर्थशास्त्र* के सिद्धान्त की सूक्ष्मता विचारणीय है कि अर्ध्य तथा मूल्य के अन्तर को *अर्थशास्त्र* ने ग्रहण कर लिया था। मूल्य का अर्थ बाजार भाव था और अर्ध्य का अर्थ पैदावार का लागत खर्च था।

इसका अर्थ हुआ कि अपने और पराए राज्य में उत्पन्न माल के हानि-लाभ पर पूँजीवादी ढंग से विचार किया जाने लगा था। इसीलिए, अपने राज्य में उत्पन्न माल का मूल्य ऊँचा रखने के लिए एकमुस्त से (एक ही ठेकेदार या व्यापारी से) पण्य बेचने की व्यवस्था की जाती थी ताकि आपसी स्पर्द्धा में उसका मूल्य नीचा न गिरे। राज्य केवल पण्य के व्यवहार में ही दिलचस्पी नहीं रखता था बल्कि उसका उत्पादन संगठित करता था जो कि 'राजपण्यानाम्' शब्द से स्पष्ट है।

परन्तु राजकीय व्यापार एकाधिकारी नहीं था जिसने निजी व्यापार क्षेत्र का गला घोंट दिया हो। आर्थिक लाभ पर सबसे अधिक बल देनेवाले कौटिल्य ने राज्य को सलाह दी है कि पण्य चाहे देशी हो या विदेशी, चाहे राजकीय संस्थाओं में बेचा जाता हो या निजी संस्थानों में, प्रजाजनों का हित सर्वोपरि रखा जाना चाहिए तथा अतिशय लाभ के लिए प्रजा का निर्मम शोषण करना वर्जित था। यह सलाह जोरदार शब्दों में–'स्थूलमपि च लाभम्' के रूप में कही गई है।

जो माल जल्दी खराब हो जानेवाला होता था उसे जल्दी निकालने की कोशिश की जाती थी और बार-बार ठेका बदलने का प्रतिबन्ध लगाया जाता था। यदि स्पर्द्धा अधिक हो और राज्यपण्य के बाजार में रुके रहने की सम्भावना हो तो बहुत से वैदेहकों (व्यापारियों) द्वारा राज्यपण्य बेचे जाते थे, परन्तु उन्हें एक ही मूल्य पर वह पण्य बेचना पड़ता था।

ऐसी स्थिति में राज्य अपने नियत करों के अलावा व्यापार कर भी लेता था। जो पण्य मापकर बेचे जाते थे उनके मूल्य पर 16वाँ भाग, तौलकर बेचे जानेवाले पण्यों का बीसवाँ तथा गिनकर बेचे जानेवाले पण्यों पर ग्यारहवाँ भाग राज्य कर लिया जाता था। यह विक्रय कर कहलाता था।

परन्तु राजकीय पण्यों के बारे में थोड़ा संकुचित दृष्टिकोण रहते हुए भी आमरीति यही थी कि विदेशी मालों को प्रोत्साहन दिया जाता और यह प्रयत्न किया जाता था कि विदेशी सौदागर बार-बार अपने देश में आवें तथा देशी सौदागर विदेशों में पहुँचें। इसीलिए, कौटिल्य ने कहा है कि विदेशी माल को प्रोत्साहन देना चाहिए और नाव का किराया तथा कारवाँ (सार्थवाह) के संरक्षण का व्यय जहाँ तक सम्भव हो लिया जाए। इसके अलावा, उन्हें आश्वासन दिया जाता था कि भविष्य में भी उन्हें ऐसी ही सुविधाएँ प्राप्त होती रहेंगी।

विदेशी व्यापारियों के कर्ज की अदायगी सख्ती के साथ वसूल नहीं की जाती थी। परन्तु विदेशी व्यापार में सहयोग करनेवालों का ही यदि विदेशी व्यापारियों से विवाद होता था तो वह आसानी से और यथासम्भव शीघ्र सुलझाया जाता था।

विदेशी व्यापारियों को प्रोत्साहन देकर कौटिल्य भारत को पूरे संसार का व्यापारिक केन्द्र बनाने के स्वप्न देखता था।

कौटिल्यकालीन भारत में राज्य राजकीय व्यापार में कितनी दिलचस्पी रखता था यह इसी से प्रकट है कि कौटिल्य ने विस्तार के साथ उन बहीखातों और हिसाब रखने की विधि तक का वर्णन किया है जिनसे उच्च अधिकारी राजकीय एवं निजी क्षेत्र के व्यापारियों की देखभाल, निरीक्षा एवं संचालन करते थे। जहाँ विशेष रूप से राज्य द्वारा निर्मित पण्यों का क्रय-विक्रय होता था उन स्थानों की विशेष निरीक्षा की जाती थी।

माल का निर्यात करने के लिए भी विशेष आर्थिक कारणों का तुलनात्मक विवेचन किया जाता था। केवल यह जान लेना पर्याप्त नहीं था कि निर्यातित पण्य का निर्यातित देश में अपेक्षाकृत मूल्य क्या है, प्रत्युत इसकी विवेचना करना भी आवश्यक समझा जाता था कि वहाँ क्या शुल्क देना होगा, *वर्त्तनी* अर्थात् सार्थवाह (कारवाँ) के मार्ग में संरक्षण का कितना व्यय अदा करना होगा, *गुल्मदेय* (जंगलों से पार होते समय जंगलरक्षक सेना) को भुगतान कितना करना होगा, *तरदेय* (नौका आदि कि किराया तथा घाट का शुल्क) भक्त (मार्ग में भोजन व्यय) और *भाटक* (किराया) क्या होगा आदि। यदि इन सभी खर्चों को निकालकर आर्थिक लाभ होता था तो पण्य का निर्यात किया जाता था अन्यथा नहीं।

इस प्रकार, इन खर्चों को काटकर यदि निर्यात लाभदायक होता था तो किया जाता था और यदि पहले ही वहाँ कुछ माल जा चुकता था तो माल रोककर अनुकूल समय की प्रतीक्षा की जाती थी कि जब पण्य के मूल्य उठ जाए तो बेच दिया जाए। यह आवश्यक नहीं था कि व्यापार जल मार्ग से ही किया जाए। परन्तु उसे सस्ता एवं लाभदायक माना जाता था। सुरक्षित स्थल मार्ग भी अपनाए जाते थे।

व्यापार के सम्बन्ध में विचार करते समय कौटिल्य बार-बार सुरक्षा एवं संरक्षण के साधनों की चर्चा करता है। प्रतीत होता है कि उस समय भारतीय व्यापार के प्रसार में सबसे बड़ी बाधा दस्युओं का बाहुल्य था जो स्थान-स्थान पर गिरोह बनाकर जमे रहते थे और राज्य की ओर से समुचित संरक्षण में शिथिलता आते ही उत्पात मचा देते थे। यही कारण था कि सार्थवाहों को अपने निजी संरक्षणों की भी व्यवस्था करनी पड़ती थी। वे केवल राजकीय संरक्षण का भरोसा नहीं करते थे। इससे व्यापार सूखता रहता था, जिसका उन्मूलन करने के लिए कौटिल्य ने अफगानिस्तान से बर्मा और लंका तक चक्रवर्त्ती राज्य की स्थापना के स्वप्न देखे थे, जिससे स्थान-स्थान पर संरक्षण एवं शुल्कदान से मुक्ति मिलती थी। दस्युओं तथा चोरों का कितना आतंक था यह इस बात से भी प्रकट होता है कि कौटिल्य ने अपने *अर्थशास्त्र* में वैदेहकों को सलाह दी है कि वे सीमारक्षकों, अरण्यपाल, अटवीपाल एवं दूसरी सुरक्षा-संस्थाओं के उच्च अधिकारियों के साथ सदा गठबन्धन एवं मित्रता कायम रखें। उन्हें यह भी सलाह दी गई है कि जिस देश में वे व्यापार कर रहे हों वहाँ के राज्य के सभी देयांश पूरे तौर पर तथा समय पर देते रहें ताकि आकस्मिक राजकोष का सामना न करना पड़े।

व्यापारियों को और अधिक सावधान करते हुए कौटिल्य कहता है कि समुद्रीय व्यापार मार्ग से व्यापारिक यात्रा करते समय यानभाटक (जहाज का किराया), *पथ्यदन* (मार्ग भोजन),

पण्य प्रतिपण्यार्ध (निर्यातित एवं आयातित पण्य की मूल्य विवेचना), यात्राकाल, *भयप्रतिकार* (समुद्रीय दस्युकों का प्रतिकार), *पण्यपत्तन* (किस बन्दरगाह पर कितने समय रुकना है आदि) और वहाँ के आचार-विचार आदि का ज्ञान रखना चाहिए।

समुद्री मार्ग की अपेक्षा महानदियों का मार्ग व्यापार के लिए अधिक लाभदायक माना जाता था। इसमें देश-देशान्तरों के आचार-विचार का विशेष ध्यान रखा जाता था। व्यापार का मुख्य उद्देश्य लाभ एवं घाटे से दूर रहना था।

23.4 वित्त कार्यालय

राजकीय धन के आय-व्यय का लेखा जिस कार्यालय में होता था उसे *अक्षपटल* या वित्त कार्यालय कहते थे और महालेखाधिकारी *अक्षपटलाध्यक्ष* कहलाता था जिसके अधीन बहुत से संस्थापक एवं गाणनिक कर्मचारी कार्य करते थे।

अक्षपटल यद्यपि राजकोष या खजाना नहीं था और उसमें केवल आय-व्यय का ब्यौरा रखा जाता था, परन्तु फिर भी उस कार्यालय का अतिशय महत्त्व समझा जाता था और उसके भवन का निर्माण विशेष योजना एवं लागत से कराया जाता था। उसमें अनेक उप विभाग होते थे जिनके भिन्न-भिन्न उपाध्यक्ष एवं गाणनिक कर्मचारी रखे जाते थे। वित्त कार्यालय में वास्तव में केवल बहीखाता नहीं प्रत्युत पूरा राजकीय अर्थ-विवरण उदाहरणस्वरूप रखा जाता था।

द्रव्यों के उत्पादित स्थान, जनपद विशेष में उत्पन्न होनेवाला पण्य विशेष, *अक्ष* (विभिन्न वित्त विभागों में नियुक्त कर्मचारी), वित्तीय व्यवस्था पर व्यय, प्रयाम (जो पण्य बाजार के लिए बिल्कुल तैयार हो), *ब्याजी* (कर विशेष), *योग* (अच्छे और बुरे माल कीमिलावट), *विष्टि* (बेगार कहाँ कितनी मिल सकती है), रत्नसार, फल्गु और कुप्य पदार्थों के मूल्य, प्रत्येक वस्तु का गुण-तौल-लम्बाई-ऊँचाई और चौड़ाई, देश-काल-ग्राम- जाति-कुल तथा सभा के धर्म व्यवहार तथा विशेष परिस्थितियाँ आदि।

सब अधिकरणों के करणी, सिद्ध, शेष, आय, व्यय, नीवी, उपस्थान, प्रचार, चरित्र तथा संस्थान आदि लेखा-विभाग लिखकर तैयार करता था। सामुदायिक रूप से जो कार्य किए जाते थे उनका उत्तरदायित्व उस व्यक्ति पर छोड़ा जाता था जो समुदाय में योग्यतम हो। परन्तु ब्राह्मण ऐसे कार्यों का अधिकारी कभी नहीं बनाया जाता था। इसलिए कि राजकीय आय का अपहरण ये अधिकारी अनिवार्य रूप से करते थे और ब्राह्मण को कठोर दंड देना धर्म विरुद्ध समझा जाता था। यदि अपहृत धन को ये अधिकारी वापस नहीं कर पाते थे तो उनके *सहग्राही* (साथ काम करनेवाले), जामिन (प्रतिभू), *कर्मोपजीवी* (मातहती में काम करनेवाले), बेटे, भाई और पत्नी आदि उसे भरते थे।

सभी गणनाधिकारी जो राज्य के छोटे कार्यालयों में काम करते थे आषाढ़ महीने में वर्ष-भर का कार्य दिखाने के लिए अक्षपटल में आते थे। उन्हें तब तक एक-दूसरे से मिलने एवं मन्त्रणा करने का अवसर नहीं दिया जाता था जब तक उनकी पुस्तकें (रजिस्टर) और बना हुआ धन हस्तगत नहीं कर लिया जाता था। यदि समय पर अध्यक्ष पुस्तक के साथ मुख्य कार्यालय में उपस्थित नहीं होता था तो अपने दिए धन का दसगुना आर्थिक दंड भरता था। यदि *कार्मिक* (वित्त विभाग का मुख्य लेखाधिकारी) कार्यालय में उपस्थित हो जाता था एवं किसी अध्यक्ष को लेखा दिखाने के लिए आमन्त्रित किए जाने पर वह हिसाब नहीं दिखाता

था तो उसे प्रथम साहस दंड दिया जाता था और यदि कार्मिक अपने आदेश के अनुसार अध्यक्ष के उपस्थित होने पर लेखा निरीक्षा नहीं करता था तो उसे दोगुना प्रथम साहस दंड दिया जाता था। पुस्तक में लेखा का रेखांकन इस प्रकार से होता था कि प्रत्येक व्यक्ति लेखा से सम्बन्धित स्थान, आगत का विवरण और सब तथ्य भली-भाँति जान सकता था।

पुस्तक में सही तथ्य लिखना ही पर्याप्त नहीं था बल्कि क्रम के साथ लिखना भी अनिवार्य था। क्रम विरुद्ध लिखना अपराध समझा जाता था।

अध्यक्ष का पहला एवं थोड़ा अपराध सहन कर लिया जाता था। यदि वह पहले वर्षों की तुलना में राजकीय आय बढ़ाता था तो सन्तुष्ट किया जाता।

23.5 राजकीय आय के स्रोत

राजकीय करों के समय पर तथा उचित मात्रा में इकट्ठा करने और उनके नियमित रखने पर राज्यशासन बहुत बल देता था। राज्य की ओर से जो सर्वोच्च अधिकारी कर संग्रह एवं कर नियमन का कार्य करता था उसे *समाहर्त्ता* कहते थे। उसके अधिकार कलक्टर तथा मैजिस्ट्रेट (न्यायालय) दोनों के थे। परन्तु उसका अधिकार क्षेत्र अधिक विस्तृत होने से तथा एक पूरे राज्य में एक ही समाहर्त्ता होने के कारण अधिक व्यापक था।

समाहर्त्ता निम्नलिखित करों का संग्रह और उनकी व्यवस्था करता था जो कि राज्य के मुख्य आयस्रोत थे–

दुर्ग, राष्ट्र, खानि, सेतु, बन, ब्रज तथा व्यापारी मार्ग।

निम्नलिखित कर दुर्ग के नाम से पुकारे जाते थे–

शुल्क (चुंगी), दंड (आर्थिक जुरमाना), पौतव (बटखरे तथा गज आदि की अनियमितता का दंड एवं कर) नगर व्यवस्थापक, लक्षणाध्यक्ष (भूमि नापने और उसका विवरण रखनेवाला राजस्व अधिकारी), मुद्राध्यक्ष (टकसाल से), सुरा (मदिरा के ठेके से) सूना (वधशाला से), सूत्र (सूत बँटनेवालों से), तेल, घी और क्षार बेचनेवालों से, सौवर्णिक (सराफा से), पण्य संस्था (थोक माल के व्यापारियों से), वेश्या, जुआ, शिल्पी, बढ़ई, लुहार तथा पुजारी आदि से जो कर संग्रह किया जाता था वह दुर्ग श्रेणी में आता था। यह दुर्ग इसलिए है कि इसका संग्रह करने में अधिकारियों को कठिनाई होती थी।

नीचे लिखे कर राष्ट्र के नाम से पुकारे जाते थे–

सीता (कृषि कर), भाग (पैदावार का हिस्सा), बलि (उपहार) कर, वणिक् और घाट कर, नौका, चरागाह, वर्त्तनी (सड़क कर), रज्जू (भूमि मापने का कर) और चोर रज्जू (चोर पकड़ने का धन)।

खनिकर निम्नलिखित होता था–

सुवर्ण, चाँदी, हीरा, मरकत आदि मणि, मोती, मूँगा, शंख, लोहा, लवण, भूमि, पत्थर तथा रस वधातु आदि। यह भी राजकीय आय का मुख्य स्रोत था।

सेतु निम्नलिखित था–

फल-फूल के बाग, केला, सुपारी आदि के खेत, अदरख और हल्दी आदि सेतु होते हैं जो नमी की भूमि में पैदा होते हैं तथा पशु, मृग, द्रव्य हस्ति एवं लकड़ी आदि बन कहलाते थे। इसी प्रकार, गौ, भैंस, बकरी, भेड़, गधा, ऊँट, घोड़ा, खच्चर (अश्वतर) आदि वज्र एवं स्थलपथ तथा वारिपथ आदि राजकीय आय के मुख्य स्रोत समझे जाते थे।

इनमें भी राजकीय आय के निम्नलिखित साधन प्रमुख कहे गए हैं–

मूल–पण्य बेचकर प्राप्त किया धन।

भोग–अन्न की पैदावर का छठा भाग।

ब्याजी–बिक्री कर आदि से मिला धन।

क्लुप्त–फसलाना या नियत कर।

रूपिक–नमक कर।

अत्यय–न्यायाधिकरण द्वारा किए गए जुरमाने का धन।

इसी प्रकार, राजकीय व्यय के मुख्य द्वार निम्नलिखित थे–

देवपूजा, पितृपूजा, दान, स्वस्तिवाचन, अन्तःपुर, महानस (सार्वजनिक भोजनालय), राजदूत प्रेषण, कोष्ठागार, आयुधागार, पण्यगृह, कथागृह, कर्मान्त (कारखाने), विष्टि (बेगार), पैदल सेना, अश्वसेना, रथसेना, हस्तिसेना, गौ, भैंस, बकरी आदि, जंगली पशु, लकड़ी और इसी प्रकार के दूसरे कारोबार एवं व्यवस्थाएँ।

हिसाब रखते समय समाहर्त्ता को निम्नलिखित पाँच बातों पर विशेष ध्यान देना पड़ता था– करणीय, सिद्ध, शेष, आय, व्यय और नीवी।

करणीय छह प्रकार का होता था–

संस्थान–स्थान विशेष से मिले धन की राशि।

प्रचार–आय के स्थान का विवरण।

शरीरावस्थापन–कितनी आय जनपदों से और कितनी नगरों से।

आदान–कितना मिल चुका है।

सर्वसमुदयपिंड–इकट्ठा किया गया धन जहाँ जमा किया गया हो।

संजात–जिस उपाय से जो साधन इकट्ठा किया गया हो।

सिद्ध भी छह प्रकार का होता था–

कोशार्पित–जो खजाने में जमा किया जा चुका हो।

राजहार–जिसे राजा अपने लिए मँगवा लेता था।

पुरव्यय–जो नगर की व्यवस्था पर खर्च कर दिया गया हो।

परमसम्वत्सरानुवृत्त–पिछले साल की बकाया वसूलयाबी जो अभी तक न जमा की गई हो और जो धन राजा या नगर के खर्च में न आया हो।

शासनमुक्त–जिसके सम्बन्ध में राज्य का आदेश न मिला हो।

मुखाज्ञप्त–जिसके सम्बन्ध में राजा का केवल मौखिक आदेश मिला हो।

इनमें पहले तीन प्रविष्ट एवं बाद के तीन आयतनीय कहलाते थे।

शेष भी छह प्रकार का होता था–

सिद्धिप्रक्रम योग–करदाताओं के तैयार रहने पर भी कर का संग्रह न करना।

दंडशेष–सेना के उपयोग से बचा धन। (ये दोनों सुखपूर्वक संग्रह योग्य होने के कारण आहरणीय कहलाते थे।)

बलात्कृत प्रतिस्तब्ध–राजा के मुँह लगे व्यक्तियों द्वारा समाहर्त्ता को न दिया गया और बलपूर्वक रोका हुआ धन।

अवसृष्ट–बार-बार टालमटोल करके प्रभावशाली व्यक्तियों द्वारा रोका गया धन।

असार–जिसका संग्रह करने में आय के समान व्यय हो गया हो।

अल्पसार–जिसका संग्रह करने में हुए खर्च के मुकाबले बहुत कम बचत होती हो।

आय–तीन प्रकार की होती थी–वर्तमान, पर्युषित और अन्यजात। दैनिक आय को वर्तमान कहते थे। पर्युषित धन वह था जो पिछले साल के खर्च से बच गया हो, या पिछले वर्ष का बकाया वसूल हो गया हो, अथवा पहले अध्यक्ष के सम्मुख घोटाले में फँसा धन जो साफ हो गया हो तथा मिल गया हो अथवा शत्रु के हाथ से निकला धन।

23.6 फुटकर व्यापार और दुकानदारी

कौटिल्यकालीन भारत में व्यापार तथा वाणिज्य तीन प्रकार से चलता था–राजकीय वाणिज्य, थोक व्यापार एवं फुटकर दुकानदारी। फुटकर वाणिज्य करनेवाले दुकानदार या तो एक ही स्थान या संस्था में बैठकर व्यापार करते थे और या घूम-घूमकर एवं फेरी देकर। परन्तु वे राजकीय क्षेत्र या थोक व्यापारियों के पण्य लेकर वाणिज्य करते थे। थोक व्यापारी या तो राजकीय क्षेत्र का पण्य ठेके के रूप में लेते थे और या फिर देश-देशान्तरों से माल इकट्ठा करते थे। परन्तु फुटकर व्यापारी सबसे कड़ा शोषण करते थे। इसीलिए छूट (कमीशन) की दर तय होती थी और उसका उल्लंघन करने पर कड़ी सजा मिलती थी।

फुटकर व्यापारी देश-काल के अनुसार अपने माल के दाम वसूल करके थोक व्यापारियों के माल का मूल और सूद दोनों अदा करते थे, जबकि वह माल उन्हें बिना अग्रिम मूल्य दिए मिल जाता था। परन्तु पण्य का मूल्य गिर जाने पर उसका मूल्य और सूद दोनों उसी अनुपात से कम हो जाते थे। ऐसा केवल इसीलिए किया जाता जिससे फुटकर व्यापारियों का योगक्षेम चलता रहे परन्तु यदि यह तय हो जाता था कि माल के दाम गिरने और बढ़ने पर उसी अनुपात से मूल्य गिराकर या बढ़ाकर व्यापारी थोक व्यापारी का भुगतान कर रहे हैं तो सूद देना अनिवार्य नहीं समझा जाता था। इसका अर्थ हुआ कि फुटकर व्यापारी जब किसी थोकदार या राजकीय क्षेत्र से पण्य लेते थे तो वे केवल पण्य के मूल्य का भुगतान करने के ही उत्तरदायी नहीं होते थे बल्कि उतनी अग्रिम राशि के धन का सूद अलग से देते थे जितने मूल्य का वह पण्य होता था।

इस प्रकार, यह देखा जा सकता है कि थोक व्यापारियों से माल के रूप में धन लेने पर भी सूद लेने की प्रथा चालू हो गई थी और इस तरह आधुनिक पूँजीवाद का दृढ़ बीजारोपण किया जा रहा था।

आमतौर पर कुल मिलाकर छोटे और फुटकर व्यापारियों के लिए राज्य में सहानुभूतिपूर्ण नियम प्रचलित थे। कारणवश माल से दाम एकदम गिर जाने पर थोक व्यापारी उसे भुगतान के लिए बाध्य नहीं कर सकता था। परन्तु इस सुविधा का अनुचित लाभ उठाने नहीं दिया जाता था। छोटे व्यापारियों को यह सुविधा भी थी कि वे पण्य का छीजन निकालकर मूल्य अदा कर दें।

23.7 राजकीय भंडारों की व्यवस्था

राजकीय अर्थव्यवस्था में स्थायित्व लाने के लिए राज्य की देख-रेख में आवश्यक वस्तुओं का संग्रह करने की प्रथा चल पड़ी थी। बड़े-बड़े राजकीय भांडागार बनाए जाते थे जहाँ ये सामग्री सुरक्षित रखी जाती थी। *सन्निधाता* नामक अध्यक्ष की देख-रेख में कम-से-कम छह प्रकार के भांडागार बनवाए जाते थे और वही उनकी देखभाल किया करता था। वे थे–कोषगृह, पण्यगृह,

कोष्ठागार, कुप्यगृह, आयुधागार और बन्धनागार।

कोषगृह चारों ओर से सुरक्षित एवं भीड़ भड़क्के के सन्निकट पक्की ईंटों तथा पत्थरों से बनवाया जाता था, जिसे तोड़ना कठिन था और जहाँ दीमक तथा नमी का प्रभाव नहीं होता था। उसमें *ध्रुवनिधि* (स्थायी कोष) जो, घोर संकट के समय में ही काम में लाया जा सकता था, साधारण कर्मकारों से नहीं बल्कि ऐसे योग्य कारीगरों से बनवाया जाता था, जिन्हें राज्य की ओर से मृत्युदंड मिल चुका हो तथा निर्माण के पश्चात् जिन्हें मरवा दिया जाता था। ऐसा करने से ध्रुवनिधि के रहस्यों का ज्ञान किसी बाहरी व्यक्ति को नहीं हो पाता था।

पण्यगृह के चारों ओर खुले मकान तथा बरामदे होते थे, उसमें अनेक कोठरियाँ तथा मंजिलें होती थीं, चारों ओर खम्भों पर टिके चबूतरों से वह घिरा होता था और ऐसा हर सम्भव प्रयत्न किया जाता था जिससे कि चारों ओर की वायु प्रवेश कर सके तथा किसी प्रकार भी नमी का प्रभाव न हो। ऐसा ही कोष्ठागार होता था। कुप्यगृह भीतर की ओर बनाया जाता था जिसमें लम्बी-लम्बी शालाएँ तथा कोठरियाँ होती थीं। तहखाने से युक्त कुप्यगृह ही आयुधागार हो जाता था जिसमें शस्त्र रखे जाते थे। बन्धनागार में धर्मस्थ (सामाजिक अपराध निर्णेता न्यायालय) और महामात्र (राजकीय अध्यक्षों की ओर से) दंड पाए अधिकारियों के लिए पृथक्-पृथक् स्थान रखे जाते थे। इनमें पुरुष एवं स्त्री अपराधियों को पृथक-पृथक् रखा जाता था एवं प्रवेश द्वार पर विशेष नियन्त्रण रखा जाता था।

इन छहों प्रमुख स्थानों की अग्नि, जल, प्राकृतिक प्रकोप तथा हानिप्रद कीट आदि क्षुद्र जन्तुओं से रक्षा का वैसा ही प्रबन्ध किया जाता था जैसा कि रक्षा के अन्तःपुर निवास स्थान का किया जाता था।

प्रत्येक कोष्ठागार में वृष्टिमापक यन्त्र रखा रहता था।

राजकीय भांडागारों में यों ही कूड़ा-करकट इकट्ठा नहीं किया जाता था बल्कि प्रत्येक पण्य के विशेषज्ञ व्यक्तियों द्वारा प्रमाणित पण्यों का संग्रह होता था।

जो भी व्यक्ति या अधिकारी इन भांडागारों से असली रत्न आदि पण्य हटाकर नकली रख देता था, अथवा असली के दाम देकर नकली खरीदवाकर जमा कर देता था, उत्तम पण्य के मूल्य में अधम पण्य का क्रय करता था उसे कड़े-से-कड़ा दंड दिया जाता था। यही नियम निकृष्ट शस्त्र आदि के सम्बन्ध में था।

जो कोषाधिकारी स्वयं या दूसरों से मिलकर तथा सुरंग आदि खुदवाकर कोष का अपहरण करते थे, उन्हें मृत्युदंड से कम दंड नहीं दिया जाता था। परन्तु उनके अधीनस्थ कर्मचारियों का यदि इसमें हाथ नहीं होता था तो वे आतंक का विषय नहीं बनते थे। यदि पेशेवर चोर राजकोष आदि भांडागारों में ऐसी हानि पहुँचाते थे तो तड़फा-तड़फा कर मारे जाते थे।

राज्य ने शुल्क (चुंगी) के रूप में अपनी आय का एक विश्वसनीय स्रोत निकाल लिया था। शुल्काध्यक्ष, जिसकी देख-रेख में राज्य को शुल्क मिलता था, राज्य का वैसा ही प्रभावशाली अधिकारी माना जाता था जैसा समाहर्त्ता।

नगरों के सबसे प्रमुख प्रवेश द्वार पर पूर्व या उत्तर दिशा में शुल्कशाला बनवाई जाती थी और उस पर एक ऊँची पताका लगाई जाती थी ताकि शुल्क देनेवाले दूर से देख लें। वहाँ शुल्क लेनेवाले पाँच बनिए बैठे रहते थे जो पुस्तक में लिखते थे कि पण्य किसका है, कितना है, कहाँ से आया है, कहाँ जाएगा तथा उस पर पिछले सरकारी स्थान की मोहर भी लगी है

या नहीं ? आदि। जो पिछले स्थान पर मोहर नहीं लगवाते थे उन्हें दोगुना शुल्क देना पड़ता था और जाली मोहर लगा लेते थे तो आठ गुना दंड भरते थे। (कूटमुद्राणां शुल्काष्टगुणो दंडः) जो लोग लगी मोहर तोड़ देते थे उन्हें चुंगी के खुले स्थान पर चार घड़ी तक खड़ा करके लज्जित किया जाता था। जब वे मोहर बदल देते थे या पण्य का नाम परिवर्तित कर देते थे तो सवा पण आर्थिक दंड भुगतते थे।

चुंगीघर के पास ही व्यापारियों के माल की बोली लगा करती थी। इस प्रकार, चुंगीघर स्वयं में एक व्यापार केन्द्र भी था। यदि बोली में अधिक दाम लग जाते थे तो फालतू पैसा राजकोष में चला जाता था। आज की भाँति ही व्यापारी उस समय की चुंगी से सबसे अधिक घृणा करते थे एवं उससे बचने का हर समय प्रयास करते थे। परन्तु ऐसा करने पर उनका फालतू माल और पैसा जब्त कर लिया जाता था और या उन्हें शुल्क का आठ गुना दंड भरना पड़ता था। यही दंड उन व्यापारियों को देना पड़ता था जो माल के बर्तन या बोरी आदि के मुँह पर घटिया माल रखकर नीचे बहुमूल्य माल छिपा लेते थे। अपने प्रतिस्पर्द्धी व्यापारियों को नीचा दिखाने के लिए जब कोई व्यापारी पण्य या दाम बढ़ाकर बोली बोलता था तब्र बोली के फालतू दाम राज्य वसूल कर लेता था तो उससे चुंगी वसूल की जाती थी। चुंगी दोगुनी देनी पड़ती थी। यदि चुंगी अधिकारी ऐसा अपराध करता था तो वह आठ गुना दंड भरता था। इसीलिए, चुंगी लेने से पहले पण्यों के तोलने, नापने और मापने तथा गिनने की परिपाटी चालू थी। केवल व्यापारी द्वारा दी गई सूचना पर्याप्त नहीं समझी जाती थी। हाँ, कम मूल्य के पण्यों का शुल्क अनुमान से भी लिया जा सकता था। जो व्यापारी चुंगी कर से बचकर निकलने की कोशिश करते थे उनसे आठ गुना शुल्क लिया जाता था।

चुंगी के मामले में यद्यपि राजतन्त्र अत्यधिक कठोर था और निर्दयता से शुल्क का संग्रह करता था परन्तु फिर भी निम्नलिखित अवसरों तथा पण्यों पर शुल्क नहीं लिया जाता था—विवाह सम्बन्धी सामग्री, गौना, यज्ञोपवीत, यज्ञकार्य, प्रसव कार्य, देव पूजा और इसी प्रकार के अन्य धार्मिक कार्यकलाप। परन्तु यदि कोई व्यक्ति इनका झूठा नाम लेकर शुल्क से बचने का प्रयत्न करता था तो उसे चोरी का दंड भुगतना पड़ता था।

जो लोग चुंगी दिए हुए माल के साथ बिना चुंगी दिया माल ले जाते थे तथा एक माल के लिए लगाई गई मोहर की ओट में बिना मोहर लगा माल ले जाते थे उन पर चुंगी जितना ही दंड फालतू लिया जाता था और बिना चुंगी का माल जब्त कर लिया जाता था।

जिन वस्तुओं को राज्य से बाहर ले जाने या लाने पर प्रतिबन्ध हो और जिनके सम्बन्ध में स्पष्ट आदेश हो चुके हों, फिर भी यदि कोई इन आदेशों का उल्लंघन करता था तो कठोर दंड का भागी समझा जाता था। इस प्रकार राज्य न केवल व्यापार करने की अनुमति ही देता था बल्कि वह व्यापार विशेष पर प्रतिबन्ध भी लगा सकता था।

इसके अलावा राज्य से सम्बन्धित दूसरे मालों पर भी राज्य अपना अंश लेता था। जैसे माल ढोनेवाले लोग प्रत्येक गाड़ी पर सवा पण वर्त्तनी (मार्ग-रक्षा व्यय) कर देते थे। बैल आदि पर आधा और बकरी आदि क्षुद्र पशुओं से सामान ढोनेवाले चौथाई पण वर्त्तनी का भुगतान करते थे। इसके बदले में राज्य अपना यह कर्तव्य समझता था कि मार्ग में दस्यु आदि के प्रकोप का निराकरण करे।

विदेशों से आनेवाले व्यापारियों के बहुमूल्य सामान पर मोहर लगाकर और एक सूची बनाकर अन्तपाल चुंगी अधिकारियों के पास भेजता था। इन व्यापारियों के कारवाँ (सार्थवाहों)

में राजा के गुप्तचर रहते थे जो व्यापारियों की सम्पूर्ण आर्थिक स्थिति का बोध रखते थे।

परन्तु आदर्श राजा आय में दिलचस्पी रखते हुए भी ऐसे पण्यों के आयात की स्वीकृति नहीं देते थे जिनसे प्रजा को हानि हो, वे व्यसनों में फँसकर नष्ट होते हों तथा उनके नैतिक मनोबल का पतन होता हो। ऐसे पण्य के आयात पर विशेष बल दिया जाता था, जिनसे राज्य की समृद्धि बढ़ती हो। खाद्य पदार्थों के उन्नत बीजों का आयात करने को राज्य सदा प्रोत्साहन देता था। ऐसे सामान पर शुल्क भी नहीं लिया जाता था।

राज्य के उपयोग एवं व्यापार दोनों के लिए राजकीय क्षेत्र में वस्त्र उद्योग चलाया जाता था और इसके लिए पृथक् राजकीय विभाग था जिसका मुख्य अधिकारी सूत्राध्यक्ष था।

सूत कातने का काम आमतौर पर स्त्रियाँ करती थीं और वे राजकीय कर्मान्तों (उद्योगशालाओं) के अलावा अपने घरों पर भी यह कार्य करती थीं। विधवा, अंगविकल स्त्रियाँ जिनका विवाह होना कठिन हो, कन्या (अविवाहिता स्त्रियाँ), अपराधिनी (जिन्हें कारावास का दंड मिल चुका हो), बूढ़ी, राजदासी, वेश्याओं की वृद्ध माताएँ, बूढ़ी वेश्याएँ और देवदासियाँ, जो देवालयों के लिए अनुपयोगी हो गई हों, सूत कातने का काम उद्योगशाला में या घरों पर करती थीं।

यदि किसी खान के खोदने में अधिक व्यय होता था और राज्य के अलावा दूसरे व्यक्तियों का धन भी उसमें लगाया जाता था तो ऐसी बहुव्यय-साध्य खान का खर्चा इस तरह चुकाया जाता था कि जो सोना, चाँदी आदि पैदा होता था उसे बेचकर पहले व्यक्तिगत आदमियों का भुगतान कर दिया जाता था अथवा राजा ही उसका एक अंश खरीदकर राजकोष में से धन दे देता था ताकि उनका पैसा लौटा दिया जाए। इस प्रकार बहुत खर्चीली खानों का खोदा जाना राज्य पूँजी एवं निजी पूँजी के गठबन्धन से होता था और कम खर्चीली खानों का खोदने आदि का प्रबन्ध स्वयं राज्य अपने ही खर्चे से कर लेता था।

लक्षणाध्यक्ष (सिक्कों के निर्माण तथा परीक्षा का अधिकारी) अपनी देख-रेख में राजकीय सिक्कों का निर्माण करवाता था।

चाँदी का सिक्का चार प्रकार का होता था—पण, अर्द्धपण, पादपण तथा अष्टभाग पण। पण में 16 मासा भार होता था जिसमें 11 मासा चाँदी, 4 मासा ताँबा और शेष एक मासा लोहा, राँगा, शीशा और भंजन में से एक होता था। इसी मात्रा में अर्द्धपण, पादपण और अष्टभाग पण बनाया जाता था।

पण के चौथे हिस्से का व्यापार करने के लिए ताँबे का अलग से भी एक सिक्का बनाया जाता था। इसमें 11 मासा ताँबा, 4 मासा चाँदी और एक मासा लोहा, राँगा, शीशा एवं अंजन में से कोई एक होता था। इसी सिक्के का नाम माषक होता था और इसका भार भी 16 मासा होता था। यह भी चार प्रकार का होता था—माषक, अर्द्धमाषक, पादमाषक और अष्टभाग माषक। पादमाषक एवं अष्टभाग माषक के लिए काकणी एवं अर्द्धकाणी सिक्के बनाए जाते थे।

रूपदर्शक (सिक्कों का परीक्षक) अधिकारी इस बात का निर्णय करता था कि कौन से सिक्के चलने लायक हैं और कौन से कोष में जमा कर देने चाहिए।

सौ पण पर आठ पण राज्य का लाभांश समझा जाता था जिसे रूपिक कहते थे। सौ पण पर पाँच पण का लाभांश ब्याजी और सौ पण के आठवें भाग को पारीक्षिक कहते थे। यदि कोई व्यक्ति जाली सिक्के बनाता था या उन्हें दूसरों के व्यवहार में लाता था तो प्रत्येक पण पर 25 पण अत्यय (हरजाना) भरना पड़ता था। परन्तु सिक्के बनाने, बेचने, खरीदने और

परीक्षा करने का अधिकार जिन्हें राज्य की ओर से मिला हुआ था उन पर यह हरजाना लागू नहीं होता था।

लवणाध्यक्ष राज्य में तैयार किए गए एवं खान से निकाले गए नमक का समय पर संग्रह करता था। नमक के व्यापारियों से नमक मूल्य के अलावा, रूप तथा ब्याजी करों का संग्रह करता था जो कि क्रमशः 8 प्रतिशत एवं 5 प्रतिशत होता था। दूसरे देश के नमक बेचनेवाले व्यापारी नमक के कुल मूल्य का छठा भाग राज्य कर में देते थे। परन्तु इस राज्यांश से भिन्न 8 प्रतिशत रूप, 5 प्रतिशत ब्याजी के रूप में उन्हें कर भी देना पड़ता था।

उस माल को खरीदनेवाला व्यापारी नियमानुसार बिक्री कर (विक्रय-शुल्क) देता था और छीजन के अनुसार वैधरण (बाजार-शुल्क) भी देता था। परन्तु राजकीय बाजार के अलावा दूसरे स्थानों से पण्य खरीदने पर व्यापारी को छह प्रतिशत हरजाना भी करना पड़ता था।

वन विभाग का सर्वोच्च अधिकारी *कुप्याध्यक्ष* कहलाता था। राज्य का यह अनिवार्य कर्तव्य समझा जाता था कि अपने वन में देश-देशान्तरों से लाकर सर्वश्रेष्ठ लकड़ियों के वन खड़ा करे और लकड़ियों के निर्माण कार्य के लिए कर्मान्तों (उद्योगशालाओं) की स्थापना करे। इन जंगलों से वे ही व्यक्ति लकड़ी काट सकते थे जिन्हें राज्य की ओर से आज्ञा मिल जाती थी और इनका वेतन पहले से नियत कर दिया जाता था।

कौटिल्य ने सूदखोरों पर अंकुश लगाते हुए कुछ नियम बनाए थे। कौटिल्य ने कहा है कि "सर्वापण प्रतिशत से अधिक सूद धर्म्य नहीं होता। जो सूद पर रुपया लेकर लेन-देन का व्यवहार करते उनसे पाँच प्रतिशत तक लिया जा सकता था। जंगली जानवरों तथा लकड़ियों का व्यवहार करनेवालों से दस प्रतिशत तक और सामुद्रिक व्यवहार करनेवालों से बीस प्रतिशत तक। इससे अधिक सूद लेनेवालों को प्रथम साहस दंड दिया जाए।" इनके गवाहों को भी दंड भरना पड़ता था। राज्य उनके व्यवहार की पूरी देखभाल करता था ताकि वे उसके देयांश का अपहरण न कर लें। अन्न सम्बन्धी व्यापार के लिए ऋण लेने पर विशेष प्रतिबन्ध थे। वह संग्रहणीय अन्न के कुल मूल्य की अपेक्षा आधे से अधिक नहीं हो सकता था।

सुवर्ण का व्यापार, कारोबार, निकासी तथा आभूषण आदि का निर्माण राजकीय नियन्त्रण में होता था और जो लोग व्यक्तिगत रूप में यह कारोबार चलाते थे उन्हें राज्य से स्वीकृति लेनी पड़ती थी। ऐसा कारोबार करनेवाला व्यक्ति *सौवर्णिक* कहलाता था। सुनारों (हेमकारों) द्वारा सौवर्णिक (सर्राफ) ही नागरिकों, जनपद निवासियों तथा अन्य व्यक्ति के लिए सोने-चाँदी के आभूषण बनवाता था। समाज में स्त्री-पुरुष दोनों ही आभूषण पहनने के शौकीन थे। सौवर्णिकों तथा सुवर्णकारों, दोनों के लिए राज्य की ओर से विशेष नियम प्रचलित थे। उन्हें समय पर और अपने वायदे के अनुसार काम करना पड़ता था। आजकल की भाँति मौर्यकाल में भी दस्तकारों में बहाने करने तथा बातों को खटाई में डालने की आदतें पड़ चुकी थीं। इस प्रवृत्ति पर रोक लगाने के लिए राज्य की ओर से बहुत कड़े नियम काम में लाए जाते थे। काम बिगाड़ देने, या जैसा कहा गया हो वैसा न करने और समय पर सामान न देने पर उनसे कड़ा दंड वसूल किया जाता था एवं वेतन (मजदूरी) काट लिया जाता था।

मदिरा राज्य की आमदनी का एक बड़ा साधन था। गुड़, मधु तथा पिट्ठी से मदिरा बनाई जाती थी। इसके निर्माण तथा व्यापार पर राज्य का एकाधिकार था। राज्य की ओर से सबसे बड़ा अधिकारी *सुराध्यक्ष* कहा जाता था। सुराध्यक्ष मदिरा के निर्माण तथा वितरण की व्यवस्था दुर्ग, जनपदों तथा छावनियों (स्कन्धावारों) में सुविधा के अनुसार करता था और

मदिरा के व्यापारियों को या तो वह खुदरा रूप में अलग-अलग देता था या फिर एक ही बड़े ठेकेदार को मदिरा देकर उसके द्वारा दूसरे व्यापारियों से मदिरा बिकवाता था।

जो लोग नियत स्थानों के अलावा चोरी से मदिरा बनाते थे उन्हें भारी आर्थिक दंड भरना पड़ता था जो कि 600 पण तक होता था। शराबियों पर यह पाबन्दी थी कि वे मदिरा पीकर सार्वजनिक स्थानों पर नहीं जा सकते थे जिससे आर्यों (श्रेष्ठ पुरुषों) की मर्यादा भंग न हो तथा शराब के नशे में साहसी व्यक्ति शास्त्रादि का प्रयोग करके प्रजा को पीड़ा न पहुँचावें।

मौर्यकाल में विस्तृत प्रशासनिक ढाँचा और विशाल सेना की उपस्थिति प्रमाणित करता है कि काफी धन का व्यय होता होगा और इस स्थिति में साम्राज्य के कोष के लिए आय के नवीन और स्थायी स्रोत ढूँढ़ने में मौर्यशासक सफल रहे। कलिंग युद्ध के बाद जो डेढ़ लाख लोग कलिंग से लाए गए उन्हें बसाने के क्रम में नवीन बस्तियों की संख्या बढ़ी और वहाँ से प्राप्त धन से राजकोष को सुदृढ़ किया गया होगा।

अध्याय 24

कुषाणकालीन आर्थिक दशा

भारतीय सभ्यता एवं संस्कृति के विकास में कुषाणों का महत्त्वपूर्ण योगदान रहा है। कुषाणवंशी राजाओं ने मौर्य-साम्राज्य के पश्चात् आर्थिक, राजनीतिक एवं सांस्कृतिक क्षेत्रों में महत्त्वपूर्ण भूमिका निभाई। इनके द्वारा निर्मित साम्राज्य के परिणामस्वरूप विभिन्न क्षेत्रों के लोग एक-दूसरे के सम्पर्क में आए। मध्य एशिया में भारतीयों का सम्बन्ध अब और भी घनिष्ठ हो गया और व्यापार की प्रगति हुई।

वाणिज्य-व्यापार में प्रगति का प्रमुख कारण यह था कि कुषाण साम्राज्य से होकर ही उस समय दो प्रमुख व्यापारिक मार्ग उतरापथ एवं रेशम मार्ग गुजरते थे। व्यापार के दृष्टिकोण से कुषाण वंश के प्रतापी राजा कनिष्क ने अपना राज्य पटना तक फैलाया था। उज्जैन पर भी उसका अधिकार था। पश्चिम भारत में भरुकच्छ या भड़ौच तक उसने अपने राज्य का विस्तार किया था। उत्तर-पश्चिम में पंजाब और कपिश उसके अधिकार में थे। हिन्दुकुश के उत्तर में उनका राज्य बहुत दूर तक फैला था। उपर्युक्त सारे नगर व्यापार के दृष्टिकोण से काफी प्रसिद्ध थे। तारिम की दून में भी कुषाणों ने अपना अधिकार जमाया। इसी प्रदेश में वे दोनों मार्ग थे जो चीन को पश्चिम से जोड़ते थे और जिन पर होकर व्यापारी जाया करते थे। कुषाण सेना ने पूरब में पामीर के दर्रों पर कब्जा किया और भारतीय उपनिवेश बसाए। इस तरह भारत के मालिक की हैसियत से उन्होंने दोनों कौशेयपथ पर कब्जा कर लिया। काशगर में चलनेवाले उत्तरी कौशेय पथों पर कुषाणों ने बहुत से वैसे ही उपनिवेश बसाए जैसे उन्होंने दक्षिणी रास्ते पर बसाए थे। सुग्ध के क्षेत्र में व्यापार करनेवालों में सभी धर्म के माननेवाले थे जैसे—जर्थुस्त्री, बौद्ध, मनीरबी, ईसाई इत्यादि।

इस काल में कुषाणों और रोमन साम्राज्य का सम्बन्ध काफी दृढ़ हुआ। कुषाणों के अधिकृत राजमार्गों से चलते हुए चीनी बर्तन, चीन के बने रेशमी कपड़े, हाथीदाँत, कीमती रत्न, मसाले तथा सूती कपड़े रोम को जाने लगे और रोमन साम्राज्य का सोना कुषाण साम्राज्य में आने लगा। कनिष्क के समय भारत के धन का अन्दाजा इसी बात से लगाया जा सकता है कि कनिष्क से अधिक और किसी के सोने के सिक्के आज भी भारत में नहीं मिलते। ये सोने के सिक्के रोमन डिनारीयस के आधार पर बने होते थे और उसका भार 124 ग्रेन था। इस काल में व्यापारिक दृष्टि से कुषाणों ने यूनानी सिक्कों का नकल करना ठीक समझा। कनिष्क के सिक्कों की पृष्ठ भाग में ईरानी, यूनानी तथा भारतीय देवी-देवताओं के चित्र मिलते हैं। वाख्त्री यूनानी उस देवता का नाम मिलता है। भारतीय लिपियों को कोई स्थान नहीं दिया गया, जिसका कारण यह मालूम पड़ता है कि अन्तर्राष्ट्रीय क्षेत्र में कनिष्क के सिक्के

प्रचलित थे। उत्तर-पश्चिम में यूरोप तक इसके सिक्कों का विनिमय अवश्य था। अतः यूनानी लिपि को ही रखना उचित समझा गया। ग्रीक देवी की आकृति के साथ ननैया नाम मिलता है। हुविष्क के सिक्कों के पृष्ठ भाग पर भी कनिष्क के सिक्कों की तरह विभिन्न देवताओं के चित्र मिलते हैं।

ऐसा लगता है कि कनिष्क की प्रजा रोमन माल की भी शौकीन थी। बेग्राम में हैंके की खुदाई से यह पता लगता है कि रोम से कुछ माल भारत और चीन को जाता था। कुषाण अधिकृत सड़कों से रोम को जानेवाले माल का इतना अधिक दाम होता था कि रोम ने चीन से सीधा सम्बन्ध करने का प्रयत्न किया।

कुषाणों का संचालन बहुत तरकीब से होता था। इस समय महापथ पर भी कुछ हेर-फेर हुए। इतिहास में सबसे पहली बार गंगा से मध्य एशिया तक जाता हुआ यह महापथ एक राजसत्ता के अधीन हो गया। इस महापथ का एक टुकड़ा कुषाणों की नई राजधानी पेशावर से होकर खैबर तक जाता था। तक्षशिला में शिरसुख पर कुषाणों ने एक नई नगरी बसाई पर इसे महापथ के रूप में कोई विशेष अन्तर नहीं पड़ा। कपिश, नगरहार और बलख की स्थिति भी नहीं बदली थी। व्यापारिक दृष्टि से ये स्थान पहले से भी अधिक समृद्ध थे।

इस तरह व्यापार-वाणिज्य के चलते भारत एवं मध्य एशिया में अनेक नगरों का विकास हुआ। पुरातात्त्विक खुदाइयों से पता चलता है कि इस समय अनेक नगरों का विकास हुआ। इस समय के प्रमुख नगरों में तक्षशिला (शिरसुख), पुरुषपुर, पुष्कलावती, इन्द्रपस्थ, हस्तिनापुर, मथुरा, श्रावस्ती, कौशाम्बी, वाराणसी, पाटलिपुत्र, वैशाली इत्यादि थे। इन स्थानों की खुदाई में कुषाणकालीन पक्की ईंटों के भवनों के अवशेष प्राप्त हुए हैं। ये नगर व्यापार-वाणिज्य एवं कला कौशल के भी केन्द्र थे। विभिन्न शिल्पों एवं उद्योग-धन्धों का इस समय काफी विकास हुआ। तक्षशिला एवं कनिष्कपुर जैसे नगरों का निर्माण तो कनिष्क ने स्वयं करवाया था। ईसा युग के आरम्भ होने के तुरन्त पहले एवं बाद की शताब्दियों में कुषाणों ने मध्य एशिया, अफगानिस्तान, पाकिस्तान एवं भारत के इतिहास में अत्यन्त महत्त्वपूर्ण भूमिका निभाई है। जहाँ तक चीन से उनके सम्बन्धों का प्रश्न है, कतिपय संक्षिप्त उल्लेख चीन की ऐतिहासिक कृतियों में मिल जाते हैं किन्तु उनका पूर्ण इतिहास हमें प्राप्त नहीं हुआ है।

पर्थियन शासनकाल के अन्त तक इस क्षेत्र की मुद्रा प्रणाली चाँदी और ताँबे के सिक्कों पर आधारित थी। यह प्रणाली प्रथम कुषाण शासक अर्थात् कुजुल कैडफाइसिस के सिक्कों में भी दृष्टिगोचर होती है। इस राजा ने अपने सिक्कों को मानकीकृत करने के लिए अनेक प्रयोग किए। किन्तु इस दिशा में सफलता केवल दूसरे राजा अर्थात् विम कैडफाइसिस के प्रशासनकाल में प्राप्त हुई। विम ने न केवल मुद्रा प्रकार की स्थापना की, अपितु स्वर्ण मानक भी निश्चित किया। इस क्षेत्र के आर्थिक विकास के इतिहास में चाँदी से सोने के मानक का उपरोक्त आकस्मिक परिवर्तन एक युगान्तकारी घटना है। स्पष्टतः स्वर्ण मुद्राएँ कृषि सम्बन्धी राजस्व के लिए नहीं अपितु मुख्य रूप से अन्तर्राष्ट्रीय व्यापार एवं वाणिज्यिक गतिविधियों के लिए थी। व्यापार की माँग की इस पूर्ति के कारण ही ये मुद्राएँ अत्यन्त लोकप्रिय हो गई और सम्पूर्ण बाजार में उनकी धाक जम गई। इसके बाद से कुषाणों द्वारा स्थापित स्वर्ण मानक की मान्यता बढ़ती गई और ससानी रजत मुद्राओं के आगमन के बाद भी सुदृढ़ बनी रही। महान कुषाण साम्राज्य के साधन स्रोत उनके निजी क्षेत्रीय राजस्व की सीमाओं से कहीं अधिक थे। इसी समृद्ध व्यापार से होनेवाले लाभ ने कुषाण सभ्यता को आधार प्रदान किया।

महान कुषाण साम्राज्य के पतन के बाद इतनी व्यापक आर्थिक समृद्धता जारी नहीं रही। मुद्रा-शास्त्रीय साक्ष्यों से उपरोक्त ह्रास अत्यन्त स्पष्ट हो जाता है। साधन स्रोतों के विघटन के फलस्वरूप महान कुषाणों के उत्तराधिकारियों को अपने निजी क्षेत्रीय राजस्व पर ही आश्रित होना पड़ा। यह केवल राज्य की ही हानि नहीं थी, अपितु सामान्य रूप से जनता की भी हानि थी और इसका प्रभाव हमें तत्कालीन सभ्यता की पतनोन्मुख प्रकृति में दृष्टिगोचर होता है।

कुषाण सभ्यता में संगठित होने एवं विकास करने की विलक्षणता थी, जिसका शुभारम्भ इस क्षेत्र में कुषाण शासन की स्थापना के तुरन्त बाद ही हो गया था। कुषाणों से पूर्व इस क्षेत्र में होनेवाले सतत् राजनीतिक परिवर्तनों के कारण ईसा युग आरम्भ होने से पूर्व की कुछ शताब्दियों के दौरान यहाँ अत्यन्त अशान्ति थी। वैक्ट्रियाई यूनानियों, सीथियन एवं पार्थियनों का शासन तो अनेक वंशों का केवल एक समय बिताने का चरण काल था, जबकि पश्चिम एशिया के अवरुद्ध सम्पर्कों ने स्थायी सामाजिक संस्थानों को विकसित नहीं होने दिया। इससे पूर्व भी मौर्य युग के दौरान बौद्ध धर्म की स्थापना गान्धार में हो तो चुकी थी, किन्तु तक्षशिला के विद्रोह से स्पष्ट हो जाता है कि राजनीतिक उपद्रव पूर्ण रूप से समाप्त नहीं हो पाए थे। यहाँ तक कि सिकन्दर महान की विजयों ने भी शान्ति के युग का उद्‌घाटन नहीं किया था। उसकी प्रगति के दौरान ही सेना के पिछले भाग में हुए उपद्रव तथा उसकी मृत्यु के तुरन्त बाद उसके शासन का अन्त हो जाने से तत्कालीन राजनीतिक स्थिति का संकेत मिलता है। आखिर सिकन्दर भी तो उन्हीं क्षेत्रों पर अपना आधिपत्य जमाता हुआ आ रहा था, जो कुछ समय पूर्व ही ऐकेमीनियनों के अधीन रहे थे। अपने लगभग 200 वर्षीय शासनकाल के दौरान इन ऐकेमीनियन ईरानियों ने एक सुदृढ़ प्रशासनिक प्रणाली की स्थापना की थी, सड़कों का निर्माण किया, भौगोलिक गवेषणाएँ कीं, मुद्रा प्रणाली एवं अपने माप-तौल मानकों को आरम्भ किया, डाक हरकारे नियुक्त किए एवं अन्य अनेक प्रशासनिक कदम उठाए जिनके परिणाम अब उत्खननों के दौरान स्पष्ट होते हैं। ऐकेमीनियन छाप उस प्रत्येक परम्परा में दृष्टिगोचर होती है जो कुषाणों को विरासत में मिली थी, किन्तु स्थायी एवं लोकहितकारी जीवन ढाँचे के पुनर्निर्माण का कार्य कुषाणों ने किया था। उनके लिए ऐसा करना सम्भव भी था, क्योंकि वे उस समय आए, जबकि किसी भी महान राजनीतिक शक्ति का विद्रोह उनके संगठन कार्य के मार्ग में अवरोध नहीं बना। चूँकि राजनीतिक दृष्टि से उत्तरी भारत अनेक शक्तियों में विभक्त था और ईरान पर भी साम्राज्यिक रोम के सतत प्रहार हो रहे थे, अतः कुषाण आगे बढ़ सके और उन्होंने मध्य एशिया के एक बड़े क्षेत्र को अपने अधीन कर लिया। वह द्वितीयः कुषाण सम्राट अर्थात् विम कैडफाइसिस के शासनकाल में हुआ। विम पहले ही अपने पिता कैडफाइसिस के काल में अपनी योग्यताओं का प्रदर्शित कर चुका था। यदि कुजुल का शासन काल विजयों तथा मुद्रा प्रणाली एवं सामाजिक संस्थानों में किए गए अन्य अनेक प्रयोगों का काल था, तो विम का काल प्रगति एवं मानकीकरण का अग्रदूत था। इन दोनों को मिलाकर कुषाण सम्राटों का प्रथम समूह बनता है। उन्हीं के शासन काल के दौरान पहली बार कला के नए रूपों का दर्शन हुआ। विम के सिक्कों में नए प्रकार की चित्राकृति का आविर्भाव हुआ और शिव एवं वृषभ की नई डिजाइन का विकास हुआ। इन सबके अतिरिक्त मथुरा के निकट माट के अवशेषों में पहली बार सम्राटों की मूर्तियाँ मिलीं। ये मूर्तियाँ ठीक उसी शैली में हैं, जो सिक्कों पर अंकित चित्राकृतियों में दृष्टिगोचर होती हैं। हमें कनिष्क की भी एक खड़ी

हुई प्रतिमा मिली है, जो उन सिक्कों में पाई जानेवाली विख्यात आकृति जैसी ही है। पुनश्च इन्हीं शासकों के शासनकाल के दौरान चारसद्धा के निकट शैरवान ठेरी में पुष्कलावती की दूसरी नगरी और सम्भवतः तक्षशिला में सिरकप जैसी प्राचीन नगरियों का पुनर्निर्माण हुआ था। यदि चीनी यात्रियों के वर्णन का विश्वास किया जाए तो प्रथम कुषाण सम्राट ने पेशावर में एक स्तूप एवं मठ भी बनवाया था।

किन्तु कुषाण सम्राटों ने कनिष्क से आरम्भ होनेवाले दूसरे समूह के शासकों के शासनकाल में ही कुषाण सभ्यता के आधारभूत स्वरूप की स्थापना की थी। सामान्य इतिहास की पुस्तकों में हम कनिष्क की तिथि से सम्बन्धित विवाद के बारे में बहुत कम पढ़ते हैं और कुछ अन्य पुस्तकों में गान्धार कला की चर्चा मिलती है, जिसे यूनानी अथवा रोमन शिल्पियों को कला का नमूना मानते हुए अनिच्छापूर्वक ही कुषाण कहा जाता है।

सर्वप्रथम तो यह दृष्टव्य है कि कनिष्क ने काल गणना की एक नई प्रणाली आरम्भ करने का प्रयास किया। यद्यपि यह विवादास्पद है कि यह प्रणाली शक संवत् ही थी अथवा नहीं, किन्तु यह निश्चित है कि यह प्रणाली अन्तिम महान कुषाण सम्राट अर्थात् वासुदेव के शासन काल तक जारी रही। इस बात के भी प्रमाण मिलते हैं कि गंगा की घाटी एवं नेपाल में अन्य शासकों ने भी इस प्रणाली का अनुसरण किया था। किन्तु काल गणना की इस प्रणाली के सही रूप के बारे में विद्वानों में सहमति नहीं है। उनके सिक्कों के अध्ययन के आधार पर एक अन्य मूलभूत परिवर्तन दृष्टिगोचर होता है। इसी काल के सिक्कों के दोनों ओर केवल यूनानी लिपि के प्रयोग के प्रमाण मिलते हैं। किन्तु नवीन कुषाण ध्वनियों को अभिव्यक्त करने के लिए इस लिपि में कुछ नए अक्षरों का विकास करने का प्रयास भी झलकता है। इस सन्दर्भ में सर्वाधिक महत्त्वपूर्ण p अक्षर (ष) का विकास है। हम पहले ही इस काल की खरोष्ठी लिपि के अक्षरों में हुए ऐसे ही परिवर्तनों का उल्लेख कर चुके हैं। इस विकासात्मक प्रक्रिया से स्पष्ट होता है कि कुषाण सम्राटों का यह समूह केवल प्राचीन परम्पराओं का अन्धानुकरण नहीं कर रहा था, अपितु उन्हें अपनी आवश्यकताओं के अनुरूप ढाल रहा था। जब हम विम कैडफाइसिस एवं अन्य पूर्ववर्ती शासकों द्वारा धारण की गई शाही उपाधियों की तुलना कुषाण सम्राटों के दूसरे समूह के शासकों की उपाधियाँ से करते हैं तो उपरोक्त परिवर्तन अत्यन्त स्पष्ट हो जाता है जबकि विम ने साधारण यूनान उपाधि बेसीलियस अथवा उसका पूर्ण रूप अर्थात् 'बेसीलियोन सोटेर मेगास' धारण किया था। कनिष्क ने अपने आरम्भिक सिक्कों पर बेसीलियम बेसिलियोन का प्रयोग करने के पश्चात् तुरन्त ही उसका त्याग कर दिया। उसके काल से एक नई उपाधि 'शाओननों शाओं' आरम्भ हुई, जो आज भी शहनशाह के रूप में प्रयोग की जाती है। निस्सन्देह इसकी उत्पत्ति डेरियस के अभिलेखों में प्रयुक्त एकेमीनियम सम्राटों की 'ख्शमिथियनम ख्शयथिम' रूपी शाही उपाधि में देखी जा सकती है। कुषाण सम्राटों द्वारा पुनरुज्जीवित यह शाही परम्परा उनके शासनकाल के अन्त तक जारी रही और हम देखते हैं कि समुद्रगुप्त ने भी अपने इलाहाबाद स्तम्भ अभिलेख में इस क्षेत्र के शासकों को षाहि षाहानुषाहि कहा है। यहाँ तक कि हूणों ने भी अपने सिक्कों में षाहि उपाधि का प्रयोग किया है। गान्धार के उत्तरकालीन नरेशों की उपाधि भी वही शाह थी, और राजतरंगिणी में सर्वत्र ही उनके साम्राज्य को 'षाहि राज्य' कहा गया है। 1030 ई. जैसे परवर्ती काल में भी अलबेरूनी ने शाहिया साम्राज्य एवं बिन्दु शाहिया वंश का उल्लेख किया है। यह आवश्यक नहीं है कि इस उपाधि का सम्बन्ध उन मुस्लिम सुल्तानों से जोड़ा जाए जो शाह, शहनशाह

अथवा बादशाह, पादशाह आदि उपाधियाँ धारण करने के लिए विख्यात हैं। किन्तु यह दृष्टव्य है कि डीर में कुछ ऐसे स्रोत हैं जिनके नाम शाही, बिनशाही एवं हिन्दू राज है और जो इस उपाधि की याद दिलाते हैं। यह चिरप्रतिष्ठित शाही परम्परा कुषाण सभ्यता का एक मूलभूत अंग थी।

कुछ कुषाण अभिलेखों में पाई जानेवाली दूसरी महत्त्वपूर्ण उपाधि 'देवपुत्र' है, जिसका अर्थ है, 'भगवान का पुत्र।' इसकी उत्पत्ति का विवेचन तो नहीं किया गया है, किन्तु इस क्षेत्र की राजनीतिक-धार्मिक अवधारणा में इसका अत्यन्त स्थायी महत्त्व है। इस उपाधि के स्वाभाविक परिणाम के फलस्वरूप ही हम देखते हैं कि कुषाण सम्राटों के दूसरे समूह के शासकों के सिक्कों में उनकी मुखाकृतियों में सिर के चारों ओर एक प्रमंडल दृष्टिगोचर होता है। इसी भावना के अनुरूप सिक्कों पर अंकित देवी-देवताओं को भी ऐसे प्रमंडल से युक्त दिखाया गया है। बुद्ध की मूर्तियों में भी यही प्रभामंडल दृष्टिगोचर होता है। चूँकि विश्व की प्राचीन कला में प्रभामंडल का चित्रण व्यापक रूप में मिलता है अतः किसी क्षेत्र विशेष में उसकी प्राथमिकता का विवेचन करना आवश्यक नहीं है। किन्तु यह जान लेना आवश्यक है कि आरम्भिक मुस्लिम चित्रकला में यह प्रभामंडल सिर के अलंकरण का अंग था, और मुगलकालीन चित्रों में भी मुगल सम्राटों के सिर के चारों ओर प्रभामंडल दृष्टिगोचर होता है।

कुषाण सम्राटों ने बौद्ध धर्म को प्रोत्साहन दिया और सम्भवतः उसे निजी धर्म के रूप में स्वीकार भी किया। कुषाणों के शान्तिपूर्ण शासन के दौरान बौद्ध धर्म खूब फला-फूला। बुद्ध का चित्रांकन केवल कनिष्क के सिक्कों में निश्चित रूप से दृष्टिगोचर होता है। किन्तु उसके ही सिक्कों पर अन्य देवी-देवताओं का भी निरूपण मिलता है। कनिष्क को ही एक बौद्ध सभा बुलाने का श्रेय दिया जाता है। सभी चीनी यात्री पेशावर के निकट बनाए गए कनिष्क विहार का वर्णन करते हैं। लगभग सभी कुषाण सम्राटों ने अपने सिक्कों में स्वयं को अग्नि को आहुति देते हुए दर्शाया है। उस काल में गान्धार में अग्नि पूजा अज्ञात नहीं थी। वास्तव में हमें अनेक बौद्ध मूर्तियों में अग्नि पूजा का निरूपण दृष्टिगोचर होता है। यदि हम कुषाण सिक्कों पर पाए जानेवाले विभिन्न देवी-देवताओं का विश्लेषण करें तो यह निर्धारित करना कठिन हो जाता है कि विभिन्न कुषाण राजाओं की कृपादृष्टि किस विशेष देवी अथवा देवता पर थी। कनिष्क एवं हुविष्क के सिक्कों में सर्वाधिक प्रकार के ऐसे निरूपण मिलते हैं। उनमें भारत, ईरान, मध्य एशिया एवं यूरोप के ग्रीक-रोमन जगत के देवी-देवता सम्मिलित हैं। उनके निरूपण का अर्थ यह नहीं कि वे विभिन्न देशों से ली गई थीं, वे तो पिछली विरासत के रूप में पहले से ही कुषाण साम्राज्य में पाई जाती थीं। कुषाणों ने तो केवल उन्हें सिक्कों पर उचित स्थान दिया और स्पष्टीकरण के लिए उनके नाम भी दे दिए। यह प्रथा इससे पहले नहीं अपनाई गई थी। ऐसा प्रतीत होता है कि उस काल तक देवताओं की सभी मूर्तियाँ विषयक विशेषताएँ हासिल कर ली थीं। इन देवताओं में से केवल वृषभान्तिक शिव अथवा केवल वृषभ समृद्धि के प्रतीक शृंगों से मुक्त आरदोख्शो देवी ही इस क्षेत्र में एक लम्बी अवधि तक लोकप्रिय रहे। आदोख्शों का अंकन लघु कुषाणों के सिक्कों पर मिलता है और साम्राज्यिक गुप्त नरेशों ने भी अपने सिक्कों के लिए इस डिजाइन को उनसे ही ग्रहण किया था। वृषभ की आकृति हूणों के सिक्कों में भी मिलती है और परम्परानिष्ठ अश्वारोही के साथ-साथ वह हिन्दू शाही राजाओं के सिक्कों पर भी दृष्टिगोचर होता है। यह वृषभ अंकन गोरी सुल्तान मुहम्मद बिन साम के काल तक जारी रहा।

सिक्कों पर विभिन्न देवताओं का अंकन कम-से-कम इस बात का संकेत देता है कि कुषाण सभ्यता के अन्तर्गत विभिन्न धार्मिक शक्तियाँ कार्यशील थीं। यह पूर्ण रूप से ज्ञात नहीं कि बौद्ध धर्म ने किस प्रकार अन्य धर्मों को पछाड़ दिया। सम्भवतः बौद्धों के धर्मप्रचार एवं बौद्ध धर्म में निहित नैतिक मूल्यों पर दिए गए महत्त्व ने उसके व्यापक विस्तार एवं जनता द्वारा स्वीकरण में सहायता दी होगी। किन्तु यह थोड़े समय के लिए ही था। जब हूण आए तब तक शिव भक्ति श्रेष्ठता प्राप्त कर चुकी थी। जैसे द्वितीय कुषाण सम्राट विम कैडफाइसिस ने अपने को 'महीश्वर' कहा था, उसी प्रकार हूण नरेश मिहिरकुल के बारे में कहा जाता है कि वहे अपना सिर केवल शिव के सामने झुकाता था। हिन्दू शाही राजाओं के आगमन तक तो बौद्ध धर्म लगभग विलुप्त हो चुका था। बौद्ध धर्म के बारे में जानकारी प्राप्त करने के लिए अलबेरूनी को एक भी बौद्ध नहीं मिला। हमने हाल के चकदारा उत्खननों के दौरान पाया कि एक पूर्ववर्ती बौद्ध स्तूप को ढँककर उसके ऊपर एक हिन्दू घर बनाया गया था। इसी प्रकार चकदारा के प्राचीन दुर्ग में एक बौद्ध अनुष्ठान को निराश्रित कर नए हिन्दू मन्दिर का निर्माण किया गया। किन्तु यह समझना कठिन है कि यह परिवर्तन कैसे हुआ। इस सम्बन्ध में सभी विवरण देना तो हमारे लिए सम्भव न होगा, किन्तु आगे चलकर हम विषय की संक्षिप्त चर्चा करेंगे।

इस बीच यह बताना आवश्यक है कि भारत में अन्य कौन-कौन से तत्त्व स्थायी हो गए। इनमें से सर्वाधिक महत्त्वपूर्ण तो वस्त्राभूषण है। हारीति देवी द्वारा पहने जानेवाले कुछ स्वर्ण आभूषण आज भी स्त्रियों के अलंकरण में दृष्टिगोचर होते हैं। किन्तु सर्वाधिक महत्त्वपूर्ण है, कुषाण सम्राटों द्वारा धारण किए गए लम्बे एवं चुस्त कोट, लम्बी पतलून एवं विशाल जूते। निस्सन्देह आधुनिक 'शिरवानी' उपरोक्त लम्बे एवं चुस्त कोट से बनी है। 'शिरवानी' पाकिस्तानी राष्ट्रीय वेशभूषा का अंग है। इसी प्रकार से कुषाण सम्राटों द्वारा प्रयुक्त पतलून आज 'शलवारों' के रूप में सम्पूर्ण पाकिस्तान में अत्यन्त लोकप्रिय है और स्त्री एवं पुरुष दोनों उसे धारण करते हैं। प्राचीन चप्पलों, पगड़ी के नीचे प्रयुक्त होनेवाली एवं आजकल 'कुल' कहलानेवाली नोकेदार टोपियाँ और इन सबके अतिरिक्त गान्धार मूर्तियों में दृष्टिगोचर होनेवाली पंखनुमा शीर्ष से युक्त पगड़ी की शैली का प्रचलन भी द्रष्टव्य है। कुषाण सिक्कों एवं मूर्तियों में पाई जानेवाली ऊँची पीठक की कुर्सियाँ आज भी डेरा इस्माइल खाँ के बाजारों में खरीदी जा सकती हैं। अपने पाठ सीखने के लिए सिद्धार्थ द्वारा प्रयुक्त 'तख्ती' भी आजकल समस्त पाकिस्तान में शिक्षा के प्राथमिक चरण में प्रयोग की जाती है। गान्धार मूर्ति कला में प्रदर्शित, सिद्धार्थ द्वारा अपनी शारीरिक योग्यता की जाँच के लिए कुश्ती की प्रतियोगिता, पंजाब के अखाड़ों में एक सामान्य खेल है। जब हम दैनिक प्रयोग की वस्तुओं के बारे में सोचते हैं, तो हम सर्वप्रथम बैलों द्वारा खींचे जानेवाले हल का उल्लेख कर सकते हैं, जो आज भी उसी रूप में चला आ रहा है। शैरवान ढेरी के उत्खननों के दौरान हमें प्राप्त गेहूँ पीसने की हाथ की चक्की भी भारत के ग्रामों में देखी जा सकती है। कुषाण काल में लोकप्रिय नाशपाती के आकार का कलश आजकल सामान्यतया तथा कथित फारसी चक्र द्वारा पानी निकालने के काम में प्रयोग किया जाता है। किनारों पर हत्थों से युक्त सँकरे मुँह का गोल 'सुरादान' आजकल पेशावर क्षेत्र में तरल दही अथवा पानी के प्रयोग में लाया जाता है। दैनिक जीवन की ऐसी अनेक चीजें हैं, जो हमें कुषाण सभ्यता से विरासत में मिली हैं।

यह सभ्यता तत्कालीन विकासशील अर्थव्यवस्था पर आधारित थी जो शान्ति की

स्थापना तथा कुषाण सम्राटों द्वारा सुरक्षित विश्व व्यापार के नए मार्गों के खुलने से सम्भव हुई है। अब धीरे-धीरे कुषाण नगरों के उत्खननों से स्थानीय उद्योगों को दिए गए प्रोत्साहन भी दृष्टिगोचर होने लगे हैं। बेग्राम एवं शैखान ढेरी से जो भी थोड़े से अवशेष प्राप्त हुए हैं, वे सामान्य प्रयोग की वस्तुओं तथा हथियारों एवं संश्लिष्ट कार्यों में प्रयोग किए जानेवाले औजारों के निर्माण की विभिन्न प्रतिक्रियाओं की ओर संकेत करते हैं। केवल शान-शौकत का सामान ही विदेशों से आयात किया जाता था। कुषाण काल के दौरान बड़ी हद तक शहरी केन्द्रों का विकास हुआ। पेशावर की मुख्य घाटी में ऐसे सभी केन्द्र काबुल नदी के उत्तर में उस प्राचीन मार्ग के किनारे स्थित हैं, जो तक्षशिला से आता हुआ सिन्धु नदी को पार करके हुंड अथवा सलातुरे (स्ताबी तहसील में आधुनिक लाहूर) से होता हुआ स्वात एवं काबुल नदियों के संगम पर स्थित पुष्कलावती (आधुनिक चारसद्दा) तक पहुँचता था। इस स्थल पर पहुँच यह मार्ग विभिन्न दिशाओं में बँट जाता है। यदि आज भी इन मार्गों पर स्थित नगरी टीलों की गणना की जाए तो यह तथ्य विस्मयकारी लगेगा कि आधुनिक पाकिस्तान में भी पेशावर क्षेत्र में शहरीकरण उस चरण तक नहीं पहुँच पाया है। यह कुषाणकालीन शहरीकरण औद्योगिक विकास एवं व्यापारिक केन्द्रों पर आधारित था। इन नगरों में सुनिर्मित घर थे और पर्याप्त सामाजिक सुविधाएँ प्राप्त थीं। चीनी यात्रियों द्वारा दिए गए फसलों के उत्पादन से सम्बन्धित वर्णनों से इस बात की पुष्टि होती है कि कृषि को भी वास्तविक प्रोत्साहन दिया जाता था। वे अनाज की फसलों का भी उल्लेख नहीं करते अपितु कच्ची चीनी एवं अनेक फलों का भी वर्णन करते हैं। पेशावर क्षेत्र के सर्वेक्षण से सम्पूर्ण नदी मार्ग के किनारे-किनारे पाए जानेवाले विस्तृत कृषि क्षेत्र प्रकाश में आए हैं और पहाड़ी ढालों पर ऐसे प्राचीन क्षेत्र देखे गए हैं, जिनमें ऊपर के कृषि क्षेत्रों से नीचेवाले क्षेत्रों में वर्षा के जल को लाने की विभिन्न विधाओं के भी प्रमाण मिलते हैं। मैदानों में प्राचीन नहरें देखी गई हैं। जहाँ पर ऐसी नहरें नहीं खोदी जा सकीं, वहाँ आज भी पक्की चिनाई के विशाल कुएँ हैं, जो निश्चय ही सिंचाई के लिए प्रयोग किए जाते थे। कुषाण काल के दौरान दरगै के पूर्व में वर्तेर क्षेत्र में सोराने नामक स्थान पर प्राकृतिक चट्टान में एक गहरा कुआँ खोदा गया था। स्थानीय ग्रामीणों को पानी पहुँचाने के लिए इस कुएँ को पुनः चालू किया गया है। भालकन्द एवं डीर प्रान्तों में ऐसे अनेक जलस्रोत देखे गए हैं, जिनसे पहाड़ी ढालों के कृषि क्षेत्रों एवं पहाड़ियों पर ही स्थित अनेक बौद्ध अनुष्ठानों की आवश्यकताओं को पूरा करने के लिए जल खींचा जाता था। इन स्रोतों को पुनः चालू किया गया है तथा जनता को पीने योग्य ताजा पानी पहुँचाने के लिए पुरानी नहरों का पुनः निर्माण किया गया है। ऐसे जल स्रोत पर आधारित सर्वाधिक महत्त्वपूर्ण बौद्ध बस्ती तख्त-ए-बाही (अर्थात् सोने का सिंहासन) नाम से विख्यात थी। अब एक कुषाण सभ्यता के इस आर्थिक आधार का अध्ययन नहीं किया गया है, अभी तक तो इस क्षेत्र में विस्तृत रूप से पाए जानेवाले स्तूपों एवं मठों को ही महत्त्व दिया गया है। किन्तु इन धार्मिक अनुष्ठानों के विवरण मानचित्र से स्पष्ट होता है कि कुषाण सभ्यता के अन्तर्गत जीवन केवल धर्म पर केन्द्रित न था, अपितु उसका आधार नितान्त मानवीय था। इसमें कोई सन्देह नहीं कि बौद्ध धर्म ने तत्कालीन सामाजिक एवं धार्मिक जीवन को नैतिक उत्साह प्रदान किया, किन्तु ये धार्मिक अनुष्ठान आर्थिक साधन स्रोतों के विकास में बाधा नहीं बने। अपने मन्दिरों के भंडारों में स्वर्ण एवं धन का संचय करनेवाले उत्तरकालीन हिन्दुओं के विपरीत ये बौद्ध अनुयायी अत्यन्त साधारण एवं कम खर्चीला जीवन व्यतीत करते थे। उनके मठानुष्ठान धन

के भंडार नहीं थे, अपितु निष्ठावान भिक्षुओं के समुदाय को आश्रय प्रदान करते थे और फिर ऐसे मठानुष्ठानों की स्थापना भी कृषि क्षेत्र में नहीं होती थी। स्वात नदी की घाटी में किए गए हमारे सर्वेक्षण से प्रकट होता है कि मैदानों का प्रयोग जुताईवाले क्षेत्रों के रूप में होता था तथा पहाड़ों की चोटियों को बौद्ध केन्द्रों की स्थापना के लिए प्रयोग किया जाता था। इस प्रकार से एक विस्तृत कृषि योग्य क्षेत्र को बेकार जाने से बचा लिया गया।

इस प्रकार कृषि उत्पादन एवं व्यापारिक लाभ द्वारा प्राप्त की गई समृद्धता ने जनजीवन को समृद्ध किया और इसकी अभिव्यक्ति कुषाणों की नगरी सभ्यता में दृष्टिगोचर होती है। जनता की समृद्धि से गान्धार कला के उदय को बढ़ावा मिला। बौद्ध भिक्षुओं द्वारा प्रेरित जनता के संरक्षण ने कुषाण कला का सृजन किया। जब महान कुषाण सम्राट जीवित न थे, तब भी जनता के उत्साह तथा भिक्षुओं की निष्ठायुक्त भावना ने कला की सृजनात्मक प्रवृत्ति को बनाए रखा। गान्धार कला कुषाणकालीन सामाजिक एवं धार्मिक उन्माद को ही अभिव्यक्त करती है। वह किराए के शिल्पियों का यान्त्रिक उत्पादन मात्र न थी और न ही सरकारी मठों की गतिविधियों का परिणाम। यह विचार प्रोफेसर बैंजेमिन रालेंड का है। कुषाण सम्राटों का कोई निजी विशेष धार्मिक अनुष्ठान न था। वे एक विशाल साम्राज्य के स्वामी थे, विभिन्न प्रकार के लोगों पर शासन करते थे, नए व्यापार मार्ग खोलकर उन्होंने उन लोगों को आपस में मिलाया। विश्व के अन्य भागों में होनेवाले विकास कार्यों से उनका प्रत्यक्ष सम्पर्क स्थापित किया और अन्ततः उन्हें एक ऐसी सभ्यता की ओर ले गए, जो कुषाण साम्राज्य के अन्त के बाद भी जीवित रही। यदि पाकिस्तान में सामान्य रूप से और गान्धार क्षेत्र में विशेष रूप से मिलनेवाले अवशेषों के आधार पर तत्कालीन सभी विकासात्मक कार्यों का मूल्यांकन करके उन्हें इस काल से पूर्व एवं बाद की ऐतिहासिक प्रगति के विशाल पट्ट पर रखा जाए, तो हमें यह कहने में कोई संकोच नहीं होगा, कि भारत के प्राचीन इतिहास में कुषाणों का युग एक स्वर्ण युग था। वर्तमान पाकिस्तान सरकार को छोड़कर, न तो कुषाण युग से पहले और न ही उसके बाद आर्थिक साधन स्रोतों का विकास करने का ऐसा प्रयास कभी किया गया, और इस क्षेत्र के लोगों को भी वह समृद्धता कभी प्राप्त न हुई जो कुषाण युग में प्राप्त हुई थी।

यह समृद्धि आक्सस से यमुना एवं पामीर पर्वत श्रृंखला से लेकर अरब सागर तक फैले क्षेत्र के साधन स्रोतों के उचित प्रयोग पर आधारित थी। यह विस्तृत क्षेत्र ही महान कुषाणों द्वारा विकसित मध्य एशियाई सभ्यता का अभिधान प्रस्तुत करता है। इस सभ्यता की जड़ें पाकिस्तान की विरासत में स्थायी रूप से अंकित हैं। ससानी वंश के नरेशों द्वारा ईरानी जीवन के पुनर्गठन के बाद ही इस सभ्यता को सबसे पहला आघात पश्चिम से लगा। कुषाण ससानी शत्रुता ने साम्राज्य के आर्थिक सन्तुलन को नष्ट कर दिया और ससानियों की विजय ने राज्य की प्रशासनिक स्थिरता को डावाँडोल कर दिया। ससानियों ने कुषाण साम्राज्य पर आक्रमण किया और उसे अपने आधिपत्य में ले लिया, किन्तु कुषाण सभ्यता नए शासकों के संरक्षण में जारी रही। यह परिवर्तन अर्देशीर के पुत्र एवं युवराज गवर्नर पेरोज प्रथम के अद्वितीय रजत द्राकम की डिजाइन में दृष्टिगोचर होता है, जिसके पुष्ट भाग पर राजकुमार को 'मजदेशन बगे-पेरोज वजुर्ग कुशानशाह' की उपाधियों से युक्त बुद्ध के आराधक के रूप में प्रस्तुत किया गया है। ससानी अतिक्रमण के फलस्वरूप वंश परिवर्तन हुआ और हम देखते हैं कि चौथी एवं पाँचवीं शताब्दियों में लघु कुषाण एवं किडरबंशी सत्तारूढ़ हुए। उनके काल में भी प्राचीन सभ्यता जारी रही किन्तु ससानी दबाव के कारण उसका आर्थिक आधार क्षीण हो चुका था।

राजनीतिक दबाव ने अन्तर्राष्ट्रीय व्यापार की सम्भावनाओं को भी नष्ट कर दिया था। आक्सस क्षेत्र की ओर ससानियों की प्रगति ने इन लोगों को सिन्धु क्षेत्र में ही सीमित कर दिया। और उनके सैनिक विस्तार ने नवीन शासकों को भारत की ओर हाथ फैलाने के लिए बाध्य कर दिया, क्योंकि चौथी शताब्दी में समुद्रगुप्त के नेतृत्व में एक महान् शक्ति का उदय हो चुका था। खतरे के समय में इस गंगाघाटीय शक्ति का आश्रय लिया जा सकता था। इलाहाबाद स्तम्भ अभिलेख में इसी स्थिति को लाक्षणिक ढंग से व्यक्त किया गया है। किन्तु यह सत्य है कि ससानी नरेश अपनी राजनीतिक माँगों का दबाव डालते रहे और किडरवंशी अधिकाधिक भारत की ओर हाथ फैलाते गए। परिणामस्वरूप एक विस्तृत साम्राज्य का विघटन हो गया। गंगा घाटी की सभ्यता का प्रभाव दिन-प्रतिदिन बढ़ता गया। खरोष्ठी लिपि के स्थान पर भारतीय ब्राह्मी का प्रयोग होने लगा। हिन्दू देवी-देवताओं को प्रमुखता दी जाने लगी। स्वर्ण मुद्राओं का स्थान ससानी रजत मुद्राओं ने ले लिया। व्यापार सन्तुलन नष्ट हो गया। कुषाण सभ्यता जैसे-तैसे जारी रही। अपने नए रूप में गान्धार कला एक छोटे पैमाने पर चलती रही। सभ्यता के स्वरूप में एक मूलभूत परिवर्तन हो चुका था। इसी पूर्ववर्तित स्थिति में हूणों ने सिन्धु क्षेत्र पर अपना आधिपत्य जमाया। वे जीवन की परिवर्ती स्थिति को पुनः स्थापित नहीं कर पाए, क्योंकि अब भी ससानियों एवं साम्राज्यिक गुप्त नरेशों की ओर से पर्याप्त दबाव पड़ रहे थे। हूणों के पश्चात् तुर्की शाहियों ने उस सभ्यता के टूटे तारों को पुनः एक नए सिरे से जोड़ने की चेष्टा की किन्तु उनकी सरकार तो एक सैनिक सरकार थी। उनके शासनकाल के दौरान जीवन का एक नया स्वरूप दृष्टिगोचर होता है। घाटी के मैदानों को अपने हाल पर छोड़ दिया गया। मुख्य मार्गों पर नजर रखते हुए उन्होंने पहाड़ियों की चोटियों पर अपने गढ़ स्थापित किए। हमने हाल में डीर एवं स्वात में इस नवीन सुरक्षा प्रणाली का अध्ययन किया है। तुर्की एवं हिन्दू दोनों शाही वंशों ने स्थानीय उपद्रवों एवं विदेशी अतिक्रमणों से अपने हितों की रक्षा करने के लिए ऊँची पहाड़ियों पर दुर्गों का निर्माण किया था। हमें प्राचीन कुषाण सभ्यता के बहुत कम ही स्मृतिचिह्न मिल पाए हैं। इस सन्दर्भ में केवल दो प्रमाण प्रस्तुत किए जा सकते हैं कि पहाड़ी पर शाहढेरी का उदय हुआ। इसी प्रकार से पुष्कलावती का प्राचीन नगर भी अब नहीं रहा। यहाँ तक कि पेशावर को भी छोड़ दिया गया और सिन्धु नदी के किनारे हुंड के स्थान पर नई राजधानी की स्थापना की गई। जीवन के स्वरूप का यह परिवर्तन महान कुषाण सभ्यता के पतन एवं अन्त का दुखद वृत्तान्त है। इसी पतन के काल के दौरान इस्लामी शक्तियों ने पूर्व की ओर कदम बढ़ाए और इस क्षेत्र की जनता के गिरते हुए भाग्य को सँभालने के लिए पुनः मध्य एशिया से इस्लामी तुर्क दक्षिण की ओर बढ़े। इस्लामी प्रकाश द्वारा उद्घाटित इस नवीन युग में जनता ने स्वयं को पुनरुज्जीवित किया और अपने भविष्य के पुनर्निर्माण के लिए एक नवीन प्रेरणा प्राप्त की।

अध्याय 25

भारत-रोम व्यापार

25.1 भूगोल

ईसा की पहली दो सदियों में भारत और रोम के व्यापार में वृद्धि हुई। व्यापार की इस उन्नति का कारण रोमन साम्राज्य द्वारा शान्ति स्थापना थी, जिससे खोजों और विकास के एक नए युग का प्रारम्भ हुआ। पश्चिम और निकट-पूर्व के प्रदेशों को एक साथ जोड़ने में एशिया-माइनर, अरब और उत्तर-पूर्व अफ्रीका के भौगोलिक पहलू भी ठीक-ठीक हमारे सामने आ गए। निकट पूर्व के रोमन व्यापारियों ने अपनी शक्ति और पैसे के जोर से अपने व्यवसाय की काफी उन्नति की। इतना सब होते हुए भी यह अजीब बात है कि व्यापार में रोमन और भारतीय यदा-कदा ही एक-दूसरे से मिलते थे। उनके व्यापार के बिचवई सिकन्दरिया के यूनानी, शामी यहूदी, आर्मेनी अरब, अक्सुसी, सोमाली तथा पूर्व को जानेवाले स्थलपथ के अधिकारी थे।

एशिया माइनर और अरब यूरोप, अफ्रीका और एशिया की भूमि का मुख्य केन्द्र कहे जा सकते हैं, जिनसे इटली और भारत के समुद्रतट समान दूरी पर स्थित है। भूमध्यसागर और हिन्दमहासागर, फारस की खाड़ी और लाल सागर की वजह से, एक-दूसरे के पास आ जाते हैं। लालसागर भूमध्यसागर के सबसे पास है और इसी कारण भारत के साथ व्यापार का यह एक खास रास्ता बन गया।

25.2 यातायात

एशिया-माइनर और अरब स्थलमार्गों से भी, भूमध्यसागर और भारत का सम्बन्ध जोड़ते थे। इसी प्रदेश में पश्चिम को जानेवाले भारतीय माल के लेनेवाले और ढोनेवाले तथा व्यापारी देखे जा सकते थे। इसी मार्ग पर बहुत से नगरों की स्थापना हुई जो व्यापार से फूले-फले।

रोमन राज्य एशिया माइनर, शाम और मिश्र पर तो स्थापित हो चुका था, पर अरब उनके अधिकार में नहीं था, और कोहकाफ के कबीले उनकी बात नहीं मानते थे। भारत में शक-सातवाहन और तामिलगम् के राजे स्थलपथ और बन्दरगाहों पर तनावपूर्वक अपनी हुकूमत स्थिर किए हुए थे, पर इस राजनीतिक गड़बड़ी का भारत के विदेशी व्यापार पर बहुत कम असर पड़ा। व्यापार को उत्साह देने के लिए कनिष्क ने सोने के रोमन सिक्कों की तौल भारतीय सिक्कों के लिए अपना ली। यह आवश्यक था, क्योंकि रोमन सिक्का उस युग में अन्तर्राष्ट्रीय सिक्का बन चुका था।

हाल्मीवंश के राज्यकाल में सिकन्दरिया यूरोप, एशिया और अफ्रीका के व्यापारियों का प्रधान बाजार बन गया। अगस्टस के काल में एक रास्ता, जहाँ तक हो सकता था, लालसागर

को बचाता था, और दूसरा उसकी मुसीबतें झेलता था। पहले रास्ते को पकड़ने के लिए नील के रास्ते व्यापारी केना (Kena) और केफ्त (Keft) पहुँचते थे। फिर केना के रास्ते वे मुसेल, बन्दर और केफ्त के रास्ते बेरेनिके पहुँचते थे, जो उम्मेल केतेक की खाड़ी के नीचे रासबेनास पर स्थित था। इस रास्ते पर यात्री रात में सफर करते थे। उनके आराम के लिए इन सड़कों पर चट्ठियों, हथियारबन्द रक्षकों तथा सरायों और धर्मशालाओं का प्रबन्ध था। ईसा की प्रारम्भिक सदियों में बेनेनिके वाले रास्ते का महत्त्व इसलिए और बढ़ गया, कि जिस प्रदेश से सड़क गुजरती थी उसमें पन्ने की खदानें मिल गई थीं।

जहाज सिकन्दरिया से चलकर सात दिनों में हेरूपोलिट (Heroopolit) की खाड़ी पहुँचते थे, जहाँ दूसरे टाल्मी ने अरिस्नों (Arisnoe) की नींव डाली थी। वहाँ से वे बेरेनिक और मुसेल के बन्दरगाह पहुँचते थे। मौसमी हवा का भेद न जानने से व्यापारी जहाज किनारे-किनारे चलकर कभी-कभी रासफर्तक को पार करके सिन्धु के मुहाने पर जा पहुँचते थे। रास्ते में वे अद्‌यूलिस (आधुनिक ज्यूला, मसावा) में अफ्रीकी माल के लिए ठहरते थे। फिर इसके बाद मुजा (मोजा) के पूरब होते हुए वे ओसियेलिस (केला) पहुँचकर बाबेलमन्दब के डमरूमध्य से हिन्दमहासागर में पहुँच जाते थे। वहाँ अदन और सोकोतरा के सुमाली बाजारों में भारतीय व्यापारियों से भेंट उनकी होती थी। आगे चलकर वे हद्रमौत में भारत के साथ व्यापार करनेवाले केन और मोजा में ठहरते थे। इनके बाद वे सीधे सिन्धु नदी के बन्दरगाह, बार्बरिक पहुँचते थे, जहाँ उन्हें चीनी, तिब्बती और भारतीय माल मिलता था। फिर दक्खिन की ओर चलते हुए वे भड़ौच पहुँचते थे जहाँ वे कालीकट से कन्याकुमारी तक फैले चेर-राज्य की सैर करते थे। रास्ते में मुजिरिस (क्रेंगनोर) और नेलकिंडा (कोट्टायम) पड़ते थे। इसके बाद मोतियों के लिए प्रसिद्ध पांडयदेश की तथा चोलमंडल की वे सैर करते थे।

भारतीय व्यापार में यमनी, नबाती तथा हिमरायती लोगों का भी हिस्सा था और इसलिए वे रोम के साथ भारत के सीधे व्यापार के विरोधी थे। सोमाली समुद्रतट के अरब-अफ्रीकियों ने इस युग में हब्श का अक्षुमी साम्राज्य कायम किया। शायद उन्होंने भारतीयों को बाबेलमन्देव में ओसेलिस के आगे न बढ़ने के लिए मना लिया। हब्श से सिकन्दरिया तक एक स्थलमार्ग चलने पर भी अक्षुमी, यूनानियों से अद्यूलिस (सोमाली बाजारों और सोकातरा) में मिलना पसन्द करते थे। इस प्रदेश में यूनानी, अरब और भारतीय रहते थे और भारत से आने-जानेवाले यात्री यहाँ ठहरते थे।

शक-पह्लवों की लड़ाइयों से स्थलमार्ग की कठिनाइयाँ बढ़ गईं। इससे बचने के लिए अगस्टस को समुद्री रास्तों की रक्षा का प्रबन्ध करना पड़ा। हिमरायती और नबाती इस प्रयत्न में बाधक सिद्ध हुए। पर मौसमी हवा का ज्ञान हो जाने पर इन सब प्रयत्नों की कोई आवश्यकता ही नहीं पड़ी।

अगस्टस के युग में रोमन व्यापारी सेल्यूकिया से क्टेसिफोन (Ctesiphon) पहुँचते थे। फिर वे असीरिया होकर कुर्दिस्तान से मीडिया पहुँचते थे। वहाँ से बेहिस्तान होते हुए तेहरान के पास से कैस्पियन सागर का रास्ता पकड़ लेते थे। यहाँ से रास्ता जिर्म के पास हेकोटोमपाइलोस होते हुए अन्तिओख मार्गियन (मर्व) पहुँचता था। यहाँ से रास्ते की दो शाखाएँ हो जाती थीं–एक तो हिन्दूकुश को दक्षिण में छोड़ती हुई चीनी कौशेयपथ से जा मिलती थी और दूसरी दक्खिन में भारत की ओर घूम जाती थी। इन दोनों रास्तों का उपयोग खास रोम के व्यापारी कम करते थे। प्लिनी और टाल्मी के अनुसार मर्व से पूरब का रास्ता समकन्द

होते हुए वक्षु को पार करता था। एक दूसरा रास्ता मर्व से बलख जाता था, और वहाँ से ताशकुरगन पहुँचता था, जहाँ भारत, वक्षु के काँठे, खोतन और यारकन्द के रास्ते मिलते थे। यहाँ से यारकन्द के काँठे से होता हुआ रास्ता सिंगानकू तक चला जाता था। यह पूरा रास्ता चार सौ पड़ावों में बाँटा गया था।

बलख से हिन्दुस्तान आने के लिए हिन्दूकश पार करना पड़ता था। वहाँ से रास्ता काबुल, पेशावर होते हुए तक्षशिला, मथुरा और पाटलिपुत्र तक चला जाता था। पर जो व्यापारी केवल भारतीयों से ही व्यापार करते थे, वे प्रधान रास्ते से मर्व के दक्षिण घूम जाते थे और आसान मंजिलों में हेरात पहुँच जाते थे, और वहाँ से कान्धार। कान्धार से भारत के लिए तीन रास्ते थे–1. दक्षिण पूर्वी रास्ता जो पहाड़ों को पास करता हुआ बोलन अथवा मूला दर्रे से भारत में उतरता था। 2. उत्तर-पूर्वी रास्ता जो काबुल पहुँचकर कौशेयपथ से मिल जाता था, 3. लासबेलावाला रास्ता जो सड़क या नदी से सोनमियानी की खाड़ी पहुँचता था, और वहाँ से जल अथवा स्थल मार्ग से भारत।

इन स्थल मार्गों से, कम-से-कम अगस्टस के समय में तो, कई भारतीय प्रणिधिवर्ग रोम पहुँचे। इन प्रणधिवर्गों में कम-से-कम चार के उल्लेख लातिनी साहित्य में मिलते हैं। 1. पुरूदेश (झेलम और व्यास के बीच में) का प्रणिधिवर्ग अपने साथ रोम को सर्प, मोनाल, शेर और यूनानी भाषा में लिखा हुआ एक पत्र ले गया। 2. भड़ोच से आए प्रणधिवर्ग के साथ जरमानोस नाम का एक बौद्ध श्रमण था। 3. चेर सम्राज्य का प्रणधिवर्ग। [रोम में यह प्रसिद्ध था कि मुजिरिस (क्रगनोर) में अगस्टस के लिए एक मन्दिर बनवाया गया था।] 4. पांडय साम्राज्य का प्रणिधिवर्ग अपने साथ रत्न, मोती और हाथी लाया था।

इस तरह हमें पता चलता है, कि अगस्टस के समय में भारत और रोम का व्यापारिक सम्बन्ध बढ़ा। लेकिन व्यापार का पलड़ा आरम्भ से ही भारत के पक्ष में भारी रहा। इसी के फलस्वरूप भारत में रोमन राजाओं के बहुत से सोने के सिक्के मिलते हैं।

25.3 व्यापार

समकालीन लातिनी साहित्य में हमें पता चलता है कि रोमन साम्राज्य के आरम्भ में भारतीय माल का दाम रोमन सिक्कों में चुकाया जाता था। हमें इस बात का पता है कि भारतीय सिंह, शेर, गैंडे, हाथी और सर्प रोम में कभी-कभी तमाशे के लिए लाए जाते थे। रोमन लोग भारतीय सुग्गे भी पालते थे। भारतीय हाथीदाँत और कछुए की खोपड़ी का व्यापार गहने बनाने के लिए होता था। रोमन स्त्रियाँ भारतीय और चीनी मोती बड़े चाव से पहनती थीं। जड़ी-बूटियाँ और मसाले भी इस व्यापार के मुख्य अंग थे। काली मिर्च, जटामांसी, दालचीनी और इलायची अधिकतर स्थलमार्ग द्वारा अरब यात्री लाते थे। दवाओं में उपर्युक्त वस्तुओं के सिवाय सोंठ, गुगुल, बायबिड़ग, शक्कर और अगर होते थे। हमें इस बात का भी पता चलता है कि रोमन लोग भारतीय तिल के तेल का भी खाने में उपयोग करते थे। नील का रंग की तरह व्यवहार होता था। सूती कपड़े पहनने के काम में लाए जाते थे तथा आबनसू के साज-समान बनते थे। चावल खाद्यान्न माना जाता था तथा भारतीय नींबू, आड़ू और जर्दालू खाने तथा औषध के काम में आते थे। बहुत तरह के कीमती और साधारण रत्न, जैसे–हीरा, शेष (ओनिक्स), सार्डोनिक्स, अकीक, सार्ड, लोहितांक, स्फटिक, जमुनिया, कोपल, वैदूर्य, नीलम, माणिक, पिरोजा, कोरराड (गार्नेट) इत्यादि की रोम में बहुत माँग थी। इस सबका दाम रोम को सोने

में चुकाना पड़ता था, और इससे राष्ट्र के धन का बड़ा अपव्यय होता था। टाइबीरियस ने इस अन्धाधुन्ध खर्च को रोकने का प्रयत्न भी किया था, पर उसका कोई परिणाम नहीं निकला।

मौसमी हवा का पता चल जाने पर इटली से भारत तक की यात्रा करीब सोलह हफ्तों में या औसतन छह महीनों में होने लगी। मुसेलहार्बर (रासअबूसोमेर) से यात्रा करीब मकरसंक्रान्ति के समय, जब अफ्रीका और दक्षिण अरब से अनुकूल उत्तर-पश्चिम की हवा चलती थी, आरम्भ होती थी। भारत और लंका की ओर जानेवाले यात्री जुलाई में अपनी यात्रा इसलिए आरम्भ करते थे कि लालसागर पहली सितम्बर के पहले पार कर जाने पर उन्हें अरब समुद्र में जहाज के अनुकूल मौसमी हवा मिल जाती थी।

जिस जहाज से पेरिप्लस के लेखक ने भारत यात्रा की, वह यों ही साधारण-सा जहाज रहा होगा, जिसमें शायद एक गज पर लगा ऊपरी तिकोना पाल लगता था। भारतीय समुद्र में समय की बहुत पाबन्दी करनी पड़ती थी, क्योंकि उस समय की जहाजरानी बहुत कुछ व्यापारी हवाओं पर अवलम्बित होती थी। जहाज के पाल हवा से भरकर उन्हें आगे चलाते थे। ऐसे समय पतवार लगाने की भी बहुत कम आवश्यकता पड़ती थी। पतवार आड़े और गलही के बीच में होती थी। कर्णधार गलही पर बने एक ऊँचे मचान पर बैठकर पतवार चलाता था। हिपालुस द्वारा मौसमी हवा की खोज से पतवार चलाने की क्रिया पर भी कुछ प्रभाव पड़ा। मौसमी हवा में हवा के रुख से कुछ हटकर पतवार चलाई जाती थी, जिससे जहाज सीधा न चलकर दक्खिन की ओर मुड़ जाए। जहाज चलाने की यह क्रिया कुछ तो पतवार के घुमाव-फिराव से और पाल के हटाने-बढ़ाने से साध ली जाती थी।

रोमन व्यापारियों की यात्रा मायोस-होरमोस (Myos-Hormos) अथवा बैरिनिके से शुरू होती थी। यह बन्दर पहली सदी में मिस्र के पूर्वी व्यापार के लिए प्रसिद्ध था। वहाँ से जहाज उत्तर अफ्रीका के बर्बर देश में पहुँचता था। फिर वहाँ से, वह जहाज अद्‌यूलिस पहुँचता था, जहाँ आजकल मलावा का बन्दरगाह है, जो हब्श और सूडान के लिए एक प्राकृतिक बन्दरगाह का काम करता है। इस प्रदेश के भीतर कोलो (Coloe) नाम के शहर में हाथी दाँत का काफी व्यापार चलता था। यहाँ के बाद जहाज ओपियन पत्थर की खाड़ी में पहुँचता था, जिसकी पहचान रासहन्फिला के उत्तर हौकिल की खाड़ी से की जाती है। यह ऑब्सीडियन पत्थर भारत, इटली और पुर्तगाल में मिलता था, और शीशा बनाने में उसका काफी उपयोग होता था।

उपर्युक्त प्रदेशों में मिस्री क्षोम, अरसियोन के कपड़े, मामूली किस्म के रंगीन कपड़े, दोहरी झालवाली क्षौम की चादरें, बिना साफ किया शीशा, अकीक अथवा लोहितांक के असली अथवा नकली प्याले जिसे मुरिया प्याले कहते थे, लोहा, पीतल और ताँबे की लचीली चादरें आती थीं। इनके अतिरिक्त कुल्हाड़ियाँ, तलवारें, बर्तन, सिक्के, थोड़ी मात्रा में शराब और जैतून का तेल भी आता था।

अरिया के अथवा खम्भात की खाड़ी के प्रदेश से लाल समुद्र के बन्दरों में भारतीय इस्पात, कपड़े-पटके, चमड़े के कोट तथा मलय कपड़े आते थे।

हौकिल की खाड़ी से अरब की खात पूरब की ओर मुड़ जाती थी, और उसके तट पर अवलाइटिस पड़ता था, जिसकी पहचान बाबेलमन्देव से 79 मील दूर जैला से की जाती है। यहाँ तरह-तरह के फ्लिंट शीशे, थेबीज के खट्टे अंगूर का रस, बर्बरों के लिए एक खास तरह

का कपड़ा, गेहूँ, शराब और कुछ राँगे का आयात होता था। यहाँ से ओसिलिस और मूजा को हाथीदाँत, कछुए की खोपड़ियाँ और थोड़ी मात्रा में मुरा और लोहबान जाते थे।

अवलाइटिस से करीब 80 मील पर, (आधुनिक ब्रिटिश सुमालीलैंड में बर्बर बन्दरगाह) माली से, जहाँ से भीतरी व्यापार के लिए आज भी कारवाँ चलते हैं, जहाज से मुरा और लोहबान का निर्यात होता था।

मालो से चलकर जहाज मुराडुस पहुँचता था, जिसकी पहचान बन्दरहैस से की जाती है। मुराडुस से दो या तीन दिन की यात्रा के बाद जहाज मोसिल्लम (रासहन्तारा) पहुँचता था। यहाँ दालचीनी का व्यापार यथेष्ट मात्रा में होता था। यहाँ के बाद छोटीनील (तोकवीना) और केप एलिफैंट (रासफील) के बाद अकानी (बन्दरउलूल) पड़ता था। उसके बाद मसालों की खाड़ी पड़ती थी, जिसकी पहचान गार्दाफुई की खाड़ी से की जाती है। यहाँ लंगर डालने में भय रहता था, और इसलिए जहाज तूफान में ताबी (रास चेनारीफ) के अन्दर घुस जाते थे। यहाँ से चलकर जहाज पनाओ (रासबेन्ना) पहुँचता था, जहाँ उसकी दक्षिण-पश्चिम मौसमी हवा से रक्षा होती थी। यहाँ के बाद ओपीन (रास हाफून) आता था, जो गार्दाफुई से नब्बे मील नीचे है।

उपर्युक्त बन्दरगाहों में आरियाके और बेरिगाजा (भड़ौच) से गेहूँ, चावल, घी, तिल का तेल, शराब, सूती कपड़े और पटके आदि आते थे। यहाँ माल लानेवाले भारतीय जहाज, केप गार्दाफुई में माल का हेर-फेर करके उनमें से कुछ तो किनारे-किनारे आगे बढ़ जाते थे, और कुछ पश्चिम की ओर बढ़ जाते थे। पेरिप्लस (25) के अनुसार, लालसागर के मुहाने पर ओसिलिस उसका अन्तिम लक्ष्य होता था, क्योंकि उसके बाद अरब उन्हें आगे नहीं बढ़ने देते थे। पर भारत और गार्दाफुई के बीच का अधिकतर व्यापार भारतीयों के हाथ में था। कुछ व्यापार अरबों के हाथ में था और पहली सदी में मिस्र के यूनानी व्यापारियों ने भी इसमें कुछ हाथ बँटाया।

ओपोन के बाद, दक्षिण में अजानिया (हाजिन समुद्रतट) के कगारे पड़ते थे। कगारों के बाद छोटे-छोटे बलुए मैदान (सेफ अलतबील) और इसके बाद अजानिया के बलुए समुद्रतट आते थे। आगे सरापियन (मोगादिशु) और निकन (बरावा) पड़ते थे। अजानिया नाम आधुनिक जंजीबार से बन गया है, जिसकी व्युत्पत्ति शायद जंग 'काला' और 'बार' समुद्री किनारा से है। शायद इसी प्रदेश को संस्कृत में गंगण और अपरगंगण कहते थे। अजानिया के बाद पिरलाइ के टापू (आधुनिक पत्ता, मन्दा और लामू) पड़ते थे। इनके पीछे जहाज चलने का एक सुरक्षित रास्ता था। फिर जहाज औसानी (Ausanitic) समुद्र तट पर, जिसका नाम दक्षिण-अरब के औसन जिले से निकला है, आता था। इसी समुद्रतट पर मेनूथियास पड़ता था। वहाँ से जहाज रहफ्त, जिसकी पहचान आधुनिक किलवा से की जाती है, पहुँचता था। अरब जहाजियों को इस समुद्री किनारे का पूरा पता था।

ओपोन के बाद अधिकतर व्यापार मुजा के कब्जे में था, जिसका मसाला नाम का बन्दर लाल समुद्र पर था। भारतीय माल के लिए रोमन व्यापारी इस बन्दर में न जाकर अदन अथवा डायोसकोडिया यानी सोकोत्रा जाते थे, जहाँ उनकी यूनानी, भारतीय और अरब व्यापारियों से भेंट होती थी। मोचा में तो रोमन व्यापारी भारत से लौटते हुए केवल ठहर भर जाते थे। मोचा अरब व्यापारियों का, जो अपने जहाज भरूकच्छ भेजते थे, मुख्य अड्डा था।

मोचा के बाद बाबेलमन्देब का जलडमरूमध्य पार करके जहाज डायोडोरस (पेरिम टापू)

पहुँचता था। इसके बाद ओसिलिस की खाड़ी (शेख सैयद के अन्तरीप के उत्तर एक खाड़ी) आती थी, जो अरबिस्तान के किनारे से निकलती और पेरिम से एक पतले रास्ते द्वारा अलग होती थी। इस बन्दरगाह के आगे भारतीय नाविक नहीं बढ़ते थे। इसके बाद जहाज यूडेमन अरेबिया यानी आधुनिक अदन पहुँचते थे। अदन का बन्दरगाह बहुत प्राचीन काल से पूर्वी व्यापार के लिए प्रसिद्ध था। यहाँ से भूमध्यसागर के लिए माल जहाज पर चढ़ाया जाता था। अदन से शायद पूरे यमन का भी मतलब हो सकता है। अदन के बाद जहाज काना (हिस्न गोरब) पहुँचता था। हिपालुस द्वारा मौसमी हवा का पता लग जाने के बाद यात्री अक्सर काना छोड़ देते थे। वे यात्री जो जहाजरानी के मौसम के अन्त में सफर करते थे, मोजा में जाड़ा बिताते थे। अदन और मोजा लोबान के व्यापार के बड़े केन्द्र थे। लोबान यहाँ हद्रमौत से, जिसे लोबान का देश कहते थे, आता था। तुरुष्क और धिकुँआर के रस का भी व्यापार होता था।

काना के बाद सचलाइटिस (Sachalites) की खाड़ी पड़ती थी, जिसकी पहचान रास एलकल्ब और रास हसीक के बीच में पड़नेवाले साहिल से की जाती है। इसके बाद जहाज स्माग्रुस (रासफर्तक) होते हुए डायोस कोरिडिया पहुँचता था, जिसकी पहचान आधुनिक सोकोत्रा से की जाती है। डायोसकोरिडिया नाम में विद्वानों को मिस्री देवता होर या खोर का नाम मिलता है, और बहुत सम्भव है, कि सुप्पारकजातक का खुरमाली समुद्र यही हो। सोकोत्रा, अब्राहम अन्तर्राष्ट्रीय व्यापार का प्रधान केन्द्र था। यहाँ मिस्र के जहाजी अरब, अफ्रीका, खम्भात की खाड़ी और कच्छ के रन से आए हुए भारतीय व्यापारियों से मिलते थे।

सोकोत्रा के बाद जहाज ओमाना (कमर की खाड़ी), मोज्जा बन्दरगाह (खोररैरी), जेनोबिया के टापू (कुरिया मुरिया), सरापिस (मसिरा टापू) होते हुए मस्कत के उत्तर पश्चिम काली (दमानियन) द्वीप पहुँचता था। यहाँ से जहाज अपोलोगस (अफरात पर ओबोल्ला का बन्दर), ओम्माना (शायद अलमुकल्वेर) होते हुए फारस की खाड़ी में पहुँचता था। फारस की खाड़ी के बन्दरगाहों में भारत से ताँबा और चन्दन, सागवान, शीशम तथा आबनूस की लकड़ियाँ आती थीं।

जहाज फारस की खाड़ी से होकर गेड्रोशिया की खाड़ी को, जो रासनू से केप मौंज तक फैली हुई थी, पार करके ओरी, अथवा सोननियानी की खाड़ी तक पहुँचता था, और यहाँ से होते हुए वह सिन्धु के बन्दरगाह बार्बरिकोन में पहुँचता था।

अरब और सोमाली व्यापारी आपस में समझौता करके भारतीय जहाजों को लाल सागर के अन्दर नहीं जाने देते थे, जिसके फलस्वरूप वे ओसिलिस से आगे नहीं बढ़ पाते थे। लेकिन जल्द ही अरबों और सोमालियों को हब्श और रोमन व्यापारियों का मुकाबला करना पड़ा, जिसके फलस्वरूप लालसागर का रास्ता खुल गया और उस रास्ते से होकर जल्दी ही भारतीय व्यापारी अधूलिस और सिकन्दरिया के बन्दरगाहों में सीधे पहुँचने लगे। कम-से-कम *मिलिन्दप्रश्न* से तो यही पता लगता है कि भारतीय नाविकों को सिकन्दरिया का पूरा पता था। रोम साम्राज्य के यूनानी व्यापारी धीरे-धीरे भारतवर्ष की सीधी यात्रा करने लगे। उनके जहाज अरब के बन्दरगाहों पर कम रुकते थे। वे केवल ओसिलिस पर रुककर तथा अपने जहाजों में ताजा पानी भरकर सीधे भारत की ओर रवाना हो जाते थे। पीछे बहती हुई दक्षिणी-पश्चिमी मौसमी हवा उनके जहाजों को सीधे सिन्धु नदी के मुहाने तक पहुँचा देती थी। सिन्धु के सात मुखों में, बीच के मुख पर बार्बरिकोन का बन्दरगाह था। इस बन्दरगाह का नाम शायद उन

बाबारियों की वजह से ही पड़ा जो अब भी सौराष्ट्र में पाए जाते हैं।

पेरिप्लस (31) से पता चलता है कि बार्बरिकोन के बन्दरगाह में काफी तादाद में महीन कपड़े, नक्काशीदार क्षौम, पुखराज, तुरुष्क, लोबान, शीशे के बर्तन, चाँदी-सोने के बर्तन और थोड़ी मात्रा में शराब भी आती थी। इस बन्दरगाह से कुष्ट, गुगुल, लिसियम, नलद, पिरोजा, लाजवर्द, चीनी कपड़े, रेशम और नील बाहर भेजे जाते थे।

बार्बरिकोन से जहाज भरुकच्छ की ओर चल पड़ते थे। भारत के उत्तर-पश्चिमी प्रान्त का नाम पेरिप्लस के अनुसार अरिम्भके और टॉल्मी के अनुसार लारिके था। कच्छ के रन को सिकन्दरिया के यवन *ईरीनन* कहते थे, जो संस्कृत ईरिण का रूपान्तर है। आज ही की तरह रन का पानी छिछला था और खिसकते बालू से जहाजरानी में बड़ी मुश्किलें पड़ती थीं। बरका की खाड़ी की विपत्तियों से बचने के लिए जहाज उसके बाहर-बाहर ही रहते थे। पर उसके भीतर चले जाने पर प्रचंड लहरों और भँवरों के थपेड़े में पड़कर वे नष्ट हो जाते थे। कुछ जहाजों में नुकीले और पथरीले तल होने से या तो लंगर जमीन पकड़ ही नहीं सकते थे, अथवा जमीन पकड़ लेने पर उनके खिसक जाने का भय बना रहता था (पेरिप्लस, 40)। बेरीगाजा या भड़ोच तक जानेवाली खाड़ी बहुत पतली थी और उसके मुहाने पर पानी में छिपा हुआ लम्बा पतला और पथरीला कगार था। किनारों के निचाई में होने से नदी में भी जहाज चलाने में बड़ी कठिनाई का सामना करना पड़ता था। इन सब कठिनाइयों से जहाजों की रक्षा करने के लिए ट्राप्पगा और कोटिम्बा की भाँति बड़ी-बड़ी नावों में राज्य की ओर से नदी के मुहाने पर नाविक तैयार रहते थे। ये नाविक समुद्रतट के ऊपर चलकर काठियावाड़ तक पहुँच जाते थे और जहाजों के पथ-प्रदर्शक का काम देते थे। वे खाड़ी के मुहाने से ही जहाजों को पानी के अन्दर छिपे कगार से बचाकर निकाल ले जाते थे और उन्हें भरुकच्छ की गोदियों तक पहुँचा देते थे। वे ज्वार के साथ-साथ जहाजों को बन्दर में ले जाते थे, जिससे वे भाटा के समय तक गोदियों और गर्तो में अपने लंगर डाल सके। नदी में, भड़ौच तक के तीस मील के रास्ते में बहुत से गहरे गर्त्त पड़ते थे, (पेरिल्पस, 44)। गहरे ज्वार-भाटा की वजह से इस खाड़ी में पहले-पहल आनेवालों को जहाज चलाने में बड़ी मुसीबतों का सामना करना पड़ता था। ज्वार इतने झोंके से आता था कि उसमें फँसकर जहाज टेढ़े हो जाते थे और इस तरह जल में छिपे कगारों में फँसकर नष्ट हो जाते थे। छोटी-छोटी नावें तो एकदम उलट जाती थीं (पेरिल्पस, 46)।

कच्छ के रन का बलुआ मैदान 140 मील लम्बा और 60 मील चौड़ा था। बरसात में नालियों में समुद्र भीतर आ जाता था और तीन फीट गहरे पानी की चादर छोड़ देता था। लेकिन रन के समतल होने से ऊँटों के कारवाँ हर मौसम में यात्रा कर सकते थे। ये कारवाँ दिन की कड़ी धूप और मृगमरीचिका से बचने के लिए रात में यात्रा करते थे। दिशा जानने के लिए ये नक्षत्रों और कुतुबनुमा का सहारा लेते थे। ऐतिहासिक काल में शायद कच्छ समुद्री व्यापार का एक मुख्य केन्द्र था। कच्छ के दक्खिनी किनारे पर मांडवी बन्दर का जंजीबार के साथ काफी व्यापार होता था।

भड़ोच की खाड़ी की प्राकृतिक बनावट के बारे में भी पेरिप्लस से कुछ पता लगता है। पापिका के अन्तरीप की पहचान गोपीनाथ पाइंट से की जाती है तथा बइओन्स की पहचान नर्मदा के मुहाने के दूसरी ओर पीरम टापू से की जाती है, जो बालू से ढँका रहता था और जिसके चारों ओर पत्थरों की रीफ 60 या 70 फीट तक ऊपर उठी हुई थी।

25.4 व्यापारिक वस्तुएँ

भड़ोच और उज्जैन के बीच काफी व्यापारिक सम्बन्ध था (पेरिल्पस, 48)। उज्जैन से भड़ोच को गुजरात में खपनेवाले हर तरह के माल और यूनानी व्यापारियों के काम के पदार्थ, जैसे– अकीक, लोहिताक, मलमल, मलय वस्त्र तथा अनेक प्रकार के साधारण कपड़े आते थे। उज्जैन तथा उत्तर भारत के पुष्करावती, कश्मीर, काबुल और मध्य एशिया से जटामाँसी, कुष्ठ और गुगुल आते थे।

भड़ोच के बन्दरगाह में विदेशों से भी तरह-तरह के माल उतरते थे। इनमें विशेष करके इटली, लाओडीस और अरब की कुछ शराब, ताँबा, राँगा और सीसा, मूँगा और पोखराज, एकबित्ता चौड़े लम्बे पटके, तुरुष्क, स्वीटक्लोवर्स, फिलटग्लास, संखिया, सुरमा, चाँदी-सोने के सिक्के, जिनको देशी सिक्कों में बदलने से फायदा होता था तथा कुछ औसत कीमत के रोगन होते थे। राजा के लिए चाँदी के कीमती बर्तन, गानेवाले लड़के, महलों के लिए सुन्दर स्त्रियाँ, बढ़िया शराब, बारीक कपड़े और अच्छे-से-अच्छे रोगन आते थे (पेरिप्लिस, 49)।

भड़ोच से निर्यात होनेवाली वस्तुओं में जटामाँसी, कुष्ठ, गुगुल, हाथीदाँत, अकीक, लोहितांक, लिसियम, सब तरह के कपड़े, रेशमी कपड़े, मलयवस्त्र, सूत, बड़ी पीपल तथा दूसरी चीजें जो भारत के भिन्न-भिन्न बाजारों से यहाँ पहुँचती थीं, मुख्य थीं (पेरिल्पस, 49)।

पेरिप्लस (51) के अनुसार पैठन और तेर से बहुत बड़े पैमाने पर लोहितांक आता था। तगर से साधारण कपड़े, सब तरह की मलमलें, मलय वस्त्र और बहुत तरह के माल भड़ोच पहुँचते थे।

वेरीगाजा के अतिरिक्त आसपास में सुप्पारा (सोपारा) और कल्लियेन (कल्याण) व्यापारिक बन्दरगाह थे। पेरिल्पस के समय, कल्याण शायद कनिष्क के अधिकार में था और इसलिए वहाँ व्यापार करने की आज्ञा नहीं थी। यहाँ पर लंगर डालनेवाले यूनानी जहाजों को कभी-कभी गिरफ्तार करके भड़ोच भेज दिया जाता था।

कल्लियेन के बाद सेमिल्ला (बम्बई से दक्खिन, चौल), मन्दगोरा (सावित्री नदी के मुहाने पर बानकोट), पालीपटमी (आधुनिक डाभोल), मेलिजिगारा (आधुनिक जयगढ़), तोगरम् (देवगढ़), औरान्नबोआस (मालवान), सेसिसक्रिएनी (शायद बेनगुर्ला की चट्टानें), एगिडाइ (गोवा या आँजीदीव), केनिताई द्वीप (आयस्टर राक्स), कारबार के समुद्री मार्ग के पश्चिम में द्वीप समूह, चेरसोनेसस (कारबार, तथा श्वेत), द्वीप (नित्रान या पीजन आइलैंड) पड़ते थे। इसके बाद ही डमरिका या तामिलकम् का पहला बन्दर नौरा (काननोर या होणवार) पड़ता था। इसके बाद टिडिंस (पोन्नानी) पड़ता था। मालाबार के प्रसिद्ध बन्दर मुजिरिस की पहचान केंगनोर से की जाती है और शायद नेलकिंडा तावणकोर में कोट्टायम् के कहीं आस-पास था (पेरिप्लिस, 53)। मुजिरिस में अरबों और यूनानियों के माल से भरे जहाज पड़े रहते थे। यह बन्दर टिंडिस (तुंडि) से 50 मील तथा एक नदी के मुहाने से दो मील पर था। नेलकिंडा मुजिरिस से 50 मील दूर पांडयों के राज्य में पड़ता था (पेरिप्लिस 54)।

इन बन्दरगाहों में बड़े-बड़े जहाज काली मिर्च और तेजपात लेने आते थे। इनमें सिक्के, पोखराज, कुछ पतले कपड़े, मूँगे के गदला, सीसा, ताँबा, राँगा, थोड़ी मात्रा में शराब, संगरफ, संखिया और नाविकों के लिए गेहूँ आता था। उनमें से कोटोनारा (उत्तरी मालावार) को गोलमिर्च, अच्छे किस्म के मोती, हाथीदाँत, रेशमी कपड़े, गंगा प्रदेश के जटामाँसी, तेजपात,

सब तरह के पारदर्शी रत्न, हीरे, नीलम तथा सुवर्णद्वीप और तामिलूकम से मिली कछुए की खोपड़ियाँ बाहर भेजी जाती थीं। मिस्र से इस प्रदेश में यात्रा करने का समय जुलाई का महीना होता था (पेरिप्लस, 56)।

चेरबोथ्र, यानी केरल से बहुत काफी मिर्च आती थी। एक समय केरल कन्याकुमारी में कारवार पाइंट तक फैला हुआ था, लेकिन पेरिल्पस के समय में इसका उत्तरी भाग केरलों के हाथ से निकल चुका था और दक्षिणी भाग पांडयों के हाथ में चला गया था। इसलिए तत्कालीन केरल मालावार, कोचीन और उत्तरी त्रावनकोर तक ही सीमित रह गया था। टिंडिस उसका उत्तरी बन्दरगाह था, लेकिन उसका सबसे प्रसिद्ध बन्दर मुजिरिस था। इस बन्दर में रोमन और अरब जहाज रोम का माल भारतीय माल से बदलने को लाते थे और नकद रुपए देकर भी माल खरीदते थे। प्लिनी के अनुसार यहाँ पहले-पहल आनेवाले व्यापारी चेरों के साथ बिना बोले व्यापार करते थे। यहाँ अगस्टस के समादर में एक मन्दिर भी था। मुजिरिस के दक्खिन नेलकिंडा के जहाज पोरकड में खड़े होते थे। पेरिप्लस के समय नेलकिंडा पांडयों के अधिकार में था और इसे मानने का यह कारण है कि पांडयों को केरलों के प्रति मिर्च के व्यवसाय के कारण ईर्ष्या थी। प्लिनी से यह पता चलता है कि जो यूनानी व्यापारी नेलकिंडा पहुँचते थे, उनसे पांडय यह कहते थे कि मुजिरिस में माल कम मिलता है।

पांडय-साम्राज्य उस समय मदुरा और तिन्नवेली तथा त्रावनकोर के भाग में स्थित था तथा मनार की खाड़ी मोतियों के लिए, जिन्हें कोलकोइ (कोरककै, ताम्रपर्णी नदी के मुहाने पर) के अपराधी समुद्र से निकालते थे, प्रसिद्ध था।

चोलमंडल में चलनेवाले जहाजों के भारीपन का पता हमें यज्ञश्री शातकर्णि के उन सिक्कों से चलता है, जिन पर दो मस्तूल होते थे। मसुलिपट्टन मलमल के लिए और उड़ीसा हाथीदाँत के व्यापार के लिए प्रसिद्ध था। पेरिप्लस के अनुसार आधुनिक बंगाल के इलाके से तेजपात और चीनी रेशम का व्यापार होता था। पांडिचेरी के पास वीरमट्टनम् की खुदाई से पता चलता है कि वहाँ रोमन व्यापारियों का अड्डा था। टाल्मी के भूगोल के अनुसार मथुरा और कश्मीर के अट्ठारह नगरों का व्यापारिक सम्बन्ध रोम से था। इस समय आधुनिक कर्णाटक के उत्तर में स्थित चोल बन्दरगाह भड़ौच की तरह प्रसिद्ध बन्दरगाह हो गया था। पांडयों की नगरी मदुरा मोती के निर्यात के लिए प्रसिद्ध थी और चेरों द्वारा काली मिर्च का निर्यात किया जाता था।

तीसरी सदी के पश्चात् रोमन व्यापार में ह्रास की बात हम स्रोतों में पाते हैं। भारत से दास, सुग्गा, बन्दर, शेर, चीता, कुत्ता, चीनी खालें, गैंड़ा, हाथी, रँगीन चमड़े, बकरों की खालें, मारकोकोरमलाना अर्थात् पश्मीना, कछुए की खोपड़ियाँ, मोती, चीनी रेशम, शंख, जड़ी-बूटियाँ, काली मिर्च, दालचीनी, धूप, तेजपात, नलद का तेल, सूती कपड़े, तिल का तेल, नारियल का तेल, चन्दन, सागवान, काली लकड़ी, गुलाबी लकड़ी, आबनूस, केला, आलू, चावल, गेहूँ, कर्पूर, जायफल, इमली, बहेरा, देवदार, पान, सुपारी, बहुमूल्य रत्न, शंखिया आदि निर्यात किए जाते थे। इतने प्रकार की वस्तुओं की इतने बड़े पैमाने पर निर्यात की बात हमें अन्य किसी काल में देखने को नहीं मिलती।

इस बड़े पैमाने पर व्यापार के परिणामस्वरूप ही भारत में इस काल में बड़े पैमाने पर बड़े-बड़े व्यापारिक नगरों एवं धनी व्यापारियों की चर्चा देखने को मिलती है।

अध्याय 26

गुप्तकालीन कृषि, कृषक एवं भूमि व्यवस्था

26.1 कृषि का अर्थ

कृषि शब्द 'कृष्' धातु से बना है जिसका अर्थ कूँड़ बनाना या जोतना होता था। इसमें जोतना, खोदना, बोना, निराना, काटना, गाहना, सलना आदि सभी कार्य आते थे। जोतनेवाले को खिलाना-पिलाना, बीज तथा बैलों की व्यवस्था भी कृषि के अर्थ के भीतर था। हल और बैल कृषि के मुख्य साधन थे। कृषक स्वयं कृषि करता या कृषक-मजदूर से करवाता था। हल चलाने से भूमि में जो कूँड़ बनता उसे *सीता* कहते थे। भूमि कई प्रकार की होती थी। *केदार* उस खेत को कहते जहाँ हरी फसल बोई जाती और जिसमें पानी की सिंचाई होती थी। हरी फसल से लहलहाते खेतों का समूह *कैदारक,* खलिहानों के समूह *खल्या* तथा *खलिनी,* खेती योग्य भूमि *कर्ष* और जितनी भूमि हल की जोत में आ जाती उसे *हल्य* या *सीत्य* कहते थे। धान के खेत को *व्रैहेय,* शालि के खेत को *शालेय,* जौ का खेत *यव्य,* चावल का खेत *यवक्य,* साठी का खेत *षष्टिक्य* और भाँग का खेत *भंग्य-भांगीन* कहा जाता था।

गुप्तकाल में कृषि जीविका का सबसे प्रधान आधार बन गया। ब्राह्मणों, मठों और मन्दिरों को व्यापक रूप में भूमि दान की गई। चरागाहों, जंगलों, जलाशयों और मछलीगाहों को भी राजा द्वारा दान दिए गए। दान पानेवाले भूस्वामियों का असर कृषि एवं भूमिव्यवस्था पर खराब पड़ा। भूस्वामी मध्यवर्ती वर्ग का उदय होने से सीमावर्ती, पिछड़े और जनजातीय इलाकों में नवीन तत्त्वों का प्रवेश हुआ। किसानों की स्वतन्त्रता और गतिशीलता पर प्रतिबन्ध लगाए जाने लगे। राजा द्वारा दान किए गए गाँव के निवासियों को जमीन से बाँध दिया गया और उन्हें बेगार के लिए मजबूर किया जाने लगा। गुप्तकालीन भूमिव्यवस्था इन तत्त्वों से प्रभावित रही।

26.2 भूमि

आर्थिक दृष्टि से गुप्तकाल में असरदार बदलाव होने की जानकारी तत्कालीन स्रोतों से होती है। धीरे-धीरे राजकीय आय का प्रमुख स्रोत व्यापार न रहकर कृषि होता गया। गुप्तकालीन राजस्व एवं भूमि व्यवस्था पर विकेन्द्रित शासन व्यवस्था एवं परवर्ती आर्थिक अवस्था का स्पष्ट प्रभाव दृष्टिगोचर होता है।

गुप्तकाल के प्रारम्भिक चरण में कृषि एवं कृषकों की दशा कैसी थी—इस पर *याज्ञवल्क्य* ने प्रकाश डाला है। खेत की सीमा सामन्त, वृद्ध पुरुष, गोप (चरवाहे) और वनचारी (व्याध आदि) निश्चित करते थे। ऊँची भूमि, भूँसी, वृक्ष, सेतु (जलप्रवाहबन्ध), गड्ढों, पत्थर आदि

से चिह्नित करके खेतों की सीमा निर्धारित की जाती थी (9.150-51)। मर्यादा (खेत के बीच में बनी हुई मेढ़) को तोड़ने और सीमा पार कर अधिक जोतनेवाले और धमकी देकर खेत छीन लेनेवालों को दंड देने का प्रावधान था। जिस खेत पर सेतु खेत-स्वामी या अन्य के द्वारा बनाया जाता उसका लाभ खेत-स्वामी एवं राजा को होता था। बटाई पर खेत जोतनेवाला अगर बीच में ही काम छोड़ देता तो स्वामी दूसरे को खेत जोतने को दे देता और पहलेवाले बटाईदार को भी थोड़ा अन्न देता था। जिसका भैंस, गाय, बकरा या भेड़ दूसरे का खेत चरता उसे दंडित करने का प्रावधान था (9.155-63)।

साँढ़, यज्ञ विधि से छोड़े गए पशु, 10 दिन से कम की ब्याई हुई गाय, अपने गिरोह से भटककर आया हुआ पशु, जिसके पालनेवाला कोई न हो और जो राजा या दैव से पीड़ित हो–ऐसे खेत चरनेवाले पशु को छोड़ दिया जाता था। गाँव के लोगों की इच्छा और राजा की आज्ञा से गौओं के चरागाह के लिए भूमि बना के दी जाती थी। ईंधन (जलावन की लकड़ी) और पुष्प कहीं से बेरोकटोक ले जाने का प्रचलन ब्राह्मणों, क्षत्रियों एवं वैश्यों के लिए था। गाँव के चारों ओर 100 धनुष स्थान और कस्बे (खर्बट) के चारों ओर दो सौ धनुष भूमि छोड़ दी जाती थी। राजा अपनी इच्छानुसार भूमियों को वितरित करने का अधिकारी था। व्यक्ति उसी समय तक भूमि से लाभान्वित हो सकता था।

26.3 फसलें

पत्थरों से रहित एवं कोमल मिट्टीवाली जमीन वृक्षों एवं फसलों के लिए हितकारक होते थे। कटहल, अशोक, केला, जामुन, लीची, अनार, अंगूर, पालीवत, नींबू आदि की टहनियों को सफाई से काटकर, गोबर मिट्टी का लेप चढ़ाकर, किसी कटे वृक्ष की जड़ पर या उसके तने पर काटकर लगाया जाता था। कलम लगाने की यह सर्वोत्तम विधि थी। जिन वृक्षों की टहनियाँ नहीं होतीं उन्हें माघ या फाल्गुन में टहनियोंवाले वृक्षों को पौष में तथा लम्बी टहनियोंवाले वृक्षों को सावन-भादों में रोपा जाता था। पौधे या कुछ प्रौढ़ वृक्ष को दूसरी जगह लगाने से पूर्व घी, खसखस, शहद, वायविडंग, दूध, गोबर आदि का मिश्रण बनाकर जड़ से लेकर तने एवं शाखाओं तक लगाकर दूसरे स्थान पर ले जाकर लगाया जा सकता था। इस प्रक्रिया के सहयोग से पुराने पत्ते भी नहीं सूखते थे।

गर्मी के दिनों में सुबह और शाम जाड़ा में एक दिन छोड़कर और वर्षा ऋतु में सूखी जमीन देखकर आवश्यकतानुसार सिंचाई की जाती थी। जामुन, बेंत, कदम्ब, गूलर, नीबू (बिजौरा), अंगूर, लीची, अनार, वंजुल, करंज, तिलक, कटहल, वानीर, तिमिर आदि अनूप (जलप्राय) प्रदेशों में पैदा होते थे। दो पेड़ों में 20 हाथ (30 फुट) दूरी उत्तम, 16 हाथ मध्यम और 12 हाथ अधम मानी जाती थी। बहुत पास-पास पेड़ लगाने से उनकी जड़ें आपस में उलझतीं तथा बाँह से उनके पत्ते व टहनियाँ भी आपस में टकरातीं और वृक्ष अच्छी तरह फलते-फूलते नहीं थे। रोगी वृक्ष का तेज धारदार हथियार से विकृत अंग, टहनी या पत्ते आदि को सावधानीपूर्वक निकाल दिया जाता था। इसके बाद उस कटे स्थान पर तथा आसपास बिडंग, घी एवं साफ गीली मिट्टी का लेप कर दिया जाता था।

फल, सब्जी, कोदों (विशेष चावल), अलसी, मटर, गेहूँ, मूँग, धान, उड़द, राजमा, जौ, सरसों, गन्ना, तिल आदि कृषकों के आय के साधन थे।

26.4 भूमि के प्रकार

कृषि योग्य भूमि तीन प्रकार की होती थी–परती भूमि, जो सरकार के अधीन रहती थी, कृषि योग्य भूमि, जिस पर खेती होती थी किन्तु वह साम्राज्य के अधीन थी एवं निजी स्वामित्ववाली कृषि योग्य भूमि।

गुप्तकाल की भूमि-सनद या घोषणा पत्र ऐसे दासों का उल्लेख नहीं करते हैं जो आर्थिक उत्पादन में लगे हैं। यद्यपि नारद 15 प्रकार के दासों का वर्णन करते हैं किन्तु घरों में कार्य करनेवाले दास होते थे जिनके कार्य मुख्य रूप से सफाई एवं अन्य अपवित्र वस्तुएँ ढोना था। जो आर्थिक उत्पादन के कार्यों में रत थे उन्हें नारद ने दास की संज्ञा नहीं दी है। दास प्रथा का विकास गुप्तकाल में पूर्ण रूप से नहीं हो पाया था। (6-7वीं सदी से पूर्ण विकास शुरू हुआ।)

निरन्तर किए गए भूमिदानों के फलस्वरूप गुप्तकाल के बाद के दिनों में भारत में सामन्तवाद का विकास हुआ। उस समय के बहुत से स्रोतों से कृषिदासों का पता चलता है जो इस तथ्य की ओर इंगित करता है कि यद्यपि उनकी भूमि उनसे छीन ली गई थी फिर भी वे उत्पादन कार्य में लगे थे।

गुप्तकाल में कुछ व्यक्तियों को विशिष्ट शर्त्तों के अन्दर विशाल क्षेत्रों का स्वामित्व प्रदान कर दिया गया। ये पूर्ण रूप से इन क्षेत्रों के शासक की तरह व्यवहार करते थे। वे अपनी शर्त्तों पर किसानों को खेत जोतने को देते थे। यह उनकी इच्छा पर निर्भर था कि वे किसी भी क्षण कृषि कार्य में रत इन किसानों से भूमि छीन सकते थे। इस प्रकार हम पाते हैं कि गुप्त साम्राज्य के विभिन्न क्षेत्रों में धीरे-धीरे अर्द्धसामन्तवादी व्यवस्था जोर पकड़ती जा रही थी जिसके फलस्वरूप खेतिहर वर्ग की स्थिति दयनीय होती जा रही थी।

गुप्तकाल में किसान एवं कृषि मजदूर वर्ग की स्थिति और भी खराब हो गई जब उन पर अन्य करों के अलावा *विष्टि* नामक कर लाद दिया गया। वस्तुतः विष्टि कर के अन्तर्गत इन्हें बिना पारिश्रमिक दिए उसे क्षेत्र के स्वामी को अपना कुछ श्रम बेचना पड़ता था। यह एक प्रकार की बेगारी थी। मौर्यकाल में बेगारी का कार्य सिर्फ दासों एवं किराए के मजदूरों से लिया जाता था और उनका निरीक्षण राज्य के कर्मचारी करते थे। किन्तु गुप्तकाल में यह कार्यगरी वर्ग के हर व्यक्ति से लिया जाने लगा एवं इसके अन्तर्गत हर प्रकार के कार्य आते थे। गुप्तकाल में सर्वहारा वर्ग के लिए यह आवश्यक हो गया था कि वह अपने स्वामी के घरेलू कार्य बिना किसी पारिश्रमिक के किया करें। इसके अतिरिक्त ये मनमानी कर वसूल करते थे जिसका बोझ सह सकने में गरीब किसान वर्ग झुकता चला जा रहा था।

26.5 जमीन का स्वामित्व

गुप्तकाल मौर्यों की केन्द्रित शासन-व्यवस्था एवं उत्तर गुप्तकाल की सामन्ती विकेन्द्रित शोषण-व्यवस्था के मध्य का संक्रान्तिकाल था। फलतः इसके राजस्व एवं भूमि-व्यवस्था पर विकेन्द्रित शासन-व्यवस्था एवं परवर्ती आर्थिक अवस्था का प्रभाव स्पष्ट दृष्टिगोचर होता है। ऐसा मालूम पड़ता है कि गुप्तशासकों का भूमि पर कोई अधिकार नहीं था। खेत जोतनेवाले कृषक ही उसके स्वामी होते थे। एच.एन. घोषाल एवं एस.के. मैती का मानना है कि भूमि पर राजा का स्वामित्व होता था। भूमि पर निजी स्वामित्व भी था।

तत्कालीन कानूनज्ञाता बृहस्पति एवं नारद यह स्वीकारते हैं कि किसी व्यक्ति को किसी जमीन का कानूनी हक मिल जाने पर वह उसका स्वामी हो जाता था। कोई भी व्यक्ति अपने अधीन भूमि का स्वामी उस समय तक माना जाता जब तक कि शासन की ओर से स्वामित्व प्रदान नहीं कर दिया जाता था। इस काल के विभिन्न ताम्रपत्र इस सत्य को इंगित करते हैं कि उनका योग स्वामित्व प्रदान करने के प्रमाण के रूप में किया जाता था।

गुप्तकाल की अधिकांश अवधि में शासक एवं शासनतन्त्र प्रभावशाली ढंग से कार्यों का सम्पादन करता था। ऐसी स्थिति में राज्य की भूमि पर राजा के स्वामित्व को नकारा नहीं जा सकता। राजा अपनी इच्छानुसार इन भूमियों को वितरित करने का अधिकारी था। व्यक्ति उसी समय तक भूमि से लाभान्वित हो सकता था जब तक कि वह शासक को एक निश्चित कर देता रहे। अतः ऐसा लगता है कि उपज एवं कृषि से सम्बद्ध अन्य कर और कुछ नहीं बल्कि शासक द्वारा व्यक्ति विशेष को दिए गए भूमि स्वामित्व के बदले एक प्रकार का किराया होता था। बृहस्पति ने एक प्रसंग के दौरान शासक के भूमिपति होने की बात कही है।

राजा धार्मिक संस्थाओं को विशाल भूमि के टुकड़े दान में देता था। वह विभिन्न प्रकार के भूमि कर वसूलता था एवं राज्य के कई विशाल कृषि योग्य एवं अन्य जमीन का वह प्रत्यक्ष रूप से स्वामी था। राज्य की विभिन्न खानों एवं बहुमूल्य पत्थरों का स्वामित्व भी उसी के पास था।

इतना होते हुए भी पाते हैं कि धीरे-धीरे जमीन पर ग्राम समुदायों का अधिकार एवं प्रभाव बढ़ता जा रहा था। व्यक्तिगत स्वामित्व भी बिना ग्राम समुदाय की सम्मति के सही नहीं समझे जाते थे। भूमि के क्रय-विक्रय एवं उसके निजी स्वामित्व स्थानान्तरण में भी गाँव के प्रमुख व्यक्तियों की सम्मति आवश्यक थी। ए.एल. बाशम, अल्तेकर और आर.सी. मजूमदार का विचार है कि इन भूमियों पर गाँवों का सामूहिक अधिकार होता था क्योंकि राजा खास जमीन (राज्य की भूमि) को विक्रय करने के समय वहाँ के प्रमुख व्यक्तियों की सम्मति अवश्य लेता था। इन विद्वानों का कहना है कि इन खास जमीनों पर केवल राजा का एकाधिकार नहीं बल्कि ग्राम-समुदाय भी इस अधिकार का एक पक्ष होता था।

इस समय धार्मिक संस्थाओं को विशाल क्षेत्र प्रदान किए गए जिसे *अग्रहार* या ब्राह्मणीय दान (छठी सदी के पश्चात् गोत्र तथा वैदिक शाखा के आधार पर ब्राह्मणों का वर्गीकरण किया गया।) कहते और यह राजस्व कर से मुक्त होता था। यद्यपि इस दान का लाभ बाद में पुजारियों के परिवार भी उठा सकते थे किन्तु यह राजा की इच्छा पर निर्भर करता था। राजकीय अधिकारियों को भत्ता के स्थान पर भूमिदान मिलने लगे थे जो अप्रत्यक्ष रूप से राजा की स्थिति को निर्बल करने के लिए काफी थे। राजा चाहते हुए भी उनके भूस्वामित्व को खत्म नहीं कर सकता था क्योंकि उनके राजनीतिक रूप से विद्रोही बनने का डर हमेशा बना रहता था। इस स्वामित्व के कारण अधिकारी पहले की अपेक्षा शक्तिशाली एवं कुछ दृष्टि से स्वतन्त्र भी हो जाते थे।

धार्मिक संस्थाएँ दान की हुई भूमि की स्वतन्त्र अधिस्वामी हो जाती थीं क्योंकि वे न केवल वहाँ से राजस्व वसूल करतीं बल्कि उस क्षेत्र में पड़नेवाली खानों का स्वामित्व भी उन्हें मिल जाता था। अधिकांश मामलों में उन्हें अपने क्षेत्रों का शासन प्रबन्ध भी सौंप दिया जाता था जो शासनतन्त्र को निर्बल करने के लिए प्रबल कारण बना। नए स्वामी न सिर्फ कर वसूलते अपितु वहाँ की प्रजा को अपना स्वामित्व मनवाने को मजबूर करते थे। इस तरह राज्य के अन्दर ही कई स्वतन्त्र राज्य हो गए जो केन्द्रीय शासन को चुनौती देते रहते थे।

26.6 नवीन बाट

कृषकों द्वारा उतना ही अतिरेक पैदा करने में दिलचस्पी ली गई जिसकी खपत स्थानीय लोगों के बीच हो सके क्योंकि निर्यात में पूर्ण असुरक्षा थी। उजड़े शहर के अधिकांश निवासी गाँवों की ओर लौट चले। इससे पूर्व गाँव का कृषक परिवार अपना गुजर-बसर जहाँ साल में एक बार अनाज पैदा करके कर लेता वहाँ अब बर्बाद शहरों से लौटे लोगों के कारण ग्रामीण परिवार में संख्या बढ़ी। फलतः साल में तीन-तीन फसलें पैदा की जाने लगीं; पैदावार में जितनी वृद्धि हुई उससे अधिक वृद्धि खानेवाले लोगों की हुई। राजकीय संरक्षण के अभाव में सिंचाई की दशा खराब रही; वर्ष में तीन-तीन फसलें पैदा करने और खाद के अभाव में भूमि पर बढ़ते दबाव के कारण उसकी उर्वरता-शक्ति धीरे-धीरे कम होती गई। परिणामस्वरूप कृषक-परिवारों के बीच नवीन आर्थिक संकट की समस्या खड़ी हुई। इस संकट से पारिवारिक तनाव उत्पन्न होने लगे। छोटी-छोटी जमीनों के भी बँटवारे होने लगे। परिणामस्वरूप, जमीन नापने के छोटे और नए औजार तथा नाप-तौल के छोटे-छोटे बाट दिखाई देने लगे।

गुप्तयुग से ही खेतों के माप का वर्णन मिलने लगता है। एक हल से जितनी भूमि जोत में रखी जाती उस माप का नाम *हल* था। 9 इंच के बराबर 1 *पाद* और इस माप को *पादावर्त* कहते थे। 12 पादावर्त की भूमि एक कुआँ से सींचने योग्य समझी जाती थी। 3 सौ *पादावर्त* 8 खंड के समान माप में समझा जाता था। 2 पाद को 1 हस्त (1.5 फीट) कहते थे। 4 सौ हस्त भूमि को 1 *नालुक* कहते थे। सम्भवतः *नल* 118 इंच का डंडा था जिससे भूमि नापी जाती थी। 5वीं सदी से *कुल्यवाप* क्षेत्र माप के लिए उत्तर भारत में प्रयोग होता था। इस शब्द के 2 खंड हैं–कुल्य + वाप। कुल्य की समता एक टोकड़ी से करें तो इसका अर्थ होगा कि एक टोकरी बीज के बोने योग्य भूमि (कुल्य = टोकरी; वाप = बोना)। गुप्तकाल में 8 द्रोण एक कुल्यबीज के बराबर था। मात्र बीज बोने योग्य भूमि को *द्रोणवाप* कहा जाता था। धान का द्रोणवाप होता था। 8 द्रोण का 1 कुल्यवाप और 5 कुल्यवाप का 1 पाटक होता था। एक कुल्य बप 16 मन अन्न को कहते थे। 14 बीघा खेत में 16 मन अनाज होता था। कुछ विद्वानों के अनुसार कुल्यवाप भूमि को 1 एकड़ माना है। एक *माणि* के बराबर 1 मन होता था। कुछ क्षेत्रों में 1 माणि बीज से 1 बीघा खेत बोए जाते थे।

ब्राह्मणों को जो भी गाँव दान में दिए गए वे करमुक्त थे। इन गाँवों से राजा द्वारा वसूल किए जानेवाले सारे कर ब्राह्मणों को हस्तान्तरित कर दिए जाते थे। इसके अतिरिक्त लाभ-भोगियों को दान में प्राप्त गाँवों के निवासियों पर शासन करने का अधिकार दिया गया। दान में दिए गए गाँवों में सरकारी अधिकारियों और राजकीय परिवारों का प्रवेश वर्जित कर दिया गया। अपराधियों को दंड देने का अधिकार बाद में चलकर लाभ-भोगियों को दे दिया गया। इस तरह भूमि पर राजकीय नियन्त्रण कम होते गए। छठी शताब्दी से कृषकों को दान-भूमि से ही जुड़े रहने पर दबाव दिया जाने लगा। कृषि और कृषकों की खराब दशा का कारण वर्तमान विरोधी तत्त्व नहीं बल्कि पूर्वजन्म का फल एवं नक्षत्र-राशि दोष बताया गया। कृषि प्रौद्योगिकी के रूप में अरघट्ट का प्रवेश 5वीं सदी के आसपास ही हो गया किन्तु इसका व्यापक उपयोग 7वीं सदी के बाद ही आरम्भ हुआ (लल्लनजी गोपाल, *ऐस्पेक्ट्स ऑफ द हिस्ट्री ऑफ एग्रिकल्चर इन एनशिएंट इंडिया,* वाराणसी, 1980)। शूद्रों के साथ वैश्य भी कृषि कार्य से जुड़ गए और याज्ञवल्क्य ने इन्हें भी शूद्र बताया। आश्रित श्रमिक कृषि कार्य के लिए

भर्ती किए जाने लगे।

कृषकों की दशा दिन पर दिन खराब होती गई। कलियुग के माध्यम से भविष्य शैली में बताया गया कि मेहनतकश लोग अपने-अपने काम छोड़कर, राजाओं की खातिर अनाज और दाल बोएँगे, फसलों की रखवाली करेंगे, उन्हें काटेंगे, उनकी दौनी करेंगे और उनका संग्रह करेंगे; राजाओं की खातिर वे गन्ने बोएँगे, कोल्हू बनाएँगे और चलाएँगे और गन्ने के रस को उबालकर गुड़ बनाएँगे; राजा की खातिर फूलों और फलों के बगीचे लगाएँगे और फल इकट्ठा करेंगे। और विविध प्रकार की तमाम पैदावार को एकत्र करके शाही भंडारों को ठसाठस भर देंगे और अपने घर खाली पड़े बखारों की ओर नजर तक उठाकर नहीं देखेंगे।

दिन पर दिन हो रही खराब दशा से कृषकों के बीच विद्रोह की भावना नहीं फैले, इसे ध्यान में रखते हुए गुप्तकालीन ज्योतिष एवं भविष्य की तथाकथित जानकारी रखनेवालों के माध्यम से बताया गया कि सूर्य के शुभ राशि में, अर्थात् जन्मकुंडली के दसवें स्थान में, स्थित होने पर मनुष्य कृषक बनकर कृषि-कर्म करता है। यदि इस राशि में सूर्य किसी अनुकूल ग्रह के घर में होता है, और तो कृषि-क्रम का सम्बन्ध किसी दुष्ट राजा की (कृषि-सम्बन्धी) सेवा करने से होता है, और अगर सूर्य किसी अनिष्टकर (पाप) ग्रह के घर में होता है तो इस तरह का कर्म जोर-जबर्दस्ती की स्थितियों के अधीन–शारीरिक दंड और बन्धन या पराधीनता की स्थिति में करना पड़ता है।

26.7 अभिलेख और गुप्तकालीन भूस्वामित्व

गुप्तकाल में भूमिदान से सम्बद्ध अभिलेखों में काफी वृद्धि हुई। साहित्य, सिक्का, स्थापत्य और अभिलेख इस काल के अध्ययन के लिए प्रमुख स्रोत हो जाते हैं। इस समय जमीन की खरीद-बिक्री का Registration (पंजीयन) करने के लिए विशेष पट्टे या राजपत्र का प्रयोग किया जाने लगा। क्षत्रपों एवं कुषाणों के काल में पाए गए अभिलेखों में जमीन की बिक्री का उल्लेख नगण्य है किन्तु गुप्तकाल से काफी मात्रा में मिलने लगा।

चौथी शताब्दी से अनुग्रह अनुदानों (कर मुक्त भूमिदान) की संख्या बढ़ी और धीरे-धीरे इसके स्वरूप में बदलाव होते गए। प्रथम चरण में अनुदान अस्थायी अर्थात् सम्बद्ध व्यक्ति के कार्यकाल तक ही चलते थे किन्तु दूसरे चरण में वे अधिक-से-अधिक वंशागत स्वरूप ग्रहण करने लगे। फलतः निजी भूस्वामियों के अधिकारों की मजबूती बढ़ी। उन्होंने केन्द्रीय प्रशासन से काफी स्वतन्त्रता प्राप्त कर ली। कुछ अनुदानों से सम्बद्ध अभिलेखों या राजपत्रों में यह उल्लिखित किया जाने लगा कि "यह जमीन जब तक 'सूर्य रहेगा' अर्थात् सदा-सदा के उपयोग के लिए दिया जाता था।"

जिन अधिकारियों को अस्थायी तौर पर जमीनें दी गईं उन्हें बाद में चलकर कुछ विशेषाधिकार (उन्मुक्ति अधिकार) राज्य की ओर से प्रदान किए जाने लगे। स्थायी और अस्थायी भूमिदान पानेवाले अधिकारियों ने अब उन जमीनों पर काम करनेवालों पर कुछ प्रशासकीय कानून चलाना शुरू किया। ऐसे अधिकारियों पर केन्द्र कभी-कभी कड़ाई करता था किन्तु 5वीं शताब्दी के बाद राजाओं ने निजी भूमि से सम्बद्ध लगभग सभी वित्तीय, प्रशासनिक तथा विविध कार्यों को स्वयं भूस्वामियों को ही सौंपना शुरू कर दिया। उदाहरण के लिए, सेना रखने, लगान नहीं देनेवालों को दंडित करने, लगान की दर घटाने या बढ़ाने, लगान माफ करने आदि। खानों पर भी निजी स्वामित्व राजा की ओर से दिया जाने लगा।

इस तरह तमाम विशेषाधिकार से वंचित होने लगे। विशेषाधिकार हस्तान्तरण की सारी प्रक्रिया ताम्राभिलेखों के माध्यम से सम्पन्न की जाने लगी। फलतः अस्थायी भूस्वामित्व की स्थिति वंशानुगत सामन्त (कर देनेवाला राजा) के और निकट आने लगी। फलतः किसान इन भूस्वामियों के प्रभुत्व के अधीन आ गए। निःसन्देह यह प्रक्रिया धीरे-धीरे चली और अभी काफी समय तक राज्य ने ग्रामीण क्षेत्रों में अपने कई प्रशासनिक कृत्यों को अपने हाथ में ही रखे रखा।

चौथी शताब्दी और उसके बाद की भारतीय स्रोत सामग्री में 'ग्रामदान' के अधिकाधिक उल्लेख पाए जाने का अर्थ स्पष्ट था कि राजा इन गाँवों से कर वसूलने का अधिकार अन्य को दे दिया था; जमीन नहीं दिया था किन्तु किसान पहले जिस व्यक्ति को कर देता था वह अब कोई और हो गया। धीरे-धीरे ग्राम समुदाय के स्वतन्त्र सदस्य निजी भूस्वामियों के अधीन हो गए। ये भूस्वामी अपनी प्रभुता को बढ़ाने को प्रयत्नशील थे। अभी ऐसे 'दान' सामन्ती स्वरूप के नहीं थे, किन्तु सामन्ती सम्बन्धों की ओर निश्चित प्रवृत्ति अब लक्षित होने लगी। राज्याधिकारियों को ये सामन्त वेतन के स्थान पर सेवा के बदले 'ग्रामदान' दिया करते थे।

इसके बाद के चरण में जमीन का हस्तान्तरण होने के साथ-साथ उस जमीन पर कृषि एवं अन्य कार्य करनेवाले लोगों सहित जमीन का हस्तान्तरण होने लगा अर्थात् कृषकों के स्वामी भी बदलने लगे। धीरे-धीरे ऐसे कृषकों की दशा भूदासों जैसी होने लगी। 6-7 वीं सदी में इन विशेषताओं से परिपूर्ण सामन्तवाद की परिपक्व तस्वीर दिखाई देने लगी। दुर्गा, लक्ष्मी, सरस्वती, गणेश और कार्तिक की मूर्तियाँ ऊपर-नीचे जिस पिरामिडनुमा शैली में दुर्गापूजा के अवसर पर बिहार या बंगाल में दिखाई देती उसी पिरामिडनुमा शैली में सामन्तवाद की तस्वीर पहले से ही बन चुकी थी। केन्द्रीय शासक के समक्ष बड़े सामन्त छोटे बने रहते थे किन्तु अपने इलाके में वे उसी प्रकार सम्प्रभु थे जिस प्रकार दुर्गा के साथ गणेश तीसरे स्थान पर दिखाई देता किन्तु महाराष्ट्र में वह सम्प्रभु हो जाता है।

अध्याय 27

गुप्तकालीन उद्योग एवं व्यापार

27.1 उद्योग

खुदाई से प्राप्त सामग्री, अभिलेख एवं लिखित सामग्री के आधार पर अधिकांश विद्वानों द्वारा इस बात को प्रमाणित किया जा चुका है कि मौर्य एवं कुषाण काल की तुलना में व्यापार का पतन गुप्तकाल में होने लगा था। इस काल को स्वर्ण युग कहनेवाले कुछ हिमायतियों ने पाए गए कुछ स्वर्ण सिक्कों के आधार पर इसे व्यापारिक उन्नति का काल बताने का असफल प्रयास किया है। वैसे इस काल में पाए गए स्वर्ण सिक्कों का प्रयोग व्यापार में हमें देखने को नहीं मिलता।

पूर्वी रोमन साम्राज्य के साथ गुप्तकाल का व्यापारिक सम्बन्ध होने के कारण उद्योग-धन्धे और नगरों का अस्तित्व बड़े पैमाने पर तो नहीं लेकिन थोड़ा-बहुत बना रहा और इसी के परिणामस्वरूप हमें अनेक प्रकार के वस्तु निर्माण की चर्चा देखने को मिलती है।

जंगली लकड़ियाँ, जड़ी-बूटियाँ, खनिज पदार्थ एवं कृषि ने इस काल के उद्योगों को विकसित करने में सहायता पहुँचाई। इन सारी वस्तुओं पर राज्य का नियन्त्रण था। कालिदास द्वारा रचित *रघुवंश* (III. 18 xvii. 66 xviii 22: v. 18) में हमें अनेक प्रकार के बहुमूल्य पत्थरों की चर्चा देखने को मिलती है, जिनको तराशकर अनेक प्रकार के आभूषण, राजसिंहासन, राजमुकुट आदि बनाए जाते थे।

सोना, चाँदी, ताँबा एवं लोहा की खानों की चर्चा हमें इस काल के स्रोतों में मिलती है। इन धातुओं से अनेक प्रकार की वस्तुएँ बनाने के लिए उद्योगों का विकास हुआ एवं इनकी स्थापना की गई। जहाँ तक सोने के उपयोग का प्रश्न है, हमें सोना कच्चे धातु के रूप मे निकालने, साफ करने, गलाने एवं आभूषण बनाने से सम्बन्धित छोटे-बड़े उद्योगों की जानकारी मिलती है। कालिदास की रचनाओं से हमें आभूषणों की जानकारी मिलती है, जिन्हें स्वर्णकार बनाते थे। चित्रों के आधार पर अनेक प्रकार के गुप्तकालीन आभूषणों की चर्चा की गई है। मस्तक पर पहनने के लिए अनेक प्रकार के आभूषण बनाए जाते थे। कान के लिए बाली और गले के लिए बहुमूल्य पत्थरों से जड़ित अनेक प्रकार के आभूषण स्वर्णकारों द्वारा बनाए जाते थे। बाँहों में भुजदंड और कलाई में सोने की चूड़ियाँ पहनी जाती थीं। अँगुलियों में पहनने के लिए अँगूठी भी बनाई जाती थीं। यह बड़ा ही महत्त्वपूर्ण तथ्य लगता है कि नाक में पहनने के लिए नथुनी का प्रचलन उस समय तक नहीं था। सोने एवं बहुमूल्य रत्नों के आभूषण चूँकि राजपरिवार के सदस्यों एवं धनी स्त्री-पुरुषों द्वारा बड़े पैमाने पर पहने जाते थे, अतः स्वर्णकारों का यह उद्योग बड़े पैमाने पर विकसित था। कारखानों के समान,

एक धनी स्वर्णकार अपने यहाँ अनेक कारीगरों को रखकर आभूषण निर्माण करवाता था। कमर से नीचे बड़े पैमाने पर चाँदी के आभूषण पहने जाते थे। चाँदी के आभूषण बनानेवाला रजतकार अनेक प्रकार के बर्त्तन, खिलौना, पलंग, मूर्तियाँ, राजसिंहासन आदि बनाता था। इस तरह रजत उद्योग भी विकसित था।

लकड़ी का उद्योग काफी विकसित था। बढ़ई द्वारा अनेक प्रकार के दरवाजे, खिड़कियाँ, पलंग, टेबल, कुर्सी आदि बनाए जाते थे। झुंड-के-झुंड बढ़ई कारीगर इस उद्योग में लगे थे। जंगली जड़ी-बूटियों के द्वारा दवा बनाने के उद्योग की चर्चा लिखित स्रोतों में मिलती है।

निआरकस वस्त्र उद्योग पर प्रकाश डालता है। कपास की पैदावार बड़े पैमाने पर होती थी और बुनकरों द्वारा अनेक प्रकार के वस्त्रों का निर्माण किया जाता था। गुप्त राजाओं के काल के सिक्कों पर पाए चित्रों से उपर्युक्त बातें प्रमाणित होती हैं। कालिदास की रचनाओं से पता चलता है कि रँगरेज द्वारा वस्त्रों को विभिन्न रंगों से रँगा जाता था। लाल, पीला, काला, उजला आदि रंग के वस्त्रों का निर्माण इस काल में बड़े पैमाने पर होता था। रेशमी वस्त्र धनी लोगों द्वारा पहना जाता था। धोती, फ्राक, जैकेट, ब्लाउज आदि वस्त्र उद्योग इस समय में स्थापित थे।

चन्दन, फूल आदि मिलाकर अनेक प्रकार के लेप बनाए जाते थे। लिपिस्टिक का प्रयोग किया जाता था। पैरों को रँगने के लिए अनेक प्रकार के रंग बनाए जाते थे।

संगीत से सम्बन्धित वाद्य यन्त्रों का निर्माण किया जाता था, जिनका प्रयोग ड्रामा, वार्षिकोत्सव आदि के अवसर पर होता था। नर्तकियों द्वारा कई प्रकार के वाद्य यन्त्रों जैसे वीणा, ढोल आदि का प्रयोग होता था। कालिदास के *रघुवंश* में शराब उद्योग की चर्चा है।

लोहारों द्वारा अनेक प्रकार की वस्तुओं के लिए उद्योग स्थापित किए गए थे। उनके द्वारा सिंचाई के लिए सामान, फसल काटने के लिए पाल, तीर, धनुष, भाला, बरछी, तलवार, हथौड़ा आदि बनाए जाते थे। खुदाई से प्राप्त सामग्री के अध्ययन से पता चलता है कि मकानों में अनेक प्रकार की वस्तुएँ प्रयोग की जाती थीं जो लोहे की बनी होती थीं। इन वस्तुओं को बनाने के लिए उद्योग की स्थापना स्वाभाविक था। मिट्टी के बर्तन एवं मूर्तियाँ बनानेवाले कुम्हार का उद्योग काफी विकसित था।

धनी वर्ग के लोग बड़े पैमाने पर चाँदी एवं ताँबे के बर्तनों का इस्तेमाल करते थे। सामान्य लोगों द्वारा मिट्टी के बर्तन प्रयोग किए जाते थे। मिट्टी के बर्तन का उद्योग ग्राम स्तर पर काफी विकसित था। सामान ढोने के लिए अनेक प्रकार की गाड़ियाँ बनाई जाती थीं, जिसके लिए लोहार एवं बढ़ई एक साथ मिलकर उद्योगों की स्थापना करते थे। लिखित स्रोत एवं अभिलेखों से पता चलता है कि सैनिकों के वस्त्र, चाँदी एवं सोने के छाता एवं चँवर का उद्योग काफी विकसित था।

इस काल का सबसे विकसित उद्योग सिक्का बनाने का था। वैसे इस काल के सिक्के कुषाणों की तुलना में हल्के हैं और शुद्धता का इनमें अभाव है। डी.आर. भंडारकर द्वारा लिखित पुस्तक तथा एस. प्रकाश और आर. सिंह द्वारा लिखित क्वाइनेज ऑफ *एनशिएंट इंडिया* के अध्ययन से पता चलता है कि चन्द्रगुप्त प्रथम के काल में स्वर्ण सिक्कों का निर्माण होता था। समुद्रगुप्त के काल में बड़े ही कलात्मक ढंग के स्वर्ण सिक्के बने, जिन पर अनेक प्रकार के चित्र बने हुए थे। इनका आकार 0.75 इंच से लेकर 0.9 इंच था। इन सिक्कों का वजन लगभग 112 ग्रेन से 119 तक था। अधिकांश सिक्के 115 ग्रेन के पाए जाते हैं।

चन्द्रगुप्त द्वितीय के काल में 14 प्रकार के स्वर्ण सिक्कों का निर्माण किया गया, जिन पर हाथी पर सवार, शेर पर देवता आदि के चित्र बने हैं। इस शासक के काल में चाँदी एवं ताँबे के सिक्के भी बनाए गए। चाँदी के सिक्कों का इस काल में काफी अभाव पाया जाता था। कुछ अपवादों को छोड़कर, चाँदी के अधिकांश सिक्के पश्चिमी भाग में पाए गए हैं। इनका आकार लगभग आधा से एक इंच तक का होता था और वजन लगभग 26 ग्रेन तक था। आधुनिक पटना के कुम्हरार क्षेत्र से गुप्तकालीन ताँबे के सिक्के लगभग 11 पाए गए हैं। ऐसा लगता है कि ऐसे सिक्कों का निर्माण इसी क्षेत्र में होता था। चाँदी के पत्थर को ताँबा पर साटकर गुप्तकाल में सिक्कों का निर्माण होता था। सिक्का बनानेवाला उद्योग इस काल में काफी विकसित था। कुमारगुप्त प्रथम के काल में चाँदी एवं ताँबा के सिक्कों के निर्माण की बात हम पाते हैं। काठियावाड़ के इलाके में ताँबे के सिक्के बनानेवाले उद्योग के कारीगर असली चाँदी के पत्तर को ताँबा के सिक्कों पर साटने या मढ़ने का प्रयास करते थे। वैसे, अधिकांश ताँबे के सिक्कों पर नकली चाँदी का रंग चढ़ाया जाता था। स्कन्दगुप्त के काल में सिक्का बनाने के उद्योग में काफी कमी की बात हम पाते हैं। गुप्तकाल के सिक्कों के अध्ययन के आधार पर हम पाते हैं कि इस काल के सिक्कों का वजन, शुद्धता एवं मूल्य में क्रमानुसार कमी आती गई। इन सिक्कों के बनाने के लिए उद्योगों में अनेक प्रकार के तकनीकी कलाओं का प्रयोग होता था। इन्हें ढालने के लिए मिट्टी के साँचे बनाए जाते थे। धातु को गलाया जाता और अनेक प्रकार के चित्रोंवाले साँचों में ढाल दिया जाता था।

उपर्युक्त उद्योगों ने गुप्तकाल को आर्थिक दृष्टि से प्रभावित किया। रोम के पूर्वी भाग से इन्हीं उद्योगों के परिणामस्वरूप व्यापारिक सम्बन्ध पहले की तुलना में सीमित रूप से बना रहा। दक्षिण पूर्वी एशियाई देशों के बीच इस काल का व्यापार बढ़ा। उद्योग के माध्यम से निर्मित हाथीदाँत के बने सामान, अनेक धातु, मलमल, दवा, जड़ी-बूटी, मसाला आदि का निर्यात होता था। दक्षिण पूर्वी एशियाई राज्यों में हाथीदाँत की बनी वस्तुओं की काफी माँग थी। यहाँ से चन्दन की लकड़ी जिसे काटकर एक निश्चित आकार में बदल दिया जाता था, उद्योग केन्द्रों के माध्यम से ही विदेश भेजा जाता था। यहाँ का बना इत्र, नील आदि की माँग विदेशों में काफी थी। उद्योग के महत्त्व से ही व्यापारिक केन्द्रों की चर्चा हमें देखने को मिलती है। महत्त्वपूर्ण बन्दरगाहों के रूप में भड़ौच, कल्याण आदि की चर्चा हमें देखने को मिलती है। बाली, जावा, सुमात्रा, कम्बोज, चम्पा, मलाया आदि क्षेत्रों के साथ भारत का आर्थिक एवं सांस्कृतिक सम्बन्ध इन्हीं उद्योगों के माध्यम से हुआ।

27.2 आर्थिक अवस्था

भारत में वाणिज्य एवं व्यापार का प्रारम्भ सिन्धु घाटी सभ्यता के युग में ही हो चुका था। सिन्धु सभ्यता की समाप्ति के पश्चात् खानाबदोश अर्द्धसभ्य (Seminomad capisitoral) आर्यों का आगमन हुआ जिन्हें वाणिज्य-व्यापार के प्रति कोई दिलचस्पी नहीं थी। किन्तु पूर्ववैदिक काल के अन्त में जब आर्यों ने कृषि अर्थव्यवस्था के महत्त्व को स्वीकार किया तो उसी समय से व्यापारिक गतिविधियाँ पुनः प्रारम्भ हुईं। बौद्ध और जैन युग में वाणिज्य-व्यापार की काफी उन्नति हो चुकी थी। वाणिज्य और व्यापार के क्षेत्र में प्रगति का मुख्य कारण व्यापक पैमाने पर कृषि-कार्य का प्रारम्भ होना था। उत्तरी भारत में शक्तिशाली शुंगीय राज्यों का उद्‌भव होने से व्यापार के लिए अनुकूल वातावरण का निर्माण हुआ। व्यापारीगण अब

शान्ति एवं व्यवस्था के कारण आसानी से व्यापार कर सकते थे। इस काल में कृषि के साथ मौद्रिक (money) अर्थव्यवस्था का विकास हुआ जिसके कारण वस्तु विनिमय में सुविधा हुई। बौद्ध साहित्यिक स्रोतों में सूद पर पैसा लगाने के उल्लेख से ऐसा ज्ञात होता है कि इस काल की अर्थव्यवस्था में मुद्रा का महत्त्व काफी बढ़ चुका था। किन्तु सिक्कों का स्पष्ट प्रमाण हमें पाँचवीं शताब्दी ईसा पूर्व (नन्दकाल) के बाद से ही मिलता है। इन सिक्कों पर पंचमार्क (Punch Mark) होता था जिसे *सतम* (Satama) कहा जाता था। चाँदी के पंचमार्क सिक्कों को *कर्षापण* या साधारणतया पण कहा जाता था। इनका भार 57.8 ग्रेन (3.76 gms) होता था। कर्षापण से कम मूल्य (lower denomination) के ताँबे के सिक्के होते थे। कर्षापण सिक्का मौर्य काल तक चलता रहा।

Indo-Greek काल के राजाओं ने चाँदी और ताँबा के अनेक सिक्कों को यूनानी शैली पर ढलवाया। इस काल में स्वर्ण सिक्कों का काफी अभाव रहा। शक और पहूलव काल में इंडो-ग्रीक शैली के सिक्के बनाए गए किन्तु इनका स्तर इंडोग्रीक सिक्कों से कम था। सातवाहन काल के सिक्के सीसा और बेस सिल्वर के बने होते थे। गुप्तकाल के स्वर्ण और रजत सिक्कों को क्रमशः दीनार और रूपक कहा जाता था। गुप्तकालीन स्वर्ण सिक्के मूल रूप से कुषाणकालीन स्वर्ण सिक्के के स्तर के नहीं थे किन्तु इनके भार में वृद्धि हुई।

व्यापार और वाणिज्य में वृद्धि का एक महत्त्वपूर्ण कारण यह भी था कि इस काल में अनेक प्रकार के गृह उद्योगों का आरम्भ हुआ। जातक ग्रन्थों में 18 प्रकार के दस्तकारी उद्योगों का उल्लेख मिलता है। व्यापारियों की अनेक श्रेणियों के निर्माण से भी व्यापारिक गतिविधियों को काफी प्रोत्साहन मिला। इन श्रेणियों द्वारा व्यापारियों के हितों की रक्षा होती थी। श्रेणियों द्वारा किसानों को कृषि कार्य के लिए ऋण भी दिया जाता था और इसके साथ ही श्रेणी के सदस्य जिन्हें *श्रेष्ठी* कहते थे, रुपए का आदान-प्रदान भी करते थे। परिणामतः कालान्तर में इनका परिवर्तन एक बैंकिंग संस्था के रूप में हो गया। इसी श्रेष्ठी वर्ग से उत्तर भारत में सेट्ठी या सेठ और दक्षिण भारत में चेट्टी वर्ग का अभ्युदय हुआ। बैंकिंग कार्य के अलावा ये अन्य व्यापारिक कार्य भी करते थे। मौर्यों के सुदृढ़ केन्द्रीय शासन के अन्तर्गत वाणिज्य-व्यापार के क्षेत्र में काफी वृद्धि हुई। मौर्य काल में संचार की सुविधा में काफी वृद्धि हुई। उत्तर-पथ को गंगा-डेल्टा में ताम्रलिप्ति तक और पश्चिम में तक्षशिला तक बढ़ाया गया। दक्षिणपथ उज्जैन से होकर दक्षिण में तमारा तक जाता था इन दोनों मुख्य पथों को अन्य कई छोटे-छोटे पथों से जोड़ा गया था। यहाँ तक कि इस काल में काबुल को तक्षशिला से जोड़ दिया गया था। यद्यपि श्रेणियों पर केन्द्र का नियन्त्रण था किन्तु धीरे-धीरे इनकी स्वायत्तता में वृद्धि हो रही थी और आनेवाली शताब्दी में आर्थिक क्षेत्र में वे महत्त्वपूर्ण भूमिका निभाने लगीं। इस काल में मौद्रिक प्रणाली (money economy) काफी सुदृढ़ हो गई थी।

27.3 आर्थिक विकास

मौर्य साम्राज्य के विघटन के पश्चात यद्यपि शुंग शासकों ने विदेशी आक्रमणों को रोकने का प्रयास किया किन्तु वे मौर्यकालीन भारतीय गौरव की रक्षा करने में सफल नहीं हो सके। परिणामतः भारत में विदेशी आक्रमणों का सिलसिला प्रारम्भ हुआ जिसके चलते यहाँ पर बहुत बड़े भू-भाग में विदेशी सत्ता की स्थापना हुई। राजनीतिक दृष्टिकोण से उत्तर मौर्य काल को राजनीतिक अव्यवस्था, अशान्ति और फूट (Dvision) का काल कहा जाता है। किन्तु वास्तव

में दूसरे तरह से यह काल व्यापारिक प्रगति का काल था। इस काल में अनुकूल परिस्थिति के चलते कुषाण और सातवाहन काल में श्रेणियों के महत्त्व, प्रभाव और कार्यशैली में काफी वृद्धि हुई। इस साम्राज्य का विस्तार मध्य एशिया तक था और पश्चिम में विशेषकर रोम के साथ इसके घनिष्ठ सम्बन्ध थे। इसके साथ ही मध्य एशिया से होकर आनेवाला प्राचीन रेशम मार्ग (Silk route) चीन को रोमन साम्राज्य के पश्चिमी प्रान्तों से जोड़ता था। भारतीय व्यापारी चीन से होनेवाले रेशम के व्यापार कार्य में मध्यवर्ती की भूमिका अदा करते थे। भारतीय उपमहाद्वीप में कुषाण के अतिरिक्त शक और सातवाहनों के भी शक्तिशाली साम्राज्य थे। 200 वर्षों के समय में शक और सातवाहन शासक मुलुगाछी और सुरपरक नामक दक्षिण बन्दरगाहों पर आधिपत्य स्थापित करने के लिए निरन्तर संघर्षरत रहे ताकि समुद्र मार्ग पर उनके नियन्त्रण की स्थापना हो सके। प्रथम एवं द्वितीय शताब्दी में पर्सिया की खाड़ी और लाल सागर होकर रोम तक के मार्ग के खुल जाने से इन बन्दरगाहों (आधुनिक भड़ौच एवं सुरपरक) के महत्त्व काफी बढ़ गए थे।

यहाँ यह भी उल्लेखनीय है कि यह काल दक्षिण भारत में संगम काल था जिसमें व्यापार और वाणिज्य के क्षेत्र में काफी प्रगति हुई। संगमकालीन साहित्य पुरातात्त्विक स्रोतों के आधार पर यह स्पष्टतः प्रमाणित हो चुका है कि दक्षिण भारत और रोम के बीच घनिष्ठ एवं व्यापक व्यापारिक सम्बन्धों की स्थापना हो चुकी थी। इस प्रकार यह स्पष्ट हो जाता है कि इस काल में करीब-करीब समस्त भारतीय उप-महाद्वीप व्यापारिक गतिविधियों में संलग्न था। पाश्चात्य जगत में शक्तिशाली रोम साम्राज्य के अभ्युदय के कारण समस्त भारतीय उपमहाद्वीप में बाह्य व्यापार के लिए अनुकूल वातावरण का निर्माण हुआ। रोमन साम्राज्य के पूर्वी भाग में भारतीय वस्तु यथा मसाला, गोलमिर्च एवं विलासिता सम्बन्धी वस्तुओं (luxury goods) की मुख्य माँग थी। भारतीय मसाले की इस विशद् माँग ने ही व्यापारियों को दक्षिण-पूर्व एशिया के मसाले द्वीप–जावा, सुमात्रा, बालि में व्यापार करने के लिए प्रेरित किया, फलतः दक्षिण भारत और पूर्व एशिया के बीच सामुदायिक व्यापार में काफी वृद्धि हुई।

27.4 आन्तरिक व्यापार मार्ग

उत्तरपथ उत्तर भारत का सर्वाधिक प्राचीन एवं विशाल स्थल मार्ग था जिसका उल्लेख बौद्धकालीन ग्रन्थों में भी मिलता है। मौर्यों के अधीन इसे ताम्रलिप्ति तक बढ़ाया गया और साथ ही इसे अन्य कई छोटे-छोटे मार्गों से जोड़ा गया। यह पूरब में ताम्रलिप्ति के उत्तर पश्चिम में तक्षशिला तक थी। यह पाटलिपुत्र, वाराणसी, कौशाम्बी आदि को जोड़ती थी। कौशाम्बी से एक शाखा विदिशा और उज्जैन होते हुए नर्मदा नदी के किनारे से होकर मलुगाछी तक जाती थी। कौशाम्बी से एक शाखा श्रावस्ती जाती थी जब कि मुख्य शाखा-मार्ग यमुना के किनारे होकर मथुरा तक जाता था। मथुरा से एक शाखा सिन्धु नदी के मुहाने पर स्थित पटालो बन्दरगाह के भीतर भाग में जाती थी। इन्द्रप्रस्थ से सकाला (सियालकोट) जानेवाले मार्ग को तक्षशिला से जोड़ दिया गया था। Silk Route में निरन्तर वृद्धि के कारण तक्षशिला को रेशम (Silk) मार्ग से जोड़ दिया गया। दक्षिण भारत का मुख्य मार्ग उज्जैन से सातवाहनों की राजधानी प्रतिष्ठान तक था। प्रतिष्ठान से यह और दक्षिण तगारा (टगर) तक जाता था। तगारा से यह सुदूर दक्षिण मदुरई तक जाता था।

भारतीय उपमहाद्वीप के विभिन्न भाग इस काल में विदेशी क्षेत्रों से जुड़े हुए थे। उत्तरी

मार्ग तक्षशिला से एक उच्चपथ (Highway) द्वारा कान्धार एवं काबुल से जुड़ा हुआ था। जहाँ से विभिन्न दिशाओं में सड़कें जाती थीं। प्राचीन रेशम पथ को जोड़नेवाला मार्ग वैक्टीरिया (उत्तरी अफगानिस्तान), ऑक्सस नदी, कैस्पियन सागर और कौकेसस होकर काला सागर तक जाता था। दक्षिण मार्ग कान्धार होकर हेरात से इकबताना या आधुनिक हमदान, ईरान तक जाता था। *प्राचीन रेशम मार्ग की उत्पत्ति चीन में शेरा नामक स्थान पर हुई थी।* शेरा से पामीर, खोतासन, यारकन्द और कासगर होकर और पश्चिम में बैक्टीरिया होते हुए पूर्वी भूमध्यसागर के किनारे तक गया था।

27.5 सामुद्रिक सम्बन्ध

भारतीय उप-महाद्वीप की व्यापारिक गतिविधियाँ मात्र स्थल मार्ग से ही सम्बन्धित नहीं थीं बल्कि सामुद्रिक व्यापार में भी काफी वृद्धि हो रही थी। इस काल में 6 प्रमुख बन्दरगाहों का उल्लेख मिलता है : (क) नर्मदा के मुहाने पर भड़ौंच (ख) सुरपरक, मुजरिन, आरिकमेडु और ताम्रलिप्ति। भारत के लोग व्यापारिक जहाज द्वारा सकोट्रा जाते थे जो व्यापारियों का *विश्राम स्थल* (Resting house) था। सकोट्रा से जहाज द्वारा अदन तक जाते थे। अदन से एक मार्ग न्यूगना होकर रोम तक जाता था और दूसरा मार्ग लाल सागर होकर सिनाई गल्फ और अगवा होते हुए अलैक्जेंड्रिया तक जाता था और यहाँ से माल को भूमध्यसागर के क्षेत्र में भेजा जाता था। अदन से एक मार्ग अरेबिया के पश्चिम किनारे होते हुए पूर्वी अत्यन्तरिक तक जाता था जो कि रोमन साम्राज्य का पूर्वी हिस्सा था। भारत और पश्चिम एशिया का समुद्री मार्ग काफी कठिन और महँगा था। परन्तु मौनसून के आविष्कार के साथ ही सामुद्रिक यात्रा सरल हो गई।

27.6 व्यापारिक वस्तुएँ

आन्तरिक एवं बाह्य दोनों व्यापार के मूल रूप से आरामदायक वस्तुओं (luxury goods) का ही व्यापार होता था। आन्तरिक व्यापार के क्षेत्र में भी मसाले, चन्दन की लकड़ी, स्वर्ण और मोती इत्यादि दक्षिण भारत से उत्तर भारत भेजा जाता था। बंगाल और वाराणसी से रेशम तथा मलमल भारतीय उपमहाद्वीप के विभिन्न क्षेत्रों में भेजा जाता था। पर्वतीय क्षेत्रों से केशर और याक जानवर की छाल, भारत के विभिन्न प्रकार के खनिज, राजस्थान से ताँबा, नमक और उत्तर भारत के विभिन्न क्षेत्रों के खाद्य पदार्थों का व्यापार होता था।

प्राचीन भारतीय एवं पश्चिम एशिया के साहित्यिक स्रोतों एवं पश्चिमी एशिया के पुरातात्त्विक स्रोतों के आधार पर यह कहा जा सकता है कि पश्चिमी एशिया और भारत के पश्चिमी तट के बीच लगभग 1000 ई. पूर्व से ही व्यापारिक सम्बन्ध थे। पश्चिम एशिया साहित्यिक स्रोतों में सुपारा नामक बन्दरगाह का उल्लेख मिलता है जो सम्भवतः बम्बई के पास था। इसका उल्लेख स्वर्ण, मसाले, हाथीदाँत इत्यादि के बाजार के रूप में किया गया है। ज्ञातव्य है कि भारतीय लकड़ी का उपयोग पश्चिमी एशिया के व्यापारिक नाव बनाने तथा उसके पतवार के रूप में करते थे। जातक साहित्य में पभास (Indian name for babylone) और भारत के बीच व्यापारिक सम्बन्ध का उल्लेख मिलता है। बेबीलोनिया के पतन के पश्चात दक्षिण अरेबिया के व्यापारियों ने व्यापार कार्य को कायम रखा किन्तु धीरे-धीरे विशाल रोमन साम्राज्य की स्थापना हुई। पश्चिम एशिया के बहुत बड़े भूखंड के रोमन

साम्राज्य में आने के कारण रोम और उत्तर भारत का स्थल मार्ग से तथा दक्षिण भारत का जलमार्ग से या सामुद्रिक मार्ग से व्यापारिक सम्बन्ध प्रारम्भ हुआ।

भारत और विदेशी व्यापार के सम्बन्ध में जानकारी के प्रमुख स्रोत हैं—अज्ञात यूनानी नाविक की लिखी हुई *पेरिप्लस ऑफ द एरीथ्रियन सी, टॉलमी भूगोल, प्लिनी का वर्णन, संगम साहित्य* और पांडिचेरी के निकट आरिकमेडु तथा अन्य स्थलों की खुदाई। दक्षिण भारतीय लोग व्यापक व्यापार कार्य में अभिरुचि रखते थे। उनके साहित्य में कुत्ता, घोड़ा और अन्य व्यापारिक वस्तुएँ और लाइट हाउस तथा कस्टम हाउस का उल्लेख मिलता है। मुख्य रूप से भारतीय वस्तुओं का व्यापार विदेशी जहाजों पर भी होता था। किन्तु चोल राजाओं ने अपने जहाज का उपयोग व्यापार हेतु प्रारम्भ किया। किन्तु अधिकांश भारतीय वस्तुओं को विदेशियों के जहाज द्वारा ही भेजा जाता था। यद्यपि भारतीय ग्रन्थों में ऐसे जहाजों का उल्लेख मिलता है जिनमें 1000 व्यक्ति चढ़ते थे किन्तु डॉ. ए.एल. वाशम के अनुसार यह कथन अतिशयोक्तिपूर्ण है। प्लिनी के अनुसार सबसे विशाल भारतीय जहाज 75 टन का था। किन्तु चिह्नों और मूर्तियों में जिस प्रकार के जहाजों का दृष्टान्त मिलता है उसके आधार पर ऐसा लगता है कि जहाज का आकार या वजन अधिक नहीं रहा होगा। भारतीय साहित्यिक स्रोतों में अनेक ऐसे जहाजों का उल्लेख है जिन पर 300 से 700 यात्री यात्रा कर सकते थे। इन जहाजों को दिशा निर्देश उसके पतवार द्वारा किया जाता था। उस समय तक रडार की जानकारी नहीं थी।

दक्षिण भारत और रोम के बीच होनेवाला व्यापार अन्य सभी बाह्य सामुद्रिक व्यापारों की अपेक्षा अधिक लाभदायक था। यवन व्यापारियों के जहाजों का उल्लेख तमिल साहित्य में मिलता है। यवन व्यापारी समुद्र मार्ग द्वारा सुदूर दक्षिण तक पहुँचकर व्यापार करते थे। यवनों और दक्षिण भारतीयों के व्यापार का उल्लेख पश्चिमी तट में प्राप्त कुछ अभिलेखों एवं तमिल साहित्यों में भी मिलता है। काबेरीपट्टनम रोमन व्यापार का प्रमुख केन्द्र था। इस बन्दरगाह के कारण वह क्षेत्र काफी समृद्ध हो गया जिसमें यवन निवास करते थे। पेरिप्लस के भूगोल द्वारा इस काल में आयात एवं निर्यात होनेवाली विभिन्न वस्तुओं एवं व्यापारिक मार्गों के सम्बन्ध में जानकारी मिलती है। इथियोपिया से व्यापारिक मार्ग के चालू होने के कारण हाथीदाँत, स्वर्ण एवं मलमल के कपड़े के व्यापार में सुविधा हुई। एस्कोरैडिस (Escoridis) सुपारा का एक महत्त्वपूर्ण प्रायद्वीप था। इसके साथ ही यह एक महत्त्वपूर्ण बन्दरगाह भी था जहाँ पर भारतीय जहाज चावल, वस्त्र, मसाला आदि लाते थे एवम् इनके बदले में कछुआ का खोल (shell) ले जाते थे। फारस की खाड़ी के दक्षिण किनारे पर स्थित नगर भारतीय ताँबा, चन्दन की लकड़ी, टीक (Teak) या सागवान, आबनूस (Ebony) आदि आयात करते थे एवं इनके बदले में भारत को मोती, मदिरा, सोना एवं दान भेजते थे। सिन्धु के डेल्टा पर स्थित बरवरीया एक अन्य महत्त्वपूर्ण बन्दरगाह था। इस बन्दरगाह पर लिनेज, पुखराज (Topaz), मूँगा, एक विशिष्ट प्रकार का इत्र, शीशा, चाँदी, सोने की चादर (प्लेट) आदि बाहर से आता था, एवं यहाँ से मसाला, टरम्बीज (पत्थर), लैपीसलेजुला (कीमती पत्थर), मलमल, सूती कपड़ा और नील भेजा जाता था। बेरीगाजा (आधुनिक भड़ौंच एवं बौद्धकालीन भालूगाछी) सर्वाधिक प्राचीन एवं अत्यधिक व्यस्त बन्दरगाह था। इसी बन्दरगाह द्वारा भारत एवं पश्चिमी एशिया के बीच होनेवाले व्यापक व्यापार पर नियन्त्रण किया जाता था। इस बन्दरगाह पर मदिरा, ताँबा, टीन, शीशा, मूँगा, पुखराज, काँच, रिलाका (Relaka), एंटीमनी, विभिन्न प्रकार के स्वर्ण एवं रजत सिक्के एवं दवा आदि आयात होते थे। इस बन्दरगाह के

निर्यात होनेवाली सामग्रियों में विभिन्न प्रकार के मसाले, कुछ प्रकार की जड़ी-बूटी, सुगन्धित तेल, हीरा, कई प्रकार के कीमती पत्थर आदि थे।

भारत के पूर्वीय तट पर भी इस समय अनेक बन्दरगाहों का विकास हुआ, जिनमें सर्वाधिक महत्त्वपूर्ण था–आरिकामेडू–जहाँ पर कि 1945 ई. में किए गए उत्खनन से काफी जानकारी मिली है। यह एक महत्त्वपूर्ण व्यापारिक केन्द्र था। वहाँ पर अनेक रोमन व्यापारिक केन्द्रों का प्रमाण मिला है। आरिकामेडू, एक ऐसा बन्दरगाह था जहाँ से दक्षिण एशिया जाने का मार्ग था। आरिकामेडू में कुछ वस्तुओं का उत्पादन भी होता था। यहाँ पर पाए जानेवाले रोम के बर्तन, शीशा, पकी हुई ईंट की मूर्ति के आधार पर यह कहा जा सकता है कि रोमनों ने प्रथम सदी ई.पू. ले लेकर दूसरी सदी ई. तक इस बन्दरगाह का उपयोग किया। आरिकामेडु में भी पाए गए रोमन स्वर्ण सिक्कों की बहुलता दक्कन तथा दक्षिणी भारत के अन्य क्षेत्रों में भी पाए गए रोमन स्वर्ण सिक्के इस तथ्य के प्रमाण हैं कि रोम एवं भारत के बीच व्यापारिक सम्बन्ध जितना विकसित था। भारत में जिन रोमन शासकों के स्वर्ण सिक्के पाए गए हैं इनमें प्रमुख हैं–अगस्टस *(47 BC-14 AD.)*, ट्रिपाइसस *(14-37 AD.)*, नीरो *(54-63 AD.)*।

भारत में पाए जानेवाले अत्यधिक रोमन स्वर्ण सिक्कों से यह सिद्ध होता है कि भुगतान सन्तुलन भारत के पक्ष में ही था। व्यापार के इस स्वरूप को देखकर प्लीनी का चिन्तित होना स्वाभाविक ही था; क्योंकि रोम की राष्ट्रीय आय का अधिकांश हिस्सा भारत जा रहा था; जहाँ एक ओर रोम और स्पेन से भारत में सिक्के आ रहे थे, वहाँ इनके बदले स्पेन एवं रोम के समृद्ध लोग यहाँ से विलास की सामग्री; जैसे–विभिन्न प्रकार के मसाले, आभूषण, वस्त्र, विभिन्न प्रकार के जानवर इत्यादि लेते थे। इस प्रकार कहा जा सकता है कि व्यापार में भारत ही लाभान्वित होता था। दक्षिण भारत के महत्त्वपूर्ण नगर केन्द्रों में उस समय के बन्दरगाह थे। इन बन्दरगाहों में मुजारिस (चेर बन्दरगाह) एव पांड्य राज्यान्तर्गत कावेरी नदी के मुहाने पर स्थित कावेरीपट्टणम बन्दरगाह प्रमुख थे। एक प्रारम्भिक तमिल कविता में कावेरीपट्टणम की समृद्धि का वर्णन किया गया है।

उत्तर भारत से रोम का सम्पर्क अप्रत्यक्ष रूप से था। तक्षशिला में बड़े पैमाने पर मुद्रा जमा की जाती थी। तक्षशिला में अफगानिस्तान एवं ईरान से टरक्युअस (Terquious) एवं सिल्क रूट (Silk Route) होकर चीन से मध्य एशिया होते हुए सिल्क आता था। प्राचीन रेशम मार्ग के अवरुद्ध होने के पश्चात् तक्षशिला एवं भड़ौंच रेशम मार्ग में महत्त्वपूर्ण केन्द्र हो गए। इसके परिणामस्वरूप उत्तरी पश्चिमी भारत की समृद्धि काफी बढ़ी। भारत के रेशम मार्ग से जुड़ने के कारण भड़ौंच एवं सोपारा में रेशम उद्योग में काफी वृद्धि हुई। ये केन्द्र नर्मदा के दक्षिण और उत्तर में स्थित थे।

27.7 दक्षिणी-पूर्वी एशिया से सम्बन्ध

भारत का व्यापारिक सम्पर्क मात्र यवन राज्यों बल्कि दक्षिणी-पूर्वी एशिया के देशों से भी काफी घनिष्ठ हुआ। इस व्यापार में निकटता के कई कारण थे। रोम एवं दक्षिणी पूर्वी एशिया के बीच होनेवाले व्यापार में भारतीय व्यापारियों ने मध्यस्थ (मध्यवर्तियों) की भूमिका निभाई। इस व्यापार में दक्षिण भारतीय व्यापारियों ने महत्त्वपूर्ण भूमिका निभाई। कलिंग एवं मगध के व्यापारी भी इन व्यापारिक गतिविधियों में हिस्सा लेते थे। इस काल में श्रीलंका, बर्मा एवं

दक्षिण द्वीप समूहों के साथ भारत का व्यापारिक मार्ग जुड़ गया।

27.8 वाणिज्य एवं व्यापारिक सम्पर्क का प्रभाव

भारत एवं विश्व के अन्य देशों के बीच व्यापारिक सम्बन्धों की स्थापना के परिणामस्वरूप भारत के भूगोल, वाणिज्य एवं व्यापार इत्यादि की जानकारी के सम्बन्ध में पर्याप्त वृद्धि हुई। स्ट्रॉबो के भूगोल, प्लीनी के Natural History, टॉलेमी के Geograpy-Indica. एवं Periplus, Morris एवं Panthis के अनाम ग्रन्थों से तत्कालीन व्यापार एवं अन्य बातों की जानकारी मिलती है। बाह्य व्यापार के परिणामस्वरूप भारत के पक्ष में अनुकूल भुगतान सन्तुलन एवं पश्चिमी जगत् के लिए प्रतिकूल भुगतान सन्तुलन बना रहा। मौद्रिक अर्थव्यवस्था का विकास भी इसी व्यापारिक सम्पर्क का परिणाम था। भारत के सामुद्रिक तट पर अनेक नगरों के अस्तित्व में वृद्धि भी इसी के परिणामस्वरूप हुई। वाणिज्य व्यापार में वृद्धि के कारण विभिन्न प्रकार के उद्योग-धन्धे भी विकसित हुए। *महावस्तु* (द्वितीय शताब्दी का बौद्ध ग्रन्थ) के अनुसार राजगीर में 36 प्रकार के उद्योग-धन्धे थे। मिलिन्दपह्नो के अनुसार 75 प्रकार के धन्धे थे। चीन द्वारा भारत में रेशम के आने से भारत में भी गृह रेशम उद्योग की वृद्धि हुई। यह वाणिज्य एवं व्यापारिक सम्पर्क का ही परिणाम था कि भारत के उत्पादन के क्षेत्रों में तकनीकी प्रगति हुई।

विभिन्न उद्योग एवं धन्धों से सम्बन्धित श्रेणियों की स्थापना हुई। इन श्रेणियों ने एक सुदृढ़ प्रभावशाली सामाजिक एवं आर्थिक संस्था का स्वरूप प्राप्त कर लिया। ये श्रेणियाँ काफी सीमा तक राजनीतिक स्वायत्तता का उपभोग करती थीं तथा अपना सिक्का भी जारी करती थीं। भारत का विदेशों के साथ वाणिज्य एवं व्यापारिक सम्पर्क बढ़ने के परिणामस्वरूप यहाँ की परम्परागत सामाजिक संरचना पर महत्त्वपूर्ण प्रभाव पड़ा। बहुत से विदेशियों ने भारत में बसकर यहाँ के लोगों की आदत एवं व्यवहारों को ग्रहण करने के साथ-साथ स्थानीय धर्म को ग्रहण किया। फलतः सामाजिक सिद्धान्तों एवं जातिगत सामाजिक व्यवस्था के सम्मुख कई समस्याएँ उत्पन्न हुईं। भारतीय सामाजिक व्यवस्था में किसी एक व्यक्ति की अपेक्षा पूरे समूह को समाविष्ट करना आसान था, क्योंकि उन्हें एक जाति या उपजाति प्रदान की जा सकती थी। व्यावहारिक रूप से विदेशियों के लिए हिन्दू धर्म को ग्रहण करना कठिन था, क्योंकि उन्हें वर्णव्यवस्था के अन्तर्गत एक निश्चित जाति का स्वीकार करके कोई विशिष्ट कार्य करना ही पड़ा। पूर्व की तरह भारतीय सामाजिक जाति-व्यवस्था परम्परागत रूप से चार भागों में विभक्त थी।

राजनीतिक दृष्टिकोण से प्रभावशाली विदेशियों के वर्ग—कुषाण, इंडोग्रीक एवं शक को जाति व्यवस्था में सम्मिलित करने के लिए स्थानीय उच्च वर्ग के लोग अधिक इच्छुक थे। इसी का परिणाम था कि गिरे हुए क्षत्रियों के सिद्धान्त का प्रतिपादन हुआ और इन विदेशियों को वर्णव्यवस्था में स्थान दिया गया। वैश्य एवं शूद्र समुदाय ने कोई विशेष गम्भीर समस्या उत्पन्न नहीं की क्योंकि वे लोग अस्पष्ट रूप से परिभाषित थे एवं साथ ही सामाजिक दृष्टि से उनका निवास भी कोई निश्चित नहीं था। सामाजिक परिवर्तन के इस युग में कुछ निम्न जातियों ने परम्परागत सामाजिक संरचना से बाहर आने की कोशिश की। इसके साथ ही काफी संख्या में यहाँ के निम्न जाति के लोगों ने विदेशियों से सम्पर्क बढ़ाकर अपनी सामाजिक स्थिति में ऊर्ध्वगामी परिवर्तन लाना चाहा। वाणिज्य एवं व्यापार में विकास के कारण श्रेणियों का

निर्माण हुआ एवं अनेक शिल्पकार अधिकांशतया शूद्र वर्ण से ही लिए गए थे। जीविकोपार्जन के कार्य एवं निवास स्थान में परिवर्तन के कारण उनके सामाजिक स्तर में भी सुधार हुआ।

हिन्दू धर्म की अपेक्षा बौद्धधर्म को ग्रहण करने के परिणामस्वरूप विदेशियों का भारत की सामाजिक व्यवस्था में विलयन हो सका, क्योंकि बौद्धधर्म में कोई जातिगत बन्धन का प्रावधान नहीं था। सम्भवतः इसी कारण भारत में बसनेवाले अधिकांश विदेशी शासकों ने बौद्धधर्म को संरक्षण प्रदान किया।

यद्यपि रोमन व्यापार का आर्थिक प्रभाव उत्तर भारत की अपेक्षा दक्षिण भारत पर अधिक पड़ा किन्तु ग्रीक एवं रोमन विचारों के प्रभाव का जहाँ तक प्रश्न है हम कह सकते हैं कि इससे अपेक्षाकृत उत्तर भारत ही ज्यादा प्रभावित हुआ। व्यापारिक वस्तुओं के आदान-प्रदान ने वैचारिक आदान-प्रदान को अवश्यम्भावी कर दिया। विभिन्न क्षेत्रों में, विशेषकर तकनीकी क्षेत्र में, नए-नए शब्दों का प्रयोग भी इस सम्पर्क का ही परिणाम था। इस व्यापार एवं वाणिज्य का प्रभाव बौद्धधर्म एवं कला के क्षेत्र में भी देखा जा सकता है। कुषाण शासकों की संरक्षणात्मक प्रवृत्ति के फलस्वरूप इस काल में गान्धार कला के अन्तर्गत बुद्ध की उत्कृष्ट मूर्तियों का निर्माण हुआ। ग्रीको-रोमन तक्षण कला की शैली में गौतम बुद्ध के जीवन से सम्बन्धित अनेक घटनाओं का चित्रण किया गया। गान्धार कला के अन्तर्गत बनी हुई प्रारम्भिक बुद्ध प्रतिमाओं का रूप बहुत हद तक यूनानी देवता अपोलो के समान था। अनेक भारतीय राज्यों ने रोम में अपने अनेक प्रतिनिधि-मंडल भेजे। इनमें से सर्वाधिक महत्त्वपूर्ण था 25 B.C. में भड़ौंच से रोम के शासक अगस्टस तृतीय के दरबार में भेजा गया प्रतिनिधिमंडल। इन शताब्दियों में भारत का मात्र पश्चिमी जगत् से ही नहीं बल्कि एशिया के अन्य देशों से भी सम्पर्क बढ़ा। भारत-चीन सम्बन्ध में घनिष्ठता एवं दक्षिण-पूर्वी एशिया के राज्यों में भारतीय संस्कृति का प्रचार इस शताब्दी की महत्त्वपूर्ण घटना थी। ये सभी घटनाएँ बाह्य व्यापार के ही परिणाम थे। भारत और चीन के बीच व्यापारिक सम्बन्धों में वृद्धि 65 AD में भारत से भेजे गए बौद्ध प्रतिनिधि-मंडल के पश्चात ही हुई। इस प्रतिनिधि-मंडल ने स्वयं को चीन के लोयांग (Lo-yang) के प्रसिद्ध व्हाइट हाउस मॉनस्ट्री (White House Monastery) में प्रतिष्ठित किया।

दक्षिण-पूर्वी एशिया के बन्दरगाहों तक सामुद्रिक यात्रा चीन के साथ बढ़ते हुए सम्पर्क के कारण काफी नियमित हो गई, क्योंकि चीन से जानेवाला समुद्र मार्ग इन बन्दरगाहों से सम्बन्धित था। दक्षिणी-पूर्वी एशिया के राज्यों की उत्पत्ति से सम्बन्धित गाथाओं में भारतीय व्यापारी एवं राजकुमारों का निरन्तर उल्लेख मिलता है। वाणिज्य-व्यापार के कारण भारत एवं अन्य देशों के बीच जिस घनिष्ठ सम्पर्क की स्थापना हुई उससे विभिन्न देशों की चिकित्सा एवं खगोल विज्ञान भी समृद्ध हुआ। इसी समय चिकित्सा विश्वकोष की रचना हुई। इस समय के महत्त्वपूर्ण भारतीय चिकित्सक चरक और सुश्रुत थे। अनेक समृद्ध व्यक्तियों द्वारा बौद्धधर्म ग्रहण करने के परिणामस्वरूप काफी संख्या में अतिसुन्दर बौद्ध-बिहार एवं चैत्य गृहों का निर्माण हुआ।

27.8 गुप्तकालीन व्यापार

सातवाहनों एवं कुषाणों के राजनीतिक आधिपत्य की समाप्ति के उपरान्त भारतवर्ष अनेक छोटी-छोटी इकाइयों में लगभग एक शताब्दी तक बँटा रहा। इस काल में बड़ी राजनीतिक

सत्ता के अभाव के कारण उस वाणिज्य एवं व्यापार पर काफी दुष्प्रभाव पड़ा, जिसका सातवाहनों, कुषाणों एवं शकों के शासन काल में आशातीत विकास हुआ था, किन्तु चौथी शताब्दी में शक्तिशाली गुप्त साम्राज्य की स्थापना के पश्चात् वाणिज्य एवं व्यापार समृद्धि की ओर अग्रसर लगभग नहीं हो सका। यद्यपि कुषाणोत्तर काल में भी भारत एवं पश्चिमी जगत् के बीच व्यापारिक सम्बन्ध कायम रहे किन्तु यह कुषाण काल की तुलना में कम था। समुद्रगुप्त एवं विक्रमादित्य के काल में भारत एवं रोमन साम्राज्य के पूर्वी भाग (बाइजेंटाइन साम्राज्य) के बीच व्यापारिक सम्बन्ध की स्थापना हुई। गुप्तकाल में पश्चिमी तट के दो बन्दरगाहों सुपारक या सोपारा एवं भड़ौंच का महत्त्व बना रहा। वस्तुतः चन्द्रगुप्त विक्रमादित्य के शक अभियान के मूल में यह उद्‌देश्य था कि शक राजा को पराजित पर पश्चिमी तट के इन दो बन्दरगाहों को अपने आधिपत्य में कर ले। गुप्तकाल में जो कुछ भी व्यापारिक समृद्धि प्राप्त की गई वह पूर्ववर्ती व्यापारिक गतिविधियों का ही परिणाम थी।

गुप्तकाल में भारत एवं पश्चिमी जगत के बीच व्यापारिक सम्बन्ध पूर्ववत् नहीं रहा। इसके कई कारण थे—सर्वप्रथम, यह कहा जा सकता है कि रोमनों ने रेशम निर्मित करने की कला चीन से सीख ली। फलतः रोम में चीनी एवं भारतीय रेशम की माँग में काफी कमी हो गई। यद्यपि गुप्तकाल के पूर्वार्द्ध में कुछ मात्रा में भारतीय रेशम रोम भेजा जाता था। रोम में भारतीय रेशम की माँग में कमी आ जाने के कारण भारत के अनेक रेशम उद्योग बन्द होने लगे एवं इस उद्योग में लगे हुए श्रमिकों ने अन्य पेशा अपना लिए। दक्षिण भारत के परम्परागत रेशम निर्मित करनेवाले मजदूरों ने जीविकोपार्जन के नए साधन की खोज में उत्तराभिमुख अभियान किया। उत्तर भारत में मन्दसौर उद्योग क्षेत्र में इन परिवर्तनों का प्रतिकूल प्रभाव पड़ा। गुप्तकाल के मध्य में हूण आक्रमण के कारण भारत एवं रोम के बीच व्यापारिक सम्बन्ध बाधित होकर कम हो गया। हूणों के आक्रमण के परिणामस्वरूप भारत एवं रोम के बीच स्थल मार्ग अवरुद्ध हो गया। वस्तुतः हूण आक्रमण का गुप्तकालीन अर्थव्यवस्था पर संघातिक प्रभाव पड़ा।

हिन्दू स्मृतिकारों ने इस काल में समुद्र यात्रा को निषेध घोषित किया। इस विचार के कारण व्यापार बाधित हुआ। इस विचार के माध्यम से यह प्रसारित किया गया कि समुद्र यात्रा के क्रम में अशुद्ध विदेशियों से (म्लेच्छ) सम्पर्क में आने के कारण अपनी पवित्रता एवं धर्म से वे वंचित हो जाएँगे। इस काल की अर्थव्यवस्था का स्वरूप सामन्तवादी था। इस अर्थव्यवस्था में आत्मनिर्भर ग्रामीण इकाइयों का उद्‌भव हुआ। इसके परिणामस्वरूप भारत में विदेशी वस्तुओं की माँग में निरन्तर कमी आने लगी एवं व्यापार को प्रोत्साहन मिलना बन्द हो गया। इस काल में रेशम का उत्पादन काफी कम हो गया और एक समय ऐसा आया जब भारत को चीन से रेशम आयात करना पड़ा। भारत में रेशम का जो कुछ भी उत्पादन होता था उसे सामुद्रिक मार्ग द्वारा रोम भेजा जाता था। चीनी रेशम के साथ-साथ वहाँ से पोर्सलीन के सामान भी बाजार में आने लगे।

गुप्तकाल में भारत एवं दक्षिण-पूर्वी एशियाई देशों के बीच व्यापारिक सम्बन्ध काफी बढ़ गए। यह व्यापार कुछ सीमा तक भारत का रोम से बाधित हुए व्यापार की क्षतिपूर्ति थी। (गुप्तकाल से पूर्व रोम को मसाले की आपूर्ति के लिए ही दक्षिण-पूर्वी एशियाई राज्यों का शोषण किया जाता था।) किन्तु अब दक्षिण-पूर्वी एशियाई राज्य वस्तुओं की खपत के लिए बाजार का काम कर रहे थे। इस प्रकार दक्षिण-पूर्वी एशिया का परिवर्तन भारतीय औपनिवेशिक

बाजार के रूप में हुआ।

गुप्तकाल में भारत हाथीदाँत के बने हुए सामान, अनेक धातु, मलमल एवं मसाले निर्यात करता था। दक्षिण-पूर्वी एशियाई राज्यों में भारत के हाथीदाँत के सामान एवं धातुओं की काफी माँग थी। प्राचीन रेशम मार्ग के पुनः प्रारम्भ हो जाने से भी गुप्तकाल में भारतीय व्यापार पर प्रतिकूल प्रभाव पड़ा। भारत की अपेक्षा चीन जहाज उद्योग के क्षेत्र में काफी प्रगति कर लिया था जिसके कारण भारत व्यापार के क्षेत्र में चीन से प्रतिस्पर्धा में सफल नहीं हो सका। गुप्तकाल में पूर्ववर्ती कालों की तरह मसाले, चन्दन की लकड़ी, मोती, कीमती पत्थर, इत्र, नील आदि का निर्यात होता रहा किन्तु आयातित सामान की संख्या में कमी हुई। इस काल में कुछ मात्रा में चीन से रेशम एवं इथियोपिया से हाथीदाँत भी जाता था। अरेबिया, ईरान, बैक्ट्रिया एवं यूनान से घोड़ों के आयात में वृद्धि हुई। महत्त्वपूर्ण बन्दरगाहों के रूप में घटशाला, मदुरा, भड़ौंच, चौल, कल्याण, कैम्बी आदि का उल्लेख मिलता है। भारत का व्यापार अभी भी अरब सागर एवं चीन के सामुद्रिक क्षेत्र में हो रहा था। गुप्तकालीन व्यापारिक गतिविधियों के परिणामस्वरूप दक्षिण-पूर्वी एशिया का औपनिवेशीकरण किया गया। बाली, जावा, सुमात्रा, कम्बोज, चम्पा (वियतनाम), मलाया आदि में भारतीय आर्थिक एवं सांस्कृतिक गतिविधियों का प्रभाव पड़ा।

27.9 भूमि एवं राजस्व व्यवस्था

गुप्तकाल मौर्यों की केन्द्रित शासन-व्यवस्था एवं उत्तर गुप्तकाल की सामन्ती विकेन्द्रित शोषण-व्यवस्था के मध्य का संक्रान्ति काल (Transitional Phase) था। अतः इसके राजस्व एवं भूमि-व्यवस्था पर विकेन्द्रित शासन-व्यवस्था एवं परवर्ती आर्थिक अवस्था का प्रभाव स्पष्ट दृष्टिगोचर होता है।

इससे यह निष्कर्ष निकलता है कि गुप्त शासकों का भूमि पर कोई अधिकार नहीं था। डॉ. के.पी. जायसवाल ने यह सिद्ध करने की कोशिश की है कि प्राचीन भारत में खेत जोतनेवाले कृषक ही उसके स्वामी होते थे न कि शासक वर्ग के लोग। किन्तु उनके इस सिद्धान्त का विरोध एच.एन. घोषाल तथा एस.के. मैती आदि ने किया है।

इन इतिहासकारों ने यह दर्शाने की कोशिश की है कि गुप्त राजाओं का सम्पूर्ण अधिकार उनके राज्याधीन भूमि पर था। किन्तु इसका यह अर्थ कदापि नहीं होता कि निजी स्वामित्व का गुप्तकाल में अस्तित्व ही नहीं था।

उस काल के दो कानूनज्ञाता वृहस्पति एवं नारद यह स्वीकारते हैं कि किसी व्यक्ति को किसी जमीन का कानूनी हक मिल जाने पर वह उसका स्वामी हो जाता था। गुप्तकाल में कोई व्यक्ति अपने अधीन भूमि का स्वामी उस समय तक माना जाता था जब तक कि शासन की ओर से स्वामित्व प्रदान नहीं कर दिया जाए। वस्तुतः उस काल के विभिन्न ताम्रपत्र इस सत्य को इंगित करते हैं कि उनका योग स्वामित्व प्रदान करने के प्रमाण के रूप में किया जाता था।

गुप्तकाल की अधिकांश अवधि में शासक एवं शासनतन्त्र प्रभावशाली ढंग से कार्य का सम्पादन करता रहा। ऐसी स्थिति में राज्य की भूमि पर राजा के स्वामित्व को नकारा नहीं जा सकता। राजा अपनी इच्छानुसार इन भूमियों को वितरित करने का अधिकारी था। व्यक्ति उसी समय तक भूमि से लाभान्वित हो सकता था जब तक कि वह शासक को एक निश्चित

कर देता रहे। अतः ऐसा प्रतीत होता है कि उपज एवं कृषि से सम्बन्धित अन्य कर और कुछ नहीं अपितु सम्राट के द्वारा व्यक्ति विशेष को दिए गए भूमि स्वामित्व के बदले में एक प्रकार का किराया होता था। वृहस्पति ने एक प्रसंग के दौरान सम्राट के भूमिपति होने की बात कही है।

सम्राट धार्मिक संस्थाओं को विशाल भूमि के टुकड़े दान में देता था। वह विभिन्न प्रकार के भूमि कर वसूलता था एवं राज्य के कई विशाल कृषि योग्य एवं अन्य जमीन का वह प्रत्यक्ष रूप से स्वामी था। इसके अतिरिक्त राज्य की विभिन्न खानों एवं बहुमूल्य पत्थरों का स्वामित्व भी राजा ही के पास था। यह तथ्य इंगित करते हैं कि राजा वस्तुतः सभी भूमि का अन्तिम एवं सर्वोच्च अधिकारी होता था।

इतना होते हुए भी हम तात्कालिक स्रोतों से पाते हैं कि धीरे-धीरे जमीन पर ग्राम समुदायों का अधिकार एवं प्रभाव बढ़ता जा रहा था। व्यक्तिगत स्वामित्व भी बिना ग्राम समुदाय की सम्मति के सही नहीं समझे जाते थे। भूमि के क्रय-विक्रय एवं उसके निजी स्वामित्व स्थानान्तरण में भी व्यक्तियों की नहीं अपितु गाँव के प्रमुख व्यक्तियों की सम्मति आवश्यक होती थी : डॉ. बाशम, अल्तेकर एवं मजूमदार भी इस मत के पक्षपाती हैं कि इन भूमियों पर गाँव का सामूहिक अधिकार होता था क्योंकि राजा खास जमीन (साम्राज्य की भूमि) को विक्रय करने के समय वहाँ के प्रमुख व्यक्तियों की सम्मति अवश्य लेता था। इन विद्वानों का कहना है कि इन खास जमीनों पर राजा का एकाधिकार नहीं होता था अपितु ग्राम-समुदाय भी इस अधिकार का एक पक्ष होता था।

इस काल का एक विशिष्ट गुण यह था कि इस अवधि में धार्मिक संस्थाओं को विशाल क्षेत्र प्रदान किए गए। इस दान को *अग्रहार* या ब्राह्मणेय दान कहा जाता था। यह राजस्व कर से मुक्त होता था। यद्यपि इस दान का लाभ बाद में पुजारियों के परिवार भी उठा सकते थे किन्तु यह राजा की इच्छा पर निर्भर करता था। हमें ऐसे स्रोत प्राप्त नहीं हुए हैं जिनके आधार पर यह कहा जा सके कि शुरू में अन्य धर्मनिरपेक्ष संस्थाओं या राजकीय अधिकारियों को इस प्रकार का कोई दान मिलता था या नहीं। किन्तु बाद की अवधि में राजकीय अधिकारियों को भत्ता के स्थान पर भूमिदान मिलने लगे थे जो अप्रत्यक्ष रूप से राजा की स्थिति को निर्बल करने के लिए काफी थे। राजा चाहते हुए भी उनके भूस्वामित्व को खत्म नहीं कर सकता था क्योंकि उनके राजनीतिक रूप से विद्रोही होने का डर हमेशा बना रहता था। इस स्वामित्व के कारण अधिकारी पहले की अपेक्षा शक्तिशाली एवं कुछ दृष्टि से स्वतन्त्र भी हो जाते थे।

धार्मिक संस्थाएँ दान की हुई भूमि के स्वतन्त्र अधिस्वामी हो जाती थीं क्योंकि वे न केवल वहाँ से राजस्व वसूल करतीं अपितु उस क्षेत्र से पड़नेवाली खानों का स्वामित्व भी उन्हें मिल जाता था। ऐसी कोई व्यवस्था मौर्य काल में नहीं थी। अधिकांश मामलों में उन्हें अपने क्षेत्रों का शासन प्रबन्ध सौंप दिए जाते थे जो शासनतन्त्र को निर्बल करने के लिए प्रबल कारण बना। क्योंकि ये नए स्वामी न सिर्फ कर वसूलते अपितु वहाँ की प्रजा को अपना स्वामित्व मनवाने को मजबूर करते थे। इस प्रकार गुप्तकाल में राज्य के अन्दर ही कई स्वतन्त्र राज्य हो गए थे जो केन्द्रीय शासन के अधिकारों को अप्रत्यक्ष रूप से चुनौती देने में सक्षम थे।

27.10 राजस्व व्यवस्था

पुरातत्त्व एवं अभिलेखों से यह पता चलता है कि गुप्तकाल में राज्य की आय का सबसे बड़ा स्रोत भूमि कर था। भूमि कर के रूप में राज्य 1/6 हिस्सा उत्पादन कर लेता था। यह मनु एवं नारद के द्वारा भी उल्लिखित किया गया है। ऐसी धारणा थी कि राज्य की रक्षा करने के पुरस्कार के रूप में राजा भूमि कर लिया करता था। लेकिन *शुक्रनीति* (तात्कालिक कानून पुस्तक) इस तथ्य की ओर इंगित करता है कि भूमि कर के रूप में 1/3 से लेकर 1/4 भाग तक लिया जाता था जहाँ तालाबों, कुओं एवं नहरों के द्वारा फसल पटाने की व्यवस्था थी। *शुक्रनीति* के अनुसार बंजर या पहाड़ी भूमि से उत्पादन-कर के रूप में 1/6 भाग लिया जाता था एवं उपजाऊ जमीनों से 1/3 या 1/4।

इसके अतिरिक्त अन्य कई प्रकार के करों का प्रावधान था। जैसे–उदरंग, उपरिक, कलप्ता, उपकलप्ता, हिरण्य एवं बलि। गुप्तकाल में एक प्रचलित कर *भाग-भोग कर* था जो साम्राज्य की ओर से गाँवों पर सामान्य रूप में लगाया जाता था। वैदिककाल की पुस्तकों में इस नाम के कर का वर्णन नहीं पाते हैं। बाद में कौटिल्य के समय में यह कर प्रचलित हो चुका था। हर कोण से देखने के बाद हम इस निष्कर्ष पर पहुँचते हैं कि भाग-भोग कर एक सामान्य कर नहीं था। अपितु यह विशेष अवसर पर किसी बड़े कार्य के सम्पादन हेतु पूरे साम्राज्य में लगाया जाता था।

बलि एक प्रकार का धार्मिक कर था जो बहुधा वस्तुओं के रूप में देय था। ये वस्तुएँ मक्खन, चावल, फल, फूल इत्यादि हुआ करती थीं। *उपारिका* के बारे में अभी तक कुछ विशेष ज्ञान प्राप्त नहीं हो सका है किन्तु इतना निश्चित है कि यह भी एक प्रकार का असामान्य कर था जो सामान्य करों के अतिरिक्त लगाया जाता था। *उठरंगा* का साधारण अर्थ होता है विभिन्न प्रकार के कर किन्तु वस्तुतः यह किस प्रकार के कर थे इसके बारे में स्रोतों के अभाव में विशेष जानकारी प्राप्त नहीं हो सकी है।

अभिलेखों में प्रचलित एक और कर हिरण्य था। यह कुछ विशिष्ट कृषि उत्पादन से सम्बन्धित कर था जो राज्य लेता था। कभी-कभी राज्य *विष्टि* के रूप में किसी कार्य सम्पादन हेतु निःशुल्क श्रम की माँग करता था। गुप्तकाल में कृषकों के अतिरिक्त शिल्पकार, कारीगर एवं अन्य व्यवस्थाओं से सम्बन्धित व्यक्ति भी कर दिया करते थे। अभिलेखों में एक अन्य कर का बर्णन है जो कृषि-कर नहीं था। इसे *शुल्क* कहा जाता था। सम्भवतः यह चुंगी कर था जो व्यापारियों द्वारा किसी शहर या तटों पर सामान लाने के बाद लगाया जाता था। गुप्तकाल में आन्तरिक एवं बाह्य व्यापार समुन्नत अवस्था में थे। इस तरह गुप्तकाल में शुल्क कर के रूप में राज्य को अच्छी आमदनी हो जाया करती थी। कलप्ता एवं उपकलप्ता के सम्बन्ध में विद्वानों में मतभेद है। कुछ विद्वान इसे कृषि-कर मानते हैं; जबकि दूसरों के मत में ये कृषि कर नहीं थे। सरकार का कहना है कि ये एक प्रकार के बिक्री कर थे। नियम कानून का उल्लंघन करनेवालों पर प्रशासन अधिकांश आर्थिक दंड लगाता था। इसके फलस्वरूप राज्य को अच्छी आर्थिक आमदनी होती थी। नारद और वृहस्पति इस तथ्य की ओर इंगित करते हैं।

यद्यपि गुप्तकाल में करों की संख्या अधिक थी किन्तु सामान्य करों के अलावा जो कर लिए जाते थे वे विशिष्ट अवसरों पर ही लिए जाते थे। ऐसा सम्भव प्रतीत नहीं होता कि इतने

सारे कर का भुगतान गरीब किसान वर्ग कर पाता होगा। फाहियान ने गुप्तकालीन कर-व्यवस्था का जो चित्र खींचा वह कुछ अर्थों में सही प्रतीत नहीं होता। वह कहता है कि केवल राजा की जमीन पर खेती करनेवाले ही राज्य को कर देते थे। सम्भवतः उसने यह विचार इसलिए प्रस्तुत किया क्योंकि अपने भ्रमण काल में वह मठों एवं अन्य धार्मिक संस्थाओं में ठहरा जो दान भूमि थी और जहाँ का कर मठाधिपति ही रखता था। इस प्रकार वह निजी स्वामित्ववाली कृषि-भूमि का अध्ययन नहीं कर पाया। वह राजा को देय अन्य करों के बारे में भी जानकारी हासिल नहीं कर सका।

मौर्य प्रशासन की कर-व्यवस्था से तुलना करने पर हम कह सकते हैं कि गुप्तों की कर कर व्यवस्था उतनी विशाल एवं सुव्यवस्थित नहीं थी जितनी मौर्यों की थी। *अर्थशास्त्र* में करों की एक लम्बी सूची दी गई है जो यह दर्शाती है कि गुप्तकाल में सर्वसाधारण पर मौर्यकाल की अपेक्षा करों का भार कम था। इसकी व्याख्या इस प्रकार की जा सकती है कि चूँकि गुप्तकाल का प्रशासनतन्त्र मौर्यकाल के प्रशासनतन्त्र की तरह विशाल नहीं था अतः उन्हें व्यय की अत्यधिक आवश्यकता नहीं थी। फलस्वरूप कर भी कम ही लगाए जाते थे।

27.11 राजस्व अधिकारी एवं कर वसूलने की व्यवस्था

राजस्व अधिकारी सम्भवतः भूमि कर का निर्धारण एवं संग्रहण करते थे। बंगाल एवं गुजरात में भूमि सम्बन्धी कार्यों का निबटारा आयुक्त एवं विनियुक्त करते थे। बंगाल में आयुक्त की सम्मति के बिना भूमि का स्थानान्तरण नहीं किया जा सकता था। भूमि से सम्बन्धित कागजात ग्रामक सप्त अधिकर्त्ता के अधीन रहते थे जो सम्भवतः पटवारी एवं लेखापाल की हैसियत से कार्य करते थे। राजस्व विभाग में सहायक पदों पर कायस्थ, किरानिक, ढिविर आदि होते थे। इन अधिकारियों का अपने क्षेत्र में काफी प्रभाव था। ये कभी-कभी अनुचित ढंग से राजस्व उगाही किया करते थे। याज्ञवल्क्य, जो उस समय का प्रसिद्ध न्यायज्ञाता था, ने राजा से प्रार्थना की कि वह अधिकारियों के अत्याचार से गरीब सर्वहारा की रक्षा करे।

ऐसा प्रतीत होता है कि राजस्व वस्तुओं के रूप में ज्यादा संग्रहित किया जाता था। सम्भवतः अमीर किसान एवं भूपति सोना एवं चाँदी के रूप में कर देते थे। इनकी सहायता से जमीन भी खरीदते थे। तात्कालिक स्रोतों में भूमि के क्रय-विक्रय के कागज मिले हैं जिससे प्रतीत होता है कि सोना के द्वारा क्रय-विक्रय का कार्य अमीरों के बीच होता था। *हिरण्यसामुदायिक* नामक अधिकारी मुद्रा के रूप में शुल्क या कर वसूलता था। इसका ज्ञान हमें सातवीं सदी के बंगाल में प्राप्त एक पुरालेख से मिलता है। चूँकि इस अधिकारी का वर्णन औरंगिका के साथ किया गया है जो राज्य को देय कर की उगाही वस्तुओं के रूप में करता था। अतः इससे सिद्ध होता है कि हिरण्यसामुदायिक यही कार्य मुद्रा वसूलने के रूप में करता था।

चुंगी की उगाही सालकिका किया करता था जो वस्तुओं के रूप में राज का हिस्सा लेता था। वैसे, हमें एक अन्य अधिकारी के बारे में भी पता चलता है जो बंगाल में व्यवसाय विभाग से सम्बन्धित था। इसके अतिरिक्त सामन्तों के अधीन भी छोटे-बड़े अधिकारी होते थे जो इन कार्यों का सम्पादन किया करते थे।

अध्याय 28

श्रेणियाँ

लोहे ने बड़े पैमाने पर अतिरेक को, अतिरेक ने उद्योग एवं व्यापार को तथा उद्योग एवं व्यापार ने व्यापारिक समूहों जैसी श्रेणी, निगम आदि को विकसित किया। व्यापारियों के ऐसे समूहों का भारत के आर्थिक उत्थान और समृद्धि में महत्त्वपूर्ण योगदान रहा है। शुरू की इन व्यापारिक संस्थाओं ने बाद में चलकर काफी शक्तिशाली और सामाजिक जीवन में अपना स्वतन्त्र अस्तित्व स्थापित कर लिया। इन व्यापारिक समूहों का सम्बन्ध मात्र आर्थिक व्यवस्था से ही नहीं बल्कि सामाजिक और सांस्कृतिक क्रियाकलापों के साथ भी था।

बौद्ध साहित्य *जातक* के अध्ययन से पता चलता है कि छठी शताब्दी ई.पू. में लोहे का बड़े पैमाने पर प्रयोग होने के फलस्वरूप उद्योग एवं व्यापार में काफी वृद्धि हो गई और इसकी व्यवस्था के लिए व्यापारियों ने संगठन की आवश्यकता महसूस की। ये व्यापारी अपनी व्यवस्था में राज्य की मदद लेना नहीं चाहते थे क्योंकि इससे राजा के द्वारा हस्तक्षेप करने का उन्हें डर बना रहता था। इस काल के व्यापारियों ने व्यापार को सुविधापूर्वक चलाने एवं सुरक्षा के लिए श्रेणियों का संगठन किया। इन श्रेणियों की स्थापना करते समय व्यापारी, समाज या जाति का ध्यान न रखकर एक समान व्यापार या उद्योग करनेवाले लोगों की श्रेणियाँ बनाते थे। *जातक* में अट्ठारह प्रकार की श्रेणियों का उल्लेख है, जिसे बहुत से विद्वानों ने इसे बढ़ा-चढ़ाकर माना है। वैसे अट्ठारह से भी अधिक प्रकार की श्रेणियों के नामों की चर्चा हमें स्रोतों में देखने को मिलती हैं। इन श्रेणियों में महाजनों की श्रेणी सबसे प्रमुख थी जो सेट्ठि (सेठ शब्द इसी का अपभ्रंश है) कहे जाते थे। नगरों में निवास करनेवाले ये सेट्ठि सामाजिक दृष्टिकोण से काफी प्रतिष्ठित होते थे। *जातक* (1.95.231-232) में एक सेट्ठि अनाथपिंडक इतना धनी था कि महात्मा बुद्ध के सम्मान में उसने जेतवन के समस्त उद्यान को सिक्कों से ढँक दिया था। सेट्ठियों का आर्थिक एवं सामाजिक दृष्टिकोण से इतना महत्त्व था कि राजा द्वारा भी उनको काफी आदर-सत्कार मिलता था। जातक ग्रन्थ में रँगरेज कर्मकार, बुनकर, बढ़ई, दन्तकार आदि श्रेणियों की चर्चा है। इन श्रेणियों का व्यापार बाद में पैतृक हो गया और नगर के विशेष मोहल्ले में विशेष प्रकार के श्रेणियों को बसने से उनका बाद में चलकर स्थानीयकरण हो गया।

गौतम धर्मसूत्र (11.21) के अनुसार महाजनों, शिल्पियों, चरवाहों, कृषकों, व्यापारियों आदि के अपने-अपने संघों के लिए नियम बनाने का अधिकार स्वतन्त्र रूप से मिला था। इस ग्रन्थ के अध्ययन से यह भी पता चलता है कि राजा किसी भी श्रेणी से सम्बन्धित बातों या झगड़ों के समय अपना निर्णय श्रेणी के आधिकारिक लोगों से राय लेकर ही देता था।

श्रेणियों का महत्त्व बाद में चलकर इतना बढ़ गया कि इन्हें संविधान द्वारा राज्य के एक आवश्यक अंग के रूप में मान लिया गया। इन्हें अपना नियम बनाने का अधिकार मिला और उनके प्रधान ने राज्य दरबार में वर्ग-प्रतिनिधि के रूप में स्थान पाया।

जैन साहित्य में संघ, गण और गच्छों की चर्चा है। गणों में हस्तिपाल, सारस्वत, वज्जि आदि के उल्लेख मिलते हैं। मल्ल अपनी एकता के लिए प्रसिद्ध थे। ये लोग किसी अनाथ मल्ल की मृत्यु हो जाने पर उसकी अन्त्य-क्रिया करते तथा अपने संगठन के दीन-हीन लोगों की सहायता करते। बौद्धसूत्रों में वज्जिगण का उल्लेख आता है। ये लोग किसी बात का निर्णय करने के लिए एकत्रित होकर बैठकें (सन्निपात) करते और परस्पर हिल-मिलकर कार्य करते थे। जैनसूत्रों में गोदास, उत्तरबल्लिस्सह, उद्देह, चारण (वारण), कोटिक, माणव आदि अनेक गणों का उल्लेख आता है। ये गण अनेक कुल और शाखाओं में विभक्त थे। कुलों के समूह को गण कहा गया है। इसके अलावा, ग्वाले, शिकारी, मच्छीमार, घसियारे, लकड़हारे आदि के नाम लिए जा सकते हैं।

बौद्धसूत्रों की भाँति जैनसूत्रों में भी 18 प्रकार की श्रेणियों की चर्चा है। चक्ररत्न की पूजा करने के लिए भरत चक्रवर्ती ने 18 श्रेणी-प्रश्रेणी को बुलवाया और उन्हें आदेश दिया कि प्रजा का कर और शुल्क माफ कर दिया जाए, कोई राज-कर्मचारी जब्ती के लिए किसी के घर में प्रवेश न करे तथा किसी को किसी प्रकार का दंड न दिया जाए।

जैनसूत्रों में सुवर्णकार, चित्रकार और रजक श्रेणियों का उल्लेख मिलता है। श्रेणियों के कर्तव्य, विधान अथवा संगठन के सम्बन्ध में यद्यपि हमें विशेष जानकारी नहीं मिलती, फिर भी इतना अवश्य है कि आजकल की यूनियनों की भाँति ये लोग अपने-अपने दलों में संगठित थे और इन्हें विधान बनाने, निर्णय देने तथा व्यवस्था करने के अधिकार प्राप्त थे। श्रेणी अपने सदस्यों के हित के लिए प्रयत्नशील रहती और श्रेणी के प्रमुख सदस्य राजा के निकट पहुँचकर न्याय की माँग करते। राजकुमार मल्लदिन्न ने किसी चित्रकार को मल्लीकुमारी का पादांगुष्ठ चित्रित करने के कारण देशनिकाला दे दिया। यह सुनकर चित्रकारों की श्रेणी एकत्रित होकर राजकुमार के पास पहुँची। श्रेणी के सदस्यों ने राजकुमार के सामने सारी बातें निवेदन कीं, जिन्हें सुनकर मल्लदिन्न ने चित्रकार को क्षमा कर दिया। इसी प्रकार रजकों की श्रेणी के भी राजा के पास न्याय माँगने के लिए जाने का उल्लेख मिलता है। दरअसल श्रेणी एक प्रकार का ऐसा संगठन था जिसमें एक या विभिन्न जातियों के लोग होते थे। ये श्रेणियाँ राज्य के जन-समुदाय का प्रतिनिधित्व करतीं और इससे राजा को उनके विचार और उनकी भावनाओं को सम्मानित करने के लिए बाध्य होना पड़ता था।

शिल्पकारों की श्रेणियों की भाँति व्यापारियों की भी श्रेणियाँ थीं जिनमें नदी या समुद्र से यात्रा करनेवाले व्यापारी सार्थवाह शामिल थे। कितने ही सार्थों के उल्लेख मिलते हैं जो विविध माल-असबाब के साथ एक देश से दूसरे देश में आते-जाते रहते थे। सार्थवाह राजा की अनुज्ञापूर्वक गणिम (गिनने योग्य; जैसे जायफल, सुपारी आदि), धरिम (रखने योग्य; जैसे कंकु, गुड़ आदि), मेय (मापने योग्य; जैसे घी, तेल आदि) और परिच्छेद्य (परिच्छेद करने योग्य जैसे रत्न, वस्त्र आदि) नामक चार प्रकार का माल लेकर धन कमाने के लिए परदेश गमन करते थे। सार्थवाह अपनी गाड़ियों में माल भरकर अपने सार्थ के साथ मार्ग में ठहरते हुए चलते थे। सार्थवाह की गणना प्रमुख राजपुरुषों में की गई है; धनुर्विद्या और शासन में वह कुशल होता था। गमन करने के पूर्व ये लोग मुनादी कराकर घोषणा करते कि जो कोई उनके

साथ यात्रा पर चलना चाहे तो उसके भोजन, पान, वस्त्र, बर्तन और औषधि आदि की व्यवस्था मुफ्त की जाएगी। वास्तव में उन दिनों में व्यापार के मार्ग सुरक्षित नहीं थे, रास्ते में चोर-डाकुओं और जंगली जानवरों आदि का भय रहता था, इसलिए व्यापारी लोग एक साथ मिलकर किसी सार्थवाह को अपना नेता बना, परदेश-यात्रा के लिए निकलते थे। श्रेणी 18 श्रेष्ठी-प्रश्रेणियों का मुखिया माना जाता था।

कौटिल्य (5.2) ने श्रेणियों पर राज्य द्वारा नियन्त्रण की बात कही है। मौर्यकाल में श्रेणियों का प्रयोग सम्राट अपने राजनीतिक लाभ के लिए कर सकता था। संकटकाल में श्रेणियों की सम्पत्ति वह हड़प सकता था। राज्य के द्वारा इस बात पर भी ध्यान रखा जाता था कि जो धन शिल्पियों या व्यापारियों के द्वारा श्रेणियों में जमा किया जाता था उन्हें उस शिल्पी या व्यापारी के मरने या संकटकाल में उसके परिवारवालों को लौटाया जाता था या नहीं। कौटिल्य के अनुसार सैनिकों के अन्तर्गत भी श्रेणी वर्ग होता था जो रक्षा एवं आक्रमण के लिए पर्याप्त होता था। कौटिल्य में श्रेणियों की शक्ति पहचानने की क्षमता थी और इसीलिए राजा को इन श्रेणियों से हमेशा सम्बन्ध स्थापित किए रहने की वह सलाह देता था। वह इस बात का भी समर्थन करता था कि राजा द्वारा शक्तिशाली संघ एवं श्रेणी का आदर करना चाहिए। इसी के साथ कमजोर श्रेणी या संघों को नष्ट कर देने की सलाह भी कौटिल्य राजा को देता है। निगमों की प्रथाएँ व्यवसाय और लेन-देन सम्बन्धी बातों का लेखा-जोखा सरकारी रजिस्टर में मौर्यकाल में किया जाता था।

स्मृतियों में श्रेणियों के बारे में चर्चा की गई है। *मनुस्मृति* के अनुसार संघ या श्रेणी का सदस्य स्वार्थवश श्रेणी से सम्बद्ध नियमों को भंग करता था तो राजा की तरफ से उसे कठोर सजा मिलती (6.29) थी। *याज्ञवल्क्य स्मृति* (2.187-192) से पता चलता है कि यदि कोई व्यक्ति किसी श्रेणी या निगम का धन चुराता था या उसका सदस्य नियम का उल्लंघन करता तो उसे देश से निकाल देने की सजा दी जाती और उसकी जायदाद जब्त कर ली जाती थी। *विष्णु स्मृति* में भी हम इसी तरह की बात पाते हैं। इससे पता चलता है कि दूसरी शताब्दी ई.पू. से ही श्रेणी संगठन राज्य की राजनीति में एक अत्यन्त महत्त्वपूर्ण अंग के स्वरूप में विकसित हो चुका था। राज्य द्वारा इसके रीति-रिवाजों को मान्यता मिली और सम्मान स्तर बढ़ गया। संस्थाएँ बढ़ने लगीं और जनता का विश्वास भी इनके प्रति बढ़ा जिसकी जानकारी हमें मथुरा से प्राप्त दूसरी सदी के अभिलेख (*एपिग्राफिया इंडिका,* 21, पृष्ठ 60) से होती है। इस अभिलेख में हुविष्क द्वारा अक्षय-नीवि या अक्षयदान (वह दान जिसका क्षय या नाश न हो) देने की चर्चा है जो दो श्रेणियों में से प्रत्येक को 550 कार्षापण के रूप में दिया गया। इन दो श्रेणियों में से एक श्रेणी माला बनानेवालों की थी। नासिक में पाए गए एक अन्य अभिलेख (120 ई.) के अनुसार शक शासक नहपान के जमाता उषवदात द्वारा तीन हजार कार्षापण बौद्ध भिक्षुओं के उपयोग के लिए दिया गया। यह राशि नियमित ब्याज पर गोवर्द्धन की दो जुलाहों की श्रेणियों में जमा की गई। नासिक में पाए गए एक अन्य अभिलेख (*एपिग्राफिया इंडिका,* 8, पृष्ठ 88) के अनुसार तीसरी शताब्दी में वहाँ का शासक ईश्वरसेन ने कुलरिकों (कुम्हारों) की श्रेणियों को एक हजार कार्षापण, आन्दयान्त्रिकों (सम्भवतः जलघड़ी बनानेवाले कारीगर) की श्रेणियों को दो हजार तथा कुछ धनी तेलियों की श्रेणी में कुछ कार्षापण और कुछ अन्य श्रेणियों में पाँच सौ कार्षापण जमा किया।

गुप्त शासक स्कन्दगुप्त के इन्दौर ताम्रपत्र में तैलिक श्रेणी का विवरण मिलता है (इन्द्रपुर

निवासिनूयास्तैलिक श्रेण्या) जिसने सूर्य-मन्दिर के दीपदान निमित्त दो पल तेल का दान किया था (देयं तैलस्य तुल्येन पलद्वयं तु)। वैशाली मुहरों के लेख में निगम का नाम अंकित है। पूर्व मध्ययुग के अभिलेखों में विभिन्न श्रेणियों का उल्लेख मिलता है जिससे व्यापारिक संस्थाओं द्वारा देश की आर्थिक सहायता का परिज्ञान होता है। मन्दिरों के दान-प्रसंग में श्रेणियों के नाम मिलते हैं जो पूजा के निमित्त कर (टैक्स) दिया करती थीं। तैलिक तथा मालिक श्रेणी क्रमशः तेल तथा पुष्प 'कर' के रूप में देती रही (*एपिग्राफिया इंडिका,* जिल्द 1, पृ. 160; जिल्द 19, पृ. 57)। किसी विशेष प्रदेश में कार्य करनेवाली श्रेणी का मुख्य "सेष्ठी के नाम से विख्यात था (वर्तमान सेठ) तथा विदेशों से व्यापार करनेवाले समूह (वनजारा-श्रेणी) का अगुआ 'सार्थवाह' कहलाता था (*वही,* जिल्द 11, पृ. 43)।" संक्षेप में यह कहना उचित होगा कि प्राचीन भारत में धन के समुचित बँटवारे के लिए प्रजातान्त्रिक ढंग से श्रेणियाँ व्यापार में लगी रहती थीं जिससे समाज का कल्याण होता रहा।

गुप्तकाल में हमें श्रेणियों के बारे में जानकारी होती है जिन्हें विशेष स्वायत्त अधिकार मिले हुए थे। इनके आपसी झगड़ों का निपटारा श्रेणियाँ स्वयं करती थीं। वैसे आवश्यकतानुसार न्याय पाने के लिए ये राज्य के न्यायालय में भी जा सकते थे। *नारद स्मृति* (10.2.3)के अनुसार श्रेणियों तथा निगमों को राज्य की तरफ से स्वतन्त्रता मिली हुई थी। *वृहस्पति* (17.5.6) ने बताया कि श्रेणी के सदस्यों तथा अन्य निगमों के द्वारा शर्तनामा का विधान कठिनाइयों को दूर करने तथा लोगों के धार्मिक और लौकिक कर्तव्यों का ढंग से पालन करने के लिए किया गया। पाँचवीं सदी के एक अभिलेख (*कार्पस इंस्क्रिप्शंन इंडिकेरम,* 3.16) के अनुसार लाट के रेशम बुननेवाले लोग दशपुर में आकर बसे और अपनी संचित धनराशि से सूर्य का एक मन्दिर बनवाए। बाद में इसी श्रेणी ने इस मन्दिर की मरम्मत भी कराई।

बसाढ़ (प्राचीन वैशाली) से प्राप्त गुप्तकालीन मिट्टी के मोहरों से पता चलता है कि श्रेणियों में सार्थवाह और कुलिक शामिल थे। इस सम्मिलित संगठन की शाखा भारतवर्ष के अनेक नगरों में थी। डी.आर. भंडारकर (कार्माइकेल व्याख्यान, 1918, पृ. 170) का मत है कि नगर को निगम भी कहा जाता था। श्रेणी की शाखाएँ स्थानीय मन्दिरों की देखभाल भी करती थीं। व्यापारिक लेन-देन गुप्त राजाओं के साथ भी होता था।

गुप्तकाल के अन्तिम चरण से ही श्रेणियों की स्थिति खराब होती गई। इनकी प्रतिष्ठा में भी गिरावट की बात हम स्रोतों में पाते हैं। सामन्तों के आपसी झगड़ों ने व्यापार की स्थिति खराब कर दी। नगरीय आर्थिक व्यवस्था केन्द्रीय शक्ति कमजोर होने के कारण खराब होती गई और इस काल में हमें ग्रामीण आर्थिक व्यवस्था की बात देखने को मिलती है। स्वाभाविक रूप से व्यापारिक गतिशीलता में काफी कमी आ गई और इनका आर्थिक आकर्षण समाप्त हो गया तथा इनके बीच जातियों (जाति शब्द जन्म से बना है) की उत्पत्ति होने लगी। जो धन सामान्य जनता श्रेणियों में जमा करती थी वह अब मन्दिर में जमा होने लगा। *कथाकोष प्रकरण* में स्वर्णकार, कुम्हार, लुहार, धोबी आदि को जाति के रूप में स्थान मिला।

श्रेणियों का अस्तित्व 9वीं-10वीं शताब्दी में भी बना रहा। *मेघातिथि* (8.41) में वणिक और शिल्पकारों की चर्चा है। बुनकरों, कुम्हारों, मालियों और दस्तकारों की श्रेणियों की चर्चा मिलती है जो स्वयं अपना कानून बनाती और अपने सदस्यों पर लागू करती थीं। *स्मृतिचन्द्रिका* के अनुसार श्रेणियों को कानून बनाने का अधिकार था। बाजारों पर इन्हीं का नियन्त्रण रहता था। उनके द्वारा बनाए गए कानूनों का उल्लंघन करनेवाला दंड का भागी होता था।

आवश्यकता पड़ने पर इनके समस्याओं को सुलझाने के लिए राजा हस्तक्षेप कर सकता था।

श्रेणियों से सम्बद्ध जो भी बातें हमें अभिलेखों से मिलती हैं, उन अभिलेखों का सम्बन्ध मन्दिरों को दान देने से रहा है। 9वीं सदी के एक अभिलेख (*एपिग्राफिया इंडिका,* 1, पृ. 559) के अनुसार ग्वालियर के एक मन्दिर के लिए तेलियों और मालियों की श्रेणियों को जमीन दान में दी गई। घोड़े के व्यापारियों की एक श्रेणी की चर्चा हमें मिलती है जिनसे लिए गए कर मन्दिरों के बीच बाँट दिया जाता था। *एपिग्राफिया इंडिका* (22, पृ. 134) के अनुसार ग्यारहवीं सदी में शेरगढ़ के तेलियों की एक श्रेणी के अध्यक्ष ने सोमनाथ के मन्दिर को दान दिया।

8वीं शताब्दी में दक्षिण भारत में ताँबे ओर काँसे का काम करनेवाले श्रेणियों की चर्चा हमें मिलती है। यहाँ की श्रेणियाँ बैंक एवं खजाने का काम करती थीं। 10वीं सदी में मूलगुंड में पाए गए अभिलेख से पता चलता है कि 360 नगरों की श्रेणियों को चार मुखियों द्वारा दान दिया गया (*एपिग्राफिया इंडिका,* 3 पृ. 193)। बारहवीं सदी के एक अभिलेख (*गवर्नमेंट एपिग्राफिस्ट की रिपोर्ट,* 1907, पृ. 50; 1913, पृ. 21) के अनुसार अनेक श्रेणियाँ एक साथ मिलकर दान दिया करती थीं। तैल्लप द्वितीय के काल का एक अभिलेख (*एपिग्राफिया इंडिका* 13, पृ. 12) 505 व्यापारियों के एक संगठन की चर्चा करता है जिसने धार्मिक उद्देश्य से कई प्रकार की वस्तुओं को दान में दिया। बारहवीं सदी के एक अभिलेख (*गवर्नमेंट एपिग्राफिस्ट की रिपोर्ट,* 1915, पृ. 478) के अनुसार ऐहोल नगर में पाँच सौ वणिज रहते थे। पाँच सौ श्रेणी का उल्लेख दसवीं सदी के एक पांड्य अभिलेख (*एपिग्राफिया इंडिका,* 23, पृ. 12) में मिलता है।

दक्षिण भारत में नानादेशतिशैयारतु ऐन्नुरूवर एक प्रसिद्ध व्यापारिक संगठन था (*एनुअल रिपोर्ट आन साउथ इंडिया एपिग्राफी,* 1912)। दसवीं सदी के पश्चात के अभिलेखों में नानादेशी की चर्चा बड़े पैमाने पर हमें देखने को मिलती है। नगरीकरण के दृष्टिकोण से सातवाहन काल के बाद दक्षिण भारत में दसवीं सदी के बाद ही काफी संख्या में व्यापारिक नगरों की चर्चा अभिलेखों एवं लिखित स्रोतों में मिलती है। अतः स्वाभाविक रूप से व्यापारिक श्रेणियाँ भी हमें बड़े पैमाने पर दसवीं सदी के बाद ही मिलेगी। नानादेशी नामक व्यापारिक श्रेणियाँ तीन सौ वर्षों तक रहती थीं। ये श्रेणियाँ स्थल एवं जल मार्ग के बड़े पैमाने पर घोड़े, हाथी, रतन, गन्ध, औषधि आदि का व्यापार करती थीं। इनका व्यापारिक सम्बन्ध लंका, वर्मा, जावा, सुमात्रा आदि के साथ भी होता था। इस तरह की श्रेणियों के पास अपनी सेनाएँ होती थीं। *अविग्रामम* (*एपिग्राफिया इंडिका,* 4 पृ. 248), *अंजुवणमू* (एनुअल रिपोर्ट ऑफ दी मैसूर ऑर्कलॉजिकल डिपार्टमेंट, 1930, 70, 52), *वीरवनन्जुस* (गवर्नमेंट एपिग्राफिस्ट की रिपोर्ट, 1913 और 1914) आदि व्यापारिक समूहों की चर्चा इस काल में हमें मिलती है।

श्रेणियों का संगठन एवं कानून

जातक के अनुसार छठी शताब्दी ई.पू. में शिल्पियों का संगठन होता था जिसका प्रधान ज्येष्ठक कहलाता था। अलग-अलग व्यवसाय करनेवाले व्यक्ति एक साथ मिलकर अलग-अलग श्रेणी बनाते थे। ज्येष्ठक की समाज में काफी प्रतिष्ठा रहती थी। राजा भी इनके आर्थिक महत्त्व को समझता था। *रूचिजातक* के अनुसार कन्यारजेट्ठक नामक मुखिया राजा का कृपापात्र था।

वणिज श्रेणियों के मुखिया को सेठि कहा जाता था। वणिज श्रेणियों के संघ का अध्यक्ष

महासेठि कहा जाता था। इसके नीचे अनुजसेठि होता था। श्रेणियों के बीच की समस्याओं को महासेठि सुलझाता था। *जातक* (2, 12, 52) के अनुसार काशीराज का भांडारगारिक एक महासेठि था। व्यापारिक श्रेणी के अध्यक्ष, कौटिल्य के अनुसार, 'मुख्य' कहा जाता था। श्रेणी के अध्यक्ष को प्रधान, महत्तर, महर, प्रमुख, पट्टकलि आदि भी कहा जाता था।

याज्ञवल्क्य स्मृति के अनुसार श्रेणी के प्रधान या प्रत्यक्ष की सहायता के लिए दो, तीन या पाँच अधिकारी होते थे (2.186.192)। इन अधिकारियों का चुनाव श्रेणी के सदस्यों द्वारा होता था। याज्ञवल्क्य बताता है कि ये अधिकारी वेदों के ज्ञाता, योग्य, ईमानदार और आत्मसंयमी होते थे (17.1)। श्रेणी के लगभग सभी सदस्यों पर अधिकारी का नियन्त्रण होता था। दोषी सदस्यों को दंड की व्यवस्था थी। अधिक दोषी सदस्यों की जायदाद छीन लेने तथा नगर से निकाल देने का अधिकार श्रेणी अधिकारी को होता था। छोटी गलती के लिए डाँट-डपट का विधान था। अगर कोई अधिकारी स्वार्थवश बिना किसी ठोस कारण के श्रेणी के किसी सदस्य को दंड देना चाहता तो वह सदस्य न्याय पाने के लिए राजा के पास जा सकता था (*सेक्रेड बुक ऑफ द इस्ट,* भाग 32, पृ. 349)।

वृहस्पति स्मृति (17.11) के अनुसार श्रेणी का एक कार्यालय होता था जहाँ सभी सदस्य इकट्ठा होते थे और आवश्यक बातों पर विचार करते थे। श्रेणी-भवन में उपस्थित होने और जनसमुदाय से सम्बन्धित बातों पर विचार करने के लिए ढोल या अन्य वाद्य यन्त्र बजाकर श्रेणी के सभी सदस्यों को एकत्रित किया जाता था। अपनी समस्या कहनेवाले व्यक्ति की बातों को श्रेणी प्रधान को सुनना पड़ता था और अगर प्रधान किसी प्रकार से सच्चाई को घुमाने का प्रयत्न करता या वक्ता की बातों को ठीक से नहीं सुनता तो उसे 'पूर्व साहस दंड' मिलता था।

श्रेणी के द्वारा बनाए गए नियम राजा भी मानता था। श्रेणी के कानून सरकारी नियम के बराबर थे। श्रेणी का अपना न्यायालय होता था। श्रेणी के पास अचल सम्पत्ति जैसे, खेत, बगीचा आदि भी होता था। श्रेणी ऋण भी देता था (*वीर मित्रोदय,* याज्ञवल्क्य स्मृति की मित्रमिश्र कृत टीका, चौखम्बा सिरीज, बनारस, पृ. 432) लेकिन इस ऋण को सदस्य द्वारा व्यापार में ही लगाना पड़ता, अन्यथा वह दंड का भागी होता। व्यापारिक संगठनों द्वारा सामाजिक प्रतिष्ठा के लिए दान भी दिए जाते थे। धार्मिक दृष्टिकोण से पुण्य प्राप्ति के लिए भी ये श्रेणियाँ दान देती थीं। समय-समय पर श्रेणियों में नए सदस्य शामिल किए जाने और पुराने सदस्य आवश्यकतानुसार हटाए जाते थे। यह काम श्रेणियों की साधारण सभाएँ करती थीं।

प्रबन्ध अधिकारी श्रेणी के प्रति उत्तरदायी होता था। *वीर मित्रोदय* (पृ. 428) के अनुसार व्यापारियों का अपना समूह या श्रेणी वैसे किसी भी प्रबन्ध अधिकारी को हटा सकता था जो सदस्यों के बीच फूट डालता, सम्पत्ति नुकसान करता या विश्वासघात करता था। सदस्यों द्वारा हटाए गए प्रबन्ध अधिकारी के बारे में राजा को सूचना दे देनी पड़ती थी। राज्य के हितों के विरुद्ध श्रेणियों द्वारा किए गए कामों पर राजा रोक लगा सकता था।

कार्य

धार्मिक दृष्टि से श्रेणियों के द्वारा मन्दिरों एवं धार्मिक संस्थाओं को दान दिए जाते थे। यह दान व्यक्तिगत रूप से भी दिया जाता था। ई.पू. तीसरी सदी के बाद दो-तीन सौ वर्षों तक

श्रेणियों द्वारा बड़े पैमाने पर दान देने की चर्चा हमें स्रोतों में मिलती है (*एपिग्राफिया इंडिका,* 2, पृ. 88)। अनाज के व्यापारियों ने एक कुंड और एक गुफा दान किए (जुनार अभिलेख)। पाँचवीं सदी में रेशम बुननेवालों की एक श्रेणी ने अपनी संचित धन से सूर्य का मन्दिर बनवाया (*कार्पस इंसक्रिप्सन इंडिकेरम,* 3, पृ. 80)। इसी श्रेणी ने एक अन्य मन्दिर की मरम्मत कराई और कई प्रकार की वस्तुएँ दान दी। अभिलेखों एवं साहित्यिक स्रोतों के आधार पर हम पाते हैं कि व्यापारिक श्रेणियों द्वारा अधिकांश राशि दान के रूप में धार्मिक स्थानों एवं धार्मिक संस्थाओं को दे दी गईं। मौर्य एवं सातवाहन काल में हम पाते हैं कि व्यापारिक समूहों द्वारा बहुत बड़े पैमाने पर धार्मिक संस्थाओं को दान नहीं दिए गए। ऐसा लगता है कि सामाजिक मान प्रतिष्ठा के लिए व्यापारिक श्रेणियाँ बड़े पैमाने पर धार्मिक संस्थाओं के दान देना आवश्यक नहीं समझा, क्योंकि उनकी मान प्रतिष्ठा में चार चाँद काफी विकसित व्यापार ही लगा सकता था, लेकिन चौथी-पाँचवीं सदी से हम पाते हैं कि मान प्रतिष्ठा को बनाए रखने के लिए व्यापारिक श्रेणियों ने मन्दिरों को जमीन एवं भूमि बड़े पैमाने पर दान में दी। पाँचवीं-छठी शताब्दी से लेकर लगभग बारहवीं शताब्दी तक के काल के अध्ययन के लिए सबसे महत्त्वपूर्ण स्रोत अभिलेख हैं और ये अभिलेख मुख्य रूप से जमीन दान देने से सम्बन्धित हैं। इस काल में व्यापारिक समूहों द्वारा दिए गए दान के आधार पर हम कह सकते हैं कि पाँचवीं सदी के बाद व्यापारिक श्रेणियों की स्थिति जब खराब होने लगी, तो मान प्रतिष्ठा पाने के दृष्टिकोण से इन लोगों ने मन्दिरों को धन राशि का दान किया। जब तक इनकी आर्थिक स्थिति अच्छी रही (मौर्य एवं सातवाहन काल) धार्मिक संस्थाओं को बड़े पैमाने पर दान देने की आवश्यकता इन लोगों ने महसूस नहीं की। नौंवी सदी के एक अभिलेख (*एपिग्राफिया इंडिका,* भाग 1, पृ. 159) से पता चलता है कि तेली की श्रेणी ने तेल और मालियों की श्रेणी ने मालाएँ ग्वालियर के एक मन्दिर को दान स्वरूप शुरू किया।

श्रेणियों द्वारा जनकल्याणकारी कार्य भी किए जाते थे। *वृहस्पति* (17.11.12) के अनुसार श्रेणियाँ सभागार, विश्रामगृह, मन्दिर, सरोवर बनवातीं और उद्यान लगाती थीं। यज्ञ-कार्यों में भी इनके द्वारा दान दिया जाता था।

वणिक श्रेणियाँ सिक्के चलाती थीं। ई.पू. तीसरी सदी के सिक्के तक्षशिला से प्राप्त हुए हैं जिन पर *नैगम* शब्द अंकित है (कनिंघम, *क्वायंस ऑफ एंशेंट इंडिया* पृ. 144)। विद्वानों का कहना है कि सिक्कों को बनाने पर राजा का एकाधिकार नहीं था।

व्यापार में विशेष चिह्न के लिए श्रेणियाँ मोहरों का प्रयोग करती थीं। भीटा (इलाहाबाद के पास) में खुदाई से मोहर का साँचा मिला है जिन पर चौथी या तीसरी सदी की लिपि में 'शहिजितिए निगमश' लेख मिला है (*आर्कलॉजिकल सर्वे रिपोर्ट्स,* 1913-14, पृ. 112)। कुषाण काल की चार तथा गुप्तकाल की एक मोहरें यहाँ मिली हैं। प्राचीन वैशाली जिले में स्थित बसाढ़ से 274 गुप्तकालीन मोहरें मिली हैं जिनसे प्रमाणित होता है कि श्रेणियों, सार्थवाहों और कुलिकों ने मिलकर एक बड़ा-सा व्यापार मंडल स्थापित किया था जिनकी शाखाएँ अनेक नगरों में फैली थीं।

श्रेणियाँ बैंकों का काम करती थीं। समाज के नागरिक ब्याज पर अपना धन इनके पास जमा कर सकते थे। आज भी गाँवों में या छोटे शहरों में साहूकार मिलते हैं जहाँ लोग अपना धन जमा करते हैं और उन्हें साहूकार ब्याज देता है। दूसरी सदी के एक अभिलेख (लूडर्स संख्या 1144) के अनुसार शकराज नहपान के जमाता उषवदात ने गोवर्द्धन की जुलाहों की

एक श्रेणी में 2000 कर्षापण तथा दूसरों में 1000 क्रमशः 12 और 9 प्रतिशत ब्याज की दर से जमा कराया। इस ब्याज से बौद्ध भिक्षुओं को वस्त्र दिया जाता था। तीसरी सदी का एक अभिलेख (*एपिग्राफिका इंडिका,* भाग 8, पृ. 62-86) नासिक में मिला है जिसके अनुसार वहाँ की श्रेणी में कुछ धन जमा कराया गया जिसके ब्याज से संघाराम में रहनेवाले भिक्षु संघ के रोगियों को दान का प्रबन्ध होता था। पाँचवीं सदी के एक अभिलेख (*कार्पस इंस्क्रप्शंस इंडिकेरम,* भाग 3, संख्या 16) से पता चलता है कि एक ब्राह्मण द्वारा दिए गए धन के ब्याज से एक सूर्य मन्दिर में स्थायी दीपक की व्यवस्था की गई। यह धन तेलियों की श्रेणी में जमा कराया गया था जो इस पर ब्याज देती थी।

श्रेणियों द्वारा राजकीय भूमि की देखभाल की जाती थी। छठी सदी के एक अभिलेख (*एपिग्राफिया इंडिका,* 15.7) के अनुसार बंगाल के नगर श्रेष्ठिन, सार्थवाह, प्रथम कुलिक और प्रथम कायस्थ कुमारामात्य (प्राविंसियल गवर्नर) के साथ राजकीय भूमि की देखभाल करते थे।

जनता के हित को ध्यान में रखते हुए श्रेणियाँ बाजारों पर नियन्त्रण रखती थीं। वस्तुओं की खरीद-बिक्री तथा लेन-देन के निश्चित नियम होते थे। देश के भीतरी और बाहरी देशों के साथ व्यापार ये श्रेणियाँ आपस में मिलकर एक साथ भी कभी-कभी करती थीं। कई श्रेणियाँ एक संघ बनाकर कई जगहों पर जाती थीं।

श्रेणियों के बीच साझेदारी भी होती थी और इसी आधार पर उनके द्वारा व्यापार किया जाता था। *कूट वाणिज जातक* (जिल्द 4, पृ. 404), *बावेरू जातक* (जिल्द 3, पृ. 1260) और *महावणिज जातक* (जिल्द 4, पृ. 350) में व्यापारियों के लिए व्यापारियों के बीच साझेदारी की चर्चा है। कौटिल्य के अर्थशास्त्र (पृ. 105) और धर्मशास्त्रों (*नारद स्मृति,* 3.19; *वृहस्पति स्मृति* 14, 1-32; *याज्ञवल्क्य स्मृति,* 2.262) में भी साझेदारी व्यापार की चर्चा हमें देखने को मिलती है। साझेदारी के व्यापार में सदस्य साधारण कोष में, जो समुदाय के मूल धन का काम करता था, अपना-अपना अंश देता था। व्यापार में लाभ या घाटा साझेदारी के आधार पर वितरित कर दिया जाता था। कुछ साझेदारी अपने अतिरिक्त कौशल के कारण अतिरिक्त लाभ का अंश पाते थे। सोना, चाँदी, लकड़ी, कृषि कर्म, कर्मकार पत्थर अथवा चमड़े की बनी वस्तुओं के उत्पादन की विविध कलाओं और शिल्पों का व्यापार साझेदारी के आधार पर होता है।

प्रभाव एवं प्रतिष्ठा बढ़ने के पश्चात श्रेणियों का एक स्वतन्त्र अस्तित्व हो गया। इनके द्वारा अलग-अलग रीति-रिवाजों के आधार पर अलग-अलग कानून बनाए गए और राज्य ने इसे मान्यता दी। *गौतम धर्मसूत्र* (11.20) के अनुसार श्रेणी के रीति-रिवाज धर्म के विरुद्ध नहीं हो सकते। कौटिल्य के *अर्थशास्त्र* के अनुसार लेखाध्यक्ष को नियमित रूप से निर्धारित रजिस्टरों में निगमों की प्रथाओं सम्बन्धी बातों को भरना चाहिए। मनु कहता है कि राजा को श्रेणी के कानून का आदर करना चाहिए। याज्ञवल्क्य एवं नारद का कहना है कि राजा को इनके कानूनों तथा समझौते को लोगों पर थोपना चाहिए और उल्लंघन करनेवालों को दंड देना चाहिए।

श्रेणियों को न्यायिक अधिकार था। नारद (1.7) के अनुसार श्रेणी का चार सामान्य न्यायालयों में दूसरा स्थान था। श्रेणी द्वारा न्यायिक कार्य करने की जानकारी पाँचवीं सदी के अभिलेखों (*एपिग्राफिया इंडिका,* 15, पृ. 130; आर.सी. मजुमदार, *प्राचीन भारत में संगठित जीवन,* पृ. 62) से भी होती है। गुप्त शासक कुमारगुप्त, प्रथम के काल में कुमारामात्य

वेजवर्मा, नगरश्रेष्ठी धृतपाल, सार्थवाह बन्धुमित्र, प्रथम कुलिक धृतिमित्र, प्रथम कायस्थ साम्भपाल के द्वारा न्याय प्रशासन की देखभाल की जाती थी।

श्रेणियों द्वारा सैनिक कार्य भी किए जाते थे। *अर्थशास्त्र* के अनुसार श्रेणियों की सेनाएँ होती थीं जिनका प्रयोग रक्षा एवं आक्रमण के लिए होता था। सैनिक शक्ति में वृद्धि के लिए राजा को ऐसी व्यवस्था करनी पड़ती थी। *महाभारत* में भी इस बात की चर्चा है कि राज्य श्रेणीबल का उपयोग कर सकता था। श्रेणीबल भाड़े के सैनिकों के समान ही महत्त्ववाला कहा गया है। सयोध श्रेणी का जिक्र *रामायण* (2.123.5) में भी मिलता है। मन्दसौर शिलालेख (*का.इ.इ.,* पृ. 30) के अनुसार श्रेणी द्वारा सैनिक कार्य किया जाता था।

इस तरह आर.सी. मजुमदार का मत तार्किक लगता है कि मानव में सहकारिता की भावना एक सामाजिक वृत्ति है। वातावरण का प्रकार ही संगठन का स्वरूप निर्धारित करता है, परन्तु उसके विकास का रूप प्रायः उस समाज की सामाजिक प्रतिभा पर निर्भर रहता है जिसमें उसका पोषण होता है।

प्राचीनकाल में संगठित व्यापारिक समूह को 'श्रेणी' या शिल्प समूह (Guild) कहा जाता था। भिन्न-भिन्न शिल्प समूह भिन्न-भिन्न व्यापारिक समूहों का प्रतिनिधित्व करते थे। भारत के आर्थिक जीवन को समुन्नत और सुसम्पन्न करने में श्रेणी संस्था का अद्वितीय योगदान रहा है। इसके अतिरिक्त इस संस्था का समाज के सांस्कृतिक और राजनीतिक क्षेत्र में भी कम योगदान नहीं रहा है। स्वतन्त्र और क्रियाशील संस्था के रूप में इसने समाज और देश को समय-समय पर गतिशीलता और प्रेरणा प्रदान की जिससे राष्ट्र का भौतिक और आध्यात्मिक उत्थान हुआ। ये केवल मनुष्यों के समूह ही न थे वरन् इसमें श्रम तथा सम्पत्ति की भी विशेष मान्यता प्राप्त रहती थी।

ई.पू. 200 से 300 ई. के बीच श्रेणी की भूमिका

शुंग, कुषाण, सातवाहन और गुप्तकाल में देश की आर्थिक नीति श्रेणियों के हाथ में थी। प्रायः लम्बी दूरियों और असुरक्षित मार्गों को पार करने के लिए, व्यापारीगण निजी तौर पर लुटेरों और लड़ाकू कबीलों का सामना करने में असमर्थ थे; एक निकाय में संगठित होने पर वे उनका सफल प्रतिरोध कर सकते थे। समाज या भिन्न जाति के, परन्तु समान व्यापार और उद्योग अपनानेवाले लोगों का निगम ही *श्रेणी* कहा जाता था। श्रेणियाँ सहकारी सम्पत्ति रखतीं, नियम-विनिमय बनातीं, उनके प्रतिनिधि न्यायालय सम्बन्धी कार्य करते; उनके नियम का विरोध करनेवाला राजद्रोही समझा जाता था। श्रेणी अपने कार्यों का निष्पादन प्रजातन्त्र शैली पर करती थी।

शुंगकाल में व्यापार की उन्नति के लिए कारीगरों और व्यापारियों की श्रेणियाँ का होना आवश्यक माना जाने लगा। कारीगरों की श्रेणियाँ कुछ रकम अपना भला चाहनेवालों और नक्काशों के पास जमा कर देतीं ताकि जरूरत पड़ने पर उनका उपयोग किया जा सके। कारीगरों को अपने इकरारनामों की शर्तों के अनुसार काम करना पड़ता था। शर्तें पूरी न करने पर उनके वेतन का एक चौथाई भाग काट लिया जाता और वेतन का दोगुना उन्हें दंड भरना पड़ता था। कारीगरों के विपत्ति में पड़ जाने पर यह नियम लागू नहीं होता था। मालिक की आज्ञा के बिना माल तैयार करने पर उन्हें दंड लगता था। कुशल नाविकों को नक्षत्रों की गतिविधि एवं फलित-ज्योतिष का ज्ञान होता था। जहाज चालक जहाज में लगे यन्त्र को

मुहरबन्द करके रखता था। श्रेणियों को अपने कानून सीमा में रहकर काम करना पड़ता था। विदेश से आए माल को श्रेणी का कोई सदस्य कभी-कभी अकेले खरीद लेता और शेष सदस्यों को मुनाफा के साथ बेचता था। चूँकि श्रेणी-नियम के अनुसार ऐसा करना कानूनी था, अतः राजा भी उस सदस्य के विरुद्ध कुछ नहीं कर सकता था। राजा को भी श्रेणी से उसी दर पर सामान खरीदना पड़ता था जिस दर से श्रेणी का सदस्य बेचना चाहता था। सामान्य तौर पर महाजनों की श्रेणी सामूहिक रूप से सौदा खरीदती थी। नगरसेठ, जो राजा का मुख्य महाजन होता, राजा के सलाहकारों में होता और समय पड़ने पर वह धन से भी राज्य की मदद करता था।

कुषाणकाल में श्रेणियों के नाम स्थान एवं व्यापारिक वस्तुओं के नाम पर पड़ने लगे। मद्रवाणिज एवं कश्मीरवाणिज से स्थान की जानकारी होती है। अश्ववाणिज, गोवाणिज, वंशकठिनिक वाणिज (वन-सम्पत्ति या बाँस का व्यापार करनेवाले), प्रास्तरिकवाणिज (खनिज द्रव्यों का व्यापार करनेवाले व्यापारी) आदि श्रेणियों के नाम व्यापारिक वस्तुओं के नाम पर पड़े थे। सबसे अच्छे कारीगर *महत्तर* कहे जाते थे। मालाकार, कुम्भकार, बढ़ई, धोबी (चौधरी), रँगरेज, ठठेरा, सोनार, मणिकार, शंखवलयकार, यन्त्रकार (खराद पर चढ़ाकर खिलौने, पंखा, कुर्सी, मूर्ति आदि बनानेवाला), बेंत बिननेवालों, चादर बनानेवालों (प्रावारिक), हाथीदाँत का काम करनेवालों (दन्तकार), गन्धी, रेशमी और ऊनी कपड़ेवालों (कोशाविक), तेली, घी बेचनेवालों (घृतकुंडक), गुड़ बेचनेवालों (गौलिक), पान बेचनेवालों (वारिक), कपास बेचनेवालों (कार्पासिक), दही बेचनेवालों (दध्यिक), पूए बचनेवालों (पूथिक), खाँड बनानेवालों (खंडकारक), लड्डू बेचनेवालों (मोदकारक) आटा बनानेवालों (समितकारक), सत्तू बनानेवालों (सक्तुकारक), फल बेचनेवालों (फलवाणिज), कन्दमूल बेचनेवालों (मूलवाणिज), सुगन्धित चूर्ण और तेल बेचनेवालों (चूर्णकूट्ट गन्ध, तैलिक), गुड़ बनानेवालों (गुड़पाचक), खाँड बनानेवालों (खंडपाचक), सोंठ बेचनेवालों, शराब बनानेवालों (सीधुकारक), शक्कर बेचनेवालों (शर्करवाणिज), लोहार, ताँबा पीटनेवालों, ठठेरा, पीतल बनानेवालों, राँगे के कारीगर, शीशे का काम करनेवालों, खराद पर चढ़ानेवालों, मालाकार, गद्दियाँ भरनेवालों (पुरिमकार), चर्मकार, ऊन बीननेवालों, साफ कपड़े धोनेवालों, रँगरेज, सूईकार, ताँती, चित्रकार, रजतकार, पोताई के कारीगर, नाई, छेद करनेवाले, रथपति, सूत्रधार, कुआँ खोदनेवालों, लकड़ी-बाँस आदि के व्यापार करनेवालों, नाविकों, सुवर्णधोवकों आदि की श्रेणियाँ कुषाणकाल में थीं।

श्रेणी की प्राचीनतम अभिलेखीय चर्चा मथुरा से प्राप्त हुविष्क के 28वें वर्ष (106 ई.) के लेख में है। नासिक से प्राप्त एक अभिलेख (120 ई.) में है कि शकनरेश नहपान के जमाता उषवदत्त ने तीन हजार कर्षापण गोवर्धन के जुलाहों की श्रेणी को दी जिसके ब्याज से वर्षावास करनेवाले कुछ बौद्धभिक्षुओं का खर्च चलता था। एक अन्य नासिक अभिलेख में राजा ईश्वरसेन द्वारा तेलियों की श्रेणी को पाँच सौ कर्षापण देने की चर्चा है जिसके व्याज से भिक्षुसंघ के रोगियों की दवा का प्रबन्ध किया जाता था। श्रेणियाँ ऐसी राशि का उपयोग व्यापार में करती थीं। श्रेणियों को राजा की ओर से ग्राम भी मिलते जिनसे प्राप्त फसलों को बेचकर सूद के रूप में एक निश्चित रकम भूमिस्वामी के निर्देशानुसार खर्च करते थे।

गुप्तकाल में श्रेणियों और नियमों की आवश्यकता बढ़ती गई। साझेदारी, वादा पूरा न करने तथा माल न देने से सम्बद्ध नियम बने। श्रेणियों के कार्यालय की मुहरें होती थीं। भागीदार एक काम में बराबर अथवा पूर्व निश्चित रकम लगाते थे। फायदा, नुकसान और

खर्च भागीदारी के हिस्से में अनुपात में बँट जाता था। स्टोर, भोजन, नुकसानी, ढुलवाई और कीमती माल की रखवाली का खर्च इकरारनामे के अनुसार निश्चित होता था। प्रत्येक भागीदार को अपनी लापरवाही से अथवा अपने भागीदारों की बिना अनुमति के काम करने से हुए घाटे को खुद उठाना पड़ता था। भागीदारी के माल की ईश्वरकोप, राजकोप तथा डाकुओं से रक्षा करनेवालों को माल का 10वाँ हिस्सा मिलता था। किसी भागीदार की मृत्यु पर उसका उत्तराधिकारी भागीदार बन जाता था। उत्तराधिकारी न होने पर उसके शेष साझेदार उसके माल के उत्तराधिकारी हो जाते थे।

श्रेणियों के पास बैंक होते जिन पर जनता का पूरा विश्वास होता था। व्यापारी को शुल्कशाला में पहुँचकर अपने माल पर शुल्क देना पड़ता था। वाहक की लापरवाही से माल को नुकसान पहुँचने पर उसे नुकसानी की रकम भरनी पड़ती थी; पर नुकसान यदि दैवकोप या राजकोप से हुआ हो तब वह हरजाने का हकदार नहीं होता था। राजा नगर और जनपद में श्रेणियों और पूगों के नियमों को मानता था। राजा उनके नियम, धर्म, हाजिरी तथा जीवनयापन की विधियों को भी मानता था। गुप्तकाल में (*जम्बूद्वीप्रज्ञाप्ति*) 18 श्रेणियाँ थीं–कुम्हार, रेशम बुननेवाला (पट्टइल्ला), सुवर्णकार, रसोइया (सूवकार), गायक (गन्धव्य), नाई (कासवग), मालाकार, कच्छकार (काछी), तमोली, मोची (चम्मयरू), तेली (जन्तपीलग), अँगोछे बेचनेवाले (गंछी), कपड़े छापनेवाले (छिंप), ठठेरा (कंसकार), दर्जी (सीवग), ग्वाले (गुआर), शिकारी (मिल्ल) और मछुए।

कुमारगुप्त के समय के मन्दसौर लेख से पता चलता है कि रेशम श्रेणी लाट (गुजरात) देश के दशपुर (मन्दसौर, मालवा) में आकर काम करने लगी। रेशमी वस्त्र के बुनकरों की इस श्रेणी के सदस्य अपने व्यवसाय पर अभिमान करते थे। स्कन्दगुप्त के अभिलेख से तेलियों की श्रेणी की जानकारी होती है।

अध्याय 29

पाटलिपुत्र : उत्थान एवं पतन

महानगर पाटलिपुत्र को कई राजवंशों की राजधानी बनाने का गौरव प्राप्त रहा है। भारतवर्ष का सम्भवतः यह अकेला नगर है जिसे पाटलिपुत्र के अलावा कुसुमध्वज[1], कुसुमपुर[2], पुष्पपुर[3], पुष्पाभय[4], पुष्पवती[5], पुष्पालयपुर[6], श्रीनगर[7], पुष्पपुरी[8], पाटलिपुत्र[9], पाडलिपुत्र[10], पोलिबोथा[11], पालिमाबोथ्र[12], कुसुमपोलो[13], पोचालीत्सुचींग[14] आदि नामों से जाना जाता है। जैन साहित्य *कुवलयमालकहा*[15] के अनुसार प्राचीन भारतीय ग्रन्थों में पाटलिपुत्र के लिए अन्य बारह नाम प्रयुक्त होते थे। चन्द्रगुप्त मौर्यकालीन यूनानी राजदूत मेगास्थनीज ने इस नगर को पालिमबोथ्र (पाटलपित्र) कहा है।[16] ई.पू. दूसरी शताब्दी का प्रसिद्ध व्याकरणविद् पतंजलि ने इस नगर को पाटलिपुत्र कहा है।[17] *युगपुराण*[18] में पुष्पपुर और प्रथम-द्वितीय शताब्दी का जैन लेखक उमास्वाती द्वारा रचित तत्त्वार्थसूत्र[19] में इस नगर को कुसुमपुर कहा गया है।

गैर बौद्ध एवं जैन स्रोतों तथा पुरातात्त्विक सामग्रियों से पाटलिपुत्र के गौरवशाली इतिहास की जानकारी होती तो अवश्य है किन्तु कई महत्त्वपूर्ण सम्बन्धित शोध समस्याओं को मात्र जैन एवं बौद्ध स्रोत ही सुलझा पाते हैं।

ह्वेनत्सांग[20] लिखता है—गंगा नदी के दक्षिण में स्थित पाटलिपुत्र नगर करीब 70 ली के घेरे में है। यद्यपि यह बहुत दिनों से उजाड़ हो रहा है परन्तु मकान अब भी अच्छे-अच्छे बने हुए हैं। पहले इस नगर का नाम कुसुमपुर था क्योंकि राजमहल में फूलों की विशेष अधिकता थी। बाद में चलकर इसका नाम बदलकर पाटलिपुत्र हो गया। ऐसी जानकारी गैर जैन एवं बौद्ध स्रोतों एवं पुरातात्त्विक सामग्रियों से नहीं हो पाती और इस स्थिति में ह्वेनत्सांग की यह सूचना हमारे लिए महत्त्वपूर्ण है।

दीघनिकाय[21] के अनुसार, पाटलिपुत्र का उल्लेख छह महानगरों[22] की सूची में नहीं है। इससे ऐसा प्रतीत होता है कि बुद्ध काल में पाटलिपुत्र का विशेष महत्त्व नहीं था। जीवन के अन्तिम दिनों में बुद्ध ने जब इस नगर को देखा तो यह अपने भावी गौरव की नींव तैयार कर रहा था। इसी समय इसके चारों ओर लकड़ी की सुरक्षात्मक दीवारें खड़ी हो गई थीं। *दीघनिकाय* में इसे पाटलिपुत्र और पाटलिग्राम—दोनों नाम से सम्बोधित किया गया है। इससे पता चलता है कि यहाँ एक-दूसरे के निकट दो बस्तियाँ थीं—एक को *ग्राम* और दूसरे को *पुत्र* कहा जाता था। बाद में चलकर पाटलिपुत्र जब एक विकसित नगर हुआ तो पाटलिग्राम उसमें सम्मिलित हो गया। बुद्ध की मृत्यु के उपरान्त ही पाटलिपुत्र को *महानगर* कहा जाने लगा। चन्द्रगुप्त मौर्य के काल में पाटलिपुत्र की चहारदीवारी को अधिक मजबूत बनाया गया किन्तु इस चहारदीवारी का निर्माण चन्द्रगुप्त मौर्य से 70 वर्ष पूर्व हो चुका था।[23]

पाटलिपुत्र के नामकरण के सम्बन्ध में ह्वेनत्सांग[24] लिखता है–प्राचीन काल में वहाँ एक अति विद्वान और बुद्धिमान ब्राह्मण रहता था। उसके हजारों शिष्य थे। एक दिन सभी शिष्य मैदान में खेल रहे थे कि उनमें से एक छात्र कुछ उदास और खिन्नचित हो गया। उसके मित्रों ने इसका कारण पूछा तो उसने कहा कि युवा और बलवान होने के बावजूद उसका जो धर्म था उसे वह अभी तक पूरा नहीं कर सका और इसीलिए दुखी था। इस पर उसके मित्रों ने मजाक में कहा कि उसे अब एक पत्नी की तलाश करनी चाहिए। मित्रों ने अपने में से दो को वर का माता-पिता और दो मित्रों को कन्या का माता-पिता बनाया तथा वे लोग पाटली (गुलाब) वृक्ष के नीचे बैठे। इस कारण उस वृक्ष को उन्होंने दामाद का वृक्ष अर्थात् छात्र का श्वशुर बताया। विवाह की लग्न को नियत किया गया और कल्पित कन्या के कल्पित पिता ने फूलों समेत वृक्ष की एक डाली लाकर विद्यार्थी के हाथ में दे दी और कहा–यही तुम्हारी पत्नी है; इसे प्रसन्नता से स्वीकार करो। उदास विद्यार्थी का मन खुश हो गया। सभी छात्र सन्ध्या होते ही लौट गए किन्तु युवा और बलवान छात्र ने प्रेम-पाश में बँधकर उसी स्थान पर रहना निश्चित किया। सूर्यास्त होने पर एक वृद्ध पुरुष और एक वृद्ध स्त्री वहाँ दिखाई पड़ी। उनके साथ एक सुन्दर कन्या थी। वृद्ध पुरुष ने कन्या को दिखाकर युवा और बलवान छात्र से कहा–यही तुम्हारी पत्नी है। वह छात्र उसी स्थान पर अपनी पत्नी के साथ सात दिन रह गया और उसके मित्र जब उसे बुलाने आए तो वह नहीं गया। कुछ दिनों बाद वह अपने सम्बन्धियों से भेंट करने कुसुमपुर गया और सब कथा कह सुनाई। उसके साथ सम्बन्धी भी वस्तुस्थिति देखने जब जंगल में पहुँचे तो देखा कि पाटली वृक्ष के स्थान पर एक भवन तैयार हो चुका था और नौकर-चाकर इधर-उधर काम में लगे थे। खान-पान का अच्छा प्रबन्ध था। कुछ वर्ष पश्चात् उसे एक पुत्र हुआ। जंगल में और भी मकान बनाए गए।[25]

जब प्राचीन राजधानी कुसुमपुर बदली जाने लगी तब यही स्थान नवीन राजधानी के लिए पसन्द किया गया और पाटली वृक्ष के पुत्र के नाम पर इस नगर का नाम पाटलिपुत्र हो गया।[26]

सैमुअल बील बताते हैं कि कालाशोक ने राजगृह को परिवर्तित करके पाटलिपुत्र को राजधानी बनाया। वह राजा बिम्बिसार का प्रपौत्र बतलाया गया है और इसी कारण अजातशत्रु के पुत्र का पुत्र था। *वायुपुराण* को आधार मानते हुए बील लिखते हैं कि कुसुमपुर या पाटलिपुत्र अजातशत्रु के पौत्र उदयाश्व का बसाया हुआ था किन्तु *महावंश* में उदय को अजातशत्रु का पुत्र बताया गया है।[27]

जैन स्रोतों में अजातशत्रु को कुणिक[28] कहा गया है। कुणिक अजातशत्रु की मृत्यु के पश्चात् उसके पुत्र उदयी ने अपने पिता के शोक के कारण अपनी राजधानी चम्पा से अन्यत्र ले जाने का विचार किया और शकुन बतानेवालों को नई राजधानी बनाने के लिए उपयुक्त स्थान की खोज में भेजा। ये लोग खोजते-खोजते गंगातट पर एक स्थान पर पहुँचे। वहाँ उन्होंने पुष्पों से लदा हुए एक पाटल वृक्ष (ढाक या किंशुक) देखा जिस पर एक नीलकंठ बैठा हुआ कीड़े खा रहा था। इस दृश्य को उन्होंने शुभ शकुन माना और वहीं पर मगध की नई राजधानी बनाने की सलाह राजा को दी। फलस्वरूप जो नया नगर उदायी ने बसाया उसका नाम पाटलिपुत्र या कुसुमपुर रखा गया।

वायुपुराण[30] के अनुसार कुसुमपुर या पाटलिपुत्र को उदयी ने अपने राज्याभिषेक के चौथे वर्ष में बसाया था। *गार्गी संहिता*[31] में भी यही बात बताई गई है। *परिशिष्टपर्वन* के

अनुसार इस नगर की नींव उदायी ने डाली थी।

इस नगर का महत्त्व सोन-गंगा के संगम के कोण में बसे होने के कारण सुरक्षा और व्यापार–दोनों दृष्टि से बढ़ता गया और इस नगर का क्षेत्रफल करीब 20 वर्गमील तक विस्तृत हो गया।[32]

लिच्छवी इतने शक्तिशाली थे कि उनके सिपाही गंगा पार करके मगध के प्रदेश पाटलिपुत्र को पहुँच जाते और वहाँ महीनों टिके रहते थे।[33] अजातशत्रु और लिच्छवियों के बीच की दुश्मनी का मुख्य कारण वह शुल्क था जो मगध और वज्जी प्रदेशों की सीमा पर चलनेवाले पहाड़ी रास्ते पर लगता था। यह दुश्मनी इतनी बढ़ गई कि बौद्ध साहित्य *महापरिनिव्वान सुतन्त* में अजातशत्रु को वज्जियों पर धावा करने की इच्छा की बात हम सुनते हैं और इसी इरादे को लेकर उसने पाटलिग्राम के दक्षिण में एक किला बनवाया। यही ग्राम मगधों एवं वज्जियों की सीमा था। इस घटना के तीन वर्ष बाद ही अजातशत्रु के मन्त्री वस्सकार के षड्यन्त्रों से वैशाली का पतन हुआ। अजातशत्रु का तीसरा दुश्मन अवन्ती का चंडप्रद्योत था जिसका इरादा गंगा की घाटी पर अधिकार स्थापित करना था। वज्जियों की हार के बाद मगध का पलड़ा भारी हो गया और अजातशत्रु के पुत्र उदायीभद्र ने गंगा के दक्षिण में पाटलिपुत्र बसाया।[34] अजातशत्रु ने काशी, कोशल और विदेह पर अधिकार स्थापित किया और इस स्थिति में मगध साम्राज्य इतना विस्तृत हो चुका था कि उसकी राजधानी राजगृह से हटाकर गंगा और सोन के संगम पर स्थित सामरिक महत्त्ववाले पाटलिपुत्र में लानी पड़ी।[35] मौर्य काल तक राजगृह का प्रशासनिक महत्त्व बना रहा।[36]

बौद्ध स्रोतों[37] में पाटलिपुत्र को *ग्राम*[38], *नगर*[39], *राजधानी*[40] एवं *पुटभेदन*[41] कहा गया है। गौतम बुद्ध अपनी अन्तिम यात्रा में पाटलिग्राम पहुँचे, उस समय भावी विशाल नगर पाटलिपुत्र की नींव रखी जा रही थी।[42] अजातशत्रु के दो ब्राह्मण मन्त्री सुनीध और वस्सकार इस नगर को बसा रहे थे और वज्जियों के आक्रमण से सुरक्षा हेतु इसकी किलेबन्दी का प्रबन्ध कर रहे थे।[43] इसी समय बुद्ध ने पाटलिग्राम की भावी उन्नति की भविष्यवाणी करते हुए आनन्द से कहा था कि भविष्य में यह नगर वाणिज्य और व्यवसाय का भारी केन्द्र होगा और उत्तर भारत में यह पुटभेदन और सार्वभौम नगर होगा।[44] इसी समय पाटलिग्राम में *गौतमद्वार* और *गौतमघाट* का निर्माण हुआ था।[45] बुद्ध ने जिस स्थान से गंगा पार किया था वह घाट गौतम तीर्थ कहलाया।[46] पाटलिग्राम में एक अतिथिशाला (*आवसथागार*) था जहाँ बुद्ध ने गृहस्थ लोगों को शील के सम्बन्ध में उपदेश दिया था।[47] बुद्ध के काल में ही पाटलिग्राम में *कुक्कुटाराम* नामक विहार का निर्माण हो गया था। कुक्कुट नामक एक सेठ ने इसे बनवाया था।[48] यहाँ बौद्ध भिक्षु रहते थे। इस *कुक्कुटाराम* में उदायी या उदयन की प्रेरणा से घोटमुख नामक एक ब्राह्मण ने बुद्ध की मृत्यु के बाद एक सभागृह का निर्माण कराया जिसका नाम *घोटमुखी सभा-गृह* पड़ा।[49] एक कुक्कुटाराम का निर्माण अशोक ने पाटलिपुत्र में कराया।[50]

ई.पू. पाँचवीं शताब्दी में अनेक व्यापारिक मार्ग इस नगर से होकर जाते थे। पाटलिपुत्र से एक मार्ग राजगृह और श्रावस्ती जाता था। पाटलिपुत्र उस मार्ग पर एक महत्त्वपूर्ण पड़ाव था जो गान्धार राष्ट्र की राजधानी तक्षशिला से चलकर क्रमशः इन्द्रप्रस्थ, मथुरा, वेरंजा, सोरेय्या, कान्यकुब्ज, प्रयाग, वाराणसी और राजगृह होता हुआ ताम्रलिप्ति तक जाता था। पाटलिपुत्र से गंगा नदी के मार्ग द्वारा ही भिक्षुणी संघमित्रा ताम्रलिप्ति गई थी, जहाँ से लंका के लिए समुद्री मार्ग द्वारा नावें मिलती थीं। ई.पू. पाँचवीं शताब्दी में जनपद–कोशलपुरी से

विन्ध्याटवी को पारकर पाटलिपुत्र जाया जाता था।[51] गंगा द्वारा वाराणसी और सहजाति तक पाटलिपुत्र के व्यापारियों तथा यात्रियों का आना-जाना होता था। *महावंश* के ग्यारहवें परिच्छेद में सिंहली राजा तिस्स और अशोक के बीच भेंटों के आदान-प्रदान का वर्णन है। तिस्स के अमात्य लंका के जम्बुकोल बन्दरगाह से नाव पर बैठकर सात दिन में ताम्रलिप्ति और ताम्रलिप्ति से पाटलिपुत्र सात दिन में आए थे। राजगृह से तक्षशिला तक जानेवाले महामार्ग नालन्दा, पाटलिपुत्र से जुड़े थे। वैशाली से पाटलिपुत्र होते हुए व्यापारी वाराणसी जाते थे। जलमार्ग द्वारा पाटलिपुत्र से चम्पा होते हुए ताम्रलिप्ति जाया जाता था।[52] जैन साहित्य *कुवलयमालकहा* में उज्ज्यनी से पाटलिपुत्र, पाटलिपुत्र से कौशाम्बी और कोशल से पाटलिपुत्र जाने-आने की चर्चा है।[53]

इन व्यापारिक मार्गों ने पाटलिपुत्र को एक प्रसिद्ध व्यापारिक-प्रशासनिक केन्द्र बना दिया। इस नगर में देश के सुदूर भागों से मुहरबन्द माल की गाँठें निरन्तर आती थीं। प्रामाणिकता के लिए इन मोहरों को थोक विक्रेताओं के सामने तोड़ा जाता था। इसके उपरान्त थोक विक्रेता माल को फुटकरियों के हाथ बेच देते थे। मुहरों के इस प्रकार तोड़े जाने के कारण पाटलिपुत्र *पुटभेदन* कहलाने लगा।[54] अपने व्यापारिक महत्त्व के कारण ही पाटलिपुत्र राजगृह की अपेक्षा शासकीय वंशों द्वारा अधिक पसन्द किया गया। व्यापारिक महत्त्व का होने के बाद ही पाटलिपुत्र को राजधानी बनाया गया।[55] इस नगर में धण नामक एक वणिक पुत्र की चर्चा है जो धन कमाने के लिए जलयान से रत्नद्वीप के लिए प्रस्थान किया किन्तु मार्ग में जहाज फट जाने के कारण वह कुडंग नामक द्वीप में पहुँच गया।[56] पाटलिपुत्र के व्यापारी कुबेर के समान धनी होते थे। यहाँ का व्यापारी सागरदत्त ने समुद्र-व्यापार से सात करोड़ रुपया कमाया।[57] ह्वेनत्सांग के अनुसार, शिशुनाग का पुत्र कालाशोक ने सबसे पहले पाटलिपुत्र को अपनी राजधानी बनाया। *आवश्यकचूर्णी* के अनुसार [58] राजा कुणिक (अजातशत्रु) की मृत्यु के पश्चात् उसका पुत्र उदायी राजगद्दी पर बैठा और चम्पा छोड़कर पाटलिपुत्र आकर रहने लगा। उसे कोई सन्तान नहीं थी, अतः शिशुनाग वंश के राजाओं की परम्परा समाप्त हो गई। जैन परम्परा को सराव महोदय ने सत्य के अधिक करीब माना है।

राजनीतिक महत्त्व में वृद्धि के लिए राजधानी के चारों ओर घेराबन्दी को आवश्यक समझा जाता था। चहारदीवारीवाले राजधानी में रहकर राजा दूरस्थ स्थानों तक सुरक्षापूर्वक शासन कर सकता था। पास-पड़ोस में अधिकतम जंगल के कारण पाटलिपुत्र को लकड़ी आसानी से उपलब्ध थी। अतः पाटलिपुत्र की चहारदीवारी लकड़ी की बनी थी। इसका अवशेष कुम्हरार आदि के उत्खननों से मिला है। मेगास्थनीज के अनुसार यह नगर गंगा और सोन के संगम पर बसा हुआ था। नगर की लम्बाई नौ मील और चौड़ाई पौने दो मील थी। इस नगर के चारों ओर छह सौ फीट चौड़ी और पैंतालीस फीट गहरी खाई थी जो सदैव पानी से भरी रहती थी।[60] शान और सौन्दर्य में शाही महल अनुपम था। सूसा और ऐकबताना के महल उसके सामने कुछ न थे। इनके मुलम्मेदार स्तम्भों पर सोने की बेलें चढ़ी थीं। चाँदी के पक्षियों को उन पर सजाया गया। बड़े-बड़े उद्यानों और उपवनों में भवनों का निर्माण हुआ था। इन भवनों के आसपास विभिन्न ताल थे, जिनमें मछलियाँ तैरा करती थीं। उनके आसपास की सजीली झाड़ियों और वृक्षों ने उन्हें घेर रखा था। विलास-क्रीड़ा के सभी साधन प्राप्त थे।[61]

जैन ग्रन्थ *आवश्यकचूर्णी*[62] के अध्ययन से पता चलता है कि चन्द्रगुप्त मौर्य के काल

में मगध में भयंकर अकाल पड़ा। अनेक जैन भिक्षु भद्रवाहु के नेतृत्व में पाटलिपुत्र छोड़कर चले गए और स्थूलभद्र के नेतृत्व में शेष जैन भिक्षु पाटलिपुत्र में ही रहे। अकाल समाप्त होने के बाद स्थूलभद्र ने पाटलिपुत्र में जैन श्रमणों का एक सम्मेलन बुलाया जिसमें श्रुतज्ञान को व्यवस्थित करने के लिए ग्यारह अंगों का संकलन किया गया और इसे जैन आगमों की *पाटलिपुत्र वाचना* कहा जाता है। *सूत्रकृताँग टीका*[63] के अनुसार कामशास्त्र का अध्ययन करने के लिए लोग पाटलिपुत्र जाया करते थे। *रुद्रसूरिकथा*[64] में पाटलिपुत्र के श्रमण संघ द्वारा राजगृह के रुद्रसूरि नामक आचार्य को शास्त्रार्थ करने के लिए पाटलिपुत्र बुलाया गया था।[65] पाटलिपुत्र में स्थूलभद्र कोशा नामक एक धनाढ्य गणिका रहती थी जिसके साथ नवम चन्द के मन्त्री शकटार से गुप्त प्रेम सम्बन्ध था।[66] युवती-चरित्र की शिक्षा प्राप्त करने के लिए वैसे लोग पाटलिपुत्र[67] जाया करते थे जिनका मानना था कि स्त्रियाँ दूसरे का रंजन करती हैं लेकिन स्वयं रंजित नहीं होतीं, वे दूसरों का हृदय हरण करतीं किन्तु अपना हृदय नहीं देतीं। दूसरों की छप्पन बुद्धियों को उनकी दो बुद्धियों के बराबर माना जाता था। पाटलिपुत्र के मित्रानन्द द्वार उज्जैन की राजकुमारी रत्नमंजरी को घोड़े पर लाने की चर्चा *रयणचूडरायचरिय*[68] में है। यह बात चन्द्रगुप्त मौर्य के काल की है।

विनय-टीका के अनुसार, पाटलिपुत्र में चार प्रधान द्वार थे। इन द्वारों से अशोक के खजाने में प्रतिदिन चालीस लाख कर्षापण आया करते थे। यह आय उस शुल्क के द्वारा होती थी, जिसे बाहर से आनेवाले व्यापारी नगर-द्वार पर चुंगी के रूप में देते थे।[69] पाटलिपुत्र की अशोककालीन प्रमुख घटनाओं में तृतीय बौद्ध संगति विशेष रूप से उल्लेखनीय है। इसमें देश के विभिन्न भागों के बहुत से भिक्षु आए थे और *त्रिपिटकों* का संशोधन तथा *कथावस्तु* की रचना की। इस समय मोगलीपुत्र तिस्स तथा उपगुप्त नामक दो आचार्य इस नगर में रहते थे। उपगुप्त अशोक के आध्यात्मिक आचार्य थे।[70] अशोक जब पाटलिपुत्र का शासक बना तो उसने 500 उद्यान बनवाए। उसके दरबार में हजारों गाने-बजानेवाली स्त्रियाँ रहती थीं।[71] उसने जब बौद्ध धर्म स्वीकारा तो प्रतिदिन तीस हजार भिक्षुओं का सत्कार करने लगा।[72] *अशोकावदान*[73] के अध्ययन से पता चलता है कि अशोक ने किस तरह बौद्ध धर्म स्वीकारा। पाटलिपुत्र में अशोक द्वारा एक कारावास का निर्माण कराया गया था जहाँ मृत्युदंड का भी प्रावधान था।[74] यहाँ स्थित *अशोकराम* में धर्मरक्षित रहता था जो बौद्ध धर्म की शिक्षा देता था। नागसेन उसी से शिक्षा लेने पाटलिपुत्र गया था।[75] इस नगर के समीप से दो सड़कों के निकलने से एक मार्ग अशोकाराम को जाता था। अशोकाराम में एक जलाशय था।[76] नागसेन ने देखा कि एक व्यापारी पाँच सौ गाड़ियों के साथ अपना माल बेचने पाटलिपुत्र जा रहा था, उसी के साथ वह पाटलिपुत्र चला गया था।

मौर्यकालीन पत्थर के खम्भोंवाले हॉल और कुम्हरार में ईंटों से बने शुंग-कुषाण एवं गुप्तकालीन बौद्ध मठों के पाए गए अवशेष प्रमाणित करते हैं कि भवन-निर्माण में शिलाखंडों और पकी ईंटों का प्रयोग काफी किया जाता था। प्रसिद्ध विशाल नगर पाटलिपुत्र के आधुनिक पटना सिटी में की गई सीमित खुदाई से प्राप्त अवशेषों के अध्ययन से पता चलता है कि मौर्य एवं उत्तर मौर्य काल के भवन-निर्माण में पकी ईंटों का प्रयोग किया जाता था।[77] सुरक्षा के उद्देश्य से निर्मित दीवारों एवं नालों के निर्माण में लकड़ी का व्यापक प्रयोग किया जाता था।[78] बुलन्दीवाग में लकड़ी की सुरक्षा-दीवार एवं लकड़ी के बने नालों के अवशेष मिले हैं। पटना के आधुनिक लोहानीपुर से बुलन्दीबाग तक लकड़ी की सुरक्षा दीवार भी थे। लकड़ी

की बनी मौर्यकालीन वस्तुएँ खाजेकलाँ घाट और सदर गली (पटना सिटी) से मिली है।[79] मौर्यकालीन पुरातात्त्विक अवशेषों के अध्ययन से पता चलता है कि पाटलिपुत्र की स्त्रियाँ कई प्रकार के आभूषणों का प्रयोग करती थीं। आधुनिक शैली के फूल-पत्रों के आकार में हार, सिराभूषण, कर्णफूल, कर्णवाली, अँगूठी, चूड़ियाँ आदि आभूषण मौर्यकालीन स्त्रियाँ धारण करती थीं।[80]

बौद्ध ग्रन्थ के अध्ययन से पता चलता है कि चन्द्रगुप्त मौर्य के बाद के मौर्य शासक ज्यादा विलासी होते गए। अशोक के पिता बिन्दुसार [81] को कई उपपत्नी एवं रखैलें थीं। चम्पा नगरी से आकर एक ब्राह्मण ने अपनी अति सुन्दर कन्या की शादी पाटलिपुत्र के राजा बिन्दुसार से कर दी। राजा ने उसे अपने हरम की रानियों से परिचित कराकर वहीं रख दिया। ब्राह्मणी कन्या से हरम की रखैलें जलने लगीं और उसे हजामत बनाने की कला से परिचित करा दिया। ब्राह्मणी प्रतिदिन राजा की दाढ़ी बनाती। उसकी कार्यकुशलता से राजा बहुत खुश हुआ और कुछ माँगने को कहा। ब्राह्मणी ने पुत्र प्राप्ति की इच्छा जाहिर की। राजा बिन्दुसार ने कहा–तुम नाई हो, मैं क्षत्रिय अतः ऐसा नहीं हो सकता। नाई कन्या ने बताया कि वह ब्राह्मण है और राजा की पत्नी, तो राजा ने उसे नाई का काम कभी नहीं करने का आदेश दिया और उसे अपनी मुख्य रानी बना लिया। उसने एक बच्चे को जन्म दिया। चूँकि बिना किसी दुःख के वह मुख्य रानी बन गई, अतः बच्चे का नाम अशोक पड़ा। रानी ने कुछ समय बाद एक-दूसरे बच्चे को जन्म दिया। इस समय तक दुःख का माहौल बिल्कुल खत्म हो चुका था, अतः इसका नाम पड़ा 'बीताशोक' (विगताशोक)।[82]

अपने पिता के समान अशोक भी विलास प्रेमी था। उसके काल में पाटलिपुत्र में काफी वेश्याएँ रहती थीं। *मिलिन्द प्रश्न* [83] में लिखा है–एक दिन पाटलिपुत्र में अशोक अपने गाँव-शहर-निवासियों, अफसरों, नौकरों ओर मन्त्रियों के साथ गंगा नदी देखने गया। नए पानी के आ जाने से गंगा लबालब भर गई थी। उस पाँच सौ योजन लम्बी और एक योजन चौड़ी बढ़ी हुई नदी को देखकर अशोक ने कहा–क्या तुम लोगों में से ऐसा कोई है जो गंगा की धारा को उल्टी बहा दे ? विन्दुमती नामक एक गणिका ऐसा कर दिखाने को तैयार हुई तो अशोक ने उसे काफी डाँटा और कहा कि काम से अन्धे बने लोगों को लूटकर जीनेवाली औरत को सत्य-बल कैसा ? इस पर विन्दुमती ने कहा–क्षत्रिय या ब्राह्मण, या वैश्य, या शूद्र जो भी मुझे एक बार मेरी फीस देता है, मैं सभी को बराबर समझकर सेवा करती हूँ। मेरा सत्य बल यही है। विन्दुमती ने अपना सत्य-बल लगाया और गंगा नदी उलटी धार से बहने लगी।

पाटलिपुत्र के अतिविकसित व्यापारिक माहौल में धनाढ्य एवं गुणवान वेश्याओं का होना स्वाभाविक था। नाव पर सवार होकर उपगुप्त जब मथुरा से पाटलिपुत्र आया तो उसके स्वागत में पूरे शहर में घंटियाँ बजीं। राजधानी से ढाई योजन पैदल आगे बढ़कर अशोक ने गाना-बजाना के साथ उपगुप्त का स्वागत किया। सुगन्धित पदार्थ और फूलों की मालाएँ पहनाई गईं।[84] नगर से बाहर सड़क के दोनों ओर गरीब और वृद्ध रहते थे जिन्हें कभी-कभी हटा दिया जाता किन्तु वे फिर आकर रहने लगते थे।[85]

अशोक के शासन काल तक साम्राज्य और राजधानी पाटलिपुत्र का महत्त्व बना रहा। अशोक की मृत्यु के बाद आन्ध्र और कलिंग राज्य मौर्य साम्राज्य के घेरे के बाहर हो गए।[86] अशोक के शासन काल के अन्तिम दिनों में खराब आर्थिक स्थिति की जानकारी *दिव्यावदान* [87] से होती है–''जीवन के अन्तिम दिनों में अशोक बीमार पड़ा। एक दिन उसे काफी उदास देख

मन्त्री राधगुप्त ने इसका कारण पूछा तो अशोक ने कहा—धन की क्षति, सम्प्रभुता का अन्त या मृत्यु से मुझे कोई दुःख नहीं है बल्कि दुखी इस कारण हूँ कि अपने वादा के अनुसार चार सौ कोटि स्वर्ण मुद्रा दान देने के बाद शेष एक सौ कोटि स्वर्ण मुद्रा का दान कुक्कुटाराम को अब नहीं दे पाऊँगा।'' कुणाल का पुत्र सम्पदीन अशोक का उत्तराधिकारी बननेवाला था। मन्त्री-परिषद ने उससे कहा कि अशोक अभी भी कुक्कुटाराम को काफी दान भेज रहा था और राजा की शक्ति राजकोष में निहित रहती है, अतः दान-आदेश पर रोक लगानी चाहिए। सम्पदीन ने दान पर रोक लगा दी। नए सरकारी आदेशानुसार अशोक को स्वर्ण-पात्रों में भोजन नहीं दिया जाने लगा क्योंकि वह भोजनोपरान्त सभी स्वर्ण-पात्र कुक्कुटराम को दान दे देता था। रजत-पात्रों में भी भोजन देने पर कुछ दिनों पश्चात् रोक लगा दी गई क्योंकि इन पात्रों को भी अशोक बौद्ध भिक्षुओं को दान दे दिया करता था। मिट्टी के पात्रों में अशोक को अब भोजन दिया जाने लगा। दुखी अशोक होश में नहीं रहा, उसने अपने मन्त्रियों और नागरिकों को पुकारा और पूछा—इस पृथ्वी का वर्तमान स्वामी कौन है ? सभी लोगों ने आदरपूर्वक जवाब दिया—आप, केवल आप। इस पर अशोक की आँखें आँसू से भर गईं और उसने पूछा—इसीलिए अब मुझे मिट्टी-पात्रों में भोजन के रूप में केवल आँवला दिया जाता है ? ''मेरे दुर्भाग्य का कारण है मेरा सौभाग्य', आज मुझसे मेरी सम्प्रभुता छीन ली गई है।''[88]

उपर्युक्त कथा से पता चलता है कि अशोक के शासनकाल के अन्तिम दिनों में मौर्यों की आर्थिक दशा अच्छी नहीं रही और पाटलिपुत्र पर भी इसका असर पड़ना स्वाभाविक था। मौर्यवंश का अन्तिम शासक वृहद्रथ भीरु स्वभाव का था। कलिंग शासक खारवेल ने उसे हराया और पाटलिपुत्र की प्रतिष्ठा गिरी।[89] मिनान्दर यवन ने वृहद्रथ पर आक्रमण किया और अयोध्या तथा मध्य भारत का बड़ा भाग मौर्यों के हाथ से निकल गया।[90] पाटलिपुत्र की प्रजा डरपोक वृहद्रथ से ऊब गई थी। सेनापति पुष्यमित्र ने वृहद्रथ को मारकर पाटलिपुत्र पर अधिकार कर लिया। ब्राह्मण पुष्यमित्र शुंग के शासनकाल से पाटलिपुत्र ब्राह्मणवादी व्यवस्था से प्रभावित होने लगा। शकों एवं कुषाण शासकों के काल में पाटलिपुत्र का आर्थिक एवं प्रशासनिक महत्त्व किसी प्रकार बना रहा। पाटलिपुत्र की खुदाई से आग में पकाई हुई मिट्टी की शुंग-कुषाण कालीन पुरुष-मूर्तियाँ मिली हैं जिनके कान में आभूषण थे। इस काल की स्त्रियाँ कर्णाभूषण, हार, मोती की माला आदि स्वर्णाभूषण धारण करती थीं।[91]

शुंग-कुषाण और गुप्तकालीन इमारतों के अवशेष कुम्हरार से मिले हैं। इन अवशेषों के अध्ययन से पता चलता है कि गुप्तकालीन भवनों में साधारण किस्म की वस्तुओं का प्रयोग किया गया था।[92]

कुषाण शासक वीम कडफिसकालीन ताँबे के सिक्के [93] पाटलिपुत्र से पाए गए हैं और इससे प्रमाणित होता है कि कुषाणों के काल में पाटलिपुत्र एक प्रसिद्ध नगर था।

गुप्तकाल से इस नगर का आर्थिक एवं शैक्षिक महत्त्व शेष रहा। फाहियान [94] लिखता है कि पाटलिपुत्र के निवासी उदार एवं धार्मिक प्रवृत्ति के थे। वहाँ के व्यापारियों द्वारा नगर के विभिन्न भागों में दानालयों की स्थापना की गई थी। इनमें दरिद्र, लूले, असहाय, निःसन्तान, अपंग, रोगी एवं विधवाओं को निःशुल्क भोजन, वस्त्र तथा प्रत्येक प्रकार की सहायता प्रदान की जाती थी। प्रतिवर्ष वैशाख माह में अष्टमी के दिन प्रतिमाओं का एक जुलूस निकाला जाता था। जुलूस में सबसे आगे चार पहिए का एक रथ निकलता था जिसकी ऊँचाई करीब बीस हाथ होती थी। इसे एक रंगीन रेशमी वस्त्र से ढँक दिया जाता था। इसके

भीतर सोने, चाँदी तथा बहुमूल्य धातुओं की बनी मूर्तियाँ रखी जाती थीं। रथ के ऊपर रेशमी ध्वजा, चाँदनी तथा कलंगियाँ लगी रहती थीं। इस प्रधान रथ के पीछे बीस अन्य रथ भी निकलते थे। इस अवसर पर साधु, संन्यासी एवं गृहस्थ सभी इकट्ठे होते थे। इनके साथ नर्तकों एवं गाने-बजानेवालों की एक मंडली भी होती थी। जुलूस नगर के विभिन्न भागों में भ्रमण करता था। यह उत्सव बीस रात मनाए जाते थे। पूरी रात नगर में दीप जलते रहते थे। देवताओं को पूजा की सामग्रियाँ चढ़ाई जाती थी।[95]

फाहियान के समय मौर्यकालीन राजभवन थे। राजभवन की दीवालों एवं द्वारों में पत्थर चुनकर लगाए गए थे। इनमें की गई नक्काशी एवं पच्चीकारी की उसने काफी प्रशंसा की है।[96] अशोककालीन एक स्तूप वर्तमान था। इसके बगल में उसी समय का एक विशाल मठ था, जिसमें महायान धर्म के अनुयायी रहते थे। एक हीनयान मठ था। इन दोनों मठों में कुल 700 भिक्षु रहते थे। वे सदा अध्ययन करते तथा संयम, नियम एवं अनुशासन का पूर्ण पालन करते थे। इन मठों के विभिन्न भागों में बहुत से विद्यार्थी रहते थे। एक मठ में मंजूश्री नामक ब्राह्मण आचार्य रहता था जो काफी विद्वान था। राधास्वामी नामक एक-दूसरा बौद्ध विद्वान महायान का अनुयायी था।[97]

बौद्ध स्रोतों से स्पष्ट होता है कि गुप्तकाल से पाटलिपुत्र का पूर्व गौरव समाप्त होने लगा था। फाहियान के पश्चात् सातवीं शताब्दी में दूसरा महत्त्वपूर्ण चीनी बौद्ध यात्री ह्वेनसांग भारत आया। उसने लिखा[98] कि पाटलिपुत्र 70 *ली* के घेरे में था और बहुत दिनों से उजाड़ हो रहा था। कुछ अच्छे मकान अब भी थे। पाटलिपुत्र बौद्ध शिक्षा एवं ब्राह्मण-शिक्षा का केन्द्र था। ब्राह्मण शिक्षकों के पास हजारों छात्र पढ़ते थे। इस नगर के चारों ओर रक्षा के लिए बाहरी दीवार बनवाई गई थी। दीवार बर्बाद हो चुकी थी किन्तु नींव वर्तमान थी। संघाराम, देवमन्दिर और स्तूप खंडहर होकर धराशायी हो गए थे; उनकी संख्या हजारों थी। केवल दो या तीन कुछ अच्छी दशा में वर्तमान थे। पाँचवीं शताब्दी का साहित्यिक स्रोत *श्री-धर्मपिटकनिदानसुत्त* के अध्ययन से पता चलता है कि कुषाण शासक कनिष्क के काल में पाटलिपुत्र (कुसुमपुर) में पुरुषों की आबादी नौ लाख थी।[99] इस साहित्य में कनिष्क द्वारा पाटलिपुत्र विजित करने की चर्चा है।[100] कनिष्क द्वारा पाटलिपुत्र विजित करने की चर्चा कुमारलाट द्वारा रचित ग्रन्थ *कल्पनामन्दितिका* से होती है।[101] कनिष्क के पाटलिपुत्र पर अधिकार एवं शासन करने की चर्चा अन्य स्रोतों से भी होती है।[102] कुषाणकालीन स्वर्ण सिक्के एवं अन्य धातु के बने सिक्के पाटलिपुत्र से पाए गए जिनसे तीसरी शताब्दी में इस नगर की गौरवशाली गाथा की जानकारी होती है। इस काल के पकी ईंटों से निर्मित दीवारों एवं भवनों के अवशेष बुलन्दीबाग, कुम्हरार आदि स्थानों से पाए गए हैं।[103] पाटलिपुत्र का निर्माण एक विकसित नगर-योजना के अनुसार हुआ था और इसकी विस्तृत जानकारी कौटिल्य के *अर्थशास्त्र* से होती है।[104]

छठी शताब्दी में वराहमिहिर द्वारा रचित संस्कृत ग्रन्थ *वृहत्संहिता* में पाटलिपुत्र के पतन की चर्चा है।[105]

इस तरह पाटलिपुत्र के प्राचीन इतिहास में तीन चरण पाते हैं। ई.पू. छठी-पाँचवीं शताब्दी में इस नगर की गौरवशाली काया तैयार हो गई। मौर्यकाल में यह प्रसिद्ध व्यापारिक केन्द्र रहा। इस समय एक राजधानी के रूप में इसकी ख्याति देश-विदेश में हो गई। आर्थिक एवं प्रशासनिक विशेषताओं के अलावा चन्द्रगुप्त मौर्य के काल में जैनियों और अशोक के काल में बौद्ध धर्म का यह नगर महत्त्वपूर्ण केन्द्र रहा। मौर्यकाल के अन्तिम चरण से इस नगर के

पतन से सम्बन्धित तत्त्वों का बीजारोपण होने लगा और इन तत्त्वों की परिपक्व झलक गुप्तकाल में दिखाई देने लगी। ह्वेनत्सांग जब यहाँ पहुँचा तो इस नगर का प्राचीन गौरव समाप्तप्रायः हो चुका था।[106]

सन्दर्भ

1. योगेन्द्रचन्द्र सिकदर, *स्टडीज इन द भगवतीसूत्र,* मुजफ्फरपुर, 1964, पृ. 544
2. *ऑन ह्वान च्वांग,* वाटर्स, 1905, खंड II, पृ. 87
3. *महावंस,* 4.31 और 18.8; *युगपुराण,* वल्लभविद्यानगर, 1951, पृ. 33; *रघुवंश,* कालिदास, 6.24
4. योगेन्द्रचन्द्र सिकदर, *पूर्वोद्धृत*
5. *महावस्तु* 3.231-32
6. डी.सी. सरकार, *सेलेक्ट इंसक्रिप्शंस,* पृ. 256; *वायुपुराण,* पृ. 33
7. *एपिग्राफिया इंडिका,* जिन्द XVII, पृ. 310
8. *दशकुमारचरितम्* टीकाकार, श्रीविश्वनाथ झा, दिल्ली, 1984, प्रथमोच्छ्वासः; पृ. 3
9. *दीघनिकाय* 2.6
10. *आवश्यकचूर्णि* 2.179
11. मेक्रिंडल, *एंशेंट इंडिया* (मेगास्थनीज एंड एरियन), पृ. 65ए, टी.डब्ल्यू. राइस डेविस, *बुद्धिस्ट इंडिया* दिल्ली, 1987, पृ. 262
12. *वही* (टालेमी), पृ. 169
13. सैमुअल बील, *बुद्धिस्ट रेकर्डस ऑफ द वेस्टर्न वर्ल्ड,* मोतीलाल बनारसीदास, दिल्ली, अध्याय VIII, पृ. 83
14. *वही*
15. प्रेम सुमन जैन, *कुवलयमालकहा का सांस्कृतिक अध्ययन,* वैशाली, 1975, पृ. 67
16. जे.डब्ल्यू. मैक्रिंडल, *एंशेंट इंडिया ऐज डिसक्राइब्ड वाय मेगास्थनीज एंड एरियन,* कलकत्ता, 1960 (पुनर्मुद्रित)
17. *पतंजलि का महाभाष्य,* 11. i 16
18. *युगपुराण* (मकंड का संस्करण), पृ. 38
19. तत्त्वार्थसूत्र, इंट्रोडक्शन (पंडित शुक्लाजी सिंह), पटना विश्वविद्यालय
20. सैमुअल बील, *पूर्वोद्धृत,* पृ. 82-83 ह्वेनत्सांग इस नगर की स्थिति बहुत प्राचीन मानता और डायोडोरस से सहमत है, जो इस नगर को हरकूलस का बसाया हुआ मानता है। बौद्ध ग्रन्थों में पाटलिग्राम लिखा हुआ है, अर्थात् *पाटलिग्राम* को बुद्धदेव के समकालीन अजातशत्रु ने, वृज्जी लोगों की वृद्धि को स्थगित करने के लिए, विशेष रूप से परिवर्द्धित किया था।
21. *दीघनिकाय,* सम्पादित, टी.डब्ल्यू. राइस डेविड्स एवं जे.ई. कारपेंटर, तीन जिल्दों में, लन्दन 1890-1911, अध्याय दो, पृ. 86-88; के.टी.एस. सराव, *अर्वन सेंटर्स एंड अर्वनाइजेशन ऐज रिफ्लेक्टेड इन द पाली विनय एंड सूत्र पिटक्स,* दिल्ली, 1990, पृ. 78
22. चम्पा, राजगृह, साकेत, कौशाम्बी, बनारस और कुशीनारा।
23. के.टी.एस. सराव, *पूर्वोद्धृत,* पृ. 78-79
24. सैमुअल बील, *पूर्वोद्धृत, अध्याय* VII, पृ. 83-85
25. *वही*
26. *वही*

27. *वही,* पृ. 85
28. राजाराम जैन, *रइधू साहित्य का आलोचनात्मक परिशीलन,* वैशाली, 1974, पृ. 513; जगदीश चन्द्र जैन, *जैन आगम साहित्य में भारतीय समाज,* वाराणसी, 1965, पृ. 508-13
29. विजयेन्द्र कुमार माथुर, *ऐतिहासिक स्थानावली,* दिल्ली, 1969, पृ. 542-43
30. *वही*
31. *वही*
32. *वही*
33. *वही*
34. राहुल सांस्कृत्यायन, *बुद्धचर्या,* पृ. 537; मोतीचन्द्र, *सार्थवाह,* पृ. 40
35. मोतीचन्द्र, *वही,* पृ. 48-49
36. *वही,* पृ. 60 एवं 75
37. के.टी.एस. सराव, *पूर्वोद्धृत,* पृ. 77
38. *ग्राम* की सीमाएँ नदी, वृक्ष, उपवन आदि से विभक्त होती थीं। एक-एक पद की दूरी पर धवलगृह बने होते थे तथा वाण फेंकने की दूरी पर *महाग्रामों* की स्थापना होती थी। गाँव में कम-से-कम सौ और महाग्राम में पाँच सौ घर होते थे। गाँव में कुछ ब्राह्मण, कृषक तथा पंचकारूकी रहते थे।
39. *नगर* में उपवन, वन, सरोवर, परिखा, गोपुर, कोट, भवन आदि होते थे।
40. राजा रहता था और प्रशासनिक कार्य का वह प्रधान केन्द्र होता था।
41. व्यापारिक वस्तुओं की गाँठ जहाँ खोली एवं तोड़ी जाती थी।
42. *दीघनिकाय* 2.86; के.टी.एस. सराव, *पूर्वोद्धृत,* पृ. 77
43. *विनयपिटक* 1.228; योगेन्द्रचन्द्र सिकदर, *पूर्वोद्धृत,* पृ. 70 और 544; भरतसिंह उपाध्याय, *पूर्वोद्धृत,* पृ. 121
44. *बुद्धचरित,* अश्वघोष, दिल्ली, 1985, 22.4, पृ. 247
45. के.टी.एस. सारव, *पूर्वोद्धृत,* पृ. 77; भरतसिंह उपाध्याय, *पूर्वोद्धृत,* पृ. 229; *बुद्धचरित, 22.6 पृ. 248*
46. *बुद्धचरित,* 22.11, पृ. 248; *विनयपिटक,* 1.226-30; के.टी.एस. सराव, *पूर्वोद्धृत,* पृ. 78
47. भरतसिंह उपाध्याय, *पूर्वोद्धृत*
48. *पंपचसूदनी,* बुद्धघोष, जिल्द-दो, पृ. 571; भरतसिंह उपाध्याय, *पूर्वोद्धृत*
49. *मज्झिम निकाय* 2.5.4; के.टी.एस. सराव, *पूर्वोद्धृत,* पृ. 87; भरतसिंह उपाध्याय, *पूर्वोद्धृत,* पृ. 230
50. जॉन एस, स्ट्रांग, *द लिजेंड ऑव किंग अशोक,* दिल्ली, 1989, पृ. 86
51. *कुवलयमालकहा,* 75.12-14,29; *जातक,* जिल्द-एक, पृ. 170; *महावोधिवंस,* पृ. 98-99
52. गाइल्स, *ट्रावेल्स ऑव फाहियान,* पृ. 65; *चीनी यात्री फाहियान का यात्रा-विवरण,* अनु. जगमोहन वर्मा, काशी, संवत् 1976; पृ. 60-61, भरतसिंह उपाध्याय, *पूर्वोद्धृत,* पृ. 467-68, 500, 538-542; *दिव्यावदान,* पृ. 544; *दीघनिकाय,* 2.16, 1.26; *विनयपिटक,* 1.226
53. प्रेम सुमन जैन, *कुवलयमालकहा का सांस्कृतिक अध्ययन,* वैशाली, बिहार, 1975, पृ. 217
54. *दीघनिकाय,* 2.16, 1.16; उदय नारायण राय, *प्राचीन भारत में नगर तथा नगर-जीवन,* इलाहाबाद, 1965, पृ. 151; के.टी.एस. सराव, *पूर्वोद्धृत,* पृ. 79
55. सराव, *पूर्वोद्धृत,* पृ. 79-80; *विनयपिटक* अट्ठकथा, *समन्त पासादिका,* जिल्द-एक, पृ. 90
56. जगदीश चन्द्र जैन, *प्राकृत साहित्य का इतिहास,* वाराणसी, 1985, पृ. 365; *कुवलयमालकहा,* 88.30; प्रेमसुमन जैन, *पूर्वोद्धृत,* पृ. 67 एवं 210
57. प्रेम सुमन जैन, *वही, 203*
58. अध्याय 2, पृ. 179
59. *आवश्यकचूर्णी,* 2.19; के.टी.एस. सराव, *पूर्वोद्धृत,* पृ. 79

60. ओम प्रकाश प्रसाद, *प्राचीन भारत,* मोतीलाल बनारसीदास, पटना, 1989, पृ. 243

61. *वही, पृ. 247*

62. के.टी.एस. सराव, *पूर्वोद्धृत,* पृ. 79; योगेन्द्रचन्द्र सिकदर, *पूर्वोद्धृत,* पृ. 31 एवं 49

63. जगदीश चन्द्र जैन, *पूर्वोद्धृत,* पृ. 51 और 209

64. *वही,* 174

65. *वही,* 392

66. *वही,* 408

67. *वही,* 432

68. चन्द्रगुप्त मौर्य के काल में पाटलिपुत्र के एक देवभवन में एक अत्यन्त सुन्दर कन्या की मूर्ति थी। इस मूर्ति को देखकर अमरदत्त और मित्रानन्द ने इसके बारे में पता लगाने का प्रयास किया तो पता चला कि उज्जैनी के राजा महेश्वर की कन्या रत्नमंजरी की वह मूर्ति थी। मित्रानन्द उज्जैन पहुँचा और अपनी बुद्धि के चातुर्य से वह रत्नमंजरी को घोड़े पर बैठाकर पाटलिपुत्र ले आया। जगदीश चन्द्र जैन, *पूर्वोद्धृत,* पृ. 153

69. उदय नारायण राय, *पूर्वोद्धृत,* पृ. 153; जॉन एस. स्ट्रांग, *पूर्वोद्धृत,* पृ. 229

70. *वही; लामा तारानाथ विरचित भारत में बौद्ध धर्म का इतिहास,* अनु. रिगजिन लुंडुप लामा, के.पी. जायसवाल शोध संस्थान, पटना, 1971, पृ. 37

71. लामा तारानाथ ने लिखा है कि चम्पारण्य देश में नेमीत नामक सूर्यवंशीय राजा 500 मन्त्रियों के साथ शासन करता था। उसके छह पुत्र–लक्ष्मण, रथिक, शांखिक, धनिक, पथक और अनूप थे। किसी दिन एक सेठ की पत्नी का राजा के साथ संयोग होने से वह गर्भवती हो गई। राजा नेमीत की माँ की मृत्यु हो गई और शोक निवृत होने के दिन सेठ की पत्नी ने एक शिशु को जन्म दिया। शोक-निवृति के दिन पैदा होने से इसका नाम अशोक रखा गया। बड़ा होने पर 60 कलाओं, 8 परीक्षणों (रत्नपरीक्षा, भूमिपरीक्षा, वस्त्रपरीक्षा, वृक्षपरीक्षा, हस्तिपरीक्षा, अश्वपरीक्षा, स्त्री परीक्षा अैर पुरुषपरीक्षा), लिपि, गणित आदि में निपुण अशोक को राजा नेमीत ने पाटलिपुत्र का राजा बना दिया। भृकु जाति के ऋषियों के, जो डाकिनियों और राक्षसों की पूजा करनेवाले थे, वचन पर विश्वास कर अशोक उमादेवी और मसानियों को देवता मानता था; फलतः काफी दिनों तक कामगुणों में विलास करता रहा और 'कामाशोक' कहलाया। भाइयों के साथ वैमनस्य बढ़ जाने के कारण अशोक ने छह भाइयों और 500 मन्त्रियों की हत्या कर दी तथा अपने राज्य का विस्तार किया। युद्ध में सफलता के लिए उमादेवी के समक्ष उसने 5000 मनुष्यों की बलि चढ़ाई और इस प्रचंड स्वभाव के कारण वह 'चंडाशोक' कहलाया। (*लामा तारानाथ विरचित भारत में बौद्ध धर्म का इतिहास,* पृ. 18-20) *अशोकावदान* में लिखा (जॉन एस. स्ट्रांग, *द लिजेंड ऑव किंग अशोक,* पृ. 204-205) है कि बिन्दुसार की कई रखैलों में से एक ब्राह्मण कन्या भी थी जो अत्यन्त खूबसूरत थी। बिन्दुसार के संयोग से वह दो पुत्रों–अशोक और विताशोक की माँ बनी।

72. *लामा तारानाथ विरचित भारत में बौद्ध धर्म का इतिहास,* पृ. 21

73. श्रावस्ती के एक प्रसिद्ध सौदागर का पुत्र था समुद्र। उसके पिता को डकैतों ने जब मार दिया तो वह बौद्ध भिक्षु बन गया। एक दिन अनजाने में वह कारागार में प्रवेश कर गया जिसे सम्राट अशोक ने पाटलिपुत्र में बनवाया था। एक बार इसमें प्रवेश कर जाने पर कोई लौटकर नहीं आ सकता था। कारावास-प्रधान चंडगिरिक द्वारा समुद्र पकड़ लिया गया और बताया गया कि शीघ्र ही उसका वध कर दिया जाएगा। कारावास में समुद्र ने कैदियों को दी जा रही यातना को जब देखा तो उस दर्दनाक दृश्य से उसे बौद्ध सत्य-दुःख का प्रथम बार अहसास हुआ। उसी क्षण वह तपस्या में लीन (अर्हत) हो गया। दूसरे दिन खौलते हुए तेल के बड़े कड़ाह में उसे उबलने की बारी आई तो वह एक कड़े तप में लीन हो गया, फलतः कारावास की कठोर यातना का उस पर कोई असर नहीं पड़ा। जब उसे कड़ाह में डाला गया तो वह कमल के फूल जैसा ऊपर उग आया था। इस अद्‌भुत दृश्य को देखने के लिए सम्राट अशोक को बुलाया गया और इसी अवसर पर उसका सम्बन्ध समुद्र के साथ स्थापित हुआ। यह जानने के बावजूद

कि अशोक द्वारा बौद्ध धर्म अपनाने का समय परिपक्व हो चला था समुद्र ने एक और जादुई करिश्मा दिखाया—वह बीच हवा में टँग गया और उसके शरीर का एक भाग आग के ऊपर था तो दूसरा भाग पानी वरसा रहा था। अशोक प्रभावित हुआ और समुद्र का परिचय जानना चाहा। भिखु ने बताया कि वह बुद्ध का शिष्य है और धर्म का मतावलम्बी तथा यातना कक्ष बनाने के लिए अशोक को डाँटा-फटकारा भी। उसने यह भी कहा कि इसके बदले अशोक को सबों की सुरक्षा व्यवस्था करनी चाहिए और 84000 स्तूप बनाकर बुद्ध की भविष्यवाणी को सत्य बनाना चाहिए। इसके तुरन्त बाद अशोक ने अपने काले कार्यों को मान लिया और बुद्ध एवं धर्म में शरण ली। जॉन एस. स्ट्रांग, *दि लिजेंड ऑव किंग अशोक,* दिल्ली, 1989, पृ. 73-74

74. जॉन एस. स्ट्रांग, *वही,* पृ. 73
75. *मिलिन्दप्रश्न,* अनुवादक, भिक्षु जगदीश काश्यप, नागपुर (महाराष्ट्र), 1986, पृ. 41
76. *वही,* पृ. 41; *महावंस,* 5.163
77. आर.एन. नन्दी, 'पाटलिपुत्र इन हिस्ट्री एंड लिजेंड', *पटना थ्रू द एजेज,* सम्पादक, कयामुद्दीन अहमद, पटना, 1988, पृ. 3
78. *वही*
79. *वही,* पृ. 4
80. *पाटलिपुत्र एस्कावेशंस,* 1955-56, पटना, 1910, पृ. XII
81. *मिलिन्दप्रश्न,* पृ. 40-41
82. *अशोकवदान* में बिन्दुसार के पिता का नाम नन्द, नन्द के पिता का नाम प्रसेनजीत, प्रसेनजीत के पिता का नाम महामंडल, महामंडल के पिता का नाम तुलकुची, तुलकुची के पिता का नाम सहालीन, सहालीन के पिता का नाम काकवर्णिण, काकवर्णिण के पिता का नाम मुंड, उसके पिता का नाम उदयीन, उसके पिता का नाम अजातशत्रु और उसके पिता का नाम बिम्बिसार बताया गया है। जॉन एस. स्ट्रांग, *पूर्वोद्धृत,* पृ. 204
83. जॉन एस. स्ट्रांग, *पूर्वोद्धृत,* पृ. 240-205
84. *मिलिन्दप्रश्न,* पृ. 147-48
85. जॉन एस. स्ट्रांग, *पूर्वोद्धृत,* पृ. 204-42
86. *वही,* 272
87. पंडित मोहनलाल महतो 'वियोगी', *जातक-कालीन भारतीय संस्कृति,* पटना, 1958, पृ. 156
88. जॉन एस. स्ट्रांग, *पूर्वोद्धृत,* पृ. 287-89
89. *वही*
90. पंडित मोहन लाल महतो 'वियोगी',*पूर्वोद्धृत*
91. *पाटलिपुत्र एस्कावेशंस,* 1955-56, पटना, 1970, पृ. XII
92. *वही*
93. ए.एस. अल्तेकर एंड विजयकान्त मिश्र, *कुम्हरार एक्सकावेशंस* (1951-55), पटना, 1959, पृ. 10; बी.पी. सिन्हा एंड एल.ए. नारायण, *पाटलिपुत्र एंक्सावेशंस* (1955-56), पटना; 1970 पृ. 4
94. पंडित मोहन लाल महतो, *पूर्वोद्धृत*
95. *चीनी यात्री फाहियान का यात्रा विवरण,* अनुवाद जगमोहन वर्मा, काशी, 1898, पृ. 36-39
96. *वही*
97. *वही*
98. *वही*
99. *इंडियन एंटिक्वैरी,* जिल्द XII, 1951, पृ. 122; जिल्द XXXII, 1903, पृ. 382-83 एवं 387
100. *वही*
101. *कार्पस इंसक्रिप्शनम इंडिकेरम,* जिल्द II, pp. XXV-VII

102. *वही;* ए. कनिंघम, *एंश्येंट ज्योग्राफी ऑफ इंडिया,* पृ. XIII, बी. चट्टोपाध्याय, *कुषाण स्टेट एंड इंडियन सोसायटी,* कलकत्ता, 1975, पृ. 52-53; *एपिग्राफिया इंडिका,* जिल्द VIII, पृ. 173-77; एफ.ई. पार्जिटर, *द पुराण टेक्स्ट्स ऑफ द डाइनेस्टिज ऑफ द कली एज,* दिल्ली, 1975, पृ. 50-51 एवं 73

103. *जर्नल ऑफ द न्यूमिसमेटिक सोसायटी ऑफ इंडिया,* जिल्द XIII, 1956, पृ. 146; एस. चट्टोपाध्याय, *द एज ऑफ द कुषाणाज-ए न्यूमिसमेटिक स्टडी,* कलकत्ता, 1967, पृ. 237; ए.एस. अल्तेकर एंड भी.के.मिश्र, *कुम्हरार एस्कोवेशंस,* (1951-55), पटना, 1959, पृ. 10, 40-58, 99 एवं 131; पी.पी. सिन्हा एवं एल.ए. नारायण, *पूर्वोद्धृत,* पृ. 4, 12, 52 एवं 53; *आर्क्योलॉजिकल सर्वे ऑफ इंडिया रिपोर्ट* (कनिंघम), जिल्द XI, पृ. 153; *एनुअल रिपोर्ट ऑफ द आर्क्योलॉजिकल सर्वे ऑफ इंडिया,* 1926-27, पृ. 135; *एनुअल रिपोर्ट ऑफ द आर्क्योलॉजिकल सर्वे ऑफ इंडिया,* 1935-36, पृ. 54; *प्रोग्रेस रिपोर्ट ऑफ द आर्क्योलॉजिकल सर्वे ऑफ इंडिया, ईस्टर्न सर्किल,* 1912-13, पृ. 57; 1913-14, पृ. 45; 1915-16, पृ. 27; *एनुअल रिपोर्ट ऑफ द आर्क्योलॉजिकल सर्वे ऑफ इंडिया,* 1912-13, पृ. 77; एल.ए. वेड्डेल, *रिपोर्ट ऑफ द एस्कावेशंस ऑफ पाटलिपुत्र (1903)*

104. *अर्थशास्त्र* IV, 22, 1-32; पी.वी. काणे, 'एंश्यंट सिरिज एंड टाउंस मेंसंड इन द महाभाष्य', *जर्नल ऑफ द बम्बे ब्रांच ऑफ द रॉयल एसियाटिक सोसायटी,* जिल्द XXVII, भाग-एक, पृ. 41

105. *वृहत्-संहिता,* III, 16, 29; IV, 5, 23; V 21, 24, 34, 38, 39, 52, 54, 61, 75, 76, 78, 90, 92; VIII, 4, 10, 11, 16, 19, 40; IX. 14, 25, 35, 40; X. 5-6, 11, 13, 18; XII. 8; XVII. 14, 15, 17, 18-19; XIX. 1, 7-9, 19-20; XXIV. 23, 33; XXXI. 1; XXXIII. 12; XXXV. 5; XXXXIX. 4; XL. 5, 8, 10; XIVI. 42; XIVII. 16; रामशरण शर्मा, डिके ऑफ गंजेटिक टाउंस इन गुप्त एंड पोस्ट-गुप्त टाइम्स, *जर्नल ऑफ इंडियन हिस्ट्री,* गोल्डन जुबली वाल्युम पृ. 148; रामशरण शर्मा, 'द ओरिजींस ऑफ फ्यूडलिज्म इन इंडिया (400-650 ई.)', *द जर्नल ऑफ द इकोनॉमिक एंड सोशल हिस्ट्री ऑफ द ओरियंट,* जिल्द-एक, भाग तीन, पृ. 327

106. सैमुअलबील, *पूर्वोद्धृत,* VIII पृ. 82-83

अध्याय 30

कलियुग

जिस तरह इतिहास को प्राचीन, पूर्वमध्य, मध्य, आधुनिक और पोस्ट्मॉडर्न कालों में इतिहासकारों द्वारा विभाजित किया गया उसी तरह पुराणकारों ने धर्म के चश्मे से सम्पूर्णकाल को चार युगों–सतयुग (कृतयुग), त्रेतायुग, द्वापरयुग और कलियुग में विभाजित किया है। *मत्स्यपुराण* (142. 17-28) के अनुसार 17 लाख 28 हजार मानववर्ष का सतयुग, 12 लाख 96 हजार मानववर्ष का तेत्रायुग, 8 लाख 64 हजार वर्षों का द्वापरयुग और 8 लाख 64 हजार मानववर्ष का कलियुग है। पुराणों एवं अन्य धर्मग्रन्थों में सतयुग और कलियुग का सर्वाधिक वर्णन है। पी.वी. काणे (*धर्मशास्त्र का इतिहास,* अनु. जिल्द 2, लखनऊ, 1992, पृ. 986) के अनुसार, जिस दिन महाभारत की लड़ाई प्रारम्भ हुई उसी दिन अर्थात् शुक्रवार, ई.पू. 3102 में 18 फरवरी से कलियुग का प्रारम्भ हुआ। *वनपर्व* (58.1-44) एवं *अनुशासनपर्व* (61.4) के अनुसार क्षत्रियों को जब कठोर कार्य करना पड़ा तो कलियुग प्रारम्भ हुआ। *शान्तिपर्व* के अनुसार (12.30), ब्राह्मणों को जब घोड़ा, गाय, दासी अलंकृत हथिनी, गाँव, खेत, घर आदि दान मिलना बन्द हुआ तो कलियुग प्रारम्भ हुआ। *श्रीमद्भागवतपुराण* (1.1.3.23; 2.12.2.33) के अनुसार जिस दिन मगध में बुद्ध का जन्म हुआ उसी दिन से कलियुग का आरम्भ हुआ। *मत्स्यपुराण* के अनुसार (273.49-50) जिस दिन कृष्ण की मृत्यु हुई कलियुग उसी समय से प्रारम्भ हो गया।

धर्म विश्वास पर आधारित होता है जिसमें तर्क की कोई गुंजाइश नहीं; जो धर्म पर तर्क करता है उसे मरने पर नरक में ही रहना पड़ता है–ऐसा पुराणों का मानना है। इतिहासकारों को स्वर्ग-नरक में विश्वास नहीं होता, अतः बी.एन.एस. यादव, रामशरण शर्मा, रोमिला थापार, निहाररंजन रे, आचार्य क्षितिमोहन सेन (नोवेल पुरस्कार से पुरस्कृत डॉ. अमर्त्य सेन के नाना), रमेन्द्रनाथ नन्दी, डी.एन. झा, हरवंशमुखिया आदि विद्वान इतिहास को धर्म के विपरीत तर्क, विज्ञान, प्रमाण और व्याख्या पर आधारित मानते हैं। धार्मिक युग विभाजन विशेषकर कलियुग का ऐतिहासिक परीक्षण विजयकुमार ठाकुर ने भी अपने अध्यक्षीय भाषण (*आन्ध्र प्रदेश हिस्ट्री कांग्रेस,* 19-21 जनवरी, 2001, हैदराबाद) में करने का प्रयास किया है।

आदिपर्व (68. 6-9) के अनुसार, पृथ्वी जब बिना जोते-बोए ही अनाज पैदा करती और सभी वर्ण के लोग अपने-अपने धर्म का पालन करते थे तो सतयुग था। सतयुग में चारों समुद्रों से घिरी हुई समूची पृथ्वी के पालक राजा दुष्यन्त थे जिनके पिता का नाम इलल था (*आदिपर्व,* 68.3; 71.8)। सतयुग को कृतयुग इसलिए कहा गया कि उस उत्तमयुग के लोग अपना सब कर्तव्य सम्पन्न कर ही लेते थे। उनके लिए कुछ करना शेष नहीं रहता था, अतः इस व्युत्पत्ति के अनुसार वह कृतयुग कहलाता था। कृतयुग में धर्म का नाश अर्थात् माता-पिता के रहते

हुए सन्तान का नाश नहीं होता था। सतयुग में क्रय-विक्रय का व्यवहार नहीं होता था। सतयुग में सबसे बड़ा धर्म था—स्वार्थ का त्याग। ऋक्, साम और यजुर्वेद के मन्त्रों का पृथक-पृथक विभाग नहीं था (*वनपर्व*, 149.11-18)। ब्राह्मण जब शूद्रों के निकट वेदमन्त्रों का उच्चारण तक नहीं करते थे तब सतयुग था (*आदिपर्व*, 63.20)।

सतयुग में धर्म चारों पैरों पर खड़ा था किन्तु जिस समय उसका एक पैर नष्ट हो गया तो त्रेतायुग प्रारम्भ हुआ। त्रेता में वेद 4 भागों में विभक्त हो गया, औषधियाँ उत्पन्न हुईं और ग्रामों एवं नगरों में वार्ता-वृत्ति की स्थापना हुई; वर्णाश्रम स्थापित हुआ और यज्ञ की प्रथा प्रचलित हुई। शूद्र के स्वभाव सुन्दर थे क्योंकि वे सभी उच्च वर्णों की सेवा करते थे (*मत्स्यपुराण*, 142.48-78; 143.3 एवं 144.10-11)।

द्वापर में धर्म के 2 चरण शेष रहे। कुछ ब्राह्मण 4 वेदों के ज्ञाता, कुछ 3 वेदों के विद्वान, कुछ 2 वेदों के जानकार, कुछ 1 वेद के पंडित और कुछ वेद की ऋचाओं के ज्ञान से सवर्था शून्य होते थे। सम्पूर्ण 1 वेद का ज्ञान न होने से वेद के कई विभाग कर दिए गए। लोग सत्य से भ्रष्ट होने लगे। भोग और स्वर्ग की कामना से यज्ञों का अनुष्ठान किया जाने लगा। अधर्म से प्रजा पीड़ित होने लगी। (*वनपर्व*, 149.27-33; *मस्स्यपुराण*, 142.46-47)। चारों वर्णों तथा आश्रमों के धर्म परस्पर घुलमिल गए। श्रुतियों एवं स्मृतियों में भेद उत्पन्न हो गया। धर्म और अधर्म में अन्तर मुश्किल हो गया (*मत्स्यपुराण*, 144.1-99)। वर्णों का विनाश और कर्मों का उलटफेर हो गया।

द्वापर का अंशमात्र शेष रहा तो कलियुग आ गया (*मत्स्यपुराण*, 144.29)। शूद्र शासक बनने लगे (श्रीमद्भागवतपुराण, 1.1.16.5-6; 1.1.17. 1-6)। वे द्विजातियों को आप नहीं बल्कि 'ए' कहकर सम्बोधित करने लगे। वे धर्मोपदेश करते और ब्राह्मण लोग उनकी सेवा में रहकर उसे सुनते थे और उसी को प्रामाणिक मानकर उसका पालन करने लगे। वे द्विजातियों की सेवा नहीं करते और ब्राह्मणों का विरोध करते थे (*वनपर्व*, 188.29-39; 190. 59-72; *शान्तिपर्व*, 228.71-74; *अनुशासनपर्व*, 111.89)। राजा नन्द शूद्र था। मगधनरेश ने ब्राह्मणों, क्षत्रियों एवं वैश्यों का नाश करके शूद्रों की रक्षा की (*श्रीमद्भागवतपुराण*, 2.12.1 7-9 एवं 36-40)। ब्रह्मावर्त में 8 हजार शूद्र निवासी थे (*भविष्यपुराण*, 2.6. 17-22)। शूद्रों के यहाँ जब यज्ञोपवीत संस्कार होने लगे तो कलियुग था (*भविष्यपुराण*, 2.30.22-26)। राजा पुष्यमित्र के बाद आर्य शूद्र हो गए (*भविष्यपुराण*, 2.4. 23.63-65)। शूद्र कलियुग में वैश्य और क्षत्रिय बन गए तथा वैश्य एवं क्षत्रिय शूद्र हो गए। विधानपूर्वक सभी कर्मों को करनेवाला तथा शुभाचरण का पालन करनेवाला शूद्र ब्राह्मण हो जाता था (*ब्रह्मपुराण*, 231. 12-26, 223.15-32)। शूद्रों ने अपने जातीय आचार-विचार छोड़ दिए थे (*ब्रह्मवैवर्तपुराण*, प्रकृतिखंड, 7.24)। पूर्ण अधर्म स्थित हो जाने पर चारों वर्णों के लोग शूद्र हो गए (*ब्रह्मवैवर्तपुराण*, श्रीकृष्णखंड, 90.34)।

आन्ध्र, शक, पुलिन्द, यवन, कम्बोज, बाह्यलीक तथा आभीर म्लेच्छ राजा थे। पृथ्वी म्लेच्छों से भर गई। चांडाल आदि अंत्यज क्षत्रिय, वैश्य आदि का काम करने लगे (*वनपर्व*, 188.35-72); 190.28-30; *शान्तिपर्व*, 46.49. 4536। कलियुग ने वेद के विरुद्ध म्लेच्छभाषा और कलि में वृद्धि के लिए ब्राह्मीभाषा का निर्माण किया। ब्रजभाषा, महाराष्ट्री, यवनी (यवनों की भाषा), और गुरूंडिका (अंग्रेजीभाषा) म्लेच्छों की भाषा थी (*भविष्यपुराण*, 2.5. 2-35)। म्लेच्छ देशों में बुद्धिमान होने के बावजूद लोग म्लेच्छधर्मी थे क्योंकि सभी गुण म्लेच्छों के

अधीन और समस्त अवगुण आर्य प्रदेश में बिखरे थे (*भविष्यपुराण,* 2.5. 36-41)। सिकन्दर ने भारत में आकर काँचीपुरी, अयोध्या, हरिद्वार, मथुरा, काशीपुरी, उज्जयनी और प्रयाग में बौद्धयन्त्रों की स्थापना की। इन यन्त्रों के नीचे जो पहुँचते वे सभी म्लेच्छ हो जाते थे। फलतः म्लेच्छों की संख्या में अपार वृद्धि हुई (*भविष्यपुराण,* 2.4. 21. 21-27)।

कलियुग में ब्राह्मण शूद्रों का कर्म करते थे। वे सब कुछ खाने लगे और जप से दूर भागने लगे। कुछ ब्राह्मण वेद विक्रय करके और कुछ अपने धर्म के अनुसार जीविका चलाते थे। शूद्रों को वे 'आप' कहकर सम्बोधित करते थे (*वनपर्व,* 188.29-37; 190. 11-14)। ब्राह्मणों के अनिष्ट-चिन्तन, अल्पाध्याय, दुराचार और शास्त्रज्ञानहीनता जैसे कर्मदोषों से प्रजा को सदा भय बना रहता था। वे व्रत-उपवास आदि छोड़ बैठे थे (*मत्स्यपुराण,* 144.35-37; 165. 10-18)। वे राक्षसी स्वभाव के हो गए थे (*श्रीहरिवंशपुराण,* भविष्यपर्व, 2.32)। क्षत्रियों की संख्या नगण्य हो गई। सभी म्लेच्छ हो गए (*वनपर्व,* 190. 41-44 एवं 55)। कर के भार से पीड़ित वैश्य झूठे माप-तौल बनाकर बहुत सा माल बेचते थे। वे अपने धर्म का पालन नहीं करते थे (*वनपर्व,* 188.50-53; 190.23 एवं 54; *शान्तिपर्व,* 228.71-73)। वैश्य खेती और व्यापार को छोड़कर शिल्पादि शूद्रकर्म करते थे (*ब्रह्मपुराण, 230.36-37*)। ब्राह्मणों का सत्कार करनेवाला वैश्य ब्राह्मण एवं क्षत्रिय हो जाता था (*ब्रह्मपुराण,* 223.60-65)।

कलियुग में कर के भार से पीड़ित लोग कुछ भी देने में असमर्थ थे। हीन जाति के लोगों ने पीड़ित ऊँची जातिवालों को भगा दिया (*जातक,* 1.27)। विसूचिका, प्लेग, भुखमरी, अकाल आदि के कारण समाज में स्थिरता नहीं थी (*मत्स्यपुराण,* 144.29-32)। भय के मारे लोग अपने बाल-बच्चों के साथ कौशिकी नदी को पारकर अंग, बंग, कलिंग, कश्मीर तथा कोशल देश में जाकर बस गए (*ब्रह्मपुराण,* 231. 66-72)। कलियुग में गंगा का महत्त्व बढ़ गया (*वनपर्व,* 85.89-91)। पहले श्रेष्ठ आसनों पर बैठकर ब्राह्मण धर्म का उपदेश देते और शूद्र नीचे बैठकर सुनते थे किन्तु कलियुग में श्रेष्ठ आसनों पर बैठकर शूद्र उपदेश देने लगे। सभी विश्वासघाती, क्रूर, अधार्मिक और कठोर थे (*नारदपुराण,* 41.1-20)।

कलियुग में स्त्रियाँ पति की आज्ञा का पालन नहीं करती थीं। वे स्वयं वर चुन लेती थीं। पुरुषवेष धारण कर वे पुरुषों के साथ विहारों के अवसर पर आनन्द करती थीं (*वनपर्व,* 188. 35-42)। घर के नौकरों पर उन्हीं का नियन्त्रण होता। वे सब काम नौकर-चाकर, पति, सास और श्वशुर से कराती थीं। जरासंध, अशोक, काशीराज, पांड्य नरेश, मगध नरेश आदि राजा धर्म के नाशक थे। बौद्धशासकों के कारण धर्म घटा और अधर्म बढ़ा। ऊँख के यन्त्र में ऊँख की गाँठ को पेरने की तरह राजा प्रजा को पेरता था। सभी सन्तान वर्णसंकर थे। कलियुग में ऊँचे-ऊँचे कुल दुर्गति को प्राप्त हो गए और नीच कुल ऐश्वर्यशाली बन गए। घूस देने में असमर्थ व्यक्ति को न्याय मिलना मुश्किल था (श्रीमद्‌भागवतपुराण)।

समय पर वर्षा नहीं होती थी। कड़ाके की सर्दी, पाला, बाढ़ तथा गर्मी से प्रजा पीड़ित थी। कलियुग के 5 हजार वर्ष व्यतीत होने पर गंगा, सरस्वती और भागीरथी नदियों का अस्तित्व समाप्त हो गया। नद, नदी, बावली और झरने जल से शून्य हो गए (*ब्रह्मवैवर्तपुराण,* 7.10-11)। हिंसक पशुओं एवं कौवों की संख्या बढ़ी तथा गाय और अच्छे पक्षियों की संख्या घट गई (*वनपर्व,* 188.439 *ब्रह्मपुराण,* 230.23, 53--54)। आदमी टोकरी-कुदाली हाथ में लेकर मेढ़ बाँधने के लिए निकल जाते थे। कृषिकर्म मुश्किल हो गया था (*जातक* 1.77)। अधिकतर भूमि ऊसर होती थी (*ब्रह्मपुराण,* 231.20)। वेदवेत्ता और ज्ञानी लोग खेती आदि

कार्यों में संलग्न और मूर्ख लोग श्राद्ध का अन्न खाते थे। गुरु शिष्य की सेवा और सन्देशवाहक का काम करते थे (*शान्ति पर्व*, 228.71-80)। हंस (ब्राह्मण) कौवे (बौद्ध) के अनुयायी बन गए। भिक्षु बेशर्म और वस्तुलोभी थे। उनकी संख्या में वृद्धि होती गई। चीवर आदि वस्तुओं के लोभ में तथा कार्षापण, माषक तथा रूपी आदि सिक्कों के लिए भिक्षु बाजार, चौराहों, राजद्वार आदि में बैठकर उपदेश देते थे। जीविका समस्या बन गई थी (*जातक*, 1.77)।

पत्नी झूठी, पुत्र दुःख देनेवाला और सभी घरों की स्त्रियाँ दुर्गति थीं (*भविष्यपुराण*, 2.2. 5.15-16)। मनुष्य गदहों के समान प्रायः गृहस्थी का भार ढोते थे। वैवाहिक सम्बन्धवालों को ही अपना सम्बन्धी माना जाता था। माता-पिता, भाई-बन्धु और मित्रों को छोड़कर वे केवल साली और सालों से सलाह लेते थे। पुत्र अपने बूढ़े माँ-बाप की भी रक्षा-पालन-पोषण नहीं करते थे। पिता अपने योग्य पुत्रों पर ध्यान दिए बिना अलग कर देते थे (*श्रीमद्भागवतपुराण*, 2.12.2. 7-15)। धर्मनाथों द्वारा कलियुग के अन्त के बाद पुनः सतयुग की कल्पना की गई। *ब्रह्मवैवर्तपुराण* (प्रकृतिखंड, 7.58-63) के अनुसार, विष्णुयशा नामक ब्राह्मण के यहाँ नारायण की कला के अंश से महाबली कलकी भगवान पुत्ररूप में प्रकट होंगे। वे एक ऊँचे घोड़े पर बैठकर लम्बी तलवार से 3 रात में ही पृथ्वी को म्लेच्छों से शून्य कर देंगे और अन्तर्धान हो जाएँगे। उस समय पृथ्वी पर अराजकता फैल जाएगी और चारों ओर चोर-डाकुओं का उपद्रव बढ़ जाएगा। प्राणी, वृक्ष तथा घर कुछ भी दिखाई नहीं देगा। इस प्रलय के बाद 12 आदित्य उदय होकर अपने तेज से इस पृथ्वी को सुखा डालेंगे और तब कलियुग का अन्त और कृतयुग का आरम्भ होगा। पुराणकारों के अनुसार कलियुग का आरम्भ ई.पू. 3102 में अर्थात् आज से करीब 5,107 वर्ष पहले हुआ। कलियुग की अवधि 4 लाख 32 हजार मानववर्ष की बताई गई है, अतः अभी हम कलियुग की देहली पर पहुँचे हैं।

इतिहासकारों ने कलियुग का अर्थ चतुर्दिक ह्रास बताया है। इस युग के विवरणों में गड्ड-मड्ड तरीके से, जाने कितनी ही घटनाओं और प्रवृत्तियों का उल्लेख *महाभारत*, *महासुपिनजातक* एवं पुराणों (*विष्णुपुराण*, *श्रीमद्भागवतपुराण*, *मत्स्यपुराण*, *ब्रह्मपुराण*, *नारदपुराण*, *ब्रह्मवैवर्तपुराण*, *हरिवंशपुराण*, *भविष्यपुराण*, *ब्रह्मांडपुराण*, *वायुपुराण*, *कूर्मपुराण* आदि) में की गई है।

इन स्रोतों के अध्ययन से पता चलता है कि ई.पू. चौथी सदी के आरम्भ से लेकर पाँचवीं सदी के अन्त तक की कालावधि ब्राह्मणों के लिए खासतौर से कष्टप्रद और नए-नए रास्ते तलाशनेवाली साबित हुई। इस दौरान उन्होंने नए सिरे से यजमान बनाना शुरू किया, यहाँ तक कि स्वरोजगार जैसे गैरपरम्परावादी तरीके अपनाते हुए अपने जीविका-निर्वाह के लिए नए साधन तलाश किए—जैसे फलित ज्योतिष, भविष्यकथन, चिकित्सा-व्यवसाय, शूद्रों के धार्मिक कृत्यों में सेवा-सहायता, वेदाध्ययन, मूर्तिपूजा-अर्चना आदि-आदि। तीसरी से पाँचवीं सदियों के पुराणों (*विष्णुपुराण*, *वायुपुराण और मत्स्यपुराण*) में सामाजिक संकट के पर्याप्त प्रमाण कलियुग के रूप में उपलब्ध हैं। करीब 500 ई. से 900 ई. के बीच रचित पुराणों (*वामनपुराण*, *वराहपुराण*, *कूर्मपुराण*, *भागवतपुराण* आदि) के अध्ययन से नगर-सभ्यता का ह्रास और ग्राम-आधारित निर्वाह-व्यवस्था की सम्वृद्धि, जाति-व्यवस्था में कठोर नियमों का आना, जातियों की संख्या में वृद्धि और उपजातियों का विभाजन, वर्णसंकर सन्तानों में वृद्धि, आवश्यक और उपयोगी कलाओं के काम में लगे दस्तकारों को 'अपवित्र' और 'अस्पृष्य' घोषित कर उनकी भर्त्सना करना, नगरवासी ब्राह्मणों के एक महत्त्वपूर्ण अंश का ग्रामों में जाकर बसना, सामाजिक असुरक्षा,

राजनीतिक अराजकता, मन्दिर-केन्द्रित उपासना या पूजा पद्धति पर आधारित लोकधर्म का प्रसार, भक्ति सम्प्रदाय का प्रचलन आदि विशेषताएँ दिखाई देती हैं।

जिन साहित्यिक स्रोतों की रचना तीसरी सदी के पूर्व हुई उसमें नगरों को पट्टन, नगर, महापट्टन, महानगर जैसे नामों से पुकारा गया है इस सम्बन्ध में विस्तृत जानकारी के लिए अजयकुमार सिंह (प्रोफेसर, इतिहास विभाग, प.वि.) द्वारा लिखित पुस्तक (*इंडो-रोम ट्रेड*), कामेश्वर प्रसाद (प्रोफेसर, इतिहास विभाग, प.वि.) द्वारा लिखित पुस्तक (*दि कुषाण-ट्रेड*), विजय कुमार ठाकुर द्वारा लिखित पुस्तक (अर्वनाइजेशन इन ऐंसियंट इंडिया) उपयोगी हैं। वैसे साहित्यिक स्रोत जिनकी रचना विशेषकर छठी सदी से लेकर दसवीं सदी तक के बीच हुई उनमें नगर को पुर, दुर्ग, राजधानी और स्कन्धावार ही ज्यादातर कहा गया है। पुरालेखों से भी ऐसा ही पता चलता है। ग्यारहवीं से लेकर तेरहवीं सदी तक के पुरालेखों में नगर को पुनः पट्टन, नगर, महापट्टन, महानगर जैसे नामों से पुकारा जाने लगा। इस सम्बन्ध में रमेन्द्रनाथ नन्दी (प्रोफेसर, इतिहास विभाग, प.वि.) द्वारा लिखित पुस्तक (*प्राचीन भारत में धर्म के सामाजिक आधार*) एवं ओम प्रकाश प्रसाद (रीडर, इतिहासविभाग, प.वि.) द्वारा लिखित पुस्तक (*डिके एंड रिवायवल ऑफ अर्वनसेंटर्स इन मेडियवल साउथ इंडिया*) उपयोगी हैं।

इन सभी तथ्यों को ध्यान में रखते हुए विद्वानों ने कलियुग में इतिहास को तलाशने का सफलतापूर्वक प्रयास किया है। पौराणिक सामाजिक बनावट उत्तरवैदिककाल से ही गड़बड़ाने लगी। तीसरी सदी से आर्थिक विकास के समक्ष संकट खड़े होने लगे। भारत के अलग-अलग हिस्सों में थोड़ा पहले और थोड़ा बाद में दसवीं सदी तक यही दशा बनी रही। वर्णसंकरता और जातियों-उपजातियों की संख्या में वृद्धि का सिलसिला पूर्वमध्यकाल के अन्तिम चरण और बाद तक भी चलता रहा। कलिकाल में जमीन की मिल्कियतवाले पहले के स्वतन्त्र वैश्य किसान आश्रित और अधीन स्थिति में पहुँच रहे थे; वाणिज्य-व्यापार, मुद्रा-अर्थव्यवस्था तथा शहरी जीवन का ह्रास होने लगा और सामन्त, सरदारों तथा भूस्वामी श्रीमन्तों के उदय तथा न्यूनाधिक बन्द किस्म की कृषि-अर्थव्यवस्था की बढ़ती हुई प्रमुखता के कारण वैश्यवणिकों तथा व्यापारियों का पतन होने लगा था। विदेशी आक्रमणों, विदेशियों के यहाँ बसने तथा उनके एक हिस्से के और सीमावर्ती लोगों के शासक-अभिजातवर्ग के रूप में उदय के फलस्वरूप 4 वर्णोंवाली समाज व्यवस्था समूल हिल गई। कुछ नगरों का विनाश तथा पतन और जिनका अस्तित्व कायम रहा उनका गौरव समाप्तप्रायः का सिलसिला जारी हो गया। जर्जर शहरों से पलायन और गाँवों तथा जंगलों में बसने की विवशता भी दिखाई देने लगती है।[1]

सन्दर्भ

1. ब्रजनन्दनसिंह यादव, 'कलियुग के वर्णन और समाज का प्राचीनकाल से मध्यकाल में संक्रमण', *इतिहास,* भारतीय इतिहास अनुसन्धान परिषद की शोध-पत्रिका, दिल्ली, अंक 1, जनवरी ,1992, पृ. 66-99; रामशरण शर्मा, 'कलियुग : सामाजिक संकट तथा परिवर्तन का काल', *पूर्वमध्यकालीन भारत का सामन्तीसमाज और संस्कृति,* नई दिल्ली, 1996, पृ. 39-62; आचार्य क्षितिमोहन सेन, *भारतवर्ष में जातिभेद,* सं. हजारीप्रसाद द्विवेदी, कलकत्ता, 1940; कैमरिश स्टेला, *हिन्दू टेंपुल,* कलकत्ता, 1946; निहाररंजन

रे, *हिस्ट्री ऑफ द बंगाली पीपुल* (अनूदित जॉन डब्ल्यू. हूड), कलकत्ता, 1894; ओम प्रकाश, 'भारतीय समाज और परम्परा : कुछ इतिहास शास्त्रीय सवाल', *हिन्दी कलम* (सं.) नीलकान्त, इलाहाबाद, अंक 2, जुलाई-दिसम्बर, 1994, पृ. 182-98; हरवंस मुखिया, 'उर्दू गजल : नाकामी का उत्सव बतौर असहमति और प्रतिरोध', *हिन्दी कलम, वही*, पृ. 96-115; रमेन्द्रनाथ नन्दी, *प्राचीन भारत में धर्म के सामाजिक आधार*, अनु. नरेन्द्रव्यास, प्रथम संस्करण, ग्रन्थशिल्पी, दिल्ली, 1998; रोमिला थापर, *आदिकालीन भारत की व्याख्या*, अनु. मंगलनाथ सिंह, नई दिल्ली, 1998; *भारतीय सामन्तवाद*, सं. द्विजेन्द्र नारायण झा, (अनु.) ग्रन्थशिल्पी, दिल्ली 2000।

पारिभाषिक शब्दावली

हवन–स्वर्ग की कामना होने पर सूर्य के अस्त और उदय होते ही हवन किया जाता था।[1] आयुष्य के लिए सन्ध्याकाल अन्धकार होने पर और प्रातःकाल अन्धकार दूर रहते हवन किया जाता था।[2] पशु की कामना में सन्ध्याकाल ग्राम में पशु के चर आने पर और प्रातःकाल ग्राम से पशु के चरने के लिए आने के पूर्व हवन किया जाता था।[3] श्री की अभिलाषा होने पर लोगों के निद्रा त्याग से पूर्व प्रातःकाल हवन का प्रावधान था।[4] यदि राजा बलात्कार से या प्रजा को कष्ट देकर और अन्न आदि लेता था तो इस अत्याचार से बचने के लिए धूमसहित अग्नि में आहुति दी जाती थी।[5] यदि राजा जबर्दस्ती अथवा रोककर प्रजा से अन्न आदि ग्रहण करता था तो ज्वाला सहित अग्नि पर आहुति दी जाती थी।[6] लक्ष्मी अथवा कीर्ति की कामना होने पर प्रदीप्त अग्नि में आहुति दी जाती थी।[7] कामना विशेष की पूर्ति के लिए ये सारे अग्नि होम किए जाते थे। स्वर्ग, पशु अथवा मनोरथ की पूर्ति हेतु दूध से ग्राम की कामना हेतु यवागू से, बल प्राप्ति के लिए तंडुल से, इन्द्र की कामना हो तो दही से और तेज की अभिलाषा होने पर आज्य से हवन करने का प्रावधान था।[8] कन्या, युवती और मूर्ख द्वारा अग्निहोत्र हवन करने पर पाबन्दी का प्रावधान था।[9]

वास्तु–वास्तु शब्द अधिक प्राचीन है शिल्प शब्द से। वास्तु शब्द की उत्पत्ति वस्तु शब्द से हुई है। कोई भी निर्माण द्रव्य काष्ठ, इष्ठि का, पाषाण, धातु इत्यादि जब एक अभिनव निर्मिति में परिणत होते तो वे वास्तु की संज्ञा से व्यवहारित होते हैं। दूसरे शब्दों में, अनियोजित वस्तु जब सुनियोजित वस्तु में परिणत हो जाती है तो वह वास्तु अर्थात् कला कही जाती है। वास्तुविद् की 4 काटियाँ थीं–(1) *स्थपति* वास्तु-शास्त्र के सभी अंगों का निष्णात् विद्वान और परमकुशल कलाकार माना जाता था। कुरारु स्थपति को 8 कर्मों (आलेख्य अर्थात् चित्रकारी, लेपकर्म, दारूकर्म, काष्ठकला अर्थात् पच्चीकारी, चय अर्थात् चुनाई, पत्थर, पारा, धातु) की कारीगरी और शिल्पकर्म में विशेषज्ञ होना पड़ता था। (2) *तक्षक* की विशेषता और वैदुष्य तथा दाक्ष्य पाषाण-कला अथवा मूर्तिकला पर आश्रित था। (3) *वर्धकि* पच्चीकारी और काष्ठकला का ज्ञानी होता था और (4) *सूत्रग्राहिन्* आधुनिक अभियन्ता की तरह काम करता था।

भारतीय स्थापत्य का जन्म वैदिक यज्ञ-वेदी से प्राप्त हुआ।

पुरातत्त्व–हमारे पूर्वजों के दैनिक जीवन और उनके व्यवसायों पर रोशनी डालने के लिए टीलों और खंडहरों के रूप में पुराने स्थानों की खुदाई को जिन विद्वानों ने एक विज्ञान का रूप दिया है, उन्हें पुरातत्त्वविद कहा गया है। आधुनिक पुरातत्त्व पुरातत्त्वविदों की देन है। इसने हमें

लाखों वर्षों की मानव-प्रगति से परिचित कराया है। उत्खनन से अनेक वस्तुएँ प्रकाश में आई हैं। इनमें औजार और हथियार, स्मारक और अवशेष, प्राचीन जनगणों की कलाकृतियाँ और शिल्प, रहने के मकान, पूजा करने के मन्दिर और उनके जीवन-यापन का माहौल शामिल हैं। संक्षेप में, पुरातत्त्वविदों ने इतिहासकारों को एक सम्पूर्ण सामाजिक और सांस्कृतिक इतिहास के लिए सामग्रियाँ दी हैं। इस प्रकार का इतिहास पहले कभी नहीं लिखा जा सकता था।

कई बार अतीत की महान संस्कृतियों की खोजें संयोगवश हो गई हैं। उदाहरण के लिए, *1856 ई. में जेम्स और विलियम बर्टन नाम के दो भाई कराची से लाहौर तक रेल लाइन बिछाने में लगे थे।* उन्होंने पास के टीलों से अपनी लाइन के लिए ईंटें लेने के प्रयत्न किए। ईंटों के लिए खोदने से दो प्राचीन नगरों का पता लग गया। ये नगर थे पश्चिम पंजाब में *हड़प्पा* और सिन्ध में *मोहनजोदड़ो।* मगर इसके कोई 60 वर्ष बाद जाकर राखाल दास बनर्जी के परिश्रम से इन 5,000 वर्ष पुराने शहरों के बारे में तथ्य सामने आए। राखाल दास बनर्जी ने सर जॉन मार्शल और ननीगोपाल मजूमदार की देख-रेख में काम किया। इस प्रकार हम भारत में मोहनजोदड़ो व हड़प्पा और पश्चिम एशिया में सुमेर, बाबुल और सीरिया की सभ्यताओं के बारे में जानकारी के लिए पुरातत्त्वविदों के ऋणी हैं। उत्खननों से पहले किसी ने भी इस बात के बारे में अनुमान तक नहीं लगाया था कि भूमध्यसागरीय क्रीट नामक टापू में कभी किसी महत्त्वपूर्ण सभ्यता का विकास हुआ था। पुरातत्त्व विज्ञान से ही प्राचीन मिस्र के सम्पूर्ण इतिहास, यहाँ तक कि दैनिक जीवन की बिलकुल छोटी-छोटी बातों के बारे में भी, मालूम हुआ है। पुरातत्त्व विज्ञान ने हमें उस मानव के जीवन को समझने में समर्थ बनाया है जो हजारों वर्ष पहले इस धरती पर रहता था। उस समय उसके रहने का कोई निश्चित ठौर-ठिकाना नहीं था, वह पत्थर के केवल अपरिष्कृत औजारों का इस्तेमाल करता था, और अपने साथी मनुष्यों के साथ अत्यन्त मामूली ढंग से सहयोग करता था।

कार्बन-14—हाल में भौतिकी ने पुरातत्त्वविद को यह मालूम करने में मदद दी है कि कोई वस्तु कितनी पुरानी है। यह विज्ञान बतलाता है कि सभी सजीव वस्तुओं में एक प्रकार का रेडियोधर्मी (Radio-active) कार्बन होता है जिसे कार्बन-14 कहते हैं। रेडियोधर्मी पदार्थ वे होते हैं जिनमें से एक निश्चित दर से बहुत छोटे-छोटे कण निकलते हैं। इन कणों के निकलने की दर 'गीगर काउंटर' नाम के उपकरण द्वारा उस पर होनेवाले खटकों से मापी जा सकती है। समय की एक निश्चित अवधि बीतने के बाद किसी पदार्थ की रेडियो धर्मिता आधी रह जाती है, और उतनी ही अवधि फिर बीतने पर यह चौथाई रह जाती है। इसी प्रकार उसकी रेडियो धर्मिता कम होती जाती है। जब मनुष्य, पशु और पौधे जिन्दा होते हैं तब वे जिस मात्रा में वायुमंडल से कार्बन-14 लेते हैं उसी मात्रा में रेडियो धर्मिता के कारण उसे खो देते हैं। जब कोई जीवित चीज मर जाती है तब वह वायुमंडल से नया कार्बन-14 नहीं लेती यद्यपि वह उसे एक निश्चित दर से खोती रहती है।

भौतिक विज्ञान के विद्वानों ने पता लगाया है कि कार्बन-14 की आधी जिन्दगी 5,730 वर्ष होती है। कोई पेड़ जो 5,730 वर्ष पूर्व काटा गया था या कोई पशु जो उतने ही वर्ष पहले मरा, उस पेड़ की अपेक्षा जो कल ही काटा गया हो या उस पशु की अपेक्षा जो कल ही मरा हो 'गीगर काउंटर' पर आधे खटके करेगा। अगर उत्खनन में लकड़ी का टुकड़ा या हड्डी मिलती है तो पुरातत्त्वविद अब उसे भौतिक शास्त्री के पास भेज सकता है जो अपने इस

काउंटर से उसकी उम्र माप सकेगा। भौतिक शास्त्री निश्चित रूप से यह तो नहीं बतला सकता कि अमुक वस्तु ठीक 3893 ई.पू. में थी मगर वह हमें यह तो बतला ही सकता है कि वह वस्तु 4000 ई.पू. और 3500 ई.पू. के बीच जीवित थी। इस काल-निर्णय से पूरा तत्त्वविद काफी सन्तुष्ट हो जाता है क्योंकि प्रागैतिहासिक काल में जीवन में बहुत धीरे-धीरे परिवर्तन होता था और किसी प्राचीन संस्कृति के अध्ययन में दो-चार सौ वर्षों के आगे-पीछे का अन्तर कोई विशेष महत्त्व नहीं रखता।

पुरातत्त्वविद्–चिर अतीत में रहनेवाले हमारे पूर्वजों के दैनिक जीवन और उनके व्यवसायों पर रोशनी डालने के लिए टीलों और खंडहरों के रूप में पुराने स्थानों की खुदाई को जिन विद्वानों ने एक विज्ञान का रूप दिया है, उन्हें *पुरातत्त्वविद* कहते हैं।

समय बीतने के साथ ही वे अनेक वस्तुएँ अब खराब या नष्ट हो गई हैं, जिनसे हमें प्राचीन मानव की संस्कृतियों को समझने में सहायता मिलती। मगर कतिपय कारक इन चीजों को सुरक्षित रखने में सहायता देते हैं जो अन्यथा थोड़े समय में नष्ट हो जातीं। उदाहरण के लिए मिस्र की शुष्क जलवायु में विशाल पिरामिडों के अन्दर लकड़ी के फर्नीचर और यहाँ तक कि घास की चटाइयाँ तथा बारीक कपड़े भी पूरी तरह ठीक-ठीक मिले हैं। मरुभूमि के एक अनाज के गोदाम में गेहूँ और जौ के दाने ऊपर छिलके और बालियों सहित सर्वथा अच्छी हालत में मिले हैं। ज्वालामुखी फूटने के कारण रोम का प्राचीन नगर पांपेई नीचे दब गया मगर एक नानबाई की दुकान में रोटी सुरक्षित रही। अत्यधिक सर्दी भी चीजों को सुरक्षित रखती है। साइबेरिया में बर्फ से भरे एक गड्ढे में एक प्रागैतिहासिक मैमथ बिलकुल ठीक-ठाक अवस्था में पाया गया।

किसी एक ही स्थान पर मानव के सम्पूर्ण अस्थि-पंजर, औजार, बर्तन और अन्य शिल्प-उपकरण एक साथ विरले ही पाए जाते हैं। आमतौर से जबड़े या पैर की हड्डी या कुछ दाँत मिल जाते हैं। पुरातत्त्वविद मिट्टी के बर्तन बड़ी मात्रा में खोद निकालता है मगर वे टुकड़े-टुकड़े होते हैं। प्रागैतिहासिक काल के मनुष्य और उसके जीवन का एक चित्र प्रस्तुत करने के लिए पुरातत्त्वविद् पाए गए वस्तुओं के टुकड़ों तथा उन परतों का ध्यानपूर्वक अध्ययन करता है जहाँ उन्हें वह पता है। पुनर्रचना के इस काम में वह भूवैज्ञानिक, प्राणिशास्त्री और अन्य वैज्ञानिकों की सहायता लेता है।

फिर भी, कुछ स्थानों पर भाग्य ने पुरातत्त्वविद का साथ दिया है। उदाहरण के लिए, मिस्र के पिरामिडों के अन्दर उसे ममी (Mummies) या राजसी पोशाक पहले और सोने के आभूषणों, हथियारों, फर्नीचर तथा अन्य बहुमूल्य पदार्थों के समय मिस्र के प्राचीन राजाओं के सुरक्षित शव मिले हैं।

वस्ति–खाया-पिया हुआ अन्न-जल जिसमें बसता है वह मूत्राशय वस्ति कहलाता है।[10] उसने वस्ति को फाड़ डाला जो समुद्र हो गया, अतः समुद्र के जल को नहीं पीते हैं।[11]

प्राण–मुख और नासिका से बाहर निकलनेवाला वायु प्राण कहलाता है।[12]

अपान–शरीर के भीतर जानेवाला वायु अपान कहलाता है।[13]

व्यान–मध्यस्थ होकर खाए-पिए को विविध रूप से शरीर में व्याप्त कर देनेवाला वायु व्यान कहलाता है।[14]

जमदग्नि–जिनकी अग्निएँ प्रज्वलित रहती थीं वह ऋषि जमदग्नि कहलाए।[15]

अत्रि—आध्यात्मिक, आधिदैविक और आधिभौतिक—इन तीनों प्रकार के दुःखों का अनुभव नहीं महसूस करनेवाले ऋषि अत्रि कहलाए।[16]

वामदेव—जिनका तत्त्वविषय में वाम अर्थात् सेवनीय देव अर्थात् बोध है वह ऋषि वामदेव कहलाए।[17]

जुहू—जिससे हवि होमी जाती है वह होम का पात्र जुहू कहलाता है।[18]

पृथ्वी—प्रथन (विस्तार) करने के कारण ही पृथ्वी का नाम पृथ्वी है।[19]

वृषभ—अनको अर्थात् गाड़ी का वहन करनेवाला (खिंचनेवाला) बैल अंड्वान कहलाता है। वह जोतना, भार ढोना आदि रूप से पृथ्वी का पोषण करता है। दूसरे शब्दों में धर्म वृषभ की आकृति को धारण कर पृथ्वी आदि को धारण करता है और वही स्वर्गलोक को धारण किए हुए हैं। अर्थात् जोतने आदि से उत्पन्न हुए चरू पुरोडाश आदि हवि से स्वर्ग का पोषण करता है। विस्तृत अन्तरिक्ष लोक को भी वही धारण करता है और वही पूर्व आदि महादिशाओं को भी धारण करता है। वही दिन, रात्रि, जल और औषधि को धारण करता है।[20]

अथर्वामुनि—अथर्ववेद के रचनाकार अथर्वा मुनि ने मणिबन्धन को प्रचलित किया जो ग्रहविकार को शान्त करता था।[21]

सोम—औषधियों का राजा[22]

धाना—भुना हुआ जौ[23]

करंभ—दहीवाला सत्तू

शष्कुली—पूरी[24]

स्वाहा—स्वा (अपनी वाणी), आह (बोली), अर्थात् अपने आप वाणी ने कहा।[25]

नदी—इस ताड़न करने योग्य मेघ के ताड़ित करने पर तुमने इधर-उधर को चलकर नदन (शब्द) किया था। उसी समय से तुम्हारा नाम *नदी* पड़ गया।[26] जब नाचते हुए से एकत्रित होकर चलने लगे थे उस समय इन्द्र के कारण तुम आप (अप्) कहलाने लगे।[27] इच्छा न होने पर भी सदा सरकनेवाले तुमको इन्द्र ने अपनी शक्तियों से वरण किया अर्थात् अपने नियन्त्रण में किया, इस कारण तुम्हें *वार* कहा गया।[28] इन्द्र सरकते हुए तुम पर अधिकार करना चाहा तो तुम 'हम बड़े हो गए' कहकर उदान किया अर्थात् उच्छ्वास लिया और इस कारण जल *उदक* कहलाता है।[29]

भरद्वाज—जिनके पास भरत् अर्थात् पोषक, वाज अर्थात् अन्न रहता है वह भरद्वाज ऋषि है।[30]

शम्या—जो शत्रुओं के शान्त करने में समर्थ होती है वह शम्या अर्थात् रात्रि है।[31]

अष्टधातु—तीसरी शताब्दी में पुंड्रदेश[32] में अष्टधातु (सोना, चाँदी, ताँबा, राँगा, जस्ता, सीसा, लोहा और पारा) की मूर्तियाँ बनाई जाती थी।[33]

सभा—विद्वान पुरुषों का समूह[34]

समिति—यज्ञसभा या संग्राम सभा[35]

लवित्र—गडाँसा

स्वस्ति—अविनाश

परिधान—विछौना[36]

आच्छादन–ओढ़ना[37]

शिरोवेष्टन–पगड़ी[38]

नीवी–नाभि पर बँधा हुआ वस्त्र[39]

अद्रूक्षण–कोमल स्पर्शवाले वस्त्र[40]

शान्तवृक्ष–पलाश, गूलड़, जामन, कबीला, स्रक, वंध, सिरस, स्रयक्त, वरण, बेल, जंगिड़, कुटक, गृह्य, गलागल, वेत, शिंबल, सिपुन, तिनश, अरणिका, अश्मयोक्त, तुन्यु और पूतदारू– ये शान्त वृक्ष हैं। इनमें से किसी 10 वृक्ष के टुकड़े को स्वर्ण में मढ़कर ताबीज पहनने से ऐसा विश्वास था कि यक्ष्मारोग नहीं होता है।[41]

पुरुषसूक्त–सबसे श्रेष्ठ पुरुष नारायण का प्रतिपादक होने से यह सूक्त पुरुषसूक्त कहलाता है।[42]

ओरन–अपने और बछड़े के एक से रूपवाली गाय के दूध में बना हुआ स्थालीपाक भात *ओदन* कहा जाता था।[43]

अतिसार–पेचिश[44]

पय–दूध[45]

पुत्र–पुं नामक नरक से और बड़ी भारी रक्षा करने से पुत्र का पुत्र नाम पड़ा।[46]

कास–खाँसी[47]

नदी–नदन, गर्जना करने से जल का नाम नदी है।[48]

सीस–सीसा, नपीसीस, लोहे का चूर्ण और गिरघट का सिर सीस कहलाते हैं।[49]

नदीसीस–नदी का फेन[50]

घी–जो सरका वह सर्पिः अर्थात् घी हुआ।[51]

कश्मीर–पथरी (की बीमारी)[52]

परिवित्ति–बड़े भाई के विवाह के पहले जो छोटा भाई विवाह करता वह परिवित्ति कहा जाता था।[53]

खगोलिकी (Astronomy)–खगोलीय पिंडों तथा उनकी प्रणालियों और अन्तरिक्षीय भूतद्रव्य के रूपों की स्थिति, गति, संरचना तथा विकास के विज्ञान को *खगोल विज्ञान* या *खगोलशास्त्र* कहते हैं। खगोलशास्त्र नाना विधाओं में विभाजित है, जिनमें से प्रत्येक फिर अधिक छोटी विधाओं में उपविभाजित है। उदाहरण के लिए, खगोलमिति (Astromity) में व्यावहारिक खगोलशास्त्र की भूगणितीय, नौसंचालनीय तथा अन्य शाखाएँ शामिल हैं और वह खगोलीय पिंडों की स्थिति तथा आकार के माप के प्रश्नों से निबटती है। तारकीय खगोल विज्ञान तारों और उनकी प्रणालियों के आकाशीय वितरण तथा गति के नियमों का अध्ययन करती है; रेडिय खगोलिकी विभिन्न अन्तरिक्षीय पिंडों से निकलनेवाली रेडियो तरंगों के पर्यावलोकन के द्वारा इन अन्तरिक्षीय पिंडों का अध्ययन करती है। खगोलभौतिकी दूसरी चीजों के अलावा अन्तरिक्षीय भूद्रव्य (पिंड, धूल, गैस) तथा क्षेत्रों का अध्ययन करती है; *ब्रह्मांडोत्पत्ति सिद्धान्त* अन्तरिक्षी पिंडों की उत्पत्ति तथा विकास से सम्बद्ध प्रश्नों का अध्ययन करता है और ब्रह्मांड की एक सूत्रबद्ध समष्टि के रूप में, भूद्रव्य के अन्तरिक्षीय रूपों की एक सर्वग्राही प्रणाली के रूप में विश्व की संरचना के सामान्य नियमों का अध्ययन करती है। खगोलशास्त्र प्रकृति-विज्ञान और सामान्यतया मानव-संज्ञान

के अनुभवगत आधार का देश तथा काल में अत्यधिक प्रसार करती है। खगोलविज्ञान के बदौलत मानव-मस्तिष्क देश में खरबों प्रकाश-वर्ष की दूरी तथा काल में अरबों-खरबों अतीत वर्षों तक प्रवेश कर सकता है। खगोलशास्त्र के विषय विशालकाय प्राकृतिक भौतिक प्रयोगशालाएँ हैं, जहाँ ऐसी नानाविध प्रक्रियाएँ चलती रहती हैं, जिन्हें पार्थिव परिस्थितियों में पुनरुत्पादित नहीं किया जा सकता है। उदाहरण के लिए, तापनाभिकीय प्रक्रियाओं की खोज पहले-पहल तारों में हुई थी और बाद में ही उन्हें पृथ्वी पर पुनरुत्पादित किया गया था (अनियन्त्रित विस्फोटात्मक प्रक्रियाओं के रूप में); ब्रह्मांड किरणों में कणों की ऊर्जाएँ ऐसी होती हैं, जिन्हें अभी तक सबसे अधिक शक्तिशाली त्वरित्रों में भी हासिल नहीं किया जा सकता है; अन्तरिक्ष में हम अतिसघनता या विरलता की अवस्था में भूद्रव्य को, विशाल फैलाव तथा शक्ति के गुरुत्वाकर्षण और विद्युत-चुम्बकीय क्षेत्रों को, विराट पैमाने के विस्फोटों तथा धमाकों को देखते हैं। खगोलविज्ञान भौतिकी के अनुभवगत आधार का प्रसार करती, परन्तु स्वयं सर्वप्रथम भौतिकी विज्ञानों तथा उनकी विधियों और साधनों पर अवलम्बित रहती है।

नगर तथा देहात—मनुष्य के बसने के सापेक्षतया अलग-अलग रूप, जिनका जन्म प्राक्-वर्गगत से वर्गगत समाज में संक्रमण के दौरान हुआ और जो प्रतिरोधी सामाजिक-आर्थिक विरचनाओं में परस्पर व्याधातपूर्ण होते हैं। विकसित होते भौतिक उत्पादन ने नगर तथा देहात के पृथक्करण को वस्तुगत रूप से आवश्यक बना दिया था, जो एक निश्चित मंजिल में अनिवार्यतः सामाजिक श्रम-विभाजन को जन्म देता है : उद्योग का कृषि से पृथक्करण, जो आरम्भ में दस्तकारियों के जमीन की काश्त से पृथक्करण में प्रकट होता है और मानसिक श्रम का शारीरिक श्रम से पृथक्करण। नगर तथा देहात के पारस्परिक ठोस सम्बन्ध विभिन्न सामाजिक-आर्थिक विरचनाओं में भिन्न-भिन्न होते हैं। उदीयमान नगर मुख्यतया फौजी-नौकरशाही, प्रशासनिक और धार्मिक केन्द्र, सार्वजनिक कार्यों के संगठनकर्ता तथा देहात के अधिसामुदायिक शोषक थे। दास-स्वामी विरचना में दास-स्वामी वर्ग का केन्द्रबिन्दु होने के साथ-साथ नगर न केवल प्रशासनिक, फौजी और सांस्कृतिक केन्द्र, बल्कि देहात पर हावी दस्तकारी उत्पादन केन्द्र भी बन जाता है। सामन्तवाद के उद्‌भव के साथ आर्थिक जीवन का केन्द्र देहात की ओर स्थानान्तरित हो जाता है।

बैलगाड़ी—पहिएदार बैलगाड़ी का विश्व में सबसे प्राचीनतम प्रमाण हड़प्पाई नगरों में मिले हैं।

विवाह—विवाह शब्द की प्रथम चर्चा *तैत्तिरीयसंहिता* (7.2.87) एवं *ऐतरेय ब्राह्मण* (27.5) में है। बहुपतिकता का प्रथम उदाहरण *ऋग्वेद* (10.145) एवं *अथर्ववेद* (3.18) में मिलता है। स्त्री द्वारा व्यभिचार करने की प्रथम चर्चा गौतम धर्मसूत्र (22.35) में मिलता है। *याज्ञवल्क्यस्मृति* (1.70-72) में स्त्री द्वारा भ्रूणहत्या (गर्भ गिराना) की प्रथम चर्चा है। *ऋग्वेद* (8.33.17) में स्त्री को खराब विचारवाली कहा गया है। उसे *ऋग्वेद* (5.30.9) में ही दास की सेना एवं अस्त्र-शस्त्र बताया गया है।

विधवा—विधवा शब्द की चर्चा *ऋग्वेद* (4.18.12., 10.18.7, 10.40.2 एवं 10.40.8) में है।

परदाप्रथा—स्त्रियों में परदा प्रथा की प्रथम चर्चा वाचस्पति द्वारा रचित सांख्यतत्त्व *कौमुदी* (9वीं सदी) में है।

देवरकामा—पत्नी को देवर के सम्बन्ध स्थापित कर सन्तान पैदा करने की प्रथम चर्चा

गौतमधर्मसूत्र (18.4.14) में है।

विधवा विवाह–विधवा द्वारा पुनर्विवाह की प्रथम चर्चा *नारदस्मृति* (स्त्रीपुस, 45) में है।

सतीप्रथा–*विष्णुधर्म सूत्र* (25.14) में सतीप्रथा की प्रथम चर्चा। स्हैवो ने पंजाब के कठों में सतीप्रथा की चर्चा करता है। गुप्त सम्वत् 191 (510 ई.) के अभिलेख में सती होने का प्रथम उदाहरण मिलता है (गुप्तद्वंसक्रिप्शंस, फ्लीट, पृ. 91)।

वेश्या–इसकी प्रथम चर्चा *ऋग्वेद* (1.167.4) में मिलती है।

लिंगपूजा–मोहनजोदड़ो (सर जॉन मार्शल, जिल्द 1, पृ. 58-63) में लिंग-पूजा के चिन्ह मिलते हैं और उसके बाद सीधे ई.पू. प्रथम शताब्दी में इसके प्रमाण मिलते हैं।

देवपूजा–देवपूजा की प्रथम चर्चा पाणिनि के वार्तिक (1.3.25) में है।

कर्णछेद–कान छेदवाने की प्रथम चर्चा *वौधायनगृह्यसूत्र* (1.12) में है।

ब्रह्मचारी–ब्रह्मचारी शब्द प्रथम बार *ऋग्वेद* (10.109.5) में आया है।

तलाक–तलाक की प्रथम चर्चा कौपिल्य के *अर्थशास्त्र* (3.2) में है।

मूर्तिपूजा–नौ ग्रहों (सूर्य, चन्द्र, मंगल, बुध, बृहस्पति, शुक्र, शनि, राहु एवं केतु) की ताम्र, स्फटिक, सभी धातुओं, लालचन्दन आदि की मूर्ति बनाने और पूजने की प्रथम चर्चा *याज्ञवल्क्यस्मृति* (1.296-98) में है।

सरस्वतीपूजा–सरस्वती की मूर्ति की प्रथम चर्चा दंडी के *दशकुमार चरित* (600 ई. के आसपास) में है।

उमा–तैत्तिरीयारण्यक (10.18) में प्रथम बार शिव की पत्नी अम्बिका या उमा बताया गया है।

दुर्गा–दुर्गा को विन्ध्यवासिनी, रक्त एवं मदिरा पीनेवाली की प्रथम चर्चा *महाभारत* (विराटपर्व 6 एवं भीष्मपर्व 23) में है।

नरकलोक–नरकलोक की प्रथम चर्चा *अथर्ववेद* (12.4.36) में है।

स्वर्ग–स्वर्ग की प्रथम चर्चा *ऋग्वेद* (1.35.6, 8.5.8, 8.41.9.113.9) में है।

गंगा–गंगानदी की प्रथम चर्चा *ऋग्वेद* (10.75.5-6) में है।

मथुरा–मथुरा की प्रथम चर्चा *अगुत्तर निकाय* (1.167) में है।

नर्मदा–नर्मदा (रेवा) नदी की प्रथम चर्चा *शतपथ ब्राह्मण* (12.9.3.1) में है।

बौद्धभिक्षुणी–बुद्ध की मौसी और विमाता प्रजापति संघ में दीक्षित होनेवाली पहली नारी थी जिससे भिक्षुणी संघ का *सभारम्भ* हुआ।

प्रस्तर-वास्तु–भारत में प्रस्तर-वास्तु के युग का सूत्रपात ई.पू. तीसरी सदी में पहाड़ी चट्टानों के भीतर से तराशकर निर्मित चैत्यों, मन्दिरों, विहारों से होता है। (Korotskaya A., *The Role of city in the history of lndia*) (अनु. बुद्धि प्रसाद भट्ट, दिल्ली, 1984, पृ. 48)

संगतराश–निर्माण में तराशे हुए पत्थरों का प्रयोग ईसा की पहली शती में होने लगा और ऐसे निर्माणों के अवशेष उत्तर-पश्चिम भारत में पाए गए हैं। दक्षिण भारत में प्रस्तरवास्तु का विकास सातवीं शती से आरम्भ होता है।

भित्तिचित्र तकनीक–गुप्तकालीन ग्रन्थ *विष्णु-धर्मोत्तरम्* में चित्रों की तकनीकी की चर्चा करते समय वज्रलेप पर प्रकाश डाला गया है। पिसा हुआ पत्थर, मिट्टी, गोबर, जिसमें कई बार

भूसा या वनस्पतियों के रेशे, मूँग (मुद्‌ग) का काढ़ा या शोरा मिलाकर एक लेप तैयार किया जाता था, जिसे पलस्तर की तरह चट्टान की सख्त और खुरदुरी सतह पर बराबर लगा दिया जाता था। इसके बाद उसे करनी या खुरपी से चमका दिया जाता था और गीले में ही उसके ऊपर महीन सफेद चूने की हल्की-सी तह जमा दी जाती थी, ताकि पलस्तर चूने को पकड़ सके।[54]

इस प्रकार भूमि प्रस्तुत हो जाने के बाद आचार्य पहले रेखाओं से चित्रों के खाके बना लेते थे। खाकों की बाहरी रेखाएँ जो चित्रों की सीमाएँ बनाती थीं, गेरू (धातुराग) से खींच दी जाती थी। फिर आचार्य चित्रों की आकृतियों का रेखांकन करते थे। फिर बताई विधि से शिष्य रंग भर देते थे। अन्त में, आचार्य उन्हें अपनी तूलिका और कूंची से छूकर भित्तिचित्र पूर्ण कर देते थे। अजन्ता के चित्रों में प्रयुक्त सारे रंग स्थानीय पहाड़ियों में ही मिल जाते थे। प्रधान रंग गेरू, सिन्दूरी लाल रंग (कुमकुम अथवा सिन्दूर से बना), हरिताल, नीला, काजल काला, खड़िया मिट्टी, गेरू मिट्टी और हरे रंगों का अधिकतर प्रयोग होता था। इन्हीं के मिश्रण से और रंग भी बना लिए जाते थे।[55]

चित्र बनाने में अनेक प्रकार की कूंचियों का प्रयोग होता था। शलाका, वर्तिका, तूलिका, लम्बकूर्च आदि कूंचियों या बुशों के अर्थ में कालिदास के नाटकों में चर्चा की गई है।[56] शलाका एक प्रकार की महीन नोक की पेंसिल होती थी जिससे चित्रों की सीमारेखा अथवा आकृतियों के बहिरंग खींचे जाते थे। रेखाचित्र बनाने में भी इसी का प्रयोग होता था। आँखों में अंजन लगाने के कार्य शलाका ही करती थी जिसे सलाई कहते हैं। वर्तिका (बत्ती) और तूलिका नरम कूंची होती जो रुई से बनती थी। कूर्च, ब्रुश की तरह की कूंची होती थी जिसका बड़ा आकार लम्बकूर्च कहलाता था। कूंचियों को जिस पेटिका में रखते उसे *वर्तिकाकरंडक* कहते थे।[57]

मानव का उदय—मानव उन स्तनपायी जीवों की जाति का था जिन्हें प्राइमेट (Primates) कहते हैं। इस वर्गीकरण में केवल मानव ही नहीं बल्कि सभी जीवित बानर, लेम्बूर और छछून्दर भी शामिल हैं। प्राइमेटों के जो जीवाश्म चट्टानों में दबे हुए मिले हैं वे दिखलाते हैं कि प्राइमेटों का विकास सिनोजोइक युग के आरम्भिक हिस्से में हुआ। मगर ऐसा नहीं लगता कि सबसे आदिम मानव प्राणी आदि अभिनूतन काल के पहले प्रकट हुए। यह काल 10,00,000 वर्ष पहले शुरू हुआ और 10,000 वर्ष पहले तक रहा। जैसा कि बतलाया जा चुका है, केवल 30,000 या 40,000 वर्ष पहले हमारी अपनी मानव जाति होमो सेपियंस का उदय हुआ।

पेड़ों पर रहनेवाले वानर जो गोरिल्ला, चिम्पैंजी और मानव तीनों के पूर्वज थे, शायद एक करोड़ वर्ष पहले रहते थे। इन बानरों में से कुछ (हम नहीं जानते कि कब और कैसे) पेड़ों से नीचे आए और उन्होंने धीरे-धीरे खड़ा होना तथा फिर पिछले पैरों से चलना सीखा। यह मानव के विकास में सबसे महत्त्वपूर्ण घटना थी। खड़े होकर ये जानवर सभी दिशाओं में काफी दूर तक देख सकते थे और अपने घातक दुश्मनों, बड़े-बड़े जानवरों से अपनी रक्षा कर सकते थे। इस प्रकार वे नई जीवन-पद्धति विकसित करने के मार्ग पर चल पड़े।

जमीन पर रहने से शारीरिक परिवर्तन हुआ। वानरों के प्रतिदिन पेड़ों पर चढ़ने से उनकी कलाई की हड्डियों का विकास हुआ और उन्हें हाथों से वस्तुओं को पकड़ने का अभ्यास हुआ। खड़े होने पर उसके आगे के अंग वस्तुओं को पकड़ने तथा मजबूत डंडों को हथियारों के रूप में इस्तेमाल करने के लिए स्वतन्त्र थे। कालक्रम से हाथों में लचीली उँगलियों तथा

नमनीय अँगूठों का विकास हुआ। इस नए विकास ने बानर-मानव को एक शिल्पी बना दिया। अब वह चीजों को पकड़कर अपनी आँखों के पास लाने में समर्थ हो गया। साथ ही साथ शरीर के अन्दर के अवयवों में भी खड़े होने की स्थिति के अनुकूल कई परिवर्तन हुए। उसका मस्तिष्क विकसित हुआ और उसने उसे औजार बनाने तथा अन्ततोगत्वा उसे अन्य पशुओं से ऊपर उठने में बुद्धि का प्रयोग करने में सहायता दी।

केवल शारीरिक विकास ही मानव के विकास के सारतत्त्व की स्पष्ट रूप से व्याख्या नहीं कर सकता। मानव अपने साथी मनुष्यों के साथ मिलकर और अपने द्वारा बनाए गए औजारों से जो काम करता है वह उसे पशु-जगत में विशिष्ट बना देता है। औजारों के प्रयोग के बारे में उसे संयोगवश ही पता लगा होगा। सम्भवतः धरातल पर रहनेवाले किसी मजबूत बानर ने पत्थर से किसी गिरीदार फल को तोड़ने की कोशिश की हो तभी नुकीले दाँतवाले किसी शेर ने उस पर अचानक हमला कर दिया हो। उसने उतावला होकर उस पत्थर के टुकड़े को इतनी ताकत से शेर की खोपड़ी पर दे मारा हो कि शेर मर गया हो। इस दृश्य को देखकर साथी बानर बड़े आश्चर्य में पड़ गए होंगे, परन्तु साथ ही उन्हें बड़ा साहस मिला होगा। सम्भवतः इसी घटना के बाद उन्होंने अपने घातक शत्रु को इसी प्रकार नष्ट करने का निश्चय किया हो और इस प्रकार हमारे पुरखों ने औजारों के प्रयोग तथा साथियों के साथ सहयोग से कार्य करने का पहला पाठ पढ़ा हो।

प्राकृतिक औजारों के प्रयोग ने मानव के पुरखों को अन्ततोगत्वा वस्तुओं को अपनी आवश्यकताओं के अनुकूल बनाने और बाद में, भिन्न-भिन्न कार्यों के लिए अलग-अलग औजार बनाने के लिए प्रेरित किया हो। इस प्रकार अब उन्होंने प्राकृतिक वस्तुओं को उपकरणों में परिवर्तित किया तथा प्रकृति द्वारा प्रस्तुत की गई जीवन की दशाओं को सुधारने के लिए पहला बड़ा कदम उठाया।

मानव की प्रत्येक पीढ़ी पहले की पीढ़ियों का ज्ञान विरासत के रूप में प्राप्त करती है। प्रत्येक पीढ़ी उसमें नया ज्ञान जोड़ती है और अगली पीढ़ी को देती है। ज्ञान के निरन्तर संचय तथा संचार से ही मनुष्य सांस्कृतिक प्रगति करता है। बोलने की क्षमता मानव की अजीब विशेषता है जो संचार की इस प्रक्रिया को अपेक्षाकृत आसान तथा अधिक स्थायी बना देती है।

वैज्ञानिक बतलाते हैं कि जब हमारे पुरखों ने सीधे खड़े होना आरम्भ किया तब उनकी स्वरतन्त्रियाँ और गले की मांसपेशियाँ विकसित हुई जिससे उन्हें अपनी जीभ को हिलाने-डुलाने में अधिक स्वतन्त्रता मिल गई। मगर यह कहना सही नहीं होगा कि बोलने की शक्ति केवल इन्हीं शारीरिक परिवर्तनों पर निर्भर होती है। हम जानते हैं कि तोता और मैना सार्थक शब्दों को दुहरा सकते हैं। बानरों की भी जीभ, स्वरतन्त्रियाँ और अन्य मांसपेशियाँ होती हैं और वे भी स्पष्ट ध्वनियों का उच्चारण कर सकते हैं। फिर भी, वे ध्वनियों को कोई विचार अभिव्यक्त करने के लिए एक साथ नहीं मिला सकते। बोलने की शक्ति मूलतः उच्चतर बुद्धि पर निर्भर होती है जिससे अभिव्यक्ति के लिए विचार उत्पन्न होते हैं। ऐसी ऊँची बुद्धि केवल मानव प्राणियों के ही पास है।

औजार-निर्माण भी बुद्धि से सम्बद्ध है। चिम्पैंजियों को हथौड़े के रूप में पत्थरों का इस्तेमाल करते, डंडों को एक साथ लगाकर भोजन प्राप्त करने के लिए बड़ा डंडा बनाते या अन्य औजारों को अपनी तात्कालिक जरूरतों को पूरा करने के लिए इस्तेमाल करते देखा गया

है। मगर किसी भी चिम्पैंजी ने किसी भावी स्थिति का मुकाबला करने के लिए कभी कोई औजार नहीं बनाए हैं क्योंकि वह भावी स्थिति की कल्पना नहीं कर सकता। अपने अनुभवों से सीखने तथा जो कुछ वह सीखता है उसे भविष्य में वैसी ही स्थिति में प्रयोग करने की शक्ति केवल मनुष्य में ही है। इस प्रकार औजार बनाना एक विशिष्ट मानवीय क्रिया है। पुरातत्त्वविद् जब यह निर्धारित करते हैं कि उन्होंने जिन प्राइमेट के जीवाश्म खोद निकाले हैं वे सचमुच बानर नहीं मनुष्य थे तब वे देखते हैं कि क्या उन्होंने औजार बनाए थे। मानव के सांस्कृतिक विकास की अवस्था की सबसे उत्तम सूचक उसकी शारीरिक बनावट नहीं बल्कि उसके शिल्प-उपकरण हैं।

चेट्टिट–वाणिज्यिक समुदाय

अवाल–चिउड़ा

याल–वीणा

विरालिस–पेशेवर नर्तकी

पंचशक्ति–हिंसा, चौर्य, असत्य, मधुपान, दुराचरण का वर्जन।

कावेरी–कवेर एक मुनि थे, जिन्होंने तपस्या से ब्रह्मा को प्रसन्न करके विष्णुमाया को पुत्री के रूप में प्राप्त किया। फिर जब मोक्ष प्राप्त हो गया तब ब्रह्मा की आज्ञा से वह नदी के रूप में बहने लगी और कावेरी (नदी) कहलाई। इसी के नाम पर नगर का नाम कावेरी पट्टीणम् पड़ा।

मणिपद्म–बुद्धदेव के चरणों को बौद्धधर्मी मणिपद्म कहते हैं और "ॐ मणिपद्म मेहूँ" मन्त्र जपकर उसकी पूजा की जाती है।

पेड़ु नृत्य–हिजड़ों का नृत्य। तमिल नाट्यकला में ग्यारह बहिरंग नाट्यों में एक। माना जाता है कि कामदेव ने अपने पुत्र अनिरुद्ध को वाणासुर के बन्धन से मुक्त कर यह नृत्य किया था।

मुकुल-मूठ–रथ में बैठकर हाथ से पकड़ने के लिए बनी मूठ जो कमल मुकुल के आकार की बनी होती थी।

पावै कूत्तु–*शिलप्पदिकारम्* में वर्णित एक नृत्य जो असुरों को मोहित करने के लिए नारी रूप में श्रीदेवी ने प्रस्तुत किया।

त्रिदोष–काम, क्रोध और भ्रम

मरूत–कृषिभूमि। इसका देव इन्द्र है।

मुल्लै–वनभूमि। इसका देव कृष्ण है।

चक्रवाल कोष्ठ–*मणिमेकलै* के अनुसार चक्रवालों के अन्दर स्थित सारे लोक को मातृका रूप में दिखाने के लिए देवशिल्पी मय द्वारा पुहार नगर में निर्मित कोष्ठ।

वर्तना–नृत्य की एक हस्त मुद्रा जिसमें हथेली सामने दिखाई जाती है।

निअंडरथल८मानव–निअंडरथल मानव (Neanderthal Man) नाम इस कारण पड़ा कि उसकी हड्डियाँ सबसे पहले जर्मनी में निअंडर की घाटी में मिलीं। यह मध्य पुरा पाषाणकाल का प्रतिनिधित्व करता है। अब से लगभग एक लाख साठ हजार वर्ष हुए वह हिम युग के चौथे हिमकाल में बर्फ की गुफाओं में रहता था, किन्तु अब से चालीस हजार वर्ष पूर्व वह सहसा खत्म हो गया। यह मानव कद में छोटा था। उसकी छाती भारी, शरीर सामने को कुछ झुका, गर्दन सांड जैसी, नाक चौड़ी और सिर चपटा था। यह मानव-जाति पश्चिमी यूरोप के अनेक भागों,

पश्चिमी एशिया, मध्य एशिया और अफ्रीका में फैली हुई थी। यह जाति पत्थर के टुकड़ों से विभिन्न प्रकार के औजार बनाती थी जो सर्वप्रथम फ्रांस में खोज निकाले गए। ये औजार बहुत ही सादा किस्म के थे, परन्तु आश्चर्य यह है कि अब भी कुछ आदिम जातियाँ संसार के विभिन्न भागों में इस प्रकार के औजार प्रयोग में लाती हैं। निअंडरथल-मानव मृतकों का आदर करता था और शवों को पूजा की सामग्रियों के सहित कब्र में दफनाता था। किसी-न-किसी तरह के धर्म और पुनर्जन्म में भी, लगता है कि उसका विश्वास था।

लगता है निअंडरथल-मानव के बाद होमोसेपियंस जाति का **क्रो-मैग्नान मानव** (Cro-Magnon Man) आया। उत्तर-पुरापाषाणकाल अथवा उसके अन्तिम चरण का प्रतिनिधि केवल क्रो-मैग्नान मानव ही नहीं था। उदाहरण के लिए **ग्रिमाल्डी मानव** (Grimaldi Man) भी हुआ। यह मानव भी होमो सेपियंस जाति का था।

पिथिकांथ्रोपस तथा सिनांथ्रोपस की एक अत्यन्त महत्त्वपूर्ण उपलब्धि आग जलाने की उनकी क्षमता थी। सभी पशु आग से डरते थे। इसी प्रकार आदि मानव भी आग से डरता था। वह ज्वालामुखी पहाड़ों से निकलनेवाली या सूखी घास या झाड़ियों की ओर लपकनेवाली जंगलों की आग से डरता था। मगर किसी-न-किसी प्रकार उसने इस डर पर काबू पाया। शायद कोई आदि मानव किसी जलती हुई झाड़ी में से जलती हुई कुछ डालियाँ उठाकर भाग आया होगा और वहाँ उसने उसमें अधिक सूखी लकड़ियाँ डाली होंगी। मनुष्य को अपने रहने की गुफाओं को गरम करने तथा इर्दगिर्द के जंगली जानवरों से अपने को बचाने के लिए आग की जरूरत थी। अन्ततोगत्वा, वह खाना पकाने, खाने को नरम तथा स्वादिष्ट बनाने के लिए आग का इस्तेमाल करने लगा। आग की लौ की रोशनी में परिवार रहने तथा काम करने लगा।

औजार बनाने के लिए पत्थरों को गढ़ते समय आदि मानव ने उसमें से चिनगारियाँ निकलती हुई अवश्य देखी होंगी। सम्भवतः इसी से उसे यह विचार आया कि आग उत्पन्न तथा नियन्त्रित की जा सकती है। कठोर पत्थर के टुकड़ों को रगड़-रगड़कर यह चिनगारियाँ उत्पन्न करना सीख गया और इन चिनगारियों को सूखी काई और पत्तों में लगाने लगा। हाल तक ऐस्किमो लोग इसी प्रकार आग जलाते थे। आज भी हम सिगरेट लाइटर की पेट्रोल से भीगी बत्ती को कृत्रिम चकमक द्वारा ही जलाते हैं।

कांस्य युग—कालक्रम से लोगों ने ताँबे के साथ टीन या जस्ते को मिलाकर काँसा नामक मिश्रित धातु बनाना आरम्भ कर दिया। काँसा ताँबे से अधिक उपयोगी साबित हुआ। वह ताँबे से अधिक सख्त होता है इसलिए मजबूत औजारों, हथियारों तथा उपकरणों को बनाने के लिए अधिक उपयोग होता है। काँसे के औजारों और हथौड़े के इस्तेमाल से बढ़ईगिरी की उन्नति में सहायता मिली तथा परिणामस्वरूप पहिए का आविष्कार हुआ। प्रथम सभ्यताओं के विकास में काँसे के महत्त्व के कारण प्रथम सभ्यताओं के काल को कांस्य युग (Bronze Age) भी कहा जाता है तथा इन सभ्यताओं को कांस्य संस्कृति कहते हैं।

ताम्रपाषाणिक काल—धातुओं की खोज और प्रयोग का मानव जाति के इतिहास में काफी महत्त्व है। उनके कारण ही सभ्यता की ओर संक्रमण आरम्भ हुआ। धातुओं से मनुष्य को एक ऐसी सामग्री मिल गई जो पत्थर से अधिक टिकाऊ थी और जिसका इस्तेमाल विविध प्रकार के

औजारों, उपकरणों और हथियारों को बनाने के लिए किया जा सकता था और इस प्रकार बढ़ती हुई आवश्यकताओं की पूर्ति हो सकती थी। सर्वप्रथम जिस धातु को ढूँढ़ निकाला गया और जिसका इस्तेमाल औजार बनाने के लिए किया गया वह ताँबा थी। काफी अरसे से संसार के कुछ भागों में ताँबे के औजारों का इस्तेमाल पत्थर के औजारों के साथ-साथ होता रहा। जिस काल में मनुष्य ने पत्थर तथा ताँबे के औजारों का साथ-साथ इस्तेमाल किया उसे ताम्रपाषाणिक काल (Chalcolithic Age) कहते हैं। ताम्रपाषाणिक (Chalcolithic) शब्द ताम्र (Chalco) और पाषाण (litho) शब्दों के योग से बना है।

सन्दर्भ

1. *कात्यायन श्रौतसूत्र,* 4.15.11
2. *वही,* 4.15.12
3. *वही,* 4.15.13
4. *वही,* 4.15.14
5. *वही,* 4.15.15
6. *वही,* 4.15.16; मनोहरलाल द्विवेदी, *कात्यायन यज्ञ पद्धति विमर्श,* दिल्ली, 1988, पृ. 82-84
7. *वही,* 4.15.17
8. *वैखान श्रौतसूत्र,* 43.9-18
9. *देवयाज्ञिकं पद्धति,* पृ. 131; मनोहरलाल द्विवेदी, पूर्वोकृत, पृ. 85
10. *तैत्तिरीय ब्राह्मण,* 2.2.9.3
11. *वही*
12. *अथर्ववेद,* 18.2.5.6., पृ. 578
13. *वही*
14. *वही*
15. *निरुक्त* 3.17
16. *वही*
17. तैत्तिरीय आरण्यक 1.8.8
18. *अथर्ववेद,* 18
19. *तैत्तिरीय ब्राह्मण,* 1.1.3.7
20. *अथर्ववेद,* कांड 4, अनुवाक 2, सूक्त 6, श्लोक, जिल्द 2, पृ. 364-65
21. *अथर्ववेद,* कांड 2, अनुवाक 2, सूक्त 4, श्लोक 5, जिल्द 1, पृ. 496
22. वही, अनुवाक 2, सूक्त 5, श्लोक 2, जिल्द 1, पृ. 500
23. *वही,* अनुवाक 3, सूक्त 5, जिल्द 1, पृ. 550
24. *वही*
25. *वही*
26. *निरुक्त,* 8.20, *तैत्तिरीय ब्राह्मण,* 2.1.2.3, *अथर्ववेद,* जिल्द 1, पृ. 552
27. *अथर्ववेद,* कांड 3, अनुवादक 3, सूक्त 3, श्लोक 1, जिल्द 1, पृ. 120
28. वही, श्लोक 2, पृ. 121
29. वही, श्लोक 3, पृ. 122
30. वही, श्लोक 4, पृ. 123

31. अथर्ववेद, जिल्द 7, पृ. 358, पादटिप्पणी से उद्धृत
32. अथर्ववेद, 19.6.4.7 जिल्द 7, पृ.368
33. बंगाल में गंगा की मुख्यधारा पद्मा के उत्तर में स्थित प्रदेश पुंड्र और दक्षिण का भाग वंग कहलाता था; विजयेन्द्रकुमार माथुर, ऐतिहासिक स्थानावली, नई दिल्ली, 1969, पृ. 562
34. बौद्धधर्म का इतिहास (तारनाथ), पटना, 1971, पृ. 57
35. *अथर्ववेद,* 7.1.3.3, जिल्द 4, पृ. 62
36. *वही,* 7.3.2.4, जिल्द 4, पृ. 117
37. कौशिकीसूत्र 3.1
38. *वही*
39. *वही*
40. *अथर्ववेद,* 8.1.4.16, जिल्द 4, पृ. 472
41. *वही*
42. *कौशिकसूत्र,* 4.2
43. शतपथ ब्राह्मण, 13.6.1.1
44. *कौशिकसूत्र* 1.7
45. *कौशिकसूत्र* 4.1
46. *वही,* 1.1.4.1, जिल्द एक, पृ. 161
47. *निरूक्त* 2.11
48. *वही,* कांड 1, अनुवाक 3, सूक्त 3, श्लोक 3, जिल्द 1, पृ. 239
49. *वही,* कांड 3, अनुवाक 3, सूक्त 3, श्लोक 1, जिल्द 2, पृ. 120; निरूक्त, 2.24
50. *वैखानसूत्रम्,* 5.3
51. *तैत्तिरीयसंहिता,* 2.3.10.1
52. *अथर्ववेद,* कांड 3, अनुवाद 4, श्लोक 4, जिल्द 1, पृ. 275
53. *वही,* 6.11.5.4, जिल्द 3, पृ. 581
54. श्रेण्ययुग (सं.) आर.सी. मजुमदार, दिल्ली, 1984, पृ. 605
55. भगवतशरण उपाध्याय, *गुप्तकाल का सांस्कृतिक इतिहास,* लखनऊ, 1969, पृ. 194-95
56. *आभिज्ञान शकुन्तलम्,* 6.17; *कुमारसम्भव,* 1.47; *रघुवंशम्,* 7.8; 19.19
57. भगवतशरण उपाध्याय, *पूर्वोद्धृत,* पृ. 198